Opuseula Ichneumonologica.

Otto Schmiedeknecht

BIBLIOLIFE

Opuscula Ichneumonológica.

Herausgegeben

mit Beihilfe des Königl. Preuss. Ministeriums
für Landwirtschaft und Forsten

von

Professor Dr. Otto Schmiedeknecht.

Fasc. VII.

Blankenburg i. Thür.

1904.

9. Postpetiolus nicht langer als breit, seine Seiten stark gerundet. Schwarz, Postpetiolus, Segment 2—4 rotbraun, das 4. mit schwarzer Binde vor dem Ende. Fühler ohne weissen Ring. 9 mm.

7. s i m u l a t o r Tschek.

Postpetiolus deutlich langer als breit. 10.

10. Kopf hinter den Augen abgerundet. Ziemlich glänzend, fein runzlig punktirt. Areola nach oben etwas convergierend. Spirakeln des Metathorax kurz oval. Fühler oft weiss geringelt. 8—11 mm.

8. r u s t i c u s Tschek.

Kopf hinter den Augen geradlinig verschmälert. 11.

11. Flügel deutlich getrübt. Färbung sehr varirend. Fühler meist mit weissem Ring. 9—12 mm.

9. p l e b e j u s Tschek.

Flügel fast hyalin. Fühler ohne weissen Ring. Im Uebrigen der vorhergehenden Art sehr ähnlich.

10. i n i m i c u s Tschek.

12. Die mittleren Segmente an den Seiten stark erweitert, die Spirakeln des 2. Segments vom Seitenrand weiter als vom Hinterrand entfernt. Die hintersten Tarsen mit weisslichem Ring. 7—10 mm.

11. n e g l e c t u s Tschek

Die mittleren Segmente an den Seiten nicht erweitert. Die hintersten Tarsen kaum geringelt. 13.

13. Kleine Art von nur 5 mm Länge. Stigma hell, dunkel gesäumt. Die hintersten Tarsen mit weissem Ring.

13. p a r v u l u s Kriechb.

Grössere Arten von 8—12 mm. 14.

14. Kopf und Thorax fein runzlig, fast ohne Behaarung. Fühler ohne weissen Ring. Beine grösstenteils schwarz. Nervellus stark postfurc. 8—10 mm.

12. g l a b r i c u l u s C. G. Thoms.

Kopf und Thorax deutlich behaart. Nervellus weniger stark postfurc. 15.

15. Fühler mit weissem Ring. Segment 2 und 3, Basis von 4 und Seitenmakeln des Postpetiolus rot. 12 mm.

14. annulicornis C. G. Thoms.

Fühlerring nicht oder schwach vorhanden. Kleinere Arten. 16.

16. Schildchen an der Spitze abgerundet. Kopf hinter den Augen leicht verschmälert. Bohrer fast von halber Hinterleibslänge. Ramellus fehlt. 10 mm.

15. ingratus Tschek.

Schildchen an der Spitze abgestutzt. Kopf hinter den Augen stark verschmälert, mit geraden Seiten. Bohrer kaum von ⅓ Hinterleibslänge. Flügel ziemlich dunkel. 9—11 mm.

16. tristator Tschek.

NB. Sehr ähnlich 17. G. pleuralis C. G. Thoms.

17. Radialzelle lang, lanzettförmig. Nervellus in der Mitte gebrochen. Ziemlich glänzend, Postpetiolus, Segment 2, 3 und Basis von 4 rot. Fühler mit weissem Ring. Bohrer von ⅛ Hinterleibslänge. 11 mm.

18. gradarius Tschek.

Radialzelle kurz, nicht lanzettförmig. 18.

18. Alle Schienen gekrümmt. Ziemlich glänzend, punktirt, Fühler ziemlich kräftig, die Geissel gegen das Ende verdickt, mit weissem Ring. Bohrer von ⅛ Hinterleibslänge. 8 mm.

19. curvipes Tschek.

Schienen nicht gekrümmt. 19.

19. Die Endsegmente und die hintersten Schenkel schwarz. Nervellus unter der Mitte gebrochen. Bohrer etwas kürzer als der halbe Hinterleib. 8 mm.

20. pauper Tschek.

Die Endsegmente und die hintersten Schenkel zum Teil rot. Nervellus fast in der Mitte gebrochen. Bohrer wie bei der vorhergehenden Art. 7—8 mm.

21. castaneiventris Tschek.

♂

1. Die hintersten Tarsen mit weissem Ring. 2.

Die hintersten Tarsen ohne weissen Ring. Nervellus in oder unter der Mitte gebrochen. 8.

2. Nervellus unter der Mitte gebrochen. 3.

Nervellus über der Mitte gebrochen. 5.

3. Clypeus vor dem Endrand in der Mitte mit deutlichem Grübchen. Postpetiolus mit Seitengruben. Rücklaufender Nerv hinter der Mitte der Areola mündend. Wangen und Metathorax hinten lang behaart. 9—10 mm.

3. mesocastaneus Grav.

Clypeus vor dem Endrand ohne Grübchen. Raum zwischen den Querleisten des Metathorax mit Längsrunzeln. Das 4. Segm. mit dunklem Endrand. 4.

4. Hinterleibsmitte braunrot. Radialnerv geschweift. Ramellus lang. 9,5 mm.

4. titillator Grav.

Hinterleibsmitte lebhaft rot. Der äussere Radialnerv fast gerade, nur an der Spitze eingekrümmt.

9. plebejus Tschek var.

5. Das 1. Segm. an der Spitze, 2 und 3 braunrot. Der äussere Radialnerv gerade, an der Spitze kaum eingebogen. 9,25 mm.

16. tristator Tschek.

Postpetiolus, Segm 2—4, zuweilen auch Basis von 5 rot. Der äussere Radialnerv am Ende deutlich einwärts gekrümmt. 6.

6. Nervellus nur wenig über der Mitte gebrochen. Glied 3 und 4 der hintersten Tarsen weiss, an der Spitze nicht schwarz. 8—10 mm.

11. neglectus Tschek.

Nervellus weit über der Mitte gebrochen. Glied 3 und 4 der hintersten Tarsen weiss, an der Spitze schwarz. 7.

7. Kopf und Thorax deutlich behaart. Schildchen am Ende abgerundet. 8—10 mm.

15. ingratus Tschek.

Kopf und Thorax fein runzlig, fast ohne Behaarung. Schildchen an den Seiten gerandet.

12. glabriculus C. G. Thoms.

8. Das 1. Geisselglied kaum um die Hälfte länger als breit. Postpetiolus und Segment 2 und 3 rot. 8 mm.

20. pauper Tschek.

Das 1. Geisselglied viel länger. 9.

9. Spirakeln des 1. Segments zahnartig vorragend. Postpetiolus und Segment 2—4 rot, das 4. mit schwarzem Endrand. 8,75 mm.

6. abnormis Tschek.

Spirakeln des 1. Segments kaum vorragend. 10.

10. Die hintersten Schienen stark gekrümmt. 7,25 mm.

5. molestus Tschek.

Die hintersten Schienen nicht gekrümmt. 11.

11. Körper ziemlich glänzend, fein runzlig punktirt. Kopf hinter den Augen abgerundet. Spirakeln des Metathorax kurz oval. Areola nach oben deutlich convergierend. 6,5—8,25 mm.

8. rusticus Tschek.

Körper dichter runzlig punktirt, fast matt. Spirakeln des Metathorax verlängert. 12.

12. Hinterleib schmal, Postpetiolus deutlich länger als breit. Kopf hinter den Augen stark verschmälert, mit geraden Seiten. Augen vortretend. 9—12 mm.

9. plebejus Tschek.

Hinterleib oval, fast so breit als der Thorax, Postpetiolus wenig länger als breit. Die hintersten Schienen ganz schwarz. 8,75 mm.

7. simulator Tschek.

---

1. G. pictus C. G. Thoms. 1873 G. pictus C. G. Thomson, Opusc. Ent. V p. 494 ♀♂.

Schwach behaart, schwarz, die 3 ersten Segmente, die Trochanteren an der Spitze, Schenkel an der Basis rot; V.-Schienen ganz, H.-Schienen bis über die Mitte, Schenkel an der Spitze breit rötlich-gelb. Spirakeln des Metathorax linear. Nervellus in oder etwas über der Mitte gebrochen.

♀ Fühler ohne weissen Ring, die Basalhälfte rot.

♂ Glied 2—4 der hintersten Tarsen weiss.

L. 8 mm.

Schweden.

2. G. nitidulus C. G. Thoms. 1896 G. nitidulus C. G. Thomson, Opusc. Ent. XXI p. 2359 ♀.

♀ Schwarz, V.-Schenkel an der Spitze und ihre Schienen rötlich, Segment 1 an der Spitze, 2, 3 und Basis von 4 rot, Bohrer kurz, Clypeus flach, Mesonotum ziemlich glänzend, nicht runzlig, ziemlich stark aber nicht dicht punktirt. Spirakeln des Metathorax lang, die hintere Querleiste in der Mitte unterbrochen. Fühler kurz und dick, Glied 10 an der Spitze, 11 und 12 ganz, 13 an der Basis weiss.

L. 10 mm.

Schweden.

Anmerk. Vielleicht mit G. gradarius Tschek identisch.

3. G. mesocastaneus Tschek. 1870 Cr. mesocastanus Tschek, Beitr. z. Kenntn. etc. p. 144 ♀ et 1870, idem, Neue Beitr. etc. p. 418 ♂♀.

♀♂ Wenig glänzend, fein braun behaart, runzlig punktirt, Kopf hinter den Augen mässig verschmälert; Fühler schlank, von Körperlänge. Postpetiolus länger als breit, an den Seiten zugerundet, die Spirakeln nicht vortretend. Nervellus unter der Mitte gebrochen. Clypeus mit Grubchen vor dem Endrand.

♀ Fühlerring weiss. Hinterleibsmitte rotbraun. V.-Schenkel an der Spitze und ihre Schienen rot. Bohrer von ⅓ Hinterleibslänge.

♂ Hinterleibsmitte lebhafter rot. Glied 2—4 der H.-Tarsen weisslich.

L. ♀ 12—14 mm. ♂ 9—10 mm.

Oesterreich.

4.§ G. titillator Grav. 1829 Cr. titillator Gravenhorst, III. 564 ♀♂ | 1870 Cr. ambiguus Tschek, Beitrage etc. p 145 ♀♂ | 1873 C. titillator C. G. Thomson, Opusc. Ent. V p. 493 et 1896, idem, Op Ent XXI p. 2358 ♀♂.

♀♂ Kopf und Thorax grob punktirt, ziemlich behaart, Spirakeln des Metathorax linear, Nervellus etwas unter der Mitte gebrochen. Basalglieder der Fühler an der Spitze etwas aufgetrieben und von einander geschieden,

Spirakeln des 1. Segments vorstehend. Seiten des Postpetiolus ziemlich gerade.

♀ Segm. 1 am Ende, 2 und 3 ganz, 4 an der Basis braunrot; V.-Schienen ganz, V.-Schenkel vorn rötlich. Fühler
mit weissem Ring.

♂ Glied 2—4 und Spitze von 1 der hintersten Tarsen
weisslich; die V.-Tarsen gelblich; Palpen und zuweilen
die vorderen Trochantern zum Teil weisslich.

L. 8—12 mm.

Ganz Europa.

Anmerk. Der Cr. tinllator Grav begreift wahrscheinlich mehrere
Arten, jedenfalls auch das ♂ von Idiolispa. Man vergleiche darüber
Tschek, Neue Beitr. etc p. 426 ff. Ich bin hier Thomson gefolgt.

5. G. **molestus** Tschek. 1870 Cr. molestus Tschek, Beitr. u. Kenntn.
etc. p 146 ♀♂.

Wenig glänzend, braun behaart, runzlich punktirt. Fühler
schlank, von Korperlange. Postpetiolus convex, länger
als breit, die Seiten ziemlich gerade, die Tuberkeln etwas
vorstehend. Nervellus unter der Mitte gebrochen, die
hintersten Schienen gekrümmt.

♀ Fühlerring weiss. Postpetiolus, Segment 2, 3 und Basalhälfte von 4 rot; V. Schienen ganz und Schenkel an der
Spitze rot. Bohrer von $2/3$ der Hinterleibslänge.

♂ Postpetiolus und Segm. 2—4 rot, Endrand von 4 schwarz.

L. 8,75 mm.

Mittel- und Süd-Europa.

6. G. **abnormis** Tschek. 1870 Cr. abnormis Tschek Beitr. u. Kenntn.
etc. p. 146 ♀♂.

Wie vorige Art, aber Fühler kürzer als der Körper, die
Tuberkeln des 1. Segm. ausserordentlich gross, beim ♂
zahnartig nach aufwärts gebogen. Nervellus in oder
unter der Mitte gebogen.

♀ Fühler mit weissem Ring; Postpetiolus, Segm. 2, 3 und
Basis von 4 braunrot; V.-Schenkel an der Spitze und
ihre Schienen rot. Bohrer von $1/3$ der Hinterleibslänge.

♂ Postpetiolus und Segm. 2—4 rot, das 4. Segm. mit
schwarzem Endrand.

Var. ♀, Fühler ohne weissen Ring, das 4. Segm. ganz rot.

L. 8,75 mm.

Mittel-Europa.

7. G. simulator Tschek. 1870 Cr simulator Tschek. Beiträge etc.
p. 149 ♀ et 1870, idem, Neue Beitr. etc. p 423 ♀♂.

Wenig glänzend, braun behaart, runzlich punktirt; Fühler
schlank, langer als der halbe Körper. Schildchen bis zur
Mitte gerandet. Postpetiolus convex, beim ♀ so lang
als breit, beim ♂ etwas länger und bei diesem die
Spirakeln etwas vorragend; Seiten des Postpetiolus stark
gerundet. Nervellus etwa in der Mitte gebrochen.

♀ Fühler ohne weissen Ring. Petiolus, Segm. 2, 3 und
Basis von 4 braunrot, V.-Schenkel an der Spitze und
ihre Schienen rot. Bohrer etwas kürzer als der halbe
Hinterleib.

♂ Hinterleibsfärbung heller rot.

L. 9—11 mm.

Mittel- und Südeuropa.

8. G. rusticus Tschek. 1870 Cr. rusticus Tschek, Neue Beitr. etc.
p. 421 ♀♂.

Ziemlich glänzend, graulich behaart, fein runzlig-punktirt.
Kopf hinter den Augen gerundet. Postpetiolus länger
als breit, die Tuberkeln beim ♀ kaum, beim ♂ etwas
starker vorragend. Nervellus in der Mitte gebrochen.
Luftlocher des Metathorax kurz oval. Areola nach vorn
deutlich convergirend.

♀ Fühler meist mit weissem Ring. Hinterleibsmitte, Vorderschenkel an der Spitze und ihre Schienen rot. Bohrer
von ⅓ Hinterleibslänge.

♂ Mit dem ♀ übereinstimmend, Sculptur gröber.

Die Art ist ausgezeichnet durch die feine Sculptur,
grösseren Glanz und die kurzen Luftlöcher des Metathorax. Tschek erblickt darin die Stammform des Cr.
titillator Grav.

L. ♀ 8—11 mm, ♂ 7—9 mm.

Mittel- und Süd-Europa.

9. G. plebejus Tschek. 1870 Cr. plebejus Tschek, Beitrage etc. p. 147
et Neue Beitr. etc, p. 420 ♀♂ | 1873 Gonocr clypearis C G
Thomson, Opusc Ent. V p 494 ♀♂.

Wenig glänzend, ziemlich behaart, runzlig-punktiert.
Kopf hinter den Augen schief verschmälert. Fühler
schlank. Postpetiolus langer als breit, die Seiten ziemlich
gerundet, die Tuberkeln vorragend. Nervellus in der
Mitte vorragend. Flügel getrübt, die Cubitalader bis zur
Spitze deutlich.

Die Färbung ziemlich variabel. Hinterleibsmitte, Vorder-Schenkel an der Spitze und die V.-Schienen rot oder braunrot. Die ♀ meist mit weissem Fühlerring, bei dem ♂ die hintersten Tarsen nicht selten weiss geringelt oder weiss gefleckt.

L. 9—12 mm.

Ganz Europa.

Der hinter den Augen stark und geradlinig verschmälerte Kopf, die verlängerten Wangen, die ziemlich hervorquellenden Augen und der kleine, so lang als breite Clypeus unterscheiden diese Art von den verwandten.

10. **G. inimicus** Tschek. 1870 Cr inimicus Tschek, Beiträge etc p 147 ♀

Wenig glänzend, braun behaart, runzlig punktirt. Fühler schlank, von Körperlange, Postpetiolus länger als breit, mit geraden Seiten. die Tuberkeln wenig vorstehend. Flügel fast hyalin, Nervellus in der Mitte gebrochen. — Fühler ohne weissen Ring. Postpetiolus und Segm. 2—4 braunrot. V.-Schenkel an der Spitze und V.-Schienen rot. Bohrer von ⅓ Hinterleibslänge. — Vielleicht nur Varietat der vorigen Art.

L. 7 mm.

Ein ♀ aus Oesterreich.

11. **G. neglectus** Tschek. 1870 Cr neglectus Tschek, Beiträge etc· p 149 ♀♂ | 1873 Goniocr. annulitarsis C G Thomson, Op. Ent. V p 492 ♀♂

Wenig glänzend, schwärzlich behaart, runzlig punktirt. Fühler schlank, von Körperlange. Postpetiolus länger als breit. Die mittleren Segmente beim ♀ gegen den Bauch stark erweitert, namentlich das 2. Segm., wo die Luftlöcher wenigstens ebensoweit vom Seiten- als vom Endrand entfernt sind. Nervellus über der Mitte gebrochen.

Postpetiolus und Segm. 2—4, beim ♂ auch Basis von 5, braunrot. V.-Schenkel an der Spitze, V.-Schienen ganz rot, beim ♂ auch Basis der H.-Schienen. Hinterste Tarsen auch beim ♀ fast stets mit weissem Ring. Bohrer von ⅓ Hinterleibslänge.

L. ♀ 7—10,5 mm, ♂ 11 mm.

Ganz Europa.

12. G. glabriculus C. G. Thoms. 1873 G. glabriculus C. G. Thomson, Opusc. Ent. V p. 491 et 1896, idem, Opusc. Ent. XXI p. 2357 ♀♂.

Kopf und Thorax fein runzlig, fast ohne Behaarung, Seiten des Schildchens fast bis zum Ende gerandet, Fühlergruben beinahe bis zur Mitte reichend, Nervellus stark postfurc., über der Mitte gebrochen. Spirakeln des Metathorax linear.

Fühler ♀ ohne weissen Ring, Postpetiolus, Segm. 2 und 3 rot; vorderste Schenkel fast ganz und ihre Schienen röthlichgelb. Bohrer halb so lang als das 1. Segm. Glied 3 und 4 der hintersten Tarsen des ♂ weiss, am Ende schwarz.

L. 8—10 mm.

Schweden.

13. G. parvulus Kriechb. 1894 G. parvulus Kriechbaumer, Ann. Soc Esp de Hist Nat. tom. XXIII p. 243.

Schwarz, Segment 1 am Endrand, 2 und 3 ganz, 4 zum grössten Teil, die vorderen Knie und vordersten Schienen und Tarsen rot, Glied 3 und 4 der hintersten Tarsen weiss. Kopf doppelt so breit als lang, hinten verschmälert, das 3. Fühlerglied 4 Mal so lang als breit. Das 1. Segm. lang und schmal, Postpetiolus kaum breiter. Stigma hell, dunkel gesäumt, Areola nach vorn nicht verengt; Nervellus über der Mitte gebrochen.

L. 5 mm. — Das Geschlecht des beschriebenen Exemplars ist nicht angegeben.

Mallorca.

14. G. annulicornis C. G. Thoms. 1896 G. annulicornis C. G. Thomson, Opusc. Ent. XXI p. 2357 ♀

♀ Schwarz, Kopf und Thorax schwach behaart, Clypeus flach, Fühler schlank, Glied 10—13 oben weiss, Basalglieder kaum getrennt, Nervellus über der Mitte gebrochen. V.-Schienen ganz, V.-Schenkel oben und an der Spitze rot, Segment 2, 3, Basis von 4 und Seitenmakeln des Postpetiolus braunrot; Bohrer kürzer als das 1. Segm.

Dem G. titillator ähnlich, aber Kopf und Thorax weniger behaart, der Nervellus über der Mitte gebrochen.

L. 12 mm.

Schweden.

15. **G. ingratus** Tschek. 1870 Cr. ingratus Tschek, Beiträge etc p. 148 ♀ | 1873 macrourus C. G. Thomson, Opusc Ent. V p 492 ♀♂.

♀ Ziemlich glänzend, graulich behaart, runzlig punktirt. Kopf hinter den Augen leicht verengt. Fühler schlank, kürzer als der Körper. Schildchen am Ende abgerundet. Postpetiolus länger als breit mit ziemlich geraden Seiten, die Tuberkeln klein und wenig vorragend. Radius gegen das Ende geschweift. Nervellus über der Mitte gebrochen, Ramellus fehlt. — Postpetiolus, Segment 2—4 braunrot, das 4. zuweilen nur an der Basalhälfte. V.-Schenkel an der Spitze und ihre Schienen ganz, Hinter-Schienen an der Basis rot. Bohrer etwas kürzer als der halbe Hinterleib.

Beim ♂ sind, nach Thomson, Glied 3 und 4 der Hinter-Tarsen weiss.

L. 8—10 mm.

Ganz Europa.

16. **G. tristator** Tschek. 1870 Cr. tristator Tschek, Beiträge etc. p 148 ♀♂.

Wenig glänzend, braun behaart, runzlig punktirt. Kopf nach hinten stark verengt mit geraden Seiten. Fühler schlank, kürzer als der Körper. Schildchen an der Spitze fast abgestutzt. Postpetiolus langer als breit, die Seiten leicht gekrümmt. Radius ziemlich gerade, Nervellus etwas über der Mitte gebrochen; Flügel stark getrübt.

♀ Spitze des Postpetiolus, Segment 2 und 3 braunrot; die vordersten Schenkel an der Spitze, die vordersten Schienen ganz, M.-Schienen vorn rot. Bohrer von ¼ Hinterleibslänge.

♂ Glied 2—4 der hintersten Tarsen weiss.

L. ♀ 9—11 mm. ♂ 9,25 mm.

Oesterreich.

17. **G. pleuralis** C. G. Thoms. 1896 G. pleuralis C. G. Thomson, Opusc Ent XXI p. 2358 ♀.

♀ Schwarz, wenig behaart, Nervellus über der Mitte gebrochen. V.-Knie und die vordersten Schienen, Spitze des Postpetiolus und Segment 2 und 3 rot; die Spirakeln des 2. Segments vom Rande wenig entfernt. Schildchen eben, die Seiten gerandet. Metathorax mit deutlicher costa pleuralis. Bohrer kürzer als das 1 Segment.

L. 12 mm.

Bayern.

18. **G. gradarius** Tschek. 1870 Cr. gradarius Tschek, Beiträge etc
p 151 und Neue Beiträge etc p 424 ♀.

♀ Ziemlich glänzend, fein schwarz behaart, runzlig punktirt.
Clypeus gross. Fühler ziemlich dick, etwas länger als
der halbe Hinterleib, das 1. Geisselglied weniger als 4
Mal so lang als dick, Geissel vor der Spitze verbreitert.
Radialzelle verlängert lanzettformig; Nervellus in der
Mitte gebrochen. — Fühler mit weissem Ring, Post-
petiolus. Segment 2, 3 und Basis von 4 rot, die letzten
Segmente mit weisslichem Hautrand. V.-Schenkel an der
Spitze, die vordersten Schienen ganz, M.-Schienen vorn
rot. Bohrer von $\frac{1}{3}$ Hinterleibslänge.

Wurde aus dem Eiersacke eines Drassus gezogen. Aus
diesem Grunde gehört vielleicht der Cr. titillator Rtzb.
hierher.

L. 11 mm.

Mittel-Europa

19. **G. curvipes** Tschek. 1870 Cr. curvipes Tschek, Beiträge etc.
u. 152 ♀.

♀ Ziemlich glänzend, punktirt. Im Habitus einem Phygadeuon ähnlich Kopf hinter den Augen geradlinig verschmälert. Fühler kräftig, Geissel gegen das Ende verdickt, das 1. Geisselglied nicht 3 Mal so lang als breit,
deutlich länger als das 2. Mesothorax breit und stark.
Postpetiolus länger als breit, mit geraden, fast parallelen
Seiten. Radius aussen fast gerade. Alle Schienen
gekrümmt. —

Fühler mit weissem Ring. Postpetiolus, Segment 2, 3
und 4 an der Basis und am Endrand, Spitzen der Vorderschenkel und ihre Schienen rot. Bohrer von $\frac{1}{3}$ Hinterleibslänge.

L. 8 mm.

Oesterreich.

20. **G. pauper** Tschek. 1870 Cr. pauper Tschek, Beiträge etc p. 150 ♀
und Neue Beiträge etc p 424 ♂

Ziemlich glänzend, graulich behaart, runzlig punktiert.
Fühler ziemlich schlank, kürzer als der Körper, Geissel
gegen das Ende etwas verdickt, das 1. Geisselglied kaum
3 Mal so lang als dick. Flügel etwas getrübt, Nervellus
unter der Mitte gebrochen.

♀ Fühler ohne weissen Ring. Postpetiolus, Segment 2, 3 und
Seiten von 4 braunrot. V.-Schenkel an der Spitze und
ihre Schienen rot. Bohrer etwas kürzer als der halbe
Hinterleib.

♂ Das 1. Geisselglied ist kaum um die Hälfte länger als
dick. Postpetiolus und Segment 2 und 3 rot. Sonst
dem ♀ gleich.

Var. ♀. Fühler mit weissem Ring. M.-Schienen vorn rot.

L. 8 mm.

Oesterreich.

21. G. castaneiventris Tschek. 1870 Cr castaneiventris Tschek, Beitrage etc p. 151 ♀

♀ Ziemlich glänzend, grau behaart, runzlig punktirt. Clypeus
in der Mitte mit Grübchen. Fühler ziemlich schlank,
kürzer als der Körper, Geissel gegen das Ende schwach
verdickt, das 1. Geisselglied wenig über 3 Mal so lang
als breit. Postpetiolus länger als breit, die Seiten leicht
gerundet. Die Luftlöcher des 2. Segm. liegen vom Endrand mindestens noch einmal so weit entfernt als vom
Seitenrande. Flügel bräunlich getrübt; Nervellus etwa in
der Mitte gebrochen. —   •

Schwarz, Hinterleib rot oder braunrot, der Petiolus
schwarz; V.-Schenkel an der Spitze und ihre Schienen
rot; H.-Schenkel rot, an Basis und Spitze schwarz, selten
fast ganz schwarz. Bohrer etwas kürzer als der halbe
Hinterleib.

L. 7—8 mm.

Oesterreich.

22. G. lapponicus C. G. Thoms, 1894 G. lapponicus C. G. Thomson,
Opusc. Ent. XIX p. 2116 | 1896 G. lapponicus C. G. Thomson, Opusc.
Ent. XXI p. 2360 ♀♂.

Scheitel wenig verengt; Clypeus nicht vorstehend, Ner-
vellus deutlich unter der Mitte gebrochen. Beim ♂ der
Metathorax stärker gerunzelt, die Querleisten deutlich,
Spirakeln mehr oval, der Zwischenraum zwischen den
Leisten mit Längsrunzeln.

Lappland.

NB. Die Beschreibung ist so kurz und nichtssagend, dass sie bei
der Schwierigkeit, die Arten dieser Gattung zu trennen, völlig
wertlos ist.

9. Gen. **Kaltenbachia** Först.

1868 Kaltenbachia Forster, Syn. Fam. u. Gatt. Ichn. p. 187.
1884 Nyxeophilus C. G. Thomson, Notes hyménopterologiques,
Ann. Soc. Ent. Fr. Tom. 5 p. 18.

A n m e r k. Die von Forster in seiner Synopsis d. Fam. u. Gatt.
Ichneum.* aufgestellte Gattung Nyxeophilus entspricht mehr der
Gattung Hoplocryptus. Der Name ist deshalb für diese Gattung
nicht anwendbar.

Kopf kubisch, wie Thorax und Hinterleib dicht und grob
punktirt. Clypeus beiderseits am Ende mit Quergrube, an
der Spitze selbst mit starkem Zahn. Areola nach oben verengt. Nervulus antefurc., nervellus postfurc. Metathorax mit
2 Querleisten, die vordere gebogen; Hinterleibsspitze nicht
weiss gefleckt. Bohrer kräftig. V.-Schienen ♀ aufgeblasen.
Flügel ♀ mit breiter dunkler Binde.

1. **K. bimaculata** Grav. 1829 Cr. bimaculatus Gravenhorst, Ichn.
Eur. II p. 634 ♀ | 1865 Taschenberg, l. c. p. 87 | 1883 Cr. haema-
torius Costa, Notizie sulla Geo-Fauna Sarda p. 99.

♀ Metathorax stark gerundet, hinten dicht, vorn mehr zerstreut punktirt, die beiden Querleisten scharf vortretend,
die vordere in der Mitte bogig nach vorn gerichtet.
Hinterrand des Metathorax 4zähnig. Segment 1 allmählig bogig erweitert, aber glatt und mit einzelnen
gröberen Punkteindrücken, auch die folgenden Segmente
etwas gröber punktirt, als sonst. Gesichtsbeule fehlt.
Ramellus kurz. — Schwarz, Fühler mit weissem Ring.
Thorax blutrot, Hals, Brust und Längslinie auf dem
Mittellappen des Mesonotums schwarz. Flügel schwach
getrübt, unter dem Stigma mit dunkler Binde, Stigma
und Tegulä schwarz. Die vordersten Schienen vorn rostrot. Bohrer so lang als der halbe Hinterleib.

L. 12 mm.

Südeuropa.

2. **K. apum** C. G. Thoms. 1873 Caenocr. apum C. G. Thomson,
Opusc. Ent. V p. 497.

♀ Kopf schwarz, der hintere Augenrand rot; Fühler mit
weissem Ring. Thorax oben rot, die Unterseite, Hals,
Parapsiden und ein Längsstreif auf dem Mittellappen des
Mesonotums schwarz. Metathorax ohne Zähne. Flügel

schwach getrübt, der Endsaum und eine breite Binde unter dem Stigma dunkel; Stigma schwarz, Tegulä rot. Beine rot, Hüften, Trochanteren, V.-Schenkel an der Basis, Spitzen der hintersten Schienen und die hintersten Tarsen schwarz. Hinterleib ganz schwarz, das 1. Segment mit Kielen, dazwischen flach ausgehöhlt und zerstreut und seicht punktirt. Bohrer etwas länger als der halbe Hinterleib.

Das ♂ war bis jetzt nicht mit Sicherheit bekannt. Ich habe es zusammen mit dem ♀ bei Oran in Algerien gefangen. Färbung ganz wie beim ♀, doch der Meta-thorax schwarz, nur mit roten Seitenflecken, auch fehlt der dunkle Längsstreif auf dem Mesonotum. Fühler einfarbig schwarz. Flügel einförmiger getrübt, die dunkle Binde nur als wolkige Trübung erscheinend. Färbung des Hinterleibs und der Beine wie beim ♀, Hinterleib schmal, das 1. Segment mit schwachen Kielen, ohne Mittelfurche, die Oberfläche ziemlich glatt und glänzend, mit zerstreuten seichten Punkten. Der übrige Hinterleib fein punktirt.

L. 8—12 mm.

Ganz Europa und Nord-Afrika. Selten. Im Hamburger Museum ein ♀ mit der Etikette: Gezogen aus Stengeln von Verbascum nigrum, in welchem Ceratina albilabris und ein Bracon lebten.

Anmerk. Ich habe früher die Ansicht aufgestellt, dass der Cr. dentatus Taschbg. vielleicht das ♂ zu dieser Art sei, bin aber, nachdem ich das richtige ♂ kennen gelernt habe, wieder schwankend geworden und zwar durch die verschiedene Sculptur der Hinterleibs-basis. Nach Taschenberg sollen das 1. und 2. Segment bei Cr. dentatus stark punktirt sein.

3. **K. nigricornis** C. G. Thoms. 1884 N. nigricornis C. G. Thomson. Notes hyménopterol, Ann. Soc. Ent. Fr. Tom. V. p 18 ♀.

♀ Schwarz, der hintere Augenrand breit rot; Thorax oben, Schienen und Tarsen und Hinterleibsstiel rot. Flügel mit breiter dunkler Binde hinter der Mitte, mit dunkler Makel nahe der Basis und mit breiter dunkler Spitze.

Aehnlich der vorigen Art, aber kleiner, Fühler ohne weissen Ring und Postpetiolus rot; Beine anders gefärbt. Bohrer etwas kürzer als der Hinterleib.

L. 6 mm.

Süd-Frankreich.

4. **Cryptus** (? Kaltenbachia) **dentatus** Taschbg. 1865 Cr. dentatus Taschenberg. l. c. p. 73 ♂ | 1829 Cr. spiralis Gravenhorst. II p. 454 ♂.

♂ Metathorax gerundet, dicht punktgrubig, mit beiden Querleisten, von denen die hintere verwischter als die vordere ist, mit kreisrunden Luftlöchern und ohne Dornen. Segment 1 geradlinig und wenig erweitert, hinten gerundet und oben grob punktgrubig, wie das 2. Segment. Clypeus geschieden, vorn in eine Spitze vorgezogen, keine Gesichtsbeule. Kopf hinter den Augen stark erweitert. Areola nach vorn stark verengt. — Schwarz, Schenkel und Schienen rot, Spitze der hintersten Schienen schwarz.

L. 3 mm. 5 mm.

Deutschland.

Anmerk. Die Kopfbildung und Körpersculptur verweisen diese Art nur hierher. Ich hielt sie früher für das ♂ der K apum, man vergleiche darüber bei diesen. Sonst konnte die Art nur noch zu Macrocryptus passen, aber das ♂ der einheimischen Art ist bekannt.

10. Gen. **Caenocryptus** C. G. Thoms.

1873 Caenocryptus C. G. Thomson, Opusc. Ent. V p. 494.

Clypeus meist mit Zahn in der Mitte des Endrandes. Der untere Aussenwinkel der Discoidalzelle fast spitz, beinahe über die Areola hinausgerückt, letztere klein mit convergierenden Seiten. Spirakeln des Metathorax rund und klein. Die vordersten Schienen ♀ aufgeblasen.

♀.

1. Hinterleib schwarz. Bohrer länger als der Hinterleib. Clypeus mit Zahn. Beine rot, an der Basis schwarz. Fühler mit weissem Ring. 7 mm.

8. **dentifer** C. G. Thoms.

Hinterleib mehr oder weniger rot gefärbt. 2.

2. Flügel unter dem Stigma mit schwarzer Binde. Segm. 4—7 schwarz, das 7. mit weissem Rand.

5. **nubifer** C. G. Thoms.

Flügel ohne Binde, nur bei C. tener eine schwache Spur davon. 3.

3. Hinterleib rot, Petiolus an der Basis schwarz. Kopf schwarz, Augenränder, Gesicht und Wangenfleck weiss. Fühler meist mit weissem Ring, gegen die Spitze rot. Die weisse Zeichnung des Thorax veränderlich, meist das Schildchen, Linie unter den Flügeln, Hals und Makel des Metathorax weiss. Flügel in der Mitte wolkig getrübt. Clypeus ohne Zahn. 6—7 mm.

1. rufiventris Grav.

Hinterleib nur in der Mitte rot. Fühler mit weissem Ring. Clypensrand in der Mitte zahnartig vorgezogen. Die hintersten Tarsen oft mit hellem Ring. 4.

4. Schildchen, Hinterschildchen, Augenränder, Halsrand, Flecken des Metathorax und Tarsenring weiss. Bohrer nicht länger als der halbe Hinterleib. 6—8 mm.

3. pubiventris C. G. Thoms.

Kopf und Thorax weit weniger weiss gezeichnet. Schildchen schwarz, selten mit weisser Spitze. 5.

5. Gesichtsränder weiss. Hinterleibsmitte trüb rot. 6.

Gesichtsränder schwarz. Segm. 1 an der Spitze, 2—4 rot, die übrigen schwarz. Schenkel und Schienen rot, die hintersten Schienen und Tarsen braun, die letzteren mit weissem Ring. 7.

6. Kleinste Art von nur 5 mm. Clypeus abgestutzt, in der Mitte des Endrandes mit kleinem Höcker. Fühler schlank. Bohrer kaum kürzer als der Hinterleib. Beine trüb rot, an der Basis schwarz, die hintersten Schienen und Tarsen braun, die letzteren mit weisslichem Ring.

2. tener C. G. Thoms.

Grössere Art von 8—9 mm. Clypeus in der Mitte winklig vorgezogen. Segm. 1 am Endrand, 2—5 rot, 7 mit weisslichem Endrand.

7. striolatus C. G. Thoms.

7. Mesonotum glänzend. Clypeus in der Mitte fast winklig vorgezogen. 5—6 mm.

4. inflatus C. G. Thoms.

Mesonotum nicht glänzend. Clypeus in der Mitte des Endrandes mit Höcker. Scheitel mit weissen Seitenpunkten. Grösser.

6. laticrus C. G. Thoms.

♂.

1. Die hintersten Tarsen mit weissem Ring. Gesicht,
Wangen, Linie vor den Flügeln, Tegula, V.-Hüften und
Trochanteren weiss. Hinterleibssegmente gestreckt, matt,
die mittleren rot oder schwarz und rot gerandet.
6—8 mm.
3. pubiventris C. G. Thoms.

Die hintersten Tarsen ohne weissen Ring. 2.

2. Clypeus am Endrand unbewehrt. Hinterleib rot, an der
Basis schwarz. Kopf und Thorax reich weiss gezeichnet.
6—8 mm.
1. rufiventris Grav.

Clypeus in der Mitte gezähnt oder winkelig vorgezogen.
Hinterleib auch am Ende schwarz. 3.

3. Hinterleib schwarz, Segm. 2—4 mit rotem Endrand. Im
Uebrigen dem C. rufiventris ähnlich. Kleinste Art von
nur 5 mm.
2 tener C. G. Thoms.

Hinterleibsmitte rot. Die vorderen Trochanteren, Clypeus,
Gesichtsränder und Makel der Mandibeln weiss.
4. inflatus C. G. Thoms.

A. Cubitalnerv der Hinterflügel an der Basis kaum gekrümmt.
Metathorax kurz, die area postica über die Mitte hinaufreichend. Clypeus ohne Zahn.

1. C. rufiventris Grav. 1829 Cr. rufiventris Gravenhorst, II p 497 ♀ |
1870 Cr. rufiventris Tschek, Beiträge etc. p 130 ♂ | 1873 Caenocr.
rufiventris C. G. Thomson, Opusc. Ent. V p 493 ♀♂

♀ Kopf schwarz, Augenränder und Wangenfleck weiss.
Fühler fadenförmig, mit weissem Ring, die Spitze rot.
Stirn ausgehöhlt, Thorax schwarz mit weissen Schulterlinien. Hinterleib rot, Petiolus an der Basis schwarz,
Postpetiolus erweitert, Bohrer länger als der halbe Hinterleib. Beine rot, Hüften und Trochantern schwarz, weiss
gefleckt, die hintersten Schienen und Tarsen dunkelbraun,
die vordersten Schienen erweitert, vorn gelblich. Flügel
in der Mitte getrübt.

♂ Kopf und Thorax mit reicher weisser Zeichnung, namentlich Gesicht und Schildchen weiss. Hinterleib wie
beim ♀.

    L. 6 mm.

    Ganz Europa, selten.

B. Cubitalnerv der Hinterflugel deutlich gekrummt. Metathorax nicht kurz, Clypeus meist gezähnt. Postpetiolus
punktirt, bei dem ♀ mit langer und tiefer Furche.

2. C. tener C. G. Thoms. 1873 C. tener C. G. Thomson, Opusc. Ent.
   V p. 496 ♀♂ | ? 1870 Cr. vindex Tschek, Beitrage etc. p. 138 ♀
   und 1872 idem, Ueber einige Crypt. p. 247 ♂.

♀ Augenränder weiss. Punkte an der Flügelbasis und
Halsrand ebenfalls weiss. Flügel unter dem Stigma
wolkig getrübt. Hinterleib schmutzig rot, an der Spitze
schwarzbraun; Bohrer wenig kürzer als der Hinterleib.
Beine rötlich, Hüften und Trochantern schwarz, die
hintersten Schienen und Tarsen dunkel, die letzteren mit
weisslichem Ring.

♂ Weiss sind: Gesicht. Augenränder oberhalb der Fuhler.
Wangen und Schläfen, Schaft unten, Linie vor den Flügeln.
Schildchen, Hinterschildchen, Metathoraxfleck, sowie die
V.-Hüften und Trochantern. Hinterleib schwarz, Segm.
2—4 mit röthlichem Rand.

    L. 5 mm.

    Nord- und Mitteleuropa.

3. C. pubiventris C. G. Thoms. 1873 C. pubiventris C. G. Thomson,
   Opusc. Ent. p. 497 ♀♂ | ? 1870 Cr. remex Tschek, Neue Beitrage
   etc. p. 416 ♂.

♀ Schwarz, Augenränder, die hinteren breiter, Schildchen,
Hinterschildchen, Endmakel des Metathorax und Tarsenring weiss. Clypeus winkelig vorgezogen. Hinterleib
matt mit kurzer und feiner Behaarung; Bohrer so lang
wie der halbe Hinterleib.

♂ Gesicht, Wangen, Schläfen, Linien vor den Flügeln,
Tegula, Hüften und Trochanteren und Ring der hintersten
Tarsen weiss. Hinterleibssegmente länger als bei den
verwandten Arten, matt, fein behaart, die mittleren rot
oder schwarz mit roten Endrandern.

    L. 6—8 mm.

    Insel Seeland.

4. **C. inflatus** C. G. Thoms. 1873 C. inflatus C. G. Thomson, Opusc. Ent. p 497 et 1896 idem, Opusc. Ent. XXI p 2361 ♀♂.

♀ Clypeus winklig vorgezogen, Mesonotum glänzend. Schwarz, Augenränder nicht weiss. Segm. 1 an der Spitze, 2—4 rot, 5—8 schwarz, das 7. mit weissem Endrand. Schenkel und Schienen rot, die hintersten Knie schwarz, die hintersten Tarsen mit weissem Ring. Die vordersten Schienen stets aufgetrieben. Bohrer etwas länger als der halbe Hinterleib.

♂ Vordere Trochanteren, Clypeus, Gesichtsränder unten weiss. Pronotum und Schildchen weiss.

L. 5—6 mm.

Schweden, Dänemark, Deutschland.

5. **C. inflatus** C. G. Thoms. C. nubifer C. G. Thomson, Opusc. Ent. XXI p 2361.

Der vorgehenden Art ähnlich, aber noch einmal so gross, die Augenränder weiss, Flügel mit dunkler Binde unter dem Stigma, Segment 4—7 schwarz, das 7. mit feinem weissen Endrand.

Schweden.

6. **C. latierus** C. G. Thoms. 1896 C. latierus C. G. Thomson, Opusc. Ent XXI p 2362 ♀ | 1870 Cr. remex Tschek, Beitr. etc. p 137 ♀ (excl varıet. et ♂).

♀ Ziemlich gross, Scheitel mit weissen Punkten, Clypeus in der Mitte des Endrandes mit Höcker, Mesonotum nicht glänzend, der abschüssige Raum des Metathorax die Mitte nicht erreichend; hintere Hälfte von Segment 1, 2—4 und Basis von 5 rot, Endrand von 7 weiss, in der Mitte breiter.

♂ unbek

Schweden.

7. **C. striolatus** C. G. Thoms. 1896 C. striolatus C. G. Thomson, Opusc Ent. XXI p 2362 | 1870 Cr. remex Tschek Neue Beitr. etc p. 416 var et ♂.

Die inneren Augenränder weiss, Clypeus winkelig vorgezogen, aber an den Seiten ohne Eindrücke. Pronotumseiten fein gestreift, Mesonotum nicht glänzend, der abschüssige Raum des Metathorax die Mitte erreichend; Endhälfte von Segm. 1, 2—5 rot, 7 mit feinem weissen Endrand.

Schweden.

8. C. dentifer C. G. Thoms. 1896 C. dentifer C. G. Thomson, Opusc. Ent. XXI p. 2362 ♀.

♀ Schwarz, Beine rot, an der Basis schwarz, Fühler mit weisslichem Ring, Clypeus an der Spitze mit Zahn, Bohrer länger als der Hinterleib, gekrümmt, die Bohrerlappen kräftig.

L. 7 mm.

Durch die Hinterleibsfärbung und den langen Bohrer ausgezeichnet.

Stockholm.

---

11. Gen. **Habrocryptus** C. G. Thoms.

1873 Habrocryptus C. G. Thomson, Opusc. Ent. V p. 498.

Kopf dreieckig, Scheitel schmal, in der Mitte winklig ausgerandet, Clypeus unbewehrt, vorragend. Areola klein mit convergierenden Seiten. Metathorax nicht kurz, Luftlöcher klein und rund, die Querleisten von einander entfernt. Hinterleibsmitte beim ♀ rot, beim ♂ zum Teil schwarz. Fühler meist mit weissem Ring, auch beim ♂.

♀.

1. Thorax rot oder gelb. 2.

Thorax schwarz, meist weiss gezeichnet. 3.

2. Thorax blutrot mit schwarzer Zeichnung. Fühler meist 3 farbig. 6 mm.

         6. m i n u t o r i u s F.

Thorax und Hinterleib verschwommen gelb, schwarz und weiss gezeichnet. 4 mm.

         7. o r b i t a t o r i u s C. G. Thoms.

3. Schildchen ganz oder nur an der Spitze weiss. 4.

Schildchen schwarz oder an der Spitze rötlich. 8.

4. Fühler schwarz, ohne weissen Ring. Kopf etwas aufgetrieben, hinter den Augen kaum verschmälert. Schildchen und Halsrand weiss. Hinterleib rot, Basis und Segment 8 schwarz. 9—10 mm.

         9. i n q u i s i t o r Tschek.

Fühler mit weissem Ring.

5. Die hintersten Schienen an der Basis weiss. 6.

Die hintersten Schienen an der Basis nicht weiss. 7.

6. Hinterleib schwarz, Postpetiolus und Segm. 2—4 rot, das 4. vor dem Ende mit schwarzer Binde. Halsrand, Schildchen an der Spitze und Hinterschildchen weiss. 7 mm.
10. collaris Tschek.

Hinterleib rot, Segment 5—8 schwarz, das 7. fein weiss gerandet. Glied 2 der hintersten Tarsen weiss.
4. insulanus Krieger.

7. Die vordere Querleiste des Metathorax deutlich, die hintere in der Mitte verwischt. Die hintersten Schenkel an der Spitze schwarz. Fühlerbasis schwarz. 6—11 mm.
1. assertorius F.

Die beiden Querleisten grösstenteils verwischt. Die ganzen Beine rot. Fühler 3farbig. 7—8 mm.
8. geminus Grav.

8. Schildchen an der Spitze, Hinterschildchen, Schaft unten und Hüften zum Teil trüb rot. Innere Augenränder, Halsrand und schmaler Ring der hintersten Tarsen weiss. Bohrer fast von Hinterleibslänge. 6 mm.
11. vindex Tschek.

Schildchen ganz schwarz. 9.

9. Die hintersten Schienen oder auch die hintersten Tarsen an der Basis weiss geringelt. Postpetiolus und Segment 2 und 3 rot. 5—7 mm. 10.

Die hintersten Schienen und Tarsen nicht weiss geringelt. 11.

10. Scheitel nicht mit weissen Seitenpunkten. Die hintersten Schienensporen weiss.
3. alternator Grav.

Scheitel mit weissen Seitenpunkten. Die hintersten Schienensporen dunkelbraun.
5. punctiger C. G. Thoms.

11. Die hintersten Tarsen ohne weissen Ring. Schwarz, Scheitelrand gelblich weiss, die hintersten Schenkel an der Spitze und Segm. 5—8 schwarz. Sonst dem 11. assertorius sehr ähnlich. 6—9 mm.
2. brachyurus Grav.

Die hintersten Tarsen mit weissem Ring. Schwarz, Hinterleibsmitte rot.
Arten der Gattung Caenocryptus.

♂.

1. Thorax blutrot. Kopf und Thorax reich weiss gezeichnet.
5—6 mm.

6. m i n u t o r i u s F.

Thorax schwarz. 2.

2. Gesicht und Thorax schwarz, nicht weiss gezeichnet.
Die Basis der hintersten Schienen und Tarsen weiss.
5—7 mm. 3.

Kopf und Thorax weiss gezeichnet. Gesicht meist ganz
weiss. 4.

3. Scheitel ohne weisse Seitenflecke.   Die hintersten
Schienensporen weiss.

3. a l t e r n a t o r Grav.

Scheitel mit weissen Seitenflecken. Palpen und Glied
2—4 der hintersten Tarsen weiss.

5. p u n c t i g e r C. G. Thoms.

4. Die hintersten Tarsen ohne weissen Ring. Schwarz,
Segm. 2 und 3 mit roten Endrändern. Mund, Clypeus,
Gesicht, Augenränder, Schaft, die beiden Schildchen,
Makel des Metathorax, Rand des Postpetiolus, Vorder-
hüften u. s. w. gelblich weiss. 7 mm.

12. p o l y t o m i Tschek.

Die hintersten Tarsen mit weissem Ring. 5.

5. Hinterschienen an der Basis weiss. Gesichtsseiten,
Clypeus und Wangen weiss. Die vorderen Hüften und
Trochantern weiss gezeichnet.

4. i n s u l a n u s Krieger.

NB. Hierher gehört auch das noch unbekannte ♂ von collaris
Tschek.

Hinterschienen an der Basis nicht weiss. 6.

6. Die hintersten Schenkel und alle Hüften schwarz, Glied
3 und 4 der hintersten Tarsen weiss. Kopf und Thorax
sparlich weiss gezeichnet. 6—9 mm.

2. b r a c h y u r u s Grav.

Die hintersten Schenkel rot oder an der Spitze schwarz.
Vorderhüften nicht schwarz. 7.

7. Kopf und Thorax reich weiss gezeichnet, Gesicht fast
stets ganz weiss. Fühler mit weissem Ring. Segm. 1—4
mit weissem Eudrand. 9—12 mm.

1. assertorius F.

Clypeus, Gesichtsseiten, Tegulae, die vorderen Trochantern
und Ring der hintersten Tarsen weiss. Vorderhüften
dunkel braunrot. Fühler ohne weissen Ring.

11. vindex Tschek.

---

1. **H. assertorius F.** 1793 Ichn. assertorius Fabricius, Ent. Syst. p 140 ,
| 1804 Crypt. assertorius Fabricius, Syst. Piez. p. 76 ♀ | 1873
Habroc. assertorius C. G. Thomson, Opusc Ent V. p 498 , ♂ |
1829 Ischnus porrectorius Gravenhorst, I 642 ♂.

♀ Metathorax fein lederig gerunzelt. Segment 1 oben fast
polirt, ohne Tuberkeln und Kiele, 2 fein punktirt und
behaart. Beine schlank, V.-Schienen nicht aufgetrieben.
— Schwarz, Postpetiolus, Segment 2—4 und Vorderrand
von 5, Schenkel, Schienen und Tarsen rot. Fühlerglied
8—11, innere Augenränder, Linie vor und unter den
Flügeln, Schildchen, Hinterschildchen und schmaler Ring
der hintersten Tarsen weiss.

♂ Körper schlank. Kopf, Thorax und Hüften reich weiss
gezeichnet; Segment 1—4 mit weissem Rand, 2—4 auf
der Scheibe meist zum Teil schwarz, Glied 2—4 der
H.-Tarsen weiss.

    L. 6—9 mm.

    Ganz Europa, nicht selten.

2. **H. brachyurus Grav.** 1829 Cr. brachyurus Gravenhorst III 572 , |
1829 Ischnus sanni Gravenhorst. I 646 ♂ | 1873 Habroc.
brachyurus C. G Thomson. Opusc Ent V p 499 , ♂.

♀ Der vorigen Art sehr ähnlich, die Schildchen nicht weiss,
nur der Scheitelrand gelblich weiss, die hintersten Tarsen
ohne weissen Ring, die hintersten Schenkel an der Spitze
und Segment 5—8 schwarz.

♂ Die hintersten Schenkel und alle Hüften schwarz. Die
weisse Zeichnung von Kopf und Thorax weniger reich.
Glied 3 und 4 der hintersten Tarsen weiss.

    L. ♀ 3 mm, 3,75 mm, 1,5 mm.

    Mit der vorigen, aber seltener. Taschenberg hält die
Art für eine Varietät der vorigen.

3. **H. alternator Grav.** 1829 Cr. alternator Gravenhorst II p. 588 |
1865 Cr. annulipes Taschenberg, 1 c. p. 100 ♀ | 1873 Habroci
alternator C. G. Thomson, Opusc. Ent. V p. 499 ♀♂.

Aehnlich den beiden vorhergehenden Arten, aber Kopf
und Thorax ohne weisse Zeichnung, die hintersten Schienen
mit weissem Basalring, ebenso die hintersten Tarsen
meist mit 1 oder 2 weissen Ringen; die hintersten
Schienensporen weiss. Beim ♀ Segment 1—3, Tarsen,
Schienen und teilweise die Schenkel rot. Das ♂ von
Farbe des ♀, aber Segment 2 und 3 rot, auf der Scheibe
mehr oder weniger schwarz.

L. ♀ 3 mm, 3 mm, 1,5 mm. ♂ 5—7 mm.

Europa, ziemlich selten.

4. **H. insulanus Krieger.** 1897 H. i. Krieger, Ent Nachr. p 7. ♀♂.

♀ Schwarz, Hinterleib rot, Segment 5—8 schwarz, das
7. mit schmalem, weissen Endrand. Weiss sind ein
Fühlerring, Gesichtsseiten, Scheitelflecken beiderseits, Halsrand, Tegula, eine Linie unter den Flügeln, Endhälfte
des Schildchens und das Hinterschildchen, Beine rot,
Hüften, Trochantern, Spitze der hintersten Schenkel und
die hintersten Schienen und Tarsen schwarz; Hinterschienen an der Basis und Glied 2 der hintersten Tarsen
weiss.

Das ♂ weicht durch Folgendes ab: Hinterleibsstiel
schwarz, Vorderhälfte von Segment 5 rot. Palpen,
Wangen, Clypeus, die ganzen inneren Augenränder bis
hinauf zum Scheitelfleck weiss. Vorderhuften weiss gefleckt, die vorderen Trochantern und Glied 2—4 der
hintersten Tarsen weiss.

Kopf wie bei H. alternator. Fühler an der Basis nicht
rötlich. Skulptur des Thorax feiner als bei alternator.
Die vordere Querleiste scharf, die hintere undeutlich.

Körperlänge ♀ 6—7 mm, Bohrer 1,5 mm. ♂ 7 mm.

Insel Borkum.

5. **H. punctiger C. G. Thoms.** 1896 H. punctiger C. G. Thomson,
Opusc. Ent. XXI p 2364 ♀♂.

Schwarz, Hinterleibsmitte, Schenkel und Schienen rot,
die hintersten Schenkel an der Spitze schwarz, die hintersten Schienen schwarz, an der Basis weiss. Scheitel
mit weissen Seitenpunkten. Beim ♂ die Palpen und
Glied 2—4 der hintersten Tarsen weiss.

Der vorigen Art ähnlich, aber Scheitel mit weissen
Punkten, die hintersten Schienensporen braun und die
Radialzelle länger.

6. **H. minutorius F.** 1801 Cr. minutorius Fabricius, Syst. Piez. p. 72 ♀ | 1804 Cr. constrictor idem, l. c. p. 81 | 1809 Ichn. rubricator Panzer, Faun. fasc 84 ♂ | 1870 Cr. minutorius Tschek, Beitrage etc. p. 134 ♀♂ | 1873 Habrocr. minutorius C. G. Thomson, Opusc. Ent. V p. 500 ♀♂.

♀ Blutrot, Kopf, Makeln um das Schildchen, Brust, Segment 4—8, Hüften und Trochanteren, die hintersten Schenkel ganz, Vorderschenkel an der Basis schwarz. Bohrer etwa von halber Hinterleibslänge.

♂ Wie das ♀, aber Gesicht, Orbiten, Schaft unten, die beiden Schildchen, die vorderen Hüften und Trochanteren teilweis, Ring der hintersten Tarsen und Endrand der Segmente 1—5 weisslich.

L. 5—6 mm.

Ganz Europa, ziemlich selten.

7. **H. orbitatorius C. G. Thoms.** 1896 H. orbitatorius C. G. Thomson Opusc. Ent. XXI p. 2364 ♀

♀ Trüb ockergelb, Kopf, Thorax und Hüften weiss gezeichnet.

Dem H. minutorius ähnlich, aber kleiner und von hellerer Farbe. Kopf schwarz, Augenränder und Mund weisslich, Gesicht blassrot. Thorax trüb ockergelb, Halsrand, Schulterlinie und Schildchenspitze weiss. Hinterleib blass, am Ende schwarz; Hüften weiss und schwarz gezeichnet.

L. 4 mm.

Dalmatien.

Arten, deren Stellung bei Habrocryptus nicht sicher ist.

8. **H. geminus Grav.** 1829 Cr. geminus Gravenhorst, II p. 506 | 1865 Taschenberg. l. c. p. 91 ♀

♀ Metathorax dicht punktirt, von den Querleisten nur die schwach vortretenden Ecken der hintersten bemerkbar; Luftlöcher kreisrund. Segment 1 fast polirt und ohne Tuberkeln, am Grunde des Petiolus je ein seitliches Spitzchen. Gesichtsbeule sehr verwischt. Fühlerglied 3 über 4 Mal so lang als dick. — Schwarz, Postpetiolus, Segment 2—5, Schenkel, Schienen und Tarsen, Fühlerglied 3—5 gelbrot, 11—13, Schildchen und Hinterschildchen weiss.

L. 3,75 mm, 3,75 mm, 1,75 mm.

Oesterreich.

9. H. inquisitor Tschek. 1870 Cr inquisitor Tschek, Beiträge etc. p. 129 ♀.

♀ Ziemlich glänzend, grau behaart, fein punktirt. Kopf runzlig aufgetrieben, breiter als der Thorax, Gesichtsbeule vorhanden, Stirn ziemlich eben. Mesonotum mit tiefen Parapsiden. Metathorax runzlig mit feinen Seitenzähnchen; Areola vorn schmal offen, Ramellus vorhanden. Hinterleib fein lederartig, Postpetiolus quadratisch, mitten stark erhöht. — Schwarz, Schildchen, zuweilen auch Hinterschildchen, und Halsrand weiss. Hinterleib rot, Basis und das 8. Segment schwarz. Vorderschenkel am Ende und ihre Schienen, Hinterschenkel rot. die hintersten Knie schwarz. Bohrer so lang wie der halbe Hinterleib.

L. 9—10 mm.   ♂ unbek.

Oesterreich.

10. H. collaris Tschek. 1872 Cr. collaris Tschek, Ueber einige Cryptiden etc. p. 249 ♀.

♀ Ziemlich glänzend, fein punktirt. Kopf hinter den Augen verschmälert; Gesicht glanzlos, ohne Beule; Augen vorn stark vorquellend. Fühler schlank, fast von Körperlänge, mitten ziemlich verdickt. Metathorax dicht runzlig punktirt, mit schwachen Seitenzähnchen, hinten steil abfallend, die Luftlöcher rund. Postpetiolus so lang als breit, ohne Kiele und Furche. Areola vorn ziemlich schmal offen. — Schwarz, Postpetiolus und Segment 2—4 rot, das 4. vor dem Ende mit dunkler Binde, Endsegmente mit weisslichen Hauträndern. Schenkel rot, die vorderen unten an der Basis, die hintersten an der Spitze schwarz; Vorderschienen gelblich, aussen dunkel gestreift. Eine Linie an den Scheitelrändern, Halsrand, Schildchenspitze, Hinterschildchen, Basis der Schienen und Fühlerring weiss. Flügel kaum getrübt, Stigma gelbbraun, Tegulae schwarz. Bohrer so lang wie der halbe Hinterleib.

L. 7 mm.

Ein Weibchen aus Oesterreich.

11. H. vindex Tschek. 1870 Cr. vindex Tschek, Beiträge etc p. 138 ♀ und 1872 idem, Ueber einige Crypt. p 247 ♂

Ziemlich glänzend, fein punktirt; Kopf etwas aufgetrieben: Stirn eben. Fühler schlank, kürzer als der Körper. Metathorax fein gerunzelt, die Luftlöcher kreisrund. Areola klein, oben schmal offen. Hinterleib fein lederig. Postpetiolus länger als breit, gekielt und fast bis zur Spitze tief gefurcht, an den Seiten mit groben, zerstreuten Punkten. —

♀ Schwarz, das 1. Segment am Ende und 2—4 schmutzig rot, 2 und 3 mitten an der Basis gebräunt, das 7. Segment mit schmalem weissen Endrand. Schenkel und Vorderschienen rötlich, Schenkel an der Basis braun. Schaft unten, Halsrand neben, Schildchenspitze, Hinterschildchen und Hüften zum Teil röthlich. Innere und zum Teil aussere Augenränder, Linie unter den Flügeln, ein kleiner Ring der hintersten Tarsen und Fühlerring weiss. Bohrer fast von Hinterleibslänge.

♂ Segment 2 und 3 rot, an der Basis gebräunt. Schenkel und Schienen rot, die hintersten an der Spitze braun. Vorderhüften rotbraun. Clypeus, Gesichtsränder, Wangenpunkt, Tegula, vordere Trochanteren und Ring der hintersten Tarsen weiss.

L 6 mm.

Oesterreich.

Anmerk Nach Thomson, vielleicht identisch mit Caenocryptus tener C. G. Thoms Dann hatte Cr vindex die Priorität

12. **H. polytomi Tschek.** 1872 Cr. polytomi Tschek, Ueber einige Crypt etc p 248 ♂.

♂ Wenig glänzend, fein punktirt. Kopf hinter den Augen sehr kurz und verschmälert. Metathorax fein gerunzelt, die mittleren Segmente fein quer nadelrissig. Areola nach vorn stark verengt, nerv. recurr. hinter der Mitte, Ramellus punktförmig. Postpetiolus mit parallelen Seiten, etwas länger als breit, ohne Kiele und Furche. Schwarz, Segment 2 und 3 mit rötlichem Endrand. Vordere Schenkel und Schienen blass rötlich gelb, die hintersten dunkelbraun. Clypeus, Gesicht, Augenränder, Schaft unten, Halsrand, Linie vor den Flügeln, beide Schildchen, Metathoraxfleck, Endrand des Postpetiolus und teilweis die vorderen Hüften und Trochanteren weiss. Aus Lophyrus polytomus Htg. gezogen.

L. 6,5 mm.

Oesterreich.

12 Gen. **Pycnocryptus** C. G. Thoms.

1873 Pycnocryptus C G. Thomson, Opusc Ent. V p 500.

Kopf annähernd dreieckig; Clypeus unbewehrt; Wangen lang, nicht aufgetrieben. Fühler fadenförmig. Areola gross, die Seiten nach vorn wenig convergirend; Radius kurz; Ner-

vellus oppos., unter der Mitte gebrochen. Hinterleib verlangert, Bohrer lang, die Hinterleibsspitze nicht weiss gefleckt.
Die hintersten Schenkel dick, Vorderschienen etwas aufgetrieben, die hintersten Tarsen kurzer als die Schienen.

1. **P. peregrinator Grav.** 1829 Cr. peregrinator Gravenhorst, II. p.
605 ♀ (non ♂) | 1865 Cr. peregrinator Taschenberg, l. c. p. 99 ♀
(non ♂) | 1870 Cr. peregrinator Tschek, Beiträge etc p. 132 ♀♂ |
1873 Pycnoci. peregrinator C. G. Thomson, Opusc. Ent. V p 500
♀♂ | 1829 Cr. analis Gravenhorst II p. 560 ♂ (non ♀) | 1865 Cr.
analis Taschenberg, l. c p 91 ♂ (non ♀) | 1878 Cr. varipes Brischke,
Ichneum. West- u Ostpr p. 332 ♂.

A n m e r k. Der Cr. peregrinator der Autoren vor Gravenhorst
ist sehr zweifelhafter Natur

♀ Schwarz, glänzend, fast glatt. Metathorax grob punktirt,
Hinterleib vom Postpetiolus fast poliert. Segment 1—4,
Schenkel und Schienen rot, die hintersten Schenkel an
der Spitze schwarz. Fühlerglied 7—11 weiss. Bohrer
von Hinterleibslänge.

♂ Beine schwarz, Vorderschienen ganz, Vorderschenkel am
Ende rot. Zuweilen die hintersten Tarsen mit schmalem
weissen Ring.

Var. ♂ Gesichtsränder unten weisslich.

L. 8—10 mm.

Ganz Europa: meist häufig. Auch in Algerien und
Tunesien von mir gefunden.

2. **P. longicauda Kriechb.** 1873 Cr. longicauda Kriechbaumer, Ber.
Zool Bot. Ges p. 49 | 1890 P. corcyraeus Schmiedeknecht, Gatt.
u. Art Crypt. p. 28 ♀.

♀ Ziemlich glänzend, punktirt, Stirn stark eingedrückt,
Parapsiden tief, Metathorax stark punktirt, die Quer-
leisten fast verwischt, Luftlöcher langgestreckt, Hinter-
leib schmal, sehr fein punktirt, gegen das Ende mehr
lederartig, das 1. Segm. verlängert, vor dem Ende mit
Grübchen, Bohrer etwas länger als der Körper. Areola
mit parallelen Seiten, Ramellus fehlend. — Schwarz,
Fühler mit weissem Ring, Hinterleib rot, Petiolus schwarz,
Beine rot, Hüften, Trochantern, Tarsen und der grösste
Teil der hintersten Schienen schwarz.

L. 9—10 mm.

Das von Kriechbaumer beschriebene Exemplar stammte
von Fiume. Ich fand die Art in mehreren Exemplaren
auf Corfu. Weitere Exemplare sah ich von Triest durch
Dr. Gräffe. Strobl sammelte sie ebenfalls bei Fiume.

13 Gen. **Spilocryptus** C. G. Thoms.

1873 Spilocryptus C. G. Thomson, Opusc. Ent. V p. 501.

Clypeus unbewehrt. Fühler ♀ fadenförmig, meist mit weissem Ring. Areola meist gross und mit parallelen Seiten; Nervellus unter, selten in der Mitte gebrochen. Flügel zuweilen sehr kurz. Luftlöcher des Metathorax meist klein und rund. Hinterleibsmitte rot, Hinterleibsspitze weiss gefleckt. Die vordersten Schienen mehr oder minder aufgetrieben. Area coxalis nicht geschieden. Petiolus beim ♀ an der Basis mit Seitenzähnen.

♀.

1. Luftlöcher des Metathorax klein und rund. Die hintersten Schienen meist mit weisser Basis. 2.

    Luftlöcher des Metathorax gross, oval. Die hintersten Schienen an der Basis nicht weiss. 26.

2. Flügel sehr kurz, den Metathorax nicht oder nur wenig überragend. Fühler 3farbig. Beine mit Einschluss der Hüften rot, die hintersten Schenkel an der Spitze mehr oder weniger verdunkelt. (Agrothereutes Först.) 3.

    Flügel von normaler Länge. 5.

3. Flügel bis zur Basis des Postpetiolus reichend. Die hintersten Schenkel mit schwarzer Endhälfte; die hintersten Schienen und Tarsen schwarz, die ersteren an der Basis weiss. Segment 1—3 und Basis von 4 rot. L. 5—6 mm.

    1. brevipennis Kriechb.

    Flügel den Metathorax nicht überragend. Beine rotgelb, die hintersten Schenkel an der Spitze bräunlich, die hintersten Schienen an der Basis weisslich. 4.

4. Thorax ganz rotgelb, stark punktirt mit glatten Zwischenräumen. Metathorax runzlig, die Querleiste in den Seiten zahnartig vorstehend.

    2. pygoleucus Grav.

    Thorax schwarz, selten das Schildchen rot. Sonst in Färbung und Sculptur der vorigen Art ähnlich.

    3. abbreviator Grav.

5. Die hintersten Schienen mit weissem Basalring. Mesonotum mehr oder weniger glänzend. Areola mit parallelen Seiten. 6.

Die hintersten Schienen an der Basis nicht weiss. 17.

6. Die hintersten Hüften ganz oder zum Teil rot. 7.

Die hintersten Huften schwarz. 9.

7. Alle Hüften und Fühlerbasis rot. Kopf hinter den Augen verengt. Vorderflügel in der Mitte verdunkelt. 7 mm.

4. incubitor Grav.

Nur die hintersten Hüften rot. 8.

8. Kopf hinter den Augen verengt. Flügel hyalin, auf der Mitte nicht verdunkelt. Das 1. Hinterleibssegm. schmal. Die hintersten Schenkel rot mit schwarzer Spitze. Bohrer von ⅓ Hinterleibslänge. 9 mm.

5. cimbicis Tschek.

Kopf hinter den Augen nicht verengt, eher aufgetrieben. Flugel auf der Mitte wolkig getrubt. Das 1. Segment gegen das Ende allmählich erweitert. 9—12 mm.

6. migrator Grav. var.

9. Ramellus lang. Segm. 2—4 mit eingedrückter Bogenlinie, das 5. mit einer Querreihe von Punkten. Flügel unter dem Stigma mit Trubung. Bohrer so lang wie der halbe Hinterleib. 6,5 mm.

7. excentricus Tschek.

Ramellus kurz. Grössere Arten. 10.

10. Kopf aufgetrieben. 11.

Kopf hinter den Augen verengt. 13.

11. Kopf kurz, dem buckligen Thorax fest anliegend. Stirn flach. Metathorax kurz. mit Seitenzähnen. Postpetiolus quer. Flügel mit Trubung. Bohrer so lang als der halbe Hinterleib. 9 mm.

8. hospes Tschek.

Kopf dem Thorax nicht eng anliegend, sondern deutlich getrennt. Metathorax länger. 12.

12. Bohrer so lang wie der halbe Hinterleib. Fuhler meist schwarz mit weissem Ring. Metathorax mit Seitenzähnchen. Ramellus fehlt. Hinterleib fein zerstreut punktirt. 9—12 mm.

6. migrator Grav.

Bohrer etwas kürzer als der Hinterleib. Fühler meist 3farbig. Die hintersten Schenkel an der Spitze breit schwarz. 9—10 mm.

11. fumipennis Grav.

13. Areola nach oben stark verengt. Schildchen weiss. 7 mm.

Habroer. collaris Tschek.

Areola mit parallelen Seiten. 14.

14. Postpetiolus quer, viel kürzer als breit. Flugel hyalin. Die hintersten Schenkel an der Spitze breit schwarz. 8—12 mm.

12. zygaenarum C. G. Thoms.

Postpetiolus nicht quer. 15.

15. Kleine Art von nur 6—7 mm. Nur Segment 2 und 3 und der breite Endrand von 1 rot. Beine grösstenteils schwarz.

9. pumilus Kriechb.

Grössere Arten von 8—11 mm. Auch das 4. Segment ganz oder grösstenteils rot. 16.

16. Flugel auf der Scheibe deutlich getrübt. Vorderschienen vorn rötlich gelb, an der Basis weisslich. Hinterleib rot, an der Spitze schwarz, weissgefleckt. 9—11 mm.

13. solitarius Tschek.

Flugel schwach getrubt. Vorderschienen vorn dunkel. Das 4. Segment am Ende schwarz. 8—10 mm.

10. tibialis C. G. Thoms.

17. Schildchen weiss. 18.

Schildchen schwarz oder rot. Fühler meist mit weissem Ring. 19.

18. Thorax rot mit braunen Flecken. Beine grösstenteils dunkelbraun. Bohrer so lang als der halbe Hinterleib. Areola mit parallelen Seiten.

24. fuscipes Tschek.

Thorax schwarz, matt. Beine mit Einschluss der Hüften rot, an den hintersten die Spitze der Schenkel und die Schienen schwarz. Fühler 3farbig. 6 mm.

Gambrus tricolor Grav.

19. Schwarz, Einschnitte der Segmente 1—3, Vorderschienen
vorn, Schenkel an der Spitze unten und Ring der hintersten Tarsen rötlich gelb. Schildchen zuweilen mit
rötlicher Spitze. 9 mm.

Cryptus alutaceus Tschek.

Einige Hinterleibssegmente rot.   20.

20. Schildchen wie das Hinterschildchen stark buckelig, an
der Spitze steil abfallend. Segment 1—3 und Schenkel
rot, die hintersten mit schwarzer Spitze. Metathorax
kurz, mit deutlichen Querleisten. 6 mm.

25. brachysoma Taschbg.

Schildchen weniger buckelig, hinten nicht steil abfallend. 21.

21. Schildchenspitze, Hinterschildchen und Hüften zum Teil
trüb rot. Fühler und hinterste Tarsen mit weissem Ring.
Bohrer fast von Hinterleibslänge. 6 mm.

Habrocr. vindex Tschek.

Schildchen schwarz   22.

22. Die hintersten Tarsen mit weissem Ring. Hüften meist
rot. 23.

Die hintersten Tarsen ohne weissen Ring. Hüften
schwarz. 24.

23. Areola klein, nach vorn stark verengt. Kleine Arten.
Gattung Caenocryptus.

Areola quadratisch. Die hintersten Tarsen ganz weiss.
Segment 1—3 gelblich rot. 10—11 mm.

26. amoenus Grav.

24. Die hintersten Beine fast ganz schwarz, Vorderschenkel
nur an der Spitze rot. 9 mm.

23. Magrettii Kriechb.

Die hintersten Schenkel und Schienen grösstenteils rot. 25.

25. Bohrer länger als der halbe Hinterleib. Flügel hyalin.
Kopf nach hinten stark verschmalert; Clypeus vor der
Spitze stark erhaben. Segment 2, 3 und Basis von 4 rot.
8—10 mm.

14. mansuetor Tschek.

Bohrer länger als der Hinterleib. Flügel stark getrübt.
Kopf hinter den Augen nicht verschmälert. Hinterleib
keulenförmig.

15. claviventris Kriechb.

26. Fühler ganz schwarz. Segment 1—3 rot, das 1. an der Basis schwarz. Beine schwarz, Vorderschenkel vorn und Vorderschienen grösstenteils rot. Grosse und robuste Art von 12 mm.

16. nigricornis Kriechb.

Fühler mit weissem Ring. 27.

27. Hinterleib schwarz, die mittleren Segmente höchstens mit braunem Endsaum, das 7. Segment weiss. Beine schwarz, nur die vorderen Knie und Schienen zum Teil hell. 11—13 mm.

22. aterrimus Grav.

Hinterleibsmitte heller oder dunkler rot. 28.

28. Bohrer kurz, kaum länger als ein Viertel des Hinterleibs. Kopf und Thorax glänzend. 29.

Bohrer so lang als der halbe Hinterleib. 30.

29. Flügel fast hyalin. Beine grösstenteils schwarz. 10—12 mm.

20. grossus Grav.

Flügel gleichmässig getrübt. Beine mit Ausnahme der Hüften und Trochanteren, sowie Segment 1—3 lebhaft rot. 9 mm.

21. subalpinus n. sp.

30. Metathorax ohne Seitenzähne. Alle Schenkel und die Vorderschienen rot, ebenso Segment 1—3. Flügel gleichmassig getrubt. 8 mm.

17. Frey-Gessneri n. sp.

Metathorax mit starken Seitenzahnen. Beine grösstenteils schwarz. 31.

31. Flügel mit stark getrübter Spitzenhälfte. Hinterleibsmitte rot. Beine grösstenteils schwarz. Mesonotum und die mittleren Segmente dicht punktirt. 8—12 mm.

18. adustus Grav.

Flügel getrübt, unter dem Stigma mit dunklerer Wolke. Hinterleib braunrot, an der Spitze schwarz, die mittleren Segmente ziemlich glänzend, punktirt. 12 mm.

19. nubeculatus Grav.

♂

1. Spirakeln des Metathorax klein und rund. 2.

   Spirakeln des Metathorax gross, oval. Die hintersten
   Schienen an der Basis nicht weiss. 16.

2. Die hintersten Schienen an der Basis weiss. 3.

   Die hintersten Schienen an der Basis nicht weiss. 13.

3. Nervellus in der Mitte gebrochen. Mesonotum glänzend
   Schildchen, Augenränder fein, Tegulä, Vorderhüften zum
   Teil, meist auch Makeln des Metathorax weiss. 6—8 mm

                          2. pygoleucus Grav.

   Nervellus deutlich unter der Mitte gebrochen. 4.

4. Kopf hinten kaum ausgeschnitten, dem buckeligen Thorax
   fest anliegend, die Augen wenig vortretend. Spirakeln
   des 1. Segments spitz vorragend. Clypeus, innere Augen
   ränder, die beiden Schildchen, 2 Makeln des Metathorax
   Endrand des 1. Segments und Ring der hintersten Tarse
   weiss 8—9 mm.

                          8. hospes Tschek.

   Hinterhaupt deutlich ausgerandet; Kopf dem Thorax nich
   eng anliegend. 5.

5. Hinterleib kurz und breit, bis zur Spitze des 6. Segment
   deutlich breiter werdend, das 4. Segment quadratisch
   Kopf hinter den Augen kaum verengt. Das 1. Segmen
   an der Spitze, 2—4—5 rot. Clypeus, meist eine Make
   des Gesichtes, innere Augenränder und Ring der hintersten
   Tarsen weiss. Die hintersten Schenkel an der Basi
   schmal rot. 9—12 mm.

                          6. migrator Grav.

   Hinterleib länger und schmäler. 6.

6. Schildchen weiss. Die hintersten Tarsen nicht mit weissen
   Ring. 7.

   Schildchen schwarz, selten die Schildchenspitze weiss. Post
   petiolus kaum länger als breit. 10.

7. Die vordersten Hüften ausgedehnt weiss gezeichnet. Weiss
   sind ferner die Stirnränder, Tegulä, die beiden Schildchen
   Endrand des 1. und 7. Segmentes. 8.

   Vorderhüften nicht weiss gezeichnet. 9.

8. Flecken des Metathorax und Ring der hintersten Tarsen weiss, meist auch die Gesichtsseiten oder das ganze Gesicht. 8—10 mm.

4. incubitor Grav.

Metathorax und die hintersten Tarsen ohne weisse Zeichnung. 8 mm.

9. pumilus Kriechb.

9. Postpetiolus deutlich länger als breit, die Tuberkeln vorragend. Vorderschienen an der Spitze und Schienen rotgelb. Clypeus, innere Augenränder, Halsrand, Schildchen, Hinterschildchen, Makeln des Metathorax, Rand des Postpetiolus und Ring der hintersten Tarsen weiss. Die hintersten Schenkel meist schwarz. 10—11 mm.

11. fumipennis Grav.

Postpetiolus quadratisch, die Tuberkeln kaum vorragend. Die hintersten Tarsen meist schwarz. Sonst der vorigen Art sehr ähnlich. 9 mm.

13. solitarius Tschek var.

10. Kopf, Thorax, die hintersten Schenkel, Hüften, Trochantern und Tarsen schwarz. Flügel fast hyalin. 8—12 mm.

12. zygaenarum C. G. Thoms.

Kopf reich weiss gezeichnet, sehr selten schwarz und nur die inneren Augenränder weiss. 11.

11. Die hintersten Schenkel ganz schwarz. Die vorderen Trochantern weiss. Das 5. Segment schwarz. 8—10 mm.

10. tibialis C. G. Thoms.

Die hintersten Schenkel rot, nur an der Spitze schwarz. 12.

12. Die vorderen Hüften und Trochantern weiss, schwarz gefleckt. Augenränder, Makel des Gesichtes, Schaft unten, Linie unter den Flügeln und Ring der hintersten Tarsen weiss. 10 mm.

5. cimbicis Tschek.

Die vorderen Hüften und Trochantern schwarz. Gesichtsränder und Ring der hintersten Tarsen weiss. 9 mm.

13. solitarius Tschek.

13. Schildchen weiss. 14.

Schildchen schwarz. Die hintersten Tarsen mit weissem Ring. 15.

14. Kopf schwarz. Die hintersten Tarsen ohne weissen Ring. Hinterleib sehr schmal, der Petiolus linear. 5—8 mm.

Gambrus tricolor Grav.

Gesicht und Makeln des Metathorax weiss.

Gattung Caenocryptus.

15. Clypeus vor dem Endrand stark erhaben. Scheitelpunkte und meist auch die inneren Augenränder weiss. Alle Schenkel an der Basis breit schwarz. 10 mm.

14. mansuctor Tschek.

Clypeus niedergedrückt. Clypeus, Tegulä und die vorderen Trochautern weiss. Schenkel und Schienen rot, die hintersten an der Spitze schwarz. 6 mm.

Habrocr. vindex Tschek.

16. Hinterleib lang und schmal, schwarz, nur die vorderen Segmente mit hellem Endsaum. Clypeus, zuweilen auch Seitenlinien des Gesichtes, ein Ring der hintersten Tarsen und meist auch Schildchenspitze weiss. 13—15 mm.

22. aterrimus Grav.

Hinterleibsmitte mehr oder weniger ausgedehnt rot. 17.

17. Hinterleib oval, an der Spitze mit 2 weissen Flecken.

20. grossus Grav.

Hinterleib weit schlanker. 18.

18. Schildchen schwarz. Segment 1—4 mit Ausnahme des Petiolus und die vorderen Schienen rot. Die hintersten Tarsen schwarz. 11 mm.

19. nubeculatus Grav.

Schildchen an der Spitze, Hinterschildchen und 2 gebogene Makeln des Metathorax, sowie Ring der hintersten Tarsen weiss. 10 mm.

18. adustus Grav.

Es hält schwer, die von Tschek und Thomson aufgestellten Arten in Einklang zu bringen; es existieren also mehr Namen als Arten:

A. Agrothereutes Först.

1. S. brevipennis Kriechb. 1893 S brevipennis Kriechbaumer, Ent. Nachr. p. 54 ♀.

♀ Schwarz, Fühler 3 farbig, Segment 1—3 und Basis von 4 und Beine rot, Endhälfte der hintersten Schenkel sowie die hintersten Schienen und Tarsen schwarz; Basis der hintersten Schienen und Rücken von Segment 7 weiss. Kopf kurz, hinten verschmälert. Flügel verkürzt.

Unterscheidet sich von S. pygoleucus und abbreviator durch die längeren Flügel, die bis zum Anfang des Postpetiolus reichen, durch das grösstenteils schwarze 4. Segment, durch die bis fast bis zur Mitte gehende schwarze Färbung der Hinterschenkel und die fast ganz schwarze Färbung der hintersten Schienen und Tarsen.

L. 5,5 mm, Bohrer 1,5 mm.

Piemont.

2. S. pygoleucus Grav. 1829 Cr pygoleucus Gravenhorst, II 510 ♂ | 1829 Pezomachus Hopei Gravenhorst, Suppl. Part. II. tom 1 p. 715 ♀ | 1851 Agrothereutes Hopei Förster, Mon. Gatt. Pezom. p. 34 ♀ | 1873 Spiloer. dispar C. G Thomson, Opusc. Ent. V. p. 504 ♀♂ | ? 1829 Cr. tibiator Gravenhorst. II p. 539 ♂ (sec. Thomson)

Zur Speciesfrage von C. pygoleucus und abbreviator vergleiche man auch Bridgman, Trans. Ent. Soc. London 1884 p. 423.

♀ Kopf schwarz, Fühler 3 farbig. Thorax ganz rotgelb, punktirt, ziemlich glänzend, Schildchen mit wenigen zerstreuten Punkten. Die Flügel erreichen nicht ganz die Spitze des Thorax. Metathorax stark runzlig. Hinterleib fein lederig, zerstreut punktirt und kurz behaart; Segment 1—3, und Basis oder Seiten von 4 rotgelb. Beine rotgelb, die hintersten Schenkel an der äussersten Spitze braun, die hintersten Schienen an der Basis schmal weiss. Bohrer so lang wie das 1. Segment.

♂ Sehr variabel. Areola nach oben etwas convergirend, Nervellus meist in der Mitte gebrochen. Kopf schwarz, Stirnränder schmal weiss. Mesonotum glänzend; Schildchen weiss oder schwarz; Postpetiolus oft an der Basis und am Endrand weiss. Segment 2—4 ganz oder zum Teil rot. Metathorax weiss mit runden weissen Seitenflecken, auch die Vorderhüften gewöhnlich weiss gefleckt.

Mittel- und Nord-Europa.

Aus Psyche viciella und Eupoecilia ambiguana.

3. S. abbreviator Grav. 1829 Pezomachus abbreviator Gravenhorst, II p. 878 ♀ | 1851 Agrothereutes abbreviator Förster, Mon. Gatt. Pezom. p. 33 ♀.

♀ Schwarz, die 3 ersten Segmente und teilweis das 4. rotgelb. Kopf runzlig punktirt; Fühler 3 farbig. Mesonotum ziemlich grob punktirt, Zwischenräume glatt und glänzend; Metathorax runzlig, die Querleiste in den Seiten

schaif zahnartig verspringend.   Hinterleib fein lederig,
Postpetiolus mit vorspringenden Tuberkeln.   Beine rotgelb, die hintersten Schenkel an der Spitze bräunlich,
die hintersten Schienen an der Basis schwach weiss.
Bohrer so lang wie das I. Segment.

Var. Schildchen rot.   (Nach Bridgman die Form mit
schwarzem Schildchen die gewöhnliche.)

L. 6—8 mm.   ♂ unbek.

Nord- und Mitteleuropa.

B. Spilocryptus s. str.

4. **S. incubitor** Grav.   1829 Cr. incubitor Gravenhorst, II, 590 ♀ |
1870 Cr. incubitor Tschek, Neue Beitr. etc., p. 415 ♂ | 1829 Cr.
pygoleucus var. Gravenhorst I, 702 ♂ | 1865 Cr. pygoleucus var. 1
Taschenberg, Crypt. p. 103 ♂.

♀ Metathorax fein gerunzelt, die vordere Querleiste vollständig.   Postpetiolus oben flach und polirt, das 2. Segm.
sehr dicht und fein punktirt.   Schwarz, Segment 1—3
und Basis von 4, Fühlerglied 1—5 und Beine gelbrot,
die Spitzen der hintersten Schenkel und ihre Schienen,
mit Ausnahme der weissen Basis, schwarz.

♂ Schwarz, Hinterleibsmitte gelbrot; die vorderen Schenkel
und Schienen gelbrot, die hintersten Schenkel rot, an der
Spitze schwarz.   Weiss sind: Stirnränder oder die ganzen
Gesichtsseiten, Halsrand, Punkt vor und Linie unter den
Flügeln, die beiden Schildchen, Flecken hinten auf dem
Metathorax, die vorderen Hüften und Trochanteren
grösstenteils, Basis der Hinterschienen und Tarsenring,
meist auch der Petiolus und Endrand des Postpetiolus
und Makel des 7. Segments.

L. ♀ 3,5 mm, 3,5 mm, 2 mm.   ♂ 7—8 mm.

Nord- und Mitteleuropa.

5. **S. cimbicis** Tschek.   1870 C. cimbicis Tschek, Neue Beiträge etc.
p. 412 ♀♂ | 1841 Cr incubitor Ratzeburg, Ichn d. Forstins. I
112 ♀♂.

Ziemlich glänzend, fein punktirt.   Metathorax dicht
gerunzelt.   Hinterleib fein runzlig-punktirt, das 1. Segm.
schmal.   Ramellus fehlt.

♀ Schwarz, Hinterleib rot, an Basis und Spitze schwarz,
After weiss.   Gesichtsränder zuweilen weiss.   Die vorderen
Schenkel und Schienen rot, mit schwarzen Linien; die
hintersten Hüften rot, schwarz gefleckt.   Basis der hintersten Schienen und Fühlerring weiss.   Bohrer von
¹/₃ Hinterleibslänge.

♂ Augenrander und Makel des Gesichtes, Schaft ···ten, Halsrand, Linie unter den Flügeln, Tegul·, di· Hüften und Trochantern, Basis der H............... und Ring der Hintertarsen, zuweilen auch die Schildchenspitze weiss. Vorderschenkel. und Schienen rotgelb.

L. 9—10 mm.

Aus Clavellaria amerinae, Trichiosoma und Cimbex.

Nord- und Mitteleuropa.

6. **S. migrator** Grav. 1829 Cr. migrator Gravenhorst. II p 592 (ex parte) | 1870 C migrator Tschek, Neue Beitrage etc , p 410 ♀♂ | 1873 S migrator C G Thomson, Op Ent V p. 502 ♀♂.

♀ Kopf hinter den Augen kaum verschmälert; Postpetiolus fast quer; Metathorax ziemlich stark runzlig punktirt, mit Seitenzähnen; Postpetiolus und Segment 2—4 rot. Fühler schwarz mit weissem Ring. Hüften und Spitze der hintersten Schenkel schwarz. Flügel auf der Mitte getrübt. Ramellus fehlt. Bohrer so lang wie der halbe Hinterleib.

♂ Ausgezeichnet durch den kurzen und breiten Hinterleib. Das 1. Segment an der Spitze, 2—4 und 5 ganz oder teilweiss gelbrot. Stirn- und Augenränder, der Clypeus und meist ein Makel darüber, sowie Glied 2—4 der Hintertarsen weiss. Hinterschenkel mit Ausnahme der äussersten Basis schwarz.

L. 9—12 mm.

Gesellig in grösseren Bombyx-Arten.

Nord- und Mitteleuropa.

7. **S. excentricus** Tschek. 1870 Cr. excentricus Tschek, Beitrage etc. p 136 ♀

♀ Fein punktirt, schwach glänzend, mit weisslicher Behaarung. Metathorax kurz, gerunzelt. Ramellus lang; Flügel unter dem Stigma wolkig getrübt. Das 1. Segm. bis zu den Tuberkeln stark erweitert, neben den letzteren je ein tiefes Grübchen; Segment 2—4 mit eingedrückten Bogenlinien; die auf 3 und 4 sehr tief. — Schwarz, Postpetiolus, Segment 2, 3 und Basis von 4, Vorderschenkel an der Spitze und die Schienen rot; Hinterschenkel rot mit schwarzer Spitze. Makel des 7. Segm. und Basis der hintersten Schienen weiss. Bohrer so lang wie der halbe Hinterleib.

L. 6,5 mm. ♂ unbek.

Oesterreich.

8. **S. hospes Tschek.** 1870 Cr. hospes Tschek. Beiträge etc. p. 133 ♀♂.

Ziemlich glänzend, fein punktirt. Kopf kurz, dem buckeligen Thorax eng anliegend, Augen eingesenkt. Metathorax kurz mit Seitenzähnen. Postpetiolus ♀ quer, beim ♂ etwas länger als breit.

♀ Fühlerring weiss, Flügel mit dunkler Wolke. Schwarz, Postpetiolus, Segment 2, 3 und Basis von 4, Vorderschenkel an der Spitze und Schienen rot; Hinterschenkel rot mit schwarzer Spitze. Basis der hintersten Schienen und Makel von Segment 7 weiss. Bohrer etwa so lang als der halbe Hinterleib.

♂ Clypeus, innere Augenränder, Halsrand, Schildchen, Hinterschildchen, Linie unter den Flügeln, 2 Makeln des Metathorax, Endrand des 1. Segmentes und Ring der Hintertarsen weiss. Segment 2—4 und Basis von 5 rot. Färbung der Beine mehr rotgelb, die Schienen aussen dunkel gestreift.

L. ♀ 8—9,25 mm.   ♂ 8,25 mm.

Var. ♀ Postpetiolus fast ganz und die hintersten Schenkel schwarz.

Oesterreich.

9. **S. pumilus Kriechb.** 1899 S. pumilus Kriechbaumer, Ent. Nachr. p. 69 ♀♂ | ? 1829 Ch. migrator var. 4 Gravenhorst, Ichn Eur. II p. 595

Ausgezeichnet durch folgende Merkmale: Geringe Grösse; die vorherschend schwarzen Beine; den quer viereckigen, fast ganz roten Postpetiolus; die ganz schwarzen Segmente 4 und 5; das hinten schmal weiss gerandete 6. Segment.

♀ Schwarz, Postpetiolus, Segment 2 und 3, Spitze der Vorderschenkel und äusserste Basis der hintersten rot. Fühlerring und Basis der Schienen schmal weiss. Vorderschenkel und Vorderschienen innen gelblich. Kopf nach hinten verengt. Metathorax mit kurzen Seitendornen. Flügel hyalin, Stigma schwarzbraun. Bohrer so lang wie der Hinterleib ohne das 1. Segment.

Vermutlich gehört dazu das folgende ♂: Schwarz, Segment 2 am Ende, 3 und 4 ganz oder grösstenteils rot, Vorderschenkel an der Spitze, die hintersten an der Basis schmal und die vordersten Schienen rot. Palpen, Seiten der Stirn, eine Linie unter den Flügeln, Schildchen und Hinterschildchen, Spitze des 1. und 7. Segments, die vorderen Hüften und Trochantern, Basis der Schienen und Tegula weiss. Postpetiolus etwas länger als breit.

L. ♀ 7, ♂ 8 mm.

Umgebung von Meran.

10. S. tibialis C. G. Thoms. 1873 S. tibialis C. G. Thomson, Opusc Ent. V p. 503 ♀♂ und 1896 Opusc Ent. XXI p. 2367 ♀♂

♀ Kopf nicht aufgetrieben, hinter den Augen schief verengt. Fühler mit weissem Ring. Vorderschienen aussen schwarzbraun, die hintersten Schienen mit Ausnahme der weissen Basis, schwarz. Postpetiolus nicht quer. Flügel kaum getrübt. Postpetiolus, Segment 2, 3 und Basis von 4 rot. Bohrer etwas länger als der halbe Hinterleib.

♂ Die vorderen Trochanteren, zuweilen auch Schildchen und Tegulä weiss, Vorderschenkel fast ganz rot, die hintersten Schenkel mit Ausnahme der äussersten Basis schwarz. Hintere Querleiste kaum an den Seiten angedeutet.

L. 8—10 mm.

Schweden.

11. S. fumipennis Grav. 1829 Cr. fumipennis Gravenhorst, II p 601 ♀♂ | 1873 S. fumipennis C. G. Thomson, Opusc. Ent. V p. 503 ♀♂ und 1896 Opusc. Ent. XXI p. 2366 ♀♂.

♀ Kopf mit aufgetriebenen Wangen. Flügel ziemlich getrübt. Postpetiolus kaum breiter als lang, die hintersten Schenkel am Ende breit schwarz. Sonst dem S. migrator ähnlich. Bohrer nach Taschenberg wenig kürzer als der Hinterleib. (Thomson zieht jedoch den Cr. fumipennis Grav. ♀ zu seinem zygaenarum).

♂ Hinterleibsmitte rot. Vorderschenkel an der Spitze und Vorderschienen rot. Hinterschenkel und Schienen ganz schwarz. Clypeus, innere Augenränder, Halsrand, Schildchen und Hinterschildchen, Flecken des Metathorax, Endrand des Postpetiolus, Basalring der hintersten Schienen und Glied 2—4 der hintersten Tarsen weiss. (Nach Tschek, Beiträge etc p. 133.)

L. 9—11 mm.

Aus Psyche viciella gezogen.

Nord- und Mitteleuropa.

12. **S. zygaenarum** C. G. Thoms. 1873 S zygaenarum C G. Thomson, Opusc. Ent. V p. 501 und 1896 Opusc Ent. XXI p 2367 ♀♂

Anmerk Thomson zieht hierher C migrator Grav ♂ und Cr fumipennis Grav ♀ halt auch den C. solitarius Tschek fur moglicherweise identisch mit dieser Art

♀ Wangen wenig aufgetrieben. Mesonotum dicht und fein punktirt, aber nicht matt. Hinterleibsstiel an der Basis mit kraftigen und spitzen Seitenzahnen, Postpetiolus quer, doppelt kürzer als breit. Die hintersten Schenkel an der Spitze breit schwarz. Flügel hyalin.

♂ Kopf mit den Palpen, Thorax und Einschluss des Schildchens, die hintersten Schenkel, alle Hüften und Trochanteren und die hintersten Tarsen ganz schwarz.

Aus Zygaena filipendulae.

L. 8—12 mm.

Schweden, Dänemark.

13. **S. solitarius** Tschek. 1870 Cr solitarius Tschek, Neue Beitrage etc p 410 ♀♂

♀ Kopf hinter den Augen fast geradlinig und stark verschmalert. Metathorax grob und dicht punktirt mit starken aber stumpfen Seitenzahnen. Ramellus meist angedeutet. — Schwarz, Fühler mit weissem Ring. Hinterleib rot, am Ende schwarz, mit weisser Makel. Vorderschenkel an der Spitze rot, Vorderschienen vorn röthlich gelb; die hintersten Schenkel rot mit schwarzer Spitze; die hintersten Schienen an der Basis weiss. Flügel mit wolkiger Trübung. Bohrer etwas länger als der halbe Hinterleib.

♂ Gesichtsrander und Ring der hintersten Tarsen weiss. Seitenzähne des Metathorax viel schwacher.

Aus Zygaena filipendulae und scabiosae gezogen.

Mittel- und Sudeuropa.

14. **S. mansuetor** Tschek. 1870 Cryptus mansuetor Tschek, Beitr etc p. 131 ♀♂ | 1873 S nasutus C G Thomson, Opusc. Ent. V p 505 ♀♂ und 1896 Opusc. Ent XXI p 2368 ♀♂

♀ Dicht und fein punktirt, schwach glänzend. Kopf hinter den Augen stark und geradlinig verschmälert. Clypeus vor der Spitze stark erhaben. Fübler schlank, länger als der halbe Körper. Metathorax fein gerunzelt, mit den beiden Querleisten; Seitenzahne deutlich, die Luftlöcher klein und rundlich. Ramellus deutlich, Areola mit parallelen Seiten. Postpetiolus länger als breit, mit

Mittelfurche und Spuren von Seitengrübchen. Schwarz, Scheitel mit weissen Seitenpunkten, Fühler mit weissem Ring. Segment 2—4, Schenkel und Schienen rot. Vorderschenkel an der Basis schwarz, Hinterschienen an der Basis nicht weiss, am Ende schwarz. Das 7. Segment mit weisser Makel. Bohrer länger als der halbe Hinterleib. Flügel hyalin.

♂ Clypeus wie beim ♀. Gesichtsränder teilweis und Ring der hintersten Tarsen weiss. Alle Schenkel an der Basis breit schwarz.

Bei einer Varietät nur weisse Scheitelpunkte vorhanden.

L 8—10 mm.

Oesterreich, Deutschland, Schweden. Ich besitze ein ♀ aus Thüringen.

15. S claviventris Kriechb. 1891 S. claiventris Kriechbaumer in „Schletterei, Zur Hymenopterenfauna von Istrien“. ♀

♀ Kopf quer, hinter den Augen gerundet, aber nicht verschmälert, wie das Mesonotum und Schildchen fein und zerstreut punktirt und stark glänzend. Fühler kurz und dünn. Metathorax ohne Seitendornen. Hinterleib keulenförmig, bis zum Ende des 3. Segments erweitert. — Schwarz, Fühler mit weissem Ring. Hinterleibsmitte rot, Hinterleibsspitze weiss gezeichnet. Beine rot; Hüften, Trochanteren, die hintersten Knie, breite Spitzen der Hinterschienen und ihre Tarsen schwarz. Flügel stark gebraunt, Stigma und Tegulä schwarz. Bohrer länger als der Hinterleib.

L. corp. 11 mm, abd. 6 mm, Bohrer 8 mm.

Istrien.

16. S nigricornis Kriechb. 1896 S. nigricornis Kriechbaumer, Neue oder wenig bek Ichneum (Term. Fuzetek vol XIX p. 128).

♀ Dem S. grossus und adustus nahe verwandt, von beiden schon durch die ganz schwarzen Fühler unterschieden. — Schwarz, das 1. Segment am Ende, 2 und 3 rot, 5 grösstenteils, 6 und 7 ganz weiss; die vordersten Schienen vorn, Mittelschenkel an der Spitze und die vordersten Schienen grösstenteils rot. Flügel getrübt, Stigma braun, Areola gross, breiter als lang, nach vorn nicht verschmälert. Bohrer sehr kurz.

L. corp. 12 mm, Bohrer 1,5 mm.

Budapest. — Ein ♀ von Blankenburg i. Thür,

17. C. Frey-Gessneri n. sp.

♀ Kopf und Thorax glänzend schwarz, Kopf und Mesonotum
fein und ziemlich dicht punktirt: Clypeus stark gewölbt,
glänzend, zerstreut punktirt, Gesichtshöcker schwach;
Kopf quer, hinten stark abgerundet, Fühler gegen das
Ende deutlich verdünnt, schwarz mit weissem Ring,
Geissel an der Basis zum Teil rötlich. Brustseiten und
Metathorax an den Seiten und hinten grob runzlig
punktirt, schwach glänzend; Speculum polirt; die beiden
Querleisten des Metathorax deutlich, die Luftlöcher
ziemlich gross, oval; der Raum der area superomedia
ziemlich glänzend; Schildchen weiss. Flügel gleichmässig
getrübt, Stigma dunkelbraun, Ramellus fehlend, Areola
klein, nach oben stark convergirend; Tegulä schwarzbraun, Flügelwurzel weisslich. Beine, namentlich die
Schenkel kräftig, rot, Hüften, Trochanteren und die
hintersten Schienen und Tarsen schwärzlich; die hintersten
Hüften an der Spitze und die hintersten Schienen an der
Basis röthlich. Das 1. Segment fast glatt, nur der Postpetiolus mit feinen und zerstreuten Längsrissen, der
übrige Hinterleib fein und dicht punktirt, schwach
glänzend; Segment 1—3 rot, die Endsegmente röthlich
gerandet: Bohrer etwas länger als der halbe Hinterleib.

L. 8 mm. ♂ unbek.

Ich fand einige ♀ im Juli bei Sierre im Wallis.
Meinem alten Freund, dem allbekannten Schweizer Entomologen Frey-Gessner zu Ehren genannt.

18. S. adustus Grav. 1829 Cr. adustus Gravenhorst II p. 543 ♀ | 1829 Cr. opisoleucus Gravenhorst, II p. 522 ♂ | 1873 S. adustus C. G. Thomson, Opusc Ent V p. 507 ♀.

♀ Metathorax ziemlich grob gerunzelt, die Luftlöcher gross,
oval, Seitenzahne kräftig. Postpetiolus quer, oben
polirt. Segment 2 und 3 dicht und fein punktirt, glänzend.
— Schwarz, innere Augenränder. Fühlerring, Schildchenspitze und Hinterschildchen, sowie Hinterleibsspitze weiss.
Postpetiolus, Segment 2 und 3, zuweilen auch 4 an der
Spitze rot. Beine grösstenteils schwarz, die vorderen
vorn mehr oder weniger rot, die hintersten Schenkel
rot, auf der Oberseite oder an der Spitze schwarz. Flügel-
spitze bis zum Stigma ziemlich scharf begrenzt getrübt.

♂ Das 1. Segment weniger schlank als bei den verwandten
Arten. Rote Färbung wie bei dem ♀, an den Vorderbeinen ausgedehnter. Weiss sind: Ring der Mittel- und
Hinter-Tarsen, innere Augenränder, Schildchenspitze und
2 Bogenflecke am abschüssigen Teile des Metathorax.

Var. 1 ♀ Schildchen, Hinterschildchen und bisweilen auch die ganzen Hinterschenkel schwarz.

Var. 2 ♂ albolineatus Grav. 1829 Cr. albol Gravenhorst II 525. Metathorax weissfleckig, Hinterschenkel schwarz.

L. ♀ 4,25 mm; 5 mm; 2,25 mm. ♂ 4,25 mm; 5,5 mm.

Nord- und Mitteleuropa.

19. **S. nubeculatus Grav.** 1829 Cr. nubeculatus Gravenhorst, II p 611 ♂ | 1865 Cr. nubeculatus Taschenberg, I c p. 96 ♂ | 1870 Cr nubeculatus Tschek, Neue Beiträge etc., p 403

Anmerk Eine etwas unklare Art Man vergleiche darüber Taschenberg und Tschek.

♀ Punktirt, ziemlich glänzend. Metathorax grob runzlig punktirt mit starken Seitenzähnen. Hinterleib ziemlich breit, die mittleren Segmente nicht lederig, sondern punktirt mit glatten Zwischenräumen. Postpetiolus punktirt. — Gesichtsränder kaum hell gezeichnet; Fuhler mit weissem Ring. Hinterleib braunrot, am Ende schwarz, weiss gefleckt. Die vordersten Schenkel und Schienen voru röthlch. Flügel schwach getrübt. unter dem Stigma mit Wolke. Bohrer so lang wie der halbe Hinterleib.

♂ Metathorax grob punktirt und gerunzelt, Querleisten deutlich. Das 1. Segment, ebenso der ganze Hinterleib im Verhältniss breit. — Segment 1—4 mit Ausschluss des Petiolus und die Vorderschienen rot Querlinie auf Segment 6 und Rücken des folgenden Segments weiss.

L. 11—12 mm.

Aus Lophyrus pini erzogen.

Nord- und Mitteleuropa.

20. **S. grossus Grav.** 1829 Cr. grossus Gravenhorst, II p. 614 ♀ | 1873 S grossus C. G. Thomson, Opusc. Ent. V p. 568 ♀ und 1896 Opusc. Ent. XXI p .2369 ♂.

♀ Kopf nach hinten verengt, Wangen lang, Metathorax kurz, grob gerunzelt, area coxalis fast vollständig. Die Art bildet dadurch einen Uebergang zu Hoploeryptus. Seitendornen schwach, Luftlöcher oval. Schildchengrube tief gestreift. Postpetiolus mit einzelnen groben Punkten. Segment 2 fein und dicht punktirt. — Schwarz, Fühlerring und Afterspitze weiss. Postpetiolus, Segment 2 und 3 Tarsen, Schienen, Knie und Innenseite der Schenkel an den Vorderbeinen braunrot. Bohrer kurz.

♂ Hinterleib breit oval, am Ende mit 2 weissen Flecken.

L. ♀ 6 mm, 6 mm, 1,25 mm. Thomson giebt als Körperlänge nur 8 mm an.

Nord- und Mitteleuropa.

21. **S. subalpinus** n. sp.

♀ In Körperbau und Gestalt ganz nahe dem S. **g r o s s u s** Grav., aber Segment 1—3 lebhaft rot. ebenso die Beine mit Ausnahme der Hüften und Trochantern. Bohrer kürzer als der halbe Hinterleib.

Ein ♀ vom Altvater.

22. **S. aterrimus** Grav. 1829 Cr. aterrimus Gravenhorst, II p. 472 ♀ | 1829 Cr. bicingulatus idem p 482 ♂ | 1900 Spilocr. aterrimus Strobl Mitth. Naturw. Ver Steierm p. 201 ♀♂.

♀ Fühler mit weissem Ring. Körper und Beine schwarz, die vorderen Knie und Schienen röthlich gelb. Das 6. Segment am Ende, das 7. ganz weiss. — S t r o b l fügt noch Folgendes der Beschreibung bei: Fühler dünn, von Körperlänge. Kopf und Thorax dicht und fein punktirt. ganz matt; Metathorax dicht runzlig punktirt. Areola nach oben nicht verengt, Nervellus etwas unter der Mitte gebrochen. Das 1. Segment ziemlich kurz, stark gebogen, glatt und glänzend, die folgenden dicht und fein punktirt, fast matt; das 3. Segment mit schmalem, braunen Endrand. Bohrer kaum von halber Länge des Hinterleibs.

♂ Metathorax fein lederartig gerunzelt, nur mit der vorderen Querleiste, ohne Seitendornen. Das 1. Segment gestreckt, schwach bogig erweitert, ohne Tuberkeln. Clypeus am Vorderrand beiderseits ausgebuchtet, sodass in der Mitte ein zahnartiger Fortsatz entsteht. — Ramellus fehlt. — Schwarz, Clypeus, zuweilen auch Mittelstreif des Gesichtes und die inneren Augenränder zum Teil weiss, ebenso Schildchenspitze, die hintersten Tarsen gegen das Ende und die Hinterleibsspitze. Die vorderen Knie und Schienen vorn röthlich. Segment 1—3 mit schmalem, braunen Endrand.

L. ♀ 11—13 mm, ♂ 13—15 mm.

Italien, Oesterreich. Ein ♂ fing ich in Thüringen.

23. **S. Magrettii** Kriechb. 1893 S. Magrettii Kriechbaumer, Ent. Nachr. p. 54 ♀.

♀ Kopf quer, hinten breit abgerundet, wie der Thorax fein und dicht behaart, wenig glänzend. Zwischen den Quer-

leisten des Metathorax die Spur einer area superom.; die
Seitenzahne schwach. Hinterleib eiformig elliptisch, dicht
und nach hinten feiner punktirt, die Segmente vom
dritten an viel breiter als lang. — Schwarz, die vorderen
Segmente mit Ausnahme des Postpetiolus rot, 7 und 8
weiss gefleckt, Vorderschenkel an der Spitze, die vordersten
Schienen, die mittleren zum Teil rot.

L. corp. 8,5 mm, Bohrer 2,5 mm.

Lombardei.

Anmerk Ueber die Luftlocher des Metathorax erwahnt Kriechbaumer nichts, die Art ist deshalb nicht sicher einzureihen.

Arten, deren Stellung bei Spilocryptus nicht sicher ist.

24. **S. fuscipes** Tschek. 1870 Cr fuscipes Tschek, Beitrage etc p.
135 ♀.

♀ Ziemlich glänzend, grau behaart. Metathorax mit kleinen
Seitenzähnchen. Postpetiolus ohne Kiele. Hinterleib fein
und dicht punktirt. — Kopf schwarz, Mandibeln und
Clypeus rot gefleckt, Thorax gelblich rot, Halskragen,
Längswische des Mesonotums, Gegend um das Schildchen
und die Mittelbrust braun Das 1. Segment rot, in der
Mitte gebräunt, 2 und 3 braun, hie und da rötlich durchscheinend; der übrige Hinterleib schwarzbraun. Schildchen, Linie unter den Flügeln und Ruckenmakel von
Segment 7 und 8 weiss. Flügel fast glashell, Stigma
hellbraun, Tegulä schwarzbraun. Bohrer so lang wie der
halbe Hinterleib.

Die Länge giebt Tschek nicht an. ♂ unbek.

Oesterreich.

25. **S. brachysoma** Taschb. 1865 Cr. brachysoma Taschenberg, l. c.
p 100 ♀

♀ Metathorax kurz, fein lederartig gerunzelt mit beiden
vollstandigen Querleisten. Luftlöcher kreisrund. Abschüssiger Teil senkrecht. Segment 1 geradlinig und
wenig erweitert, ohne Tuberkeln, oben dicht punktirt
und mit Mittelgrübchen an der Spitze. Gesichtsbeule fehlt.
Schildchen hinten steil abfallend, nebst dem Hinterschildchen 2 scharf markirte Knötchen bildend. Areola
nach vorn schwach convergirend. — Schwarz, Segment
1—3, Schenkel mit Ausschluss der Spitze an den hinter-

sten, und Vorderschienen rot, Wurzel der Hinterschienen hellschimmernd. Fühlerglied 8—11 und Hinterleibsspitze weiss.

L. 3 mm, 3 mm, 1,25 mm. ♂ unbek.

Halle.

26. **S. amoenus** Grav. 1829 Cr. amoenus Gravenhorst, II p. 623 ♀ | 1865 Cr. amoenus Taschenberg, l. c. p 100 ♀.

♀ Metathorax grob gerunzelt; vordere Querleiste bogig vorgezogen; Luftlöcher sehr klein, etwas langgezogen. Seitendornen fehlen. Segment 1 stark bogig erweitert, mit kaum bemerkbaren Tuberkeln, oben glatt und polirt. Clypeus durch starken Bogeneindruck geschieden. Gesichtsbeule schwach. Fühlerglied 3 wohl 4 Mal länger als dick, Areola fast quadratisch; Ramellus fehlt. — Schwarz, Beine mit Ausschluss der Spitzen der hintersten Schenkel und Schienen, Segment 1—3, Tegulä und Flügelwurzel gelbrot. Afterspitze reichlich und Hintertarsen weiss. (Fühler vom 5. Glied an fehlend, jedenfalls mit weissem Ring.)

L. 5 mm, 5,5 mm, 2,5 mm.

Dresden.

14. Gen. **Hoplocryptus** C. G. Thoms.

1873 Hoplocryptus C. G. Thomson, Opusc. Ent V p. 508.

Sehr ähnlich Spilocryptus, aber Clypeus am Ende mit Zahn, nervellus deutlich postfurc., über der Mitte gebrochen, der ramellus fehlend. Area coxalis fast stets vorhanden.

♀.

1. Thorax zum Teil rot. 2.
Thorax schwarz. 3.

2. Hinterleib schwarz. Thorax grösstenteils rot, Schildchen schwarz, in der Mitte weiss. Dicht punktirt, wenig glänzend. Kopf kubisch, Fühler mit schmalem weissen Ring. 8—10 mm.
1. pulcher C. G. Thoms.

Segment 1—3 rot. Meist nur der Metathorax rot. Kopf und Thorax sehr fein punktirt, schwach glänzend; Schildchen weiss. Fühler mit ziemlich breitem weissen Ring. 6—8 mm.
3. mesoxanthus C. G. Thoms.

3. Fühler ohne weissen Ring. Segment 2, 3 und Basis von 4 rot. Schildchen oft weiss. Fühlergruben tief. 11—13 mm.

15. **fuscicornis** Tschek.

Fühler mit weissem Ring. 4.

4. Hinterleib schwarz, nur das 2. Segment rot gerandet. Schildchen weiss. Schenkel und Schienen grösstenteils rot. 9 mm.

2. **quadriguttatus** Grav.

Hinterleibsmitte rot. 5.

5. Rücklaufender Nerv deutlich vor der Mitte der Areola mündend. Hüften schwarz. Hintertarsen meist mit weissem Ring. Schildchenspitze meist weiss. 6.

Rücklaufender Nerv in der Mitte. Hintertarsen meist ohne weissen Ring. 10.

6. Tegulä weiss. Die hintersten Tarsen ohne weissen Ring. Die Vorderschenkel an der Basis, die hintersten an der Spitze schwarz. 9 mm.

7. **malloreanus** Kriechb.

Tegula braun oder die hintersten Tarsen mit weissem Ring. 7.

7. Luftlöcher des Metathorax rund. Nervulus vor der Gabel, Schildchenspitze und Ring der hintersten Tarsen weiss. Schenkel, namentlich die hintersten verlängert, rot. Die hintersten Schienen schwärzlich. Das 2. Segment dicht punktiert. 8—12 mm.

4. **dubius** Taschb.

Luftlöcher des Metathorax oval. Nervulus interstitial. 8.

8. Die hintersten Tarsen ohne weissen Ring. Petiolus mit deutlichen Kielen. Parapsiden kurz. Vorderschenkel an der Basis breit schwarz, die hintersten mit schwarzer Spitze. 12 mm.

9. **fugitivus** Grav.

Die hintersten Tarsen mit weissem Ring. 9.

9. Das 4. Segment meist ganz schwarz, selten am Vorderrand rot. Das 2. Glied der hintersten Tarsen schwarz; nur das 3. und 4. weiss. 11—12 mm.

6. **confector** Grav.

Die ersten 4 Segmente rot, nur die äusserste Basis des
1. schwarz. Auch das 2. Glied der hintersten Tarsen
mit Ausnahme der Spitze weiss. 11—12 mm.

5. gladiator Kriechb.

10. Die hintersten Tarsen ganz oder zum Teil weiss. 11.

Die hintersten Tarsen braunrot bis schwarz. 12.

11. Segment 1—3 und Beine grösstenteils gelblich rot. H.-
Tarsen weiss, das Endglied dunkel.

Cr. amoenus Grav.
(Unter Spilocryptus behandelt.)

Hinterleib braunrot, an Basis und Spitze schwarz. Beine
schwarz, Vorderschienen vorn röthlich. Glied 2—4 der
hintersten Tarsen weiss. 10—12 mm.

18. Gräffei C. G. Thoms.

12. Die hintersten Hüften und Schenkel rot, letztere an der
Spitze schwarz. Hinterleib rot, nur an der Spitze
schwarz. Schildchen weiss gefleckt. Spirakeln des Metathorax oval. Areola nach oben fast convergierend.
9—10 mm.

11. coxator Tschek.

Alle Hüften schwarz. 13.

13. Tegulä und Schildchen ganz oder zum Teil weiss. 14.

Tegulä schwarz. 16.

14. Luftlöcher des Metathorax klein und rund. Hinterleibsmitte und Beine gelbrot. 11 mm.

13. heliophilus Tschek.

Luftlöcher des Metathorax oval. Hinterleibsmitte braunrot. 15.

15. Areola nach oben deutlich convergierend, der rücklaufende
Nerv etwas hinter der Mitte mündend. Segment 2—6
braunrot. Fühler mit weissem Ring. 9—10 mm.

23. mediterraneus Tschek.

Areola mit parallelen Seiten, der rücklaufende Nerv in
oder vor der Mitte. Segment 2—4 braunrot. Sonst der
vorigen Art gleich. 13—14 mm.

20. femoralis Grav.

16. Luftlöcher des Metathorax rund. Metathorax grau be-

haart. Segment 1 an der Spitze, 2 und 3 rot, dicht
punktirt Schenkel und Schienen rot; Vorderschenkel
an der Basis, die hintersten Schienen und Tarsen fast
ganz schwarz. 8 mm.

12. binotatulus C. G. Thoms.

Luftlöcher des Metathorax oval. 17.

17. Schildchen schwarz. Fühlergruben tief. 18.
Schildchen an der Spitze weiss. 19.

18. Der ganze Körper graulich behaart. Metathorax dicht
und grob punktirt; Hinterleib grob aber weitläufiger
punktirt. Beine rot, die hintersten Schienen dunkelbraun, die hintersten Schenkel dick, an Basis und Spitze
schwarz. 8—10 mm.

14. occisor Grav.

Körper wenig behaart, dicht fein punktirt; Postpetiolus
grob punktirt. Kopf hinten aufgetrieben. 11 mm.

16. explorator Tschek.

19. Metathorax und Hinterleib grob punktirt, graulich behaart.

14. occisor Grav. var.

Körper feiner punktirt. 20.

20. Beine schwarz, Vorderschienen und Tarsen rot. Segment
1 und 2 ziemlich dicht punktirt. Fühlerglieder kurz.
Ramellus fehlt. Schildchen weiss. 10 mm.

21. nigripes Grav.

Beine grösstenteils rot. Kopf hinter den Augen wenig
verengt. 21.

21. Postpetiolus mit gerundeten Seiten, grob punktirt, in
der Mitte polirt. Postpetiolus und Segment 2—4 rot.
11 mm.

21. jonicus Tschek.

Postpetiolus mit fast geraden Seiten, polirt, nur an der
Basis grob aber zerstreut punktirt. Sonst dem vorigen
sehr ähnlich. 10 mm.

17. insectator Tschek.

♂

1. Rücklaufender Nerv deutlich vor der Mitte der Areola mündend. 2.

Rücklaufender Nerv in, sehr selten hinter der Mitte mündend. 6.

2. Gesicht ganz schwarz, nur der Clypeus weiss. Schildchenspitze und Hintertarsen zum Teil weiss. Hinterleib und Beine grösstenteils schwarz. 12 mm.

cf. Spilocr aterrimus Grav.

Wenigstens die Gesichtsseiten weiss. 3.

3. Nur die Augenrander und Clypeus weiss gezeichnet. Die hintersten Schienen an der Basis nicht weiss. 4.

Auch das Gesicht weiss. Die hintersten Schienen mit weisser Basis. 5.

4. Kopf hinter den Augen deutlich verengt. Postpetiolus, Segment 2—4 und Basis von 5 rot. 12 mm.

6. confector Grav.

Kopf hinten erweitert. Postpetiolus und Segment 2—4 rot. Hinterleib dicht und fein runzlig punktirt, fast matt. 12 mm.

25. buccatus Tschek.

5. Gesicht, eine grosse Makel der Wangen und Basis der hintersten Schienen weiss. Nervulus vor der Gabel. 8—12 mm.

4. dubius Taschb.

Gesicht, Makeln der vorderen Hüften und Trochanteren. Basis der hintersten Schienen und Tegula weiss. Segm. 2 und 3 schwarz mit rotem Endrand. 6—8 mm.

3. mesoxanthus C. G. Thoms.

6. Schildchen wenigstens an der Spitze weiss. 7.

Schildchen ganz schwarz. 18.

7. Der ganze Körper stark punktirt, graulich behaart. Beine schwarz, die vorderen Knie und Schienen röthlich. Luftlöcher des Metathorax oval. 8—10 mm.

14. occisor Grav.

Körper viel feiner punktirt und weniger behaart. 8.

8. Luftlöcher des Metathorax oval. Gesicht schwarz. 9.
   Luftlöcher des Metathorax rund. 12.

9. Areola nach vorn deutlich convergierend, der rücklaufende
   Nerv kurz hinter der Mitte. Segment 2—4 braunrot.
   Die hintersten Schenkel rot. 11—12 mm.

   23. mediterraneus Tschek.

   Areola mit parallelen Seiten. 10.

10. Die hintersten Tarsen ganz schwarz-braun. Tegulä
    schwarz. 11 mm.

    10. gracilis Taschbg.

    Die hintersten Tarsen mit weissem Ring. 11.

11. Tegula gross und weiss. Segment 6 und 7 weiss gefleckt.
    Grosse Art von 13—14 mm.

    20. femoralis Grav.

    Tegulä braun. Nur das 7. Segment weiss gefleckt.
    10—12 mm.

    17. insectator Tschek.

12. Die hintersten Schenkel rot, höchstens an der Spitze
    schwarz. 13.
    Die hintersten Schenkel schwarz. 17.

13. Hinterleib schwarz, das 3. Segm. mit rotem Endrand. 14.
    Hinterleib ausgedehnter rot gefärbt. Die hintersten
    Tarsen mit weissem Ring. 15.

14. Die hintersten Tarsen dunkelbraun. Metathorax grob
    runzlig. Das 3. Segment mit breitem rotem Endrand.

    19. subcinctus Grav.

    Die hintersten Tarsen mit weissem Ring. Gesichtsränder
    weiss. Das 3. Segment schmal rot gerandet.

    2. quadriguttatus Grav.

15. Hinterleibsmitte gelbrot. Schildchenspitze und Tegula
    weiss. 7—8 mm.

    13. heliophilus Tschek.

    Hinterleibsmitte rot oder braunrot. Schildchen meist
    ganz weiss. 16.

16. Die vorderen Hüften und Trochantern weiss gezeichnet.
    Palpen, Clypeus, innere Augenränder, Wangen, Hals,

Tegulä, Linie unter den Flügeln, die beiden Schildchen und Hinterleibsspitze weiss. Postpetiolus und Segment 2—4 rot. 11 mm.

9. fugitivus Grav.

Alle Hüften schwarz. Metathorax gräulich behaart. Das 1. Segment an der Spitze, 2 und 3 rot, dicht punktirt, schwach glänzend. 8 mm.

12. binotatulus C. G. Thoms.

17. Metathorax besonders an den Seiten grob und tief punktirt, matt. Hinterleib breit, Segment 2—4 ganz rot. 9—10 mm.

21. nigripes Grav.

Metathorax zerstreut und flach punktirt, glänzend. Hinterleib dicht punktirt. Segment 2—4 rot, am Endrand schwarz gefleckt. 9 mm.

22. fuscomarginatus Grav.

18. Kopf ganz schwarz. Die hintersten Tarsen mit weissem Ring. 19.

Wenigstens die inneren Augenränder weiss. 22.

19. Alle Schienen an der Basis mit weissem Ring. Area coxalis nicht abgegrenzt.

18. Graffei C. G. Thoms.

Schienen ohne weissen Basalring. Area coxalis mehr oder minder deutlich. 20.

20. Schenkel und Schienen rot, die hintersten an der Spitze schwarz. Rücklaufender Nerv weit hinter der Mitte der Areola. 7,5 mm.

26. bipunctatus Tschek.

Vorderschienen aussen weiss. Flügel getrübt, rücklaufender Nerv in der Mitte. Kopf aufgetrieben, hinten nicht verschmälert. 21.

21. Vorderschenkel an der Spitze, die hintersten rot, an der Basis mit schwarzer Makel. 11 mm.

16. explorator Tschek.

Beine schwarz, nur die vorderen Schenkelspitzen, Schienen und Tarsen röthlch. Vorder- und Mittelschienen aussen weiss. 12 mm.

15. fuscicornis Tschek.

22. Hinterleib ganz schwarz. Metathorax und Mesopleuren
sehr oft rot. Gesicht, Wangenfleck, Trochanteren und
Ring der Hintertarsen weiss. 8—10 mm.

1. pulcher C. G. Thoms.

Hinterleibsmitte rot. Kopf mehr oder weniger aufgetrieben. 23.

23. Die hintersten Schenkel rot, nur an der Spitze schwarz.
Segment 2, 3 und Basis von 4 rot. Palpen, Wangenfleck,
Gesichtsränder und Ring der Hintertarsen weiss. 9 mm.

11. coxator Tschek.

Die hintersten Schenkel schwarz, an der äussersten Basis
rot. Segment 2—4 rot. Makel des Clypeus und zuweilen
des Gesichtes, innere Augenränder und Ring der Hintertarsen weiss. 12 mm.

25. buccatus Tschek.

Sect. I. Segment 7 und 8 bei dem ♀ weiss gefleckt, Segment
1 mit deutlichem, die Luftlöcher tragendem Kiel. Fühlergruben und Wangen nicht ausgehöhlt.

1. H. pulcher C. G. Thoms. 1873 H. pulcher C. G. Thomson,
Opusc. Ent. V p. 509 und 1896 Opusc. Ent. XXI p. 2370 ♂.

♀ Wenig glänzend, dicht punktirt. Kopf fast kubisch,
Fühler mit schmalem weissem Ring. Thorax blutrot, mit
schwarzer Zeichnung, Schildchen in der Mitte weiss.
Hinterleib schwarz, das 1. Segment nach hinten wenig
erweitert. Beine schwarz, die vordersten Knie und
Schienen schmutzig gelb.

♂ Thorax schwarz, Metathorax und Mesopleuren oft rot.
Gesicht, Wangenfleck, Trochanteren und Ring der Hinter-
tarsen weiss. Metathorax lang, die Querleisten deutlich.
Auch die mittleren Schienen gelb.

Var. ♀. Hinterhaupt wenig ausgerandet, fast abgestutzt. Thorax schwarz, nur der Metathorax rot. Postpetiolus breiter. — Italien.

L. 8—10 mm.

Ganz Europa, selten.

2. H. quadriguttatus Grav. 1829 Cr quadriguttatus Gravenhorst, II p. 479 ♀ | 1865 Cr quadriguttatus Taschenberg. l. c. p. 73 ♀ | 1896 H quadriguttatus C. G. Thomson, Opusc. Ent. XXI p 2370 ♀♂

♀ Clypeus mit deutlichem Zahn. Beide Querleisten scharf und vollstandig. Luftlöcher klein, nicht ganz rund. Fühler schlank. Gesichtsbeule kaum angedeutet. Schwarz, Tegula, Schildchenspitze und After weiss. Fuhlerglied 11 und 12 oben weiss. Schenkel und Schienen rot, Vorderschenkel an der Basis unten schwarz, Schienen gegen die Spitze und Tarsen verdunkelt. Das 2. Segment rot gerandet.

Bei einem ♀ von Bozen sind die Tegula, alle Schenkel und die hintersten Schienen braun.

♂ Gesichts- und Wangenrander, Makeln der Mandibeln und des Clypens, an den hintersten Tarsen Endhalfte von Glied 2, 3 und 4 weiss. Das 3. Segment rot gerandet.

L. 4,25 mm; 4.75, 4 mm.

Nord- und Mitteleuropa.

3. H. mesoxanthus C. G. Thoms. 1873 H mesoxanthus C. G Thomson, Opusc. Ent. V p. 509 ♀♂

♀ Kopf schwarz, Wangen ziemlich aufgetrieben, Fühler lang mit breitem weissem Ring. Thorax schwarz, Metathorax rot, Prothorax und Schildchen weiss. Thorax dicht und fein punktirt, fast matt; Metathorax mit beiden Querleisten. Flügel getrübt, rücklaufender Nerv vor der Mitte der Areola. Beine schwarzbraun, die hintersten Hüften und Schenkelbasis rot, Vorderschenkel am Ende und ihre Schienen gelblich, letztere etwas aufgetrieben. Hinterleib vorn dicht punktirt, das 1. Segment lang, nach hinten wenig erweitert, Segment 1—3 rot; Bohrer von halber Hinterleibslänge.

♂ Gesicht, Palpen, Makeln der vorderen Hüften und Trochantern, Basalring der hintersten Schienen, Glied 2—4 der Hintertarsen und Tegula weiss. Metathorax und Segment 2 und 3 schwarz, letztere mit rötlichem Endrand.

Var. ♀. Thorax ganz rot, nur der Prothorax und die Nähte um das Schildchen schwarz. Halskragen und Schildchen weiss.

L. 6—8 mm.

Nord- und Mitteleuropa.

Anmerk Die Varietat bildet einen Uebergang zu H pulcher, und glaube ich, dass beide Arten nur eine bilden.

4. **H. dubius** Taschb. 1865 Cr. dubius Tschenberg l. c. p. 99 ♀ |
1873 H. dubius C. G. Thomson, Opusc. Ent. V p. 510 ♀♂

♀ Rucklaufender Nerv vor der Mitte der Areola, Nervulus
vor der Gabel. Luftlöcher des Metathorax rund. Schwarz,
Postpetiolus und Segment 2 und 3 rot, das 3. zuweilen
mit schwarzem Endrand. Schildchenspitze, Fühlerglied
9—11 und Segment 5—7 am Endrand weiss. Schenkel
und Schienen mit Ausschluss der Hinterschienen rot.
Tarsen gebräunt, die hintersten an Glied 3 und 4 heller.
Bohrer von Hinterleibslange.

♂ Gesicht, Makel der Waugen, Palpen und Basalring der
hintersten Schienen weiss.

L. 10—12 mm.

Ganz Europa, zu den häufigeren Arten.

5. **H. gladiator** Kriechb. 1899 H. gladiator Kriechbaumer, Ent.
Nachr. p 70 ♀

♀ Schwarz, Segment 1—4 (ausgenommen die ausserste
Basis des 4. Segments), Schenkel und Schienen rot, die
hintersten Schienen nur an der Basis, Ring der Fühler
und der hintersten Tarsen, Makel an der Spitze des
Schildchens und auf dem 7. und 8. Segment weiss.
Stigma schwarz. Nervellus in der Mitte gebrochen.
Ganz ähnlich H. confector, durch Folgendes verschieden
Endzahn des Clypeus fast unmerklich das 1. Segment
fast ganz, das 4. Segment ganz rot, das 2. Glied der
hintersten Tarsen ist weiss mit schwarzer Spitze.

L. 11 mm. Bohrer von Hinterleibslange.

Umgegend von Meran.

6. **H. confector** Grav. 1829 Cr. confector Gravenhorst. II p 518 ♀ |
1865 Cr. confector Taschenberg l. c. p 95 ♀ | ? 1870 Cr. confector
Tschek, Beitrage etc. p 113 | 1873 H. elegans C. G. Thomson,
Opusc. Ent. V p. 511 ♀ (excl. ♂) | 1896 H. confector C. G. Thomson,
Opusc. Ent. XXI p. 2371 ♂.

♀ Der vorhergehenden Art sehr ähnlich, die Spirakeln des
Metathorax langer, Postpetiolus erweitert, die Spirakeln
zahnartig vorspringen d. — Schwarz, Postpetiolus, Segment
2 und 3, zuweilen Basis von 4. Schenkel, Vorderschienen
und ihre Tarsen gelblich rot, Hinterschienen und ihre
Tarsen braun, das 3. und 4. Glied der letzteren hell.
Fühlerglied 8—11, Schildchen und After weiss. Tegula
braun. Bohrer von Hinterleibslange.

♂ Dem H. dubius in Farbe des Gesichtes, der Beine und des Hinterleibs sehr ähnlich, wie das ♀ durch die Form des 1. Segmentes und die längeren Luftlöcher des Metathorax verschieden.

L. 10—18 mm.

Nord- und Mitteleuropa.

7. **H. malloreanus** Kriechb. 1891 H malloreanus Kriechbaumer, Ann Soc Esp. de Hist Nat tom XXIII p 213 ♀

♀ Schwarz, Fühlerring, Schildchenmakel und Tegulä weiss. Die vordersten Schienen und die Schenkel grösstenteils rot. Hinterleib 3 farbig. Stigma schmal, braun; Areola nach vorn wenig verengt, rücklaufender Nerv vor der Mitte. Die beiden Querleisten des Metathorax fein aber deutlich. Segment 1—3 rot, Endrand des 3. Segmentes und die folgenden schwarz, Segment 6 mit weissem Punktfleck, 7 mit grosser halbkreisförmiger Makel, 8 mit kleiner Makel. Die vordersten Schenkel bis fast zur Mitte, die mittleren an der Basis, die hintersten an der äussersten Spitze schwarz.

L. 9 mm, Bohrer 3½ mm.

Mallorca.

A n m e r k Meiner Meinung nach nur eine Varietät des H fugitivus Grav.

8. **H. albus** Taschb. 1865 Cr. albus Taschenberg, l c p 97 ♂.

♂ Metathorax gerunzelt, hinten ziemlich steil abfallend; vordere Querleiste scharf, die hintere davon weit abstehend und sehr schwach. Segment 1 mit mehreren langen Punkteindrücken und schwachen Tuberkeln; die folgenden Segmente fein und zusammenfliessend punktirt. Clypeus vorn ausgebuchtet. Areola fast quadratisch; Ramellus fehlt. — Schwarz, Hinterrand von 1. 2 und 3 ganz, Vorderrand von 4, Schenkel und Vorderschienen rot. Wurzel der Hinterschienen, Spitzenhälfte ihrer Tarsen, vordere Trochanteren unten Gesicht. Wangen, Halsrand, Unterseite des Schaftes, Teguli, Schildchen und Hinterschildchen weiss.

L. 12—13 mm. ♀ unbek.

Halle.

A n m e r k Es fragt sich sehr, ob diese zweifelhafte Art wegen der Clypeusbildung überhaupt zu Hoplocryptus gehört Thomson hält sie möglicherweise für eine Varietät des H. confector.

9. **H. fugitivus Grav.** 1829 Cr fugitivus Gravenhorst, II p. 515
♀ ♂ | 1865 Cr fugitivus Taschenberg. l c p 101 ♂ | 1873 H
confector C G Thomson, Opusc Ent V p. 511.

♀ Metathorax ziemlich grob gerunzelt, Querleisten ziemlich
deutlich. Segment 1 gestreckt, hinten leicht convex
und pohrt, ohne Tuberkeln. — Schwarz, Segment 1—4
und Schenkel braunrot, Vorderschenkel an der Basis
und die hintersten Knie schwarz. Die hintersten Tarsen
ohne weissen Ring Fühlerglied 8—11, Halskragen,
Schildchen ganz oder an der Spitze und After weiss.
Tegula braun zuweilen mit weissem Punkt.

♂ Segment 1 fast linear, ohne Punktirung, Luftlöcher
kann vortreten d. Schwarz, Postpetiolus, Segment 2—4,
Schenkel und Vorderschienen rot Vordertarsen Glied
2—4 der Hintertarsen, Flecken der vorderen Hüften
und Trochanteren, Clypeus, innere Augenränder, Wangen,
Tegula, Linie unter den Flügeln, Schildchen, Hinterschildchen und Hinterleibsspitze weiss.

L. ♀ 4 mm, 1 mm, 2,5 mm. ♂ 9—10 mm.

Nord- und Mitteleuropa.

10. **H. gracilis Taschb.** 1865 Cr gracilis Taschenberg, l c p 98 ♂ |
1829 Cr gracilis var. 2 ♂ Gravenhorst, II p. 521.

♂ Metathorax dicht und tief punktgrubig, mit beiden
Querleisten, Luftlöcher gestreckt elliptisch, Seitendornen
fehlen. Segment 1 oben pohrt mit einzelnen Punkt-
gruben. Luftlöcher nicht vortretend. Clypeus in der
Mitte schnabelartig vorgezogen, wie das Gesicht grob
punktirt. Areola fast quadratisch, Ramellus fehlt. —
Schwarz, Segment 2—4. Tarsen grösstenteils und Vorderschienen rot. Schildchen und Afterspitze weiss.

L. 11 mm. ♀ unbek.

Südeuropa. Ein ♂ von Brussa in Kleinasien.

11. **H. coxator Tschek.** 1870 Cr coxator Tschek, Beiträge etc p 110
und 1870 Neue Beiträge etc p. 417 ♂

Ausgezeichnet in beiden Geschlechtern durch die runden
Luftlöcher des Metathorax und die nach vorn deutlich
convergierende Areola.

♀ Fühler schlank. Metathorax mit Seitenzähnchen. Hinterleib fein lederartig gerunzelt. — Schwarz, Hinterleib
rot, am Ende schwarz. Segment 7 und 8 weiss gefleckt.
Schenkel und die hintersten Hüften rot, an der Basis
schwarz gefleckt. Vorderschienen rot, aussen dunkel

gestreift; die hintersten Knie schwarz. Fühlerring und Schildchenspitze weiss. Bohrer so lang wie der halbe Hinterleib. Flügel fast hyalin.

♂ Schwarz, Postpetiolus, Segment 2, 3 und Basis von 4 rot, 7 weiss gefleckt. Vorderschenkel am Ende, die hintersten mit Ausnahme der Spitze rot. Vorderschienen rot; Hinterhüften ganz schwarz. Gesichtsseiten, Wangenfleck und Ring der hintersten Tarsen weiss.

   L. 9 mm.

   Oesterreich.

12. **H. binotatulus** C. G. Thoms. 1873 H. binotatulus C. G. Thomson, Opusc. Ent. V p. 512 ♂

   Der vorigen Art ähnlich, aber Hinterleib vorn dichter punktirt und alle Hüften schwarz.

♀ Metathorax granlich behaart. Segment 1 am Ende und 2 und 3 rot, dicht punktirt, ziemlich matt. Schenkel und Schienen rot, Vorderschenkel an der Basis und die hintersten Schienen und Tarsen schwarz.

♂ Orbiten unter den Fühlern, Palpen, Schildchen und Glied 3 und 4 der hintersten Tarsen weiss.

   L. 8 mm.

   Nord- und Mitteleuropa.

13. **H. heliophilus** Tschek. 1870 Cr. heliophilus Tschek, Beiträge etc. p. 138 ♀♂

   Weisslich behaart, fein punktirt und ziemlich glänzend. Kopf breiter als der Thorax, beim ♀ hinter den Augen stark und geradlinig verschmälert. Fühler lang. Thorax sehr gestreckt, fast cylindrisch. Metathorax mit Seitenzähnchen, Luftlöcher kreisrund. Hinterleib gestreckt, dicht punktirt.

♀ Fühlerring, Schildchen, Halsrand, Tegulä und Hinterleibsspitze weiss. Hinterleibsmitte, Schenkel und Schienen gelbrot; Vorderschenkel an der Basis, Hinterschienen an der Spitze und ihre Tarsen schwarz. Flügel stark getrübt, Stigma braun. Bohrer so lang als der halbe Hinterleib.

♂ Wie das ♀ gefärbt, aber Schildchen nur an der Spitze weiss, ausserdem die hintersten Tarsen mit weissem Ring. Fühler schwarz.

   L. ♀ 11 mm, ♂ 7—8 mm.

   Mittel- und Südeuropa.

Sect. II. Fühlergruben und Wangen ausgehöhlt. Costa genalis lamellenartig erhaben.

14. **H. occisor** Grav. 1829 Cr. occisor Gravenhorst, II p. 615 | 1865 Cr. occisor Taschenberg, l c p. 79 | 1873 H. occisor C. G. Thomson, Op. Ent. V p. 512 ♂

In beiden Geschlechtern durch den starken Clypeuszahn ausgezeichnet.

♀ Stark punktirt, mit graulicher Behaarung. Metathorax dicht und grob punktirt, die Luftlöcher oval, Querleisten fein, Seitendornen fehlen. Das 1. Segment stark bogig erweitert. — Schwarz, Segment 2 und 3 und Basis von 4 und die Vorderseite der vorderen Beine braunrot. Fühlerglied 9—11 und der hautige Hinterrand von Segment 7, zuweilen auch das Schildchen weiss.

♂ Dem ♀ in der Sculptur gleich. Die Beine schwarz, die vorderen Knie und Schienen gelblich.

L. ♀ 5 mm; 6 mm, 4,5 mm.

Ganz Europa.

15. **H. fuscicornis** Tschek. 1870 Cr. fuscicornis Tschek, Beiträge etc p. 140 ♀

♀ Glänzend, punktirt, mit weisslicher Behaarung. Kopf hinter den Augen nicht verschmälert, Fühler kurz. Metathorax fast halbkugelig, glänzend, zerstreut grob punktirt, Luftlöcher eiförmig. Hinterleib dicht und fein punktirt, Petiolus kurz, Postpetiolus stark gewölbt, ohne Kiele, mitten glatt. Beine kurz, die Schenkel verdickt. — Schwarz; Schildchen weiss, bei den Exemplaren aus dem Wallis schwarz. Segment 2, 3 und Basis von 4 rot, 7 mit weisser Quermakel. Flügel bräunlich getrübt. V.-Schienen, Vorderschenkel an der Spitze, die hintersten ganz rot. Bohrer so lang wie der Hinterleib ohne das 1. Segment.

L. 11—13 mm.

Tschek kannte das ♂ nicht. Ich fand ein Exemplar bei Sierre mit dem ♀. Fühler, Kopf und Thorax sind ganz schwarz. Am Hinterleib ist der Hinterrand des Postpetiolus und Segment 2—4 rot, Segment 7 mit grossem, weissem Fleck. Beine schwarz, die Spitzen der Vorderschenkel, Vorderschienen und Tarsen, Aussenseite der Vorder- und Mittelschienen rötlich. Glied 3 und 4 der hintersten Tarsen weiss mit schwarzen Spitzen. Flügel deutlich getrübt, die Areola wie beim ♂ nach vorn convergierend.

Oesterreich. Von mir bei Sierre im Wallis gefunden.

16. **H. explorator** Tschek. 1870 Cr. explorator Tschek, Beiträge
etc. p. 11 , ♀.

Ziemlich glänzend, runzlig punktirt; Kopf glanzlos, hinter
den Augen nicht verschmälert. Fühler schlank. Mesonotum stark punktirt; Metathorax runzlig punktirt, Luftlocher oval, Seitendornen fehlen. Hinterleib kurz gestielt, dicht punktirt.

♀ Fühlerring und Makel des 7. Segments weiss. Hinterleibsmitte braunrot. Vorderschenkel an der Spitze, die
hintersten ganz rot; Vorderschienen ganz, Mittelschienen
an der Vorderseite rot. Flügel bräunlich getrübt. Bohrer
etwas länger als der halbe Hinterleib.

♂ Gesicht glänzend weiss behaart. Vorderschenkel an der
Spitze, die hintersten rot, an der Basis mit schwarzer
Makel. Vorderschienen rotgelb, aussen weisslich. Die
hintersten Tarsen mit weissem Ring.

L. ♀ 9—10 mm, ♂ 11 mm.

Oesterreich. Aus Stengeln von Heracleum sphondylium
gezogen.

17. **H. insectator** Tschek. 1870 Cr. insectator Tschek, Beiträge etc.
p. 142 ♀ | 1900 H insectator Strobl. Mitth. Naturw. Ver Steierm.
p 202 ♂.

♀ Kopf hinter den Augen wenig verengt; Gesicht mit 2
fast parallelen Längseindrücken in der Mitte. Mesonotum
grob und weitläufig punktirt, Metathorax runzlich-punk-
tirt. Postpetiolus gewölbt, am Ende polirt, mit fast
parallelen Seiten; der übrige Hinterleib dicht punktirt.
Die hintersten Schenkel ziemlich dick. — Schwarz, Fühler
mit weissem Ring. Segment 2—4, zuweilen auch Postpetiolus rot, 7 weiss gefleckt. Vorderschenkel an der
Spitze, Schienen und Hinterschenkel ganz rot. Schildchenspitze weiss. Flügel bräunlich getrübt, Stigma und
Tegulä schwarzbraun. Bohrer etwas länger als der halbe
Hinterleib.

L. 10 mm.

Nach S t r o b l stimmt das ♂ in Structur und Färbung
fast vollkommen mit dem ♀ überein. Postpetiolus fast
bis zur Spitze grob punktirt. Endhälfte von 2 sowie
3 und 4 ganz der Hintertarsen weiss.

Oesterreich. Wurde von S t r o b l aus Lixus turbatus
gezogen.

18. **H. Graeffei C. G. Thoms.** 1896 H graeffei C G Thomson, Opusc. Ent. XXI p. 2573 .

Aehnlich dem H. confector, von allen Arten ausgezeichnet durch die fehlende area coxalis.

♀ Schwarz, Hinterleibsmitte braunrot. Fühlerring und Makeln von Segment 7 und 8 weiss. Beine schwarz, die vordersten vorn gelblich. Postpetiolus nicht quer, in der Mitte rot und zerstreut punktirt. Stigma schwärzlich. Rücklaufender Nerv etwas vor der Mitte der Areola. Bohrer kaum länger als der Postpetiolus.

♂ Kopf und Fühler schwarz. Alle Schienen mit weissem Basalring, Glied 2—4 der hintersten Tarsen weiss.

L. 10—12 mm.

Triest. Aus Rubus-Stengeln gezogen.

Arten, deren Stellung bei Hoplocryptus zweifelhaft ist.

19. **Cr. subcinctus Grav.** 1829 Cr subcinctus Gravenhorst. 1703 | 1865 Taschenberg l c p. 101

♂ Metathorax grob gerunzelt, beide Querleisten scharf und weit von einander entfernt, die hintere seitlich kaum hervortretend. Segment 1 im Verhältnis breit, mit schwachen Tuberkeln, oben flach und sehr fein und dicht punktirt, ebenso das 2. Segment. Clypeus getrennt, mit Zahn. — Schwarz, Segment 3 mit Ausnahme einer schwarzen Querlinie, Schenkel und Schienen rot. Spitzen der hintersten Tarsen schwarz. Hinterleibsspitze weiss.

L. 8,5 mm.

Deutschland.

20. **Cr. femoralis Grav.** 1829 Cr femoralis Gravenhorst. II p. 193 1865 Cr femoralis Taschenberg, l c p. 95 1872 Cr femoralis Tschek, Ueber einige Cryptoiden etc p. 242

♀ Querleisten des Metathorax scharf, der Raum dazwischen längsrunzelig. Das 1. Segment ziemlich breit mit schwachen Tuberkeln, oben flach mit einzelnen Punkten. Segment 2 und 3 ziemlich grob punktirt. Statt der Gesichtsbeule zwei Längseindrücke. Fühler schlank. — Schwarz, Segment 1 ganz oder am Ende, 2—4, Schenkel und Vorderschienen rot, Tarsen braun. Fühlerglied 9—12, die grossen Tegula, Schildchen mit Ausnahme der Basis und Hinterleibsspitze weiss. Clypeus mit kurzem stumpfem Zahn. Bohrer etwas länger als der halbe Hinterleib.

♂ Farbung wie beim ♀. Spitze von 2, sowie 3 und 4 der hintersten Tarsen weiss. Segment 6 und 7 weiss gefleckt.

L. ♀ 14—15 mm, ♂ 13—14 mm.

Mehr in Sud-Europa.

21. **Cr. nigripes** Grav. 1829 Cr nigripes Gravenhorst II p 523 ♀♂ | 1865 Taschenberg, l c p 96 ♀♂.

♀ Metathorax dicht gerunzelt punktirt, die vordere Querleiste in Gestalt zweier Bogenbinden, die hintere undeutlich. Postpetiolus mit langen tiefen Punkteindrücken, auch das 2. Segment grob punktirt. Gesichtsbeule und Ramellus fehlen. Fühlerglieder ziemlich kurz. — Schwarz, Postpetiolus, Segment 2—4 und die vorderen Beine von den Knien an braunrot. Fühlerglied 8—10, Schildchen und Hinterleibsspitze weiss.

♂ Metathorax netzgrubig punktirt, beide Querleisten vollständig. Segment 1 fast polirt. Gesicht und Clypeus mit groben Punkteindrücken, letzterer mit Zahn. Spiegelzelle fast quadratisch. — Schwarz, Segment 2—4 und Basis von 5, die vorderen Knie und Schienen rot. Schildchenspitze weiss.

L. ♀ 4,75 mm; 5 mm; 3 mm. ♂ 10 mm.

Oberitalien.

22. **Cr. fuscomarginatus** Grav. 1829 Cr fuscomarginatus Gravenhorst. II p 526 ♂ | 1865 Taschenberg l c. 97 ♂.

♂ Metathorax wie bei Cr. nigripes. Segment 1 mit kräftigen Tuberkeln, fast polirt, Segment 2 und die folgenden grob punktirt. Clypeus nicht geschieden, in der Mitte schnabelartig vorgezogen. Areola fast quadratisch. — Schwarz, Segment 2—4 mit Ausschluss des fleckenartigen Hinterrandes, Knie und vordere Schienen rot. Schildchen weiss.

L. 8—9 mm.

Breslau.

23. **Cr. mediterraneus** Tschek. 1872 Cr mediterraneus Tschek, Ueber einige Cryptiden etc. p 242 ♀♂.

Clypeus mit kurzem Zahn. Fühler schlank. Kopf hinter den Augen stark und geradlinig verschmälert. Metathorax lang, dicht runzlig punktirt, mit kurzen Seitenzähnchen. Postpetiolus convex, grob punktirt, die folgenden Segmente dicht aber feiner punktirt. Areola nach vorn deutlich convergierend.

♀ Fühlerring, Schildchenspitze, Tegulä und Flecken der Hinterleibsspitze weiss. Segment 2—6 braunrot. V.-Schenkel an der Spitze, die hintersten ganz rot; Vorderschienen zum Teil gelblich. Bohrer so lang wie der halbe Hinterleib.

♂ Segment 2—4 braunrot. Linie oder Punkt unter den Flügeln, Ring der hintersten Tarsen, Schildchenspitze und Tegulä weiss. Vordere Schienen und Tarsen grösstenteils hellgelb.

Kopf nach Exemplar von Jericho ganz schwarz. Halskragen weiss. Postpetiolus und Segment 2—6 rot, 6 und 7 weiss gefleckt. Schenkel und Schienen hellrot, die hintersten Schienen braun, an der Basis röthlich.

L. ♀ 9—10 mm, ♂ 11—12 mm.

Süditalien; griechische Inseln, Dalmatien.

24. **Cr. jonicus Tschek.** 1872 Cr. jonicus Tschek. Ueber einige Cryptiden etc. p. 244 ♀.

♀ Am nächsten dem Cr. fuscicornis verwandt. — Kopf hinter den Augen nicht verschmälert, dicht punktirt. Gesicht mit 2 parallelen Längseindrucken. Metathorax fast halbkugelig, dicht runzlig punktiert, ohne Seitendornen. Postpetiolus gewölbt, so lang wie breit, mitten fast poliert. Areola quadratisch. Beine ziemlich kurz, Schenkel verdickt. — Schwarz, Fühlerring und Schildchenspitze weiss. Postpetiolus und Segment 2—4 rot, 7 weiss gerandet. Vorderschenkel an der Spitze, Vorderschienen zum Teil, Hinterschenkel ganz rot. Flügel bräunlich getrübt, Stigma schwarzbraun, Tegulä schwarz. Bohrer etwas länger als der halbe Hinterleib.

L. 11 mm.

Corfu.

25. **Cr. buccatus Tschek.** 1872 Cr. buccatus Tschek. Ueber einige Cryptiden etc. p. 245 ♂

♂ Kopf und Thorax ziemlich lang braun behaart, Kopf hinter den Augen nicht verengt. Mesonotum buckelig; Schildchen dicht punktiert. Metathorax runzlig punktiert, der abschussige Teil schräg, Postpetiolus länger als breit, ohne Kiele, wie die folgenden Segmente sehr fein und sehr dicht punktiert. — Areola mit parallelen Seiten, der rücklaufende Nerv vor der Mitte. — Schwarz, Postpetiolus und Segment 2—4 rot, 7 mit gelblich weisser Makel. Vorderschenkel am Ende und Schienen rot, die

hintersten Schienen an der Spitze schwarz. Innere
Augenränder, eine Makel des Clypeus und meist auch
des Gesichtes, sowie Glied 2—4 der Hintertarsen weisslich
gelb. Flügel schwach getrübt. Stigma und Tegulä
schwarzbraun.

L. 12 mm.

Oesterreich.

26. **Cr. bipunctatus** Tschek. 1872 Cr bipunctatus Tschek, Ueber
einige Cryptiden etc. p 249 ♂.

♂ Clypeus in der Mitte zahnartig vorgezogen. Kopf hinter
den Augen wenig verschmälert. Metathorax rückwärts
schief abfallend, fast ohne Seitenzähne. Postpetiolus fast
quadratisch, mit Andeutungen von 2 Kielen und einer
Furche, mitten glatt. Hinterleib fein lederig punktiert.
Areola mit parallelen Seiten, der rücklaufende Nerv
weit hinter der Mitte. — Schwarz, Endrand des Postpetiolus, Segment 2, 3 und Basis von 4 rot, das 2. mit
2 schwärzlichen Punkten, 6 und 7 weiss gefleckt. Schenkel
und Schienen rot, die hintersten an der Spitze schwarz.
Glied 3 und 4 der hintersten Tarsen weisslich. Flügel
kaum getrübt, Tegula schwarz.

L. 7,5 mm.

Oesterreich.

27. **H. procerus** Brischke. 1878 H. procerus Brischke, Ichn West-
u. Ostpr., p 336 ♀.

Brischke selbst sagt von dieser Art „Ob in dieses Genus gehörig?"

♀ Kopf fast kubisch, mit ziemlich breiten gerundeten
Wangen. Clypeus und Stirn flach, Metathorax mit
2 Querleisten. Areola gross, fast parallelseitig; nervellus
in der Mitte gebrochen. Vorderschienen aufgeblasen.
Hinterleib gestreckt, vom 1.—4. Segmente allmählig
breiter; Segment 1 ohne Tuberkeln, Postpetiolus mit
gerundeten Seiten, Segment 2 langer als breit, beide
fein punktiert. Bohrer etwas kürzer als der halbe
Hinterleib. — Schwarz, Fühlerglied 9 und 10 oben weiss.
Schildchenspitze gelb. Beine rot, Hüften, Trochantern
und Basis der Vorderschenkel schwarz, Spitze der
hinteren Schienen und Tarsen braun. Segment 1—4 rot,
Petiolus schwarz, Segment 7 mit weissem Fleck.

L. 8 mm.

West- und Ostpreussen.

15. Gen. **Gambrus** Först.

1868 Gambrus Forster, Syn. Fam. und Gatt d. Ichn. p. 188
1896 Gambrus C. G. Thomson, Opusc. Ent. XXI p. 2374.

Kopf und Mesonotum matt, bei beiden Geschlechtern schwarz. Metathorax mit runden Luftlöchern. Areola gross, die Seiten parallel oder schwach nach vorn convergierend. Cubitalader wenig gekrümmt. Ramellus fehlt. Hinterleibsspitze wenigstens beim ♀ weiss gefleckt. Klauenglied und Klauen nicht auffallend gross.

♀.

1. Schildchen weiss. Areola klein, nach oben convergierend. Alle Hüften rot. Fühler 3 farbig.

5. **tricolor** Grav.

   Schildchen schwarz. Areola mit parallelen Seiten. 2.

2. Fühler 3 farbig. 3.

   Fühler 2 farbig. 5.

3. Segment 1—3 rot, 4, 5 und 7 schwarz, das 6. weiss. Fühlerglied 3—5 unterseits rötlich, nur das 10. und 11. auf der Oberseite weiss.

6. **quadricinctus** Strobl.

   Das 7., zuweilen auch das 6. Hinterleibssegment weiss. 4.

4. Nervellus in der Mitte gebrochen. Segment 6 und 7 mit weisser Binde.

1. **ornatus** Grav.

   Nervellus weit unter der Mitte gebrochen. Nur das 7. Segment mit weisser Binde.

2. **inferus** C. G. Thoms.

5. Nervellus in der Mitte gebrochen. Nur das 7. Segment mit weisser Binde. Die vordersten Hüften schwarz.

3. **ornatulus** C. G. Thoms.

   Nervellus über der Mitte gebrochen. Alle Hüften und Trochantern rot.

4. **superus** C. G. Thoms.

♂.

1. Schildchenspitze weiss. Schenkel und Schienen rot, die hintersten mit schwarzer Spitze. Tegula meist weiss. Areola klein, nach vorn etwas convergierend. Nervellus in der Mitte gebrochen.

$\qquad$ 5. tricolor Grav.

Schildchen ganz schwarz. 2.

2. Die hintersten Tarsen mit weissem Ring. 3.

Die hintersten Tarsen ohne weissen Ring. Hinterleibsspitze schwarz ohne weisse Flecken. 4.

3. Segment 6 und 7 mit grosser weisser Makel. Nervellus in der Mitte gebrochen.

$\qquad$ 1. ornatus Grav.

Hinterleibsspitze schwarz. Nervellus über der Mitte gebrochen.

$\qquad$ 4. superus C. G. Thoms.

4 Nervellus unter der Mitte gebrochen. Die hintersten Beine grösstenteils schwarz.

$\qquad$ 2. inferus C. G. Thoms.

Nervellus in der Mitte gebrochen. Schenkel und Schienen rot, die hintersten mit schwarzer Spitze.

$\qquad$ 3. ornatulus C. G. Thoms.

———

1. **G. ornatus Grav.** 1829 Cr. ornatus Gravenhorst, II, 620 ♀ | 1865 Cr. tricolor var. Taschenberg, l c. p. 100 ♀ | ? 1872 Cr. ornatus Tschek, Ueber einige Cryptiden etc p. 248 ♂ | 1873 Spilocr ornatus C G. Thomson, Opusc. Ent. V p 506 ♀♂ | 1896 Gambrus ornatus C. G. Thomson, Opusc. Ent. XXI p. 2374 ♀♂.

♀ Kopf hinten matt, die Wangen mehr glänzend. Areola gross, mit parallelen Seiten. Postpetiolus ohne Kiele. — Schwarz, Fühlerring und Querbinden von Segment 6—8 weiss. Segment 1—3 und Beine gelbrot, die vordersten Hüften und Trochanteren schwarz, die vordersten Schienen nicht aufgetrieben. Bohrer kaum länger als der halbe Hinterleib. Fühlerbasis rötlich.

♂ Hinterleib ziemlich breit, in der Mitte rot, Segment 6 und 7 mit grosser weisser Makel. Glied 3 und 4 der hintersten Tarsen weiss. (Nach Thomson; Tschek's Beschreibung stimmt damit nicht.)

L. 8—10 mm.

Ganz Europa, meist selten.

2. G. inferus C. G. Thoms. 1896 G. inferus C. G. Thomson, Opusc. Ent. XXI d. 2375 ♀♂.

Der vorhergehenden Art ähnlich durch Statur, Grösse, 3 farbige Fühler, Sculptur des Kopfes und Form der Areola, aber der Nervellus weit unter der Mitte gebrochen. Beim ♀ nur das 7. Segment mit weisslicher Binde; Beine rot, die vordersten Hüften, vordere Trochanteren, die vordersten Schenkel an der äussersten Basis, Vorderschenkel an der Spitze, Hinterschenkel mit Ausnahme der Basis schwarz.

♂ Hinterleib schmäler als bei G. ornatus; Hinterleibsspitze und die hintersten Tarsen nicht weiss gezeichnet.

L. 8—10 mm.

Schweden.

3. G. ornatulus C. G. Thoms. 1873 Spilocr. ornatulus C. G. Thomson, Opusc. Ent. V p. 507 ♀ | 1896 Cambrus ornatulus C. G. Thomson, Opusc. Ent. XXI p. 2375 ♀♂.

Dem G. ornatus durch Flügelgeäder und Beinfärbung ähnlich, aber der Petiolus kürzer, der Postpetiolus mehr gebogen, Mesonotum und Schläfen weniger matt.

♀ Fühler 2 farbig, nur Geisselglied 7 und 8 oben weiss. Nur das 7. Segment mit schmaler weisser Binde. Vorderschienen aufgetrieben.

♂ Schenkel und Schienen rot, die hintersten an der Spitze schmal schwarz. Hinterleibsspitze und Tarsen schwarz.

L. 6 mm.

Schweden.

4. G. superus C. G. Thoms. 1896 G. superus C. G. Thomson, Opusc. Ent. XXI p. 2375 ♀♂.

Dem G. ornatulus ähnlich durch die ziemlich stark glänzenden Schläfen, die Farbe des Hinterleibs und Struktur des Petiolus, aber der Körper grösser, und der Nervellus über der Mitte gebrochen.

♀ Alle Hüften und Trochanteren rot.

♂ Die hintersten Tarsen mit weissem Ring. Schenkel und Schienen an der Spitze breit schwarz; Vorderschenkel auch an der Basis schwarz.

L. 8 mm.

Schweden.

5. **G. tricolor** Grav. 1829 Cr. tricolor Gravenhorst II p. 514 ♀ |
1865 Cr. tricolor Taschenberg l. c. p. 100 ♀ | 1873 Spilocr. tricolor
C. G. Thomson, Opusc. Ent. V p. 506 ♀♂ | 1896 G. tricolor C. G.
Thomson, Opusc. Ent. XXI p. 2375 ♀♂.

Von den vorhergehenden Arten in beiden Geschlechtern
verschieden durch die kleine, nach vorn convergierende
Areola und dem in der Mitte gebrochenen Nervellus.

♀ Schildchen weiss. Fühler 3farbig. Segment 1—4, alle
Hüften, Schenkel und Schienen rot, die hintersten
Schenkel und Schienen mit schwarzen Spitzen. Segment
7 und 8 mit weisser Endbinde.

♂ Schenkel und Schienen rot, die hintersten mit schwarzer
Spitze. Hinterleibsspitze mit weisser Makel. Schildchenspitze und Tegula weiss, selten schwarz.

L. 5—8 mm.

Ganz Europa, selten.

6. **G. quadricinctus** Strobl. 1900 Spilocryptus quadricinctus Strobl.
Mitt. Naturw. Ver. Steierm. p. 200 ♀.

Ich stelle diese mir unbekannte Art zu Gambrus, da
der Kopf einfarbig schwarz und der Thoraxrücken
äusserst fein lederig und fast matt ist.

♀ Fühler sehr schlank, fast von Körperlange. Kopf hinten
stark verschmälert, fein und dicht lederartig gerunzelt,
matt. Mesonotum fein lederartig, fast matt. Vordere
Querleiste vollständig, hinten durch 2 Seitenleisten angedeutet. Luftlöcher des Metathorax klein und rund.
Das 1. Segment kurz, wie poliert, das 2. Segment fein
und zerstreut punktiert, glänzend; auf den folgenden
wird die Punktierung noch feiner. Bohrer etwas kürzer
als der Hinterleib ohne das 1. Segment. Areola gross
mit parallelen Seiten. — Schwarz, Fühlerglied 3—5
unten rot, 10 und 11 oben weiss. Schenkel rot, die
vordersten an der Basis, die hintersten an der Spitze
schwarz; Schienen rot, die hintersten an Basis und
Spitze und die ganzen Tarsen schwarz. Segment 1—3
rot, 6 weiss.

L. 6 mm. Nur das ♀ bekannt.

Alpenwiesen in Steiermark.

Wahrscheinlich gehört zu Gambrus auch die folgende Gravenhorst'sche Art:

Cr. leucoproctus Grav.   1829 Cr. leucoproctus Gravenhorst, II 587 ♂ | 1865 Cr leucoproctus Taschenberg, l c p. 103 ♂

♂ Metathorax grob gerunzelt, ohne deutliche Leisten. Segment 1 sanft bogig erweitert, mit kaum vortretenden Luftlöchern, oben poliert mit einigen groben Punkten. Flügel schwach getrübt, Areola fast quadratisch. Tegulä schwarz. Beine gelbrot, Hüften und Trochanteren schwarz, Vorderschenkel gegen die Basis schwarz; die hintersten Schenkel schwarzbraun, gegen das Ende röthlich; Spitzen der hintersten Schienen und ihre Tarsen schwarzbraun. Postpetiolus und Segment 2—4 gelbrot, 6 und 7 oben weiss gefleckt.

L. 9 mm.   ♀ unbek.

Oberitalien.

---

16. Gen. **Hygrocryptus** C. G. Thoms.

1873 Hygrocryptus C G Thomson. Opusc Ent V p 513
1868 Antrams Forster, Fam. u Gatt. Ichn p. 187 (pro parte)
1890 Antrams Schmiedeknecht, Gatt u Art d Crypt p 26

Areola gross, mit parallelen Seiten. Metathorax ziemlich dicht behaart, area coxalis deutlich. Klauenglied, Klauen und Pulvillus auffallend gross. Vorderschienen des ♀ aufgetrieben.

♀.

1. Thorax zum Teil rot.   2.

   Thorax ganz schwarz.   5.

2. Die hintersten Tarsen mit weissem Ring. Grosse Art von 15 mm.

   1. p r a e d a t o r P. Rossi var.

   Die hintersten Tarsen ohne weissen Ring.   3.

3. Schildchen weiss. Thorax fast ganz rot.   7—8 mm.

   6. Cr. m e l a n o c e p h a l u s Grav.

   Schildchen schwarz, rot oder rotgelb.   4.

4. Die beiden Schildchen, Metathorax, zuweilen eine grosse
   Makel der Brustseiten und Segment 1—3 rot.   Beine
   gelbrot.   10 mm.

2. c a r n i f e x Grav.

Thorax dunkelrot, zuweilen Brust oder Nähte um das
Schildchen schwarz.   Hinterleib dicht und fein punktiert,
schwarz oder an der Basis rot gezeichnet.   9—10 mm.

3. t h o r a c i c u s Brischke.

5. Fühler mit weissem Ring. 6.

   Fühler ohne weissen Ring.   10.

6. Schildchen an der Spitze weiss.   Beine kurz, Schenkel
   ziemlich verdickt.   Hinterleib rot, am Ende schwarz,
   Segment 7 weiss gerandet.   11 mm.

cf. H o p l o c r. j o n i c u s Tschek.

Schildchen schwarz.   7.

7. Die hintersten Tarsen mit weissem Ring.   Hinterleib an
   der Basis rot oder ganz schwarz, an der Spitze mit
   breiter weisser Binde.   15 mm.

1. p r a e d a t o r P. Rossi.

Die hintersten Tarsen ohne weissen Ring.   8.

8. Kopf aufgetrieben.   Hinterleibsmitte braunrot, dicht und
   fein punktiert.   10 mm.

cf. H o p l o c r. e x p l o r a t o r Tschek.

Kopf nicht aufgetrieben.   Hinterleibsbasis rot.   9.

9. Hinterleib glänzend, Segment 1—3 fast poliert.   10 mm.

2. c a r n i f e x Grav. var.

Segment 1—3 dicht punktiert, matt.   Hintere Querleiste
in der Mitte unterbrochen, die Seitenzähne ziemlich scharf.

5. D r e w s e n i C. G. Thoms.

10. Schildchen weiss.   Segment 2, 3 und Basis von 4 rot.
    Die hintersten Tarsen nicht weiss gezeichnet.   Bohrer
    so lang wie der Hinterleib ohne das 1. Segment.
    11—13 mm.

cf. H o p l o c r. f u s c i c o r n i s Tschek.

Schildchen schwarz.   11.

11. Die hintersten Tarsen fast ganz weiss. Segment 1—3 rot. Beine rot, die hintersten Schenkel und Schienen an der Spitze schwarz. 10 mm.

cf. Spilocr. amoenus Grav.

Beine rot, Hüften und Trochantern schwarz. Segment 2 und 3 glänzend und glatt, mit dem Postpetiolus und den Beinen rot. 8—10 mm.

4. palustris C. G. Thoms.

♂.

1. Thorax mehr oder weniger rot gezeichnet. 2.

Thorax schwarz. Die hintersten Tarsen oft mit weissem Ring. 3.

2. Die hintersten Tarsen mit weissem Ring. Gesicht schwarz oder mit weisser Makel. 9—10 mm.

2. carnifex Grav.

Die hintersten Tarsen ohne weissen Ring. Thorax ausgedehnt rot gezeichnet, Mesonotum meist ganz rot. Gesicht zum Teil rot. 11 mm.

sanguinolentus Grav.
(Jedenfalls ♂ zu H. praedator. Bei dieser Art zu vergleichen.)

3. Kopf aufgetrieben. Hinterleibsmitte braunrot, der Postpetiolus durchaus grob punktiert.

cf. Hoplocr. explorator Tschek

Kopf nicht aufgetrieben. 4.

4. Beine rot, nur die vordersten Hüften und Trochanteren braun. 10—12 mm.

2. carnifex Grav.

Alle Hüften schwarz. 5.

5. Gesicht mit grosser weisser Makel. Mitteltarsen mit weissem Ring. Hinterschenkel und Schienen schwarzbraun, an der Basis rot. 10—12 mm.

7. carnifex (Grav.) Brischke.

Gesicht schwarz. Mitteltarsen ohne weissen Ring. 12 mm.

5. Drewseni C. G. Thoms.

1. **H. praedator** P. Rossi. 1792 Ichn praedator P Rossi. Mant.
Ins. p 116 ♀ | 1829 Cr. praedator Gravenhorst. II p. 633 ♀ |
? 1829 Cr. sanguinolentus Gravenhorst, II p 632 ♂ | 1873 Cr. prae-
dator Kriechbaumer, Regensb. Corresp. Blatt p. 23

Ueber diese Art vergleiche man besonders Kriechbaumer's Aufsatz.

♀ Fühler schlank, etwas länger als der halbe Körper, Glied
9 und 10 oben weiss, unten rötlich. Flügel schwach
getrübt, Stigma und Tegulä schwarzbraun. Beine rot,
Hüften und Trochanteren schwarz: Hinterschenkel und
Schienen an der Spitze schwarz. Tarsen rot, das Endglied verdunkelt. Die hintersten Tarsen mit weissem
Ring. Kopf und Thorax schwarz, Segment 1 und Basis
von 2 rot, 7 mit weisser Binde. Bohrer etwa von $\frac{1}{3}$
Hinterleibslange.

L. 15 mm.

Var. ♀ (cf. Kriechbaumer, l. c. p. 25) Thorax rot,
oben mehr oder weniger verdunkelt. Segment 1—3 fast
ganz rot. Fühlerspitze rötlich.

Als ♂ ist jedenfalls zu betrachten:

C. sanguinolentus Grav. II p. 632.

♂ Metathorax grob gerunzelt, mit beiden Querleisten; Luftlöcher gestreckt. Segment 1 mit schwachen Tuberkeln,
oben flach und fast poliert. Clypeus vorn gestutzt.
Areola quadratisch; Ramellus vorhanden. — Schwarz,
Segment 1 und 2, Mesonotum mit dem Schildchen, Beine
von den Schenkeln an mit Ausschluss der Schienenspitzen
und Tarsen der hintersten sowie Gesicht grösstenteils rot.

L. 12 mm.

Mehr in Sudeuropa.

2. **H. carnifex** Grav. 1829 Cr. carnifex Gravenhorst II p. 631 ♀ |
1873 H. carnifex C. G Thomson, Opusc Ent V p. 513 ♀♂ |
1865 Cr. varicoxis Taschenberg, l. c p. 97

♀ Kopf hinten nicht aufgetrieben, Clypeus mit kleinem
Zahn; Fühler 3 farbig. Thorax schwarz, die beiden
Schildchen und Metathorax rot; Luftlöcher rund; die
beiden Querleisten deutlich. Areola gross; Stigma
gelblich. Hinterleib ziemlich glänzend, schwarz, Segment
1—3 rot, 7 und 8 mit weisser Makel; das 1. Segment
fast glatt, 2 und 3 fein querrissig. Beine gelbrot, die
hintersten Schenkel und Schienen an der Spitze zuweilen
braunlich. Bohrer von halber Hinterleibslange.

♂ Wie das ♀, aber Schildchen und meist auch die Basis
der vordersten Hüften schwarz, Glied 3 und 4 der

hintersten Tarsen weiss. Ein ♂ im Hamburger Museum hat Kopf und Thorax ganz schwarz. Segment 1—4 und Beine gelbrot; Afterspitze weiss. Brischke, Ichn. West- u. Ostpr. p 336, beschreibt ein nicht hierher gehöriges ♂. Gesicht mit grossem, weissem Fleck, Basis des Metathorax schwarz, Stigma dunkelbraun, Hinterleib schwarz, nur Segment 2 mit schmalem rotem Hinterrand, Hüften und Trochanteren schwarz. Glied 3 und 4 der Mitteltarsen weiss mit schwarzer Spitze; Schenkel und Schienen der Hinterbeine schwarzbraun mit roter Basis. — Vielleicht ♂ der folgenden Art.

Var. ♀. Thorax ganz schwarz.

L. 10—11 mm.

Nord- und Mitteleuropa.

Aus Raupen von Leucania obsoleta und Nonagria paludicola gezogen. Im Hamburger Museum befinden sich ♀ und ♂ mit der Etikette: Aus Senta maritima.

3. H. thoracicus Brischke. 1878 H. thoracicus Brischke,¹ Ichn. West- u. Ostpr p. 337 ♀.

♀ Gestalt wie bei H. carnifex, aber die Areola kleiner, Postpetiolus schmaler, die Leisten weniger deutlich, der ganze Hinterleib dicht und fein punktiert, die letzten Tarsenglieder nicht so breit. — Schwarz, Thorax dunkelrot, bei einem ♀ Mittelbrust und Gegend um das Schildchen schwarz, Schildchen selbst fast ganz gelb. Stigma dunkelbraun, Tegulä rot bis schwarz, Beine schwarz, Vorderschenkel nach der Spitze hin und die Vorderschienen, bei einem ♀ auch die Basalhälfte der Hinterhüften rot. Hinterleib schwarz, bei einem ♀ der Postpetiolus und die Basis des 2. Segments rot, ersterer mit schwarzem Fleck, Segment 7 und 8 oben weiss.

L. 9—10 mm.

Danzig.

4. H. palustris C. G. Thoms. 1873 H. palustris C. G. Thomson, Opusc. Ent V p 515 ♀.

Ausgezeichnet durch die schwarzen Fühler, Hüften und Trochanteren.

♀ Clypeus an der Spitze winkelig vorgezogen. Schwarz, Fühler ohne weissen Ring. Segment 2 und 3 glatt und glänzend, mit dem Postpetiolus und den Beinen rot; Hüften und Trochanteren schwarz.

L. 8—10 mm.

Schweden, Dänemark, Ost- und Westpreussen.

5. **H. Drewseni C. G. Thoms.** 1873 H. Drewseni C. G. Thomson, Opusc. Ent. V p. 514 ♀♂.

♀ Clypeus am Ende abgestutzt. Kopf und Thorax schwarz, Fühler mit weissem Ring. Metathorax gestreckt, die hintere Querleiste in der Mitte unterbrochen, Seitenzahne ziemlich spitz. Petiolus au der Basis beiderseits mit Zahn. Segment 1—3 rot, dicht punktiert und matt. Stigma schwärzlich. Bohrer etwas kürzer als der halbe Hinterleib.

♂ Alle Hüften und Trochanteren, sowie die hintersten Tarsen schwarz, letztere mit weissem Ring.

L. 12 mm.

Dänemark.

Arten, deren Stellung bei Hygrocryptus nicht sicher ist.

6. **Cr. melanocephalus Grav.** 1829 Cr. melanocephalus Gravenhorst, II p. 629 ♀ | 1865 Cr. melanocephalus Taschenberg, l. c. p. 105 ♀.

♀ Metathorax fein lederartig, die beiden Querleisten zart; Spirakeln und Segment 1 ohne Tuberkeln. Areola fast quadratisch, Ramellus fehlt. — Rot. Fühler, Kopf, Hinterleib vom 4. Segment an schwarz. Fühlerring, Schildchen und Hinterleibsspitze weiss. Hüften zum Teil, Trochanteren und Hinterbeine von den Knieen an gebräunt.

L. 3,5 mm, 3,75 mm, 2,75 mm.

Südeuropa.

7. **Cr. conjungens Tschek.** 1870 Cr. conjungens Tschek, Neue Beiträge etc p 428 ♀.

♀ Kopf hinter den Augen wenig verschmälert; Clypeus in der Mitte zahnartig vorgezogen. Metathorax runzlig mit Seitenzähnchen. Segment 1 und 2 poliert, die übrigen sehr fein punktiert. Ramellus fehlt. — Schwarz, Postpetiolus und Segment 2 und 3 rotbraun. Fühler ohne weissen Ring, Schenkel und Schienen rot, die hintersten am Ende schwarzbraun. Segment 6 mit weissem Endrand, 7 mit weisser Makel. Flügel hyalin, Stigma hellgelb, Tegulä schwarz. Bohrer kurzer als der halbe Hinterleib.

L. 8,25 mm.

Galizien.

Anmerk. Nach Thomson vielleicht identisch mit H. palustris,

Als Cryptus beschriebene europäische Arten, deren Stellung unter den Cryptinen im engeren Sinne sehr zweifelhaft ist.

C. leucotarsus Grav. 1829 Cr. leucotarsus Gravenhorst, II p. 524 ♂ | 1865 Cr. leucotarsus Taschenberg, p. 93 ♂.

♂ Metathorax grob gerunzelt, die Querleisten undeutlich, Luftlöcher etwas oval. Segment 1 mit kräftigen Tuberkeln. Clypeus geschieden, vorn flach gerundet. — Schwarz, Hinterleib vom 2. Segment an und an den Vorderbeinen die Tarsen, Schienen und Schenkel rot. Mandibeln, Schildchen, Hinterschildchen, innere Augenränder und Glied 2—4 der Hintertarsen weiss.

L. 10 mm.

Ober-Italien. Deutschland.

C. tinctorius Grav. 1829 Cr. tinctorius Gravenhorst, II p. 509 ♂ | 1865 Cr. tinctorius Taschenberg, p. 98 ♂.

♂ Metathorax mässig gerunzelt, mit hoch hinaufreichender, einen ununterbrochenen Bogen bildender hinterer Querlinie, 2 parallele Längsleisten mitten durch den langen abschüssigen Teil setzen sich bis zur Wurzel des Rückens fort, ein geschlossenes Mittelfeld bildend. Luftlöcher linear und lang. Segment 1 mit sehr schwachen Tuberkeln, oben etwas längsrissig, die folgenden dicht punktiert. Gesichtsbeule fehlt. Areola vorn fast zusammenlaufend. Hinterschenkel verdickt. — Schwarz, Postpetiolus mit Segment 2 und 3, Schenkel und Schienen gelbrot, die Knie und Schienenspitzen der hintersten Beine schwarz. Fühlerring, Schildchen- und Hinterleibsspitze weiss.

L. 9 mm.

Deutschland.

2. Tribus. **Mesostenini.**

1900 Mesostenini, Tribe VI, Ashmead, Smith's Insects of
　　New Jersey p. 570.

Die Mesosteninen sind ausgezeichnet durch die ausserordentlich kleine, zuweilen fast punktförmige Areola; dieselbe
ist nie pentagonal, sondern bildet ein Quadrat oder queres
Rechteck, dessen Aussenseite nicht selten fehlt. Aber auch
sonst zeigen sie einen gewissen Habitus, der besonders in der
schlanken Gestalt und den im Verhältniss zu den Vorderbeinen
auffallend verlängerten Hinterbeinen begründet ist. Während
sie in der palaarktischen Fauna nur durch wenige Gattungen
und Arten vertreten sind, erreichen sie in den Tropen eine
grosse Verbreitung. Namentlich das tropische Amerika liefert
eine Menge prächtiger Arten, die gründlich zu sichten noch
viel Zeit kosten wird. Sie zerfallen in folgende Gattungen,
von denen nur Listrognathus, Mesostenus und Nematopodius
in Europa vorkommen:

1. Stirn ohne Dorn oder scharfen Kiel zwischen den Fühlern. 2.

　　Stirn mit einem, selten zwei Dornen oder scharfem Kiel
　　zwischen den Fühlern. 11.

2. Klauenglied und Klauen ausserordentlich klein. Das
　　letzte Glied der hintersten Tarsen viel kürzer als das
　　dritte; das erste Glied der vordersten so lang oder fast
　　so lang wie die Schienen. Metathorax poliert, nur mit
　　der vorderen Querleiste und kleinen kreisrunden Luft-
　　löchern. Bohrer weit kürzer als der Hinterleib. Körper
　　sehr schlank und zart.
　　　　　　　　3. N e m a t o p o d i u s Grav.

　　Klauenglied und Klauen weit kräftiger. Das letzte Glied
　　der hintersten Tarsen ungefähr so lang wie das dritte;
　　das erste Glied der Vordertarsen viel kürzer als die
　　Schienen. Körper weniger schlank und zart. 3.

3. Thorax kurz, kaum mehr als zwei mal so lang als breit;
　　Parapsidenfurchen schwach oder fehlend. Metathorax
　　kurz, nur die vordere Querleiste vorhanden. Die hinter-
　　sten Beine weit länger als die vorderen. Areola aussen
　　offen.
　　　　　　　C r y p t u r o p s i s Ashmead.
　　　N. B. Ich finde keinen scharfen Unterschied von Cristolia.

　　Parapsidenfurchen deutlich, oft sehr tief 4.

4. Metathorax mit den beiden Querleisten, die hintere zuweilen in der Mitte undeutlich, an den Seiten aber immer
als Leiste oder kurzes Zähnchen vortretend. 5.

Metathorax nur mit der vorderen Leiste, die hintere
kaum angedeutet, dafür bei den tropischen Arten oft
lange Dornen. 7.

5. Areola aussen offen, auch der untere Nerv nur ganz
schwach angedeutet, der rücklaufende Nerv mündet am
Anfang derselben, ist also interstitial. Nervellus stark
postfurcal, weit über der Mitte gebrochen. Kopf nach
hinten nicht verschmälert. Das 1. Segment wenig flachgedrückt, Luftlöcher und Beugung in der Mitte. Kleine
Art aus Hinterindien.

Mesostenopsis nov. gen.

Areola geschlossen, höchstens der Aussennerv undeutlich;
der rücklaufende Nerv nicht am Anfang derselben
mündend. Nervellus meist unter der Mitte gebrochen.
Kopf nach hinten gewöhnlich stark verschmälert. Das
1. Segment, namentlich der Postpetiolus, flachgedrückt,
die Luftlöcher deutlich hinter der Mitte. 6.

6. Areola sehr klein, der rücklaufende Nerv mehr am Ende
mündend. Scheitel nicht besonders kurz. Bohrer mehr
oder weniger lang. Metathorax wenigstens bei den
europäischen Arten höchst selten mit Seitenzähnen.

2. Mesostenus Grav.

Areola, wenn auch klein, deutlich grösser als bei Mesostenus; der rücklaufende Nerv vom Ende entfernt. Kopf
hinter den Augen sehr kurz und stark verschmälert;
Augen gross und vorragend. Bohrer sehr kurz. Metathorax mit sehr kleinen Seitenzähnchen. Afrikanische
Arten.

Brachycoryphus Kriechb.

Anmerk. Mit Brachycoryphus vereinige ich die von Cameron
aufgestellten Gattungen Silsila und Gotra.

7. Kopf und Thorax kurz und breit, letzterer buckelig;
Metathorax breiter als lang mit kurzen Höckern. Hinterleib im Verhältnis klein und kurz, das 1. Segment ziemlich
lang, mindestens ein Drittel des Hinterleibs ausmachend.
Areola aussen offen.

Christolia Brullé.

Kopf und Thorax weit mehr gestreckt, namentlich der
Metathorax länger als breit und oft mit langen Seitendornen. 8.

8. Bohrer kurz, kaum vorragend. Körper schlank wie bei
   Mesostenus und namentlich Polycyrtus. Beine, zumal die
   hintersten sehr lang. Areola mehr oder weniger quadratisch, meist geschlossen. [Cresson weicht in seiner
   Diagnose der Gattung (1873 Proc. Acad. Nat. Scienc. Phil. p 166)
   von Brullé ab. Der Metathorax hat nach ihm keine
   Dornen oder Höcker, während alle Brullé'schen Arten
   starke Dornen besitzen, ebenso fuhrt er Arten mit weit-
   vorstehendem Bohrer unter Cryptanura an.]

   Cryptanura Brullé.

   Bohrer des ♀ deutlich vorragend. 9.

9. Hinterleibsstiel mehr oder weniger kurz, nach hinten
   deutlich verbreitert, Luftlöcher weiter von einander als
   von der Spitze. Kopf etwas breiter als der Thorax.
   Areola geschlossen

   Mesostenoideus Ashmead.

   Hinterleibsstiel lang und schmal, nach hinten allmählig und
   wenig erweitert, die Luftlöcher näher einander als der
   Spitze. Mesonotum stark dreiteilig. Metathorax gestreckt,
   nur die vordere Leiste vorhanden, hinten meist mit
   starken Seitendornen, selten ganz unbewehrt. Körper
   mehr oder weniger glänzend. Im Habitus ganz mit
   Polycyrtus übereinstimmend, aber Stirn ohne Dorn.
   Zahlreiche Arten im tropischen Amerika. 10.

10. Stirn mit scharfer Leiste, welche von oben gesehen als
    Dorn erscheint. Metathorax mit dichten Querstreifen,
    Seitendornen klein aber deutlich. Hinterleib glatt und
    glänzend.

    cf. Glodianus Cam.

    Stirn ohne starke Leiste. Metathorax meist mit langen
    Seitendornen, selten mit Spuren von Querleisten.

    Neomesostenus n. g.

11. Stirn mit zwei kurzen Dornen oder Leisten. Areola
    meist verlängert, schmal und geschlossen. 12.

    Stirn nur mit einem Dorn oder Zapfen, selten mit scharfer
    Leiste. 13.

12. Mesonotum mit tiefen Parapsidenfurchen, dreiteilig. Ost-
    indische Arten.

    Ceratocryptus Cam.

    Mesonotum mit schwächeren Parapsidenfurchen und des-
    halb weniger ausgeprägt dreiteilig. Neotropische Arten.

    Polyaenus Cresson.

13. Stirn mit scharfer Leiste, welche von oben gesehen als Dorn erscheint. Mesonotum eben, der mittlere Raum an den Seiten durch regelmässige, schiefliegende, hinten durch querliegende Runzeln abgetrennt. Metathorax mit deutlicher vorderer Querleiste, die hintere nur an den Seiten als scharfer Kiel oder Lamelle vortretend. Der Raum von der ersten Querleiste bis zur Spitze des Thorax, auch an den Seiten, mit regelmässigen feinen Querleisten durchzogen; Luftlöcher gross und gestreckt. Fühler lang und kräftig, vor der Spitze verbreitert. Areola geschlossen. Die hintersten Beine weit länger als die vorderen. Das 1. Segment gestreckt, nach hinten schwach erweitert, Postpetiolus nicht abgesetzt. Hinterleib glatt und glänzend.

Glodianus Cameron.

(Typus: Mesostenus longicauda Brullé).

Stirn mit spitzem Dorn oder Zapfen. 14.

14. Beine auffallend lang, Vordertarsen doppelt so lang als die Schienen; die hintersten Hüften sehr gross, fast bis zur Spitze des Hinterleibs reichend. Hinterleibsstiel an der Basis breit gedrückt. Khasia-Berge in Ostindien.

Suvalta Cameron.

Beine weniger lang, der Hinterleibsstiel schmaler. 15.

15. Körper meist glatt und glänzend, gross; die hintere Querleiste des Metathorax fehlend, dafür kräftige Dornen. Mesonotum mit tiefen Parapsidenfurchen, der mittlere Raum vorragend. Das 1. Segment lang und schlank, Postpetiolus länger als breit. Mittel- und Süd-Amerika.

Polycyrtus Spin.

Kopf. Thorax, Postpetiolus und das 2. Segment dicht punktiert. Kleinere Arten. Metathorax mit beiden Querleisten, die hintere wenigstens an den Seiten deutlich und einen Zahn bildend. Postpetiolus quer. Das 2. Segment quer, mit schwieligem Endrand.

1. Listrognathus Tchek.

1. Gen. **Listrognathus** Tschek.

1870 Listrognathus Tschek, Beiträge etc p 153
1896 Listrognathus C. G. Thomson, Opusc. Ent XXI p 2379.

Stirn oberhalb der Fühler mit vorstehendem Dorn.
Kopf, Thorax, Postpetiolus und das 2. Segment dicht und
ziemlich grob punktiert.   Metathorax mit den beiden Querleisten, die hintere wenigstens an den Seiten deutlich und
einen Zahn oder Höcker bildend.   Postpetiolus und das 2.
Segment quer, letzteres mit schwieligem Endrand.

1. Hinterleib ganz oder in der Mitte rot.   Stirn mit
    kleinem Dorn. 2.

    Hinterleib schwarz. Stirn mit kräftigem Dorn. 3.

2. Postpetiolus und Segment 2 und 3, Schenkel und Vorder-
    schienen rot.   Basis der hintersten Schienen, Scheitel-
    rand, Spitze des Schildchens und des Hinterleibs weiss.

                    1. pygostolus Grav.

    Hinterleib ganz rot.   Kopf, Thorax und Basis der
    hintersten Schienen nicht weiss gezeichnet.

                    2. Mengersseni n. sp.

3. Fühler ♀ kurz und dick, vor dem Ende verbreitert.
    Thorax mit Einschluss des Schildchens schwarz.

                    3. compressicornis Grav.

    Fühler fadenförmig.   Schildchenspitze und Schulterbeule
    meist weiss.

                    4. cornutus Tschek.

_____

1. **L. pygostolus Grav.** 1829 Mesost. pygostolus Gravenhorst II
   p 758 ♀ | 1829 Mesost. niveatus Gravenhorst II p 759 ♂ |
   1872 Listrog. tricolor Tschek, Ueber einige Crypt. etc p. 251 ♂♀.

♀ Metathorax grob punktgrubig, mit Seitendornen. Segm. 1
   stark bogig erweitert, ohne Tuberkeln, mit groben
   Punkten. — Schwarz, Postpetiolus mit Segment 2 und 3,
   Schenkel und vordere Schienen rot, Glied 2—4 der Hintertarsen, ihre Schienenwurzel, Hinterleibsende, Schildchenspitze, Scheitelrand und Fühlerring weiss. Bohrer von
   1/3 Hinterleibslänge.

♂ Segment 1—3, Schenkel und Vorderschienen gelbrot: Basis der Schienen, Glied 2—4 der Hintertarsen, Hinterleibsspitze, Gesicht ganz oder teilweis, Schaft unten und innere Augenränder weiss.

L. 8—9 mm.

Europa, nicht häufig.

2. L. Mengersseni n. sp.

♀ Kopf und Thorax abstehend weisslich behaart, grob runzlig punktiert, ziemlich glänzend. Kopf quer, nach hinten stark verschmälert, Fühler von Körperlänge, Stirn mit kleinem spitzen Dorn. Mesonotum mit deutlichen Parapsiden, der mittlere Raum mit Spuren von Längsrissen. Metathorax stark gerunzelt mit 2 Querleisten. die hintere an den Seiten zahnartig vortretend; der abschüssige Raum flach, ohne Längsleisten. Areola im Flügel fast etwas höher als breit, der Aussennerv schwach, rücklaufender Nerv mehr am Ende mündend, Nervulus etwas vor der Gabel, Nervellus schwach postfurcal. unter der Mitte gebrochen. Hinterleib dicht punktiert, am gröbsten auf dem Postpetiolus, dieser breit und stark gewölbt. Die drei vorderen Segmente mit tiefen Einschnitten, namentlich zwischen dem zweiten und dritten. Bohrer so lang wie das 1. Segment — Kopf und Thorax schwarz, Fühler mit weissem Ring. Tegulä schwärzlch. Flügel hyalin, mit Spur einer bräunlichen Querbinde; Stigma bräunlichgelb. Beine rotbraun, Hüften und Trochanteren schwarz, Vorderbeine mehr rötlich. Hinterleib trüb rot, die äusserste Basis des 1. Segmentes schwarz, die Endsegmente gebraunt.

L. 7 mm.

Thüringen. — Zu Ehren meines hochverehrten Freundes und eifrigen Hymenopterologen, Herrn Oberforstmeister von Mengerssen.

3. L. compressicornis Grav. 1829 Mesost. compressicornis Gravenhorst II p. 876 ♀ | 1865 Taschenberg, l. c. p. 109 | 1894 C. G. Thomson, Opusc. Ent. XIX p. 2117 +

♀ Schwarz, Stirn ausgehöhlt. ziemlich glatt, Augenränder weiss. Fühler von dem weissen Sattel an verbreitert und dann wieder zugespitzt. Das 1. Segment glatt; Seiten des Postpetiolus und das 2. Segment stark punktiert. Schenkel und Schienen rot; die hintersten

Schienen, mit Ausnahme der Mitte, und Tarsen schwarz, Glied 2—4 der letzteren weiss. Bohrer kaum ⅛ der Hinterleibslänge.

L. 9 mm.

Nord- und Mitteleuropa, selten.

4. L. cornutus Tschek.   1870 L. cornutus Tschek, Beiträge etc. p. 154 ♀♂.

Thorax ausserordentlich grob runzelig punktiert. Hinterleib dicht und grob punktiert. Fühler fadenförmig, hinter der Mitte schwach verdickt.

♀ Schwarz, Vorderschienen, Basis der Hinterschienen und Schenkel rot. Ein Punkt mitten auf dem Mesonotum und auf dem Schildchen, Fühler und Tarsenring weiss. Flügel vor dem Ende wolkig getrübt. Bohrer etwas kürzer als der halbe Hinterleib.

♂ Mund, Clypeus. Gesicht, Augenränder, Schaft unten, Fleck der Tegulä und die vorderen Hüften und Trochautern gelblich weiss. Geissel unten rostgelb, Vorderschenkel und Schienen rotgelb, Tarsen hellgelb, das letzte Glied schwärzlich. Die hintersten Schienen rot, an Basis und Spitze schwarz; die hintersten Tarsen schwarz, mit weissem Ring.

L. ♀ 13 mm.   ♂ 9 mm.

Oesterreich.

---

2. Gen. **Mesostenus** Grav.

1829 Mesostenus Gravenhorst, Ichn. Eur. II p. 751.

Stirn ohne Dorn oder scharfen Kiel oberhalb der Fühler. Mesonotum ziemlich eben, die Parapsidenfurchen deutlich. Metathorax mit deutlicher Skulptur, meist rauh, die beiden Querleisten vorhanden, die hintere wenigstens an den Seiten als Leiste oder kurzes Zähnchen vortretend. Areola sehr klein, quadratförmig oder quer rechteckig, den rücklaufenden Nerv hinter der Mitte aufnehmend.

Thomson (Opusc. Ent. XXI p. 2378) zerfällt die Gattung in zwei Untergattungen:

Postpetiolus quer, stark punktiert. Areola fast quadratisch. Metathorax beiderseits mit kurzem und spitzem Höcker. Das 2. Segment quer mit schwieligem Endrand.

Mesostenus Grav.

Postpetiolus länger als breit, glatt. Areola quer, fast doppelt so breit als hoch. Metathorax fast unbewehrt. Das 2. Segment fast doppelt so lang als breit.

Stenaraeus C. G. Thoms.

Diese Trennung lässt sich bei den wenigen europäischen Arten vielleicht durchführen, die zahlreichen exotischen Arten bilden dagegen alle Uebergänge.

Tabelle der paläarktischen Arten:

1. Hinterleib schwarz, zuweilen mit weissen (gelben) Hinterrändern einiger Segmente oder mit weisser Afterspitze. 2.

   Einige Segmente rot oder rotgelb. 7.

2. Schildchen gelb. Schwarz, gelblichweiss sind: Fühlerring, Mandibeln, Clypeus, Makel im Gesicht, Scheitelfleck, Schildchen und Hinterschildchen, Makeln des Metathorax, Basis und Hinterrand von Segment 1, Hinterrand von Segment 2 und 3 und Rücken von 7 und 8.

   6. p e r e g r i n u s n. sp.

   Schildchen nicht gelb. 3.

3. Kopf und Thorax ganz oder zum grossen Teil rot. 4.

   Kopf und Thorax nicht rot gefärbt. 5.

4. Bohrer weit länger als der Körper. Flügel mit dunkler Querbinde. Basis der hintersten Schienen nicht weiss.

   3. g l a d i a t o r var. j u v e n i l i s Tosquinet.

   Bohrer kürzer als der Hinterleib. Flügel ohne dunkle Querbinde. Basis der hintersten Schienen weiss.

   cf. 18. M. h i l a r u l u s Tosquinet.

5. Metathorax grob gerunzelt mit breiten, stumpfen Seitenzahnen. Fühler mit weissem Ring. Beine rot, die hintersten Schienen und Tarsen schwärzlich. Hinterleib glänzend, vorn ziemlich grob aber nicht dicht punktiert. Bohrer fast von Hinterleibslänge. Robuste Art.

   2. t r u n c a t i d e n s n. sp.

   Metathorax ohne breite Seitenzahne. 6.

6. Bohrer nicht ganz von Hinterleibslänge. Schenkel schwarz. Hinterleibsspitze weiss.

1. funebris Grav.

Bohrer weit länger als der ganze Körper. Schenkel rot.

3. gladiator Scop.

7. Hinterleib mit Ausnahme des Petiolus rot, wie die Schenkel und Vorderschienen. Seitenleisten des Schildchens weiss.

4. grammicus Grav.

Hinterleib nur in der Mitte oder an der Basis rot. 8.

8. Kopf, Thorax und Hinterleibsbasis rot. Fühlerring, Endsegmente oben und Basis der hintersten Schienen weiss. Bohrer so lang wie der halbe Hinterleib.

18. hilarulus Tosquinet.

Kopf und Thorax nicht rot gezeichnet. 9.

9. Postpetiolus glatt, ohne Punktierung, länger als breit.

(Stenaraeus C. G. Thoms.) 10.

Postpetiolus mit tiefen und groben Punkten. 15.

10. Seitenleisten vor dem Schildchen und dieses selbst schwarz. Metathorax grob aber zerstreut punktiert. Schenkel des ♀ mehr oder weniger rot. Bei dem ♂ Gesicht und die vorderen Hüften und Trochantern vorn weiss.

5. notatus Grav.

Seitenleisten vor dem Schildchen, meist auch dessen Seitenränder mehr oder weniger weiss. Schenkel rot. Beim ♂ die vorderen Hüften schwarz, die hintersten Tarsen mit weissem Ring. 11.

11. Hinterleib rotgelb, die letzten 3 Segmente schwarz. Beine rot, Hüften und Trochantern schwarz.

12. ingenuus Tosquinet.

Hinterleib anders gezeichnet. 12.

12. Petiolus an der Basis ohne Seitenzähne. Stirn ziemlich glatt. Beim ♂ der Mund schwarz, Halsrand weiss. 13.

Petiolus an der Basis mit spitzen Seitenzähnen, beim ♂ nur schwach ausgeprägt. Stirn runzlig punktiert. 14.

13. Stirn hinter den Augen etwas verschmälert. Schenkel nicht besonders verdickt. Beim ♂ die inneren Augenränder und eine grosse Makel der äusseren sowie Ring der Hintertarsen weiss.

7. transfuga Grav.

Der vorhergehenden Art sehr ähnlich, aber Scheitel hinter den Augen nicht verengt, Schenkel dicker; beim ♂ die hinteren Augenränder nicht mit weisser Makel.

8. crassifemur C. G. Thoms.

14. Kleinere Art. Bohrer wenig kürzer als der Hinterleib. Bei dem ♂ Glied 3 und 4 der Hintertarsen ganz oder nur an der Basis weiss.

9. dentifer C. G. Thoms.

Grössere Art. Bohrer kürzer als bei M. dentifer. Beine gelbrot. Beim ♂ Glied 2—4 der hintersten Tarsen weiss.

10. albinotatus Grav.

15. Alle Schenkel, meist auch der ganze Postpetiolus rot. Beim ♂ die Hinterleibsspitze und Ring der hintersten Tarsen weiss. 16.

Hinterschenkel und die Basalhälfte der vorderen schwarz. Postpetiolus nur am Endrand rot. Beim ♂ die Hinterleibsspitze nicht weiss gezeichnet. 17.

16. Schildchen ganz schwarz. Beim ♀ Segment 2—4—5, beim ♂ Segment 2—4 rot, letzteres am Hinterrand meist schwarz. Bohrer wenig länger als der halbe Hinterleib.

11. ligator Grav.

Schildchenspitze und Leisten um das Schildchen gelbrot. Beim ♀ Postpetiolus und Segment 2, beim ♂ auch das 3. Segment rot. Bohrer von Hinterleibslänge.

13. hellenicus n. sp.

17. Fühler ziemlich dick. Areola nicht quadratisch, mehr rechteckig. Hinterleib ziemlich schlank, mit feiner Punktierung.

17. furax Tschek.

Fühler schlanker. Areola quadratisch, Hinterleib stärker punktiert. 18.

18. Luftlöcher des Metathorax fast rund. Segment 2—4 dicht punktiert, 3 und 4 an den Seiten mit schwarzbrauner Makel.

16. subcircularis C. G. Thoms.

Luftlöcher des Metathorax gestreckt oder oval. Die mittleren Hinterleibssegmente ohne dunkle Seitenflecken. 19.

19. Luftlöcher des Metathorax gestreckt. Postpetiolus, Segment 2—4 und Basis von 5 braunrot. Beim ♂ die Gesichtsseiten weiss.

14. obnoxius Grav.

Luftlöcher des Metathorax oval. Das 1. Segment am Endrand und Segment 2—4 rot. Notauli länger.

15. subovalis C. G. Thoms.

1. **M. funebris Grav.** 1829 M. funebris Gravenhorst II p 775 ♀ | 1865 M. funebris Taschenberg p 109 ♀.

♀ Metathorax gestreckt, hinten schrag abfallend, zusammenfliessend punktiert und deutlich querrunzlig, ohne Seitendornen, Postpetiolus polert. Segment 2 matt. Areola breiter als hoch. — Schwarz, Vorderschienen und ihre Kniee rot. Glied 2—4 der Hintertarsen, 8—11 der Fühler und die Hinterleibsspitze weiss; das 2. Segment mit rötlichem Endrand.

♂ Clypeus, Ring der Fühler und der hintersten Tarsen weiss. Fühler fast langer als der Körper.

L. 4,75 mm, 5.75 mm, 4,5 mm.

Südeuropa. Ich fand die Art einzeln bei Herkulesbad in Ungarn und neuerdings in einer Anzahl Exemplaren bei Jablanica in der Herzegowina. Von allen paläarktischen Arten nähert sie sich am meisten den zahlreichen tropischen Vertretern der Gattung Mesostenus.

2. **M. truncatidens** n. sp.

♀ Kopf kurz, quer. Augen gross. vorgequollen; Fühlergruben sehr tief, durch eine scharfe Längskante oben von einander getrennt; Fühler ziemlich kräftig, hinter der Mitte etwas breitgedrückt. Thorax runzlig punktiert, Brustseiten und namentlich der Metathorax mit sehr groben Runzeln; Querleisten und Seitenzähne deutlich, letztere breitgedrückt, am Ende stumpf. Areola viel

breiter als hoch. Hinterleib breit. ziemlich glänzend.
Das 1. Segment mit deutlichen Kielen. Postpetiolus breiter
als lang, zerstreut punktiert: das 2. Segment so lang als
breit, punktiert, am Ende wie die folgenden Segmente fast
glatt. Bohrer ungefähr von Hinterleibslänge. — Schwarz,
Fühlerglied 7—10 weiss. Beine rot, Tarsen braun, die
hintersten Schienen und Tarsen schwärzlich.

L 13—14 mm. ♂ unbekannt.

2 ♀ im Hamburger Museum aus der Tischbein'schen
Sammlung. Vaterland nicht angegeben, jedenfalls Europa.

3. **M. gladiator** Scop. 1763 Ichn gladiator Scopoli, Ent Carn n
744 ♀ | 1829 M gladiator Gravenhorst II p 765 ♀♂ | 1865 M
gladiator Taschenberg p 109 ♀♂

♀ Metathorax sehr rauh durch zusammenfliessende grobe
Punkte, die hintere Querleiste verwischt, Seitendornen
fehlen. Postpetiolus fast poliert, mit Langsgrube. Segm.
2 und die folgenden sehr dicht und fein punktiert. Clypeus
poliert. — Schwarz, Schenkel und vordere Schienen und
Tarsen rot. Hintertarsen schwarz, meist mit weissem
Ring. Fühlerglied 9—10—11 weiss. Bohrer fast doppelt
so lang als der Körper. Flügel mit mehr oder weniger
deutlicher Querbinde unter dem Stigma.

♂ Area superom. angedeutet. Farbung wie beim ♀. Auch
die Basalhälfte der Hinterschienen meist rot. Hintertarsen stets mit weissem Ring.

Var. ♀ juvenilis Tosquinet. 1896 Mesostenus juvenilis Tosquinet. Mém Soc Ent Belg V p 214 ♀ Kopf und Thorax
mehr oder weniger ausgedehnt dunkelrot, zuweilen nur
das Mesonotum und das Gesicht. Beine dunkler als bei
der Stammform. Algerien. Meine Exemplare stammen
von Spanien und Portugal.

L. ♀ 6,25 mm, 8 mm, 24 mm. ♂ 5,25 mm, 6,25 mm.

Ganz Europa. An Mauern und Wänden, wo Bienen
und Grabwespen nisten. Die ♂ weit seltener als die ♀.

4. **M. grammicus** Grav. 1829 M grammicus Gravenhorst II p 757 |
1865 M grammicus Taschenberg p 110

♀ Metathorax grob querrunzlig mit Seitenzähnchen. Segm.
1 ohne Tuberkeln, hinten poliert. Das 2. Segment grob
punktiert. Areola breiter als hoch, sehr klein.— Schwarz;
Fühlerring, Augenränder teilweis, Halsrand, Linie vor

und unter den Flügeln und Seitenleisten des Schildchens weiss. Hinterleib mit Ausschluss des Petiolus, Schenkel, Schienen gelbrot, Spitzen der Hinterschienen mit ihren Tarsen gebräunt. Bohrer von Hinterleibslänge.

9 mm.

Mehr in Südeuropa.

5. **M. notatus Grav.** 1829 M. notatus Gravenhorst II p 764 ♀♂ | 1865 M notatus Taschenberg, p 110 ♀♂.

♀ Metathorax grob punktgrubig, Seitendornen kaum angedeutet. — Schwarz, Stirnränder und Fühlerring weiss. Thorax ganz schwarz. Der glatte Postpetiolus, Segment 2 und Basis von 3 rot. Beine schwarz, Vorderschenkel an der Spitze, und ihre Schienen rot. Flügel wenig getrübt, Areola quer, Tegulä schwarz. Bohrer etwas kürzer als der Hinterleib.

♂ Flecke an den vorderen Hüften und Schenkelringen, Mund, Gesicht und Scheitelränder weiss. Auch die Hinterschienen an der Basis rot.

L. 10—12 mm.

Mittel- und Südeuropa.

6. **M. peregrinus n. sp.**

♀ Kopf und Thorax sehr fein lederartig, matt; Kopf breiter als der Thorax, quer, nach hinten stark verschmälert, Stirn schwach ausgehöhlt, ziemlich glänzend; Fühler von Körperlänge, hinter der Mitte verdickt. Mesonotum mit tiefen Parapsidenfurchen; Metathorax dicht runzlig-punktiert, die hintere Querleiste nur angedeutet, ohne Spur von Seitenzähnen. Radius am Ende gerade; Areola deutlich breiter als hoch, Aussennerv schwach, rücklaufender Nerv etwas hinter der Mitte; Nervulus vor der Gabel, Nervellus unter der Mitte gebrochen. Beine stark, Schienen etwas gebogen, hinter der Basis schwach aufgetrieben. Hinterleib schlank, schmäler als der Thorax, an der Basis fein lederartig, matt, die Endsegmente mehr glatt und glänzend. Postpetiolus mit vorspringenden Knötchen, weit länger als breit. Bohrer etwas länger als das 1. Segment. — Schwarz, gelblich weiss sind: Taster, Oberlippe, Clypeus, eine Makel im Gesicht, längliche Flecken beiderseits auf dem Scheitel, ein breiter Fühlerring, Schildchen und Hinterschildchen, ein grosser ovaler Fleck am Ende des Metathorax und je ein kleiner Fleck an den Seiten desselben, Basis und Endrand des 1. Segmentes, Endrand von Segment 2 und 3, Rücken von 7 und 8 und ein breiter Ring der hintersten Tarsen. Tegulä und Stigma bräunlich. Hüften und Trochanteren schwarz; die vorderen Schenkel und Schienen rötlich, die hintersten Schenkel rot, an Basis und Spitze, zum Teil auch oben verschwommen schwarzbraun, die hintersten Schienen schwärzlich, hinter der Basis weisslich-gelb, die Innenseite mehr rot.

L. 10 mm.

Von dieser auffallenden Art, die in ihrer Färbung ganz an die zahlreichen, hellgebänderten neotropischen Arten erinnert, fing ich vor Jahren ein einziges ♀ auf Pastinaca sativa bei dem Dorfe Schwarza nicht weit von Blankenburg i. Thür. Ein zweites Exemplar, welches ganz mit dem beschriebenen übereinstimmt, erhielt ich vom Amur; mithin eine sehr merkwürdige Verbreitung.

7. **M. transfuga** Grav. 1829 M. transfuga Gravenhorst II 752 ♀♂ | 1865 M. albinotatus var. 1 Taschenberg p. 110 ♀♂ | 1896 Stenaraeus transfuga C. G. Thomson, Opusc. Ent. XXI p. 2381 ♀♂.

♀ Scheitel ziemlich breit, hinter den Augen kaum verschmälert, Stirn in der Mitte fein punktiert. Schulterlinien, Basalkiele und Seiten des Schildchens bis über die Mitte hinaus weiss. Mesopleuren dicht punktiert, nicht runzlig. Segment 1—3 rot, 1 mit schwarzer Basis. Hinterleibsspitze kaum weisslich gerandet. Beine ziemlich schlank, Schenkel rot, Vorderschenkel an der Basis, Hinterschenkel an der Spitze schwarz. Bohrer etwas kürzer als der Hinterleib.

♂ In der Färbung ähnlich. Innere Augenränder, ein Fleck der äusseren, Punkt unter den Flügeln, Fleck der Tegula, Halsrand und Glied 3 und 4 der hintersten Tarsen weisslich.

L. 7—8 mm.

Ganz Europa.

8. **M. crassifemur** C. G. Thoms. 1888 M. crassifemur C. G. Thomson, Opusc. Ent. XII p. 1237 ♀ | 1896 Stenaraeus crassifemur C. G. Thomson Opusc Ent XXI p 2381 ♂.

♀ Dem M. transfuga sehr ähnlich, aber grösser, Scheitel hinter den Augen nicht verengt. Das 1. Segment breit, Postpetiolus mit 3 Grübchen, Segment 1—4 rot, das 1. an der Basis schwarz. Schenkel rot, die hintersten ziemlich dick.

♂ Ganz wie M. transfuga, aber es fehlt der weisse Mittelfleck der hinteren Augenränder.

Schweden, selten.

9. **M. dentifer** C. G. Thoms. 1896 Stenaraeus dentifer C.G.Thomson, Opusc. Ent. XXI p. 2331 ♀♂.

♀ Kleine Art von Färbung der beiden vorhergehenden. Stirn etwas gerunzelt, Metapleuren runzlig punktiert, Bohrer wenig kürzer als der Hinterleib, nur die Basalkiele des Schildchens weiss. Petiolus an der Basis mit spitzem Seitenzahn.

♂ Gesichtsseiten, Makel der Mandibeln und zuweilen des Clypeus, Glied 3 und 4 der hintersten Tarsen ganz oder an der Basis weiss.

Schweden.

10. **M. albinotatus** Grav. 1829 M. albinotatus Gravenhorst, II p. 756 ♀♂ | 1865 M. albinotatus Taschenberg p. 110 ♀♂ | 1895 Stenaraeus albinotatus C. G. Thomson, Opusc. Ent. XXI p. 2382 ♀♂.

♀ Der vorhergehenden Art sehr ähnlich, besonders durch den spitzen Seitenzahn des Petiolus, aber grösser, der Bohrer kürzer, Baselkiele des Schildchens länger, Schenkel und Schienen rotgelb, die hintersten Schenkel an der Spitze schwarz, die hintersten Schienen nur in der Mitte röthlich.

♂ Färbung der Beine wie beim ♀. Basalkiele des Schildchens mit weissem Punkt oder ganz schwarz; Glied 2—4 der hintersten Tarsen weiss. — Bei einem Exemplar aus den Alpen die hintersten Tarsen ohne weissen Ring.

9—11 mm.

Ganz Europa.

11. **M. ligator** Grav. 1829 M. ligator Gravenhorst II p. 760 ♀♂ | 1865 M. ligator Taschenberg p. 111 ♀♂ | 1896 M. ligator C. G. Thomson, Opusc. Ent. XXI p. 2378 ♀♂.

♀ Metathorax sehr grob und zusammenfliessend punktiert mit stumpfen Seitenzähnen, Segment 1 stark bogig erweitert, beinahe dreieckig, oben flach, mit groben Punkten. Hinterleib breit eiförmig. Areola etwas breiter als hoch. — Schwarz, Postpetiolus und Segment 2—5, Schenkel, Vorderschienen und ihre Tarsen rot. Fühlerring und Glied 2 und 3 der Hintertarsen weisslich. Stigma und Tegula schwarzbraun. Bohrer wenig länger als der halbe Hinterleib.

♂ Rückenfleck des 1. Segments, 2, 3 und Basis von 4, Schenkel, Vorderschienen mit ihren Tarsen rot, die hintersten Knie schwarz. Innere Augenränder, Fleck des Clypeus, Glied 2—4 der Hintertarsen und die Hinterleibsspitze ausgedehnt weiss.

Var. ♀. Segment 6 und 7 an den Seiten weiss. (Bei Gravenhorst als Stammform.)

L. 13—14 mm.

Ganz Europa.

Aus Clavellaria amerinae.

12. M. ingenuus Tosquinet, Mem. Soc. Ent. Belg. V (1896) p. 212 ♂.

♂ Kopf nach hinten verschmälert, wie der Thorax fein punktiert. Metathorax mit den beiden Querleisten. Schildchen glänzend. Hinterleib glänzend, das 1. Segment nach hinten kaum verbreitert, das 2. Segment viel länger als breit. — Schwarz, Hinterleib gelbrot, die drei letzten Segmente schwarz, die inneren Augenränder, Halsrand, eine Linie vor und unter den Flügeln, Leisten vor dem Schildchen und die Seiten des Schildchens weiss. Beine rötlich, Hüften und Trochanteren schwarz, die hintersten Schienen grösstenteils braun, die hintersten Tarsen mit weissem Ring.

L. 8 mm. ♀ unbekannt.

Egypten.

13. M. hellenicus n. sp.

♀ Kopf nach hinten verschmälert, dicht runzlig-punktiert, fast matt; Stirn eingedrückt, mit feinen Längsleisten; Fühler fast von Körperlänge. Mesonotum matt, dicht und grob punktiert, Parapsiden deutlich, bis über die Mitte; Schildchen mit einzelnen groben Punkten; Brustseiten mit Einschluss des Speculums runzlig-punktiert; Metathorax grob runzelig, die beiden Querleisten fein aber deutlich, die hintere seitwärts als feiner Zahn vortretend; Luftlöcher gestreckt oval. Nervulus vor der Gabel; Areola breiter als hoch, der rücklaufende Nerv etwas hinter der Mitte; Nervellus stark postfurcal, in der Mitte gebrochen und einen deutlichen Nerv aussendend. Das 1. Segment mit 2 Längskielen, Postpetiolus dicht und ziemlich grob punktiert, die folgenden Segmente feiner und dicht punktiert; der ganze Hinterleib matt; Bohrer von Hinterleibslänge. — Schwarz, Palpen rötlich, Fühler mit breitem weissem Ring. Gelbrot sind die Spitze des Schildchens, das Hinterschildchen und die Nähte um die Schildchen, Tegula und Flügelwurzel, die Beine, mit Ausnahme der Hüften, der Trochanteren zum Teil, der hintersten Schienenspitzen und Tarsen, ferner der Postpetiolus und das 2. Segment; das 7. Segment an der Endhälfte oben weiss. Stigma schwarzbraun.

♂ Fühler von Körperlänge, ganz schwarz. Kopf schwarz, innere und äussere Augenränder grösstenteils weiss. Schildchen und Nähte breiter gelbrot gezeichnet. Beine wie beim ♀, die hintersten Schienen sind aber nur an der Basis gelbrot, der hinterste Metatarsus ist zum grössten Teil weiss. Der Hinterleib hat auch das 3. Segment gelbrot; das Endsegment fast ganz weiss. Das 2. Segment ist fast doppelt so lang als breit, das 3. quadratisch.

L. 12 mm.

Ich fing ein Pärchen auf dem insektenreichen Ausgrabungsgebiete von Olympia.

14. **M. obnoxius** Grav. 1829 M obnoxius Gravenhorst II p 763 ♀♂ | 1865 M. obnoxius Taschenberg, p. 111 ♀♂ | 1896 M obnoxius C. G. Thomson, Opusc. Ent. XXI p 2378

♀ Clypeus convex, fast höckerartig. Metathorax sehr grob und zusammenfliessend punktiert mit stumpfen Seitenzahnen und gestreckten Luftlöchern. Das 1. Segment ohne Tuberkeln, dicht grob punktiert. — Schwarz, Segment 2—4 und Basis von 5 braunrot. Vordere Schienen und Schenkelspitzen rot. Fühler mit weissem Ring. Bohrer kaum so lang als der halbe Hinterleib.

♂ Metathorax noch rauher als beim ♀, mit scharfen Seitenzähnen. Gesichtsränder und Glied 2—4 der hintersten Tarsen weiss. Hinterleibsspitze nicht weiss gezeichnet.

L. 10—11 mm.

Nord- und Mitteleuropa.

Nach Brischke aus Zygaena-Arten.

15. **M. subovalis** C. G. Thoms. 1873 M. subovalis C. G. Thomson, Opusc. Ent. V p. 516 und 1896 Opusc. Ent. XXI p. 2379 ♀

Der vorhergehenden Art sehr ähnlich, aber Kopf mehr verengt, die notauli länger, Luftlöcher des Metathorax oval, die hintere Querleiste in der Mitte unterbrochen, das 1. Segment schwarz, der Endrand und 2—4 rot, diese feiner punktiert und weniger glänzend. — Das ♂ besitze ich von Triest; es hat ganz schwarzen Kopf, sonst wie die vorige Art gezeichnet.

Mit der vorigen Art aber seltener.

16. **M. subcircularis** C. G. Thoms. 1896 M. subcircularis C. G. Thomson, Opusc. Ent. XXI p 2379 ♀.

♀ Dem M. subovalis ähnlich, die Luftlöcher des Metathorax kleiner und mehr rund, Kopf hinter den Augen weniger

verengt, Postpetiolus fast matt, auch Segment 2—4 noch
dichter punktiert und kaum glänzend, 3 und 4 an den
Seiten mit schwarzbrauner Makel.

Schweden.

17. **M. furax** Tschek. 1870 M. furax Tschek, Beiträge etc. p. 152 ♀♂.

Runzlig-punktiert mit brauner Behaarung. Fühler
ziemlich dick. Metathorax stark runzlig punktiert, mit
Seitendornen. Hinterleib in beiden Geschlechtern etwas
schmäler als der Thorax; der Postpetiolus weit weniger
grob punktiert als bei M. obnoxius.

♀ Schwarz, Postpetiolus, Segment 2—4, Vorderschenkel an
der Spitze, die vordersten Schienen ganz und die Mittelschienen an der Aussenseite rot. Fühler mit weissem
Ring. Bohrer etwa so lang wie der halbe Hinterleib.

♂ Körper und Beine wie beim ♀ gefärbt, die Mittelschienen
nur an der Basis rot. Hinterbeine ganz schwarz.

Die Art ist dem M. obnoxius sehr ähnlich, aber verschieden durch die dickeren Fühler, die feinere Punktierung und schlankere Gestalt des Hinterleibes.

L. 10—12 mm.

Oesterreich.

18. **M. hilarulus** Tosquinet, Mém. Soc. Ent. Belg. V (1896) p. 224 ♂.

♀♂ Kopf und Thorax grob punktiert, schwach glänzend.
Metathorax grob gerunzelt mit den beiden Querleisten.
Hinterleib, namentlich der Postpetiolus, dicht und grob
punktiert, gegen das Ende feiner, der Einschnitt zwischen
dem 2. und 3. Segment sehr tief. — Das ♀ ist rot, die
Endsegmente verdunkelt und mit breiten weissen End-
säumen. Die hintersten Schienen sind braun und haben
an der Basis einen scharf abgesetzten breiten weissen
Ring. Flügel getrübt. Bohrer etwas langer als der halbe
Hinterleib. Das ♂ stimmt fast ganz mit dem ♀ überein. Das Gesicht, die Vorderbeine und die Basis der
hintersten Tarsen ist weisslich. Hinterleibsbasis mehr
schwärzlich.

L. 8 mm.

Ich fand die Art nicht selten in ganz Egypten von
Cairo bis Assuan. Sehr häufig war sie z. B. auf Klee-
feldern bei Luxor. Auch Tosquinet erhielt sein Exemplar
aus Egypten.

3. Gen. **Nematopodius** Grav.

1829 Nematopodius Gravenhorst, Ichn. Eur. II p. 955.

Körper in allen Teilen sehr gestreckt und schlank. Areola sehr klein und quadratisch, bei einer fraglichen Art 5seitig. Thorax nach hinten allmählig abfallend; Metathorax ohne abgesetzten, abschussigen Teil, fast poliert, vorn nur mit einer Querleiste und sehr kleinen kreisrunden Luftlochern. Das 1. Segment sehr gestreckt, fast linear und poliert.

N. **formosus** Grav. 1829 N. formosus Gravenhorst II p. 957 ♀ | 1865 N. formosus Taschenberg p. 112 ♀♂.

♀ Scheitel, Mesonotum, Hinterleib, Hinterschienen mit den Tarsen schwarz. Seiten und Spitze des Metathorax, Schenkel, Vorderschienen und ihre Tarsen hellrot. Weiss sind: Gesicht, Augenränder, Schulterlinien, Tegula, die vorderen Huften und Trochanteren, Leisten und Flecken vor dem Schildchen, Hinterränder verschiedener Segmente und ein Ring kurz vor der Fühlerspitze. Bohrer wenig vorragend.

♂ Wie das ♀ gefärbt, das Rot aber blasser und mehr weisslich.

L. 8—9 mm.

An Mauern, Wänden, altem Holz u. s. w.

Mittel- und Südeuropa, meist gesellig.

Sehr zweifelhaft, besonders durch die 5seitige Areola ist die zweite von Gravenhorst unter Nematopodius beschriebene Art:

N. **linearis** Grav. 1829 N. linearis Gravenhorst II p. 958 ♂.

♂ Körper anliegend graulich behaart, besonders im Gesicht und am Hinterleibsende. Kopf quer, breiter als bei N. formosus. Fühler vorgestreckt, fadenförmig, kürzer als der Körper, gegen die Basis unten gelblich. Thorax bucklig, kürzer und gedrungener als bei N. formosus. Stigma schwarz, Tegulä rotbraun. Areola regelmässig fünfseitig. Beine schlank, die vorderen blassgelb, die hintersten schwarz; die Huften an der Spitze gelb. Hinterleib fast doppelt so lang als Kopf und Thorax und weit schmäler als diese, gestielt. Spirakeln des 1. Segmentes in der Mitte, Postpetiolus 3 mal so lang als breit. Segment 2 und 3 mit rotem, die übrigen mit weisslichem Rand.

L. 12 mm.

Ein einziges ♂ aus Oberitalien.

III. Tribus Phygadeuonini.

1868 Phygadeuontoidae Forster, Fam. und Gatt. Ichn.
pp. 144 u. 181.

1873 Phygadeuonina, C. G. Thomson, Opusc. Ent. V,
468 u. 517.

1894 Phygadeuonini. Tribe III, Ashmead, Proc. Ent.
Soc. Wash. III p. 278.

Metathorax mehr oder weniger, meist vollständig gefeldert,
wenigstens area superomedia und posteromedia vorhanden.
Fühler und Beine mehr oder weniger kräftig. Areola im
Flügel geschlossen, nur bei wenigen in der Stellung zweifelhaften Arten offen. Bohrer deutlich vorragend. Am
schwierigsten ist die Trennung von den Hemitelinen, da der
auf die Areola gegründete Unterschied zu künstlich ist und
sich nicht durchführen lässt.

Uebersicht der Gattungen.

1. Flügel stummelhaft, höchstens etwas über die Basis des
   Metathorax reichend. 2.

   Flügel normal, selten etwas verkurzt und nur bis zur
   Hinterleibsmitte reichend. 3.

2. Fühler dreifarbig, mit weissem Ring. Metathorax mit
   undeutlicher Felderung.

   10. Microcryptus C. G. Thoms.
   (Subgen. Aptesis Forst.)

   Fühler ohne weissen Ring; an der Basis meist rötlich.
   Metathorax fast vollständig gefeldert.

   13. Phygadeuon Grav.
   (Subgen. Stibeutes Först.)

3. Metathorax nur mit einer Querleiste. Clypeus mit häutigem
   Endrand, Oberlippe frei. Petiolus kurz. Vorderschienen
   ♀ aufgetrieben, an der Basis eingeschnürt. Areola sehr
   klein. Habitus von Pimpla.

   2. Brachycentrus Taschb.

   Metathorax mit meist vollständigen Längs- und Querleisten. 4.

4. Der untere Aussenwinkel der Discoidalzelle ein stumpfer, selten ein rechter. Fenestra externa (d. h. die weisse Stelle im rücklaufenden Nerv) nicht geteilt. Basis des Metathorax zuweilen, besonders beim ♀, mit undentlicher Felderung. Gesicht des ♀ meist weiss gezeichnet. 5.

Der untere Aussenwinkel der Discoidalzelle spitz. Fenestra externa sehr oft durch hornigen Punkt in zwei zerlegt. Gesicht des ♂ höchst selten mit heller Zeichnung. 15.

5. Luftlöcher des Metathorax länglich oder oval. Schienen fein gedörnelt. 6.

Luftlöcher des Metathorax klein und rund. 8.

6. Fühlergruben deutlich. Schienen mit stärkeren Dornchen. Schildchen wenig convex. Petiolus mit 2 Kielen.

5. Plectocryptus C. G. Thoms.

Fühlergruben fast fehlend. Schienen mit schwachen Dornchen. Der untere Mandibelzahn grösser. Fühler ♀ in der Mitte verdickt. 7.

7. Stirn und Mesonotum sehr fein und dicht punktiert, matt.

3. Giraudia Forst.

Stirn stark punktiert. Mandibeln lang. Schienen kaum gedörnelt, die hintersten aussen fast mit Körbchen.

4. Coelocryptus C. G. Thoms.

8. Der ganze Körper mit dichter anliegender Behaarung. Hinterleib schwarz. Beim ♀ Schildchen weiss, Fühler ohne weissen Ring. Hinterleib meist mit roter oder weisser Binde. Gesicht ♂ schwarz.

8. Trichocryptus C. G. Thoms.

Körper ohne dichte und auffallende Behaarung. 9.

9. Hinterleib schwarz. Clypeus an der Spitze nicht mit 2 Zähnen. Schienen nicht oder kaum gedornelt. Gesicht ♂ fast stets weiss gezeichnet. 10.

Hinterleibsmitte rot oder der Clypeus an der Spitze mit 2 Zähnen. Metathorax oft gezähnt. 13.

10. Clypeus an der Spitze breit abgerundet, in der Mitte mit dreieckigem Ausschnitt. Mandibeln mit spitzen Zähnen, der obere länger. Stirnrander beim ♀ weiss. Die hintersten Hüften schwarz. Hinterleib ganz platt.

7. Demopheles Forst.

Clypeus am Endrand ohne Auszeichnung. Mandibelzähne gleich. Das 2. Segment fein runzlig oder punktiert, bei dem fraglichen Stenocr. nigripes glatt. 11.

11. Des 2. Segment dicht punktiert, matt. Kopf fast kubisch. Fühler lang, Schaft ausgeschnitten.
1. Cratocryptus C. G. Thoms.
Das 2. Segment fein gerunzelt, selten glatt. 12.

12. Fühler kurz, der Schaft mehr cylindrisch, am Ende wenig ausgeschnitten.
6. Stenocryptus C. G. Thoms.
Fühler lang mit weissem Ring. Schaft oval, am Ende deutlich ausgeschnitten.
10. Microcryptus C. G. Thoms.
(Hierher nur M. nigriventris und funereus.)

13. Fühler des ♀ ohne weissen Ring, die Basalglieder sehr gestreckt, das 1. und 2. Geisselglied 4 Mal so lang als breit. Metathorax ohne Dornen oder Zähne; area basalis mit parallelen Seiten.
9. Stiboscopus Förster.
Fuhler des ♀ mit weissem Ring, nur bei einigen Acantho-cryptus-Arten fehlend, bei diesen der Metathorax deutlich gezahnt. Basalglieder der Geissel weniger schlank. 14.

14. Area basalis des Metathorax parallel oder nach hinten nur schwach convergierend, nicht quer. Fühler ♀ mit weissem Ring.
10. Microcryptus C. G. Thoms.
Area basalis quer, nach hinten stark convergierend. Metathorax mit starken Seitendornen.
11. Acanthocryptus C. G. Thoms.

15. Basalgrube des Schildchens durch eine erhabene Längs-linie geteilt. Schienen oft verdickt und aussen stark gedornt.
12. Stylocryptus C. G. Thoms.
Basalgrube des Schildchens einfach. Schienen nicht gedornt. 16.

16. Fühler und Schenkel kräftig. 17.
Fühler und meist Schenkel schlank. Gesicht und Thorax wenigstens unten mit dichter weisslicher Behaarung. Wangen kurz. 18.

17. Hinterleib mehr oder minder oval oder länglich oval, höchstens an der Spitze etwas zusammengedrückt.

13. Phygadenon Grav.

Hinterleib schmal lanzettlich, die hintere Hälfte meist zusammengedrückt.

14. Ischnocryptus Kriechb.

18. Hinterleib mit breitem Petiolus, dicht und grob punktiert, am Ende glatt. Bohrer von Hinterleibslänge.

15. Lochetica Kriechb.

Hinterleib glatt oder mit feiner Sculptur. Meist zarte Tiere. 19.

19. Hinterleib länglich oval oder elliptisch. Bauchfalte schwach, das letzte Bauchsegment nicht vorragend.

16. Leptocryptus C. G. Thoms.

Hinterleib lanzettlich, von der Basis des 3. Segmentes nach hinten geradlinig verschmälert. Bauchfalte stark entwickelt, das letzte Bauchsegment pflugscharförmig vorragend.

17. Hemicryptus Kriechb.

---

1. Gen. Cratocryptus C. G. Thoms.

1873 Cratocryptus C. G. Thomson, Opusc. Ent. V p. 521.
1868 Chaeretymma Förster, Syn. Fam. u. Gatt. Ichn. p. 187 (saltim pro parte).
1890 Chaeretymma Schmiedeknecht. Gatt. u. Art. Crypt. p. 6.

Kopf fast kubisch; Clypeus ohne Zahn, am Ende glatt. Schaft ausgerandet, Geissel ♀ fadenförmig, mit weissem Ring. Epomia fast fehlend. Parapsiden kurz. Luftlöcher des Metathorax klein, Felderung mehr oder minder vollständig. Unterer Aussenwinkel der Discoidalzelle ein rechter. Hinterleib schwarz, bei Varietäten an der Basis zuweilen rot, letztere dicht runzlig-punktiert. Bohrer meist lang.

1. Stirn und Mesonotum matt, dicht und fein punktiert und behaart. Beim ♂ Gesicht und Ring der hintersten Tarsen weiss. 2.

Mesonotum mehr oder weniger glänzend. 3.

2. Areola nach vorn convergierend. Beim ♂ die Stirnränder und die vorderen Hüften und Trochanteren weiss.

4. opacus C. G. Thoms.

Areola nach vorn nicht convergierend. Beim ♂ die Stirnränder, alle Hüften und Trochanteren und die Tegula
schwarz.

4. lateannulatus Strobl.

3. Areola nach vorn convergierend. Schenkel rot. 4.

Areola breit, nach vorn nicht oder kaum convergierend,
den rücklaufenden Nerv oft vor der Mitte aufnehmend.
Die hintersten Schenkel zuweilen schwarz. 13.

4. ♀ 5.

♂ 9.

5. Alle Hüften rot. 6.

Wenigstens die Vorderhüften schwarz. 8.

6. Bohrer wenigstens von Hinterleibslänge. 7.

Bohrer deutlich kürzer als der Hinterleib. 15.

7. Schenkel rot, die hintersten Schienen und Tarsen gegen
das Ende schwarz. Beim ♂ Hüften und Trochanteren
schwarz. 10 mm.

1. furcator Grav.

Die hintersten Schenkel am Ende schwarz. Beim ♂
Vorderhüften und Trochanteren gelblich weiss. 9 mm.

5. leucopsis Grav.

8. Nur die vorderen Hüften und Trochanteren schwarz.
Hinterleibsspitze weiss. 9 mm.

4. anatorius Grav.

Alle Hüften und Trochanteren schwarz. 10 mm.

2. stenocerus C G. Thoms.

9. Mittel- und Hintertarsen mit weissen Ringen. Kopf nach
hinten stark verschmälert. Metathorax vorn an den
Seiten glatt und glänzend. 7 mm.

quadriannulatus Strobl.

Mittel- und Hintertarsen höchstens mit schwachen Spuren
eines hellen Ringes. 10.

10. Gesicht, Wangen und Mund weiss. Vorderhüften ganz
    oder zum Teil und Trochanteren gelblich oder zum Teil
    gelblich weiss. Bei einer Varietät nur die Gesichtsseiten
    weiss. 8—9 mm.

    5. leucopsis Grav.

    Blos die Gesichtsseiten, Mandibeln und meist auch Tegula
    weiss. Hüften und Trochanteren schwarz. 11.

11. Tegulä schwarz; Stirn fast matt. 10 mm.

    2. sternocerus C. G. Thoms.

    Tegula weiss. 12.

12. Schaft unten, Clypeus und Augenränder weiss. 10 mm.

    1. furcator Grav.

    Augenränder unterhalb der Fühler fast dreieckig weiss.
    Mandibeln und Palpen ebenfalls weiss. 9 mm.

    4. anatorius Grav.

13. Kopf hinter den Augen etwas verengt. Schenkel schlank,
    rot. Innere Augenränder zum Teil weiss. Bohrer länger
    als Körper. 6 mm.

    6. subpetiolatus Grav.

    Kopf hinter den Augen nicht verengt. Schenkel kräftig,
    zuweilen rot. 14.

14. Schenkel rot. Bohrer kürzer als der Hinterleib. 15.

    Wenigstens die Hinterschenkel schwarz; die hintersten
    Tarsen mit breitem weissem Ring. Bohrer länger als
    der Hinterleib. 16.

15. Bohrer gerade, viel kürzer als der Hinterleib. Radius
    am Ende gekrümmt. 6 mm.

    7. parvulus Grav.

    Bohrer leicht gekrümmt. Fühler länger. Radius am
    Ende nicht gekrümmt. 7 mm.

    8. pleuralis C. G. Thoms.

16. Nur die hintersten Schenkel schwarz. Bei dem ♂ Fühler
    ohne weissen Ring, Gesicht und Schaft unten weiss. 10 mm.

    9. annulitarsis C. G. Thoms.

    Alle Schenkel schwarz. Fühler ♂ mit weissem Ring.
    10 mm.

    10. femoralis C. G. Thoms.

1. C. furcator Grav. 1829 Cr furcator Gravenhorst II p. 162 ♀ | 1865 Cr furcator Taschenberg p. 75 ♀ | 1883 Cratoer furcator C. G. Thomson Opusc. Ent. V p. 523.

♀ Metathorax grob gerunzelt, area superom. hochumrandet. Stirn ziemlich glänzend. Areola nach vorn convergierend. — Schwarz, Beine rot, Tarsen und Schienen der hintersten braun. Fühlerglied 9—12 weiss. Den Bohrer geben Gravenhorst und Taschenberg von Körperlänge an; nach Thomson soll er nur von Hinterleibslänge sein, wie Gravenhorst bei Var. 1 anführt.

♂ Hüften und Trochanteren schwarz. Augenränder unter den Fühlern, Tegula, Schaft unten, Mandibeln und Palpen weiss. Seiten des Mesosternums nicht runzlig.

Var. ♂. Die vorderen Hüften und Trochanteren unten weisslich. Tegula schwarz oder hell.

L. 10 mm.

Nord- und Mitteleuropa.

2. C. sternocerus C. G. Thoms. 1873 C sternocerus C. G. Thomson, Opusc Ent. V p. 523 ♀♂ | ? 1829 Cr stomaticus Gravenhorst II p. 466 ♂ | 1900 Chaeretymma bipunctata Strobl, Mitt. Naturw Ver Steierm p. 194 ♂.

♀ An Gestalt und Grösse der vorigen Art sehr ähnlich, aber Stirn fast matt. Hüften und Trochanteren schwarz, die hintersten Knie schwarz, Schienen rot mit schwarzer Spitze.

♂ Nach Thomson das Gesicht weniger reich weiss als bei voriger Art und die Tegulä schwarz. (Damit stimmt der Cr. stomaticus Grav. durchaus nicht.) — Die Seiten des Mesosternums runzlig. (Thomson, Opusc. Ent. XXI p. 2382)

Nord- und Mitteleuropa.

3. C. opacus C. G. Thoms. 1873 C opacus C G Thomson, Opusc. Ent. V p. 523 ♀♂

Ausgezeichnet vor allen Arten durch das matte, fein behaarte Mesonotum und die ziemlich glänzende und glatte area pleuralis.

♀ Area superom. pentagonal, die undeutliche costula weit hinter der Mitte. Areola nach vorn deutlich convergierend, Radius an der Spitze gekrümmt. — Clypeus braun. Beine rot, Hüften und Trochanteren mehr braun, die hintersten Schenkel an der Spitze, Schienen und Tarsen gegen das Ende schwärzlich. Postpetiolus am Ende und das 2. Segment an der Basis röthlich. Bohrer kurz und gerade.

♂ Gesicht und Stirnrand, Vorderhüften und Trochanteren
weisslich.   Vorderschenkel und die Schienen rötlichgelb,
die hintersten Schienen an der Spitze schwarz.   Die
hintersten Hüften, Schenkel an der Spitze breit, und
Tarsen schwarz, letztere vor der Spitze breit hell.

L. 8 mm.

Nord- und Mitteleuropa.

Anmerk.   Cr. tricinctus Grav., den Thomson mit ?
zu C. opacus stellt, wogegen sich schon Brischke ausspricht, ist nach
meiner Meinung der Microcryptus areolaris C. G. Thoms. .

4. C. lateannulatus Strobl.   1900 C lateann. Strobl, Mitt. Naturw.
Ver. Steierm. p. 192 ♂.

Sehr ähnlich dem C. opacus wegen des dichtflaumigen,
fast matten, dichtpunktierten Thoraxrückens, hauptsäch-
lich verschieden durch die nach oben nicht convergierende
Areola, schwarze Stirnränder, Hüften und Trochanteren
und die mehr oder weniger dunkle Schenkelbasis. —
Weiss sind: Tarsen, Kiefer, Oberlippe, Gesicht mit Ausnahme eines Fleckes unter den Fühlern und der Clypeusnahte,
sowie das 2.—4. Glied der Hintertarsen.   Der Hinterleib
ist entweder ganz schwarz oder die vorderen Segmente
haben schmale rote Endränder. — Stirn mässig dicht
punktiert, Kopf nach hinten etwas verschmälert.   Brustseiten dicht punktiert, ohne Spiegel.   Metathorax kurz
zweidornig, schwach aber fast vollständig gefeldert.   Das
1. Segment lang, nach hinten wenig verbreitert, das 2.
und 3. fein und zerstreut punktiert.

L. 9—12 mm.

Steiermark.

5. C. anatorius Grav.   1829 Cr. anatorius Gravenhorst II p. 461 ♀ |
1865 Cr. anatorius Taschenberg p. 75 ♀ | 1873 Cratocr. anatorius
C. G. Thomson, Opusc. Ent. V p. 524 ♀♂.

♀ Mesonotum ziemlich glänzend.   Area superom. die costula
vor der Mitte aufnehmend.   Beine rot, die hintersten an
der Spitze schwarz, die vordersten Hüften und Trochanteren schwarz.   Flügel ziemlich getrübt, Areola nach
vorn deutlich convergierend.   Segment 6 und 7 fast bis
zur Mitte häutig weiss; Bohrer leicht gekrümmt, fast
von Hinterleibslänge.

♂ Augenränder unter den Fühlern fast dreieckig weiss.
Mandibeln, Palpen und Tegula ebenfalls weiss.   Alle
Hüften und Trochanteren schwarz.

Var. 1 ♀. Vorderschenkel hinten, Hinterschenkel oben fast ganz schwarz. (Brischke.)

Var. 2 ♀. Alle Hüften und Trochanteren schwarz.

L. 8—9 mm.

Nord- und Mitteleuropa.

6. **C. leucopsis** Grav. 1829 Cr leucopsis Gravenhorst II p 467 ♂ | 1865 Cr. leucopsis Taschenberg p 77 ♂ | 1873 Cratoci ruficoxis C. G. Thomson, Opusc Ent V p 525 ♂♂.

♀ Mesonotum ziemlich glänzend. Areola gross, nach vorn convergierend, Flügel fast hyalin. Schaft unten braun; alle Hüften rot; die hintersten Schenkel an der Spitze oben schwarz. Sonst der vorigen Art ähnlich, aber grösser und länger.

♂ Das 1. Segment mit kräftigen Tuberkeln. Schaft unten, Gesicht, Mund und Wangen, vordere Hüften und Trochanteren, Tegulä und Flügelwurzel weiss.

L. 8—9 mm.

Var. alpina ♂. 1900 Strobl, Mitt. Naturw. Ver Steierm p. 193. Gesichtsmitte breit schwarz Wangen und Hüften schwarz, Vorderhüften mit weissem Endfleck.

Nord- und Mitteleuropa. In Thüringen die häufigste Art.

Von Brischke aus Erlenstöcken mit Raupen von Sesia spheciformis gezogen.

7. **C. quadriannulatus** Strobl. 1900 C quadriann Strobl, Mitteil. Naturw Ver Steierm p 195 ♂

♂ Sehr ähnlich C. leucopsis, aber bedeutend kleiner, Hinterkopf deutlich verschmälert, Wangen nur an der Spitze schmal weiss. Metathorax auf den oberen Seitenfeldern ganz glatt und glänzend, Vordertarsen weisslich rot, die beiden Endglieder dunkel, die übrigen Tarsen haben den grössten Teil des 2., das ganze 3. und 4. Glied weiss.

L. 7 mm.

Steiermark.

8. **C. subpetiolatus** Grav. 1829 Cr subpetiolatus Gravenhorst II p 699 ♀ | 1865 Cr subpetiolatus Taschenberg, p 73 ♀ | 1873 Cratoci subpetiolatus C. G. Thomson, Opusc Ent V p 525 ♀.

♀ Kopf hinter den Augen verschmälert, Wangen nicht aufgetrieben, Areola breit, nach vorn kaum convergierend. Petiolus ziemlich breit, oben deutlich gerinnt. — Gesichts-

räuder unter den Augen weiss; Beine rot, die hintersten
Hüften und Trochanteren in der Mitte braun. Fühler-
glied 10 und 11 oben, Tegula und Flügelwurzel weiss.
Bohrer langer als der Körper.

L. 4 mm; 5 mm; 13 mm.

Nord- und Mitteleuropa.

9. **C. parvulus Grav.** 1829 Cr parvulus Gravenhorst II p 459 ♀
(excl ♂) | 1829 Cr erythropus Gravenhorst II p 469 ♂ | 1873 Cratocr
parvulus C G Thomson, Opusc Ent V p 529 ♀♂

♀ Wangen aufgetrieben. Metathorax ziemlich glatt und
glänzend mit Seitenzähnchen. Segment 1 ohne Tuberkeln,
Postpetiolus dicht punktiert, matt, Areola quadratisch. —
Schwarz, Beine rot, die Schenkel kräftig. Fühlerbasis
braun oder rot, Glied 8—11 oben weiss. Stirnseiten fast
stets weiss gezeichnet. Bohrer kürzer als der Hinterleib.

♂ Metathorax vollständig gefeldert. Schwarz, Schenkel,
Schienen und Vordertarsen rot. Clypeus, Mandibeln und
Tegula weiss; Hüften und Trochanteren schwarz. Zuweilen
auch Schaft unten und Trochanteren weiss.

L. ♀ 3 mm : 3,5 mm; 2,75 mm.   ♂ 7 mm.

Nord- und Mitteleuropa.

Anmerk Der Cr parvulus Grav ♂ gehört nicht hierher,
sondern bildet eine eigene Art, deren Stellung fraglich ist Seine
Beschreibung nach Taschenberg ist:

C. parvulus Grav. ♂. Metathorax ziemlich grob lederartig
gerunzelt, mit vollständiger Felderung, Luftlöcher rund,
Seitendornen kräftig. Segment 1 sehr gestreckt, fast
geradlinig erweitert, mit mässigen Tuberkeln und 2 Längskielen, fein gerunzelt, aber ziemlich glänzend. — Schwarz,
Hinterrand von Segment 2 und Beine rot, mit Ausnahme
der Spitzen der hintersten Schenkel und Schienen. Hinterleibsspitze weiss. Glied 2—5 der hintersten Tarsen an
der Basis weisslich.

L. 8 mm.

10. **C. pleuralis C. G. Thoms.** 1873 C pleuralis C G Thomson,
Opusc Ent V p 526 ♀.

♀ Schwarz, Beine rot, Bohrer gekrümmt. — Der vorhergehenden Art sehr ähnlich, aber die Fühler länger, Schaft
wenigstens noch einmal so kurz als der Postannellus,
Felderung des Metathorax deutlicher, Radialzelle länger,

der Radius an der Spitze nicht gekrümmt, Mesopleuren
vorn mit 2 glatten Stellen, Bohrer leicht gekrümmt,
Petiolus hinten breiter.

L. 7 mm.

Schweden, Danemark.

11. **C. annulitarsis** C. G. Thoms. 1873 C annulitarsis C. G Thomson,
Opusc Ent V p. 526 ♀♂

♀ Wangen stark aufgetrieben. Metathorax ohne Seitenzähne. Areola quadratisch, der rucklaufende Nerv vor
der Mitte. — Schwarz, die vorderen Schenkel und
Schienen rot, Hinterbeine ganz schwarz, die Tarsen mit
breitem weissem Ring. Bohrer gekrümmt, länger als der
Hinterleib.

♂ Gesicht und Mund, sowie Schaft unten weiss.

L. 10 mm.

Schweden, Dänemark.

12. **C. femoralis** C. G. Thoms. 1873 C femoralis C. G. Thomson,
Opusc. Ent V p 527 ♀♂.

♀ Der vorhergehenden Art sehr ähnlich, aber alle Schenkel
schwarz, die vorderen an der Spitze und die Basis der
Hinterschienen hell. Parapsiden fast fehlend. Der helle
Ring der Hintertarsen weniger deutlich.

♂ Fühler mit weissem Ring, das 7. Segment mit weissem
Endrand. Radialzelle kurzer. Färbung sonst wie beim ♀.

L. 10 mm.

Schweden, Dänemark.

13. **C. tenebrosus** Brischke. 1878 C tenebrosus Brischke. Ichn West-
u. Ostpr p. 339 ♂

♂ Weicht von C. femoralis in folgenden Merkmalen ab:
Flügel gelblich. Metathorax mit 2 scharfen Querleisten,
der Raum dazwischen längsrissig. — Palpen, Mandibeln,
innere und teilweis äussere Augenränder, Scheitelfleck an
jedem Auge, Schaft unten und Hinterleibspitze weiss.
Schildchen mit gelber Spitze. Tegulä schwarz. Basis
der Vorderschenkel, Hinterschenkel und hintere Tarsen
schwarz, Endhalfte von Glied 2, 3 und 4 der hintersten
Tarsen ganz weiss. Hinterleib schwarz, das 2. Segment
mit rotem Einschnitt.

Danzig.

*　　*　　*

Strobl beschreibt (Mitt. Naturw Ver Steierm 1900 p. 195) noch eine Art als C. exareolatus nach einem einzelnen ♂ mit unvollständiger Areola. Damit ist nun freilich wenig genützt. Ich fuhre die Art nur der Vollständigkeit wegen an: Fühler lang und dünn, Schaft fast kugelig. Kopf kubisch, ziemlich glänzend. Thorax glänzend, zerstreut punktiert. Parapsiden deutlich. Metathorax durch 2 Querleisten in 3 fast gleiche Teile zerlegt, Vorderteil ziemlich glanzend mit schwacher Mittelfurche, der mittlere Teil ziemlich dicht gerunzelt, nur die mittlere Partie glatt als Andeutung des Mittelfeldes; der hintere Teil radial längsrissig. Hinterleib lang und sehr schmal, das 1. Segment fast glatt, das 2. fein runzlig-punktiert, fast matt, ebenso Segment 3 und 4. Nervellus oppositus, in der Mitte gebrochen. — Schwarz, weiss sind: Taster, Mandibelbasis, dreieckige Orbitalflecken des Gesichtes, Afterfleck, fast die ganzen vorderen Trochanteren und ein Ring der hintersten Tarsen. Die Areola ist regelmassig 5 eckig mit fehlendem Aussennerv. Schliesst sich nach dem Autor am besten an C. parvulus an.

L. 6 mm.

Steiermark.

---

2. Gen **Brachycentrus** Taschb

1865 Brachycentrus Taschenberg, Cryptides p. 106.
1868 Helcostizus Förster, Syn. Fam und Gatt. Ichn. p. 186.
1874 Mesocryptus, C. G. Thomson, Opusc. Ent. VI p. 591.
1877 Heterocryptus, Woldstedt. Ichneumoniden von St. Petersburg, p. 73.

Kopf hinter den Augen nicht verschmalert. Oberlippe frei. Fühler nicht lang, fadenförmig. Metathorax kurz, gerundet, mit feiner Sculptur; nur die vordere Querleiste vorhanden, dieselbe in der Mitte winkelig nach vorn gebrochen, Luftlöcher klein und rund. Areola klein, nach vorn convergierend. Petiolus kurz, ohne Kiele. Vorderschienen ♀ aufgetrieben, an der Basis eingeschnürt.

1. B. **brachycentrus** Grav. 1829 Cryptus brachyc. Gravenhorst, II p. 457 ♀♂ | 1865 B pimplarius Taschenberg l c p 106 ♀♂ | 1874 Mesocr. brachycentrus C G Thomson, Opusc. Ent. VI p 592 ♀♂

♀ Schwarz, Beine rot, an den hintersten Schienen und Tarsen gebraunt. Fuhlerring, Tegula und Flügelwurzel weiss, die meisten Segmente mit hellen Hinterrändern. Flügel fast hyalin.

♂ Gesicht, Wangen, Vorderhüften und Trochanteren weiss. Hinterleib fast linear, ungefleckt. Fühler ohne weissen Ring, Glied 10—15 unten mit spitzen Knötchen. Petiolus fast linear. Areola sehr klein.

L. ♀ 4,25 mm; 5,25 mm; 1,75 mm. ♂ 3 mm; 4 mm.

Nord- und Mitteleuropa, einzeln.

2. **B. maculatus** Woldst. 1877 Heterocryptus maculatus Woldstedt, l c ♀

♀ Wenig glänzend, fein punktiert. Clypeus am Ende niedergedruckt, kaum ausgerandet. — Kopf bräunlich, Lippe weisslich. Fühler unten bräunlich, Geisselglieder 5—8 weiss. Thorax schwarz, Flecken vom Prothorax und Mesopleuren gelb. Hinterleib schwarz, Segment 1 und 2 gelb. Bohrer etwas kürzer als der halbe Hinterleib. Flügel etwas getrübt, Stigma und Tegula braun.

L. 9 mm.

Petersburg.

---

3. Gen. **Giraudia** Först.

1868 Giraudia Forster. Fam u Gatt. Ichn p 184
1874 Calocryptus C G Thomson, Opusc Ent. VI p 594.

Fühlergruben fast fehlend. Der untere Mandibelzahn grosser. Stirn und Mesonotum sehr fein und dicht punktiert, fast matt. Der untere Aussenwinkel der Discoidalzelle ein stumpfer. Luftlöcher des Metathorax gestreckt. Fühler ♀ in der Mitte verdickt.

G. congruens Grav. 1829 Cr congruens Gravenhorst II p 533 ♀♂ |
1865 Phygad congruens Taschenberg p. 41 ♀♂ | 1847 Caloci. congruens C. G Thomson, Opusc Ent VI p 594 ♀♂

♀ Metathorax fein lederartig, Felderung undeutlich; area superom. angedeutet. Das 1. Segment sehr gestreckt, Postpetiolus glatt und ohne Sculptur. Fühler vor der Spitze stark breitgedrückt, ziemlich scharf zugespitzt. — Schwarz, Hinterleib, Fühlerwurzel, innere Augenränder, Vorderschenkel an der Spitze, Schienen und Tarsen gelbrot. Fühlerring und Schildchen gelblich weiss.

♂ Körper schlank, Fühler lang, zugespitzt, mit gelblichem Ring. Gesicht und Schildchen weisslich gelb. Metathorax meist rötlich gefleckt. Hinterleib gegen die Spitze verbreitert.

L. ♀ 5 mm; 5 mm; 3 mm; ♂ 11 mm.

Nord- und Mitteleuropa.

---

4. Gen. **Coelocryptus** C. G. Thoms.
1874 Coelocryptus C. G. Thomson, Opusc. Ent. VI p. 597.

Fühlergruben kaum angedeutet. Wangen sehr kurz. Mandibeln lang. Stirn stark punktiert. Metathorax beim ♀ nicht gefeldert, beim ♂ mit deutlichen parallelen Längsleisten; Luftlöcher oval. Der untere Aussenwinkel der Discoidalzelle ein stumpfer. Fühler ♀ in der Mitte verdickt.

C. rufinus Grav. 1829 Phyg. rufinus Gravenhorst, II p. 681 ♀ | 1865 Phyg. rufinus Taschenberg p. 41 ♀ | 1874 Coeloci. rufinus C. G. Thomson, Opusc. Ent. VI p. 597 ♀♂ | 1829 Phyg. erythrostictus Gravenhorst II p. 714 ♂ | 1865 Phyg. erythrostictus Taschenberg p. 44 ♂.

♀ Metathorax vorn glatt, punktiert, hinten mehr gerunzelt, ohne jede Leiste. Das 1. Segment sehr schlank. — Schwarz, ziemlich glänzend, fein behaart, Stirnränder, Fühlerbasis, Schenkel, Vorderschienen, Tarsen und Hinterleib rot, letzterer am Ende schwarz. Bohrer von ⅓ Hinterleibslänge.

♂ Gesicht schwarz. Postannellus länger als der Schaft, letzterer unten braun. Felderung des Metathorax ziemlich ausgeprägt, die area superom. mit parallelen Seitenleisten.

L. 8—10 mm.

Nord- und Mitteleuropa, einzeln.

---

5. Gen. **Plectocryptus** C. G. Thoms.
1874 Plectocryptus C. G. Thomson, Opusc. Ent. VI p. 599.

Fühlergruben deutlich. Petiolus mit deutlichen Kielen. Schienen ziemlich stark gedörnelt. Schildchen wenig convex. Fühler ♀ fadenförmig. Der untere Aussenwinkel der Discoidalzelle ein stumpfer. Luftlöcher des Metathorax oval. — Plectocryptus ist von Microcryptus nicht scharf getrennt und

beide Gattungen konnten zusammengezogen werden. Nun ist
aber die ganze Einteilung der Cryptiden eine sehr künstliche.
Es müssten dann auch noch weitere Gattungen eingehen und
damit würde auch kein besserer Ueberblick gewonnen.

♀.

1. Flügel verkürzt, nur bis zur Mitte des 1. Segmentes
reichend. Schwarz, Hinterleib mit Ausnahme der Spitze
und Beine rot. Fühler schwarz mit weissem Ring.
Bohrer kürzer als der halbe Hinterleib.

1. scansor C. G. Thoms.

Flügel von normaler Länge. 2.

2. Hinterleib schwarz. Fühler mit weissem Ring. 3.

Hinterleib wenigstens in der Mitte rot. 4.

3. Mesonotum schwach punktiert, ziemlich glänzend. Beine
rot, Hüften und Trochantern schwarz.

2. digitatus Grav.

Mesonotum dicht punktiert, fast matt. Schenkel schwarz,
die vorderen an der Spitze rot.

2. pectoralis C. G. Thoms.

4. Das 2. Segment fein punktiert oder fein lederartig. 5.

Das 2. Segment glatt. Die hintersten Tarsen gelb. 8.

5. Kopf und Thorax rot, verschwommen braun gezeichnet.
Hinterleib und Beine gelbrot,

5. mephisto n. sp.

Kopf und Thorax schwarz, höchstens Stirnseiten hell.
Hinterleib nicht durchaus rot. 6.

6. Gesichts- und Stirnränder nicht hell gezeichnet. Die
hintersten Schienen an der Spitze schwarz. Segment 2
und 3 hellrot. Bohrer wenig länger als der halbe
Hinterleib.

4. curvus Grav.

Stirnseiten rötlichgelb oder weiss. Hinterschienen ganz
rot. Bohrer nicht länger als das 1. Segment. 7.

7. Fühler dreifarbig.   Segment 1—4 rot, das 7. mit breitem
weissem Endrand.

7. Gravenhorsti C. G. Thoms.

Fühler schwarz, Geisselglied 5—10 weiss. Nur die Endhälfte des 2. und die Vorderhälfte des 3. Segmentes rotbraun.   Hinterleibsspitze nicht weiss.

6. albolineatus Strobl.

8. Hinterleib nicht gleichzeitig an Basis und Spitze schwarz.
Die hintersten Schenkel wenigstens am Ende rot.   9.

Hinterleib an Basis und Spitze schwarz.   Die hintersten
Schenkel schwarz.   10.

9. Fühler fadenförmig, schwarz mit weissem Ring.   Hinterleib nur an der Basis schwarz.   Stirnränder rot.   Die
hintersten Schenkel selten ganz rot.

9. perspicillator Grav.

Fühler peitschenförmig wie bei vielen Hemiteles d. h.
hinter der Mitte verdickt und gegen das Ende zugespitzt,
3 farbig.   Hinterleib nur am Ende schwarz.   Stirnränder
schwarz.   Beine   mit   Ausnahme   der   Hüften   und
Trochantern rot.

8. antennalis n. sp.

10. Bohrer kaum so lang als der halbe Hinterleib. Metathorax ohne deutliche Seitendornen.   Area superom.
kaum angedeutet.

10. arrogans Grav.

Bohrer fast von Hinterleibslänge. Metathorax mit deutlichen Seitendornen.   Area superom. mit deutlichen
Seitenleisten.

11. flavopunctatus Bridgm.

♂.

1. Hinterleib schwarz.   2.

Hinterleib wenigstens in der Mitte rot.   5.

2. Fühler und die hintersten Tarsen ohne weissen Ring.
Areola nach vorn verengt.

4. curvus Grav.

Wenigstens die hintersten Tarsen mit weissem Ring.   3.

3. Kopf ganz schwarz. Fühler und hinterste Tarsen mit weissem Ring. Areola mit parallelen Seiten. Mesonotum fast glatt.

1. scansor C. G. Thoms.

Wenigstens die Stirnränder weiss. 4.

4. Nur die Stirnränder weiss. Fühler und hinterste Tarsen mit weissem Ring. Die hintersten Schenkel rot mit schwarzer Spitze.

2. digitatus Grav.

Gesicht grösstenteils weiss. Nur die hintersten Tarsen mit weissem Ring. Die hintersten Schenkel schwarz.

3. pectoralis C. G. Thoms.

5. Hinterleib nur an der Basis schwarz. Innere Augenränder, Schildchenspitze und Ring der hintersten Tarsen weiss.

9. perspicillator Grav.

Hinterleib an Basis und Spitze schwarz. 6.

6. Fühler mit weissem Ring. 7.

Fühler ohne weissen Ring. Die hintersten Tarsen mit hellem Ring. 9.

7. Die hintersten Tarsen ohne weissen Ring. Schildchen schwarz. 5—6 mm.

7. Gravenhorsti C. G. Thoms.

Die hintersten Tarsen mit weissem Ring. Schildchen meist weiss gezeichnet. 8.

8. Schenkel rot, die hintersten an der Spitze schwarz. Gesichtsseiten und das ganze Schildchen weiss. 8—9 mm.

12. hilarulus n. sp.

Hinterschenkel und meist auch der ganze Kopf schwarz. Höchstens die Schildchenspitze weiss. 10—12 mm.

10. arrogans var. effeminata Grav.

9. Innere Augenränder breit weiss. Schildchen meist mit weisser Spitze.

10. arrogans Grav.

Innere Augenränder nicht hell gezeichnet. Gesicht mit weisslich gelbem quadratischem Mittelfleck.

11. flavopunctatus Bridgm.

1. **P. scansor** C. G. Thoms. 1890 P. scansor C. G. Thomson, Opusc. Ent. XIV p 1532 ♀ | 1896 P. scansor C. G. Thomson. Opusc Ent XXI p 2382 ♀♂ | ? Cr. grisescens Gravenhorst II, 464 ♂ ex parte (nach Thomson).

♀ Kopf fast breiter als Thorax, hinter den Augen nicht verengt; Stirn dicht punktiert. Gesicht und Fühler schwarz. Geisselglied 7—11 weiss. Thorax schwarz, Schildchen klein, area superom. kaum angedeutet; Luftlöcher klein, oval. Hinterleib ziemlich glänzend, Segment 1—3 rot, 4—7 schwarz, 7 mit weisslichem Endrand. Bohrer etwas kürzer als der halbe Hinterleib. Beine ganz rot. Flügel die Mitte des Petiolus erreichend, Stigma deutlich; Areola fehlt.

♂ Kopf schwarz. Fühler und hinterste Tarsen mit weissem Ring. Mesonotum fast glatt. Areola gross mit parallelen Seiten. Metathorax ohne costula; area superom. mit parallelen Seiten. Hinterleib schwarz, nach hinten verbreitert.

L. 9 mm.

Schweden.

2. **P. digitatus** Grav. 1829 Phyg digitatus Gravenhorst, II p. 642 ♀ | 1865 Phyg. digitatus Taschenberg p 48 ♀ | 1874 Plectoci. digitatus C. G Thomson. Opusc. Ent VI p 602 ♀♂ | 1829 Crypt. bivinctus Gravenhorst II p 465 ♂.

♀ Metathorax mit kleinen ovalen Luftlöchern; area superom. angedeutet. Segment 1 sehr glänzend; Segment 2 und die folgenden poliert. — Glänzend schwarz, Schenkel, Schienen und Tarsen mit Ausnahme der hintersten rot. Bohrer etwas kürzer als der halbe Hinterleib.

♂ Fühlerglied 12—16, Stirnränder, Mandibeln, Palpen und Glied 2—5 der hintersten Tarsen weiss, das 5. Tarsenglied am Ende schwarz. Auch der Schaft unten meist weiss. Schenkel und Schienen rot, an den hintersten Beinen mit schwarzen Spitzen.

L. 8—10 mm.

Nord- und Mitteleuropa.

3. **P. pectoralis** C. G. Thoms. 1896 P. pectoralis C. G. Thomson, Opusc. Ent. XXI p. 2383 ♀♂.

♀ Gestalt und Grösse wie bei P. digitatus, aber Mesosternum und Mesonotum dicht punktiert, ziemlich matt, notauli bis fast zur Mitte, Metathorax mit Seitenzahnen, Petiolus ohne Kiele, Beine schwarz, die vordersten Schenkel am Ende breit, Mittelschenkel nur schmal rot; Schienen rötlich, die hintersten am Ende breit schwarz.

♂ Gesicht und Mund grösstenteils und Glied 2—5 der hintersten Tarsen weiss, das 4. am Ende schwarz. Hinterleib gegen die Spitze verbreitert.

L. 8—10 mm.

Schweden.

4. **P. curvus** Grav. 1829 Phyg. curvus Gravenhorst, II p. 679 ♀ | 1865 Phyg. curvus Taschenberg, p. 12 ♀ | 1874 Plectocr. curvus C G Thomson, Opusc. Ent. VI p. 599 ♀♂ | 1829 Crypt. rufipes Gravenhorst, II p. 453 ♂ | 1865 Cr. rufipes Taschenberg p. 71 ♂.

♀ Metathorax gerunzelt, area superom. wenig deutlich, costula fehlt; die hintere Querleiste kräftig, seitwärts in Seitenzähne auslaufend; Luftlöcher gross, oval. Postpetiolus poliert, Segment 2 und die folgenden glatt und glänzend, fein und nicht dicht punktiert. Areola klein, nach vorn stark verengt. — Schwarz, Fühler mit weissem Ring. Postpetiolus, Segment 2 und 3, Schenkel, Schienen und Tarsen gelbrot, die hintersten Tarsen und Schienen, mit Ausnahme der Basis gebraunt. Flügel schwach getrübt, Stigma hell. Bohrer wenig kürzer als der halbe Hinterleib.

♂ Der ganze Körper schwarz, Hinterleib vorn mit rötlichen Einschnitten, Punktierung desselben viel dichter. Metathorax vollständig gefeldert, area superom. fast quer. Beine wie beim ♀ gefarbt.

L. 8—10 mm.

Ganz Europa, meist nicht selten.

5. **P. mephisto** n. sp.

♀ Kopf und Thorax dicht und fein runzlig-punktiert, schwach glänzend; Fühler lang und kräftig, fadenförmig; Kopf nach hinten etwas verschmälert. Schildchen fein und zerstreut punktiert. Metathorax fein gerunzelt, nur mit der hinteren Querleiste, letztere an den Seiten kurz zahnartig vortretend, Luftlöcher deutlich gestreckt oval. Das 1. Segment ziemlich schmal, fast glatt, die folgenden Segmente ausserordentlich fein und zerstreut runzlig-punktiert; Bohrer so lang wie der halbe Hinterleib. — Fühler braun, an Basis und Spitze rötlich, Kopf rot, verschwommen braun gezeichnet. Thorax braun mit verschwommener Zeichnung, Schildchen und Ende des Metathorax rötlich. Flügel fast hyalin; Tegulä rotgelb, Stigma gelblich. Hinterleib und Beine gelbrot, Hinterhüften und Basis des 1. Segmentes braun gewassert.

L. 8 mm. ♂ unbekannt.

1 ♀ in meiner Sammlung aus Deutschland.

6. P. albolineatus Strobl. 1900 P. albolineatus Strobl, Mitt. Naturw. Ver. Steierm. p. 205 ♀

♀ Grösse, Habitus und Skulptur fast wie bei P. curvus, aber die inneren Augenränder von der Fühlerwurzel bis zur Scheitelhöhe weiss, am Hinterleib nur die Endhälfte des 2. und die Vorderhälfte des 3. Ringes rotbraun und die Hinterschienen ganz rot. Die Fühler sind etwas kürzer und dicker, schwarz, Geisselglied 5—10 weiss. Mesonotum dichter punktiert, fast matt. Hinterleib etwas kürzer und breiter, das 1. und 2. Segment sehr dicht und fein lederartig.

Steiermark.

7. P. Gravenhorsti C. G. Thoms. 1853 Microcr. Gravenhorsti C. G. Thomson Opusc. Ent. IX p. 854 ♀♂

♀♂ Schwarz, Hinterleib mit Ausnahme der Spitze und beim ♂ auch des Petiolus, Stirnränder, Schenkel an der Spitze, Schienen und Tarsen gelbrot. Fühler ♀ 3farbig, beim ♂ mit weissem Ring.

Dem P. curvus ähnlich und verwandt, aber Tarsen und Schienen in beiden Geschlechtern gelbrot, Stirnränder oben rötlichgelb, Segment 1—4 rot, 5—7 schwarz, 7 beim ♀ mit breitem, beim ♂ schmalem weissem Hinterrand. Bohrer kürzer als das 1. Segment. Fühlerglied 11—15 beim ♂ ganz gelblich weiss.

L. 5—6 mm.

Schweden.

8. P. antennalis n. sp.

Eine durch die eigentümliche Fühlerbildung von den übrigen sehr abweichende Art, die aber wegen der grossen, länglich ovalen Luftlöcher des Metathorax nur zu Plectocryptus gestellt werden kann.

♀ Fühler bis zu zwei Drittel der Länge allmählig verdickt und dann wieder allmählich zugespitzt. Kopf nach hinten verschmälert, grob und zerstreut punktiert, Stirn tief ausgehöhlt, mit scharfer Leiste; Fühlergruben gross, poliert; Gesicht und Clypeus grob runzlig-punktiert, Mandibeln mit 2 gleichen Zähnen. Mesonotum glänzend, zerstreut und grob punktiert; Schildchen glatt; Brustseiten oben dicht und grob punktiert; Metathorax grob gerunzelt, die hintere Querleiste deutlich, auch die area superomed. angedeutet. Areola pentagonal, der rücklaufende Nerv etwas hinter der Mitte, Nervellus oppositus.

Der ganze Hinterleib glatt und glänzend, die mittleren
Segmente an den Seiten mit einzelnen feinen Punkten.
— Kopf und Thorax schwarz, Fühler 3 farbig, Palpen
und Mandibeln braunrot. Flügel getrübt, Tegulä rotbraun, Stigma gelblich. Beine rot, Hüften schwärzlich,
die hintersten Schienen an der Spitze etwas verdunkelt.
Segment 1—3 rot, der übrige Hinterleib schwarz, die
Endsegmente weiss gerandet. Bohrer so lang wie der
halbe Hinterleib.

L. 8 mm. ♂ unbekannt.

Ein ♀ Ende September bei Blankenburg i. Thür.

9. **P. perspicillator Grav.** 1829 Cr. perspicillator Gravenhorst, II
p 503 ♂ | 1865 Cr. perspicillator Taschenberg p. 82 ♂ | 1874 Plectocr.
perspicillator C. G. Thomson, Opusc. Ent. VI p. 601 ♂ | 1883 Microcr.
perspicillator C. G. Thomson, Opusc. Ent. IX p. 854 ♀♂ | 1829 Phyg.
abdominator var. 3 ♀ Gravenhorst, II p 726 | 1865 Phyg obscuripes
Taschenberg p. 43 ♀♂.

♀ Schwarz, Fühler mit weissem Ring, Seitenränder der
Stirn rötlich. Hinterleib glatt, das zweite Segment zuweilen mit ganz feiner und zerstreuter Punktierung;
nur die Hinterleibsbasis schwarz. Mittelschenkel, Schienen
und Tarsen rot, die hintersten Beine schwarz, meist nur
die Knie, selten auch die Schenkel grösstenteils rot.
Bohrer etwas länger als das 1. Segment.

♂ Schildchenspitze, Schaft unten, innere Augenränder und
Glied 2—5 der hintersten Tarsen weiss. Sonst dem ♀
in der Färbung ähnlich.

Var. ♀. Fühlergeissel an der Basis rot. Die hintersten
Schienen nur an der Spitze gebräunt.

L. 9—10 mm.

Ganz Europa.

10. **P. arrogans Grav.** 1829 Cr. arrogans Gravenhorst, II p. 191 ♂ |
1865 Cr. arrogans Taschenberg p. 86 ♂ | 1874 Plectocr. arrogans
C. G. Thomson, Opusc. Ent. VI p. 601 ♂ | 1883 Microcr. arrogans
C. G. Thomson Opusc. Ent. IX p. 855 | 1829 Phyg. abdominator
Gravenhorst, II p. 727 var. 1

♀ Kopf bei meinen Exemplaren ganz schwarz, Fühler mit
weissem Ring, die Basalglieder meist etwas rötlich.
Thorax ganz schwarz, Mesonotum fein punktiert, ziemlich
glänzend. Metathorax vorn fein gerunzelt, ohne Felderung; die hintere Querleiste scharf, an den Seiten kantig
vortretend, aber keinen Zahn bildend. Hinterleib glatt
und glänzend. Postpetiolus am Ende, Segment 2 und 3

rot, die übrigen rot gerandet. ¯ Mittelschenkel am Ende, Schienen und Tarsen rot; die hintersten Schienen am Ende breit und ihre Tarsen fast ganz braun. Stigma braungelb. Bohrer kaum so lang als der halbe Hinterleib.

♂ Gesichtsränder, Scheitelflecken, die äusseren Augenränder unten, Unterseite des Schaftes, Ring der hintersten Tarsen, meist auch Schildchenspitze weiss. Metathorax ziemlich deutlich gefleckt. Hinterleib vorn fein punktiert.

Var. ♂ effeminata Grav. 1829 Cryptus effeminatus Gravenhorst, II p 532 ♂.

　　　Fühler mit weissem Ring.

Var. ♂. Hinterleib ganz schwarz, die vorderen Segmente mit rötlichen Einschnitten.

　　　Aus Panolis piniperda erzogen.

　　　L. 8—12 mm.

　　　Ganz Europa.

11. **P. flavopunctatus** Bridgm. 1889 Phyg. flavopunctatus Bridgman, Further add. to Marshall's Cat etc in Trans Ent Soc. Lond p 414 ♂ | 1893 Microcr clavatus Kriechbaumer, Ent. Nachr 4 p 57 ♂ | 1893 Microcr armatus Kriechbaumer, Ent. Nachr 8 p 123 ♀.

♀ Dem P. arrogans sehr ähnlich, aber Metathorax vorn mit deutlichen Längsleisten, die eine arca superom. abgrenzen, an der Seite mit starken aber stumpfen Zähnen: das 1. Segment deutlich längsrissig, mit starken Kielen, dazwischen mit Längsfurche; der Bohrer so lang wie der Hinterleib ohne das 1. Segment; Stigma braun. Schildchenspitze zuweilen gelb.

♂ Innere Augenränder schwarz, Seitenflecken des Clypeus und eine quadratförmige Makel in der Mitte des Gesichts gelblich weiss. Schildchenspitze meist hell. Metathorax fast vollständig gefeldert, die Luftlöcher rundlich oval, Seitendörnchen spitz. Hinterleib schlanker und lebhafter gelbrot als bei P. arrogans, ganz fein und zerstreut punktiert. Postpetiolus und Segment 2—4 hell gefärbt. Die vorderen Schenkel, Schienen und Tarsen gelbrot. Hinterschenkel, die beiden Spitzen der Hinterschienen und Hintertarsen schwarz, letztere mit weissem Ring.

　　　L. 10—12 mm.

　　　Von Bridgman in England entdeckt. Von Kriechbaumer später in Bayern aufgefunden. In Thüringen im Spätsommer auf Gebüsch in manchen Jahren nicht selten; beide Geschlechter habe ich zahlreich zusammen gefangen. Auch Bridgman fand seine Exemplare im Oktober.

12. P. hilarulus n. sp.

♂ Kopf und Thorax fein und dicht runzlig punktiert, schwach glänzend. Kopf nach hinten stark verschmälert, Fühler fast von Körperlänge. Brustseiten stark runzlig punktiert, matt. Metathorax vollständig gefeldert, mit starken Leisten, area superomedia fünfseitig, so lang als breit; Luftlöcher oval, Seitenzähnchen ziemlich deutlich. Hinterleib mit feiner Skulptur. — Schwarz, ein schmaler Fühlerring, Mandibeln, Gesichtsstreifen neben den Augen, ein grosser Fleck auf der Unterseite des Schaftes, das ganze Schildchen, Spitze des Hinterschildchens und die Tegulä weiss. Beine rot, Schienen mehr gelb, Hüften, Trochanteren, fast die Endhälfte der hintersten Schenkel und Schienen und die hintersten Tarsen schwarz, Glied 3 und 4 der letzteren weiss. Hinterleib schwarz, Postpetiolus und Segment 2 und 3 rot.

L. 8—9 mm. ♀ nubekannt.

Dem P. arrogans sehr ähnlich, durch gedrungenere Gestalt und andere Zeichnung leicht zu unterscheiden.

Zwei ganz gleich gefärbte ♂ von Blankenburg i. Thür.

Anmerk Zu Plectocryptus gehört jedenfalls auch der Microcryptus senex Knechb., wohl auch der Cryptus pelinocheirus Grav.

---

6. Gen. **Stenocryptus** C G Thoms.

1871 Stenocryptus C. G Thomson. Opusc Ent VI p 603
? 1868 Pammachus Forster Fam u Gatt Ichn p 185
? 1868 Ecporthetor Forster, l c p. 184

Kopf kubisch, Wangen sehr breit, Fühler den Thorax nicht überragend, Schaft kurz ausgeschnitten. Mandibelzähne gleich. Clypeus am Endrand ohne Zahn. Der untere Aussenwinkel der Discoidalzelle stumpf. Luftlöcher des Metathorax klein und rund. Das 1. Segment ohne Kiele, das 2. fein und dicht gerunzelt, bei S. nigripes glatt. Beine kräftig.

♀.

1. Der ganze Hinterleib glatt und glänzend. Beine fast ganz schwarz.

4. n i g r i p e s Strobl.

Das 2. Segment runzlig punktiert. 2.

2. Fühler ohne weissen Ring.

1. n i g r i v e n t r i s C. C. Thoms.

Fühler mit weissem Ring. 3.

3. Stirn mit deutlicher Skulptur. Bohrer deutlich gekrümmt.
8—10 mm.

2. fortipes Grav.

Stirn fast glatt. Bohrer gerade. 4—6 mm.

3. oviventris Grav.

♂.

1. Kopf ganz schwarz. Hinterleib glatt und glänzend.
Beine fast ganz schwarz.

4. nigripes Strobl.

Gesicht weiss. Das 2. Segment runzlig-punktiert. 2.

2. Die hintersten Schenkel und Schienen an der Spitze
schwarz. Spirakeln des Metathorax fast oval. Grösste
Art, 8—10 mm.

2. fortipes Grav.

Die hintersten Schenkel am Ende kaum verdunkelt.
Spirakeln des Metathorax klein und rund. 3.

3. Fühler ziemlich kräftig. Petiolus ohne Rückenkiele.
6—8 mm.

1. nigriventris C. G. Thoms.

Fühler dünn. Petiolus mit deutlichen Rückenkielen.
4—6 mm.

3. oviventris Grav.

1. **S. nigriventris** C. G. Thoms. 1874 S. nigriventris C. G. Thomson,
Opusc. Ent. VI p. 604 | 1865 Phyg. caliginosus Taschenberg p. 22
(non Grav.) ! ? 1865 Phyg. brevicornis Taschenberg p 48 ♀.

♀ Fühler schwarz oder gegen die Basis braun, ohne weissen
Ring. Kopf schwarz, zwischen Ange und Fühlerschaft
je eine gelbe Makel. Thorax schwarz, Mesonotum ziemlich
glänzend, fein punktiert. Stigma braun, Areola nach
vorn convergierend. Hinterleib schwarz, das 2. Segment
punktiert-gerunzelt, fast matt, die übrigen glänzend.
Beine ganz rot. Bohrer so lang wie der halbe Hinterleib, leicht gekrümmt.

♂ Gesicht und Schaft unten weiss. Metathorax vollständig
gefeldert. Hüften und Trochanteren schwarz, die vorderen
zum Teil weiss. Auch die Tegulä und Punkt unter den
Flügeln weiss. Die hintersten Tarsen und Spitze der
hintersten Schienen schwarz.

L. 6—8 mm.

Nord- und Mitteleuropa.

2. **S. fortipes** Grav. 1829 Cr. fortipes Gravenhorst, II p. 473 ♀ | 1865 Phyg fortipes Taschenberg p. 52 ♀ | 1874 Stenocr. fortipes C. G. Thomson, Opusc Ent VI p 605 ♀♂

♀ Geisselglied 4—10 weiss, unten schwärzlich. Stirnränder zum Teil weiss. Postpetiolus und Segment 2 zuweilen verloschen braun. Sonst der vorigen Art ähnlich, aber grösser, der Kopf hinter den Augen erweitert, Beine dicker. Bohrer etwas länger als der halbe Hinterleib, deutlich gekrümmt.

♂ Gesicht, Wangen, Stirnränder und Schaft unten weiss· Die vordersten Hüften unten. Trochanteren und Tegula gelblich weiss. Spirakeln des Metathorax fast oval. Die hintersten Schenkel und Schienen an der Spitze, die Tarsen fast ganz schwarz.

Var. ♂. Die hintersten Schenkel schwarz.

L. 8—10 mm.

Nord- und Mitteleuropa.

3. **S. oviventris** Grav. 1829 Phyg. oviventris Gravenhorst, II p 648 ♀♂ | 1865 Phyg oviventris Taschenberg p. 49 | 1874 Stenocr. oviventris C. G. Thomson, Opusc Ent VI p 606 ♀♂.

♀ Schwarz, glänzend. Fühler lang und kräftig, gegen das Ende etwas verdickt, mit weissem Ring. Stirn fast glatt, beiderseits weiss. Beine rot, nur die Hintertarsen gebraunt. Hinterleib gegen das Ende etwas zusammengedrückt, Bohrer gerade, etwas länger als der halbe Hinterleib.

♂ Aehnlich dem S. nigriventris, aber Petiolus mit deutlichen Rückenkielen, Fühler dünner, die Spitze des Metathorax überragend.

Von S. fortipes unterscheidet sich die Art durch kleineren Körper, die fast glatte Stirn, schmäleren Scheitel, das ♀ überdies durch den geraden Bohrer.

L. 5—6 mm.

Nord- und Mitteleuropa.

4. **S. nigripes** Strobl. 1900 S. nigripes Strobl, Mitt. Naturw. Ver. Steierm p 207 ♀♂.

♀ Kopf kubisch, Stirn ziemlich glänzend, sehr zerstreut punktiert, tief eingedrückt. Fühler kurz, die Spitzenhälfte verdunnt. Thorax cylindrisch. Brustseiten dicht längsrissig mit kleinem Spiegel. Mesonotum glänzend, in der Mitte zerstreut und ziemlich grob punktiert. Metathorax fast matt, dicht und fein gerunzelt, unvollständig gefeldert; Luftlöcher klein und rund. Hinterleib

lang oval, glatt und gläuzend. Bohrer halb so lang wie
der Hinterleib. — Schwarz, Fuhlerglied 9—11 weiss.
Schenkelspitzen, die vorderen Schienen und Tarsen, sowie
die Hinterschienen mit Ausnahme der Spitze und Innenseite rot.

♂ Fühler und Beine schwarz, Vorderschieuen vorn rot.
Metathorax fein aber vollständig gefeldert, area superomedia schmal, etwas langer als breit.

L. 5 mm.

Hochalpenwiesen in Steiermark.

Von S. oviventris besonders durch den ganz schwarzen
Kopf und die dunklen Beine verschieden.

---

7. Gen. **Demopheles** Först.

1868 Demopheles Förster, Fam. u Gatt. Ichn p. 186
1874 Mecocryptus C. G. Thomson, Opusc Ent VI p 607.

Kopf fast kubisch; Clypeus in der Mitte des Endrandes
mit dreieckigem Ausschnitt, beim ♂ weniger deutlich. Mandibeln lang, der obere Zahn grösser. Fühler ziemlich kurz,
Schaft wenig ausgeschnitten. Hinterleib glatt und gläuzend,
schwarz. Der untere Aussenwinkel der Discoidalzelle ein
stumpfer bis rechter. Luftlöcher des Metathorax klein und rund.

D. caliginosus Grav. 1829 Phyg caliginosus Gravenhorst, II p 645 ♀ |
1865 Phyg corruptor Taschenberg p 49 ♀ | 1874 Mecocr. caliginosus
C. G. Thomson, Opusc Ent VI p 607 ♀♂

♀ Körper gestreckt, glatt und glänzend, schwarz; Stirn
fein punktiert, Gesichtsränder oberhalb der Fühler weiss.
Fühler schwärzlich, gegen die Spitze braun. Beine
kräftig, rot; die hintersten Huften schwarz. Hinterleib
glatt und glänzend, am Ende etwas comprimiert, Bohrer
gerade, kürzer als der hinterste Metatarsus.

♂ Gesicht, Wangen und Mund weiss. Fühler schwarz,
gegen das Ende zugespitzt. Metathorax fast vollständig
gefeldert. Alle Trochanteren und die Vorderhüften
weisslich; die hintersten Tarsen schwarzbraun. Punkt
vor und unter den Flügeln weiss.

L. 6—8 mm.

Nord- und Mitteleuropa.

8. Gen. **Trichocryptus** C. G. Thoms.

1868 Sobas Forster, Syn. Fam. u. Gatt. Ichn. p 187.
? 1868 Dapanus Forster. l. c. p. 183.
1874 Trichocryptus C. G. Thomson, Opusc. Ent. VI p. 609.
1890 Sobas, Schmiedeknecht, Gatt u Art. d. Crypt p. 18

A n m e r k.: Da der Name Sobas bereits früher für eine Coleopterengattung vergeben ist, nehme ich die Thomson'sche Bezeichnung an.

Der ganze Körper mit feiner und dichter Behaarung. Kopf dreieckig, Wangen lang. Mesonotum mit vollständigen Parapsiden. Metathorax oben vollständig gefeldert, mit Seitenzähnen. Areola gross mit fast parallelen Seiten. Nervellus stark postfurc. Hinterleib mehr oval, das 1. Segment gekielt, das 7. fast ganz weiss. Beine rot, Schienen nicht gedörnelt, Klauenglied gross. — Der untere Aussenwinkel der Discoidalzelle ein rechter. Luftlöcher des Metathorax klein.

1. T. **cinctorius** Grav. 1829 Cr cinctorius Gravenhorst, II p. 480 ♀♂ | 1865 Phyg. cinctorius Taschenberg p. 38 ♀♂ | 1874 T. cinctorius C. G. Thomson, Opusc Ent VI p. 610 ♀♂.

♀ Metathorax fein gerunzelt, mit scharfen Leisten, area superom. länger als breit. Fühler vorgestreckt, kurz, nach vorn verdickt, nur schwach gekrümmt. Das 1. Segment flach und fast poliert. — Schwarz, Beine, Taster und Wurzelhälfte der Fühler, wenigstens an der Unterseite, rot; Hintertarsen gebräunt. Schildchen und Afterspitze gelblich weiss. Flügel fast hyalin. Das 2. Segment meist rötlich geraudet. Bohrer etwa von ⅓ Hinterleibslänge.

♂ Das 2. Segment an seiner vorderen Hälfte etwas vertieft, sehr dicht und zusammenfliessend punktiert, nach hinten glänzender; ebenso, wenn auch schwächer, das 3. Segment. Schwarz, auch das Schildchen; Beine, mit Ausschluss der Tarsen rot, Hinterleibsspitze und Glied 3 und 4 der Hintertarsen teilweise weiss. Nach Thomson das 2. Segment mit rötlicher Endbinde.

L. 8—10 mm.

Nord- und Mitteleuropa. Scheint im Norden häufiger zu sein.

2. T. **aquaticus** C. G. Thoms. 1874 T aquaticus C. G. Thomson, Opusc Ent. VI p 611 , ♂.

♀ Schwarz, wenig glänzend, area superom. quer. Beine rot, Schildchen weiss. Petiolus in der Mitte stärker erhaben, Seiten des Postpetiolus und Mesopleuren stärker runzlig punktiert,

♂ Die hintersten Hüften und Trochanteren schwarz.

Der vorhergehenden Art sehr ähnlich, aber grösser, Fühler an der Basis nicht hell, area superom. quer, das ♂ durch die Farbe der hintersten Hüften und Trochanteren verschieden.

L. 8—10 mm.

Schweden, selten.

---

9. Gen. **Stiboscopus** Först.

1868 Stiboscopus Förster, Syn. Fam u. Gatt. Ichn. p. 182.

Clypeus breit abgerundet, ohne Endzähne. Fühler lang und dünn, gegen das Ende schwach verdickt, die 3 ersten Geisselglieder sehr gestreckt, das 1. und 2. fast ein Mal, das 3. wenigstens drei Mal so lang, wie an der Spitze breit. ♀ ohne weissen Fühlerring und dadurch leicht von Microcryptus zu unterscheiden. Mesonotum mit deutlichen Parapsiden bis zur Mitte. Area basalis des Metathorax nicht quer, mit parallelen Seiten, mit der area superomedia verschmolzen: Luftlöcher sehr klein, rund. Areola im Flügel pentagonal, Seiten nach vorn convergierend, der untere Aussenwinkel der Discoidalzelle ein stumpfer, Nervus parallelus unter der Mitte der Brachialzelle. Beine lang und schlank. Hinterleibsmitte rot.

S. thuringiacus n. sp.

Kopf und Thorax ziemlich glänzend, fein punktiert, schwarz. Kopf nach hinten stark verschmalert; Fühler schwarzbraun, die ersten Geisselglieder an der Basis rötlich. Thoraxseiten fein gerunzelt, ziemlich glänzend, das Speculum poliert. Metathorax gerunzelt, matt, area superomedia etwa so lang als breit, 5seitig, Costula fehlend, der abschüssige Raum flach, mit feinen Langsleisten. Stigma gelb, Nervulus etwas vor der Gabel, Nervellus antefurcal, unter der Mitte gebrochen und einen deutlichen Nerv aussendend. Tegulä röthlichweiss. Beine gelbrot, Basis der Trochanteren und der Hinterhüften gebräunt. Das 1. und 2. Segment fein lederartig, matt, das 1. Segment ziemlich kurz, mit ganz seichter Längsfurche, die Luftlöcher wenig vortretend; der übrige Hinterleib mehr und mehr glatt und glänzend. Das 2. Segment etwas kürzer als hinten breit, das 3 Segment doppelt so breit als lang. Das 1. Segment am Ende, 2 und 3 ganz, 4 an der Basis gelbrot, sonst der Hinterleib schwarzbraun. Bohrer wenig länger als der halbe Hinterleib.

2 ♀ von Blankenburg in Thüringen.

10. Gen. Microcryptus C. G. Thomson.

1883 Microcryptus C. G. Thomson, Opusc. Ent. IX p. 850

Clypeus abgestutzt oder breit abgerundet, nicht 2zähnig. Fühler ♀ stets mit weissem Ring. Gesicht ♂ nicht selten mit weisser Zeichnung. Der untere Aussenwinkel der Discoidalzelle ein stumpfer oder rechter. Luftlöcher des Metathorax rund. Hinterleibsmitte rot gezeichnet, nur bei M. funereus ganz schwarz.

♀

1. Fühler spindelförmig, in der Mitte verdickt, oft 3farbig, Postannellus nicht oder kaum langer als der Schaft. Beim ♂ das Gesicht meist schwarz. 2.

   Fühler mehr fadenförmig, in der Mitte kaum verdickt, Postannellus meist langer als der Schaft. 9.

2. Mesonotum und Schildchen rot. 3.

   Thorax schwarz. 4.

3. Hüften, Trochanteren und Spitzen der hintersten Schenkel schwarzbraun, Geisselglied 5—11 oben weiss. 7—8 mm.

   5. rubricollis G. G. Thoms.

   Alle Hüften rot. Fühlerglied 8—11 oben weiss. 7 mm.

   6. rufithorax Strobl.

4. Hinterleibssegmente nur mit roten Rändern. Bohrer kurz. 5.

   Hinterleibsmitte ganz rot. 6.

5. Fühler in der Mitte stark verdickt. Thorax weniger stark punktiert. 7—9 mm.

   7. crassicornis Kriechb.

   Verdickung der Fühler weniger stark, mehr nach der Spitze gerückt. Thorax stark punktiert, ziemlich matt. 8 mm.

   8. punctulatus Kriechb.

6. Metanotum mit allen Leisten. Beine rotgelb. Fühler 3farbig. 5—7 mm.

   1. improbus Grav.

   Metanotum ohne costula. Area basalis mit a. superom. verschmolzen. 7.

7. Hinterleib matt, fein lederartig. Fühler 3farbig. Segm.
    1—4 und Beine rot.

                        2. opaculus C. G. Thoms.

    Körper glänzend. 8.

8. Bohrer länger als der halbe Hinterleib. Schildchen oft
    hell gezeichnet. Hinterleib rot, am Ende schwarz, Seg-
    ment 6 und 7 weiss gerandet.

                        4. graminicola Grav.

    Bohrer kürzer als der halbe Hinterleib, am Ende schief
    abgestutzt. Nur das 7. Segment weiss gerandet.

                        3. aries C. G. Thoms.

9. Flügel vollständig ausgebildet. 10.

    Nur Flügelstummel vorhanden, die höchstens die Spitze
    des Thorax erreichen. (Aptesis Förster). 61.

10. Thorax ganz oder grösstenteils rot. 11.

    Thorax schwarz. 12.

11. Metathorax mit starken Seitenleisten oder Dornen.

            cf. die Gattung Acanthocryptus.

    Metathoraxseiten ohne deutlichen Zahn oder Dorn. Meso-
    notum, Hinterleib mit Ausnahme der Basis des Stieles
    und die ganzen Beine rot. 7 mm.

                        9. rufidorsum Strobl.

12. Scheitel winklig ausgeschnitten. Alle Schenkel schwarz.
    an der Spitze hell. Fühler an der Basis oben weisslich.

                        10. femoralis C. G. Thoms.

    Scheitel nicht winklig ausgeschnitten. 13.

13. Fühler dünn fadenförmig, Postannellus fast 3 Mal länger
    als Schaft. Areola gross mit parallelen Seiten. Gleicht
    einem Cryptus.

                        26. tricinctus Grav.

    Fühler stärker. Postannellus kürzer. 14.

14. Hinterleib schwarz, höchstens die vorderen Segmente
    rot gefleckt. 15.

    Hinterleib, meistens die Mitte, ausgedehnt rot ge-
    zeichnet. 16.

15. Hinterleib schwarz, Segment 1 und 2 am Ende mit roter Makel. Innere Augenränder zum Teil weiss. Beine grösstenteils rot.

16. nigriventris C. G. Thoms.

Hinterleib und Beine schwarz. Innere Augenränder nicht weiss.

17. funereus n. sp.

16. Hinterleib nur an der Basis schwarz. Schenkel meist schwarz. 17.

Hinterleib an der Spitze schwarz. 21.

17. Schildchen am Ende röthlich. 18.

Schildchen schwarz. 20.

18. Hinterleib, namentlich Postpetiolus und 2. Segment dicht punktiert. Stirnseiten röthlich weiss gestreift.

19. aberrans Taschb.

Hinterleib glatt und glänzend. 19.

19. Vorderkopf und Wangen rotgelb. Areola klein, nicht quer. Schenkel rot.

20. cretatus Grav.

Nur Seiten von Stirn oder Gesicht weisslich. Areola breit, fast quer.

18. leucostictus Grav.

20. Stirnränder weiss; meist auch weisser Scheitelpunkt, selten Stirn und Scheitel ganz schwarz. Luftlöcher des Meta- thorax rund.

13. abdominator Grav.

Stirnränder und meist auch Scheitelpunkt röthlich. Luft- löcher des Metathorax fast oval.

15. orbitalis C. G. Thoms.

21. Hinterleib an Basis und Spitze schwarz. 22.

Hinterleib nur an der Spitze schwarz, zuweilen auch die Basis des 1. Segmentes. 46.

22. Schildchen rot oder weiss. 23.

Schildchen schwarz. 24.

23. Die beiden Schildchen rot. Fühlerbasis hell. Costula deutlich. Die hintersten Schenkel und Hüften teilweise schwarz.

21. terminatus Grav.

Schildchen weiss. Alle Schenkel durchaus rot.

22. exquisitus n. sp.

24. Bohrer länger als der halbe Hinterleib. 25.

Bohrer höchstens so lang als der halbe Hinterleib, meist kurzer. Kopf meist aufgetrieben. 28.

25. Metathorax mit langen Seitenzähnen. Bohrer fast von Hinterleibslänge. 26.

Metathorax ohne oder mit nur schwachen Seitendornen oder Zähnen. 27.

26. Luftlöcher des Metathorax klein und rund. Das 1. Segment wie der übrige Hinterleib glatt und glänzend. 7 mm.

45. periculosus n. sp.

Luftlöcher des Metathorax ziemlich gross und oval. Das 1. Segment deutlich längsrissig mit starken Kielen. 10—12 mm.

cf. Plectocr. flavopunctatus Bridgm.

27. Bohrer fast so lang als der Hinterleib. Stirn und Mesopleuren sehr fein gerunzelt.

46. lapponicus C. G. Thoms.

Bohrer etwas länger als der halbe Hinterleib. Beine vorherrschend schwarz, die vordersten an der Spitze, die hintersten an der Basis rot.

47. contrarius Kriechb.

28. Stirnränder oder Scheitel hell gezeichnet. Bohrer ungefähr von halber Hinterleibslänge. 29.

Augenränder und Scheitel schwarz. Metathorax und Bohrer meist kurz. 36.

29. Stirnränder oder Scheitelpunkt rot. 30.

Stirnränder weiss. 33.

30. Mesonotum und Hinterleib glänzend, letzterer fast ganz schwarz. Der weisse Fühlerring undeutlich. Eine der kleinsten Arten, nur 4—5 mm.

57. nigritulus C. G. Thoms.

Mesonotum oder Schildchen mehr oder weniger matt. Grössere Arten von 7—8 mm. 31.

31. Segment 1—3 rot, Basis von 1 schwarz. Beine rot, die hintersten Schenkel und Schienen am Ende schwärzlich. Hinterleib fein runzlig punktiert.

53. sericans Grav. var.

Das 2. Segment nicht vollständig rot. 32.

32. Augenrander teilweise und Fleck im Gesicht rot. Die 3 ersten Segmente rot gerandet, 4 und 5 schwarz, 6 und 7 weiss gerandet.

31. gracilicornis Kriechb.

Scheitelpunkt rostrot. Segment 2 und 3 rot, das 2. mit schwarzer quadratförmiger Makel, 4—6 röthlch gerandet. Schenkelspitzen und Schienen trüb rot.

48. borealis C. G. Thoms.

33. Nur das 2. Segment mit rotem Hinterrand. Fühler schwarz mit weissem Ring. Beine fast ganz rot.

34. planus Kriechb.

Rote Farbung des Hinterleibes ausgedehnter. 34.

34. Fühler 3 farbig. Area superom. rhombisch, glänzend. Hinterleib glatt und glänzend. Beine rotgelb, Spitzen der hintersten Schenkel und Schienen schwarz.

33. rhombifer Kriechb.

Fuhler schwarz mit weissem Ring, hochstens an der Basis unten rot. 35.

35. Beine rot, Spitzen der hintersten Schenkel und Schienen schwarz. Segment 2, 3 und 4 grösstenteils rot.

27. arridens Grav.

Nur Schenkel und Schienen rot. Segment 2 und 3 grösstenteils kastanienbraun.

32. alpinus Kriechb.

36. Die hintersten Schienen an der Basis mit weissem Ring. Beine rot, Spitzen der hintersten Schenkel und Schienen schwarz. Mesopleuren runzelig.

51. basizonius Grav.

Die hintersten Schienen an der Basis nicht weiss. 37.

37. Eines oder mehrere der vorderen Segmente rot gerandet. Schenkel grösstenteils schwarz. 38.

Die mittleren Segmente ganz rot. 39.

38. Segment 1—3 am Ende rot gerandet. Beine grösstenteils schwarz. 8 mm.

55. Jemilleri Knechb.

Nur das 2. Segment rot gerandet. Fühler mit undeutlichem weissem Ring. 4—5 mm.

57. nigritulus C. G. Thoms.

39. Fühler 3farbig. 40.

Fühler schwarz mit weissem Ring. 42.

40. Hinterleib fein lederartig. Bohrer deutlich länger als das 1. Segment.

60. secernendus n. sp.

Hinterleib glatt. Bohrer kaum so lang als das 1. Segment. 41.

41. Metathorax vollständig gefeldert. Die hintersten Hüften und Schenkel schwärzlich.

62. ochrostomus C. G. Thoms.

Metathorax oben ungefeldert. Die hintersten Hüften und Schenkel rot, erstere an der Basis, letztere an der Spitze gebraunt.

61. discedens n. sp.

42. Schenkel schwarz. Hinterleib glatt und glänzend, am Ende weiss. 43.

Schenkel höchstens an der Spitze schwarz. 44.

43. Kleinere Art von 6—7 mm. Metathorax deutlich gefeldert, ohne oder mit nur ganz schwachen Seitenzahnen.

54. distans C. G. Thoms.

Grössere Art von 9—10 mm. Metathorax mit starken Seitenzahnen.

cf. Plectocr. flavopunctatus Bridgm.

44. Metathorax und Hinterleib glatt. Hüften und die Spitzen der hintersten Schenkel und Schienen schwarz. Bohrer so lang wie der halbe Hinterleib.

30. pectoralis C. G. Thoms.

Metathorax nicht glatt. Bohrer kurzer als der halbe Hinterleib. 45.

45. Beine fast ganz rot. Hinterleibsmitte fein lederartig gerunzelt.
52. alutaceus C. G. Thoms.

Vorderschenkel an der Basis, die hintersten an der Spitze breit schwarz.
53. sericans Grav.

46. Schildchen und eine dreieckige Makel des 7. Segments weiss. Fühler 3farbig. Segment 1—3 und Beine rot. Kopf fast kubisch. Stirn und Mesopleuren dicht punktiert.
23. triannulatus Grav.

Schildchen schwarz, selten rot. 47.

47. Fühler schwarz mit weissem Ring. 48.

Fühler 3 farbig. 52.

48. Hüften schwarz. Bohrer länger als der Hinterleib. Schenkel und Schienen rot.
44. longicauda C. G. Thoms.

Hüften rot. Das 2. Segment fein gerunzelt. 49.

49. Bohrer kürzer als das 1. Segment. Fühler lang zugespitzt. Die hintersten Schenkel und Schienen am Ende breit schwarz. Grosse und robuste Art.
63. contractus Grav.

Bohrer fast von Hinterleibslänge. Kleinere Arten. 50.

50. Bohrer kaum kürzer als der Hinterleib. Stirnränder schwarz.
36. lacteator Grav.

Bohrer deutlich kürzer als der Hinterleib. Stirnränder weiss. 51.

51. Kopf hinter den Augen verschmälert. Kleinere Art von 4—5 mm.
28. punctifer C. G. Thoms.

Kopf hinter den Augen nicht verschmälert. Metathorax kurz, area postica bis über die Mitte hinaufreichend. Grössere Art von 7—8 mm.
29. nigricornis C. G. Thoms.

52. Flügel kurz, wie verkümmert, kaum über die Hinterleibsmitte hinausreichend. Segment 1—3 dicht und fein runzelig-punktiert, matt.
39. brevialatus n. sp.

Flügel von normaler Länge 53.

53. Bohrer kann kürzer als der Hinterleib. Huften rot. 54.

Bohrer höchstens so lang als der halbe Hinterleib. 56.

54. Stirn dicht punktiert. Wangen breit. Die hintersten Schenkel am Ende schwarz. Vorderhüften und Trochanteren schwarzlich.

36. lacteator Grav.

Stirn glatt. Vorderhüften und Trochanteren rot. 55.

55. Mesopleuren fein gerunzelt. Bohier fast länger als der Hinterleib.

35. erythrinus Grav.

Mesopleuren fein lederig. Die mittleren Segmente fein gerunzelt, kurz, das 2. quer. Hüften fast gelb.

38. sperator Grav.

56. Augenränder gelb. Schildchen, Beine und Hinterleib rot, letzterei an der Spitze dunkel. Bohrer etwas länger als das 1. Segment. 5 mm.

64. ornaticeps C. G. Thoms.

Kopf und Schildchen schwarz. 57.

57. Fühler dünn, wie bei Cryptus. Das 1. und 2. Segment dicht punktiert. Nur die Basalhalfte des Hinterleibs rot. Kopf und Thorax dicht und fein punktiert. Grosse Art von 10—12 mm.

63. contractus Grav.

Fühler mehr verdickt. Hinterleib glatt und glänzend. Kleinere Aiten. 58.

58. Die hintersten Schenkel ganz und die Hüften schwarz. Stirn glatt. Bohrer von halber Hinterleibslänge.

59. halensis Taschb.

Die hintersten Schenkel rot oder nur an der Spitze schwarz. Hüften rot. Stirn meist punktiert. Bohrer kürzer. 59.

59. Die hintersten Schenkel und Schienen an der Spitze schwarz. Hinterleibsspitze nicht weiss gezeichnet.

65. rufoniger Bridgm.

Beine ganz rot. Hinterleibsspitze weiss gezeichnet. 60.

60. Nur die Hinterleibsspitze schwarz. Stirn und Mesonotum
dicht und fein punktiert. Metathorax hinten tief ausgehöhlt.

56. puncticollis C. G. Thoms.

Nur Segment 1—3—4 rot. Metathorax mit deutlichen
Zähnen. Beine kräftig.

58. gravipes Grav.

61. Das 1. Segment mit stark vorspringenden Knötchen.

66. formosus Grav.

Das 1. Segment ohne vorspringende Knötchen. 62.

62. Hinterleib an Basis und Spitze rot. 63.

Hinterleib an der Spitze nicht rot. 65.

63. Mesonotum und Hinterleib rot, das 5. Segment schwarz,

74. unifasciatus n. sp.

Segment 3 und 4 schwarz gezeichnet. 64.

64. Metathorax schwarz.

67. nigrocinctus Grav.

Metathorax rot oder braunrot.

68. sudeticus Grav.

65. Die Querleiste an dem abschüssigen Teile oben in der
Mitte fehlend. 66.

Die Querleiste überall scharf. 67.

66. Das 1. Segment schwarz mit rotem Hinterrand.

69. assimilis Först.

Das 1. Segment ganz rot.

70. aphyopterus Först.

67. Das 1. Segment schwarz mit rotem Hinterrand.

71. micropterus Grav.

Das 1. Segment ganz rot. 68.

68. Mesonotum rot mit einer breiten schwarzen Mittelstrieme.

73. brachypterus Grav.

Mesonotum ganz rot. 69.

69. Der Hinterleib vom 4. Segmente an schwarz. Der abschüssige Raum mit 2 Längskielen.

72. vestigialis Först.

Segment 1—4 rot. Der abschüssige Raum ohne Längskiele.

cf. unifasciatus n. sp.

<hr/>

♂.

1. Schildchen ganz oder teilweise weiss oder gelblich. 2.
   Schildchen schwarz. 23.

2. Die hintersten Schienen an der Basis mit weissem Ring.
   Gesicht zum Teil weiss.

51. basizonius Grav.

   Die hintersten Schienen an der Basis nicht weiss. 3.

3. Gesicht schwarz oder nur die Seitenränder oder ein Fleck
   in der Mitte weiss. 4.

   Das ganze Gesicht weiss. 20.

4. Kopf ganz schwarz. 5.

   Gesicht weiss gezeichnet. 10.

5. Fühler mit weissem Ring, ebenso die hintersten Tarsen.
   Schildchen und Hinterschildchen weiss.

cf. Plectocr. arrogans var. effeminata Grav.

   Fühler ohne weissen Ring. 6.

6. Die hintersten Tarsen mit weissem Ring. Fühler kurz.
   Hüften und Trochanteren schwarz.

4. graminicola Grav.

   Die hintersten Tarsen ohne weissen Ring. 7.

7. Metathorax ohne Zähnchen. 8.

   Metathorax mit deutlichen Zähnchen. 9.

8. Tegula und Fühlerschaft schwärzlich. Schildchenspitze
   weiss. Luftlöcher klein und rund.

1. improbus Grav. var.

   Tegulä und Fühlerschaft röthlich. Schildchen und Hinterschildchen gelb. Luftlöcher klein, oval.

67. nigrocinctus Grav.

9. Luftlöcher oval, Hinterschenkel nur an der Spitze schwarz.

11. senex Kriechb.

Luftlöcher klein und rund. Hinterschenkel ganz schwarz. Tegula weiss.

22. exquisitus n. sp.

10. Das ganze Schildchen, meist auch das Hinterschildchen weiss. 11.

Schildchen meist nur an der Spitze weiss. Das 7. Segment ohne weisse Makel. 15.

11. Die hintersten Tarsen ohne weissen Ring. 12.

Die hintersten Tarsen mit weissem Ring. 14.

12. Hinterleib rot, höchstens an der Spitze schwarz. Area superom. breiter als lang. Schildchen und Gesichtszeichnung, sowie Tegula weiss.

20. cretatus Grav.

Hinterschenkel ganz oder grösstenteils schwarz. Area superom. länger als breit. Schildchen gelblich. 13.

13. Metathorax grob und unregelmassig gerunzelt. Fühler nicht auffallend lang.

21. terminatus Grav.

Metathorax schwach gerunzelt. Fühler fast länger als der Körper.

67. nigrocinctus Grav.

14. Nur die Gesichtsseiten weiss. Eine Makel am Endrand des 7. Segmentes und Unterseite des Schaftes weiss. Hinterschildchen meist rot.

23. triangulatus Grav.

Augenränder des Gesichtes, Clypeus und Gesichtsmakel weiss. Das 7. Segment rötlich gerandet. Hinterschildchen weiss.

24. amoenus Kriechb.

15. Die hintersten Tarsen mit weissem Ring. 16.

Die hintersten Tarsen ohne weissen Ring. 12.

16. Gesicht nur mit gelbem Mittelfleck. Metathorax mit Seitendörnchen.

Plectocr. flavopunctatus Bridgm.

Gesichtsseiten weiss. 17.

17. Hinterleib rot, nur an der Basis schwarz. 18.

Hinterleib auch am Ende verdunkelt. 19.

18. Luftlöcher des Metathorax deutlich langgestreckt. Die hintersten Schenkel meist zum Teil rot.

   Plectocr. perspicillator Grav.

Luftlöcher des Metathorax gross und rund. Die hintersten Schenkel ganz schwarz.

    25. seniculus Kriechb.

19. Hinterleib rot, an Basis und Spitze schwarz. Luftlöcher des Metathorax gestreckt.

   Plectocr. arrogans Grav.

Hinterleib schwarz mit roten Segmentrandern. Clypeus und Pronotum mit je 2 weissen Makeln. Die vorderen Trochanteren weiss.

    55. Jemilleri Kriechb.

20. Die hintersten Tarsen mit weissem Ring. Hinterleib rot, mit schwärzlicher Basis.

    18. leucostictus Grav.

Die hintersten Tarsen ohne weissen Ring. 21.

21. Schildchen ganz weiss. Segment 2 und 3 braunrot. Die hintersten Schenkel ganz oder grösstenteils rot.

    20. cretatus Grav.

Schildchen nur weiss gefleckt. 22.

22. Die vorderen Hüften und Trochanteren weiss. Die hintersten Schienen an der Basis nicht weiss.

    27. arridens Grav.

Hüften und Trochanteren schwarz. Hinterschienen an der Basis weiss.

    51. basizonius Grav.

23. Kopf ganz schwarz. 24.

Kopf vorn mehr oder weniger weiss gezeichnet. 38.

24. Scheitel winkelig ausgeschnitten. Alle Schenkel schwarz, an der Spitze hell.

    10. femoralis C. G. Thoms.

Scheitel nicht winkelig ausgeschnitten. 25.

25. Hinterleib ganz schwarz, die vorderen Segmente zuweilen rot gerandet. 26.

Hinterleib mehr oder weniger ausgedehnt rot. 29.

26. Der ganze Körper nebst den Schenkeln schwarz, das 2. Segment rot gerandet. Luftlöcher des Metathorax rund. 4—5 mm.

    57. nigritulus C. G. Thoms.

Schenkel und Schienen grösstenteils rot Metathorax meist mit ovalen Luftlöchern. Grössere Arten von 7—10 mm. 27.

27. Die hintersten Schenkel an der Spitze, die hintersten Schienen grösstenteils und ihre Tarsen schwarz. Luftlöcher des Metathorax rund. Tegula schwarz. 7—8 mm.

    31. gracilicornis Kriechb.

Schenkel und Schienen fast ganz rot. Metathorax mit ovalen Luftlöchern. Grössere Arten. 28.

28. Fühler und hinterste Tarsen ohne weissen Ring. Areola nach oben verengt.

    Plectocr. curvus Grav.

Fühler und hinterste Tarsen mit weissem Ring. Areola gross mit fast parallelen Seiten.

    Plectocr. scansor C. G. Thoms.

29. Fühler mit gelblich weissem Ring. Postpetiolus und Segment 2—4 rot.

    Plectocr. Gravenhorsti C. G. Thoms.

Fühler ohne weissen Ring. 30.

30. Schenkel schwarzbraun, nur die vorderen am Ende rot. 31.

Beine heller oder in anderer Weise verschieden. 32.

31. Kopf fast kubisch. Alle Tarsen schwarz. Hinterleib fein gerunzelt, matt, Segment 2—4 rot.

    48. borealis C. G. Thoms.

Kopf quer, nach hinten etwas verschmälert. Vordertarsen rot. Das 2. Segment meist nur am Endrand rot.

    49. zonatus Kriechb.

32. Postannellus nicht länger als der Schaft. Tegula, Hüften und Trochanteren schwarz. 33.

Postannellus länger als der Schaft. 34.

33. Die hintersten Tarsen mit weissem Ring. Fühler kurz.
Hüften und Trochanteren schwarz.

4. graminicola Grav.

Die hintersten Tarsen ohne weissen Ring. Beine rotgelb.

1. improbus Grav.

34. Postannellus doppelt so lang als der Schaft. Tegulä
weiss. Beine grösstenteils rot.

3. aries C. G. Thoms.

Postannellus wenig länger als der Schaft. Tegulä meist
schwarz. Beine dunkler. 35.

35. Clypeus mit hellen Seitenmakeln. Glied 1 der hintersten
Tarsen schwarz, die folgenden hell. Rand des Postpetiolus
und Segment 2 und 3 rot.

2. opaculus C. G. Thoms.

Clypeus ohne helle Seitenmakeln. Die hintersten Tarsen
anders gefärbt. 36.

36. Fühler kurz und dick. Segment 1 am Ende, 2 und 3
rot, diese an der Basis schwarz. Schenkel und Schienen
rot, am Ende schwarz.

30. pectoralis C. G. Thoms.

Fühler gewöhnlich. Segment 2—4 rot. 37.

37. Grössere Art von 9—10 mm. Schenkel und Schienen
rot, die hintersten am Ende schwarz.

53. sericans Grav.

Kleinere Art von 6—7 mm. Vorderschenkel an der
Basis, Hinterschenkel grösstenteils schwarz.

54. distans C. G. Thoms.

38. Nur der Clypeus weiss, ausserdem Vorder- und Mittelhuften. Beine sonst hellrot, Spitze der hintersten
Schienen und die hintersten Tarsen etwas verdunkelt.

56. puncticollis C. G. Thoms.

Gesicht an den Seiten oder ganz weiss. 39.

39. Gesicht ganz oder grössenteils weiss. 40.

Gesicht nur an den Seiten weiss. 46.

40. Die hintersten Tarsen mit weissem Ring. 41.

Die hintersten Tarsen ohne weissen Ring. 43.

41. Hinterleib schwarz. Metathorax mit mehr ovalen Luftlochern. Hinterleib nach hinten erweitert.

Plectocr. pectoralis C. G. Thoms.

Hinterleibsmitte zum Teil rot. Luftlöcher des Metathorax rund. Vorderhuften und Trochanteren zum Teil
weiss. 42.

42. Die mittleren Segmente rot, an der Basis schwarz.
Körper und Fühler schlank. Vordertarsen weisslich.

26. tricinctus Grav.

Hinterleib schwarz, die Segmente mit roten Hinterrändern. Sonst der vorigen Art ganz ähnlich.

7. crassicornis Kriechb.

43. Vorderhuften und alle Trochanteren weisslich. Fuhler
unten gelb.

58. gravipes Grav.

Trochanteren rot oder schwarz. Hüften schwarz. 44.

44. Clypeus in der Mitte vorgezogen. Felderung des Metathorax fast verwischt. Hinterschenkel schwarz, Vorderschenkel gelb.

73. brachypterus Grav.

Clypeus in der Mitte nicht vorgezogen. Felderung des
Metathorax deutlich. Beine grösstenteils rot. 45.

45. Die hintersten Schienen an der Basis weiss. Hinterleib
fast glatt. Schaft unten gelb. Tegula weiss.

51. basizonius Grav.

Die hintersten Schienen an der Basis nicht weiss. Segment 2 und 3 fein lederartig gerunzelt. Beine fast ganz rot.

52. alutaceus C. G. Thoms.

46. Die hintersten Tarsen mit weissem Ring. Grössere
Arten. 47.

Die hintersten Tarsen ohne weissen Ring. Meist kleinere
Arten. 48.

47. Luftlocher des Metathorax rundlich. Makel vor und
unter den Flügelschuppen weiss. Der ganze Körper fein
punktiert.

63. contractus Grav.

Luftlocher des Metathorax gestreckt. Weisse Zeichnung
an der Flugelbasis fehlt. 17.

48. Hinterleibsende rot. Vorderschenkel gelb, an der Basis
    schwarz. Fühler fast von Körperlänge. 8—10 mm.
    15. orbitalis C. G. Thoms.

Hinterleibsende schwarz. 49.

49. Schenkel ganz oder grösstenteils schwarz oder schwarz-
    braun. 50.

Wenigstens die hintersten Schenkel rot. 51.

50. Hinterleibsmitte ausgedehnt braunrot. Innere Augen-
    ränder und meist auch Gesicht zum Teil weiss. 6—8 mm.
    13. abdominator Grav.

Schwarz, nur das 2. Segment rot gerandet. Nur die
Stirnränder mit kurzer weisser Linie. 4—5 mm.
57. nigritulus C. G. Thoms.

51. Alle Hüften und Trochanteren schwarz, höchst selten
    weiss gefleckt. 52.

Hüften und Trochanteren rot oder weiss. 59.

52. Die vorderen Schenkel schwarz, die hintersten rot. 53.

Auch die Vorderschenkel ganz oder grösstenteils rot. 54.

53. Tegulä weiss. Grosse Art von 10 mm.
    12. perversus Kriechb.

Tegulä schwarz. Kleine Art von nur 5 mm.
14. contrarius Kriechb.

54. Segment 1—3 mit breitem rotem Endrand. Clypeus mit
    2 weissen Punkten.
    40. cruentus Kriechb.

Hinterleib anders gezeichnet. 55.

55. Gesicht in der Mitte mit weisser Makel. 56.

Gesicht in der Mitte ohne Makel, nur die Gesichtsseiten
weiss. 57.

56. Gesicht in der Mitte mit V formiger Makel. Vorder-
    hüften und Trochanteren nicht weiss gefleckt. Endrand von
    Segment 1, sowie 2 und 3 ganz rot, 6 und 7 weiss ge-
    randet.
    42. poecilops Kriechb.

Gesicht in der Mitte mit kleiner viereckiger, weisser Makel.
Vorderhüften und Trochanteren weiss gefleckt.
43. curtulus Kriechb. var. polysticta Kriechb,

57. Endrand von Segment 5 und 6 und der ganze Rücken von 7 weiss. Hinterschienen bis gegen die Mitte hinauf, Mittelschienen an der Spitze schwarz. Grössere Art von 9 mm.

41. leucopygus Kriechb.

Weisse Färbung an der Hinterleibsspitze nicht so aus- gedehnt oder durch ganz rote Mittelschienen verschieden. 58.

58. Kleinere Art von mehr schlanker Gestalt. Das 4. Seg- ment gewöhnlich nicht rot gezeichnet. 6—7 mm.

38. speiator Grav.

Grössere Art von kurzer, gedrungener Gestalt. Das 4. Segment teilweise rot. Nur das 7. Segment mit weissem Endrand. 8—9 mm.

43. curtulus Kriechb.

59. Die vorderen Hüften und Trochanteren rot oder schwarz. 60.

Die vorderen Trochanteren weiss. 61.

60. Innere Augenränder nach unten breiter weiss. Schaft unten meist rot. Costula deutlich.

35. erythrinus Grav.

Innere Augenränder nach unten nicht breiter weiss. Vorderhüften an der Basis schwarz.

28. punctifer C. G. Thoms.

61. Die vordersten Hüften an der Basis schwarz. Beine ganz rot. Das 2. Segment fein lederartig.

28. punctifer C. G. Thoms.

Die vordersten Hüften nicht schwarz. Spitzen der hintersten Schenkel schwarz. 62.

62. Nur die vorderen Trochanteren weiss. Leisten des Meta- thorax verwischt.

71. micropterus Grav.

Die vorderen Hüften und Schenkelringe weiss. Costula deutlich. Stirn dicht fein punktiert.

56. puncticollis C. G. Thoms.

I. Sect. Fühler ♀ in der Mitte verbreitert und unten ab-
geplattet, Postannellus nicht oder wenig länger als der
Schaft. Beim ♂ Hüften, Trochanteren und Gesicht
meist schwarz. Furchen des Mesonotums schwach oder
fehlend.

1. **M. improbus** Grav. 1829 Phyg. improbus Gravenhorst II p.
670 ♀ (non ♂) | 1865 Phyg. improbus Taschenberg p. 36 ♀ |
1883 M improbus C. G. Thomson, Opusc. Ent. IX p. 851 ♀♂.

♀ Metathorax ziemlich glatt, meist deutlich gefeldert. Das
1. Segment glatt und glänzend, mit einzelnen Punkten.
Clypeus tief abgegrenzt. Stirn und Mesopleuren punktiert.
Schildchengrube tief. — Schwarz, Fühler 3 farbig, End-
rand von Segment 1, 2 und 3 ganz, 4 an der Basis rot.
Beine rot, die Spitzen der hintersten Schenkel und
Schienen schwarz. Bohrer kürzer als der halbe Hinterleib.

♂ Clypeus, Mund, Schaft unten, Tegulä, Vorderhüften und
Schenkelringe schwarz. Schildchen schwarz, selten mit
weissem Fleck. (Das von Gravenhorst beschriebene ♂
zieht Thomson zu seinem M. puncticollis.)

L. 7—8 mm.

Nord- und Mitteleuropa, nicht häufig.

2. **M. opaculus** C. G. Thoms. 1883 M. opaculus C. G. Thomson.
Opusc. Ent. IX p. 851 ♀ und 1896 Opusc. Ent. XXI p. 2383 ♂.

♀ Fühler 3 farbig. Mesopleuren fein gerunzelt. Segment
1—4 rot, dicht und fein gerunzelt, fast matt, 5—7
schwarz, 7 weiss gerandet. Beine rot, zuweilen die Spitzen
der hintersten Schenkel und Schienen und ihre Tarsen
schwärzlich. Bohrerklappen dick, am Ende schief abgestutzt. Costula fehlt.

♂ Kopf und Fühler schwarz, Seitenflecken des Clypeus und
Palpen hell, Rand des Postpetiolus und Segment 2 und 3
rot; Hüften und Trochanteren, Basis der hintersten
Schenkel unten, ihre Spitze, ebenso die Spitze der
hintersten Schienen und das 1. Tarsenglied schwarz, die
übrigen Tarsenglieder hell.

L. 6—7 mm.

Schweden.

3. **M. aries** C. G. Thoms. 1883 M aries C. G. Thomson, Opusc.
Ent. IX p. 851 ♀♂.

♀ Schwarz, glänzend; Mesopleuren fast glatt, Wangen
poliert, Metathorax ohne Costula; Postannellus nicht
kürzer als der Schaft. Hinterleib glatt, rot, am Ende

schwarz, das 7. Segment weiss gefleckt. Bohrer dick,
am Ende schief abgestutzt, kürzer als der halbe Hinterleib.

♂ Fühler lang, wenig kurzer als der Körper, Postannellus
doppelt so lang als der Schaft. Tegula weiss. Beine
rot, Hüften, Trochanteren, Spitzen der hintersten Schenkel
und Schienen und ihre Tarsen schwarz.

L. 6—8 mm.

Schweden.

4. **M. graminicola Grav.** 1829 Phyg. graminicola Gravenhorst. II
p. 673 ♀ | 1829 Cr. brevicornis Gravenhorst, II p 511 ♂ | 1829
Cr. humilis Gravenhorst. II p. 604 ♂ | 1865 Cr. peregrinator
var. 1 ♂ Taschenberg p. 99.

♀ Stirn und Mesopleuren ziemlich glänzend, punktiert,
nicht gerunzelt. Metathorax oben glatt, mit 2 feinen,
eine area superom. einschliessenden Längsleisten. Segment 1 schlank, ohne Kiele und Tuberkeln, glatt. —
Schwarz, glänzend, Segment 1—3 rot, die übrigen schwarz,
6 und 7 weiss gerandet. Fühler 3 farbig. Beine rot,
Schenkel mehr oder weniger schwarz gezeichnet. Nach
Taschenberg die Schildchenspitze bleich, Bohrer etwas
länger als der halbe Hinterleib, zugespitzt.

♂ Fühler kurz und dick, wenig langer als der halbe Körper.
Vorderschenkel an der Basis meist schwarz, die hintersten
Beine schwarz, Schienen an der Basis rot. Schildchen
und Hinterschildchen, sowie ein Ring der Hintertarsen
weiss. Tegulä schwarz.

L. 6—8 mm.

Nord und Mittel-Europa. Nicht selten.

Aus Zygaena trifolii. (Hamburger Museum.)

5. **M. rubricollis C. G. Thoms.** 1883 M. rubricollis C. G. Thomson.
Opusc. Ent. IX p. 853 ♀.

♀ Kopf schwarz, neben den Fühlern mit heller Makel,
hinter den Augen verengt, Stirn schwach punktiert, Fühlergruben gross und flach; Fühler in der Mitte deutlich
verbreitet, Geisselglied 5—11 oben weiss. Thorax flach,
Mesonotum und Schildchen rot. Flügel leicht getrübt,
Areola klein. Beine ziemlich kräftig, braunrot, Hüften
und Trochanteren und Spitzen der hintersten Schenkel
dunkelbraun. Das 1. Segment breit, dicht punktiert-
gestreift, Segment 1—4 braunrot, 5—7 schwarz. Bohrer
dick, von halber Hinterleibslänge.

L. 7—8 mm. ♂ unbek.

Scandinavien.

6. M. rufithorax Strobl.   1900 M. rufithorax Strobl, Mitt. Naturw. Ver. Steierm p 209 ♀.

♀ Sehr ähnlich dem M. rubricollis aber Orbiten schwarz, Clypeus und Hüften ganz rot und nur Geisselglied 8—11 weiss. Fühlergeissel schlanker, Mesonotum noch feiner und zerstreuter punktiert. Hinterleib durchaus glatt und glänzend. Bohrer dick, kaum von halber Hinterleibslänge. — Schwarz, rot sind: Unterseite des Schaftes, Clypeus, Kiefer, Taster, Oberseite des Prothorax und Thorax, Schildchen, zwei rundliche Basalflecke des Metathorax, Postpetiolus, Segment 2—4, zuweilen auch Basalhälfte von 5, die ganzen Beine, ausgenommen die Spitze der Hinterschenkel, der Hinterschienen und das letzte Glied aller Tarsen.

L. 7 mm.

Steiermark.

7. M. crassicornis Kriechb.   1891 M. crassicornis Kriechbaumer, Ent. Nachr. 11 p 163 ♀♂.

♀ Kopf hinten ziemlich stark verschmälert. Metathorax mit feinen Leisten und stumpfen Seitenzähnchen. Fühler hinter der Mitte stark verdickt, am Ende zugespitzt. — Schwarz, Fühler 3farbig. Flügel schwach getrübt, Tegulä braunrot, Stigma innen graubraun. Vorderhuften unten, die vordersten Schenkel, Mittelschenkel am Ende und die Schienen rot, die hintersten Schienen an der Spitze schwarz. Hinterleib schwarz, das 1. Segment hinten in der Mitte, die übrigen mit rotem Hinterrand, der auf dem 6. meist weisslich wird, 7 fast ganz weiss.

Körperlänge 7—9 mm, Bohrer 2 mm.

Dazu gehört wahrscheinlich das folgende ♂:

♂ Mund, Clypeus, Gesicht, Schaft unten, Hüften und Trochanteren unten, Tarsen grösstenteils und Schiensporen weiss. Hinterleib schmal, fast linear, am Ende schwarz, oder schmal weiss gerandet. Sonst dem ♀ gleich.

L. 7—9 mm.

Bayern.

8. M. punctulatus Grav.   1871 M. punctulatus Kriechbaumer, Ent. Nachr. 11 p. 165 ♀.

♀ Aehnlich der vorigen Art, aber Kopf hinten stärker ausgerandet, die Hinterwinkel deshalb schärfer vortretend. Die Verdickung der Fühler weniger ausgedehnt und mehr gegen die Spitze hin. Mesonotum und Metathorax deutlich punktiert und daher weniger glänzend. Area superom. ziemlich gross und gerundet. Das 1. Segment schmaler, das 2. Segment zumal vorn dicht punktiert. — Schwarz, Fühler mit weissem Ring, an der Basis mehr oder weniger rot. Spitze der Vorderhuften und Trochanteren, Vorderschenkel grosstenteils, die hintersten an der Basis, Vordertarsen und alle Schienen rot, die hintersten am Ende schwarz. Hinterleibssegmente rot gerandet.

Körperlänge 8 mm, Bohrer 2 mm. ♂ unbek.

Bayerische Alpen.

II Sect. Fühler ♀ am Ende nicht jäh zugespitzt: Postannuellus meist langer als der Schaft.

9. **M. rufidorsum Strobl.** 1900 M. rufidorsum Strobl, Mitt. Naturw. Ver. Steierm., p. 210 ♀.

♀ Aehnelt in der Farbung sehr dem M. rubricollis und rufithorax, aber Fühler in der Mitte nicht verbreitert, in der Endhalfte etwas verdickt. Horizontaler Teil des Metathorax viel kürzer als der abschüssige, area superomedia ziemlich quadratisch, durch eine deutliche Querleiste von dem Basalfeld geschieden. Hinterleib nicht glatt, sondern durchaus fein und dicht lederartig geruuzelt, daher fast matt. Bohrer etwa von halber Hinterleibslange. — Rot sind: fast die ganze Unterseite der Fühler (nur Glied 8—10 sind weiss), Mund, Clypeus, Gesichts- und Stirnseiten, ein Fleck hinter den Nebenaugen, Mittelfleck des Gesichtes, Oberseite des Prothorax und Thorax, 2 rundliche Basalflecke des Metathorax, der ganze Hinterleib mit Ausnahme der Basis des 1. Segmentes und die ganzen Beine.

L. 7 mm.

Steiermark.

10. **M. femoralis C. G Thoms.** 1883 M. femoralis C. G Thomson, Opusc. Ent. IX p 853 ♀♂.

♀ Scheitel winkelig ausgeschnitten. Clypeus tief abgegrenzt. Metathorax hinten nicht ausgehöhlt: area superom. vollständig. — Fühlergeissel an der Basis oben weisslich. Schenkel schwarz, ihre Spitzen, Schienen und Tarsen, sowie Segment 2—4 rot. Bohrer etwas langer als das 1. Segment

♂ Scheitel wie beim ♀. Kopf, Fühler und hinterste Tarsen schwarz. Sonst dem ♀ gleich.

L. 5—7 mm.

Schweden.

11. M. senex Kriechb. 1893 M. senex Kriechbaumer, Ent. Nachr. 4 p. 55 ♂.

♂ Kopf nach hinten wenig und geradlinig verschmälert; Gesicht grob punktiert. Metathorax deutlich gefeldert, hinten mit spitzen Seitenzähnchen, Luftlöcher fast oval; der abschüssige Teil mit 2 starken Langsleisten. Hinterleibsstiel mit deutlichen Tuberkeln. — Kopf und Fühler schwarz, Schildchenspitze weiss. Vorderschenkel gegen das Ende, die hintersten mit Ausnahme der Spitze, Vorderschienen fast ganz, die hintersten nur an der Basis rot. Hintertarsen ohne weissen Ring. Endrand von Segment 1 und 2—5 rot, 6 und 7 weiss gerandet.

L. 9—11 mm. ♀ unbek.

Chur.

Anmerk. Verwandt mit Plectocr. arrogans und wegen der ovalen Luftlöcher des Metathorax ebenso gut zu Plectocryptus passend.

12. M. perversus Kriechb. 1893 M. perversus Kriechbaumer. Ent. Nachr. p. 125 ♂.

♂ Die ungewöhnliche, gewissermassen verkehrte Farbenverteilung an den Beinen (daher der Name), dass nämlich die Hinterschenkel fast ganz rot, die vorderen fast ganz schwarz sind, unterscheidet dieses Männchen von allen übrigen bekannten Arten. Dazu kommen noch die weissen Flügelschuppen. Kopf quer, nach hinten verschmälert. Mesonotum glänzend, fein punktiert, Metathorax schwach gefeldert. Hinterleib länglich elliptisch mit fein lederartiger Sculptur, wenig glänzend. — Schwarz, Augenränder des Gesichts schmal weiss, Hinterleib mit Ausnahme der äussersten Basis und Spitze, die hintersten Schenkel grösstenteils, Vorderschienen und Basis der hinteren rot.

L. 10 mm.

Oberitalien.

13. M. abdominator Grav. 1829 Phyg. abdominator Gravenhorst, II p. 726 ♀ (non ♂) | 1829 Phyg. jejunator Gravenhorst, II p. 715 ♂ | 1883 M. abdominator C. G. Thomson, Opusc. Ent. IX p. 855 ♀♂.

♀ Kopf fast kubisch, Wangen lang und breit, Clypeus in der Mitte vorgezogen. Hinterleib am Ende schwach comprimiert, das 1. Segment poliert und glatt, ebenso die folgenden Segmente. Schenkel kurz und dick. — Schwarz, Stirnränder und meist auch Scheitelpunkt weiss. Beine schwarz, Spitze der Vorderschenkel und Basalhälfte der hintersten Schienen braunrot, Vorderschienen mit den Tarsen heller rot. Hinterleib braunrot, das 1. Segment schwarz. Bohrer kürzer als der halbe Hinterleib.

♂ Innere Augenränder, Gesicht teilweise und Schaft unten weiss. Schildchen und Hinterleibsspitze schwarz. Hinterleibssegmente glatt, ohne Sculptur.

L. 6—8 mm.

Var. ♀. Stirn und Scheitel ganz schwarz.

Ganz Europa; zu den häufigsten Arten.

14. M. contrarius Kriechb. 1894 M. contrarius Kriechbaumer, Ann. Soc. Esp. de Hist. Nat. tom. XXIII p 244 ♂.

♂ Schwarz, Makel der Mandibeln, Querbinde des Clypeus und Gesichtsränder weiss. Hinterleibsmitte, die hintersten Schenkel, die Vorderschienen wenigstens vorn, die hintersten mit Ausnahme der Spitze rot. Stigma braun, Flügelwurzel weiss, Tegulä schwarz; Nervellus hinter der Mitte gebrochen. Segment 1 an der Spitze, 2—6 ganz rot.

Dem M. perversus durch die Färbung der Beine ähnlich, aber nur halb so gross und die Tegulä schwarz.

L. 5 mm.   ♀ unbekannt.

Mallorca.

15. M. orbitalis C. G. Thoms. 1883 M. orbitalis C. G. Thomson, Opusc. Ent. IX p. 856 ♀♂ | 1829 Phyg. abdominator Gravenhorst, II p 726 ♂ (non ♀).

♀ Der vorigen Art sehr ähnlich aber Kopf grösser, die inneren Augenränder und Wangenfleck rotgelb, Scheitelpunkt rot, Petiolus nur an der Basis schwarz, die Beine kräftiger, Luftlöcher des Metathorax mehr oval.

♂ Fühler fast von Körperlänge. Hinterleib am Ende nicht schwarz. Vorderschenkel rötlich gelb, an der Basis schwarz. Innere Augenränder, Wangen und Mund grösstenteils weisslich. Sonst der vorigen Art sehr ähnlich.

L. 8—10 mm.

Nord- und Mitteleuropa.

16. M. nigriventris C. G. Thoms. 1896 M nigriventris C. G. Thomson, Opusc Ent XXI p 2384 ♀

♀ Kopf hinter den Augen kaum verengt, glänzend, schwarz, die inneren Augenränder zum Teil weiss. Fühler dick, Geisselglied 6—10 oben weiss, quer. Mesonotum ziemlich glatt und glänzend, area superom. wenig deutlich, Costula fehlt. Areola gross, Stigma und Tegula schwärzlich. Beine rot, die hintersten Tarsen schwarzbraun. Hinterleib breit mit kurzem Stiel, schwarz, fein behaart, Segment 1 und 2 am Ende in der Mitte mit roter Makel. Bohrer wenig langer als das erste Segment.

L. 6 mm. ♂ unbekannt.

Holland.

17. M. funereus n. sp.

♀ Kopf nach hinten kaum verschmälert, dicht und ziemlich grob punktiert, fast matt, Fühler lang und kräftig. Thorax dicht und grob runzlig punktiert, kaum glänzend; die hintere Querleiste kräftig, seitlich nicht zahnartig vorspringend; area superom. deutlich, dreieckig; Luftlocher rundlich. Das 1. Segment breit, dicht und fein gerunzelt, der Postpetiolus mit Spuren von Langsrissen; das 2. Segment sehr dicht und fein runzlg, in der Mitte etwas längsrissig, matt; auch die folgenden Segmente mit sehr feiner Sculptur, gegen das Ende mehr und mehr glatt und glänzend. Bohrer kaum langer als das 1. Segment. — Das ganze Tier schwarz, Fühlerglied 7—12 weiss. Flügel etwas getrübt, Stigma braunrot. Vorderschienen fast ganz, die hintersten an der Basis und die hintersten Trochanteren rötlich. Segment 1—2 mit rötlichem, die Endsegmente mit weisslichem Endrand.

L. 8 mm. ♂ unbekannt.

Ein ♀ in meiner Sammlung aus Krain.

18. M. leucostictus Grav. 1829 Cr leucostictus Gravenhorst, II p. 538 ♂ | 1865 Cr leucostictus Taschenberg p 89 ♂ | 1883 M leucostictus C. G. Thomson, Opusc Ent IX p 856 ♀♂.

♀ Sehr ähnlich dem M. abdominator, aber Areola breiter, fast quer, Schildchenspitze meist braunrot, die Beine kräftiger.

♂ Fühler unten braun, mit 6 erhabenen Linien. Innere Augenränder, teilweise Gesicht und Mund, Schildchen und Hinterschildchen, vordere Hüften und Trochanteren,

Tegulä und Ring der Hintertarsen weiss. Schenkel grösstenteils, Vorderschienen mit ihren Tarsen rot.

L. 8—10 mm

Nord- und Mitteleuropa.

19. **M. aberrans Taschb.** 1865 Phygadeuon aberrans Taschenberg, Crypt. p 52 ♀ | 1829 Ph. abdominator var 2 ♀ Gravenhorst, II p 728.

♀ Kopf und Thorax glänzend, ziemlich dicht und grob punktiert. Kopf quer, nach hinten etwas verschmälert, Clypeus mit einzelnen groben Punkten, ohne Endzähne; Fühler kräftig, Postannellus kürzer als der Schaft. Metathorax grob runzlig punktiert, die Felderung undeutlich, area superomedia halbkreisförmig, die Luftlöcher oval, der abschüssige Raum ausgehöhlt mit schwachen Längsleisten. Beine kräftig. Hinterleib oval, auf Postpetiolus und dem 1. Segment dicht und ziemlich grob punktiert, auf den folgenden Segmenten mehr und mehr feiner. Bohrer so lang wie der halbe Hinterleib. — Schwarz. Fühler rotbraun mit breitem weissem Ring, Schaft unten, Mandibeln, Clypeus und Schildchenspitze rötlich Stirnseiten mit röthch weissem Streif. Tegulä und ein Streifen davor rötlich. Stigma gelblich. Hüften schwarz, Vorderhüften zum Teil rötlich. Beine trüb rot, Hinterschenkel zum Teil, Spitzen und Innenseite der hintersten Schienen und ihre Tarsen gebräunt. Hinterleib vom 2. Segment an braunrot.

L. 7—8 mm. In Thüringen nicht gerade selten, aber noch nie habe ich ein ♂ gefangen.

Bei dieser Art ist der untere Aussenwinkel der Discoidalzelle fast ein spitzer, wie bei Phygadeuon; der nervellus ist stark postfurcal.

20. **M. cretatus Grav.** 1829 Phyg cretatus Gravenhorst, II p 652 ♂ | 1865 Phyg cretatus Taschenberg p 30 ♂ | 1883 M. cretatus C G Thomson, Opusc. Ent. IX p. 856 ♂.

♂ Clypeus in der Mitte fast zahnartig vorgezogen. Abschüssiger Teil des Metathorax stark ausgehöhlt, grob querrunzelig, ohne Längsleisten und Dornen, area superom. kurz. Segment 1 glatt, ebenso die folgenden Segmente. — Schwarz, Postpetiolus, Segment 2 und 3, Schenkel und Schienen rot. die hintersten an der Spitze und die Hintertarsen schwarz. Gesicht ganz oder nur eine Makel in der Mitte, Halskragen, Tegulä, Schildchen und Hinterschildchen gelblich weiss.

L. 5—6 mm. ♀ unbekannt. Nach Thomson ist dasselbe vielleicht der Phyg. fulgens Taschb. Ende August
1902 fing ich bei Blankenburg i. Thur. 2 ♀, welche
weit besser zu M. cretatus passen. Ihre Beschreibung
ist kurz folgende:

♀ Kopf und Thorax glänzend, zerstreut und runzelig grob
punktiert, Fühlerbasis rot. oben gebräunt, Geisselglied
5—9 weiss, die Endglieder unten rötlich; Gesicht,
Clypeus, Wangen und Mandibeln rotgelb, Seiten von
Stirn und Gesicht mehr weisslich. Schildchen glatt, an
der Spitze rötlich. Metathorax runzlig punktiert, Costula
vorhanden, Luftlöcher klein und rund; abschüssiger
Raum wie beim ♂, die Längsleisten unten deutlich;
Spuren von Seitenzähnchen vorhanden. Stigma braungelb,
Areola klein, Tegula rötlich. Beine gelbrot, Hinterhüften,
Spitze der hintersten Schenkel obenauf, Spitze der hintersten
Schienen und die hintersten Tarsen schwarz. Hinterleib
poliert, das 1. Segment mit Seitenfurchen. Postpetiolus
und der übrige Hinterleib rot, Endsegmente verschwommen braun. Bohrer wenig kürzer als der Hinterleib.

Nord- und Mittel-Europa; selten.

21. **M. terminatus** Grav. 1829 Phyg. terminatus Gravenhorst, II
663 ♀ | 1865 Phyg. ceilonotus Taschenberg, p. 36 ♀ | 1829 Phyg.
gilvipes Gravenhorst, II 661 ♂ | 1883 M. terminatus C G. Thomson,
Opusc. Ent. IX p. 857 ♀♂.

Körper ziemlich stark punktiert, gräulich behaart,
area superom. lang, costula deutlich, Clypeus am Ende
abgerundet, Stigma schmal.

♀ Stirnrander rötlich. Fühlerring weiss. Schildchen und
Hinterschildchen ganz oder an der Spitze rot. Vorderschienen und Schenkel rot, Vorderhüften unten rot
gefleckt, Hinterbeine grösstenteils schwarz. Segment
2—5 rötlich, Bohrer von ⅓ Hinterleibslänge.

♂ Gesichtsseiten, Halsrand, Tegula, Schildchen und Hinterschildchen weisslichgelb, Hüften und Trochanteren schwarz,
Vorderschenkel ganz, die hintersten zum Teil gelblich.

Nord- und Mitteleuropa.

22. **M. exquisitus** n. sp,

♀ Kopf und Thorax glänzend schwarz, fein und zerstreut
punktiert, Kopf nach hinten verschmälert; Fühler fadenförmig, kräftig, schwarz, die Basalglieder an der Spitze
rötlich, Glied 8—12 weiss. Schildchen fast punktlos,
weiss. Metathorax glänzend, hinten mit kurzen Seiten-

dornen, vollständig gefeldert, area superomedia so lang
als breit, pentagonal, der abschüssige Raum runzelig,
ohne Langsleisten. Tegula und Stigma röthlichgelb. Beine
gelbrot, Hüften, Trochantern, die äusserste Spitze der
hintersten Schienen und die hintersten Tarsen schwarz.
Hinterleib glatt und glänzend, das 1. Segment mit
schwachen Kielen, die Hinterhälfte rot, ebenso Segment
2 und 3. Endsegmente mit weissem Saum. Bohrer
etwas länger als das 1. Segment.

♂ Kopf und Thorax wie beim ♀ glänzend schwarz, aber
etwas dichter punktiert. Weiss sind eine kleine Makel
der Mandibeln, Unterseite des Schaftes und der grosste
Teil des Schildchens, Metathorax wie beim ♀. Tegula
und Flügelwurzel weiss. Beine schwarz, Vorderschenkel
gegen das Ende und die Schienen rötlich, das breite
Ende der hintersten und die Hintertarsen schwarz.
Hinterleib schmal, glatt und glänzend, das 1. Segment
schlank. Postpetiolus nicht abgesetzt, weit länger als
breit, die Luftlöcher nicht vorspringend. Segment 2 und 3
rot, etwas länger als breit, der übrige Hinterleib schwarz.

L. 7—8 mm.

♀ und ♂ von Blankenburg in Thür.

23. **M. triannulatus** Grav. 1829 Phyg. triannulatus Gravenhorst,
II p. 657 ♀ (non ♂) | 1865 Phyg. triannulatus Taschenberg p. 43 |
1883 M. triannulatus C. G. Thomson, Opusc. Ent IX p. 878 ♀ ♂.

♀ Kopf fast kubisch, Stirn und Mesopleuren mit Speculum
dicht punktiert. Area superom. angedeutet, Seitendörnchen schwach. Fühler dick, fadenförmig. Segment 1
mit Kielen und Mittelfurche. Postpetiolus und folgende
Segmente poliert. Schwarz. Fühler 3farbig. Beine
rot, die Spitze der hintersten Schenkel und Schienen
schwarz. Segment 1—3 rot. Schildchen, Tegula und
Makel des 7. Segmentes weiss. Bohrer von halber
Hinterleibslänge.

♂ Gesichtsränder, Fleck der Mandibeln, Schaft unten, Tegula,
Schildchen und Ring der Hintertarsen weiss. Segment 3
und 4, Hinterschildchen und Beine rot. Hüften, Trochanteren, Spitzen der hintersten Schenkel und Schienen
schwarz.

Anmerk. Das von Gravenhorst beschriebene ♂ ist gar keine
Cryptide, sondern gehört zu den Ichn. pneustes. — Ich glaube, dass
der Cryptus albulatorius Grav. das ♂ dieser Art ist.

L. 7—8 mm.

Nord- und Mitteleuropa.

24. M. amoenus Kriechb. 1892 M. amoenus Kriechbaumer, Ent.
Nachr. 23 p 362 ♂

♂ Kopf quer, nach hinten etwas verschmälert. Metathorax
mit schwachen Leisten, area superom. mit area bas. verschmolzen, zusammen flaschenförmig. — Schwarz; Mund,
Clypeus, Spitze der Wangen, Gesichtsränder und Streif der
Stirnränder, Gesichtsmakel, Schaft unten, Halsrand, Linie
unter den Flügeln, Schildchen und Hinterschildchen weiss.
Vorderbeine rot, Hüften grösstenteils und Streif der
Trochanteren schwarz; die hintersten Tarsen mit weissem
Ring; Endrand des Postpetiolus und Segment 2—6 rot,
4—6 hinten teilweis gebräunt, 7 mit rotem Hinterrand,
8 weisslich, Stigma dunkelbraun.

L. 8 mm. ♀ unbekannt.

Bei Worms gefangen.

Anmerk: Nach Kriechbaumer durfte das ♀ dieser
Art unter der Gattung Aptesis zu suchen sein.

25. M. seniculus Kriechb. 1893 M. seniculus Kriechbaumer, Ent.
Nachr. 4 p 56 ♂.

♂ Schwarz, ziemlich lang behaart, Gesichtsränder schmal
weiss, eine Makel des Schildchens, Streif des Hinterschildchens und Flügelwurzel ebenfalls weiss. Hinterleib
mit Ausnahme der Basis, Vorderschenkel an der Spitze,
vordere Schienen und Tarsen rot, Schienen vorn zum
Teil gelb. Die hintersten Beine schwarz. Schienen an
der Basis rot. Kopf nach hinten etwas verschmälert;
die 3 ersten Geisselglieder von ziemlich gleicher Länge.
Metathorax mit Seitendörnchen, area superom. quer, Luftlöcher rund. Flügel etwas getrübt, Stigma braun, Radialzelle breit, Radius gekrümmt.

L. 8—9 mm.

Bayern.

26. M. tricinctus Grav. 1829 Cr. tricinctus Gravenhorst. II p 570 ♂ !
1865 Cr. tricinctus Taschenberg. p. 83 ♂ | 1883 Microcr. areolaris
C. G. Thomson, Opusc. Ent. IX p 858 ♀♂.

♀ Durch die Körpergestalt sehr an einen Cryptus erinnernd.
— Kopf lang, hinter den Augen verschmälert, Stirn und
Wangen glatt, Fühler ziemlich dick, fadenförmig, Postannellus fast 3 Mal länger als der Schaft. Metathorax
schwach und unvollständig gefeldert, Costula fehlt. Beine
schlank. Areola gross, mit parallelen Seiten. Hinterleib
oval und convex, glatt, Postpetiolus nicht gekielt. —
Schwarz, Fühler mit weissem Ring. Beine rot, Hüften,

Trochanteren und Tarsen, zuweilen auch die hintersten
Schenkel zum Teil, schwarz. Hinterleib trüb rot, Bohrer
etwas länger als das 1. Segment.

♂ Fühler mit 3 erhabenen Linien. Schaft unten, fast das
ganze Gesicht, Wangen, Vorderhüften unten und Trochantern
und Ring der hintersten Tarsen weiss. Segment 2—4
rot, an der Basis schwarz.

L. 7—9 mm.

Nord- und Mitteleuropa.

27. **M. arridens** Grav. 1829 Phyg. arridens Gravenhorst II p. 651 ♂ 1
1865 Phyg. arridens Taschenberg. p 15 ♂ 1865 Phyg. probus
Taschenberg p 42 ♀ (sec Thomson 1883 Mesoer arridens (sic)
C G Thomson, Opusc. Ent IX p. 859 ♀♂.

♀ Kopf hinter den Augen verschmälert. Metathorax ohne
Seitendornen; Mesopleuren fast glatt, Mesonotum mit
deutlichen Parapsiden, Hinterleib glatt und glauzend. —
Schwarz, Fühlerglied 7—11 oben, Stirnränder und Punkt
vor den Flügeln weiss. Beine rot, Spitzen der hintersten
Schenkel und Schienen schwarz. Segment 1 hinten, 2—4
fast ganz rot. Bohrer so lang als der halbe Hinterleib.

♂ Schaft unten, Stirnränder, Gesicht und Wangen. Halsrand, Schulterbeulen und Tegula, Schildchenfleck, Vorderhüften und Trochanteren weiss. Die hintersten Hüften,
Basis der Trochanteren, Spitze der Schenkel, Endhälfte
der Schienen und ihre Tarsen schwarz.

L. 6—8 mm.

Nord- und Mitteleuropa.

28. **M. punctifer** C. G. Thoms. 1883 M punctifer C G Thomson,
Opusc. Ent IX p 860 ♀♂.

Schwarz, Hinterleib mit Ausnahme der Spitze, und
Beine rot, das 2. Segment fein gerunzelt. — Der vorigen
Art ähnlich aber kleiner, Kopf kürzer. Fühler ♀ am
Ende nicht zugespitzt, das 2. Segment fein gerunzelt.
Beim ♂ ausserdem Schildchen und Vorderhüften an der
Basis schwarz, Halsrand nur in der Mitte weiss.

L. 4—6 mm.
Schweden.

29. **M. nigricornis** C. G. Thoms. 1883 M. nigricornis C. G Thomson.
Opusc. Ent. IX p. 860

♀ Schwarz, Beine und Hinterleib rot, letzterer an der Spitze
schwarz, weiss gefleckt, das 2. Segment sehr fein ge-

 runzelt, Bohrer etwas kürzer als der Hinterleib. — Den
beiden letzten Arten ähnlich, aber Kopf hinten kaum
verschmälert, Wangen aufgetrieben, Metathorax kürzer,
die area postica über die Mitte heraufreichend, Postpetiolus quer, Parapsiden kurz und wenig deutlich.

L. 8 mm.

Schweden.

30. **M. pectoralis** C. G. Thoms   1888 M pectoralis C. G. Thomson,
Opusc. Ent XII p 1237 ♀♂.

♀ Kopf hinter den Augen verschmälert, Stirn glänzend,
ziemlich dicht punktiert. Fühler dick, schwarz, fadenförmig, vor der Spitze kaum verdickt, Geisselglied 6—9
oben weiss. Metathorax glänzend, area superom. 5seitig,
die costula vor der Mitte, Luftlöcher klein und rund.
Mesopleuren fast glatt. — Flügel leicht getrübt, Tegulä
und Stigma schwärzlich. Beine rot, Hüften, Spitzen der
hintersten Schenkel und Schienen und ihre Tarsen schwarz.
Segment 1 rot, gegen die Basis schwarz, 2 und 3 glatt,
rot, 4—7 schwarz, 6 und 7 an der Spitze weiss. Bohrer
so lang wie der halbe Hinterleib.

♂ Fühler kurz und dick, schwarz. Geissel hinter der Mitte
mit 3 erhabenen Linien. Das 1. Segment am Ende, 2
und 3 rot, letztere an der Basis schwarz. Schenkel und
Schienen an der Spitze breiter schwarz; Vorderschienen
gelb, vordere Trochanteren weisslich gelb. Mandibeln
und Clypeus schwarz.

L. 6—7 mm.

Schweden.

31. **M. gracilicornis** Kriechb.   1891 M gracilicornis Kriechbaumer,
Ent Nachr. 11 p. 166 ♀ und 1893 idem. Ent Nachr 8 p. 124 ♂ ?

♀ Kopf nach hinten stark verschmälert. Mesonotum fein
lederartig, matt, Metathorax mit Seitendörnchen. —
Schwarz, Gesichtsränder, Makel im Gesicht, Fühlerbasis
unten, der breite Hinterrand von Segment 1—3 und Beine
vorherrschend rot, nur die Hinterhüften, Spitze der
Hinterschenkel, sowie deren Schienen und Tarsen mehr
oder weniger gebräunt. Fühler schlank, gegen das Ende
etwas verdickt, Glied 9—11 oben weiss. Flügel lebhaft
irisierend, Stigma bräunlich.

Körperlänge 7 mm, Bohrer 2½ mm.

Südliches Bayern.

Kriechbaumer ist nicht sicher, ob das später von ihm beschriebene ♂, welches er aus Oberitalien erhielt, zu dieser Art gehört. Auffallend ist das ganz schwarze Gesicht, da das ♀ rote Gesichtszeichnung besitzt. — Schwarz, Palpen, Mitte der Mandibeln, 2. Fühlerglied, Endrand der meisten Hinterleibssegmente und Beine rot, Hüften, Spitze der hintersten Schenkel und der grösste Teil der hintersten Schienen und ihre Tarsen schwarz. Trochanteren rötlichgelb. Stigma bräunlich, Tegulä schwarz. L. 7—8 mm.

32. M. alpinus Kriechb. 1893 M. alpinus Kriechbaumer, Ent. Nachr. 10 p 145 ♀.

♀ Kopf quer aber ziemlich dick, Stirn eben, nebst dem Scheitel dicht und fein punktiert, Fühlergruben gross und tief, wie poliert. Fühler mässig lang, ziemlich dick. Mesonotum und Schildchen dicht und fein punktiert, Metathorax fein gerunzelt, hinten breit ausgehöhlt, mit stumpfen Zähnchen. Hinterleib ziemlich kurz eiförmig, Postpetiolus mit Längsgrübchen und Kielen, hinten wie die Basis des 2. Segments fein und zerstreut punktiert, der übrige Hinterleib mehr glatt und glänzend. Beine kräftig. — Schwarz, fein grau behaart, Gesichtsränder und Fühlerring weiss. Rand des Postpetiolus, sowie Segment 2 und 3 rotbraun, letztere mit schwarzem Vorderrand. Schenkel und Schienen fast ganz rot, nur die Vorderschenkel an der Basis etwas schwarz. Flügel etwas getrübt, Stigma schwarzbraun. Bohrer etwas kürzer als der halbe Hinterleib.

L. 7 mm. ♂ unbek.

Südliches Bayern.

33. M. rhombifer Kriechb. 1893 M. rhombifer Kriechbaumer, Ent. Nachr 10 p 148 ♀

♀ Glatt und glänzend, nur der Metathorax fein gerunzelt. Kopf quer, nach hinten verschmälert. Area superom. rhombisch, glatter und glänzender als die übrige Oberfläche. Hinterleib länglich eiförmig, durchaus glatt und glänzend. — Schwarz, Stirne oben beiderseits mit weissem Strich; Fühler 3 farbig. Postpetiolus, sowie Segment 2 und 3 ganz, 4 teilweise rot, 7 mit breitem, 8 mit schmalem weissem Saum. Beine rot, an den hintersten die Spitze der Schenkel und Schienen schwarz. Flügel hyalin, Stigma braun. Tegulä rötlich. Der untere Aussenwinkel der Discoidalzelle ein rechter. Bohrer etwas länger als der halbe Hinterleib.

L. 6 mm. ♂ unbek.

Kissingen.

34. M. planus Kriechb. 1893 M. planus Kriechbaumer, Ent. Nachr. 10 p 150 ♀.

♀ Kopf und Thorax sehr fein und zerstreut punktiert, glänzend; Kopf hinter den Augen fast geradlinig verschmälert. Fühler fadenförmig. Metathorax fein gerunzelt, matt, area superom. fast verkehrt herzförmig, nach vorn stark verschmälert; Seitenzähnchen vorhanden. Hinterleib breit eiförmig, fein lederartig, vorn matt, vom 4. Segment an glänzend. Postpetiolus mit Längskielen. — Schwarz, Stirn beiderseits mit weissem Strich. Geisselglied 6—9 oben weiss. Das 2. Segment mit breitem rotem, nach seitwärts abgekürztem Hinterrand; die Segmente vom 4. an mit weissem Hinterrand. Stigma und Tegula schwarzbraun. Der untere Aussenwinkel der Discoidalzelle fast spitz. Beine rot, die Spitze der hintersten Schienen und ihre Tarsen rot. Bohrer etwas länger als der halbe Hinterleib.

L. 6—7 mm. ♂ unbek.

München.

35. M. erythrinus Grav. 1829 Cr. erythrinus Gravenhorst II p. 621 ♀ | 1865 Phyg erythrinus Taschenberg p 52 ♀ | 1883 M erythrinus C G. Thomson Opusc Ent IX p 860 ♀♂ | 1829 Cr lacteator Gravenhorst, II p 618 ♂ (non ♀).

♀ Stirn glänzend, schwach behaart. Metathorax grob gerunzelt, hinten mit schwach vortretender Querleiste und schwachen Seitendornen; abschüssiger Teil steil, ohne Längsleisten. Segment 1 und 2 dicht punktiert. — Schwarz, Postpetiolus und Segment 2—4, Fühlerbasis und Beine rot, nur die Spitzen der Hinterschienen etwas getrübt. Fühlerglied 8—13 und Hinterleibsspitze weiss. Bohrer fast länger als der Hinterleib, gekrümmt.

♂ Metathorax sehr rauh, vollständig gefeldert, auch die Costula deutlich, area superom. länger als breit. Weiss sind: Schaft unten, die inneren Augenränder nach unten breiter werdend, Wangen, Clypeus und Tegula. Färbung von Hinterleib und Beinen wie beim ♀.

Var. ♂. Kopf ohne weisse Zeichnung.

L. 8—9 mm.

Nord- und Mitteleuropa.

36. M. lacteator Grav. 1829 Cr lacteator Gravenhorst, II p 618 ♀ (non ♂) | 1865 Phyg lacteator Taschenberg p 50 ♀ (non ♂) | 1883 M lacteator C G Thomson, Opusc Ent IX p 861 ♀

♀ Der vorhergehenden Art sehr ähnlich, aber robuster, Wangen aufgetrieben, Stirn und Mesopleuren dicht punktiert. — Schwarz, Segment 1—4, Fühlerglied 3 und 4 und Beine rot; die vorderen Hüften und Schenkelringe, die Spitzen der hintersten Schenkel und Schienen schwarz. Hinterleibsspitze weiss gefleckt. Bohrer fast von Hinterleibslange.

· L. 8—9 mm.

Nord- und Mitteleuropa, nicht häufig.

37. M. genalis Kriechb. 1895 M genalis Kriechbaumer in „Schletterer. Bienen-Fauna d. südl. Istrien, Jahresber Gymn Pola" p. 38 ♂.

♂ Schwarz, Mund, dreieckiger Wangenfleck, die inneren Augenränder schmal und unterbrochen gelb. Hinterleib fast linear, Segment 2—5 und Spitze des 1. rot, das 5. an der Basis breit schwarz. Vorderschenkel und Schienen und ausserste Basis der hintersten Schienen rot. Flügel hyalin, Stigma schwarz.

L. 8 mm.

Pola, Tegernsee. Also wohl weiter verbreitet.

38. M. sperator Grav. 1829 Phyg. sperator Gravenhorst, II p. 683 ♂ 1865 Phyg sperator Taschenberg p. 50 ♂ | 1883 M sperator C. G. Thomson, Opusc Ent IX p. 861 ♀♂.

♀ Dem M. erythrinus und lacteator ähnlich, aber Segment 2—4 kürzer, das 2. quer, alle dicht und fein lederartig, Mesopleuren fein gerunzelt aber die Stirn glatt, Hüften rotgelb.

♂ Mund, Gesichtsränder, Schaft unten und die hintersten Sporen weiss. Beine rot, die hintersten Tarsen, Spitzen der hintersten Schenkel und Schienen, alle Hüften und Trochanteren schwarz. Postpetiolus und Segment 2 und 3 rot, selten braun getrübt, Afterspitze weiss.

L. 6—8 mm.

Nord- und Mitteleuropa.

39. M. brevialatus n. sp.

♀ Kopf und Mesonotum glatt und glänzend; Kopf nach hinten deutlich verschmälert; Fühler fadenförmig, Geissel gegen die Basis etwas verdünnt. Metathorax dicht runzlig-punktiert, matt, Seitenzähnchen nicht vorhanden, Felderung undeutlich und unvollständig, die Costula fehlt; area superomedia angedeutet, etwa so lang als breit. Flügel verkurzt, wie verkummert, aber mit vollständiger Nervatur; Radialzelle kurz, Areola sehr klein, Nervulus interstitial, Nervellus schwach antefurcal, einen deutlichen

Nerv aussendend. Das 1. Segment mit deutlichen Knötchen und Spur einer Längsfurche, Segment 1—3 dicht und fein runzlig punktiert, matt, Hinterleibsende glatt und glänzend; Bohrer wenig kürzer als der Hinterleib. — Kopf und Thorax schwarz; Fühler dreifarbig, Schaft braunrot. Tegulä röthlichweiss; Flügel mit gelblicher Nervatur. Beine rötlich gelb, Trochanteren fast weisslich, die Spitzen der hintersten Schenkel und Schienen leicht gebräunt. Segment 1—3 gelbrot, das 1. Segment an der Basis etwas verdunkelt.

L. 4—5 mm. ♂ unbekannt.

Blankenburg i. Thür.

40. M. cruentus Kriechb. 1891 M cruentus Kriechbaumer, Ent Nachr 11 p. 167 ♂

♂ Kopf hinten wenig verschmälert. Metathorax mit scharfen Seitenecken. Schwarz, Makel der Mandibeln, 2 Punkte des Clypeus, Gesichtsränder, Schaft unten, Endrand des 7. Segments und Tegula weiss. Postpetiolus am Endrand mit rotem Fleck, Segment 2 und 3 mit breitem, die beiden folgenden mit schmalem rotem Endrand. Hüften und Trochanteren schwarz, Vorderhüften am Ende rotgelb, Schenkel, Schienen und Vordertarsen rot, Hinterschienen am Ende schwarz. Stigma schwarzbraun.

L. 9 mm.

Südliches Bayern.

41. M. leucopygus Kriechb. 1891 M leucopygus Kriechbaumer, Ent. Nachr 11 p 169 ♂.

♂ Kopf und Mesonotum glänzend. Metathorax mit feinen Seitendornen. Area superom. angedeutet, der abschüssige Raum mit Längsleisten. — Schwarz, Makel der Mandibeln, innere Augenränder zum Teil, Makeln des Pronotums, Tegula, Endrand von Segment 5 und 6 in der Mitte und fast das ganze 7. Segment weiss. Segment 2 und 3 und Endrand von 1, Schenkel und Schienen rot, an den hintersten Beinen mit schwarzen Spitzen. Stigma schwarzbraun.

L. 9 mm.

München.

42. M. poecilops Kriechb. 1891 M. poecilops Kriechbaumer, Ent. Nachr. 11 p. 169 ♂.

♂ Kopf hinter den Augen stark und geradlinig verschmälert, wie das Mesonotum schwach glänzend. — Schwarz,

Makel der Mandibeln, 2 zuweilen zusammenfliessende Makeln des Clypeus, breite Gesichtsränder, eine V förmige Makel des Gesichtes, Halsrand, Punkt vor den Flügeln, der ausserste Endrand von Segment 6, ein breiterer von 7 weiss. Segment 2, 3 und Endrand von 1, Schenkel und Schienen rot, die hintersten Schenkel an der Spitze, die hintersten Schienen grösstenteils bräunlich, Vordertarsen an der Basis und Schiensporen rot, Tegulä braun, weisslich gesäumt.

L. 9 mm. ♀ unbekannt.

München.

43. M. curtulus Kriechb. 1891 M curtulus Kriechbaumer, Ent Nachr 11 p. 171 ♂.

♂ Gestalt kurz und gedrungen. Kopf nach hinten wenig verschmälert. — Schwarz, Makel der Mandibeln, Gesichtsränder, Schaft unten, Tegulä wenigstens zum Teil und Endrand von Segment 7 weiss. Segment 2 und 3, Endrand von 1 und oft Basis oder Mitte von 4, Vordertarsen, Schenkel und Schienen rot, die hintersten am Ende schwarz.

Var. polysticta Kriechb. l. c. Etwas grösser, überdies Clypeus mit weisser Querbinde, darüber ein kleiner viereckiger weisser Fleck, Vorderhüften und Trochanteren weiss gefleckt.

L. 8—9 mm. ♀ unbek.

Südliches Bayern.

44. M. longicauda C. G. Thoms. 1883 M longicauda C. G. Thomson. Opusc Ent IX p. 862 ♀.

♀ Wenig glänzend. Stirn und Mesopleuren glatt. Das 2. Segment fein lederig. Metathorax ohne Costula. — Schwarz, Segment 1—3 und Beine rot, Hüften und Trochanteren schwarz. Fühler 2farbig. Bohrer etwas länger als der Hinterleib, gekrümmt.

L. 6—7 mm.

Lappland.

45. M. periculosus n. sp.

♀ Fühler lang und ziemlich kräftig, fadenförmig. Kopf und Thorax sehr fein und dicht runzlig-punktiert, schwach glänzend; Clypeus dicht punktiert: Brustseiten längsrissig; Metathorax runzlig, deutlich gefeldert, an den Seiten mit spitzen und ziemlich langen Dornen; area basalis langer als breit, mit parallelen Seiten, area superomed. dreieckig, area posteromed. ausgehöhlt, mit feiner Querrunzelung; Luftlöcher klein und rund, Areola im Flügel klein, pentagonal. Beine kräftig, Hinterleib lang gestielt, durchaus glatt und glänzend, Bohrer von Hinterleibslänge. — Kopf und Thorax schwarz, Fühler 3 farbig, Palpen, Mandibeln, Clypeus und Gesichtshöcker rötlich Tegula gelblich. Flügel schwach getrübt, Stigma hell. Beine gelbrot, Hüften an der Spitze und Trochanteren gelblich. Hinterleib gelbrot, die Basis des 1. Segmentes und die Analsegmente vom Endrand des 3. an gebräunt, die letzten mit weissem Endrand.

L. 6 mm. ♂ unbekannt.

2 ♀ aus der Umgebung von Blankenburg i. Thür.

46. M. lapponicus C. G. Thoms. 1883 M. lapponicus C G Thomson, Opusc. Ent. IX p 862 ♀.

♀ Dem M. longicauda sehr ähnlich, aber Stirn und Mesopleuren sehr fein lederartig, Kopf hinten stärker verengt, Geisselglieder länger, Schenkel schlanker, Parapsiden bis über die Mitte reichend, Bohrer etwas kürzer als der Hinterleib, kaum gekrümmt, Segment 2—4 und Endrand von 1 rot.

L. 6—7 mm.

Lappland.

47. M. contrarius Kriechb. 1893 M contrarius Kriechbaumer, Ent. Nachr. 10 p. 147 ♀.

♀ Kopf dick, hinter den Augen ziemlich stark verlängert und in flachem Bogen verschmalert. Mesonotum fein punktiert, Metathorax gerunzelt, die area superom. schwach angedeutet, die Seitenzähne kurz und stumpf. Hinterleib länglich oval, flach, an der Basis fein gerunzelt, vom Ende des 2. Segmentes an ziemlich glatt und glänzend. — Schwarz, Fühler mit weissem Ring. Fast der ganze Postpetiolus und Segment 2 und 3 rot, letzteres am Hinterrand schwärzlich, die Endsegmente rötlich gerandet. Beine vorherrschend schwarz, Vorderschenkel an der Spitze und Schienen zum Teil rot; die hintersten Schenkel an der Basis zum Teil rot. Stigma und Tegula schwarzbraun. Bohrer etwas länger als der halbe Hinterleib.

L. 7—8 mm. ♂ unbek.

Süd-Tyrol (Bad Ratzes bei Bozen).

48. M. borealis C. G. Thoms. 1883 M. borealis C. G. Thomson, Opusc. Ent. IX p 862 ♀♂.

♀ Kopf fast kubisch; Augen fein behaart; Stirn fein gerunzelt, matt. Metathorax mit sehr kleinen Luftlochern. Hinterleib fein gerunzelt, matt, Petiolus wenig länger als am Ende breit, ohne Kiele. — Schwarz, Fühlerglied 8—11 weiss; Clypeus, Mandibeln und Scheitelpunkt rötlich. Schenkel an der Spitze und Schienen trüb rot. Segment 1—3 rot, das 2. Segment mit grosser schwarzer quadratischer Makel, 4—6 mit rötlichem Endrand. Bohrer etwas kürzer als der halbe Hinterleib.

♂ Fühler und Palpen schwarz, Postannellus 1½ so lang als der Schaft. Segment 2—4 rot, alle Tarsen schwarzbraun.

L. 7—8 mm.

Lappland.

49. M. zonatus Kriechb. 1893 M. zonatus Kriechbaumer, Ent. Nachr. 8 p. 126 ♂.

♂ Kopf quer, hinter den Augen geradlinig und nur wenig nach hinten verschmälert, mit abgerundeten Hinterecken. Fühler ziemlich lang und dick, das 1. Geisselglied wenig langer als das 2. Mesonotum sehr fein und zerstreut punktiert, ziemlich glatt und glänzend, die ziemlich kleine, sechsseitige area superomedia mit dem fast quadratförmigen Basalfeld verschmolzen, die oberen Seitenfelder nur durch schwache Leisten von einander getrennt. Seitenzähne des Metathorax schwach. Hinterleib schmal elliptisch, etwas keulenförmig. Stigma ziemlich gross und lang, Radialzelle ziemlich kurz und breit, Areola ziemlich regelmässig 5-seitig. — Schwarz, Mund teilweise, Unterseite des 2. Fühlergliedes, Hinterrand des 1. Segmentes, Hinterrand und zum Teil der Seitenrand des 2. und das 3. Segment rot, zuweilen auch noch der Endsaum des 4. und 5. Segmentes. Die Spitze der Vorderschenkel, die Schienen mit Ausnahme der Spitze der hintersten und die Vordertarsen rot.

L. 7 mm. ♀ unbekannt.

Süddeutschland.

50. M. septentrionalis C. G. Thoms. 1883 M. septentrionalis C. G. Thomson, Opusc. Ent. IX p 863 ♀.

♀ Der vorhergehenden Art sehr ähnlich, aber etwas kleiner, die Fühler länger, Kopf hinter den Augen etwas verengt, Clypeus schwarz, Hinterleib breiter, Segment 1—3 rot,

6 und 7 breiter weiss gerandet, Beine ganz rot, Stirnseiten weiss gefleckt, Bohrer etwas länger als der halbe
Hinterleib.

L. 5—6 mm.

Lappland.

51. M. basizonius Grav. 1829 Phyg. basizonius Gravenhorst, II p.
748 ♀ | 1852 Ph. pteronomorum Ratzeburg, Ichn. d. Forstins. 145
u. Anhang 125 ♀ | 1865 Phyg pteronomorum Taschenberg p. 46 |
1883 M. basizonius C. G Thomson, Opusc. Ent. IX p. 863.

♀ Fühler fadenförmig, 3 farbig. Wangen aufgetrieben.
Augen fein und zerstreut behaart; Stirn fein punktiert.
Mesopleuren runzelig. Metathorax kurz, Costula fehlt,
der abschüssige Raum ausgehöhlt und über die Mitte
heraufreichend. — Schwarz, Beine rot, Spitzen der hintersten
Schenkel und Schienen, sowie ihre Tarsen schwarz; auch
die Vordertarsen zuweilen schwärzlich. Hinterschienen
an der Basis weiss. Hinterleib glatt, Postpetiolus und
Segment 2—3—4 rot, 7 weiss gefleckt. Bohrer dick,
etwas kürzer als der halbe Hinterleib.

♂ Schaft unten, Tegulä, Gesicht grösstenteils, Makel oder
2 Punkte des Schildchens, Schienenbasis und Hinterleibsspitze weiss. Hüften und Trochanteren weiss, die hintersten schwarz. Segment 2, 3 und Endrand von 1 hell
braunrot.

Var. ♂ varicolor Grav. 1829 Crypt. varicolor Gravenhorst, II
p. 603 ♂.
Schildchen ganz schwarz, sonst wie die Stammform.

L. 7—8 mm.

Nord- und Mitteleuropa. Aus Lophyrus pini.

52. M. alutaceus C. G. Thoms. 1883 M. alutaceus C G. Thomson,
Opusc Ent. IX p. 863 ♀♂.

Dem M. basizonius sehr ähnlich, aber Beine fast ganz
rot, die hintersten Schienen ohne weissen Basalring,
Segment 2 und 3 nicht glatt, sondern dicht fein lederartig, Bohrer und Sporen etwas länger.

L. 7 mm.

Schweden.

53. M. sericans Grav. 1829 Phyg sericans Gravenhorst, II p. 702 ♂ |
1865 Phyg. sericans Taschenberg, p. 47 ♂ | 1883 M sericans C. G.
Thomson, Opusc. Ent. IX p. 864 ♀♂.

♀ Den beiden vorhergehenden Arten sehr ähnlich aber
breiter und grösser, Vorderschenkel unten, die hintersten

am Ende breit schwarz, die Spitze der hintersten Schienen und die hintersten Tarsen schwarz. Fühlergeissel an der Basis rötlich mit breitem weissem Ring. Kopf und Thorax schwarz, dicht fein punktiert; der abschussige Raum des Metathorax weit hinaufreichend, area superomedia undeutlich. Das 1. Segment längsrissig, der übrige Hinterleib glatt und glanzend. Segment 2 und 3 braunrot. Bohrer von ⅓ Hinterleibslänge.

♂ Metathorax regelmässig gefeldert, der abschussige Teil mit Längsleisten. Das 1. Segment gekielt, gefurcht und mit Langsrissen, das 2. Segment fein gerunzelt, besonders der Lange nach. — Schwarz, ein runder Fleck des Postpetiolus, Segment 2—4 und Beine rot, Huften, Trochanteren, die Spitze der hintersten Schenkel und Schienen, sowie ihre Tarsen schwarz gezeichnet.

L. 9—11 mm.

Nord- und Mitteleuropa.

54. **M. distans** C. G. Thoms. 1883 M. distans C G Thomson, Opusc. Ent IX p. 864 ♀♂.

. ♀ Den vorhergehenden Arten ähnlich, aber kleiner, Metathorax vollstandig gefeldert, costula also vorhanden; Hinterleib rot, an der Basis schwarz, am Ende braun, weissgefleckt, Fühler schwarz mit weissem Ring, Schenkel schwarz, die vorderen Knie und die Schienen rot.

♂ Postannellus wenig langer als der Schaft; die vordersten Schenkel hell, an der Basis mit schwarzer Makel, Mittelschenkel gelblich, an der Basis schwarz. Gesicht und Schaft schwarz. Postpetiolus und Segment 2—4 rot.

L. 6 –7 mm.

Schweden.

55. **M. Jemilleri** .Knechb. 1893 M. Jemilleri Knechbaumer, Ent. Nachr. 4 p 58 ♀♂.

♀ Kopf hinten etwas verschmalert; Fühler schlank, gegen das Ende schwach verdickt. Mesonotum ziemlich matt; Leisten des Metathorax ziemlich scharf. Hinterleib stark gewölbt, bis an das Ende des 2. Segments matt, dann stark glänzend, 1. Segment mit deutlichen Kielen. — Schwarz, Geisselglied 6—10 weiss. Beine schwarz, Hinterschenkel kaum an der Spitze, die vordersten etwas breiter, Vorderschienen grösstenteils, die hintersten (nur an der Basis rot. Stigma braunrot. Postpetiolus mit rotem Fleck. Segment 2 und 3 mit schmalem rotem Saum, 7 und 8 mit weissem Hautsaum.

♂ Weiss sind: Palpen, Mandibeln, 2 Makeln des Clypeus,
Wangen, Gesichtsränder, Schaft unten, 2 Makeln des
Pronotums, Punkt unter den Flügeln, Makel des Schildchens, Querlinie des Hinterschildchens, vordere Trochanteren und Ring der Hintertarsen. Segmente rötlich
gerandet, die Endsegmente mehr weisslich. Vorderbeine
zum Teil rot, an den hintersten nur die Basis der
Schienen, an der äussersten Wurzel fast weisslich.

Körperlänge 8 mm. Bohrer 2 mm.

Südliches Bayern.

56. **M. puncticollis** C. G. Thoms. 1883 M. puncticollis C. G. Thomson,
Opusc. Ent. IX p. 866 ♀♂ | 1829 Phyg. improbus Gravenhorst,
II p. 670 ♂ (non ♀)

♀ Stirn convex, dicht und fein punktiert. Metathorax mit
deutlicher costula, hinten tief ausgehöhlt. Hinterleib
glatt, das 1. Segment gekielt. — Schwarz, Hinterleib
und Beine rot, Hinterleibsspitze schwarz, weiss gefleckt.
Bohrer kurz. Fühler 3 farbig.

♂ Metathorax ebenfalls mit deutlicher Costula. Clypeus,
Mund und vordere Hüften und Trochanteren weiss.

Dem M. improbus ähnlich, das ♀ durch die Structur
der Fühler leicht zu unterscheiden, das ♂ durch die
Farbe der vorderen Hüften und Trochanteren und Punktierung von Stirn und Mesonotum.

L. 7—8 mm.

Nord- und Mitteleuropa.

57. **M. nigritulus** C. G. Thoms. 1884 M. nigritulus C. G. Thomson,
Not. Hyménopt. in Ann. Soc. Ent. Fr. Tom. V p. 23 ♀♂.

Schwarz, glänzend, Endrand des 2. Segments, Kniee
und Schienen rötlich oder gelblich. Fühler ♀ mit
undeutlichem hellem Ring, beim ♂ schwarz. — Aehnlich
M. abdominator, vor allen durch den fast schwarzen
Hinterleib ausgezeichnet. Kopf fast kubisch. Augen
unbehaart. Area superom. länger als breit, costula vor
der Mitte. Bohrer etwas länger als das 1. Segment.

Beim ♂ die Fühler dick, Stirnränder mit kurzer
weisser Linie, die zuweilen fehlt.

L. 4—5 mm.

Frankreich. Bei Blankenburg in Thüringen von mir
in ziemlicher Anzahl gefunden und zwar an schattigen
Stellen in Erlengebüsch.

58. M. gravipes Grav. 1829 Phyg gravipes Gravenhorst, II p. 740 ♀ |
1829 Phyg bifrons Gravenhorst, II p 698 ♂ | 1883 M gravipes
C G Thomson, Opusc Ent IX p 866 ♀♂

♀ Metathorax ziemlich glatt mit vollständiger Felderung,
der abschüssige Teil über die Mitte heraufreichend, mit
2 Längsleisten, Seitendornen nach Taschenberg
schwach, nach Thomson der Metathorax hinten mit
4 stumpfen Zähnchen, wodurch die Art den Uebergang
zu Acanthocryptus bildet. Fühler gegen das stumpfe
Ende verdickt. Hinterleib, mit Einschluss des 1. Segments
glatt und glänzend. — Schwarz, Segment 1—3—4, Beine
und Fühlerwurzel rot, Afterfleck und Fühlerring weiss.
Bohrer von ⅓ Hinterleibslänge.

♂ Area superom. fast halbkreisförmig. Segment 2 und 3
und Beine rot, Spitzen der hintersten Schenkel und
Schienen und die hintersten Hüften schwarz. Fühler
unten gelb. Gesicht, Trochanteren und Vorderhüften
weisslich.

L. 6—8 mm.

Nord- und Mitteleuropa.

59. M halensis Taschb. 1865 Phyg halensis Taschenberg, Cryptol.
p 45 ♀ | 1883 M halensis C G Thomson, Opusc Ent. IX p 866 ♀

♀ Kopf hinter den Augen etwas verschmälert, Stirn und
Mesopleuren fast glatt. Fühler vor dem Ende schwach
verdickt. Metathorax schwach gerunzelt, area superom.
vorhanden, nicht quer, costula verwischt, Seitendörnchen
vorhanden; Luftlöcher klein und rund. Segment 1 ohne
deutliche Tuberkel, wie das 2. Segment poliert —
Schwarz, Fühler 3farbig, Postpetiolus, Segment 2—5 und
Beine rot; Hüften, Trochanteren, Basis der Mittelschenkel, die hintersten Schenkel fast ganz und die
Spitzen der hintersten Schienen schwarz. Bohrer etwas
kurzer als der halbe Hinterleib.

L. 6 mm.

Nord- und Mitteleuropa, selten.

60. M. secernendus n. sp.

♀ Kopf und Thorax schwarz. Kopf nach hinten verschmälert, dicht und fein runzlig punktiert, ziemlich
glänzend, Gesicht dicht und grob punktiert, matt;
Mandibeln rostrot; Fühlerschaft schwarz, die folgenden
Glieder rostrot, 6—9 weiss, die folgenden braun, unten
rötlich. Thorax dicht und fein runzlig-punktiert, ziemlich glauzend, Metathorax mit Seitenzähnchen, Felderung

oben undeutlich, nur die area superomedia angedeutet,
dieselbe hufeisenförmig; der abschüssige Raum flach ausgehöhlt, ohne Längsleisten; Luftlöcher klein und rund.
Tegula dunkelbraun. Flügel gelblich getrübt, Stigma
rötlichgelb, Nervulus postfurcal. Beine rot, Hüften und
Trochanteren schwarz. Hinterschenkel in der Mitte und
die hintersten Schienen an der äussersten Spitze braun.
Hinterleib kurz oval, mit fein lederartiger Skulptur,
ziemlich matt, gegen das Ende mehr glänzend. Das
1. Segment nach hinten stark verbreitert, schwarz, Endrand und Segment 2—4 rot, das 7. weiss. Bohrer etwas
länger als der halbe Hinterleib.

L. 7 mm.

Ein ♀ von Blankenburg i. Thür.

61. M. discedens n. sp.

♀ Von breiter und gedrungener Gestalt. Kopf quer, nach
hinten verschmälert, dicht und stark punktiert, schwach
glanzend: Fühler ziemlich kräftig, fadenförmig; Gesicht
buckelig vortretend. Mesonotum und Brustseiten dicht
punktiert, schwach glanzend; Metathorax dicht und fein
gerunzelt, matt, die oberen Felder vollständig fehlend,
die hintere Querleiste schwach. der abschüssige Raum
weit hinaufreichend, flach ausgehöhlt, ohne Spur von
Längsleisten. Nervulus postfurcal, Nervellus tief unter
der Mitte gebrochen. Das 1. Segment kurz, Postpetiolus
breit, an den Seiten längsrissig, in der Mitte mit flacher
Grube; der Endrand des Postpetiolus und der übrige
Hinterleib glatt und glänzend, Bohrer fast so lang wie
das 1. Segment. — Schwarz, Basalglieder der Geissel
rötlich, Geisselglied 5—9 weiss, die übrigen braun, unten
heller. Flügel gelblich getrübt, Stigma und Tegulae
rötlich. Beine gelbrot, Hüften an der äussersten Basis,
die hintersten Schenkel und Schienen an der Spitze und
die hintersten Tarsen braun. Hinterleib gelbrot, das
1. Segment an der Basis, das 4. zum Teil und die übrigen
schwarzbraun, Endsegmente weiss gerandet.

L. 8 mm.

Ein ♀ von Blankenburg i. Thür., Ende September
im Buchenwald gefangen.

62. M. ochrostomus C. G. Thoms. 1896 M ochrostomus C G.
Thomson, Opusc Ent. XXI p. 2384 ♀

♀ Kopf glänzend, Wangen nicht aufgetrieben; Fühler dick.
Mesonotum glänzend, fein und zerstreut punktiert. notauli
kurz aber deutlich; Metathorax vollständig gefeldert.

Hinterleib glatt. — Schwarz, Basalglieder der Geissel unten hell, Glied 6—8 oben weiss. Clypeus und Mund rötlich. Beine ziemlich dick, rotgelb, die hintersten Hüften und Schenkel schwärzlich, Vorderhüften und Trochanteren zum Teil weisslich. Stigma bräunlich. Tegulä weisslich. Segment 2—4 und Endrand von 1 rot, die Endsegmente in der Mitte rötlich, an den Seiten schwarzbraun. Bohrer etwas kürzer als das 1. Segment.

L. 6 mm.

Nördliches Europa.

63. M. contractus Grav. 1829 Crypt. contractus Gravenhorst, II p 617 ♀ | 1829 Crypt. subguttatus Gravenhorst, II p. 610 ♂ | 1883 M. contractus C. G. Thomson, Opusc Ent IX p 867 ♀♂.

♀ Fühler lang und borstenförmig, fast wie bei Cryptus. Metathorax grob gerunzelt, die hintere Querleiste an den Seiten lamellenartig vortretend; vordere Querleiste und area superom. nur angedeutet; Luftlöcher gross, nicht vollständig rund. Der abschüssige Teil des Metathorax über die Mitte heraufreichend. Das 1. Segment oben etwas buckelig, gekielt, dicht punktiert, wie das 2. Segm. — Schwarz, Fühlerglied 7—12 und Afterspitze weiss. Segment 1—3, zuweilen auch Vorderrand von 4, Schenkel und Schienen rot, Vorderschenkel zum Teil, Spitzen der hintersten Schenkel und Schienen schwarz. Bohrer sehr kurz, etwa ¼ Hinterleibslänge.

♂ Metathorax grob gerunzelt, der abschüssige Teil sehr schräg und weit hinaufreichend, in der Mitte mit 2 Längsleisten, Seitendornen stumpf und breit. Segment 1 und 2 wie beim ♀ dicht punktiert. — Schwarz, Segment 2—4, Schenkel und Schienen fast ganz rot. Weiss sind: Schaft unten, breite innere Augenränder, eine Linie unter den Flügeln, Tegula und Ring der Hintertarsen.

L. 8—12 mm.

Nord- und Mitteleuropa; selten.

64. M. ornaticeps C. G. Thoms. 1884 M. ornaticeps C G Thomson, Notes hyménopter in Ann. Soc Ent Fr Tom V p. 23 ♀

♀ Schwarz, Fühler fadenförmig, Glied 1—7 rot, 8—11 weisslich, die übrigen schwarzbraun; Augenränder gelb; Schildchen, Beine und Hinterleib rot, letzterer an der Spitze dunkel. Area superom. länglich, costula vor der Mitte. Flügel mit schwach angedeuteter Binde unter dem Stigma. Hinterleib dicht punktiert, matt, fein behaart.

Bohrer etwas länger als das 1. Segment. Die hintersten Hüften an der Basis innen schwarz.

L. 5 mm.   ♂ unbekannt.

Paris.

65. **M. rufoniger** Bridgm.   1889 M rufoniger Bridgman, Add. to Marshall's Cat of Br. Ichn. in Trans Ent. Soc. Lond p 415 ♀.

♀ Kopf und Thorax ziemlich glänzend, punktiert. Kopf hinter den Augen nicht verschmälert, fast schmäler als der Thorax. Fühler fadenförmig. Metathorax schwach gerunzelt; area superom. klein, so lang als breit, costula fehlt; Luftlöcher klein und rund. Hinterleib glatt und glänzend, das 1. Segment ohne Kiele. Beine ziemlich schlank. Bohrer von ⅓ Hinterleibslänge. — Schwarz, Fühler 3farbig. Segment 1—3 ganz, 4 vorn an den Seiten rot; Hinterleibsspitze nicht weiss gezeichnet. Beine rot, die hintersten Tarsen und die Spitzen der hintersten Schenkel und Schienen braun. Stigma und Tegula dunkelbraun.

L. 5 mm.   ♂ unbekannt.

England.

*   *   *
*

Die nun folgenden Arten bilden die Gattung **Aptesis** Förster (Mon. der Gattung Pezomachus. 1851 pag. 34). Die Diagnose derselben lautet: Kopf mehr oder weniger glatt; Fühler kurz und dick; Schildchen deutlich abgesetzt, Flügel verkürzt, aber über die Basis des Metathorax hinaus sich erstreckend, einzelne Adern und Zellen deutlich. Felderung des Metathorax mehr oder weniger deutlich. Hinterleib glatt. — Nach dem Vorgange T h o m s o n's stelle ich sie mit zu Microcryptus.

66. **M. formosus** Först.   1851 Apt. formosa Förster, Mon der Gatt. Pezom. p 36.

♀ Braun, Schildchen, die beiden ersten Segmente und Beine rotgelb, Fühler 3farbig; der ganze Körper schwach punktiert, mässig dicht behaart, der abschüssige Teil des Metathorax nur in den Seiten mit scharfer Querleiste, Bohrer etwas länger als das 1. Segment, dieses mit stark vorspringenden Knötchen.

L. 4 mm.   ♂ unbekannt.

Aachen.

67. M. nigrocinctus Grav. 1815 Ichn nigrocinctus Gravenhorst, Ichn. Pedestr. 35 ♀ | 1829 Pezom nigrocinctus Gravenhorst, Ichn Enr II p 880 ♀ | 1883 Microci nigrocinctus C G Thomson, Opusc. Ent. IX p. 857 ♀♂ | 1829 Cryptus hostilis Gravenhorst, II p 512 ♂ | 1829 Ph jucundus Gravenhorst II p 658 ♂ | 1829 Ph flaveolatus Gravenhorst, II p 655 ♂ (sec. Thomson)

♀ Rotgelb, Kopf, Metathorax, das 3 Segment am Hinterrand und das 4. ganz schwarz. Mesonotum sehr stark und dicht, Hinterleib schwach und zerstreut punktiert und behaart, glänzend. Bohrer etwas länger als das 1. Segment, dieses ohne vorspringende Knötchen. Fühler 3 farbig. Flügelstummel sehr kurz.

Das ♂ hat Gravenhorst unter 3 verschiedenen Namen beschrieben, die Normalfärbung als Phyg. hostilis. — Kopf klein, fast schmäler als der Thorax, Fühler fast von Körperlänge. Mesonotum mit mattem Schimmer, dicht und fein bräunlich behaart. Brustseiten und Metathorax dicht runzlig-punktiert, letzterer dicht weisslich behaart, Seitenzähnchen nicht vorhanden; die Felderung schwach und undeutlich. Beine und Hinterleib lang und schlank, reichlich behaart, das 1. Segment stark verlängert, die vorderen Segmente mit ganz feiner Skulptur. — Schaft fast ganz hellrot, die Geissel mehr braun, Gesicht meist ganz schwarz, selten ein gelber Streif innen neben den Augen. Ein grosser viereckiger Fleck des Schildchens und das Hinterschildchen gelblich. Tegulä rötlich. Stigma und Geader rostgelb. Beine gelbrot. Vorderhüften zum Teil, selten ganz schwärzlich. Die hintersten Hüften, Endhälfte der hintersten Schenkel, Enddrittel der hintersten Schienen und ihre Tarsen schwärzlich. Postpetiolus und Segment 2—4—5 gelbrot.

L. 6—10 mm.

Ganz Europa, die ♀ besonders im Spätsommer und Herbst an schattigen Orten, die ♂ schon im Sommer häufig.

68. M. sudeticus Grav. 1815 Ichn sudeticus Gravenhorst, Ichn Pedestr., p. 37 ♀ | 1829 Pezom. sudeticus idem, Ichn Eur. II. p 884 ♀.

♀ Rotgelb, Kopf schwarz, das 3. Segment an der Hinterhälfte und das 4. fast ganz braun. Mesonotum stark punktiert und behaart. Pro- und Mesothorax gelb, Metathorax rot bis rotbräunlich; der abschüssige Raum nur an den Seiten mit einer vorspringenden Leiste. Hinterleib sehr fein und zerstreut punktiert und etwas langhaarig. Bohrer völlig so lang wie das 1. Segment, dieses ohne vorspringende Knötchen. Fühler 3 farbig.

L. 6 mm. ♂ unbekannt.

Deutschland. In Thüringen nicht selten. Wohl nur Varietät der vorigen Art.

69. M. assimilis Först. 1851 Apt. assimilis Förster, Mon. d. Gatt. Pezom. p. 40 ♀.

♀ Schwarz, Fühler 3farbig, das 2. und 3. Segment und die Beine rot, Kopf und Hinterleib fein, Mesonotum stärker punktiert, Behaarung mässig dicht. Der abschüssige Raum mit einer starken Querleiste, die oben in der Mitte fehlt. Bohrer etwas länger als das 1. Segment, dieses ohne vorspringende Knötchen.

L. 4,5 mm, ♂ unbekannt.

Aachen.

70. M. aphyopterus Först. 1851 Apt aphyoptera Förster, Mon d. Gatt. Pezom p 41 ♀.

♀ Schwarz, Fühler 3 farbig, Schildchen, die beiden ersten Segmente und Beine rot. Metathorax runzelig, der abschüssige Raum mit einer an den Seiten scharf vorspringenden, oben in der Mitte unterbrochenen Querleiste. Der ganze Körper fein und zerstreut punktiert und behaart. Bohrer etwas länger als das 1. Segment, dieses ohne vorspringende Knötchen.

L. 4—5 mm. ♂ unbekannt.

Deutschland.

71. M. micropterus Grav. 1829 Pez micropterus Gravenhorst, II p 879 ♀ | 1851 Apt micioptera Forster, Mon d. Gatt Pezom. p. 41 ♀ | 1883 Micioci. micropterus C. G. Thomson, Opusc Ent IX p. 865 ♀♂ (die Beschreibung des ♀ stimmt nicht ganz mit Gravenhorst) | 1829 Phyg. jejunator var. 1 Gravenhorst, II 717 ♂ (sec. Thomson).

♀ Schwarz, Fühler 3 farbig, Spitze des 1. Segments, 2 und und 3 ganz, 4 und 5 meist an den Seiten und die Beine rot, Spitzen der hintersten Schenkel und Schienen braun. Mesonotum stark punktiert: Metathorax runzlig, der abschüssige Raum mit einer rings scharfen Querleiste umgeben. Hinterleib sehr fein und zerstreut punktiert und behaart, der Bohrer so lang wie das 1. Segment; dieses ohne vorspringende Knötchen.

Anmerk. Thomson's Beschreibung weicht insofern ab, als er den Thorax als rot angiebt.

♂ Clypeus am Ende abgerundet, Gesicht mit weisser Zeichnung; vordere Trochanteren weisslich, die hintersten Schenkel rot, gegen die Spitze schwarz.

L. 6—8 mm.

Nord- und Mitteleuropa.

72. M. vestigialis Först. 1851 Aptes. vestigialis Förster, Monogr. d. Gatt. Pezom. p. 42 ♀.

♀ Rotgelb, Fühler 3farbig, Kopf und Hinterleib vom 4. Segment an schwarz, Kopf und Mesonotum stärker, Hinterleib feiner punktiert, mässig dicht behaart; der abschüssige Raum mit einer überall deutlichen Querleiste und 2 Mittelkielen. Der Bohrer so lang wie das 1. Segment, dieses ohne vorspringende Knötchen.

L. 6 mm. ♂ unbekannt.

73. M. brachypterus Grav. 1815 Ichn. brachypterus Gravenhorst, Ichn. Pedestr. p. 29 | 1829 Pezom. brachypterus idem, Ichn. Eur. II p. 876 ♀ | 1851 Aptes brachyptera Forster, Mon. d. Gatt. Pezom. p. 43 ♀ | 1883 Microcr. brachypterus C. G. Thomson, Opusc. Ent. IX p. 864.

♀ Schwarz, Fühler 3farbig; Thorax oben und unten rot gefleckt. Nach Förster das Mesonotum rot mit breiter schwarzer Mittelstrieme, Die 3 ersten Segmente ganz. das 4. an der Basis und die Beine rot. Metathorax mit scharfer rings deutlicher Querleiste, welche beiderseits zahnartig vortritt. Bohrer etwas länger als das 1. Segment, dieses ohne vorspringende Knötchen.

Var. ♀. Schildchen rot, die hintersten Knie schwarz.

♂ Stirnränder unten und Gesicht grösstenteils weiss. Clypeus in der Mitte deutlich vorgezogen. Vorderschenkel rot, die hintersten, sowie die Schienenspitze und Tarsen, ebenso alle Hüften und Trochantern schwarz. — Dem M. abdominator ähnlich, aber Vorderschenkel ganz rotgelb und die Felderung die Metathorax undeutlicher.

L. 4—8 mm.

Nord- und Mitteleuropa.

74. M. unifasciatus n. sp.

♀ Kopf und Mesonotum glänzend, ganz fein und seicht punktiert. Brustseiten stärker punktiert. Metathorax gerunzelt, die Querleiste deutlich, in den Seiten scharf vortretend, abschüssiger Raum ohne Längskiele. Hinterleib weniger glatt und glänzend als bei M. nigrocinctus; das 1. Segment ohne Kiele und vorspringende Knötchen. Bohrer so lang wie der Hinterleib ohne das 1. Segment. Beine kräftig. — Fühlerglied 1—7 rotgelb, 8—11 weiss, die folgenden schwärzlich. Thorax rot, die Nähte um das Schildchen und die Seiten des Pro- und Metathorax schwärzlich. Die Flügelstummel erreichen das Thorax-

ende. Vorderbeine mehr rotgelb, die hintersten dunkler,
die Spitzen der hintersten Schenkel und Schienen
gebräunt. Hinterleib gelbrot, Segment 4—6, selten
5—6 oder nur 5 schwärzlich, Endsegmente oben weiss.

L. 5 mm. ♂ unbekannt.

Eine Anzahl ♀ von Blankenburg i. Thüringen.

---

11 Gen **Acanthocryptus** C. G. Thoms.

1868 Rhembobius Förster, Fam u Gatt Ichn p 184
1883 Acanthocryptus C. G Thomson, Opusc. Ent IX p 867

Anmerk Die Förster'sche Gattung Rhembobius um-
fasst nur den A quadrispinus Grav ; ich ziehe deshalb Thomson's
Bezeichnung vor, da sie auf alle Arten passt

Augen unbehaart. Metathorax beiderseits stark gedornt,
costula deutlich, area basalis mit nicht parallelen Seiten.
Radius aus der Mitte des Stigma, der Endabschnitt wenig
länger als der Basalabschnitt; der untere Aussennerv der
Discoidalzelle ein rechter. Fühler ♀ meist mit weissem Ring.
Hinterleibsmitte meist rot.

1. Schildchen rot oder weiss. Fühler ♀ 3 farbig. 2.

   Schildchen schwarz. Metathorax runzelig; area superom.
   quer. Fühler ♀ 2 farbig. 4.

2. Thorax schwarz, nur das Schildchen rot. Hinterleib rot,
   die Spitze schwarzbraun, weiss gefleckt.

                      3. n i g r i c o l l i s C. G. Thoms.

   Thorax des ♀ ganz oder grösstenteils rot. 3.

3. Hinterleib rot nur die Spitze schwarz, weiss gefleckt.
   Bohrer von halber Hinterleibslänge. Gesicht und Schildchen des ♂ weiss.

                      1. f l a g i t a t o r Grav.

   Nur das 1. Segment rot, der übrige Hinterleib schwarz,
   an der Spitze weiss gefleckt, Bohrer sehr kurz.

                      2. t r i c o l o r Kriechb.

4. Metathorax mit 4 starken Dornen. Beim ♂ die inneren
   Augenränder, Hüften, Trochanteren und Schaft unten
   weiss.

                      4. q u a d r i s p i n u s Grav.

   Metathorax nur mit 2 Dornen. 5.

5. Hinterleib ganz schwarz. Schenkel schwarz gezeichnet.
Gesicht des ♂ weiss.

6. nigritus Grav.

Hinterleib grösstenteils rot. Schenkel und Schienen einfarbig rot. Gesicht des ♂ schwarz.

5. nigriceps C. G. Thoms.

1. A. flagitator Grav. 1829 Crypt flagitator Gravenhorst, II p
627 ♀ | 1829 Phyg. pumilio Gravenhorst, II p. 653 ♂ | 1865 Phyg.
flagitator Taschenberg p 36 ♀ | 1883 A flagitator C G Thomson,
Opusc. Ent IX p 867 ♀♂.

♀ Fühler 3 farbig; Rot, Kopf mit Ausnahme der inneren
Augenränder, Makeln des Thorax, Hinterleibsspitze und
teilweise die Hinterbeine schwarz; After weiss gefleckt.
Bohrer von halber Hinterleibslänge.

♂ Schwarz, Hinterleibsmitte und Beine rot, Hüften, Trochanteren, Spitzen der hintersten Schenkel und Schienen
schwarz. Weiss sind: Schaft unten, innere Augenränder,
fast das ganze Gesicht, vordere Trochanteren, Tegulä,
Schildchen ganz oder grösstenteils und Hinterschildchen.

Wurde aus Depress. heracleana gezogen.

Var. ♀ tyrannus Grav. 1829 Cr. tyrannus Gravenhorst, II p 630 ♀ |
1865 Phyg. tyrannus Taschenberg, Crypt p. 48 ♀. — Hüften und
Schenkel schwarz; Thorax fast ganz rot.

L. 6—7 mm.

Ganz Europa. Nord-Afrika.

2. A. tricolor Kriechb. 1894 Microcryptus tricolor Kriechbaumer,
Ann Soc. Esp de Hist. Nat. tom. XXIII p 213 ♀

♀ Schwarz, Fühler 3 farbig; Thorax, die hintersten Hüften
oben und das 1. Segment rot, die Endsegmente weiss gefleckt. Stigma braun, an der Basis weisslich. Rücklaufender Nerv hinter der Mitte. — Kopf quer, hinten
schief verschmälert. Fühler fadenförmig. Metathorax
kurz, mit 2 genäherten Querleisten, hinten mit kurzen
Seitenzähnen; area superomedia fein umleistet. Hinterleib glatt und glänzend. Segment 5 an der Spitze, 6 und
8 oben ganz weiss.

L. 6 mm, Bohrer 1 mm. ♂ unbekannt.

Mallorca.

Anmerk Ich gebe Kriechbaumer recht, dass man diese
Art und den A flagitator ebenso gut zu der Gattung Microcryptus
stellen könnte.

3. **A. nigricollis** C. G. Thoms. 1883 A nigricollis C G Thomson, Opusc. Ent. IX p. 868 ♀.

♀ Schwarz, Augenränder, Schildchen, Beine und Hinterleib rot, dessen Spitze schwarzbraun, weiss gefleckt. — Der vorigen Art durch den nach hinten verschmalerten Kopf und die vor der Spitze leicht verbreiteten Fühler ähnlich, aber Flügel weniger getrübt, areola grösser mit fast parallelen Seiten, Thorax schwarz, Schildchen, Halsrand und Tegula rot.

L. 6 mm. ♂ unbekannt.

Nord- und Mitteleuropa, selten.

4. **A. quadrispinus** Grav. 1829 Phyg. quadrispinus Gravenhorst, II p. 674 ♀♂ | 1865 Phyg. quadrispinus Taschenberg, p. 39 ♀♂ | 1883 A quadrispinosus C. G. Thomson, Opusc. Ent. IX p 868 ♀♂.

♀ Schwarz, Kopf und Thorax braun behaart. Fühler mit weissem Ring. Metathorax grob wulstig gerunzelt, kurz, Felderung nicht deutlich vortretend, area superom. quer; der abschüssige Teil steil abfallend, in der Mitte ausgehöhlt, beiderseits mit je 2 Seitendornen. Das 1. Segment nach hinten stark verbreitert, mit starken Mittelkielen und deutlichen Längsrissen. Hinterleib rot, das Ende schwarz mit weissen Segmenträndern. Schenkel, Schienen und Tarsen rot, Spitzen der hintersten Schenkel und Schienen und ihre Tarsen schwärzlich. Flügel bräunlich getrübt. Stigma schwärzlich, an der Basis schmal weiss. Bohrer von ¼ Hinterleibslänge.

♂ Weiss sind: Schaft unten, innere Augenränder, Clypeus, Gesichtsbeule, vordere Hüften und Trochanteren. Auch das 2. Segment meist bis zum Ende mit Langsrissen. Sonst dem ♀ gleich.

L. 8—10 mm.

Nord- und Mitteleuropa.

5. **A. nigriceps** C. G. Thoms. 1883 A nigriceps C. G. Thomson, Opusc. Ent. IX p 868 ♂ | 1829 Phyg. quadrispinus var. 1 ♂ Gravenhorst, II p. 676.

Thomson beschreibt nur das ♂, für das ♀ halte ich das folgende:

♀ Kopf hinter den Augen schwach erweitert, dicht und grob punktiert, Gesicht und besonders Clypeus mit dichter bräunlichgelber Behaarung. Thorax mit Einschluss des Schildchens und des Metathorax stark punktiert, ziemlich glänzend. Die mittleren Längsleisten des Metathorax deutlich, die costula fehlt; Seitendörnchen spitz. Brust

und Hüften mit deutlicher Punktierung, glänzend.
Hinterleib, auch das 1. Segment, glatt und glänzend, nur
mit feinen zerstreuten Pünktchen. Schenkel und Schienen
kräftig. — Schwarz, Fühler rot, nur gegen die Spitze
schwach gebräunt, ohne weissen Ring. Hinterleib und
Beine rot, Basis des 1. Segments und die Hüften und
Trochanteren schwarz. Flügel schwach getrübt, Stigma
rostrot. Tegulä gelblich. Bohrer so lang wie der Hinterleib ohne das 1. Segment.

♂ Schwarz, Hinterleib, Fühlergeissel gegen die Basis und
Beine rot, Hüften schwarz, die hintersten Tarsen braun.
Stirn fein punktiert, Schildchengrube mit 4—5 er-
habenen Linien.

Das ♀ auffallend durch die Färbung der Fühler.

    L. 7—8 mm.

    Nord- und Mitteleuropa.

6. **A. nigritus** Grav. 1829 Phyg. nigrita Gravenhorst, II p. 641 ♀
(non ♂) | 1883 A. nigrita C. G. Thomson, Opusc. Ent. IX p.
869 ♀♂.

♀ Metathorax grob netzartig gerunzelt, Felderung vollständig aber wegen der Sculptur nicht deutlich vortretend, area superom. quer; area petiol. weit über die
Mitte heraufreichend, die Seitenzähne stark aber stumpf.
Segment 1 längsrissig; nach Taschenberg Segment 2
und die folgenden poliert; bei meinen Exemplaren ist
auch die Basis des 2. Segments längsrissig. — Schwarz,
Fühler mit weissem Ring, die Basalglieder der Geissel
zuweilen rötlich, Fühler gegen das Ende dicker werdend.
Schenkel, Schienen und Tarsen rot, Vorderschenkel an
der Basis, die hintersten an der Endhälfte mehr oder
weniger schwärzlich. Flügel fast hyalin, Stigma dunkelbraun, an der Basis weisslich. Hinterleibsende weiss gefleckt, Bohrer etwa ¼ Hinterleibslänge.

♂ Das von Gravenhorst beschriebene gehört nicht hierher.
— Gesicht, Schaft unten, Trochanteren und Vorderhüften
unten weiss. Färbung der Beine verschieden, Schenkel
ganz rot bis ganz schwarz, Vorderschienen weisslich.
Hinterleibsspitze weiss gefleckt. Bei meinen sämtlichen
Exemplaren ist wie bei den ♀ die Basis des 2. Segments
längsrissig.

    L. 6—8 mm.

    Nord- und Mitteleuropa. Erscheint hier in Thüringen
spät im Jahre, Ende September und Anfang Oktober, mit
Vorliebe auf Eichengebüsch.

       *   *   *

Strobl beschreibt (Mitt. Naturw. Ver. Steierm. 1900 p. 216) nach einem einzelnen ♂ aus Steiermark einen **A. rugiventris**, von dem er selbst nicht weiss, zu welcher Gattung er zu stellen ist. Das Tier hat die Areola eines Hemiteles, den Metathorax eines Acanthocryptus, die spitze Discoidalzelle eines Stylocryptus. Aus diesem Grunde kann die Art nicht zu Acanthocryptus gestellt werden. Sie passt am besten wohl zu Stylocryptus, zumal die Schildchengrube Längsleisten hat. — Körper schwarz, Hinterleibsmitte und Beine rot, die hintersten Hüften schwarz. Metathorax sehr runzlig, die Felderung sehr deutlich, area superomedia quer. Die 4 ersten Hinterleibssegmente runzlig-punktiert, das 1. Segment kurz dreieckig. L. 5 mm.

---

11. Gen. **Stylocryptus** C. G. Thoms

1868 Glyphicnemis Forster, Fam. u. Gatt. Ichn p. 181.
1883 Stylocryptus C. G. Thomson, Opusc Ent IX p 869

Da die Diagnose der Gattung Glyphicnemis nur auf die beiden Arten profligator und clypealis passt, ist der von Thomson gegebene Gattungsname beizubehalten.

Kopf kubisch, Clypeus geschieden, am Ende abgerundet. Augen ♀ behaart, Fühler dick, fadenformig, der Schaft lang, cylindrisch, an der Spitze nicht ausgeschnitten, beim ♀ meist mit weissem Ring. Schildchengrube durch eine erhabene Längslinie geteilt. Hinterleib glatt, das 1. Segment gekielt, Bohrer kurz. Beine kräftig, die Schienen zuweilen aussen dicht gedornt. Der untere Aussenwinkel der Discoidalzelle ein spitzer.

1. Der ganze Körper schwarz, Beine grösstenteils rot. Metathorax mit spitzen Seitendornen.
     15. bispinus C. G. Thoms.

Hinterleib ganz oder teilweis rot, seltener braun. 2.

2. Fühler vor der Spitze verbreitert. Hinterleib braun, das 2. Segment fein gerunzelt, matt, Kleine Art.
     16. eurycerus C. G. Thoms.

Fühler vor der Spitze nicht verbreitert. Hinterleib hellrot, das 2. Segment glatt. 3.

3. Schienen kurz und dick, aussen dicht gedornt, die hintersten an der Spitze nach aussen schief abgestutzt. Mandibeln mit ungleichen Zähnen. 4.

Schienen aussen fast unbewehrt. Zähne der Mandibeln fast gleich. 5.

4. Clypeus schwarz. Fühler meist mit weissem Ring. Hüften schwarz, Schenkel rot bis schwarz. Grössere Art.

1. profligator F.

Clypeus und Hüften gelb, beim ♂ weisslich. Kleinere Art.

2. clypealis C. G. Thoms.

5. Schienen wenigstens an der Aussenseite weiss. Fühler mit weissem Ring. 6.

Schienen nicht weiss gezeichnet. 9.

6. Hüften und Trochanteren weisslich. Fühler des ♀ dreifarbig. Hinterleib rot, nur die Basis des 1. Segmentes schwarz.

6. coxalis n. sp.

Hüften schwarz. 7.

7. Grosse Art von 10 mm. Hinterleib und grössere Basalhälfte der hintersten Schenkel blutrot. Der untere Aussenwinkel der Discoidalzelle ein rechter.

3. tyrolensis n. sp.

Kleinere Arten. Der untere Aussenwinkel der Discoidalzelle deutlich spitz. 8.

8. Fühler des ♀ schwarz mit weissem Ring. Schenkel rot mit schwarzer Spitze. Die hintersten Schienen schwarz, aussen zum Teil weiss.

4. parviventris Grav.

Fühler des ♀ dreifarbig. Hinterschenkel fast ganz schwarz. Die hintersten Schienen dreifarbig. Etwas kleiner.

5. varipes Grav.

9. ♀. 10.
   ♂. 14.

10. Beine und Hinterleib ganz rot, selten die Hinterleibsspitze etwas verdunkelt. 11.

Beine und Hinterleib nicht ganz rot. Die hintersten Schenkel meist verdunkelt. 12.

11. Stirn und Mesopleuren deutlich und` dicht punktiert.
    Kopf fast kubisch.
                13. testaceus Taschb.

    Stirn und Mesopleuren fast glatt. Kopf weniger kubisch.
                14. minutulus C. G. Thoms.

12. Fuhler dreifarbig, mit weissem Ring.   Gesicht auf der
    Unterseite des Kopfes. Das 1. Segment schwarz.
                7. brevis Grav.
    Fühler ohne weissen Ring. 13.

13. Fuhler vom 3. Glied an rot, die Spitze braun. Gesicht
    an der unteren Kopfseite. Hinterleibsbasis schwarz. Die
    hintersten Schenkel verdunkelt.
                12. erythrogaster Grav.

    Fühler schwarz, in der Mitte kaum heller. Hinterleibs-
    ende schwärzlich. Beine rot, Hüften und Trochanteren
    schwarz.
                11. analis C. G. Thoms.

14. Palpen schwarz. 15.
    Palpen weiss. 17.

15. Metathorax dicht runzlig punktiert, area superomedia
    fast doppelt so breit als lang. Kleine Art von nur 4 mm.
                9. transverse-areolatus Strobl.

    Metathorax mehr glatt, area superomedia nicht doppelt
    so breit als lang. Grössere Arten. 16.

16. Fühler kurz. Hinterleib grösstenteils rot. Schienen rot,
    am Ende schwarz.
                7. brevis C. G. Thoms.

    Fühler lang. Glänzend schwarz, rot sind: der grösste
    Teil des 3. Segmentes, die 4 Vorderschienen und ein
    Teil der hintersten.
                8. atratus Strobl.

17. Hinterleib mit Ausnahme der Basis rot. Das 2. Segment
    runzelig.
                12. erythrogaster Grav.
    Hinterleibsende braunschwarz. 18.

18. Beine grösstenteils und Hinterleib braunschwarz, letzterer
in der Mitte schmutzig gelb. Kleine Art von nur
3—5 mm.
14. minutulus C. G. Thoms.

Hinterleibsmitte deutlich rot. Metathorax mit Seitenzähnen oder Dornen, Fühler lang. Grössere Arten
von 6—8 mm. 19.

19. Metathorax stark runzelig mit starken und spitzen
Seitendornen.
10. senilis Grav.

Metathorax mit schwachen Seitenzähnen. Schenkel
und Schienen rot.
11. analis C. G. Thoms.

1. **S. profligator** F. 1775 Ichn. profligator Fabricius, Syst. 331 ♀ |
1829 Phyg. profligator Gravenhorst, II p 729 ♀♂ | 1829 Phyg. vaga-
bundus Gravenhorst, II p. 735 ♀♂ | 1865 Ichn. vagabundus Taschen-
berg p. 37 ♀ | 1883 S. vagabundus C. G. Thomson, Opusc. Ent. IX
p. 869 ♀♂.

♀ Mandibeln kräftig, der vordere Zahn länger. Gesicht
stark behaart, Metathorax schwach gerunzelt, vollständig
gefeldert. Das 1. Segment glatt und eben mit einzelnen
Punkten. Schienen kurz und dick, aussen dicht gedornt.
— Schwarz, Basis der Geissel mehr oder weniger rot,
Mitte mit weissem Ring. Hinterleib mit Ausnahme des
1. Segments rot. Hüften und Trochanteren schwarz,
Schenkel rot oder zum Teil schwarz, Spitze der hintersten
Schienen und ihre Tarsen schwarz. Bohrer von ¼ Hinter-
leibslänge.

♂ Mit dem ♀ übereinstimmend, aber Palpen weisslich.
Fühler ganz schwarz.

Var. ♀. Fühler ohne weissen Ring, nur die Basalhälfte
der Geissel rot.

L. 8—9 mm.

Ganz Europa. Zu den häufigsten Arten. Die Varietät
ohne weissen Fühlerring mehr im Süden.

2. **S. clypealis** C. G. Thoms. 1883 S. clypealis C. G. Thomson,
Opusc. Ent. IX p. 870 ♀♂.

♀ Schwarz, Hinterleib und Beine rot. Fühlerbasis, Clypeus,
Mund und Hüften rötlich gelb. Sonst der vorigen Art
ähnlich aber weit kleiner.

♂ Tegula, vordere Hüften und Trochanteren, Clypeus und Palpen weisslich; Beine, Mandibeln, Hinterleibsmitte und Fühlerbasis gelbrot.

L. 5—6 mm.

Schweden, Deutschland.

3. S. tyrolensis n. sp.

Grosse und schöne Art, besonders ausgezeichnet durch den nicht spitzen Aussenwinkel der Discoidalzelle und dadurch einen Uebergang zu Acanthocryptus bildend.

♀ Kopf und Thorax schwarz. Kopf dicht und grob punktiert, nach hinten wenig verschmalert. Gesicht an der Unterseite liegend. Fühler schwarz, Glied 6—11 weiss. Mesonotum zerstreut punktiert, vor dem Schildchen mit Längsrissen; Brustseiten grob punktiert; area superomedia halbmondförmig, viel breiter als lang, mit groben Längsrunzeln; der abschüssige Raum tief ausgehöhlt, grob querrunzelig, beiderseits mit stumpfem und glattem Zahn. Flügelgeäder und Stigma schwärzlich, Nervulus weit hinter der Gabel, stark gekrümmt, Nervellus stark gebrochen. Hüften und Trochanteren schwarz; die 4 Vorderschenkel schwarz, in der Mitte verschwommen rot; die hintersten Schenkel blutrot, das Ende breit schwarz, die 4 Vorderschienen weiss, an der Basis schmal rot, an der Spitze schwärzlich, die hintersten Schienen schwarz mit grossem weissem Aussenfleck, der bis über die Mitte reicht. Hinterleib blutrot, glatt und glanzend, das 1. Segment mit 2 scharfen Kielen; Bohrer kaum kurzer als der halbe Hinterleib.

L. 10 mm.

1 ♀ von Innsbruck.

4. S. parviventris Grav. 1829 Phyg. parviventris Gravenhorst II p. 746 ♀♂ | 1883 S. parviventris C G Thomson, Opusc. Ent. IX p 870 ♀♂

♀ Metathorax mässig gerunzelt, der abschüssige Teil ziemlich steil, Seitendornen vorhanden. Das 1. Segment poliert. — Schwarz, Hinterleib, Schenkel mit Ausnahme der Spitze und Vordertarsen rot, Fühlerglied 6—11—12 und Schienen auf der Aussenseite weisslich. Vorderschienen innen rot, die hintersten innen schwärzlich. Bohrer etwas kurzer als der halbe Hinterleib.

♂ Metathorax starker gerunzelt. Fühler schwarz, unten rötlich Vorderschienen gelblich weiss. Hinterleib länglich oval, braunrot, gegen das Ende mehr braun, das 1. und 2. Segment zerstreut und fein punktiert. Palpen weisslich.

Var. cnemarga Grav. 1829 Phyg. cnemargus Gravenhorst, II p. 734 ♂. Die hintersten Beine fast ganz schwarz.

L. 8—9 mm.

Nord- und Mitteleuropa, nicht häufig.

5. S. varipes Grav. 1829 Phyg. varipes Gravenhorst, II p. 747 ♀.

♀ Fühlerglied 1—5 rötlich, oben braun, 6—10 weiss, die übrigen schwarz. Metathorax deutlich gefeldert. Vorderschenkel und Schienen rot, die Schienen hinter der Basis weiss; Mittelschenkel aussen gebräunt. Die hintersten Schenkel schwarz, die hintersten Schienen an der Basis weiss, in der Mitte rot, am Ende braun. Sonst wie S. parviventris, doch schwerlich nur eine Varietät desselben. 7 mm.

Mittleres Europa.

6. S. coxalis n. sp.

Stimmt mit S. varipes überein, aber die Farbe der Beine ist zu verschieden, als dass ich beide vereinigen könnte. Alle Hüften und Trochanteren weisslich, Vorderschenkel blass rötlich, Vorderschienen weisslich, innen schwach rötlich. Die hintersten Schenkel braunrot, an der äussersten Basis weisslich. Die hintersten Schienen weisslich, an der Basis schmal rot, an der Spitze breit braun, ebenso die hintersten Tarsen. Tegula rötlich.

L 6—7 mm.

Einige ♀ aus Thüringen.

7. S. brevis Grav. 1829 Phyg. brevis Gravenhorst, II p. 743 ♀ | 1883 S. brevis C. G. Thomson, Opusc. Ent. IX p. 870 ♀♂.

Schwarz, Hinterleib mit Ausnahme der Basis und Beine rot, die hintersten Schenkel oben mehr oder weniger und Spitzen der Hinterschienen schwarz. Fühler des ♀ mit schmalem rötlich-weissem Ring, Palpen des ♂ schwarz. — Dem S. parviventris ähnlich, aber Schienen des ♀ nicht weiss, Metathorax weniger stark gerunzelt und deshalb mehr glänzend, ♂ mit kurzen Fühlern, das 1. Geisselglied kaum länger als breit, Palpen schwarz. Hinterleib glatt, Postpetiolus nicht quer, Schienen und zuweilen auch Schenkel rot, an der Spitze schwarz.

L. 5—7 mm.

Nord- und Mitteleuropa.

8. **S. atratus** Strobl. 1900 S. atratus Strobl, Mitt Naturw Ver Steierm. 219 ♂.

♂ Verwandt mit S. minutulus, aber letzterer ist viel kleiner und hat weissliche Taster. — Glänzend schwarz, fast punktlos. Rot sind: der grösste Teil des dritten und die Ränder des zweiten Segmentes, die vier vorderen Schienen und der grösste Teil der hintersten Tarsen und Taster schwärzlich. Fühler ziemlich lang, fadenförmig, die ersten Geisselglieder doppelt so lang als breit. Metathorax fast glatt, deutlich gefeldert, area superomedia sechseckig. Hinterleib glatt, das 1. Segment mit zwei Kielen und vorspringenden Knötchen.

L. 5—6 mm. ♀ unbekannt.

Hochalpen von Steiermark.

9. **S. transverse-areolatus** Strobl. 1900 S. transverse-areolatus Strobl, Mitt Naturw Ver. Steierm 219 ♂.

♂ Sehr ähnlich dem S. atratus, aber Segment 2—4 schmutzig gelbbraun oder verschwommen schwarz und die vier Vordertarsen rotgelb. Der Metathorax ist dicht runzlig punktiert, area superomedia fast doppelt so breit als lang, area petiolaris weit hinaufreichend und ausgehöhlt.

L. 4 mm. ♀ unbekannt.

Steiermark.

10. **S. senilis** Grav. 1829 Phyg senilis Gravenhorst, II p 718 ♂ | 1883 S senilis C G Thomson, Opusc. Ent. IX p 871 ♂

♂ Gesicht und Thorax dicht und lang grau behaart; Fühler lang, gegen die Basis unten rötlich. Metathorax grob gerunzelt, die Leisten deshalb wenig vortretend, beiderseits mit starkem und spitzem Dorn. Mesonotum grob und zerstreut punktiert. Hinterleib fast linear, das 1. Segment sehr gestreckt. — Schwarz, Palpen weisslich, Hinterleib rot, Basis des 1. Segments und After schwärzlich. Vorderbeine von den Trochanteren an rot, Hinterbeine grösstenteils schwarz.

L. 8 mm. ♀ unbekannt. Vielleicht gehört der Phyg. plagiator Grav. als ♀ dazu.

Nord- und Mitteleuropa, selten.

11. **S. analis** C. G. Thoms. 1883 S. analis C G Thomson, Opusc. Ent. IX p. 871 ♀♂.

♀ Dem S. brevis sehr ähnlich, Hinterleibsende bei beiden Geschlechtern schwärzlich, Fühler ohne weissen Ring,

schwarz, in der Mitte kaum heller. Beine rot, Hüften
und Trochanteren schwarz, Stirn und Mesopleuren dicht
punktiert; Metathorax nicht gerunzelt, die Seitendornen
schwächer.

♂ Kopf hinter den Augen fast verbreitert, Palpen weisslich,
Fühler ziemlich lang. Hinterleib länglich oval, rot,
Petiolus und After schwarz, Postpetiolus mit scharfen
Kielen, das 2. Segment fast quer, undeutlich punktirt;
Vordertarsen, Schenkel und Schienen rot, die hintersten
an der Spitze schwarz.

L. 6—7 mm.

Schweden.

12. **S. erythrogaster** Grav. 1829 Phyg erythrogaster Gravenhorst
II. p. 741 ♀ | 1883 S erythrogaster C. G. Thomson, Opusc Ent IX
p. 872 ♀♂ | 1865 Ph. obscuripes Taschenberg, Crypt 43 ♀♂.

♀ Metathorax gerunzelt, der abschüssige, gröber gerunzelte
Teil ohne Längsleisten. Das 1. Segment hinten mit
parallelen Seiten, ohne Tuberkeln und Kiele, poliert, wie
die folgenden Segmente. Fühler gedrungen, nach vorn
etwas verdickt. — Nach Gravenhorst Fühlerglied
2—10 rostrot, nach Thomson Fühlerglied 5—11 weiss.
Hinterleib und Beine rot, Petiolus schwarz; Hüften,
Trochanteren, Schenkel grösstenteils, die hintersten
Schienenspitzen und Tarsen rotbraun bis schwarz. Bohrer
von etwa ⅓ Hinterleibslänge.

♂ Palpen weiss. Hinterleib wie beim ♀ nur an der Basis
schwarz; das 2. Segment fein runzlig-punktiert bis glatt.

L. 6—7 mm.

Nord- und Mitteleuropa.

13. **S. testaceus** Taschb. 1865 Phygadeuon testaceus Taschenberg,
Zeitschr. f. d. Ges. Naturw. p. 35 ♀.

♀ Kopf fast kubisch, glänzend, zerstreut punktiert, die
Stirne viel dichter; Fühler kräftig, fadenförmig, Gesicht
und Clypeus dicht punktiert, an der Unterseite des Kopfes
gelegen. Mesonotum glänzend, zerstreut punktiert, Metathorax fast glatt, vollständig gefeldert, mit kräftigen
Leisten und schwachen Seitendörnchen, der abschüssige
Raum stark ausgehöhlt. Beine kräftig, Schienen aussen
nicht bedornt. Nervulus weit hinter der Gabel. Hinterleib glatt und glänzend; Bohrer so lang wie der halbe
Hinterleib. — Schwarz, Fühler bis zum 11. Glied hell
und zwar sind bei meinen Exemplaren Glied 1—6 rötlich,

7—11 weisslich. Taschenberg erwähnt nichts von einem weissen Ringe. Flügel schwach gelblich getrübt, Stigma bräunlich. Hinterleib und Beine hellrot, bei meinen Exemplaren die Hinterleibsspitze verdunkelt.

L. 6 mm. ♂ unbekannt.

Deutschland.

14. **S. minutulus** C. G. Thoms. 1883 S minutulus C. G. Thomson, Opusc Ent IX p. 872 ♀♂.

Schwarz, Fühlerbasis verdünnt, rötlichgelb, Beine und Hinterleib rot; beim ♂ Palpen weisslich, Hinterleib glatt, braun, in der Mitte gelblich. —

Das ♀ dem S. brevis ähnlich, aber Fühler ohne weissen Ring, dick, gegen die Basis verdünnt; Hinterleibsstiel kaum gekielt; Kopf weniger kubisch, Stirn und Mesopleuren fast glatt. Beim ♂ das 1. Geisselglied deutlich länger als breit, Hinterleib und Beine grösstenteils schwarzbraun.

L. 3—5 mm.

Schweden. Wahrscheinlich identisch mit der vorhergehenden Art.

15. **S. bispinus** C. G. Thoms. 1896 S bispinus C. G. Thomson, Opusc Ent. XXI p. 2385 ♂

♂ Schwarz, Beine grösstenteils rot; Körper verlängert, Metathorax hinten mit spitzen Seitendornen. — Iu Habitus und Farbung fast wie Cratocryptus, aber Clypeus an der Spitze breit abgerundet, kaum getrennt, Schaft am Ende schwach ausgeschnitten, Schildchengrube durch Längskiel geteilt, der untere Aussenwinkel der Discoidalzelle ein spitzer. — Kopf schwarz, Palpen rötlich, Gesicht graulich behaart. Thorax fast cylindrisch, Mesonotum glänzend, Parapsiden bis zur Mitte; Luftlöcher des Metathorax oval, area superom. vollstandig, costula fehlt, Seitenzähne stark und spitzig. Flügel hyalin, Stigma schwarz, Tegulä rot. Hinterleib lang, schwarz, glänzend, fein behaart, Spirakeln des 1. Segmentes vorragend, in der Mitte; das 3. Segment quadratisch. Beine schlank rot, Hüften und die hintersten Schienen und Tarsen schwarz.

L. 8—9 mm. ♀ unbekannt.

Nördliches Schweden.

16. **S. eurycerus** C. G. Thoms. 1896 S. eurycerus C. G. Thomson, Opusc. Ent. XXI p. 2386 ♀.

♀ Schwarz, Fühler vor dem Ende erweitert, an der Basis und die Beine rötlich; Hinterleib schwarzbraun, die beiden ersten Segmente fein gerunzelt und fast matt. — Durch die Struktur der Fuhler und die Skulptur des Hinterleibes vor allen ausgezeichnet.

L. 4—5 mm. ♂ unbekannt.

Stockholm.

---

13. Gen. **Phygadeuon** Grav.

1829 Cryptus, fam. III, seu subgenus Phygadeuon Gravenhorst, Ichn. Eur. II p. 635

Wangen meist kurz, Clypeus nicht selten am Endrand zweizähnig; Fühler ♀ selten mit weissem Ring, Gesicht ♂ höchst selten mit heller Zeichnung. Areola im Flügel geschlossen, nur bei wenigen Arten, die eine Verbindung zwischen Phygadeuon und Hemiteles bilden, offen. Der untere Anssenwinkel der Discoidalzelle ein spitzer; die Fenster selten zusammenfliessend, sondern meist durch hornige Stelle geteilt. Metathorax mit deutlicher Felderung und runden Luftlöchern. Hinterleib meist mit roter Mitte. Körper meist punktiert, Fühler und Beine nicht schlank, sondern mehr oder minder kräftig. Augen der ♀ zuweilen behaart.

Bestimmungstabelle für die europäischen Arten mit Einschluss der Gattungen Ischnocryptus und Lochetica.

Anmerk Auch die Hemiteles-Arten mit geschlossener Areola sind in die Tabelle mit aufgenommen

♀.

1. Flügel stummelartig verkürzt. höchstens die Spitze des 1. Segmentes erreichend. 2.

    (Gattung **Stibentes** Först.)

    Flügel von normaler Länge. 7.

2. Mesonotum schwarz, mehr oder weniger glänzend. 3.

    Mesonotum rotgelb. 6.

3. Augen dicht und deutlich behaart. Postpetiolus gestreift.
    Hinterleibsmitte, Fühlerbasis und Beine rot. Flügel kaum
    die Spitze des 1. Segmentes erreichend, am Ende abge-
    rundet. 4 mm.
          81. r o t u n d i p e n n i s C. G. Thoms.

    Augen nicht behaart. 4.

4. Flügel am Ende spitz, das Ende des 1. Segmentes er-
    reichend. Hinterleibsmitte, Beine und Basis der dicken
    Fühler rötlich gelb. Bohrer so lang wie das 1. Segment.
          82. a c u t i p e n n i s C. G. Thoms.

    Flügel am Ende nicht spitz. Hinterleib schwarz oder
    rotbraun. 5.

5. Schwarz, Fühlerbasis und Beine rotgelb. Flügel länger
    als der Thorax mit deutlichem Stigma. Hinterleib
    kastanienbraun. Bohrer so lang wie das 1. Segment.
          79. H e i n e m a n n i Först.

    Schwarz, Beine zum Teil rot. Area superom. dreieckig,
    hinten breiter, costula hinter der Mitte. Bohrer fast von
    Hinterleibslänge.
          80. p a r v i p e n n i s C. G. Thoms.

6. Fühlerbasis, Mesonotum mit Schildchen und Beine gelb-
    rot; Hinterleib rotbraun, das 1. Segment am Ende und
    das 2 meist ganz rot. Bohrer kürzer als das 1. Segment.
          83. G r a v e n h o r s t i Först.

    Fühlerbasis breit, Pro- und Mesonotum, das 2. und 3.
    Segment rotgelb, die übrigen braun. Beine gelb. Das
    2. Segment fein lederartig. Bohrer so lang wie das
    1. Segment.
          84. B o n e l l i i Grav.

7. Flügel mit geschlossener Areola. 8.
    Flügel mit aussen offener Areola wie bei Hemiteles. 95.

8. Clypeus in der Mitte des Vorderrandes ohne Zähne. 9.

    Clypeus in der Mitte des Endrandes mit 2 Zähnchen oder
    spitzen Höckerchen. Costula meist hinter der Mitte.
    Schenkel meist dick. Stirn und Mesonotum oft grob
    punktiert. 45.

9. Das ganze Tier gelbrot, nur der Kopf schwarz, Mesonotum
    und Hinterleibsspitze gebraunt.
          33. B i s c h o f f i n. sp.

    Kopf und Thorax schwarz. 10.

10. Die hintersten Sporen sehr klein, gekrümmt. Radius aus der Mitte des Stigma Hinterleib und Beine schwarz oder zum Teil gelb. 3—4 mm.

23. curvispina C. G. Thoms.

Die hintersten Sporen länger. Hinterleibsmitte fast stets rot. 11.

11. Bohrer deutlich länger als das 1. Segment, meist so lang oder fast so lang als der Hinterleib. 12.

Bohrer nicht länger als das 1. Segment. 25.

12. Hinterleib schwarz. Fühlerbasis und Beine gelb Areola klein. Stirn matt. Bohrer etwas kürzer als der Hinterleib.

Hemiteles areolaris C. G. Thoms.

Hinterleib zum Teil rot. 13.

13. Hinterleibsmitte rot. 14.

Hinterleib nur an der Basis oder Spitze schwarz. Fühlerbasis rot. 23.

14. Fühler mit weissem Ring. 15.

Fühler ohne weissen Ring. 16.

15. Fühler dreifarbig Bohrer so lang als der Hinterleib. Beine rotgelb.

cf. Hemiteles ornaticornis Schmiedekn.

Fühler schwarz mit weissem Ring. Bohrer etwas länger als der halbe Hinterleib. Die hintersten Hüften braun.

22. annulicornis C. G. Thoms.

16. Metathorax beiderseits mit lamellenartigem Zahn. Hinterleib glatt und glänzend, Segment 2—4 rotgelb. Bohrer etwas länger als der halbe Hinterleib. Fühlerbasis rot. 4 mm.

25. armatulus C. G. Thoms.

Metathorax nicht mit starken Seitenzähnen.

17. Segment 2 und 3 röthlichgelb mit schwarzen Endrändern. Beine und Schaft ganz oder unten röthlichgelb 4 mm.

Hemiteles pullator Grav.

Hinterleib anders gezeichnet. 18.

18. Fühler dick, ganz schwarz. Schenkel und Schienen rot. Augen behaart. Nervellus antefurc.

17. caudatus C. G. Thoms.

Fühler weit dünner. 19.

19. Grosse Art mit aufgetriebenem Kopfe, dem Xylophrurus lancifer sehr ähnelnd. Nervellus antefurc. Fühlergeissel an der Basis rot. 10—12 mm

1. grandis C. G. Thoms.

Kleinere Arten mit meist verschmälertem Kopfe. 20.

20. Flügel unter dem Stigma mit deutlicher bräunlich-gelber Wolke oder Spur von Querbinde. Basalglieder der Geissel, Segment 2—4 und Schenkel und Schienen gelb-rot. 6 mm.

19. nubilipennis n. sp.

Flügel unter dem Stigma ohne Wolke oder Querbinde. 21.

21. Area superom. quadratisch. Basalhälfte der Fühler gelb, oben fast weisslich. Radius hinter der Mitte des Stigma.

18. flavipes C. G. Thoms.

Area superom. fast dreieckig, Costula kurz vor dem Ende. Nur die ersten Fühlerglieder ganz oder teilweis hell. Radius aus der Mitte des Stigma. 22.

22. Hinterleibsmitte und Beine rotgelb. Kopf hinter den Augen verschmälert. 4—5 mm.

12. perfusor Grav.

Hinterleibsmitte und Beine rot. Kopf hinter den Augen nicht verschmälert. 5—6 mm.

13. speculator Grav.

23. Hinterleib rot, Petiolus schwarz. Stigma breit. Areola klein. 5—7 mm.

2. bitinctus Grav.

Hinterleib am Ende schwarz. 24.

24. Hinterleib fast glatt, nur an der Basis runzelig-punktiert. Grosse Art von 10—12 mm.

1. grandis C. G. Thoms.

Hinterleib dicht und grob punktiert, schwarz, gegen die Basis mehr oder weniger rot. 5—7 mm.

Lochetica pimplaria C. G. Thoms.

25. Hinterleib schwarz. 26.

Hinterleib zum Teil rot. 31.

26. Wenigstens die Spitze des Clypeus gelb. Hinterleib
fein punktiert. 27.
Clypeus und Wangen schwarz. 28.

27. Clypeus und Wangen gelb. Beine ganz rotgelb. 6—8 mm.
10. nycthemerus Grav.
Nur der Clypeus gegen das Ende gelb. Die hintersten
Schienen und Tarsen schwarz, die ersteren an der
Basis hell.
11. heteropus C. G. Thoms.

28. Beine schwarz, nur die Spitze der vordersten Schenkel
und die vordersten Schienen zum Teil rötlich. Hinterleib vom 2. Segment an glatt und glänzend. Bohrer
sehr kurz.
4. anthracinus Kriechb
Beine heller oder dunkler rot; in zweifelhaften Fällen
das 2. Segment nicht glatt. 29.

29. Hinterleib glatt und glanzend, das 1. Segment sehr kurz,
nicht länger als an der Spitze breit. 4 mm.
24. liogaster C. G. Thoms.
Das 1. Segment weit langer. Metathorax mit Seitendornen. 30.

30. Das 2. Segment glatt, kürzer als das 3. Schenkel und
Schienen gelbrot. 7—8 mm.
3 afflictor Grav.
Das 2. Segment langer als das 3., dicht und stark
punktiert. Geissel rotbraun. 8—9 mm.
7. vulnerator Grav.

31. Hinterleib rot oder rotgelb, nur an der Basis schwarz. 32.
Hinterleib ausgedehnter dunkel gezeichnet. 35.

32. Fühler mit weissem Ring. Hinterleib glatt, rot, das
1. Segment schwarz. Beine grösstenteils schwarz 6—8 mm.
6. recurvus C. G. Thoms.
Fühler ohne weissen Ring. 33.

33. Hinterleib glatt und glanzend, mit Ausnahme des 1. Segmentes rotgelb, ebenso Fühlerbasis und Beine. 6 mm.
5. serotinus n. sp.
Das 2. Segment an der Basis fein gerunzelt oder Hinterbeine ausgedehnt schwarz. 34.

34. Petiolus dick, Postpetiolus mit 2 Kielen, dazwischen mit
    Grube.   Das 2. Segment an der Basis fein gerunzelt.
    Fühlerbasis, Hinterleib und Beine gelbrot, das 1. Segment
    schwarz. 8—10 mm.

               8. ochrogaster C. G. Thoms.

    Das 1. Segment kurz und schmal. Gesicht weiss behaart.
    Hinterleib vom 2. Segment an glatt und glänzend, rot,
    nur das 1. Segment schwarz.   Hinterbeine ausgedehnt
    schwarz. 6—8 mm.

               9. tenuipes Grav.

35. Scheitel winkelig ausgerandet.   Das 2. Segment dicht
    und stark punktiert.   Stirn und Mesonotum dicht und
    fein punktiert, fast matt. Hinterleibsmitte rot. 4—6 mm.

               14. sodalis Taschb.

    Scheitel nicht winkelig ausgerandet.   Mesonotum oft
    glatt und glänzend. Hinterleibsmitte meist gelbrot. 36.

36. Bohrer kaum vorstehend. 37.

    Bohrer deutlich vorstehend. 39.

37. Hinterleib rot, das 1. Segment und dreieckige Endmakeln
    von Segment 3—6 schwarz.   Die beiden ersten Fühler-
    glieder und Beine rot, die hintersten Kniee schwarz.
    4—5 mm.

               27. parvicauda C. G. Thoms. .

    Hinterleib anders gezeichnet.   Clypeus dicht behaart.
    Stigma an der Basis weisslich. 38.

38. Fühlerbasis, Beine und Segment 2—7 gelb. 4—6 mm.

               15. anurus C. G. Thoms.

    Fühlerring weisslich. Beine gelb, die hintersten Kniee
    schwarz. 5—6 mm.

               16. longiceps C. G. Thoms.

39. Hüften gelb oder rot. 40.

    Hüften schwarz. 44.

40. Metathorax ohne Seitenzähne, Bohrer so lang wie das
    1. Segment. 41.

    Metathorax mit Seitenzähnen.   Bohrer kürzer als das
    1. Segment. 43.

41. Hinterleib vom 2. Segment an rotgelb, Endsaum der Segmente gebraunt, zuweilen so ausgedehnt, dass nur die Einschnitte rotlich bleiben. Fühlerbasis und Beine rotgelb. Stigma dunkelbraun, an Basis und Spitze weisslich. 5—6 mm.

26. autumnalis n. sp.

Hinterleibsmitte rot. Stigma gelblich. 42.

42. Kopf und Thorax fein lederartig punktiert, fast matt. Hinterleib 'ganz fein und zerstreut punktiert. Fühler, Clypeus, Halskragen, Hinterleibsmitte und Beine rostrot.

28. rufovarius n. sp.

Kopf und Thorax glanzend schwarz, Metathorax und Brust glatt. Fühlerbasis, Hinterleibsmitte und Beine rot.

29. liosternus C. G. Thoms.

43. Segment 2—4 und Beine rotgelb; Klauenglied kräftig. Radius aus dem letzten Drittel des Stigma.

20. pallidicarpus C. G. Thoms.

Hinterleibsmitte und Beine rot. Metathorax mit spitzen Seitenzahnen. Brust gerunzelt, matt.

30. rugipectus C. G. Thoms.

44 Segment 2—4 rot. Stirn und Mesonotum glatt. Nervell. antef.

21. longigena C. G. Thoms.

Segment 2—5 rot. Augen behaart. Nervell. postf.

31. ripicola C. G. Thoms.

45. Thorax auffallend lang, area superom. verlängert, costula in der Mitte. Kopf fast kubisch. Zahne des Clypeus schwach. Hinterleibsmitte meist rot. 4—5 mm.

34. cylindraceus Ruthe.

Thorax nicht von auffallender Lange. 46.

46. Postpetiolus gestreift und mit deutlicher Langsfurche. Hinterleibsmitte und Beine rot. Fuhler schlank, die 3 ersten Glieder lang, rot. 5—6 mm.

74. canaliculatus C. G. Thoms.

Postpetiolus ohne Furche oder die Fühler kräftig. 47.

47. Das 2. Segment dicht läugsgestreift.   Hinterleibsmitte
    und Beine hellrot.   4—5 mm.
                    39. s e m i p o l i t u s Taschb.

    Das 2. Segment glatt oder mit anderer Sculptur. 48.

48. Klauenglied breit und lang mit kräftigen Klauen.
    Geissel hellbraun. Beine und Hinterleib hellrot, letzterer
    an der Spitze schwarz. 5—6 mm.
                    41. u n g u l a r i s C. G. Thoms.

    Klauenglied und Klauen von gewöhnlicher Stärke. 49.

49. Wangen breit, Clypeus mit 2 spitzen Zahnchen.   Fühler
    dünn fadenförmig. Stirn dicht und fein punktiert. Area
    superom. quer, Costula hinter der Mitte. Areola klein. 50.

    Nicht alle diese Merkmale vereinigt. 52.

50. Hinterleibsmitte, Schenkel und Schienen rot, die hintersten
    an der Spitze schwarz. Bohrer etwa von halber Hinter-
    leibsläuge. 4—6 mm.
                    36. v a g a n s Grav.

    Hinterleib nur an der Basis schwarz. 51.

51. Beine mit Einschluss der Hüften rot. Fühlerschaft unten
    rot, Geissel unten braun 4—5 mm.
                    37. r u s t i c e l l a e Bridgm.

    Hüften und Basis der Trochanteren schwarz.   Fuhler
    unten nicht hell. 6 mm.
                    38. a l t e a r e o l a t u s n. sp.

52. Kopf hinter den Augen meist verschmalert; Clypeus mit
    2 knotenartigen Zahnen. Postannellus meist deutlich
    länger als der Schaft. 53.

    Kopf oft kubisch; Clypeuszahne meist gross und deutlich.
    Postannellus meist kurzer als das folgende Glied. Kein
    weisser Fühlerring. 62.

53. Gesicht hell gefärbt. Metathorax mit deutlichen Seiten-
    dornen. Hinterleib glatt. 5 mm.
                    42. f a c i a l i s C. G. Thoms.

    Gesicht schwarz. Metathorax selten mit Seitendornen. 54.

54. Beine schlank. Augen behaart. Bohrer kürzer als das
    1. Segment. Hinterleibsmitte und Beine gelbrot; Hüften
    schwarz. 3—4 mm.
                    44. l a p p o n i c u s C. G. Thoms.

    Schenkel verdickt. 55.

55. Fühler 3 farbig. Augen behaart, bei Ph. leucostigmus die Behaarung schwer erkennbar. Postpetiolus gestreift. Hinterleibsmitte rot. 56.

Fühler ohne weissen Ring. Augen nackt. Kleine Arten. 57.

56. Beine rot, die hintersten Kniee schwarz. Bohrer viel kürzer als das 1. Segment. Stigma an der Basis breit weiss. 4—6 mm.

45. leucostigmus Grav.

Beine ganz hellrot. Bohrer so lang wie das 1. Segment. Wangen und Brustseiten punktiert. 5 mm.

46. punctigena C. G. Thoms.

57. Metathorax mit spitzen Seitendörnchen. Flügelbasis und Hinterleibsmitte hellrot. 3 mm.

47. nanus Grav.

Metathorax ohne spitze Seitendörnchen. 58.

58. Fühler ganz schwarz. Bohrer sehr kurz. Das 2. Segment an der Spitze fein runzelig-punktiert. 3 mm.

48. brachyurus C. G. Thoms.

Fühler an der Basis rot oder gelb. 59.

59. Das 2. Segment an der Basis runzlig-punktiert, bei Ph tergestinus sehr fein. 60.

Das 2. Segment wie die folgenden glatt. Hinterleibs-mitte rot. 61.

60. Basis des 2. Segmentes sehr fein und zerstreut runzlig-punktiert. Fühlerbasis. Hinterleib und Beine rotgelb, das 1. Segment schwarz, die Spitzen der hintersten Schenkel und Schienen gebraunt. 6 mm.

49. tergestinus n. sp.

Das 2. Segment dichter runzlig-punktiert. Hinterleibs-mitte verloschen braunrot. 3—4 mm.

50. punctiventris C. G. Thoms.

61. Fühler lang, Basalhälfte der Geissel rötlichweiss, die beiden ersten Glieder zum Teil braun. Abschüssiger Teil des Metathorax nur schwach glänzend, mit starken Langs-leisten. 6 mm.

51. Lehmanni n. sp.

Fühler ziemlich kurz mit roter Basis. Abschüssiger Teil des Metathorax glänzend. 3—4 mm.

52. laeviventris C. G. Thoms.

62. Grössere Arten mit schwarzem Hinterleib.   Augen kahl. Stirn stark punktiert.   Bohrer kurz.   63.

Meist kleinere oder mittlere Arten.   Hinterleibsmitte fast stets rot.   Augen oft behaart.   65.

63. Beine grösstenteils dunkel.   Geisselglieder 3—7 gelb. 6—8 mm.

55. flavimanus Grav.

Schenkel, Schienen und Fühlerbasis rot.   64.

64. Hüften schwarz.   Das 1. Segment mit einzelnen groben Längsrissen.   8—10 mm.

53. cephalotes Grav.

Die ganzen Beine lebhaft rot, nur Hintertarsen dunkel. Das 1. Segment mit 2 Kielen, ausserdem dicht und stark längsrissig, ebenso, aber feiner, die Basis des 2. Segmentes. 7—8 mm.

54. clypearis Strobl.

65. Flügel an der Basis des Radius mit fleckenartiger Trübung.   66.

Flügel wasserhell oder gleichmässig leicht getrübt.   68.

66. Bohrer langer als der halbe Hinterleib.   Fühler 25—27-gliedrig.   5 mm.

59. tenuicosta C. G. Thoms.

Bohrer kurzer als das 1. Segment, dieses hinten längs-runzelig.   Fühler 20—22-gliedrig.   67.

67. Fühler ohne weissen Sattel.   Körper und Beine wenig behaart.   6—7 mm.

57. variabilis Grav.

Fühler mit weissem Sattel.   Körper und Beine stark be-haart.   6—7 mm.

58. dumetorum Grav.

68. Augen nackt.   69.

Augen dicht und deutlich behaart.   Postpetiolus gestreift. 93.

69. Endabschnitt des Radius fast 3 Mal länger als die Basis. Das 1. Segment lang und dünn.   Area superom. quer. 70.

Endabschnitt des Radius nicht 3 Mal länger als Basis.   71.

70. Hinterleib und Beine gelb. Bohrer von kaum ¼ Hinterleibslänge. 4—5 mm.

60. exiguus Grav.

Segment 2—6 an der Spitze gelb. Clypeus mit 2 starken Zähnen. Bohrer kaum vorstehend. 4—5 mm.

61. bidens C. G. Thoms.

71. Hinterleib lang und schmal, hinten mehr oder weniger comprimiert, nur an der Basis schwarz, selten die hintersten Segmente etwas verdunkelt (Gattung Ischnocryptus Kriechb.) 72.

Hinterleib mehr oval, nicht comprimiert. 78.

72. Nur Segment 2—4—5 rot. Hochstens die Kniee schwarz. 73.

Hinterleib nur an der Basis schwarz. Hinterschenkel schwarz. 75.

73. Hüften grösstenteils rot. Kniee, Schienenspitzen und Tarsen schwarz. Bohrer kaum vorragend.

3. geniculatus Kriechb.

Hüften schwarz. Schenkel ganz rot. Hinterschienen an der Basis schwarz. 74.

74. Stigma schwarz, an der Basis kaum heller. Das 1. Segment mit 2 Längskielen und seichter Furche dazwischen. 8—9 mm.

2. nitidus Grav.

Stigma graubraun, an beiden Enden heller. Das 1. Segment schlank, fast linear mit schwachen Längskielen. Hinterleib weniger breit. Durchschnittlich kleiner als die vorhergehende Art. 7 mm.

1. hercynicus Grav.

75. Fühler kurz und dick, etwas keulenförmig. 76.

Fühler verlängert, fadenförmig. 8—9 mm. 77.

76. Grosse Art von 10 mm. Fühlerbasis rot.

4. forticornis Kriechb.

Nur 6 mm. Fühlerbasis nur unten rot.

7. atropos Kriechb.

77. Fühlergeissel an der Basis jäh verdünnt.

5. clotho Kriechb.

Fühlergeissel an der Basis kaum verdünnt.

6. lachesis Kriechb.

78. Hinterleib nur an der Basis schwarz, sonst rot oder gelb.
Fühlerbasis meist rot. Mesopleuren punktiert. 79.

Hinterleib auch am Ende schwarz. 82.

79. Hinterleib und Beine gelbrot, Bohrer weit kürzer als
das 1. Segment. 80.

Beine zum Teil schwarz. Bohrer so lang wie das 1.
Segment. Grössere Arten. 81.

80. Wangen und Mesopleuren sehr dicht punktiert. Hinterleib mehr gestreckt.
70. p u n c t i p l e u r i s C. G. Thoms.

Wangen und Mesopleuren nicht auffallend dicht punktiert.
Hinterleib oval.
78. o v a l i s C. G. Thoms.

81. Beine rot, Hüften zum Teil, Spitzen der hintersten
Schenkel, Basis und Spitze der hintersten Schienen und
die hintersten Tarsen schwarz. Area superomedia doppelt
so breit als lang. Körper breit und gedrungen.
71. n o b i l i t a t u s n. sp.

Schenkel schwarz, die vorderen an der Spitze rot. Area
superomedia ungefahr so lang als breit.
72. c u r v i s c a p u s C. G. Thoms.

82. Fühler schwarz oder nur die Basalglieder an der Spitze
rot. Bohrer meist kürzer als das 1. Segment. 83.

Fühlerbasis rot oder gelb. 89.

83. Beine nur zum Teil hell gefärbt. 84.

Schenkel und Schienen rot. 86.

84. Bohrer deutlich länger als das 1. Segment. Segment 2
und 3 teilweise rotgelb bis ganz schwarz. 3—4 mm.
cf. Ph. t r o g l o d y t e s Grav.
(Unter den zweifelhaften Arten.)

Bohrer kürzer als das 1. Segment. 85.

85. Bohrer doppelt so kurz als das 1. Segment. Fühler
dünn. 4 mm.
65. t e n u i s c a p u s C. G. Thoms.

Bohrer wenig kürzer als das 1. Segment. 4 mm.
66. o p p o s i t u s C. G. Thoms.

86. Die vordersten Schienen aufgeblasen. Kopf kubisch. Pronotum und Metapleuren dicht punktiert. Area superom. quer, costula hinter der Mitte. 4—5 mm.
63. inflatus C. G. Thoms.

Die vordersten Schienen nicht aufgeblasen. 87.

87. Postannellus kürzer als der Schaft. Bohrer fast doppelt kürzer als das 1. Segment. 5—6 mm.
69. scaposus C. G. Thoms.

Postannellus nicht kürzer als der Schaft. 88.

88. Parapsiden kaum angedeutet, nur punktförmig. Fühlerbasis an der Unterseite meist rot. Die vordersten Schienen kaum aufgeblasen. 4—5 mm.
64. fumator Grav.

Parapsiden kurz aber deutlich. Fühlergeissel gegen die Basis rötlich. 4—5 mm.
8. Ischnocryptus brevitarsis C. G. Thoms.

89. Bohrer doppelt kürzer als das 1. Segment. 90.

Bohrer so lang oder etwas länger als das 1. Segm. 91.

90. Hinterleibsmitte, Fühlerbasis und Beine gelbrot: die hintersten Hüften an der Basis schwarz. Metathorax glatt. Nervellus antefurc. 4 mm.
67. flavicans C. G. Thoms.

Hinterleibsmitte, Fühlerbasis und Beine rot. Postannellus deutlich kürzer als Schaft. 4—5 mm.
69. scaposus C. G. Thoms.

91. Hinterleibsmitte rot oder braunrot. Beine rot, Spitzen der hintersten Schenkel und Schienen schwarz. 4 mm.
62. ovatus Grav.

Hinterleibsmitte und Beine rotgelb. 92.

92. Bohrer höchstens so lang als das 1. Segment. Kopf kubisch. 4—5 mm.
68. cubiceps C. G. Thoms.

Bohrer fast länger als das 1. Segment. Nur die drei ersten Geisselglieder gelb. 4 mm.
73. submuticus C. G. Thoms.

93. Fühler schwarz. Hinterleibsmitte und Beine zum Teil
rot. Bohrer kürzer als das 1. Segment. Metapleuren
und Seiten des Pronotums punktiert. Nervellus oppos.

75. **trichops** C. G. Thoms.

Fühlerbasis mehr oder weniger ausgedehnt rot. 94.

94. Basalhälfte der Fühler, Hinterleibsmitte und Beine rot.
4 mm.

76. **dimidiatus** C. G. Thoms.

Fühlerbasis nur in geringer Ausdehnung rötlich. Mesonotum glänzend, zerstreut punktiert. Area superom.
quer. Segment 2 und 3 gelbrot. Beine rötlich, die hintersten Hüften und Basis der hintersten Schienen
schwärzlich. 4 mm.

77. **ocularis** C. G. Thoms.

95. Schwarz, Bohrer nur halb so lang als das 1. Segment.
Kleine Arten. 96.

Hinterleibsmitte rot oder braunrot. Augen meist behaart. 97.

96. Beine schwarz, Schienen und Tarsen gelblich, die hintersten am Ende schwarz. Clypeus nur bei dem ♂ mit
Zahn. Sehr kleine Art von 2—3 mm.

86. **monodon** C. G. Thoms.

Beine rostrot, Hüften und Basis der Trochanteren schwarz.
Clypeus am Endrand mit 2 Zähnchen. Hinterleib glatt
und glänzend. 3—4 mm.

24. **liogaster** C. G Thoms.

97. Beine rot oder rotgelb, Hüften schwarz. Fuhlerbasis
rot. 98.

Hüften rot oder gelb, höchstens die hintersten schwarz
gefleckt. 99.

98. Kopf kubisch, Augen behaart. Nur die Hinterleibsmitte rot.

35. **grandiceps** C. G. Thoms.

Kopf quer, Augen nicht behaart. Hinterleib rot, nur
das 1. Segment schwarz.

85. **connectens** n. sp.

99. Das 2. Segment und die Basis des 3. braunrot. Fühler kurz und ziemlich dick, Glied 1—4 rot, 5 und 6 braun, 7 und 8 weisslich, die übrigen schwarz. Beine rot, die hintersten Schenkel und Schienen schwarzbraun gefleckt.

87. varicornis C. G. Thoms

Fühler nicht 3 farbig. 100.

100 Nur der Schaft unten hell. Bohrer nur halb so lang als das 1. Segment. Das 2. Segment am Ende, das 3. auf dem Rücken und die Beine gelblich. Vorderschenkel oben, die hintersten ganz schwarz. Die hintersten Schienen dick, an der Spitze mit den Tarsen braun.

88. stilpninus C. G. Thoms.

Fühlerbasis hell. Beine rot, selten die hintersten Schenkel an der Basis oben verdunkelt. 101.

101. Bohrer länger als der halbe Hinterleib. Basalhälfte der Fühler rot.

89. mixtus Bridgm.

Bohrer höchstens von ⅓ Hinterleibslänge. Nur Fühlerglied 1 und 2, das 3. meist nur an der Basis rot.

90. crassicornis Grav.

♂.

1. Flügel mit geschlossener Areola. 2.

Flügel mit aussen offener Areola, wie bei Hemiteles. 65.

2. Clypeus in der Mitte des Vorderrandes ohne Zähne. 3.

Clypeus in der Mitte mit 2 deutlichen Zahnen. Costula meist hinter der Mitte. Schenkel gewöhnlich dick. Stirn und Mesonotum meist grob punktiert. 24.

3. Gesicht weiss. 6—8 mm. 4.

Gesicht schwarz. 5.

4. Beine gelb, Hüften und Schaft unten weiss.

10. nycthemerus Grav.

Die hintersten Schenkel und Schienen an der Spitze schwarz.

11. heteropus C. G. Thoms.

5. Grosse Art von 8—12 mm.   Schwarz, Segment 2 uud 3,
   Schenkel uud Schienen rot,   die hintersten am Ende
   schwarz.
                   1. grandis C. G. Thoms.
   Weit kleinere Arten.   6.

6. Fuhler ganz schwarz.   7.
   Wenigstens der Schaft unten hell.   19.

7. Metathorax mit starken Seitendornen.   8.
   Metathorax mit schwachen oder ohne Seitendornen.   9.

8. Körper schwarz; Schenkel und Schienen rotlich gelb.
   Area superom. quer.   7—8 mm.
                   3. afflictor Grav.
   Hinterleibsmitte und Beine rot.   Brust runzelig, matt.
                30. rugipectus C. G. Thoms.

9. Sporen sehr kurz, gekrümmt. Hinterleib schwarz. 3—4 mm.
                23. curvispina C. G. Thoms.
   Sporen gewöhnlich.   10.

10. Segment 2 uud 3 oder 2—4 rot, am Ende mit breiter
    brauner oder schwarzer Makel, oder solchem Endrand.
    Beine rot, Hüften uud Spitzen der hintersten Schenkel
    und Schienen schwarz.
                   32. Marshalli Bridgm.
    Hinterleib auders gezeichnet.   11.

11. Das 1. Segment lang und schmal, überhaupt der ganze
    Körper, namentlich Fuhler und Beine schlank. Gesicht
    weisshaarig. Segment 2—4—6 uud Beine rötlich, Hüften,
    Trochanteren und mehr oder weniger die Hinterbeine
    schwarz. 8 mm.
                   9. tenuipes Grav.
    Körper, namentlich das 1. Segm. weit weniger schlank. 12.

12. Segment 2—6 und Beine rotgelb, Hüften schwarz.
                31. ripicola C. G. Thoms.
    Die helle Hinterleibszeichnung nicht so ausgedehnt.   13.

13. Wangen lang, langer als die Basis der Mandibeln. Stigma
    braungelb. Radius meist hinter der Mitte des Stigma. 14.
    Wangen nicht besonders lang. Stigma meist dunkel.
    Stirn und Mesonotum ziemlich glatt.   16.

14. Glänzend, Metathorax und Brust ziemlich glatt. Hinterleibsmitte und die schlanken Beine rot. Metathorax ohne Seitenzähne
29. liosternus C. G. Thoms.

Metathorax und Brust mit deutlicher Sculptur. Hüften schwarz, wenn rot, dann der Metathorax mit Seitenzähnen. 15.

15. Beine ganz rotgelb, das Klauenglied kräftig. Nervellus postfurc. Metathorax mit stumpfen Seitenzähnen.
20. pallidicarpus C. G. Thoms.

Beine rotgelb, Hüften, die hintersten Tarsen und Basis und Spitze der hintersten Schienen schwarzbraun. Nervellus antefurc.
21. longigena C. G. Thoms.

16. Nervellus deutlich postfurc. Stigma an der Basis hell. Klauen gross. 5—7 mm.
16. longiceps C. G. Thoms.
Nervellus antefurc. Radius aus der Mitte des Stigma. 17.

17. Costula in der Mitte der area superom.; letztere fast quadratisch. Schenkel gelb oder zum Teil schwarz. 4—5 mm.
12. perfusor Grav.
Costula hinter der Mitte. 18.

18. Costula nur etwas hinter der Mitte. Das 2. Segment fein gestreift. 4—5 mm.
80. parvipennis C. G. Thoms.

Costula weit hinter der Mitte. Area superom. breit und kurz. 5—6 mm.
13. speculator Grav.

19. Die vorderen Trochanteren weiss. Scheitel winkelig ausgeschnitten. Stirn und Mesonotum dicht und fein punktiert, fast matt. 5—6 mm.
14. sodalis Taschb.
Die vorderen Trochanteren nicht weiss. Scheitel nicht winkelig ausgeschnitten. 20.

20. Hinterleibsstiel auffallend lang, linear, wenigstens doppelt so lang als die Hüften, Spirakeln hinter der Mitte, zahnartig vorstehend. Fühlerbasis und Beine gelb.
83. Gravenhorsti Först.
Hinterleibsstiel nicht auffallend lang und linear. 21.

21. Clypeus dicht behaart. Die beiden ersten Fühlerglieder, die ganzen Beine und Segment 2—7 gelb. Körper schlank. Area superom. lang. 4—6 mm.

15. a n u r u s C. G. Thoms.

Clypeus nicht auffallend dicht behaart. Beine rot. 22.

22. Hinterleib dicht und stark punktiert, matt, gegen die Basis rot. 5—7 mm.

Lochetica pimplaria C. G. Thoms.

Hinterleib grösstenteils glatt und glänzend, in der Mitte rot. 23.

23. Der ganze Hinterleib glatt und glänzend; das 1. Segment lang.

2. b i t i n c t u s Grav.

Das 2. Segment an der Basis fein gerunzelt; das 1 Segment breit. Das 3. Segment und meist die Basis des 4. rot.

22. a n n u l i c o r n i s C. G. Thoms.

24. Thorax auffallend lang; area superom. sehr verlängert. Kopf fast kubisch, Fühler schwarz. 4—5 mm.

34. c y l i n d r a c e u s Ruthe.

Thorax nicht ungewöhnlich lang. 25.

25. Segment 2 und 3 oder 2—4 rot, am Ende mit brauner oder schwarzlicher Quermakel oder Endbinde. Beine rot, Huften und Spitzen der hintersten Schenkel und Schienen schwarz. Metathorax mit 2 Querleisten, area superomedia an den Seiten nicht geschlossen. Kopf und Thorax fein und dicht punktiert, matt. 6 mm.

32. M a r s h a l l i Bridgm.

Hinterleib anders gezeichnet. 26.

26. Postpetiolus mit deutlicher Längsfurche. Fuhlerschaft unten rot. Die hintersten Schenkel schwarz, an der Basis rot, Schienen an der Basis schwarz.

74. c a n a l i c u l a t u s C. G. Thoms.

Postpetiolus ohne deutliche Langsfurche. 27.

27. Das 1. und 2. Segment dicht langsgestreift. Hinterleibsmitte und Beine mit Ausnahme der Hüften rot. 28.

Das 2. Segment mit anderer Sculptur. 29.'

28. Metathorax grob gerunzelt, vollständig gefeldert, area superomedia sechsseitig. Segment 2—4 und Beine rot, Hüften, Trochanteren, die hintersten Kniee, Schienenspitzen und Tarsen schwarz. 6—7 mm.

39 semipolitus Taschb.

Area superomedia stark quer; Metathorax beiderseits mit kurzem und spitzem Dorn. Schaft unten rot. Die hintersten Schienen, zuweilen auch die hintersten Schenkel schwarz. Segment 2 am Endrand und 3 und 4 rot. 6 mm.

40. rugulosus Grav.

29. Klauen und Klauenglied auffallend gross; Beine gelb, die hintersten Tarsen und Spitzen der hintersten Schienen schwarz. 6—7 mm.

41. ungularis C. G. Thoms.

Klauen und Klauenglied von gewöhnlicher Grösse. 30.

30. Wangen breit. Area superom. quer, Costula hinter der Mitte. Postpetiolus quadratisch. Areola klein; nervellus antefurc. 5—6 mm.

36. vagans Grav.

Nicht alle diese Merkmale vereinigt. 31.

31. Stigma an der Basis breit weiss. Metathoraxleisten stark, area superom. klein.

45. leucostigmus Grav. (non C. G. Thoms.)

Stigma nicht so auffallend weiss an der Basis. 32.

32. Kopf hinter den Augen meist verengt; Clypeus mit 2 knotenförmigen Zähnen. 33.

Kopf meist kubisch, Clypeuszähne meist gross und deutlich 44.

33. Metathorax mit deutlichen Seitendornen. 34.

Metathorax ohne Dornen, bei Ph. nanus ganz schwache Seitendörnchen vorhanden. 36.

34. Grössere Art von 8—9 mm. Beine rot, die hintersten Schienenspitzen und Tarsen schwarz. Fühlergeissel an der Basis rötlich. Hinterleib schwarz, das 2. oder 3. Segment zuweilen verschwommen rot.

54. clypearis Strobl.

Kleinere Arten von 5—6 mm. 35.

35. Hinterleib schwarz. ?Schaft unten, die vorderen Hüften und Trochauteren und Tegula gelblich. Beine gelbrot, die hintersten Hüften und Tarsen schwarz. 6 mm.

43. pseudovulnerator Strobl.

Hinterleib zum Teil hell gezeichnet. Seitendornen des Metathorax stark.

cf. 42. Ph. facialis C. G. Thoms.
(♂ bis jetzt nicht bekannt.)

36. Schenkel schlank, Hinterleibsmitte und Beine mit Ausnahme der Hüften rotgelb. Stigma klein, blass; der untere Aussenwinkel der Discoidalzelle fast ein rechter.

44. lapponicus C. G. Thoms.

Schenkel mehr oder weniger kräftig. 37.

37. Grössere Arten von 5—6 mm. Fühler fast von Körperlänge. Costula vor der Mitte. 38.

Kleine Arten von nur 3—4 mm. 40.

38. Hinterleib schwarz. Schaft unten, Punkt vor den Flügeln, vordere Hüften und Trochauteren und Tegula weiss.

56. balearicus Kriechb.

Hinterleibsmitte rot. 39.

39. Die hintersten Kniee und Tarsen schwarz. Schaft rot. Costula deutlich vor der Mitte.

3. Ischnocr. geniculatus Kriechb.

Beine ganz rot. (♂ bis jetzt noch nicht bekannt.)

46. punctigena C. G. Thoms.

40. Metathorax mit kleinen spitzen Seitendörnchen. Schaft unten gelb. Gesicht mit weissseidener Behaarung. Vorderhüften weisslich. Hinterleibsmitte rötlichgelb.

47. nanus Grav.

Metathorax ohne spitze Seitendörnchen. 41.

41. Hinterleibsmitte rot. 42.

Hinterleibsmitte schwarz oder nur in der Mitte verloschen braun. 43.

42. Beine gelb   Nervellus oppos.

> 82. acutipennis C. G. Thoms.

Hinterleibsmitte, Schenkel und Schienen rot   Das 2. Segment an der Basis fein runzelig-punktiert.

> 48. brachyurus C. G. Thoms.

43. Area petiol. nicht glauzend. 2. Segment nicht glatt.

> 50. punctiventris C. G. Thoms.

Area petiol. gläuzeud   2. Segment glatt.   Hinterscheukel schwarz.

> 52. laeviventris C. G. Thoms.

44 Hinterleib ganz schwarz oder braun. 45.

Hinterleib zum Teil hell gefärbt. 49.

45. Palpen und vordere Trochanteren weiss, ebenso Unterseite des Schaftes. Gesicht dicht weiss behaart. Die hintersten Beine am Ende dunkel. 4—5 mm.

> 60 exignus Grav.

Palpen und vordere Trochanteren nicht weiss. 46.

46. Kleiuere Art mit kurzen Fuhlern.

> 62. ovatus Grav.

Grössere Arten. Stirn stark punktiert. 47.

47. Die ganzen Beine rot, Spitzen der hintersten Schienen und die hintersten Tarsen schwarz.

> 54. clypearis Strobl.

Hüften und Trochanteren schwarz. 48.

48. Schenkel und Schienen rot. Das 2. Segment längsrissig. 8—10 mm.

> 53. cephalotes Grav.

Schenkel grösstenteils schwarz. Hinterleib fein und zerstreut punktiert. 6—8 mm.

> 55. flavimanus Grav.

49. Nur der Fühlerschaft unten hell. 50.

Fuhlerschaft ganz schwaiz oder mehrere Basalglieder unten mehr oder weniger hell. 56.

50. Segmentränder 2—6 hell gefärbt. Unterseite des Schaftes, vordere Hüften und Trochanteren weisslich. Beine rot, die hintersten Schenkel und Schienen an der Spitze schwarz.

             59. tenuicosta C. G. Thoms.

Hinterleib anders gefärbt. 51.

51. Segment 2—4 rot, zuweilen braun gefleckt. Beine rot, Vorderhüften mehr gelb, Hinterhuften an der Basis dunkel. Spitze der Hinterschienen und Tarsen schwärzlich.

             37. rusticellae Bridgm.

Nicht alle diese Merkmale vereinigt. 52.

52. Hüften, Trochanteren und Tegula schwarz.·

      cf. Ph. fumator Grav. und verwandte Arten.

Vordere Trochanteren weisslich. 53.

53. Tegulä und Palpen weisslich. Vordere Trochanteren gelblich. Gesicht bräunlich behaart. 4—5 mm.

             63. inflatus C. G. Thoms.

Vordere Trochanteren und meist auch Palpen weisslich. Gesicht dicht weiss behaart. 54.

54. Das 2. Segment und die hintersten Beine schwarz gefleckt. 4 mm.

             67. flavicans C. G. Thoms.

Hinterleib und Beine anders gefärbt. 55.

55. Hinterleib schwarz, Segment 2 und 3 an der Spitze gelb. 4—5 mm.

             61. bidens C. G. Thoms.

Hinterleib gelb, am Ende schwarzbraun. 4—5 mm.

             60. exiguus C. G. Thoms.

56. Die hintersten Kniee schwarz, Vorderhüften zum Teil rot. Fühler dünn und schlank, an der Basis mehr oder weniger rot. 57.

Beine anders gezeichnet. 58.

57. Körper gedrungen. Hinterleib rot, das 1. Segment schwarz. Area superomedia doppelt so breit als lang.

             71. nobilitatus n. sp.

Körper schlank, Hinterleibsmitte verschwommen rot. Area superomedia gestreckt, Costula vor der Mitte.

        3. Ischnocr. geniculatus Kriechb.

58. Hinterleib gelb, das 1. Segment schwarz. Waugen und Mesopleuren oben fein punktiert. 4—5 mm.
> 70. punctipleuris C. G. Thoms.

Hinterleibsmitte rot. 59.

59. Beine schwarz, Spitzen der Vorderschenkel und die Vorderschienen rötlich. Nur das 3. Segment trüb rot. Die Vorderhalfte des 2. Segmentes dicht und fein gerunzelt. Stirn und Mesonotum glänzend. 4—5 mm.
> cf. Ph. troglodytes Grav.
> (unter den zweifelhaften Arten).

Schenkel und Schienen grösstenteils rot. Helle Zeichnung des Hinterleibs meist ausgedehnter. 60.

60. Postannellus nicht langer als der Schaft. Mandibeln lang und kräftig. Fühler kurz. 4—5 mm.
> 69. scaposus C. G. Thoms.

Postannellus länger als der Schaft. Tegulä schwarz. 61.

61. Postpetiolus kaum merklich breiter als der Petiolus und kaum durch eine Spur von Höckerchen davon geschieden. Hinterleibsmitte rot, das 3. Segment mit schwarzer Binde vor dem Endrand.
> 1. Ischnocr. hercynicus Grav.
> (nach Kriechbaumer).

> N. B. Der eng verwandte Ph. nitidus Grav. durfte sich wohl kaum anders als durch die Grösse unterscheiden

Postpetiolus durch deutlich vorspringende Höcker vom Petiolus abgesetzt. 62.

62. Segment 2—6 rot; Spitze der Hinterschenkel schwarz. Segment 2 und 3 quadratisch.
> 9. Ischnocr decisus Kriechb.

Segment 2—4 rot. Metathorax fast glatt; area superom. quer, sechseckig. Segment 2 fein punktiert. 63.

63. Huften grösstenteils gelbrot. Basis des Stigma weiss gefleckt.
> 58. dumetorum Grav.

Hüften schwarz. Basis des Stigma undeutlich weiss. 64.

64. Schenkel und Schienen rot, die Schenkel höchstens an der Basis schmal schwarz.
> 64. fumator Grav.

Schenkel an der Basis ausgedehnter schwarz gefärbt.
> 66. oppositus C. G. Thoms.

65. Schwarz, Schienen und Tarsen gelb. Sehr kleine Art.
86. monodon C. G. Thoms.

Hinterleibsmitte rot oder braunrot. 66

66. Gesicht dicht weiss behaart. Schaft unten und vordere Trochanteren blassgelb. Schenkel und Schienen fast ganz rot.
35. grandiceps C. G. Thoms.

Das 2. Segment braunrot, das 3. braun bis schwarz. Beine schwarz. Trochanteren, Spitze der Schenkel und die Schienen fast ganz hell.
87. varicornis C. G. Thoms.

I. Sect. Flügel nicht verkürzt, Areola vollständig geschlossen. Clypeus am Vorderrand ohne Zähne.

1. Ph. grandis C. G. Thoms. 1881 Ph grandis C G. Thomson, Opusc Ent X p 940 ♀ et 1896 Opusc Ent XXI p 2386 ♂.

♀ Sehr ähnlich dem Macrocryptus lancifer, aber Metathorax vollständig gefeldert, die Vorderhuften nur schwach erweitert und an der Basis nicht eingeschnurt. — Kopf gross, dicht punktiert. Fuhler ziemlich kurz, fadenförmig. Thorax runzelig punktiert, area superom. quer. Der untere Aussenwinkel der Discoidalzelle fast ein rechter, nervell. antef. Hinterleib an der Basis lederartig punktiert, nach hinten mehr glatt, Petiolus breit, Bohrer lang. — Schwarz, Fuhlerbasis, Hinterleib und Beine rot. Huften, Trochanteren und Hinterleibsspitze schwarz.

♂ Schwarz, Segment 2 und 3, sowie Schenkel und Schienen rot, die hintersten an der Spitze schwarz.

L. 10—12 mm.

Schweden.

2. Ph. bitinctus Grav. 1829 Cr bitinctus Gravenhorst, II p.576 ♀ | 1865 Ph. bitinctus Taschenberg p 32 ♀ | 1884 Ph. bitinctus C. G. Thomson, Opusc. Ent X p 942 ♀♂

♀ Wangenfurche tief. Radius fast vor der Mitte des Stigma, das letztere breit. Areola klein. Der abschussige Raum des Metathorax ausgehöhlt, sehr glänzend. Nervell. antef. Fühler schlank. Das 1. Segment fast poliert. — Schwarz, Hinterleib vom 2. Segment an, Fuhlerbasis, Tegula und Beine rot, Hinterhuften schwarzlich, selten rot. Bohrer so lang wie der halbe Hinterleib.

♂ Petiolus lang, Postpetiolus fast doppelt so lang als breit. Hinterleibsspitze verdunkelt.

L. 6—7 mm.

Nord- und Mitteleuropa.

3. **Ph. afflictor** Grav. 1829 Ph. afflictor Gravenhorst, II p. 642 ♀ | 1881 Medophron niger Brischko, Schrift. Naturf. Ges. Danzig p. 344 ♀ | 1884 Ph afflictor C. G. Thomson, Opusc Ent. X p 942 ♀♂.

♀ Dem Acanthocr. nigritus sehr ähnlich, aber das 2. Segment glatt, kürzer als das 3. Metathorax grob runzelig, mit starken Seitendornen, area superom. fast halbkreisförmig, fast doppelt so breit als lang. Hinterleib poliert, Postpetiolus mit weit von einander stehenden Kielen. — Glänzend schwarz, Fühlerglied 2—5 und Beine rot; Hüften, Trochanteren, Spitzen der hintersten Schenkel und Schienen und die Basis der letzteren, sowie die Tarsen schwarz. Bohrer etwas kürzer als der halbe Hinterleib.

♂ Fühler schwarz, die Basalglieder meist unten rot. Metathorax wie beim ♀. Das 1. und 2. Segment dicht längsrissig.

L. 7 mm.

Nord- und Mitteleuropa, selten. — Die Art könnte auch bei Acanthocryptus stehen.

4. **Ph. anthracinus** Kriechb. 1894 Ph anthracinus Kriechbaumer, Ann. Soc. Esp. de Hist. Nat tom. XXIII p 244 ♀

♀ Schwarz, Basis der Fühlergeissel unten rot, die vorderen Schienen wenigstens zum Teil und die Spitze der vordersten Schenkel rötlich. Kopf nach hinten kaum verschmälert; Fühler fadenförmig. Metathorax mit spitzen Seitenzähnchen. Hinterleib länglich oval, flach, poliert, das 1. Segment nach hinten wenig erweitert, mit breiter und tiefer Längsfurche, Postpetiolus deutlich nadelrissig. Stigma kurz, braun, an der Basis heller.

L. 5 mm, Bohrer ½ mm.

Mallorca.

5. **Ph. serotinus** n. sp.

♀ Kopf und Thorax glänzend, fein und ziemlich dicht punktiert; Kopf hinten kaum verschmälert; Clypeus ohne Endzähne; Fühler ziemlich dick, Postannellus nicht länger als der Schaft. Metathorax glänzend, vollständig

gefeldert, area superomedia so lang als breit, die hintere
Querleiste an den Seiten zahnartig vortretend; der abschüssige Raum mit deutlichen Längsleisten. Nervulus
etwas hinter der Gabel. Hinterleib gestreckt, etwas
schmäler als der Thorax, glatt und glänzend, nur der
Postpetiolus mit Spuren von Längsrissen; Bohrer wenig
kürzer als das 1. Segment. — Glänzend schwarz, Mandibeln, Basalhälfte der Fühler, die Beine und der Hinterleib vom 2. Segment an lebhaft rotgelb, die Spitzen der
Hüften und die Trochanteren noch heller; Postpetiolus
in der Mitte des Endrandes rot gefleckt.

L. 6 mm.   ♂ unbekannt.

Das Weibchen Anfang October bei Blankenburg i. Thür.
An der lebhaften Farbung leicht zu erkennen.

6. **Ph. recurvus** C. G. Thoms. 1884 Ph. recurvus C. G. Thomson,
Opusc Ent. X p. 943 ♀.

♀ Dem Ph. afflictor ähnlich, aber das 2. Segment länger
als das 3., Seitenzähne des Metathorax weniger kräftig.
— Schwarz, Fühlerglied 5—8 oben weiss. Hinterleib
rot, das 1. Segment schwarz, am Ende rot. Beine
schwarz, die vorderen Kniee, Schienen und Tarsen rötlich
gelb, die hintersten Schienen rostrot, an der Basis und
Spitze schwarz. Bohrer gekrümmt.

L. 6—7 mm.   ♂ unbekannt.

Schweden.

7. **Ph. vulnerator** Grav. 1829 Ph vulnerator Gravenhorst, II p. 640

♀ Der vorhergehenden Art ähnlich, aber das 1. Segment
lang und breit, mit groben Längsrissen, das 2. Segment
grob und zusammenfliessend punktiert, das 3. viel feiner.
Metathorax grob gerunzelt, Felder vollständig, mit hohen
Leisten. — Schwarz, Fühlerbasis, Schienen und die
hintersten Schenkel braunrot. Bohrer sehr kurz.

L. 8—9 mm.   ♂ unbekannt.

Frankreich, Deutschland, Schweden.

8. **Ph. ochrogaster** C. G. Thoms. 1888 Ph. ochrogaster C. G
Thomson, Opusc. Ent XII p. 1241 ♀.

♀ Kopf nicht kubisch, Stirn glatt und glänzend; Fühler
ziemlich dick. Thorax glänzend, Mesonotum fein und
zerstreut punktiert; Metathorax fast glatt, vollständig
gefeldert, area superom. länger als breit. Hinterleib verlängert, spindelförmig, Petiolus dick, Postpetiolus mit

kurzen Kielen, dazwischen mit Grube, das 2. Segment um
die Hälfte länger als das 3., an der Basis fein gerunzelt,
3—7 glatt. Bohrer so lang wie das 1. Segment. —
Schwarz, die 5 ersten Fühlerglieder, Beine und Hinterleib
röthlichgelb, das 1. Segment fast ganz und Seitenmakeln
an der Hinterleibsspitze schwärzlich; die hintersten
Schienen an der Basis braun.

L. 8—10 mm. ♂ unbekannt.

Schweden.

9. Ph. tenuipes Grav. 1829 Ph. tenuipes Gravenhorst, II p. 720 ♂ |
1900 Ph. tenuipes Strobl, Mitth. Naturw. Ver. Steierm. p. 227 ♀♂.

♀ Stirn und Scheitel, Mesonotum und Brustseiten glänzend,
fein und zerstreut punktiert. Fühler ziemlich kurz, gegen
das Ende etwas verdickt. Metathorax fast glatt mit
schwachen Leisten aber vollständig gefeldert. Hinterleib
glatt und glänzend, nur das 1. Segment grösstenteils
längsrissig und mit einzelnen groben Punkten. Bohrer
so lang wie das 1. Segment. — Schwarz, die 3 ersten
Fühlerglieder rot. Beine rot, Hüften, Trochantern, Basis
der Vorder- und die ganzen Hinterschenkel schwarz,
ebenso Basis und Spitze der Hinterschienen und ihre
Tarsen. Hinterleib rot, das 1. Segment schwarz.

♂ Körper ziemlich schlank, namentlich das 1. Segment.
Gesicht weisslich behaart. Färbung der Beine wie beim
Weibchen. Hinterleibsbasis und Spitze schwarz gefärbt,
zuweilen nur Segment 2 und 3 rot.

L. 7—8 mm.

Mittel- und Nordeuropa.

10. Ph. nycthemerus Grav. 1829 Ph. nycthemerus Gravenhorst, II p.
647 ♂ | 1884 Ph. nycthemerus C. G. Thomson, Opusc. Ent. X p.
943 ♀♂.

♀ Stirn und Mesonotum dicht und fein punktiert. Metathorax ohne Seitenzähne, daselbst nur schwielig erhaben.
Hinterleib fein punktiert. Nervell. antef. — Gesicht
unten, Clypeus und Wangen gelblich. Thorax und Hinterleib schwarz. Beine rotgelb, die hintersten Tarsen braun.
Bohrer so lang als das 1. Segment.

♂ Area superom. kaum breiter als lang. Hinterleib dicht
punktiert. Das ganze Gesicht, Schaft unten, Tegulä,
Vorderhüften und Schenkelringe weiss. Beine gelbrot.

L. 7—8 mm.

Mittel- und Nordeuropa.

11. Ph. heteropus C. G. Thoms. 1896 Ph. heteropus C. G. Thomson, Opusc. Ent. XXI p. 2387 ♀♂.

Schwarz, Beine rot, die hintersten Tarsen und Schienen schwarz, letztere an der Basis, beim ♂ breiter, rot. — Dem Ph. nycthemerus an Gestalt, Sculptur des Metathorax, Form und Punktierung des Hinterleibes sehr ähnlich, aber Wangen schwarz, Clypeus nur am Ende rot, die hintersten Kniee und Basis der hintersten Schienen rötlich. Beim ♂ der Halsrand unten weiss, die hintersten Schenkel an der Spitze, die Schienen breiter schwarz.

L. 5—6 mm.

Schweden, Thüringen.

12. Ph. perfusor Grav. 1829 Cr. perfusor Gravenhorst, II p. 586 ♀ | 1865 Ph. perfusor Taschenberg, p. 26 ♀ | 1884 Ph. perfusor C. G. Thomson, Opusc. Ent. X p. 944 ♀♂.

♀ Scheitel winkelig ausgerandet. Nervell. antef. Stirn und Mesonotum zerstreut punktiert, ziemlich glänzeud. Metathorax glänzend, kaum gerunzelt, vollständig gefeldert, area superom. dreieckig. Das 1. Segment ohne Tuberkeln, nadelrissig, die übrigen Segmente poliert. Fühler dünn, borstenförmig. — Schwarz, Segment 2 und 3 rot, Fühlerwurzel und Beine gelbrot, Hintertarsen braun. Bohrer so lang wie der Hinterleib.

♂ Area superom. quadratisch, Costula fast in der Mitte. Schaft und Hüften schwarz. Schenkel rotgelb oder zum Teil schwarz.

L. 5 mm.

Nord- und Mitteleuropa.

13. Ph. speculator Grav. 1829 Ph. speculator Gravenhorst, II p. 704 ♀ | 1884 Ph. speculator C. G. Thomson, Opusc. Ent. X p. 26 ♀♂.

♀ Scheitel winkelig ausgerandet. Nervell. antef. Stirn und Mesonotum zerstreut punktiert, ziemlich glänzend. Fühler ziemlich dick, fadenförmig. Metathorax runzelig, vollständig gefeldert, area superom. dreieckig, vorn spitz. Das 1. Segment sehr breit, sehr dicht längsrissig, die folgenden Segmente poliert. — Glänzend schwarz, Segment 2 und 3 grösstenteils, Beine und Fühlerglied 2—4 unten rot. Bohrer fast von Hinterleibslange.

♂ Area superom. kurzer und breiter, die costula weit hinter der Mitte.

L. 6—7 mm.

Nord- und Mitteleuropa.

14. Ph. sodalis Taschb. 1865 Ph. sodalis Taschenberg, Crypt p. 29 ♀ | 1884 Ph. sodalis C. G. Thomson, Opusc Ent X p. 945 ♀♂

♀ Scheitel winkelig ausgerandet. Stirn und Mesonotum dicht und sehr fein punktiert, ziemlich matt. Fuhler nach vorn schwach verdickt. Metathorax grob gerunzelt, vollstandig gefeldert, area superom. sechsseitig. Das 1. Segment ziemlich breit mit starken Leisten, punktiert, das 2. Segment grob und zusammenfliessend punktiert, das 3. wenigstens an der Basis punktiert. — Schwarz, Segment 1 am Ende, 2—4, Fühlerwurzel und Beine rot, die hintersten Schienenspitzen und Tarsen schwarz. Afterspitze weiss Bohrer etwas kürzer als das 1. Segment.

♂ Gesicht mit weissseidener Behaarung. Fuhlerschaft unten, Mund und vordere Trochanteren weiss.

L. 6 mm.

Nord- und Mitteleuropa.

15. Ph. anurus C. G. Thoms. 1884 Ph. anurus C. G Thomson, Opusc. Ent X p. 946 ♀.

♀ Clypeus mit dichter abstehender Behaarung. Kopf dreieckig, Wangen lang. Stirn und Mesonotum glatt. Fühler lang, Geissel nach der Basis verdünnt, Postannellus mindestens doppelt so lang als der Schaft. Stigma breit. Radius aus dem Enddrittel; nervell. deutlich postfurc. Metathorax gestreckt, area superom. lang, costula vor der Mitte. Hinterleib schlank, Postpetiolus runzelig, das 2. Segment glatt. Beine dünn, Klaueuglied und Klauen sehr gross. — Schwarz, die beiden ersten Fühlerglieder, die ganzen Beine und Segment 2—7 rotgelb, die letzten Segmente am Endrand dunkel gefleckt. Bohrer kaum vorragend.

L. 4—6 mm.

Schweden.

16. Ph. longiceps C. G. Thoms. 1884 Ph longiceps C. G. Thomson, Opusc. Ent X p 946 ♀♂

Schwarz, Beine und Hinterleibsmitte breit rotgelb, die hintersten Kniee schwarz. Fühler ♀ in der Mitte mit weisslichem Ring, ♂ mit schwarzem Schaft. — Der vorigen Art ähnlich, aber grösser und mit anderer Färbung, der Postpetiolus breiter.

L. 5—6 mm.

Schweden.

17. **Ph. caudatus** C. G. Thoms. 1884 Ph. caudatus C. G. Thomson, Opusc Ent. X p 946 ♀.

♀ Clypeus nicht dicht behaart. Augen behaart. Nervell. antefurc. Fühler dick, Geissel nach der Basis wenig verdünnt. Radius aus der Mitte des Stigma. Area superom. nicht länger als breit; der abschüssige Raum bis zur Mitte. — Schwarz, auch die Fühler, Mund und Tegulä. Stigma bräunlichgelb. Segment 2 und 3 rot; Schenkel und Schienen rotgelb, die hintersten Schienen an der Spitze kaum dunkel. Bohrer langer als der halbe Hinterleib.

L. 5 mm. ♂ unbekannt.

Lappland.

18. **Ph. flavipes** C. G. Thoms. 1888 Ph. flavipes C G Thomson, Opusc Ent. XII p 1238 ♀.

♀ Scheitel ziemlich breit; Stirn und Wangen glatt und glänzend. Thorax, auch der Metathorax, glänzend, letzterer vollständig gefeldert, area superom. quadratisch. Radius hinter der Mitte des Stigma; nervell. antefurc. Das 1. Segment lang und dünn, doppelt so lang als die hintersten Hüften, am Ende wie die folgenden Segmente glatt. Beine schlank, Schiensporen kurz. — Schwarz, Basalhälfte der Fühler, Segment 2 und 3 und Beine rötlichgelb. Die gelbe Farbe der Fühlerbasis geht nach der Spitze hin in Weiss über. Das 3. Segment meist mit schwarzem Endrand. Bohrer etwas kurzer als der Hinterleib.

L. 7—8 mm. ♂ unbekannt.

Schweden.

19. **Ph. nubilipennis** n. sp.

♀ Kopf nach hinten etwas verschmälert, oben fein und zerstreut punktiert, glanzend; Clypeus ohne Zähne, Fühler lang und kräftig, gegen das Ende verdünut. Mesonotum ganz fein und sehr zerstreut punktiert, fast poliert; Brustseiten grob und dicht punktiert, das Speculum poliert; Methathorax grob gerunzelt, vorn und area superomedia glatt, letztere so lang als breit, mit gerundeten Seiten; Seitenzähne kaum merklich. Hinterleib etwas schmäler als der Thorax, nach hinten zugespitzt; das 1. Segment mit deutlichen Kielen, runzlig punktiert, das 2. Segment mit feinen und sehr zerstreuten Punkten, die übrigen Segmente glatt; Bohrer etwas länger als das 1. Segment. — Mandibeln und die 5 ersten Geisselglieder rötlich, auch die Fühlerspitze unten heller. Stigma braun, an Basis und Spitze weisslich, eine bräunlichgelbe Wolke unter demselben. Beine rot, Hüften und Basis der Trochanteren schwärzlich, Spitze der hintersten Schienen und der hinterste Metatarsus gebräunt. Hinterleib rot, das 1. Segment mit Ausnahme des Endrandes schwarz; Hinterleibsspitze vom 5. Segment an verschwommen braun.

L. 6 mm. ♂ unbekannt.

Blankenburg i. Thür.

20. **Ph. pallidicarpus** C. G. Thoms. 1884 Ph pallidicarpus G. G. Thomson Opusc. Ent. X p. 947 ♀♂.

♀♂Schwarz, Segment 2—4 und Beine rotgelb, Klauenglied kräftig; nervell. postfurc., Metathorax mit stumpfen Seitenzähnen. — Dem Ph. caudatus ähnlich, aber Radius aus dem Enddrittel des gelben Stigma, costula vor der Mitte der area superom., die gelbe Hinterleibsfärbung ausgedehnter, Bohrer etwas länger als das 1. Segment.

L. 4—5 mm.

Schweden.

21. **Ph. longigena** C. G. Thoms. 1884 Ph. longigena C. G. Thomson, Opusc. Ent. X p. 947 ♀♂.

♀ Dem Ph. fumator sehr ähnlich aber Clypeus ohne Zähne, Stirn und Mesonotum glatt. Metathorax ohne Seitenzähne, costula in der Mitte. Radius hinter der Mitte des Stigma; nervell. antefurc. — Schwarz, Hinterleibsmitte, Schenkel und Schienen rot. Bohrer etwas kürzer als das 1. Segment.

♂ Die hintersten Schienen an der Basis und äussersten Spitze und die hintersten Tarsen schwarzbraun.

L. 5 mm.

Schweden.

22. **Ph. annulicornis** C. G. Thoms. 1884 Ph. annulicornis C. G. Thomson, Opusc. Ent X p. 947 et 1896 Opusc. Ent. XXI p. 2387 ♂.

♀ Stirn fein lederartig. Nervell. antefurc. Radius aus der Mitte des ziemlich breiten, schwarzen Stigma. Das 1. Segment ziemlich breit, dicht und fein gestreift, das 2. an der Basis fein gekörnelt. — Schwarz, Ring der ziemlich dicken Fühler weiss; Hinterleibsmitte und Beine

rot, die hintersten Hüften schwarzbraun.   Bohrer etwas
länger als der halbe Hinterleib.

♂ Sculptur von Stirn und 2. Segment wie beim ♀. Schaft
und Mund weiss; Segment 2 schwarz, 3 ganz und 4 an
der Basis in der Mitte rötlich, 3 zuweilen mit schwarzer
Seitenmakel und 4 ganz schwarz.   Vorderbeine hellrot,
die hintersten Hüften und Trochanteren, Schenkel- und
Schienenspitzen und Tarsen schwarz.

Var. ♀.   Der weisse Fühlerring verloschen oder ganz
fehlend.

L. 4—5 mm.

Nord- und Mitteleuropa, in Thüringen nicht selten.

23. **Ph. curvispina** C. G. Thoms. 1884 Ph. curvispina C. G. Thomson,
Opusc. Ent. X p. 948 ♀♂.

♀ Scheitel nicht breit, Wangen kurz.   Fühler weit unter
der Mitte der Augenränder eingefügt, Geisselglieder 1—3
allmählich kürzer, das 1. kürzer als der Schaft.   Beine
kräftig, die Schienensporen sehr kurz und gekrümmt.
Radius aus der Mitte des Stigma.   Das 3. Hinterleibssegment länger als das 2. — Schwarz, gläuzend; Hinterleib und Beine schwarz oder zum Teil gelb.

♂ Fühler schwarz, die Glieder deutlich getrennt.

L. 3—4 mm.

Nord- und Mitteleuropa.

24. **Ph. liogaster** C. G. Thoms. 1884 Ph. liogaster C. G. Thomson,
Opusc. Ent. X p. 949 ♀.

♀ Gesicht vorspringend, Fühler tief eingefügt.   Das 1.
Segment kurz und breit, die übrigen glatt und poliert.
Die Aussennerv der Areola dünn oder fast fehlend.   Die
Art könnte deshalb auch in der 3. Section stehen. —
Schwarz, Beine rostrot, Hüften und Basis der Trochan-
teren schwarz. Die Schiensporen stark gekrümmt. Bohrer
halb so lang wie das 1 Segment.

L. 3—4 mm.

Schweden.

25. **Ph. armatulus** C. G. Thoms. 1888 Ph. armatulus C. G. Thomson,
Opusc. Ent. XII p. 1240 ♀.

♀ Kopf hinten kaum verengt, Stirn fein und zerstreut
punktiert, gläuzend.   Fühler dick.   Mesonotum fein und

zerstreut punktiert. Metathorax runzelig-punktiert, vollständig gefeldert, beiderseits mit lamellenartigem Zahn; area superom. fast quadratisch, costula in der Mitte. Areola im Flügel fast quer: nervell. antefurc. Hinterleib glatt und glänzend. — Schwarz, Fühlerglied 1—5, Vorderschenkel grösstenteils und Schienen, sowie Segment 2—4 rot. Stigma schwarzbraun. Bohrer etwas länger als der halbe Hinterleib.

L. 10 mm. ♂ unbekannt.

Schweden. — Ich besitze ein ♀ von Blankenburg i. Thür., welches in verschiedenen Punkten abweicht, das ich aber doch nicht als eigene Art abtrennen möchte. Area superomedia mehr quer, Areola ziemlich regelmässig pentagonal, Hinterschenkel fast ganz rot.

26. Ph. autumnalis n. sp.

♀ Von schlanker Gestalt. Kopf und Thorax fast poliert, nur mit einzelnen feinen Pünktchen; Kopf mit breitem Scheitel, nach hinten nur wenig verschmälert; Clypeus ohne Zähne; Fühler kurz und ziemlich dünn; Metathorax glänzend, vollständig gefeldert; area superomedia so lang als breit: die Seitenzähnchen klein, lamellenartig. Hinterleib etwas comprimiert, das 1. Segment nach hinten allmählig erweitert, die Knötchen nicht vortretend. Postpetiolus auf der Scheibe mit feinen und zerstreuten Runzeln, der übrige Hinterleib glatt und glänzend. Bohrer so lang wie das 1. Segment. — Glänzend schwarz, Fühlerbasis, Beine und Hinterleib vom 2. Segment an gelbrot. Der Endsaum der Segmente ist gebräunt, bei einem Exemplar ist der Hinterleib vom 2. Segment an braun und nur die Einschnitte gelblich. Tegulä röthlichgelb. Die Flügel haben eine vollständig geschlossene kleine, pentagonale Areola, der nervulus ist fast interstitial, nervellus schwach antefurcal, tief unter der Mitte gebrochen; das Stigma ist dunkelbraun, an Basis und Spitze weisslich. Die äusserste Basis der hintersten Hüften, die Spitzen der hintersten Schienen und Tarsenglieder sind braun.

L. 5—6 mm.

Einige ♀ Mitte Oktober bei Blankenburg i. Thür.

27. Ph. parvicauda C. G. Thoms. 1884 Ph. parvicauda C. G. Thomson, Notes hyménopt., Ann. Soc. Ent. Fr. tom. V p. 20 ♀.

♀ Schwarz, die beiden ersten Fühlerglieder und Beine rot, die hintersten Kniee schwarz. Hinterleib rot, das erste

Segment runzelig, dieses und dreieckige Endmakeln der Segmente 3—6, die allmählig breiter werden, schwarz. Bohrer kaum vorstehend. — Dem Ph. a n u r u s ähnlich aber grösser; die hintersten Kniee schwarz, das 2. Segment fein runzelig, 3—6 mit schwarzen Flecken; area superom. etwas langer als breit; Stigma braun, an der Basis weiss.

L. 4—5 mm.   ♂ unbekannt.

Frankreich. Ich fand ein ♀ Anfang August an Teichufern bei Blankenburg in Thüringen.

28. Ph. rufovarius n. sp.

♀ Kopf und Thorax dicht und fein lederartig punktiert, fast matt, Brust und Schildchen mehr glänzend. Kopf nach hinten verengt, Clypeus ohne Zähne, Fühler lang und kräftig; Metathorax ohne Seitenzähne, vollständig gefeldert, area superomedia breiter als lang, der abschüssige Raum mit scharfen Längsleisten. Beine kräftig, namentlich die hintersten Schienen dick. Das 1. Segm. ohne Kiele, dicht längsrissig, das 2. und 3. Segment mit ganz feinen und sehr zerstreuten Pünktchen, die übrigen Segmente fast glatt; Bohrer so lang als das 1. Segm. — Mattschwarz, Mandibeln gelblich, Clypeus, Fühler, Halskragen und bei meinem einzigen Exemplar auch das Schildchen rostrot, Fühler gegen das Ende gebräunt. Tegulä weisslich. Flügelgeader und Stigma gelblich. Beine rostrot, Basis der Vorderbeine gelblich, die hintersten Hüften an der Basis und die hintersten Schienen am Ende gebräunt. Segment 2 und 3 und der Endrand der folgenden Segmente rostrot, die beiden roten Segmente vor dem Endrand mit verschwommenen dunklen Querbinden.

L. 6 mm.

Ein ♀ Ende September von Blankenburg in Thüringen.

29. Ph. liosternus C. G. Thoms. 1884 Ph. liosternus C. G. Thomson, Opusc. Ent. X p. 1040 ♀♂.

♀♂ Wangen lang; Metathorax und Brust fast glatt, ersterer ohne Seitenzähne; Mittelbrust nicht runzelig. Fühler und Beine schlank. Das 1. Segment lang, gekrümmt. — Glänzend schwarz, Fühlerbasis, Beine und Hinterleibsmitte rot. Bohrer so lang als das 1. Segment.

L. 5—7 mm.

Schweden.

30. **Ph. rugipectus** C. G. Thoms. 1884 Ph. rugipectus C. G. Thomson, Opusc Ent. X p. 1040 ♀♂.

♀♂ Wangen lang. Nervell. fast oppos. Fuhler schlank. Metathorax runzelig, mit Seitenzähnen; area superom. kurz. Mittelbrust runzelig, oben glatt. Das 1. Segment lang, mit deutlichen Kielen. — Schwarz, Hinterleibsmitte und Beine rot. Bohrer etwas kürzer als das 1. Segment.

L. 5—6 mm.

Schweden.

31. **Ph. ripicola** C. G. Thoms. 1884 Ph. ripicola C. G. Thomson, Notes hyménopt., Ann. Soc Ent. Fr. tom V p 19 ♀♂ et 1888 Opusc. Ent. XII. p. 1242 ♀♂.

♀ Körper verlangert, ziemlich glatt, glanzend. Augen behaart. Geissel dick. Metathorax ohne Seitenzähne, area superom. lang, costula weit hinter der Mitte. Nervell. postfurc. — Schwarz, Fühlergeissel gegen die Basis verschwommen rot. Segment 2—5 und Beine rotgelb, Hüften schwarz. Bohrer kürzer als das 1. Segment.

♂ Augen nicht behaart. Fuhler lang, schwarz. Segment 2—6 rotgelb.

L. 4—5 mm.

Schweden. besonders an Flussufern.

32. **Ph. Marshalli** Bridgm. 1883 Ph. Marshalli Bridgman, Furth Add to Marshall's Cat. of Brit. Ichn in Trans. Ent. Soc Lond p. 141 ♂ | 1829 Ph. procerus var. 2 ♂ Gravenhorst II p. 774

♂ Kopf hinter den Angen nicht aufgetrieben. Metathorax nicht vollständig gefeldert, mit 2 Querleisten, area superom. an den Seiten nicht geschlossen. Kopf und Thorax fein und dicht punktiert, matt. Das 1. Segment nadelrissig, die folgenden punktiert, das 2. fast zweimal so lang als breit. Beine schlank. — Schwarz. Beine rot, Hüften und die Spitze der hintersten Schienen und die Tarsen schwarz. Segment 2 und 3 rot, vor dem Endrand mit dunkler Querbinde, 4—6 schmal rot gerandet. Stigma schwarzbrann.

L. 6 mm.

Mittel-Europa.

33. **Ph. Bischoffi** n. sp.

♀ Kopf und Thorax dicht und fein runzlig punktiert, matt. Kopf quer, nach hinten deutlich verschmälert, Clypeusrand ohne Zähne; Fühler lang und kräftig, Basalglieder

der Geissel gestreckt. Schildchen und Brustseiten ziemlich
glatt und glänzend. Metathorax deutlich und vollständig
gefeldert, area superomedia deutlich breiter als lang:
Seitenzähne nicht vorhanden. Das 1. Hinterleibssegment
lang, dicht nadelrissig, Postpetiolus nicht abgesetzt, ohne
vorspringende Knötchen, das 2. Segment mit ganz feinen
und sehr zerstreuten Pünktchen, glänzend wie die übrigen
Segmente. Bohrer so lang wie das 1. Segment. — Das
ganze Tier gelbrot, Kopf schwarz. Fühlerspitzen, Mesonotum, die ausserste Spitzen der hintersten Schienen
und die hintersten Tarsen, sowie Querstreifen der hintersten
Segmente gebräunt.

L. 5 mm. ♂ unbekannt.

Ein ♀ von Blankenburg i. Thür. — Zu Ehren meines
verehrten Collegen und eifrigen Entomologen, Professor
Bischoff in Rudolstadt.

II. Sect. Flügel nicht verkürzt; Areola vollständig geschlossen:
Clypeus in der Mitte des Vorderrandes mit 2 Zähnchen
oder spitzen Höckerchen.

34. **Ph. cylindraceus** Ruthe. 1859 Ph. cylindraceus Ruthe. Stett. Ent.
Zeit. XX p 367 ♀ | 1884 Ph. cylindraceus C. G. Thomson, Opusc.
Ent X p. 949 ♀♂.

♀ Thorax verlängert, area superom. lang, Costula in der
Mitte. Kopf fast kubisch. Scheitel tief ausgerandet.
Das 1. Segment dünn, fein runzlig gestreift — Schwarz,
gewöhnlich die Hinterleibsmitte und die Beine ganz oder
zum grossten Teil rot. Bohrer etwas kürzer als das
1. Segment. Aehnelt sehr dem Ph. fumator, besonders
durch den gestreckten Thorax verschieden.

♂ Dem ♀ ähnlich Fühler schwarz, Geisselglieder deutlich
von einander getrennt.

L. 4—5 mm.
Nord- und Mitteleuropa.

35. **Ph. grandiceps** C. G. Thoms. 1884 Ph. grandiceps C G. Thomson,
Opusc. Ent. X p 950 ♀♂.

♀ Kopf kubisch; Augen behaart; Fühler dick; Stirn und
Mesopleuren dicht punktiert. Metathorax mit 4 stumpfen
Zähnen; area superom. quer. Nervell. antefurc., Radius
bald hinter der Mitte des Stigma; Areola im Flügel mit
schwachem oder ganz fehlendem Aussennerv. — Schwarz,
Hinterleibsmitte und Beine gelbrot, Hüften schwarz, die
vorderen an der Spitze rötlich. Fühler gegen die Basis
rot. Bohrer etwas länger als das 1. Segment.

♂ Gesicht dicht graulich behaart. Schaft unten und die vorderen Trochanteren hellgelb. Fühler schwarz, Glied 12—15 mit erhabener Linie. Metathorax stumpf 4-zähnig, die hintersten Tarsen und Schienen an der Basis schwärzlich, Postpetiolus mit 2 Kielen und dicht gestreift.

L. 4—5 mm.

Schweden.

36. Ph. vagans Grav. 1829 Ph. vagans Gravenhorst. II p 738 ♀♂.

♀ Fühler dünn, fadenförmig. Stirn dicht punktiert. Scheitel breit, hinten nicht verschmälert. Metathorax fein gerunzelt, vollständig gefeldert, der abschüssige Teil über die Mitte hinaufgehend, mit Längsleisten; Seitenzähne deutlich; area superom. breiter als lang, costula hinter der Mitte. Das 1. Segment sehr glänzend, die übrigen Segmente poliert. — Schwarz, Fühler schwarzbraun, Segment 2—6 und Beine rot, Hüften, Trochanteren, die hintersten Tarsen und Schienenspitzen schwarz. Bohrer fast so lang wie der halbe Hinterleib.

♂ Dem ♀ sehr ähnlich. Area superom. nierenförmig, durch eine Längsleiste geteilt. Das 1. Segment grob gerunzelt und mit Kielen, Postpetiolus quadratisch; das 2. Segment poliert.

L. 5—6 mm.

Ganz Europa, zu den häufigsten Arten.

37. Ph. rusticellae Bridgm. 1886 Ph. rusticellae Bridgman, Furth. Add. to Marshall's Cat. of Br. Ichn. in Trans. Ent. Soc. Lond. p. 337 ♀♂.

♀ Fühler schlank wie bei Cryptus; Kopf hinter den Augen kaum verschmälert; Stirn glatt und glänzend. Mesonotum fein punktiert, glänzend. Metathorax deutlich gefeldert, area superom. quer. Hinterleib glänzend. Bohrer so lang wie der halbe Hinterleib. — Schwarz, Beine rot, die hintersten Tarsen und Basis und Spitze der hintersten Schienen braun. Fühlergeissel unten braun, Schaft unten rot. Hinterleib rot, das 1. Segment schwarz. Stigma schwarz.

♂ Schaft unten hellgelb. Vorder- und Mittelhüften gelblich. Nur Segment 2—4 rot, zuweilen braun gefleckt.

Dem Ph. vagans ähnlich, durch die roten Hüften und Fühlerfarbung leicht zu unterscheiden.

L. 4—5 mm.

England.

38. Ph. alteareolatus n. sp.

Dem Ph. rusticellae nahe verwandt, durch die schwarzen Hüften sogleich zu unterscheiden.

♀ Kopf und Thorax glänzend, mit feinen und zerstreuten Pünktchen. Kopf nach hinten kaum verschmälert, Gesicht dicht punktiert, matt, Clypeus nicht getrennt, mit deutlichen Zähnen; Fühler auffallend dünn. Metathorax zerstreut runzlig punktiert, glänzend, mit vollständiger Felderung, die Leisten sehr hoch, area superomedia nierenförmig, mit Längsrunzeln, die hintere Querleiste beiderseits zahnartig vorspringend; der abschüssige Raum dicht querrunzelig, die Längsleisten deutlich und dicht am Seitenrand. Nervulus deutlich hinter der Gabel. Das 1. Segment mit schwachen Kielen, dazwischen gerunzelt, Postpetiolus nicht abgesetzt. Endrand des Postpetiolus und der übrige Hinterleib glatt und glänzend; Bohrer so lang wie der halbe Hinterleib. — Schwarz, die Basalglieder der Geissel an der Spitze rötlich. Tegulae schwarz, Stigma braun, an der Basis verloschen, auch an der Spitze weiss gefleckt. Beine rot, Hüften, Basis der Trochanteren, Spitze der hintersten Schienen mit den Tarsen schwärzlich. Das 1. Segment schwarz, der übrige Hinterleib rot; die Endsegmente zuweilen etwas verdunkelt.

L. 6 mm. ♂ unbekannt.

Einige ♀ von Blankenburg i. Thür.

39. Ph. semipolitus Taschb. 1865 Ph. semipolitus Taschenberg, Crypt. p 28 ♀ | 1884 Ph. semipolitus C. G. Thomson, Opusc. Ent. X p. 951 ♀♂.

♀♂ Metathorax grob gerunzelt, vollständig gefeldert, area superom. sechsseitig. Das 1. Segment gestreckt, mit schwachen Kielen, längsrissig; das 2. Segment ebenfalls fein dicht längsrissig, die übrigen Segmente poliert. Fühler nach der Spitze schwach verdickt. — Schwarz, Segment 2—4 und Beine rot; Hüften und Trochanteren, die hintersten Kniee, Schienenspitzen und Tarsen schwarz. Fühler mehr braun, gegen die Basis rötlich. Afterspitze weiss. Bohrer kaum von ⅓ Hinterleibslänge.

L. 6—7 mm.

Nord- und Mitteleuropa.

40. Ph. rugulosus Grav. 1829 Ph. rugulosus Gravenhorst, II p. 686 ♂ | 1865 Taschenberg, Crypt. p. 22 ♂ | 1900 Ph fumator var rugulosus Strobl, Mitth. Naturw. Ver. Steierm. p. 226 ♂.

♂ Fühler etwas länger als der halbe Körper, Schaft unten rot. Area superomedia stark quer (nach Strobl), mit kurzen und spitzen Seitenhöckern. Stigma schwarz, Tegulä und Flügelwurzel weisslich. Beine rot, Hüften, Trochanteren, die hintersten Schienen und Tarsen schwärzlich, die hintersten Schienen in der Mitte rötlich. Hinterleib schmäler als der Thorax, das 1. und 2. Segment dicht längsrissig, schwarz mit rotem Endrand, 3 und 4 rot, 4 mit schwarzem Endrand, die übrigen dunkelbraun.

L. 6 mm. ♀ unbekannt.

Deutschland, Oesterreich.

41. Ph. ungularis C. G. Thoms. 1884 Ph. ungularis C. G Thomson, Opusc. Ent. X p. 951 ♀♂.

Klauenglied und Klauen sehr gross und kräftig. Petiolus mit 2 Kielen. Clypeus mit 2 starken Zähnen. Area superom. pentagonal, Costula in der Mitte. Segment 1 und 2 fein lederartig, ziemlich matt.

♀ Fühler gelblich, an Basis und Spitze schwärzlich. Tegulä schwarz. Hinterleib rotgelb, am Ende schwarz. Beine rotgelb. Bohrer dick, etwas länger als das 1. Segment.

♂ Fühler schwarz. Basis und Spitze des Hinterleibs schwarz. Beine rotgelb, die hintersten Tarsen und Schienenspitzen schwarz.

L. 5—7 mm.

Schweden.

42. Ph. facialis C. G. Thoms. 1884 Ph. facialis C. G. Thomson, Opusc. Ent. X p. 952 ♀

♀ Schwarz, Gesicht unten und Wangen gelblich; Fühler braun, Beine und Hinterleib rotgelb, Bohrer doppelt so lang als das 1. Segment. Metathorax mit starken Seitendornen. Fühler dünn. Nervell. deutlich antefurc.

L. 5 mm.

Schweden, selten.

43. Ph. pseudovulnerator Strobl, 1900 Ph. pseudovulnerator Strobl, Mitth. Naturw. Ver. Steierm. p 220 ♂.

♂ Kopf quer, rückwärts kaum verschmälert, Gesicht dicht weisshaarig. Clypeus mit 2 schwachen Zähnen. Fühler fast von Körperlänge. Mesonotum fein chagriniert und ziemlich dicht punktiert. Brustseiten ziemlich regelmässig

laugsstreifig.   Metathorax scharf und vollständig gefeldert, area superomedia doppelt so breit als lang.
Seitendornen deutlich.   Das 1. Segment ziemlich kurz
und breit, runzlig-punktiert, mit 2 scharfen Kielen. Das
2. Segment dicht runzlig-punktiert, matt, das 3. Segment
mit etwas feinerer Sculptur und nur an der Basis, die
Endhalfte und die folgenden Segmente glatt. Segment
2 und 3 quadratisch. — Schwarz, die beiden ersten
Fühlerglieder unten gelb. Beine gelbrot, die Hüften und
die hintersten Tarsen schwarz, Vorderhuften, alle Trochantern, Mund, Palpen und Tegulä gelblich Stigma
braun, Nervellus stark antefurcal, tief unter der Mitte
gebrochen.

L. 6 mm.
Steiermark.′

44. **Ph. lapponicus** C. G. Thoms. 1884 Ph lapponicus C G Thomson,
Opusc Ent X p. 952 ♀♂

♀♂ Beine schlank. Metathorax ohne Seitendornen. Augen
der ♀ behaart. Bohrer kürzer als das glatte 1. Segment.
— Schwarz, Hinterleibsmitte und Beine rotgelb, Hüften
schwarz. — Sehr ähnlich dem Ph. fumator, aber Schenkel
schwächer, Beine rotgelb, Hüften schwarz, die vorderen
an der Spitze hell. Stigma klein, gelblich, der untere
Aussenwinkel der Discoidalzelle fast ein rechter, Fühlergeissel beim ♀ an der Basis gelblich.

L. 4 mm.
Lappland.

45. **Ph. leucostigmus** Grav. 1829 Ph leucostigmus Gravenhorst, II p.
667 ♀ | 1865 Ph leucostigmus Taschenberg p 24 ♀ | 1884 Ph. leu-
costigmus C. G. Thomson, Opusc Ent X p 953 ♀ (non ♂ sec
Kriechbaumer) | 1892 Ph leucostigmus Kriechbaumer, Ent. Nachr.
22 p 351.

♀ Metathorax lederartig gerunzelt, vollständig gefeldert.
Das 1. Segment längsrissig, die übrigen poliert. Fühler
nach der Spitze hin verdickt. Augen schwach behaart. —
Schwarz, Fühler 3farbig, Segment 2, 3 und Basis von 4
und Beine rot, die hintersten Knie, Schienenspitzen und
Tarsen schwarz. Stigma an der Basis breit weiss, der
untere Aussenwinkel der Diskoidalzelle fast ein rechter.
Bohrer kaum halb so lang als das 1. Segment.

Anmerk Nach K r i e c h b a u m e r gehört das von Thomson
als Ph. leucostigmus beschriebene ♂ nicht zu dieser Art, sondern
zu Ischnocryptus geniculatus Kriechb.

L. 4—5 mm.
Nord- und Mitteldeutschland.

46. **Ph. punctigena** C. G. Thoms. 1884 Ph punctigena C G. Thomson, Opusc Ent. X p 953 ♀.

♀ Schwarz, Fühler 3 farbig, Hinterleibsmitte und Beine ganz rotgelb, Bohrer kaum kürzer als das 1. Segment. — Dem Ph. leucostigmus sehr ähnlich, aber grösser, die 3 ersten Geisselglieder länger, rotgelb, Bohrer länger, Beine ganz rotgelb, Stirn, Wangen und Brustseiten dicht punktiert.

L. 5 mm.

Schweden.

47. **Ph. nanus** Grav. 1829 Cr. nanus Gravenhorst, II p. 585 ♀ | 1865 Ph nanus Taschenberg, p. 25 ♀ | 1884 Ph nanus C G. Thomson, Opusc Ent X p. 954 ♀♂.

♀ Beine und Fühler dick. Metathorax mit scharfen Leisten und spitzen, langen Seitendornen. Segment 1 mit feinen Längsrissen, die folgenden Segmente poliert. — Schwarz, Fühlerbasis, Beine, Segment 2 und Vorderhalfte von 3 rötlichgelb die folgenden Segmente braun mit hellen Hinterrändern. Bohrer etwa so lang wie der halbe Hinterleib. Nervell. antefurc.

♂ Gesicht mit dichter weisser Behaarung; Schaft unten hellgelb; vordere Trochanteren weisslich. Die hintersten Hüften, Schienenspitzen und Tarsen schwarz.

L. 3 mm.

Nord- und Mitteldeutschland.

48. **Ph. brachyurus** C. G. Thoms. 1884 Ph. brachyurus C. G. Thomson, Opusc Ent X. p. 955 ♀♂.

♀♂ Schwarz, Hinterleibsmitte, Schenkel und Schienen rot, Bohrer doppelt so kurz als das 1. Segment. — Dem Ph. nanus ähnlich, aber Fühler schwarz, Metathorax ohne Seitendornen, Areola grösser, nervell. oppos., Scheitel breiter, das 2. Segment an der Basis fein runzelig-punktiert, Bohrer sehr kurz.

L. 3 mm.

Schweden.

49. **Ph. tergestinus** n. sp.

♀ Kopf und Mesonotum glänzend, zerstreut punktiert; Kopf nach hinten stark verschmälert; Clypeus mit 2 kleinen Endzähnen; Fühler lang und kräftig, die Basalglieder der Geissel sehr gestreckt. Metathorax glänzend,

vollständig gefeldert, area superomedia nierenförmig,
breiter als lang; der abschüssige Raum flach ausgehöhlt,
mit groben Querruuzeln, Seitenzahne klein und stumpf.
Radialzelle kurz, Areola klein, nervulus etwas hinter der
Gabel.   Das 1. Segment gestreckt, Postpetiolus dicht
nadelrissig, mit 2 Kielen; das 2. Segment sehr fein und
zerstreut runzelig-punktiert, fast glatt; Bohrer wenig
kürzer als das 1. Segment. — Basalhälfte der Fühler
und Beine rötlichgelb, fast weisslich, der Hinterleib und
die hintersten Schenkel und Schienen und die Vordertarsen gelbrot; Spitze der hintersten Schenkel und
Schienen und die hintersten Tarsen gebräunt.   Das 1.
Segment schwarz.   Tegulä rötlich; Stigma braungelb.

L. 6 mm.

Mehrere ♀ von Triest.

50. Ph. punctiventris C. G. Thoms.   1884 Ph. punctiventris C G.
Thomson, Opusc. Ent. X p 955.

Fühler lang und kräftig, an der Basis sowie die Beine
grösstenteils gelblich, Hinterleibsmitte verloschen braunrot, Bohrer etwas kürzer als das erste Segment. — Dem
Ph. brachyurus ähnlich durch den uugedorute Metathorax
und nervell. oppos., aber Fühler langer, mit rötlichgelber
Basalhälfte, Bohrer und das 1. Segment länger.

L. 3—4 mm.

Schweden.

51. Ph. Lehmanni n. sp.

♀ Kopf, Mesonotum und Schildchen ziemlich glänzend
mit tief eingestochenen Punkten, Kopf nach hinten verschmälert, Clypeus mit 2 kleinen Knötchen oder Zähnen,
Fühler ziemlich lang und kräftig; Brustseiten grob
punktiert, glänzend, Speculum poliert; Metathorax glänzend, zerstreut punktiert, Felderung sehr deutlich, area
superomedia fünfseitig, so lang als breit, der abschüssige
Raum fein runzelig, schwach glänzend, mit scharfen
Längsleisten.   Das erste Segment mit Kielen, zerstreut
längsrissig, die Luftlöcher etwas vorspringend; der übrige
Hinterleib glatt, Bohrer etwas kürzer als das 1. Segment.
— Kopf und Thorax, auch der Schaft schwarz; Basalhälfte der Geissel rötlichweiss, die beiden ersten Glieder
nur gegen das Ende.   Tegulä schwarz.   Stigma rotbraun,
an Basis und Spitze weiss.   Hüften und Basis der
Trochanteren schwarz, Schenkel rot, die vorderen an der

Basis, die hintersten gegen das Ende gebräunt; Schienen und Trochantellus gelblich, die hintersten Schienen an Basis und Spitze und die hintersten Tarsen schwärzlich. Hinterleibssegmente 2—4 rot, die Endsegmente weisslich gesaumt.

L. 6 mm. ♂ unbekannt.

Einige ♀ von Blankenburg i. Thur. Ende September. Zu Ehren meines verehrten Collegen Professor Dr. Lehmann in Rudolstadt genannt.

52. Ph. laeviventris C. G. Thoms. 1884 Ph. laeviventris C. G Thomson, Opusc Ent. X p. 985 ♀♂.

♀ Schwarz, Fühlerbasis, Hinterleibsmitte und Beine zum Teil rot, Bohrer etwas kurzer als das 1. Segment, letzteres mit Kielen. — Dem Ph. punctiventris ähnlich, aber Fühler weniger lang, der abschüssige Teil des Metathorax glänzend, das 2. Segment glatt.

♂ Hinterleib schwarz. Die hintersten Schenkel ganz, die vorderen an der Basis schwarz.

L. 3—4 mm.

Schweden.

53. Ph. cephalotes Grav. 1829 Ph. cephalotes Gravenhorst, II p. 644 ♀♂.

♀♂ Metathorax grob runzlig-punktiert mit 2 Querleisten. Das 1. Segment schlank mit 2 Kielen und wenigen groben Längsrissen: auch die folgenden Segmente an der Basis mit einzelnen groben Punkten und Längsrissen. Kopf breit, Stirn grob punktiert, Clypeuszähne gross. — Glänzend schwarz, Schenkel und Schienen rot, die hintersten Schienen nur in der Mitte. Fühler mit rötlicher Basis. Bohrer kurz vorragend.

L. 9—10 mm.

Ganz Europa, zu den häufigsten Arten.

54. Ph. clypearis Strobl. 1900 Ph. clypearis Strobl, Mitt. Naturw Ver Steierm. p. 223 ♀.

♀ Stimmt mit Ph. cephalotes überein, aber die ganzen Beine sind rot, nur die Hintertarsen dunkel. Das 1. Segment ist länger und schlanker, der Postpetiolus fast quadratisch, zweikielig, dicht und stark langsrissig, ebenso aber viel feiner die Basis des 2. Segmentes. Fühlerglieder 3—9 sind rot. Metathorax vollständig gefeldert, area supero-

media quer. Hinterleib schwarz oder rotbraun, die Endsegmente weiss gesäumt Bohrer wenig vorstehend.

L. 7—8 mm.

Steiermark. Von mir in Thüringen mehrfach gefunden.
Das ♂ stimmt in der Farbung mit dem ♀ überein;
die Basis der Fühlergeissel und Segment 2 oder 2 und 3
sind bei allen Stücken verschwommen rot.

55. **Ph. flavimanus** Grav. 1829 Ph flavimanus Gravenhorst, II
p 647 ♂ | 1884 Ph. flavimanus C. G Thomson, Opusc Ent X
p. 956 ♀♂.

♀ Metathorax mit schwachen Leisten. Endabschnitt des
Radius lang, Hinterleib punktiert. — Schwarz, die beiden
ersten Fühlerglieder braun, Glied 3—7 blassgelb, Spitzen
der Vorderschenkel und Schienen gelblich. Bohrer wenig
vorragend.

♂ Fühler schwarz. Clypeus vorn mit 3 stumpfen Zähnchen.

L. 5—7 mm.

Nord- und Mitteleuropa.

56. **Ph. balearicus** Kriechb. 1894 Ph. balearicus Kriechbaumer, Ann
Soc Esp. de Hist. Nat. tom. XXIII p. 245 ♂.

♂ Schwarz, Mund und Beine rot, die Spitzen der hintersten
Schienen und ihre Tarsen schwarz; Schaft unten, Punkt
vor den Flügeln, Vorderhüften und Trochanteren und
Tegulä weiss. Stigma schmal, braun. —

Aehnlich dem Ph. f l a v i m a n u s in Gestalt und Farbe,
aber kleiner, das Stigma schmäler, Kopf nach hinten verengt und mit weisser Zeichnung. Gesicht mit weisser
Behaarung. Area superomedia quer, der abschüssige
Raum mit feinen Längsleisten. Petiolus wenig breiter,
unregelmässig nadelrissig, Segment 2 und 3 an der
Basis rauh punktiert.

L. 5 mm. ♀ unbekannt.

Palma de Mallorka.

57. **Ph. variabilis** Grav. 1829 Ph variabilis Gravenhorst II p 705 ♀♂ |
1865 Ph variabilis Taschenberg p. 24 ♀♂.

♀ Metathorax vollstandig gefeldert. mit deutlichen stumpfen
Seitenzahnen. Das 1. Segment mit Langsrissen, die
folgenden poliert. Fühler nach vorn kaum merklich verdickt. — Schwarz, Segment 2 und 3, Spitze der vordersten
Schenkel, Schienen, Vordertarsen und Basalhalfte der

Fühler rot; die hintersten Schienen an Basis und Spitze
gebräunt. Basis des Stigma und After weiss. Bohrer
von ¼ Hinterleibslänge. Flügel an der Basis des Radius
wolkig getrübt.

♂ Wie das ♀, aber das 2. Segment mit flachen Längsrissen. Fühler und Hinterschienen ganz schwarz.

Var. ♂. alpina Strobl. 1900 Mitt. Naturw. Ver. Steierm.
Hinterleib schwarz, nur Segment 2 und 3 mit rotem
Rand. Hüften und der grösste Teil der Schenkel schwarz.
Segment 1 und 2 stark längsrunzelig.

L. 6—7 mm.

Ganz Europa.

58. Ph. dumetorum Grav. 1829 Ph. dumetorum Gravenhorst, II
p. 669 ♀♂ | 1865 Ph. dumetorum Taschenberg p. 24 ♀♂.

♀ Metathorax vollständig gefeldert, mit stumpfen Seitenzähnen; area superom. hoch gelegen, halbmondförmig.
Segment 1 gekielt und gefurcht, längsrissig, die folgenden
poliert. — Schwarz. Segment 2 und 3, Beine mit Ausschluss der Spitzen der hintersten Schenkel und Schienen,
Fühlerwurzel und Mund rot; ein vom Rot nicht scharf
abgegrenzter Fühlerring, Basis des Stigma und Afterspitze weiss. Bohrer von ¼ Hinterleibslange. Flügel wie
bei Ph. variabilis.

♂ Kopf hinter den Augen fast erweitert. Fühler, Palpen
und Tegulä schwarz. Fühler kurz, der Schaft zuweilen
rot, Glied 12—14 mit erhabener Linie. Das 2. Segment
erscheint bei starker Vergrösserung dicht und fein
punktiert. Segment 2—4 rot.

L. 6—7 mm.

Ganz Europa.

Anmerk Taschenberg ist geneigt, Ph. variabilis und dumetorum zu einer Art zu vereinigen Nach Thomson unterscheidet
sich Ph. variabilis durch schlankere Beine, etwas längeren Bohrer,
längere Basalglieder der Fühler und schwächere Körperbehaarung.

59. Ph. tenuicosta C. G. Thoms. 1884 Ph. tenuicosta C. G. Thomson,
Opusc. Ent. X p. 957 ♀ et 1896 Opusc. Ent. XXI p. 2387 ♂.

♀ Im Habitus an Ph. vagans erinnernd und einen Ueber-
gang zu Hemiteles bildend. — Stirn sehr fein punktiert,
Fühler 26—27-gliedrig. Nervellus deutlich antefurc.
Das 1. Segment breit, mit 2 Kielen, das 2. zerstreut aber
deutlich punktiert. Fühlerbasis, Segment 2—4 und
Schenkel und Schienen rot. Bohrer länger als der halbe
Hinterleib. Flügel unter dem Stigma wolkig getrübt.

♂ Sculptur wie beim ♀. Unterseite des Schaftes, Makel
der Mandibeln, Palpen und vordere Hüften und Trochanteren zum Teil weiss. Schenkel und Schienen rot, die
hintersten am Ende gebräunt Hinterleib schwarz,
Segment 2—6 mit röthchem Endrand.

L. 5—6 mm.

Schweden.

60. **Ph exiguus Grav.** 1829 Ph. exiguus Gravenhorst, II p. 666 ♀ |
1884 Ph exiguus C. G. Thomson, Opusc Ent. X p. 958 ♀♂.

♀ Endabschnitt des Radius fast 3 Mal so lang als die Basis.
Flugel hyalin. Metathorax glänzend, mit vollständiger
Felderung; area superom. quer; Seitendörnchen schwach.
Das 1. Segment schmal und lang, poliert wie die folgenden
Segmente. Fühler fadenförmig, nach vorn kaum verdickt.
— Glänzend schwarz. Hinterleib, Beine und Basalhälfte
der Fühler rötlichgelb, das 1. Segment braun. Bohrer
kaum ¼ Hinterleibslänge.

♂ Gesicht dicht weisslich behaart. Schaft unten, Palpen
und vordere Trochanteren weisslich. Spitze des Hinterleibes und der hintersten Beine schwarzlich. Postannellus
unten rötlich.

L. 4—5 mm.

Var. ♀ Spitze des Hinterleibs mehr oder weniger ausgedehnt
schwarzbraun.

Nord- und Mitteleuropa.

61. **Ph. bidens C. G. Thoms.** 1884 Ph bidens C. G. Thomson,
Opusc Ent. X p 958 ♀♂.

Der vorigen Art sehr ähnlich durch Beschaffenheit des
Thorax, 1. Segments und der Flügel. Clypeus bei ♀
und ♂ mit starken Endzähnen. Schwarz, Fühlerbasis,
Beine und Endrand von Segment 2—6 rötlich gelb.
Bohrer kaum vorstehend.

Beim ♂ der Hinterleib schwarz, Segment 2 und 3 mit
gelblichem Endrand.

L. 4—5 mm.

Schweden.

62. **Ph. ovatus Grav.** 1829 Ph ovatus Gravenhorst, II p 668 ♀ | 1884
Ph. ovatus C G. Thomson, Opusc. Ent. X p. 959 ♀♂.

♀ Metathorax glänzend, schwach gerunzelt, Felderung vollstandig, abschüssiger Teil mit 2 Längsleisten. Das 1.

Segment dreieckig, mit 2 Längskielen, an den Seiten schwach nadelrissig. Segment 2 stark glänzend, mit sehr einzelnen Punkten. Nervell. antefurc. Parapsiden kurz aber deutlich. — Glanzend schwarz, untere Fühlerhälfte, Segment 2 und 3 und Beine rot, Spitzen der hintersten Schenkel und Schienen schwarz. Bohrer so lang wie das 1. Segment.

♂ Hinterleib schwarz. Fühler kurz, Postannellus kaum länger als der Schaft.

L. 5—6 mm.

Nord- und Mitteleuropa.

63. **Ph. inflatus** C. G. Thoms. 1884 Ph inflatus C G. Thomson, Opusc. Ent. X p. 959 ♀♂.

♀ Kopf kubisch. Pronotum und Metapleuren dicht punktiert. Parapsiden punktförmig. Metathorax schwach gerunzelt, area superom. quer, costula hinter der Mitte. Das 1. Segment kurz, nicht längsrissig. Die vordersten Schienen stark aufgeblasen. Schwarz, auch die Fühler, Hinterleibsmitte und Beine rot. Bohrer etwas kürzer als das 1. Segment.

♂ Fühler schwarz, Schaft unten hellgelb, Gesicht graulich behaart; Postpetiolus breit, Palpen und Tegulä weisslich, vordere Trochanteren blassgelb.

L. 5—6 mm.

Nord- und Mitteleuropa.

64. **Ph. fumator** Grav. 1829 Ph. fumator Gravenhorst, II p. 687 ♀♂.

♀ Metathorax rauh, vollständig gefeldert, mit Seitendornen. Segment 1 mit Kielen, längsrissig, die folgenden Segmente poliert. Fühler nach der Spitze schwach verdickt. — Schwarz, Segment 2 und 3, Schenkel und Schienen, meist auch die Unterseite der Fühlerbasis rot. Bohrer kürzer als das 1. Segment. — Der vorigen Art sehr ähnlich, aber Kopf weniger kubisch, die vordersten Schienen kaum aufgeblasen, die 3 ersten Geisselglieder deutlich länger.

Ueber das ♂ erwähnt Thomson nichts. Nach Taschenberg ist es fraglich, ob das von Gravenhorst beschriebene hierher gehört, wie denn überhaupt über die ♂ aus der Gruppe des Ph. fumator noch die grösste Unsicherheit herrscht. Bei demselben ist der Metathorax

ungedornt, das 1. Segment schlank, stark längsrissig, das
2. fein und dicht punktiert, Segment 2—4 und Schenkel
und Schienen rot.

L. 5—7 mm.

Ganz Europa, häufig.

65. **Ph. tenuiscapus** C. G. Thoms. 1884 Ph tenuiscapus C G.
Thomson,: Opusc Ent. X p 960

Schwarz, Hinterleibsmitte und Beine zum Teil rot, Bohrer
doppelt so kurz als das 1. Segment. — Den vorigen Arten
ähnlich, aber Fühler sehr dünn, schwarz; Hinterleibsstiel
lang und schmal, der Bohrer weit kürzer; Pronotum und
Metapleuren fast glatt.

L. 5 mm.

Schweden.

66. **Ph. oppositus** C. G. Thoms. 1884 Ph. oppositus C. G Thomson,
Opusc. Ent X p 960 ♀.

Schwarz. Hinterleibsmitte und Beine zum Teil rot, nervell.
oppos., Bohrer wenig kürzer als das 1. Segment. — Dem
Ph. fumator ähnlich, aber Kopf nicht kubisch, Pronotum
und Metapleuren fast glatt, der untere Aussenwinkel der
Discoidalzelle fast ein rechter. L. 4—5 mm. Schweden.

Ich habe 2 ♀ und 1 ♂ zusammen hier bei Blankenburg gefangen, die ich zu dieser Art ziehe und gebe
deshalb eine etwas ausführlichere Beschreibung:

♀ Kopf und Thorax glänzend, zerstreut punktiert. Kopf
nach hinten etwas verschmälert; Clypeus mit 2 kleinen
Zähnen; Fühler lang, fadenförmig. Metathorax mit
einzelnen Runzeln, glänzend, hinten mit Seitenzähnchen,
vollständig gefeldert: area superomedia glänzend, wenig
breiter als lang, der abschussige Raum flach, fein gerunzelt, mit deutlichen Längsleisten. Der Postpetiolus
dicht längsrissig, der übrige Hinterleib glatt; Bohrer
wenig kürzer als das 1. Segment. — Kopf, Thorax,
Fühler und Tegulä schwarz. Stigma braun bis schwärzlich,
an den Enden weisslich. Beine rot, Hüften, Trochanteren,
Vorderschenkel an der Basis, die hintersten ganz, Basis und
Spitze der hintersten Schienen und ihre Tarsen schwarz.
Hinterleib rot, das 1. Segment schwarz, die beiden Endsegmente an der Basis verloschen braun. — Das ♂ stimmt
in der Farbung so ziemlich mit dem ♀ überein. Das
Stigma ist fast schwarz; an den Hinterschenkeln ist nur
die Basis schwarz. Hinterleib schwarz, Segm. 2—4 rot.

67. Ph. flavicans C. G. Thoms. 1884 Ph. flavicans C. G. Thomson, Opusc. Ent. X p. 961 ♀♂.

♀ Schwarz, Hinterleibsmitte, Basalhälfte der Fühler und Beine rötlich gelb, die hintersten Hüften an der Basis schwarz; nervell. antefurc; Metathorax glatt; das 1. Segment schmal, mit 2 Kielen; der Bohrer nur halb so lang als dasselbe.

♂ Gesicht dicht weiss behaart; Schaft unten, Mund, vordere Trochanteren weisslich. Das 2. Segment und die hintersten Beine schwarz gefleckt.

L. 5 mm.

Nord- und Mitteleuropa.

68. Ph. cubiceps C. G. Thoms. 1884 Ph. cubiceps C. G. Thomson, Opusc. Ent. X p. 961.

Schwarz, Basalhälfte der Fühler, Hinterleibsmitte und Beine rötlich gelb, Bohrer kaum kürzer als das 1. Segment. — Der vorigen Art sehr ähnlich, aber nervellus fast oppos., Kopf beinahe kubisch, area superom. und Bohrer länger.

L. 5—7 mm.

Schweden.

69. Ph. scaposus C. G. Thoms. 1884 Ph. scaposus C. G. Thomson, Opusc. Ent. X p. 961 ♀♂.

Schwarz, Hinterleibsmitte, Fühlerbasis und Beine rot, Postannellus kürzer als der cylindrische Schaft, Bohrer fast doppelt kürzer als das 1. Segment. Mandibeln lang und kräftig. — Beim ♂ die Fühler kurz, Postannellus kaum länger als der cylindrische Schaft.

L. 5—7 mm.

Schweden.

70. Ph. punctipleuris C. G. Thoms. 1884 Ph. punctipleuris C. G. Thomson. Opusc. Ent. X p. 962 ♀♂.

♀ Schwarz, Basalhälfte der Fühler, Hinterleib mit Ausnahme des 1. Segments und Beine rötlich gelb; Wangen und Mesopleuren sehr dicht punktiert, Bohrer fast doppelt so kurz als das 1. Segment. — Dem Ph. flavicans sehr ähnlich, aber Wangen und Brustseiten punktiert, die Basalglieder der Geissel länger.

♂ Wangen, Pronotum vor der Flügelbasis und Mesopleuren
oben punktiert.

L. 5—6 mm.

Schweden.

71. Ph. nobilitatus n. sp.

♀ Kopf und Thorax glänzend, zerstreut aber ziemlich grob,
Gesicht dicht punktiert, Clypeus mit Endzähnen. Kopf
nach hinten kaum verschmälert; Fühler lang fadenförmig,
gegen das Ende kaum verdünnt. Metathorax vollstandig
gefeldert, mit starken Leisten, die hintere Querleiste an
den Seiten lamellenartig vortretend, area superomedia
nierenförmig, doppelt so breit als lang, mit einigen Längsrunzeln; der abschüssige Raum stark ausgehöhlt, grob
runzlig punktiert, die Längsleisten deutlich. Das 1. Segment ziemlich kurz und breit, fast glatt, nur mit ganz
feinen Längsrunzeln, die Längskiele stark erhaben; das
2. und 3. Segment an der Basis ganz fein und zerstreut
gerunzelt, fast glatt. Hinterleib oval, flach; Bohrer so
lang wie das 1. Segment. — Schwarz, die 4 oder 5
ersten Geisselglieder röthlichgelb. Tegulä und Stigma
schwarzbraun, letzteres an Basis und Spitze weisslich.
Beine rot, Hüften an der Basis, die hintersten Schenkel
an 'der Spitze, die hintersten Schienen an Basis und
Spitze und die hintersten Tarsen schwarz. Das 1. Segment
ganz schwarz, der ubrige Hinterleib rot.

Das ♂ stimmt ganz mit dem ♀. Unterseite des
Schaftes und die 3 ersten Geisselglieder rot. Hinterhüften
ganz schwarz. Das 2. und 3. Segment an der Basis
deutlich aber zerstreut punktiert, mit Spuren von Längsrunzeln.

L. 7—8 mm.

Ein Pärchen von Blankenburg i. Thur. Die Art ähnelt
in der Körpergestalt sehr dem Ph. cephalotes.

72. Ph. curviscapus C. G. Thoms. 1889 Ph. curviscapus C. G. Thomson, Opusc. Ent. XIII p. 1405 ♀.

♀ Kopf fast kubisch. Parapsiden kurz aber tief. Stirn,
Mesonotum und Brustseiten fein punktiert. Metathorax
fast glatt, Felderung vollständig, area superom. ungefähr
so lang als breit, Costula hinter der Mitte. Hinterleib
hinten etwas comprimiert, das 1. Segment lang, gekrümmt,
Postpetiolus glatt, langer als breit. Bohrer so lang als

das 1. Segment. — Schwarz, Fühlerbasis, Schienen, vordere
Kniee und Hinterleib rot.

L. 8—9 mm.

Schweden.

73. **Ph. submuticus** C. G. Thoms. 1884 Ph submuticus C. G. Thomson,
Opusc. Ent. X p. 962 ♀.

♀ Schwarz, Fühlerbasis, Hinterleibsmitte breit und Beine
rötlich gelb, Bohrer fast länger als das 1. Segment. —
Dem Ph. flavicans ähnlich, aber Bohrer und Fühler länger,
die 3 ersten Geisselglieder gelb, Zähne des Clypeus kleiner.

L. 4 mm.

Schweden.

74. **Ph. canaliculatus** C. G. Thoms. 1889 Ph canaliculatus C G.
Thomson, Opusc. Ent. XIII p. 1406 ♀♂.

♀ Ausgezeichnet durch die Struktur der Fühler und des
1. Segmentes. — Kopf nicht kubisch, aber Scheitel breit.
hinten nicht verengt, stark punktiert. Fühler schlank,
die 3 ersten Geisselglieder lang, linear, das letzte Fühlerglied zugespitzt. Parapsiden fehlend. Metathorax ziemlich
glänzend, area superom. quer, an den Seiten nicht begrenzt.
Nervell. fast postfurc. Hinterleib glänzend, das 1. Segment mit parallelen Seiten, Postpetiolus nadelrissig, mit
Mittelfurche, die Spirakeln zahnartig vorragend: das 2.
Segment an der Basis mit Spuren von Streifen, die letzten
Segmente etwas comprimiert. — Schwarz, die 3 ersten
Geisselglieder, Segment 2, 3 und der grösste Teil von 4,
Schenkel und Schienen rot, die letzteren an der Spitze
schwarz. Bohrer fast kürzer als der Postpetiolus.

♂ Dem ♀ gleich, aber Fühler schwarz, nicht lang. Schaft
unten trüb rot, Tegulä rötlich, die hintersten Schenkel
schwarz mit roter Basis, die Schienen rot, an der Basis
schwarz.

L. 6—7 mm.

Schweden.

75. **Ph. trichops** C. G. Thoms. 1884 Ph trichops C. G. Thomson,
Opusc Ent X p. 962

Augen des ♀ dicht und deutlich behaart. Postpetiolus
gestreift. Schwarz, Hinterleibsmitte und Beine zum Teil
rot, Bohrer kürzer als das flache 1. Segment. Pronotum

und Metapleuren punktiert. — Dem **Ph. fumator**
sehr ähnlich, aber die Augen behaart, Postpetiolus gestreift, nervell. opposit., die Radialzelle kürzer.

L. 5—7 mm.

Schweden, Deutschland.

76. Ph. dimidiatus C. G. Thoms. 1884 Ph. dimidiatus C. G. Thomson,
Opusc. Ent. X p. 963.

Augen des ♀ dicht und deutlich behaart. Schwarz,
Basalhälfte der Fühler, Hinterleibsmitte und Beine rot,
Bohrer kürzer als das 1. Segment. — Der vorigen Art
sehr ähnlich, durch die Färbung der Fühler leicht zu
unterscheiden.

L. 4—5 mm.

Schweden, Deutschland.

77. Ph. ocularis C. G. Thoms. 1889 Ph. ocularis C. G. Thomson,
Opusc. Ent. X p. 1405 ♀♂.

♀ Der vorigen Art durch die behaarten Augen und Fühler-
färbung ähnlich, aber helle Färbung der Fühlerbasis weit
weniger ausgedehnt und die hintersten Hüften und
Schienenbasis schwarz. — Schwarz, Segment 2 und 3 rotgelb, das letztere zuweilen schwarzbraun. Beine nicht
schlank, rötlich. Bohrer so lang wie das 1. Segment.

♂ Die hintersten Schenkel und Schienen an der Spitze breit
schwarz. Fühler ziemlich lang und dünn.

L. 4 mm.

Schweden.

78. Ph. ovalis C. G. Thoms. 1884 Ph. ovalis C. G. Thomson, Opusc.
Ent. X p. 963 ♀

♀ Augen nicht behaart. Scheitel nicht breit. Das 1.
Segment schmal, am Ende längsrissig. Beine nicht
behaart. — Schwarz, der ovale Hinterleib rötlichgelb, nur
das 1. Segment schwarz, Fühlerbasis und Beine rötlichgelb.
Bohrer doppelt so kurz als das 1. Segment.

L. 6—7 mm.

Schweden.

III. Sect. Flügel stummelartig verkürzt, höchstens die Spitze des
1. Segmentes erreichend. (Gattung Stibeutes Först.)

79. **Ph. Heinemanni** Först. 1851 Stibeutes Heinemanni Förster, Mon-
d. Gatt. Pezomachus p 30 ♀ | 1884 Ph Heinemanni C G. Thomson,
Opusc Ent. X p 948 ♀.

♀ Scheitel nicht breit, Wangen kurz. Fühler tief eingelenkt,
das 1. Geisselglied kürzer als der Schaft. Parapsiden
deutlich. Metathorax kurz, der abschüssige Teil durch
eine scharfe Leiste getrennt, Felderung deutlich, wenn
auch nicht ganz vollständig. Das 1. Segment schmal
und lang, glatt. Beine ziemlich kräftig, Schienensporen
sehr kurz. Bohrer so lang wie das 1. Segment.; Die
Flügel erreichen die Spitze des 1. Segments, Stigma
deutlich. — Schwarz, Glied 2—5 der Fühler und die
Beine rotgelb, Hinterleib heller oder dunkler braun.

L. 3—4 mm. ♂ unbekannt.

Nord- und Mitteleuropa.

80. **Ph. parvipennis** C. G. Thoms. 1884 Ph parvipennis C G.
Thomson, Opusc Ent X p 944 ♀♂

♀ Scheitel winkelig ausgerandet. Stirn und Mesonotum zerstreut punktiert, ziemlich glänzend. Area superom. dreieckig, hinten breiter, costula kurz vor dem Ende. Postpetiolus breit, dicht gestreift. Klauenglied und Klauen
klein. Bohrer fast von Hinterleibslänge — Schwarz,
Beine zum Teil rot. Die Flügel erreichen die Seitendörnchen des Metathorax.

♂ Tegula, Schaft und Hüften schwarz. Auch das 2. Segment
sehr fein gestreift.

L. 4—6 mm.

Schweden.

81. **Ph. rotundipennis** C. G. Thoms. 1884 Ph rotundipennis C. G
Thomson, Opusc. Ent. X p 963 ♀

♀ Augen dicht und deutlich behaart. Postpetiolus gestreift.
Flügel kaum die Spitze des 1. Segments erreichend, am
Ende abgerundet. Bohrer kürzer als das 1. Segment. —
Schwarz, die 4 ersten Fühlerglieder, Segment 2, Vorder-
hüften von 3 und Beine rot.

L. 4—5 mm.

Schweden.

82. Ph. acutipennis C. G. Thoms. 1884 Ph acutipennis C G. Thomson, Opusc. Ent. X p. 954 ♀♂.

♀ Dem Ph. nanus sehr ähnlich, aber Metathorax ohne Seitendörnchen, die area petiol. vorhanden, die Flügel am Ende zugespitzt, den Endrand des 1. Segments er-reichend. Augen nicht behaart. Bohrer so lang wie das 1. Segment. — Schwarz, Hinterleibsmitte, Beine und die Basis der dicken Fühler gelb.

♂ Dem ♂ des Ph. nanus ebenfalls sehr ähnlich, aber nervell. oppos. und die Areola grösser.

L. 3 mm.

Schweden.

83. Ph. Gravenhorsti Först. 1851 Stibeutes Gravenhorsti Forster, Mon. d. Gatt Pezomachus p. 29 ♀ | 1884 Ph Gravenhorsti C. G Thomson, Opusc Ent. X p 948 ♀♂.

♀ Eng verwandt mit Ph. Heinemanni, aber Kopf hinter den Augen verengt, Hinterleib mehr konvex, Me-sonotum mit zerstreuter abstehender Behaarung. Hinter-leibssegmente völlig glatt. Bohrer kürzer als das 1. Segment. — Schwarz, Fühlerbasis und Beine rotgelb, Mesonotum und Schildchen rot. Hinterleib braun, das 2. Segment mehr rot. Flügel kurz, kaum über die Basis des Metathorax hinausragend.

♂ Fühlerbasis und Beine röthch gelb, die hintersten Tarsen und Basis und Spitze der hintersten Schienen schwarzbraun. Das 1. Segment lang und schmal, wenigstens doppelt so lang als die Hüften, die Spirakeln im hinteren Drittel, zahnartig vorragend, nervell. opposit., kaum gebrochen.

L. 3—4 mm.

Deutschland, Schweden.

84. Ph. Bonellii Grav. 1829 Pezom. Bonelhi Gravenhorst, II. p 885♀ | 1851 Stibeutes Bonellii Forster, Mon. d Gatt Pezomachus p. 30 ♀

♀ Kopf fein gerunzelt. Das 1. Segment sehr schmal, die Spirakeln hinter der Mitte stark vorspringend, der Länge nach scharf nadelrissig; das 2. Segment sehr fein leder-artig rissig, bloss der schmale Endsaum glatt; die folgenden Segmente ganz glatt. Bohrer kaum so lang als das 1. Segment. Flügel sehr kurz. — Schwarz, die 7 ersten Fühlerglieder, Pro- und Mesonotum, sowie das 2. und 3. Hinterleibssegment rotgelb, die übrigen Segmente braun mit rötlichem Endrand. Beine durchaus rötlichgelb.

L. 4—5 mm. ♂ unbekannt.

Süd-Europa.

IV. Sect. Aussennerv der Areola fehlend. Die Arten bilden den Uebergang zu H e m i t e l e s.

85. Ph. connectens n. sp.

♀ Kopf und Thorax glänzend, ziemlich dicht punktirt; Clypeus mit zwei Endzahnen, Fühler schlank, so lang wie Kopf und Thorax, fadenförmig. Kopf quer, nach hinten wenig verschmalert. Metathorax kurz, vollständig gefeldert, area superomedia quer, die Seitenzähne kräftig, leistenartig; der abschüssige Raum stark runzelig, die Längsleisten nahe an den Seiten. Areola im Flügel ziemlich gross, der Aussennerv fehlend, nervellus antefurcal. Beine kräftig, namentlich die Schenkel verdickt. Hinterleib kurz oval, glatt und glänzend, am Ende mit kurzen, weisslichen Borstenhaaren, das 1. Segment mit deutlichen Kielen. Bohrer so lang wie das 1. Segment. — Schwarz, Fühlerschaft unten und die 5—6 ersten Geisselglieder rotlich. Beine und Hinterleib vom 2. Segment an rot; an den hintersten Beinen die Spitzen der Schenkel, Basis und Spitze der Schienen und die Tarsen schwarz.

L. 6 mm. ♂ unbekannt.

Blankenburg i. Thür.

Durch die gedrungene, kräftige Gestalt und namentlich die verdickten Beine zu Phygadeuon gehörig.

86. Ph. monodon C. G. Thoms. 1884 Ph monodon C. G Thomson, Opusc. Ent X p. 950 ♀♂.

Scheitel breit, Clypeus des ♀ am Endrand ungezahnt, beim ♂ mit zweispitzigem Zahn. Palpen und das 1. Segment kurz. Beine kräftig, Schiensporen ziemlich kurz. Area superom. quer; der abschüssige Raum des Metathorax bis zur Mitte heraufreichend. — Schwarz, Schienen und Tarsen gelblich, die hintersten am Ende schwärzlich. Die Fühler des ♂ fadenförmig, die Glieder getrennt.

L. 3 mm.

Schweden.

87. **Ph. varicornis** C. G. Thoms.   1884 Ph. varicornis C. G. Thomson,
Notes hymén., Ann. Soc. Ent. Fr. tom V p. 21 ♀♂.

Schwarz, glänzend, Metathorax runzelig, area superom.
lang und schmal, costula vor der Mitte, Flügel mit
offener Areola, Hinterleibsmitte und Beine teilweis rot.
Beim ♀ die Augen behaart, Fühler kurz und ziemlich
dick, Glied 1—4 rot, 5—6 dunkelbraun, 7 und 8 hell,
die übrigen schwarz. Beim ♂ die Fühler schwarz, lang
und dünn.

♀ Das 1. Segment kurz, längsgestreift, mit deutlichen
Rückenkielen, das 2. Segment und die Basis des 3. rotbraun, die übrigen schwarz. Beine kräftig, rot, die
hintersten Schenkel und Schienen schwarzbraun gefleckt.

♂ Das 2. Segment rot bis „pechbraun, das 3. braun bis
schwarz. Beine schwarz, Trochanteren, Spitze der Schenkel
und Schienen fast ganz hell.

L. 5—6 mm.

Frankreich.

88. **Ph. stilpninus** C. G. Thoms.   1888 Ph. stilpninus C. G. Thomson,
♀ Opusc. Ent XII p. 1239

♀ Kopf hinter den Augen etwas verschmälert; Fühler lang
und kräftig. Thorax glatt und glänzend, area pet. mit
area superom. verschmolzen, costula vor der Mitte. Areola
im Flügel klein, aussen nicht geschlossen. Postpetiolus
schwach punktiert. Bohrer wenig über die Hinterleibsspitze vorstehend. — Schwarz, Schaft unten rötlich;
Segment 2 am Endrand und 3 auf dem Rücken gelblich.
Beine trüb gelb, Hüften und Trochanteren heller, die
hintersten Hüften schwarz gefleckt; Vorderschenkel oben
gebräunt, die hintersten schwarz; die hintersten Schienen
an der Spitze und die Tarsen schwärzlich.

L. 3 mm.

Schweden.

89. **Ph. mixtus** Bridgm.   1883 Hemiteles mixtus Bridgman, Furth.
Add. to Marshall's Cat. of Brit. Ichn. in Trans Ent. Soc. Lond.
♀ p 148 ♀ et 1886 ibid. p 339.

♀ Kopf und Thorax glatt und glänzend. Fühler kurz und
dick. Metathorax vollständig gefeldert mit Seitendornen;
area superom. quer. Hinterleib glatt und glänzend, an
der Endhälfte mit zerstreuter aufrechter Behaarung.
Bohrer von ⅔ Hinterleibslänge. Beine schlank. Aussennerv der Areola fehlend. — Schwarz, Basalhälfte der

Fühler, Beine und das 2. und 3. Hinterleibssegment rot, das letztere in der Mitte braun. Stigma bräunlich.

Var. Das 3. Segment nur an der Basis rot. Hinterschenkel bis zur Mitte braun.

L. 3—4 mm.

England. Thüringen; an schattigen Stellen, namentlich Erlengebüsch.

90. **Ph. crassicornis** Grav. 1829 Hemiteles crassicornis Gravenhorst, II p 847 ♀ | 1897 Hemiteles crassicornis Schmiedeknecht, Termes Fuz p 517 ♀

♀ Fühler auffallend verdickt, besonders nach dem Ende hin. Metathorax fast glatt, vollständig gefeldert, mit Seitendornen. Das 1. Segment fein nadelrissig, schlank. Hinterleib oval. — Schwarz, Fühlerglied 1—4—5 und Beine trüb rot. Das 1. Segment schwarz, am Ende rot, 2 und 3 braunrot mit helleren Endrändern, der übrige Hinterleib braun. Bohrer von ¹/₃ Hinterleibslänge.

L. 3 mm.

Deutschland, Ungarn.

Anmerk. Zur IV Section konnten auch Ph. liogaster und grandiceps gestellt werden.

---

14. Gen. **Ischnocryptus** Kriechb.

1892 Ischnocryptus Kriechbaumer, Ent Nachr 22 p 351

Mit Phygadeuon übereinstimmend, aber Hinterleib an der grösseren Hinterhälfte comprimiert und deshalb mehr lanzettförmig erscheinend. Uebergange zu Phygadeuon finden sich vielfach. Ueber die Arten herrscht noch sehr wenig Genauigkeit.

1. **I. hercynicus** Grav. 1829 Ph hercynicus Gravenhorst, II p 709 ♀ | 1884 Ph. hercynicus C G Thomson, Opusc Ent X p 958 ♀♂ | 1892 Kriechbaumer in Ent Nachr 22 p 341 Gruppe des Ph. nitidus und hercynicus

♀ Metathorax glatt, die Felder scharf abgegrenzt, Seitendornen schwach, abschüssiger Teil mit 2 Längsleisten. Das 1. Segment schlank, fast linear, schwach gekielt, stark glänzend, wie die schlanken folgenden Segmente. Fühler schwach gegen die Spitze verdickt. — Glänzend schwarz, Fühlerglied 3—5, Schenkel, Schienen und Tarsen,

sowie Segment 2—4 rot, 5 braun, 6 und 7 schwarz, mit
weissem After. Bohrer von etwa ¼ Hinterleibslänge. —
Nach Kriechbaumer ist das Stigma graubraun,
die beiden Endspitzchen deutlich heller, Radialzelle
ziemlich lang und zugespitzt.

♂ (nach Thomson) Fühler, Tegulä und Mandibeln schwarz,
area superom. noch länger als beim ♀, costula in der Mitte.

L. 6—7 mm.

Nord- und Mitteleuropa.

2. I. nitidus Grav. 1829 Ph. nitidus Gravenhorst, II p. 708 ♀ |
1865 Ph. nitidus Taschenberg p. 30 ♀ | ? 1889 Ph. nitidus C. G.
Thomson, Opusc. Ent. XIII p. 1404 ♀♂ | 1892 Kriechbaumer in
dem bei Ph. hercynicus erwähnten Aufsatz.

♀ Nach Taschenberg in der Färbung mit Ph. hercynicus vollkommen übereinstimmend, aber kräftiger, der
Hinterleib etwas breiter, das 1. Segment nicht so glatt,
mit 2 Längskielen und seichter Furche dazwischen. —
Nach Kriechbaumer das Stigma, zum Unterschied
von Ph. hercynicus, fast ganz schwarz, die Basalspitze
kaum heller. — Das von Thomson beschriebene ♀
weicht sehr ab durch den roten Hinterleib und die
schwarzen Hinterschenkel und scheint mir eher der
I. forticornis Kriechb. zu sein.

♂ (nach Thomson) Fühler schwarz, gegen das Ende verdünnt. Mesonotum zerstreut punktiert. Area superom.
die costula in der Mitte aufnehmend. Postpetiolus runzelig
gestreift, das 2. Segment zerstreut punktiert, 6—8 schwarz.
Auch die Vorderschenkel an der Basis, die hintersten
Schienen an Basis und Spitze schwarz.

L. 8—9 mm.

Nord- und Mitteleuropa.

3 I. geniculatus Kriechb. 1892 Ph. geniculatus Kriechbaumer, Ent.
Nachr. 22 p. 343 ♀ | 1884 Ph. leucostigmus C. G. Thomson, Opusc.
Ent. X p. 953 ♂ (sec. Kriechbaumer.)

♀ Diese Art unterscheidet sich von der vorigen besonders
durch die bedeutend längeren Fühler, die verschiedene
Färbung der Beine und den kürzeren Bohrer. Schaft
ganz oder an der Unterseite und Fühlerglied 2—5—6
rot. Segment 2 und 3 des linear-spindelförmigen Hinterleibes meist ganz rot, 4 teilweise rot bis ganz schwarz,
auch das 5. Segment zuweilen zum Teil rot; 6 und 7
weiss gerandet. Hüften rot, die hintersten mehr oder
weniger schwarz; Schenkel und Schienen rot, die Hinter-

schenkel an der Spitze, Schienen an Basis und Spitze mit
den Tarsen schwarz. Bohrer kaum ½ mm lang.

♂ Fühler fast von Körperlänge, schwarz, Schaft rundlich,
rot. Stigma ziemlich breit. Costula deutlich vor der
Mitte der area superom. Die hintersten Kniee breit,
Schienenspitzen und Tarsen schwarz.

L. 5—7 mm.

Nord- und Mitteleuropa.

4. **Ph. forticornis** Kriechb. 1892 Ph forticornis Kriechbaumer, Ent
Nachr 22 p 344 ♀.

♀ Schwarz, glänzend, Fühlerbasis, Hinterleib mit Ausnahme
des 1. Segments und Beine rot; Hüften, Trochanteren,
Vorderschenkel an der Basis, die hintersten ganz, die
hintersten Schienen an Basis und Spitze mit den Tarsen
schwarz. Fühler ziemlich kurz, nach vorn etwas keulenförmig verdickt. Bohrer 1½ mm lang.

Die grösste Art dieser Gruppe und durch die Fühlerbildung sehr ausgezeichnet. Felderung des Metathorax
fein aber scharf. Stigma gross, schwarzbraun, die beiden
Endspitzen weiss. Tegula schwarzbraun.

L. 10—11 mm.
Bayern.

5. **I. clotho** Kriechb. 1892 Ph Clotho Kriechbaumer, Ent Nachr 22
p 344 ♀.

♀ Schwarz, glänzend, Fühlerbasis, Hinterleib mit Ausnahme
des 1. Segmentes, Vorderschenkel und die Schienen rot,
jene an der Basis, die hintersten Schienen an Basis und
Spitze schwarz Fühler lang, fadenförmig, die ersten
Geisselglieder walzenförmig, dann die Geissel fast plötzlich
verdickt. Hinterleib lang elliptisch; Bohrer dick, kaum
so lang als das 1. Segment.

L. 8—10 mm. ♂ unbekannt.
Bayern.

6. **I. lachesis** Kriechb. 1892 Ph. Lachesis Kriechbaumer, Ent Nachr
22 p 345 ♀.

♀ Schwarz, glänzend, Fühlerbasis, Hinterleib mit Ausnahme
des 1. Segmentes, Vorderschenkel und die Schienen rot,
Vorderschenkel an der Basis, die hintersten Schienen an
Basis und Spitze schwarz. Fühler verlängert, fadenförmig, Geissel gegen die Basis kaum verdünnt. Bohrer
dünn, etwas länger als das 1. Segment.

Die Art ist besonders ausgezeichnet durch den schon vom Anfang des 2. oder 3 Segmentes nach hinten allmählich verschmälerten Hinterleib und die etwas längere, dünnere Legeröhre. Die Fühler ähnlich wie bei der vorigen Art, an der Basis aber kaum verdünnt. In der Mitte des Hinterrandes des 1. Segments ein roter Fleck.

L. 8—9 mm. ♂ unbekannt.

Bayern.

7. **I. atropos** Kriechb. 1892 Ph. Atropos Kriechbaumer, Ent. Nachr. 22 p 346 ♀.

♀ Schwarz, glanzend, Unterseite der Fühlerbasis, Hinterleib mit Ausnahme des 1. Segments und meist der Basis der 2 Endsegmente, Vorderschenkel und die Schienen rot; Vorderschenkel an der äussersten Basis, die hintersten Schienen an Basis und Spitze schwarz. Fühler kurz, nach der Spitze verdickt. Bohrer dünn, so lang wie das 1. Segment.

Die kleinste der verwandten Arten, ausserdem ausgezeichnet durch die kurzen, deutlich keulenförmigen Fühler, wodurch sie sich an I. forticornis anschliesst und die oben meist nur an der äussersten Spitze rötlichen ersten Glieder der Fuhlergeissel.

L. 6 mm.

Bayern.

8. **I. brevitarsis** C. G. Thoms. 1884 Ph. brevitarsis C. G Thomson, Opusc. Ent X p. 959 ♀♂

Schwarz, Hinterleibsmitte breit, Schenkel und Schienen rot; Bohrer wenig kürzer als das 1. Segment. — Dem Ph. hercynicus ähnlich, aber Kopf weniger kubisch, Fühlergeissel gegen die Basis braunrot, etwas behaart, die Glieder kürzer, Bohrer deutlich kürzer als das 1. Segment.

L. 5—6 mm.

Schweden.

9. **I. decisus** Kriechb. 1892 I decisus Kriechbaumer, Ent. Nachr p 348 ♂.

♂ Ziemlich robust. Hüften und Schenkelringe ganz schwarz, Schenkel und Schienen rot, die äusserste Spitze der Hinterschenkel, Basis und Spitze der Hinterschienen und ihre Tarsen schwarz. Segment 2—6 rot, 1 und die letzten

Segmente schwarz, 5—7 mit schmalem weissem Hinterrand. Das 1. Segment mit stark vorspringenden Knötchen Postpetiolus fast noch einmal so breit als der Petiolus. beide mit flacher Rinne. Segment 2 und 3 fast quadratisch. Stigma mit heller Basalspitze.

L. 8 mm.

Bayern.

15 Gen. **Lochetica** Kriechb.

1892. Lochetica (Forster in litt.) Kriechbaumer, Ent Nachr. 22 p 340

Hinterleib ausserordentlich stark und dicht punktiert, gegen das Ende glatt. Hinterleibsstiel lang und breit. Fühler und Beine schlank. Kopf und Thorax mit feiner seidenartiger Behaarung.

L. pimplaria C. G. Thoms. 1884 Phyg. pimplarius C. G Thomson, Opusc Ent X p. 941 ♀♂
Schwarz, ziemlich matt, Fühlerbasis und Beine rot; Hinterleib gegen die Basis rot oder ganz schwarz. — Scheitel ziemlich breit, hinter den Augen nicht verengt. Gesicht und Clypeus mit dichter weisser Behaarung. Fühler gegen das Ende fast verdünnt, Schaft cylindrisch, rot, Geissel braun. Beim ♂ die Fühler schwarz, doppelt kürzer als der Körper, Schaft unten hellgelb. Tegula weiss. Nervell. antefurc. Bohrer dünn, so lang wie der Hinterleib. Beine schlank, rot, die hintersten Hüften an der Basis schwarz.

L. 7—9 mm.

Nord- und Mitteleuropa.

16. Gen. **Leptocryptus** C. G. Thoms.

1884 Leptocryptus C G Thomson, Opusc Ent X p 963.

A n m e r k. Hierher gehören die 3 Forster'schen Gattungen Thysiotorus, Apsilops und Panargyrops, die aber nicht scharf zu trennen sind, sodass auch von der Verwendung eines dieser Namen abzusehen ist.

Durchweg schlanke und zierliche Arten. Gesicht mit weisslicher seidenartiger Behaarung. Augen gross, unbehaart. Wangen kurz. Fühler und Beine sehr schlank, Schiensporen und Klauen zart. Notauli bis über die Mitte. Metathorax ohne Seitendornen, costula vor der Mitte. Der untere Aussenwinkel der Discoidalzelle ein spitzer. Hinterleibsstiel lang; Bohrer deutlich vorragend, bis von Hinterleibslange.

1. Hinterleib schwarz. Bohrer fast von Hinterleibslänge. 2. Hinterleib in der Mitte mehr oder weniger hell gezeichnet. 3.

2. Beine ganz rotgelb, nur die hintersten Schienen und Tarsen mehr oder weniger schwarz. Segmente kaum weisslich gerandet.

1. c l a v i g e r Taschb.

Vorderbeine rötlichgelb, Hüften und Trochanteren weisslich; die hintersten Beine schwarz. Hinterleibsspitze mehr zusammengedrückt. Segmente fein weiss gerandet.

2. h e t e r o p u s C. G. Thoms.

3. Die hintersten Schenkel gegen das Ende stark verdickt. Segment 2, 3 und Basis von 4, sowie die ganzen Beine rot. Areola vollständig. Nerv. cubit. und nerv. basal. parallel.

3. c l a v i p e s C. G. Thoms.

Die hintersten Schenkel gegen das Ende nicht auffallend verdickt. 4.

4. Hals, zuweilen der ganze Prothorax rot. Hinterleib von der Basis des 2. Segments an glatt. Nerv. cubit. mit nervus bas. parallel. Areola geschlossen. 5.

Hals oder Prothorax schwarz. 6.

5. Hinterleib vorn trüb rot, gegen das Ende schwarz. Vorderbeine gelblich, die hintersten mehr rot. Fühlergeissel braun.

4. c o l l a r i s C. G. Thoms.

Hinterleib rot. Basis des 1. Segmentes schwarz. Beine gelblich, Vorderhuften und Trochanteren weisslich, die ausserste Spitze der hintersten Schenkel und die hintersten Schienen verloschen bräunlich. Fühler rostgelb, oben gebräunt.

5. m o n t a n u s n. sp.

6. Wenigstens das 2. Segment an der Basis gestreift. Nerv. cubit. mit nerv. basal. parallel. Stirn mit weissseidener Behaarung. Hinterleib meist in der Mitte mit gelblicher Längsbinde. 7.

Segment 2—4 nicht gestreift, ganz oder grösstenteils rot. Zuweilen das 2. Segment an der Basis gestreift, dann nerv. cubit. mit nerv. basal. divergierend. Nervellus meist gebrochen. 12.

7. Segment 2—4 und Beine ganz rot. Areola aussen offen.
Nervellus deutlich gebrochen.

      6. lacustris n. sp.

Die mittleren Segmente nicht ganz hell, an den Seiten
dunkel. Nervellus meist nicht gebrochen. 8.

8. Nur das 2. Segment an der Basis gestreift. Areola geschlossen. 9.

Segment 2 und 3 dicht und fein gestreift. Areola zuweilen offen. 10.

9. Nervellus im Hinterflügel nicht gebrochen. Bohrer etwas
kürzer als das 1. Segment. Beine und Längsbinde von
Segment 2 und 3 gelblich.

     8. brevis C. G. Thoms.

Nervellus im Hinterflügel deutlich gebrochen. Bohrer
um ein Drittel länger als das 1. Segment; letzteres kurz
und breit mit stark vorspringenden Luftlöchern. Hinterleib braunschwarz, die Endränder hell, die von Segment
2—4 in der Mitte nach vorn dreieckig erweitert.

    10. prominens Strobl.

10. Mesosternum vorn leisten- oder lamellenartig aufgeworfen.
Segment 2 und 3 mit gelblicher, hinten röthcher Längsbinde.

    7. lamina C. G. Thoms.

Mesosternum vorn nicht oder undeutlich leistenartig aufgeworfen. 11.

11. Kleinere Art. Bohrer kurzer als das 1. Segment.
Areola offen.

     9. aereus Grav.

Grössere Art. Bohrer länger als das 1. Segment. Segment 2 und 3 im Verhältniss länger als bei L. aereus.

    11. strigosus C. G. Thoms.

12. Nerv. cubit. mit nerv. basal. divergierend. Nervell. antefurc. Hinterleib rot, an der Basis breit schwarz, die
Spitze zuweilen etwas gebräunt. Beim ♂ die helle
Färbung des Hinterleibs weniger ausgedehnt, die hintersten Beine schwarz.

    12. ruficaudatus Bridgm.

Nerv. cubit. mit nerv. bas. parallel. 13.

13. Die hintersten Knice schwarz. 14.

Die hintersten Knice nicht schwarz. 16.

14. Fühlerbasis rötlich gelb. Das 2. Segment schwarz, mit rotem Hinterrand, die rote Farbung in der Mitte sich nach vorn erstreckend. Segment 3 und 4 rot mit schwarzen Querbinden.

13. bellulus Kriechb.

Hinterleibsmitte nicht mit schwarzen Querbinden, sondern an den Seiten mehr oder weniger schwarz gefleckt. Fühler unten rötlich. 15.

15. Segment 5—7 mit weissen Endrändern. Kopf nach hinten stark verengt.

14. albomarginatus Kriechb.

Segment 2—4 rot, das 2. mit schwärzlichen Seiten, 3 und 4 selten mit schwarzen Seitenmakeln.

15.' geniculosus C. G. Thoms.

16. Segment 2—4 ganz, 5 zum grössten Teil rot. Bohrer fast von Hinterleibslange. Beine lrot, die hintersten Schienen und die Tarsen schwarz.

16. rubens Kriechb.

Höchstens Segment 2—4 rot. Bohrer weit kürzer als der Hinterleib. Nervell. postfurc. 17.

17. Segment 2—4 schwach punktiert, rot. Areola (nach Thomson) aussen offen. Beine rot.

17. pellucidator Grav.

Das 2. Segment mit schwarzer Basalhalfte. Areola geschlossen. Metathorax runzlig-punktiert. Bohrer von¹/₃ Hinterleibslänge.

18. rugulosus C. G. Thoms.

1. L.' claviger Taschb. 1865 Crypt. clavigei Taschenberg, Crypt. p. 76 ♂ | 1884 L clavigei C G. Thomson, Opusc Ent. X p 964 '♀♂.

♀ Kopf und Thorax glänzend, zerstreut und fein punktiert; Kopf gross, nach hinten verschmälert. Fühler unten rötlich. Clypeus am Endrand mit 2 Zähnchen. Metathorax deutlich gefeldert, area superom. fast quadratisch, vorn gerundet. Hinterleib glatt, hinten etwas zusammengedruckt, das 1. Segment mit deutlichen Kielen; Bohrer von Hinterleibslange. Schwarz, Beine hellrot, die hintersten Schienen gegen das Ende und die Tarsen dunkel. Flugel hyalin, nerv. cubit. mit nerv. basal. parallel. Nervell. opposit., unter der Mitte deutlich gebrochen. Stigma braungelb, Tegulä weisslich.

♂ Schaft unten, Mandibeln, Vorderhuften und Trochanteren weiss. Hinterschienen fast ganz schwärzlich. Sonst dem ♀ gleich.

L. 8—10 mm.

Nord- und Mitteleuropa. In Thüringen nicht selten.

2. **L. heteropus** C. G. Thoms. 1884 L heteropus C G Thomson, Opusc. Ent. X p. 1040 ♀♂

Schwarz, die vordersten Beine röthlich-gelb, an der Basis weisslich. — Dem L. claviger an Grösse und Gestalt ähnlich, aber Hinterleibsspitze etwas mehr zusammengedrückt, Segmente fein weiss gerandet und die hintersten Beine schwarz, die vordersten Huften und Trochanteren weiss.

L. 7—9 mm.

Schweden, Deutschland.

3. **L. clavipes** C. G. Thoms. 1888 L clavipes C G Thomson, Opusc. Ent. XII p 1243 ♀ et 1896 Opusc XXI p 2388 ♂.

♀ Fühler gegen die Spitze fast verdünnt, an der Basis trüb rot. Notauli bis fast zum Schildchen. Costula vor der Mitte. Stigma schwarz, Basalspitze weiss, Radius weit hinter der Mitte des Stigma. Areola vollständig. Postpetiolus, Segment 2, 3 und Basis von 4 rot. Bohrer etwas länger als das erste Segment. Beine ganz rot, die hintersten Schenkel nach aussen verdickt.

♂ Gesicht wie beim ♀ schwach weisslich behaart. Segment 2—4 rot. Fühlergeissel schwarz.

L. 5 mm.

Schweden.

4. **L. collaris** C. G. Thoms. 1896 L. collaris C G Thomson, Opusc Ent XXI p 2388 ♀

♀ Schwarz, Clypeus vorn, Mund und Hals rot, Beine hell. — Scheitel kurz, hinter den Augen verschmälert, Gesicht wenig behaart, Geissel braun, Areola geschlossen, nervell. vertic., unten schwach gebrochen. Hinterleib vorn trüb rot, Segment 5—7 schwarz. Beine schlank, die vorderen gelblich, an der Basis noch heller, die hintersten rot,

Trochanteren, Tarsen und Schienenbasis kaum dunkler gezeichnet. — Segment 2—4 nicht gestreift. Nervus cubitalis mit Nervus basalis parallel.

L. 5—6 mm.

Schweden.

5. L. montanus n. sp.

♀ Kopf und Thorax glatt und glänzend, weiss behaart. Fühler fast von Körperlänge, gelblich, oben mehr bräunlich. Prothorax trüb rot. Stigma rostgelb, an der Basis weiss gefleckt; Nervus cubitalis mit Nervus basalis parallel; Nervellus deutlich gebrochen. Beine gelblich, Vorderhüften und alle Trochanteren weisslich, die äusserste Spitze der hintersten Schenkel und die hintersten Schienen bräunlich. Hinterleib glatt und glänzend, das 1. Segment lang mit deutlich vorspringenden Stigmen, bis über die Mitte hinaus mit einzelnen Längsrissen und feinen Kielen; Bohrer so lang wie das 1. Segment. Der ganze Hinterleib gelbrot, nur das 1. Segment mit Ausnahme des Endes schwarz.

L. 6 mm. ♂ unbekannt.

Ich fing mehrere ♀ auf dem Schneekopf, der höchsten Erhebung des Thüringer Waldes.

6. L. lacustris n. sp.

♀ Kopf und Thorax glänzend schwarz, weisslich behaart, namentlich der Metathorax; Fühler schwarz, gegen das Ende unten hell, das 1. Geisselglied an der Basis schmal hellrot. Areola aussen offen. Nervus cubitalis mit Nervus basalis parallel. Nervellus postfurcal, deutlich gebrochen und einen Nerv aussendend. Segment 2 und 3 in ihrer ganzen Ausdehnung mit feinen Längsrissen, die übrigen Segmente fein zerstreut punktiert. Postpetiolus am Ende und Segment 2—4 rot, das 4. meist mit dunklem Endsaum. Bohrer so lang wie das 1. Segment. Tegulä rötlichgelb, Stigma braun. Beine ganz rot, nur die Tarsen etwas gebräunt.

Das ♂ stimmt in Färbung und Sculptur mit dem ♀ überein, nur ist das 2. Segment statt längsrissig mehr punktiert.

Ein Pärchen auf Schilf an Teichufern bei Blankenburg in Thür. Weitere Exemplare sah ich aus Bregenz von R. Jussel.

7. **L. lamina** C. G. Thoms. 1884 L. lamina C. G. Thomson Opusc Ent X p 965 ♀♂.

Schwarz, Beine hell, Segment 2 und 3 dicht und fein gestreift, in der Mitte mit gelblicher, am Ende rötlicher Langsbinde. Nervus cubit. mit nerv. basal. parallel. Nervell. oppos., nicht gebrochen. Kopf hinten stark verschmalert. Mesosternum vorn leisten- oder lamellenartig aufgeworfen.

L. 5—6 mm.

Schweden, Deutschland.

8. **L. brevis** C. G. Thoms. 1884 L. brevis C. G. Thomson, Opusc. Ent X p 965 ♀♂

Der vorhergehenden Art sehr ähnlich aber nur das 2. Segment an der Basis fein gestreift. Areola geschlossen. Bohrer kurzer als das 1 Segment.

L. 4—5 mm.

Schweden, Deutschland.

9. **L. aereus** Grav. 1829 Cr aereus Gravenhorst, II p 578 ♀♂ | 1865 Phyg. aereus Taschenberg p 24 ♀♂ | 1884 L. aereus C. G. Thomson, Opusc. Ent X p 965 ♀♂.

♀ Metathorax ziemlich rauh. Segment 2 und 3 mit sehr feinen Längsrissen, hinten in der Mitte glatt. Der ganze Körper stark behaart. Areola nach Thomson mit fehlendem Aussennerv. Kopf hinten wenig verschmälert. Tegula und Beine blassrot, die hintersten Beine braunlich. Das 1. Segment schwarz, die ubrigen braun, die mittleren Segmente mit hellen dreieckigen Flecken am Hinterrand. Bohrer etwa so lang wie das 1. Segment.

Zu den kleinsten und zartesten Arten. 4—5 mm.

Nord- und Mitteleuropa.

10. **L. prominens** Strobl. 1900 L. prominens Strobl, Mitt. Naturw. Ver. Steierm p 228 ♀

♀ Stimmt in Grösse und Färbung genau mit L. aereus, unterscheidet sich aber durch das bedeutend kürzere und breitere 1. Segment mit stark vorspringenden Knotchen und den deutlich gebrochenen Nervellus. — Glänzend, fast punktlos, nur das 1. Segment sehr fein gestrichelt und die Basis des 2. Segmentes fein chagriniert. Gesicht dicht weissflaumig, Clypeus kahl und glänzend, mit 2 kurzen Zähnchen. Area superomedia weit langer als breit. Areola vollstandig. Cubital- und Basalnerv parallel.

Nervellus tief unter der Mitte gebrochen. — Schwarz,
Fühler rotgelb, gegen das Ende braun. Kiefer, Taster,
Tegulä und Huften weisslich, Beine sonst blass rotgelb.
Hinterleib braunschwarz, die Hinterränder breit rotgelb,
die des 2.—4. Ringes in der Mitte viel breiter wie an
den Seiten, in einer hellen Linie bis zum Vorderrand
reichend.

L. 3—4 mm.   ♂ unbekannt.

Steiermark, Thüringen.

11. **L. strigosus** C. G. Thoms. 1884 L. strigosus C.G Thomson, Opusc.
Ent. X p. 964.

Segment 2 und 3 mit dichten und feinen Längsrissen.
Nerv. basal mit nerv. cubit. parallel. Nervell. opposit.,
nicht gebrochen. Schwarz, Beine hell. Bohrer länger als
das 1. Segment. Segment 2 und 3 in der Mitte mit
heller Längsbinde. — Dem L. aereus verwandt, Segment
2 und 3 langer, Kopf hinter den Augen mehr verengt.

L. 6 mm.

Schweden, Deutschland.

12. **L. ruficaudatus** Bridgm. 1883 Hemiteles ruficaudatus Bridgman,
Furth Add to Marshall's Cat of Br. Ichn. Trans. Ent Soc Lond.
p. 149 ♀ | 1884 L. ruficaudatus C. G. Thomson, Opusc. Ent. X p.
966 ♀♂.

♀ Nerv. cubit. mit nerv. basal. divergierend. Nervell. antef.
Hinterleib glatt, bei grossen Exemplaren das 2. Segment
an der Basis meist langsgestreift. Area superom. kurz.
Schwarz, Fühlerbasis. Beine und Hinterleib rot, dieser an
der Basis breit schwarz, Bohrer kürzer als das 1. Segment.

♂ Fühler schwarz. Beine rötlich-gelb, die hintersten meist
gebräunt. Hinterleibsmitte nicht scharf abgegrenzt rot.

L. 6—8 mm.

Nord- und Mitteleuropa. In Thüringen die häufigste
aller Leptocryptus-Arten.

13. **L. bellulus** Kriechb. 1892 L bellulus Kriechbaumer, Ent. Nachr.
24 p. 372 ♀

♀ Kopf hinter den Augen etwas verschmälert. Aussennerv
der Areola sehr dünn. Nervellus unter der Mitte gebrochen. — Schwarz, Fühler an der Basis bis etwa zum
4. Glied rötlich gelb. Das 2. Segment am Endrand rot,
die rote Farbung in der Mitte sich nach dem Vorderrand

hin erstreckend; Segment 3 und 4 rot, beide mit schwarzen
Querbinden. Die übrigen Segmente schwarz, mit schmalen
röthlichen oder zuletzt weisslichen Hinterrändern.

Körperlange 4—5 mm; Bohrer 1—1½ mm.
Bayern.

14. L. albomarginatus Kriechb. 1892 L albomarginatus Kriechbaumer,
Ent Nachr. 24 p 371 ♀.

♀ Kopf hinter den Augen stark und fast geradlinig verschmälert. Area superom. länger als breit. Hinterleib
länglich eiformig. Bohrer etwa so lang wie der Petiolus.
— Schwarz, der Schaft oben rot, unten gelblich weiss,
Unterseite der Geissel bis über die Mitte röthlich. Das
1. Segment schwarz, am Ende mit einem fast dreieckigen,
nach vorn zugespitzten roten Fleck, Segment 2—4 rot,
2 jederseits mit grossem, schwarzen Fleck, 3 jederseits an
der Basis mit einem rundlichen, 4 mit schmalem, schwarzem
Fleck neben dem Seitenrand. Beine rot, die hintersten
Kniee, Schienenspitzen und Tarsen schwarz. Stigma
schwarzbraun, Tegula röthlich.

L. 6—7 mm. ♂ unbekannt.

Var. g r a n d i m a c u l a Kriechb. l. c. p. 372. — Schaft oben
schwarz. Die schwarzen Seitenflecken auf Segment 3 und
4 erweitert.

Bayern.

15. L. geniculosus C. G. Thoms. 1884 L. geniculosus C. G. Thomson,
Opusc. Ent X p 966 ♀.

♀ Schwarz, Hinterleibsmitte und Beine rot, die hintersten
Kniee, Schienenspitzen und Tarsen schwarz. Bohrer länger
als das 1. Segment. Segment 2 und die folgenden glatt,
nicht längsrissig. Nerv. basal. und nerv. cubital. parallel.
Nervellus postfurc. Segment 2 an den Seiten schwarz,
3 und 4 selten mit schwarzen Seitenmakeln.

L. 5—7 mm. ♂ unbekannt.

Schweden, Deutschland.

16. L. rubens Kriechb. 1892 L. rubens Kriechbaumer, Ent. Nachr
24 p 373 ♀.

♀ Sehr schlank. Schwarz, Fühler unten gegen das Ende
röthlich, Hinterleibsmitte und Beine rot, Tarsen und die
hintersten Schienen schwärzlich. Stigma schwarzbraun.
— In Grösse und Körperform mit L. claviger und heteropus verwandt, durch die rein rote Färbung von Segment

2—4 von fast allen Arten leicht zu unterscheiden. Auch das 5. Segment ist noch fast ganz rot und zeigt nur in der Mitte des Hinterrandes einen schmalen weisslich-gelben Saum und beiderseits eine leichte Bräunung.

L. 7—8 mm, Bohrer 4 mm.

Deutschland.

17. **L. pellucidator** Grav. 1829 Cr pellucidator Gravenhorst, II p. 581 ♂ | 1884 L pellucidator C G. Thomson, Opusc Ent X p 965 ♀ et 1896 Opusc Ent XXI p. 238 ♂.

♀ Segment 2—4 punktiert. Nerv. cubit. mit nerv. basal. parallel. Nervellus postfurc. Segment 2—4 und Beine rot.

♂ Nach Thomson Schaft unten hell; nach Gravenhorst Fühler ganz schwarz. Vorderbeine gelblich, die hintersten Beine braun, Schenkel an der Basis mehr oder weniger hell, zuweilen nur die Spitze braun Hinterleibsmitte rot und schwarz gezeichnet.

L. 5—7 mm.

Deutschland, Schweden.

18. **L. rugulosus** C. G. Thoms. 1884 L rugulosus C. G. Thomson, Opusc Ent. X p. 966 ♀

♀ Nerv. basal. mit nerv. cubit. parallel. Segment 2—4 glatt. Nervellus postfurc. — Schwarz, Hinterleibsmitte und Beine rot, Areola geschlossen, Metathorax runzelig punktiert, braun behaart, Bohrer von etwa ¹/₃ Hinter-leibslänge. Das 2. Segment an der Basalhälfte schwarz.

L. 5 mm.

Schweden, Deutschland.

---

17. Gen. **Hemicryptus** Kriechb.

1893 Hemicryptus Kriechbaumer, Ent. Nachr 10 p 152.
? 1868 Micromonodon Forster, Fam u. Gatt Ichn. p 183

Körper, Fühler und Beine schlank. Hinterleib von der Basis des 3. Segments nach hinten geradlinig verschmalert Bauchfalte stark entwickelt, das letzte Segment pflugschar-förmig vorragend. Der untere Aussenwinkel der Discoidal-zelle spitz.

H. tener Kriechb. 1893 H tener Kriechbaumer, l. c. ♀.

♀ Körper zart. Kopf quer, hinter den Augen stark gerundet; Clypeus glatt und glänzend, in der Mitte etwas
zugespitzt. Gesicht matt. Fühler dunn fadenförmig.
Mesonotum wenig glänzend, notauli deutlich. Metathorax
fein gerunzelt, Leisten fein; area superom. so lang als
breit, in der Mitte der Länge nach eingedruckt: feine
Seitendörnchen vorhanden. Das 1. Segment mässig lang,
leicht gekrümmt. — Schwarz, wenig glänzend. Das 7.
Segment am Ende weiss gefleckt, das 8. mit weissem
Hautsaum. Hüften schwarz. Schenkel rot, die vordersten
an der innersten Basis, die hintersten oben und innen
etwas gebraunt. Schienen rot, die hintersten mit breiter
brauner Spitze und blasser Basis. Tegulä blassgelb.
Stigma breit, schwarz. Bohrer so lang wie der Hinterleib.

L. 5 mm. ♂ unbekannt.

München.

Zweifelhafte, namentlich von Gravenhorst und Taschenberg unter Cryptus und Phygadeuon beschriebene Arten, die nicht mit Sicherheit einer der vorangegangenen Gattungen eingereiht werden können.

Des bequemeren Aufsuchens wegen habe ich versucht, auch diese
Arten in eine analytische Tabelle zu bringen.

♀.

1. Felderung des Metathorax deutlich und vollständig; nur
   die area superom. vorn zuweilen nicht vollkommen geschlossen. Hinterleibsmitte rot. 2.

   Felderung des Metathorax nicht deutlich. 5.

2. Das 1. Segment deutlich längsrissig, das 2. poliert. Kein
   weisser Fühlerring. 3.

   Das 1. und 2. Segment poliert, höchstens mit einzelnen
   Punkten oder Längsrunzeln 4.

3. Fühlerbasis und Segment 2—3—4 rot.

   1. rufulus Grav.

   Fühler schwarz. Segment 2—7 rot. Etwas kleiner.

   2. apicalis Grav.

738 Dr. O. Schmiedeknecht.

4. Fühler braunschwarz, ohne weissen Ring, dünn und schlank.
Gesicht an der Vorderseite des Kopfes. Hüften schwarz.

3. austriacus Grav.

Fühler mit weissem Ring. Segment 2 und 3, Schenkel
und Schienen rot.

4. fulgens Taschbg.

5. Metathorax mit 2 Querleisten, area superom. seitlich
nicht begrenzt. Hinterleibsmitte rot. Segment 2 poliert.
Hüften und Schenkelspitzen schwarz.

5. diaphanus Grav.

Metathorax mit einer oder gar keiner Querleiste; vorn
eine oder die andere Langsleiste, jedoch keine vorderen
Seitenfelder. 6.

6. Segment 1 mit einzelnen Punkten oder schwachen Längsrissen, meist vorn poliert und ohne alle Sculptur. Segment
2 poliert, selten mit einzelnen Punkten. Hinterleibsmitte rot. 7.

Segment 1 gleichmässig dicht punktiert wie Segment 2.
Hüften schwarz. 11.

7. Kopf auffallend gross, hinten verdickt. Segment 1 lang
und linear. Bohrer fast von Hinterleibslänge.

6. tenuis Grav.

Kopf gewöhnlich, hinten nicht verdickt. 8.

8. Fühler 2farbig. Hüften schwarz. Hinterleib nur an der
Basis schwarz.

7. desertor Grav.

Fühler 3farbig. 9

9. Metathorax gerundet, querrunzelig, ohne Dornen. Hüften
rot, Schenkel mit schwarzen Seiten.

8. Spinolae Grav.

Metathorax hinten etwas ausgehöhlt, querrunzelig, zweidornig. 10.

10. Bohrer so lang wie der Hinterleib. Beine rot, Hüften
braun.

9. hastatus Taschb.

Bohrer kaum von halber Hinterleibslänge. Hinterschenkel
rotbraun.

10. sectator Grav.

11. Fühler mit weissem Sattel. Segment 1 und 2 dicht und grob punktiert.

cf. Microcryptus aberrans Taschb.

Fühler in der Mitte rotbraun. Segment 1 und 2 dicht und fein punktiert.

11. excelsus Grav.

♂.

1. Hinterleib schwarz. 2.

Hinterleib teilweis rot. 8.

2. Metathorax nur mit 2 mehr oder weniger ausgeprägten Querleisten. Hintertarsen mit weissem Ring. Schenkel schwarz. Basis der Hinterschienen und Segment 2 weiss. 7 mm.

12. unicinctus Grav.

Metathorax mit 2 mittleren Längsleisten, deshalb die area superom. ganz oder teilweis vorhanden. Hintertarsen ohne weissen Ring, meist schwarz. 3.

3. Fühler mit weissem Ring. Hintertarsen schwarz. 10—12 mm.

cf. Pseudocryptus grisescens Grav.
(gehört zu den Tryphoniden.)

Fühler schwarz, ohne weissen Ring. 4.

4. Schildchen mit weissen Seitenflecken. Gesicht und Vorderhüften weiss. Hinterhüften schwarz. Ramellus vorhanden. 8 mm.

13. biguttatus Grav.

Schildchen durchaus schwarz. 5.

5. Metathorax mit deutlichen Seitendornen. Areola stark convergierend. Afterspitze und innere Augenränder weiss.

14. bilineatus Grav.

Metathorax ohne Seitendornen. Gesicht schwarz. 6.

6. Hinterschenkel schwarz. Segment 1 und 2 dicht punktiert.

15. insidiator Grav.

Hinterschenkel rot oder gelb. 7.

7. Segment 1 etwas langsrunzelig; Segment 2 grob und zerstreut punktiert.

16. varians Taschb.

Segment 2 poliert. Beine blassgelb. Fühlerwurzel rot.

17. laevigator Grav.

8. Luftlöcher des Metathorax gestreckt und gross. Area superom. vollkommen abgegrenzt. Schildchen und Hinterschildchen weiss. Hinterleibsmitte rot. Beine grösstenteils und Gesicht schwarz.

18. pelinocheirus Grav.

Luftlöcher und Metathorax rund und meist klein. 9.

9. Metathorax grob gerunzelt mit nur 2 Querleisten; area superom. an den Seiten nicht scharf abgegrenzt. 10.

Metathorax mit ziemlich vollständiger area superom 11.

10. Ring der Hintertarsen, Schildchen, Hinterschildchen und innere Augenränder weiss.

19. leucotarsus Grav.

Alle diese Teile schwarz. Segment 1 mit stark vorspringenden Luftlöchern. Segment 2 und 3 oder 2—4 und Fühlerbasis unten rot.

5. diaphanus Grav.

11. Hintertarsen mit weissem Ring. 12.

Hintertarsen ohne weissen Ring. 13.

12. Schildchen schwarz. Innere Augenränder und Clypeus weiss. Die mittleren Segmente ganz rot.

20. gracilipes Grav.

Schildchen und innere Augenränder weiss. Fühler mit weissem Ring. Area superom. sechseckig. Segment 2 und 3 rot.

21. albulatorius Grav.

13. Hinterhüften rot. Hinterleibsmitte und Beine bleichrot. Kopf auffallend dick im Verhältnis zum übrigen Körper. Gesicht und Metathorax dicht weisshaarig.

6. tenuis Grav.

Hinterhüften braunschwarz. 14.

14. Innere Augenränder, meist auch Mund, Clypeus und Tegulä weiss. 15.

Kopf vorn schwarz, selten Clypeus rot oder weiss. 20.

15. Vordere Hüften und Trochanteren weiss. 16.

Vordere Hüften und Trochanteren rot oder schwarz. 18.

16 Segment 1 ziemlich breit, nach hinten allmählich erweitert, am Ende mit einem glänzenden roten Mittelhöcker. Schildchen mit 2 weissen Flecken.

22. larvatus Grav.

Segment 1 mehr oder weniger linear. Schildchen
schwarz. 17.

17. Segment 2—4 und Beine gelbrot. 7—8 mm.

23. galactinus Grav.

Hinterleibsmitte braun, Segment 2 und 3 in der grösseren
Hinterhälfte, 4 in einem Mittelfleck und Beine hellrot.
6 mm.

24 macilentus Grav.

18. Das 2. Segment behaart ohne alle Sculptur. Segment
2—4 rot. Oberseite der hintersten Schenkel verdunkelt. 7 mm.

25. labialis Grav. var.

Das 2. Segment mit dichter Punktierung. 19.

19 Segment 2—4 rot. Segment 1 schlank, Tuberkeln sehr
stark. Hinterschenkel schwarz. 8—9 mm.

26. cerinostomus Grav.

Segment 2 und 3 dunkelrot. Segment 1 rauh, dicht
punktiert, gefurcht, mit 2 kräftigen Tuberkeln, von da
an parallel. 9 mm.

27. semiorbitatus Grav.

20. Schildchen und Fleck dahinter gelblich. Vorderbeine
fast ganz rot. 7—9 mm.

cf. Microcr. nigrocinctus Grav. (hostilis Grav.)

Schildchen schwarz. 21.

21. Felderung des Metathorax deutlich und vollständig. Area
superom. mindestens so lang als breit. 22.

Felderung des Metathorax nicht deutlich und vollständig. 29.

22. Area superom. ungefähr so lang als breit. 23.

Area superom. entschieden länger als breit. Segment 2
und 3 wenigstens vorn dicht, oft zusammenfliessend
punktiert. 27.

23. Segment 2—4 rot mit rundem, schwarzem Mittelfleck. Alle Segmente dicht und grob punktiert. 5—6 mm.

                   28. p u n c t i g e r Taschb.

Hinterleib mit anderer Zeichnung und feinerer Skulptur. 24.

24. Nur das 3. Segment rot. Alle Schenkel mehr oder weniger schwarz. Abschüssiger Teil des Metathorax ohne Langsleisten.

             29. t r o g l o d y t e s Grav.

Segment 2—4—6 rot. 25.

25. Segment 2—4 rot. Schenkel schwarz, die hintersten stark angeschwollen. Hinterschienen stark seidenglanzend. Areola gross, nach vorn kaum verengt. 8 mm.

             30. o p a c u s Taschb.

Segment 2—6 rot. Vorderbeine fast ganz rot. 26.

26. Beine und Fühler sehr schlank. Segment 1 fast linear. Einschnitte zwischen den Segmenten tief. Beine bräunlich rot, die vorderen heller. 8 mm.

         cf. Ph. t e n u i p e s Grav.

Beine und Fuhler robuster. Segment 1 nach hinten allmählich erweitert. Beine rot, die hintersten Hüften und Schenkel schwarz.

           31. a m b i g u u s Grav.

27. Beine mit schwarzen Schenkeln, die hintersten verdickt. Areola gross, nach vorn kaum verengt. 8 mm.

             30. o p a c u s Taschb.

Beine fast ganz gelb oder rot. 28.

28. Fuhler schwarz, ebenso Basis und Ende des Hinterleibs. Segment 2—5 gelbrot. 11 mm.

       p r o c e r u s Grav. (Ist das ♂ von Colpognathus).

Fühler gelb. Hinterleib gelb, nur am Ende schwarz. Segment 2 mit 2 schwarzen Flecken. 11 mm.

         b i n o t a t u s Grav. (Ist das ♂ von Oronotus.)

29. Area superom. hinten geschlossen, vorn offen. 30.

Area superom. hinten offen, wodurch ein breiter Mittelstreifen entsteht, der vorn weit hinauf reicht. 31.

30. Kopf schwarz, ebenso der grösste Teil der Schenkel.
7—8 mm.
32. assimilis Grav.

Mund und Kopfschild weiss. Beine zum grössten Teil
rot. 7—8 mm.
25. labralis Grav.

31. Abschüssiger Teil allmählich abgedacht. Segment 1 linear,
die Luftlöcher beulenartig vortretend. Nur Segment 2
oder 2 und 3 rot. 6 mm.
33. teneriventris Grav.

Abschüssiger Teil senkrecht. Segment 1 ohne knotige
Luftlöcher. Segment 2 und 3 rotgelb. 6—7 mm.
34. subtilis Grav.

---

1. **Ph. rufulus Grav.** 1829 Cr. rufulus Gravenhorst, II p. 622 ♀ |
1865 Ph. rufulus Taschenberg p. 25 ♀.

♀ Metathorax glänzend, wenig gerunzelt, mit scharfen
Leisten und vollständiger Felderung; area superom. etwas
länger als breit; Seitendorne kräftig; Luftlöcher kreisrund. Das 1. Segment nadelrissig, gekielt; das 2. Segment poliert. Fühler fadenförmig. — Schwarz, Segment
2, 3 und teilweise 4, Fühlerbasis vom 2. Glied an bis
über die Mitte und Beine rot; die hintersten Kniee,
Schienenspitzen und Tarsen braunschwarz. Basis des
Stigma und Afterspitze weiss. Bohrer etwas länger als
der halbe Hinterleib.

L. 6 mm. ♂ unbekannt.

Breslau.

2. **Ph. apicalis Grav.** 1829 Cr. apicalis Gravenhorst, II p. 574 ♀ |
1865 Ph. apicalis Taschenberg p. 26 ♀.

♀ Metathorax mit scharfen Leisten aber schwach gerunzelten
Feldern; area superom. breiter als lang; der abschüssige
Raum steil, mit 2 Mittelleisten; Seitendornen kaum merklich;
Luftlöcher kreisrund. Das 1. Segment mit schwachen
Tuberkeln, längsrissig, die übrigen Segmente poliert. —
Schwarz, Segment 2—7, Schenkel, Schienen und Vorder-
tarsen hellrot; die hintersten Schienen- und Schenkel-
spitzen mit den Tarsen schwarz.

L. 5 mm. ♂ unbekannt.

Hannover.

3. **Ph. austriacus Grav.** 1829 Cr. austriacus Gravenhorst, II p. 573 ♀ |
1865 Ph. austriacus Taschenberg, p. 31 ♀.

♀ Metathorax kaum gerunzelt, vollständig gefeldert, area
superom. breiter als hoch; der schräg abschüssige Teil
mit 2 Langsleisten: Dornen kaum merklich: Luftlöcher
kreisrund. Petiolus breit, Postpetiolus glatt und fast
ganz poliert. Clypeus vorn mit 2 Dornenspitzen. Stigma
gross. — Schwarz, Hinterleib vom 2. Segment an, Schenkel
und Schienen hellrot. Bohrer so lang wie der halbe
Hinterleib.

L. 8 mm. ♂ unbekannt.

Oesterreich. — Sicherlich ein echter Phygadeuon.

4. **Ph. fulgens Taschb.** 1865 Ph fulgens Taschenberg, Crypt. p 36 ♀.

♀ Metathorax gewölbt, vollständig gefeldert, Luftlöcher klein
und kreisrund. Das 1. Segment mit schwachen Kielen,
poliert wie der stark glänzende übrige Hinterleib. Fühler
fadenförmig, am Ende stumpf. — Schwarz, Postpetiolus,
Segment 2 und 3, Beine mit Ausschluss der Hüften und
hintersten Schienenspitzen und Tarsen, rot. Fühlerring
und Afterspitze weiss. Bohrer etwas kürzer als der halbe
Hinterleib.

L. 6 mm. ♂ unbekannt.

Mittel-Deutschland.

5. **Ph. diaphanus Grav.** 1829 Ph. diaphanus Gravenhorst, II p
737 ♂ | 1865 Ph. diaphanus Taschenberg, p. 40 ♀♂ | 1892 Ph.
diaphanus Kriechbaumer, Ent. Nachr 23 p 364 ♀♂.

♀ Metathorax grob gerunzelt, mit 2 parallelen Querleisten;
der Mittelstreifen so gerunzelt, dass eine area superom.
an den Seiten nicht scharf abgegrenzt ist; Seitendornen kaum
vorhanden: Luftlöcher kreisrund. Das 1. Segment schlank,
stark gekielt mit groben und unregelmässigen Langsrissen.
Das 2. Segment poliert. Fühler fadenförmig. — Schwarz,
Segment 2, 3 und teilweise 4 und Beine rot: an letzteren
sind schwarz: Hüften, Trochanteren, die hintersten
Schenkel- und Schienenspitzen mit den Tarsen. Fühler-
ghed 3—8 oder 4—8 rot. Bohrer ganz kurz vorragend.

♂ Kopf gross, hinter den Augen gerundet erweitert. Segment
2—4, Schenkel und Schienen rot; Spitzen der Hinterschenkel, sowie Basis und Endhälfte der hintersten Schienen
schwarz. Tegulä meist schwarz.

L. 8 mm.

Mittleres Europa.

Anmerk. Nach Kriechbaumer ein echter Phygadeuon, mit
Ph. cephalotes nahe verwandt.

6. **Cr. tenuis Grav.** 1829 Cr. tenuis Gravenhorst, II p. 514 ♂ |
1865 Cr tenuis Taschenberg, p 89 ♀♂.

♀ Metathorax fast poliert, stark weisshaarig, wie der ganze
Thorax, der abschüssige Raum sehr klein; Luftlöcher
klein und rund. Das 1. Segment lang und linear, kurz
hinter der Mitte mit mässigen Tuberkeln. Clypeus vorn
mit 2 deutlichen Mittelzähnen. Stirn flach, silberhaarig.
Kopf hinter den Augen verdickt. Areola ziemlich stark
convergierend. Hinterleib spindelförmig. — Schwarz,
Segment 2—4 und Vorderrand von 5 hellrot, ebenso die
Beine, die hintersten Schienen und ihre Tarsen etwas
gebräunt. Tegulä weisslich. Bohrer wenig kürzer als
der Hinterleib.

♂ Ganz wie das ♀, aber Vorderbeine mehr gelblich. Fühler
braun, unten gelblich.

L. 8—9 mm.
Deutschland.

Anmerk Der Gestalt und Behaarung nach sicher ein Leptocryptus und wohl kaum eine besondere Art.

7. **Ph. desertor Grav.** 1829 Ph. desertor Gravenhorst, II p 745 ♀.

♀ Metathorax nur mit einer Querleiste, die aus 2 fast einen
rechten Winkel bildenden Linien besteht; area superom.
fehlt; Luftlöcher oval. Das 1. Segment schlank, in der
Mitte gekielt und gefurcht, zerstreut längsrissig. Hinterleib elliptisch, am Hinterrand das 2. Segment am breitesten.
Fühler fadenförmig, stumpf. — Fühler mit weissem Ring.
Schenkel, Vorderschienen und der Hinterleib rot, das
1. Segment schwarz. Bohrer etwas kürzer als der halbe
Hinterleib.

L. 9 mm. ♂ unbekannt.
Gravenhorst's Exemplar aus Oesterreich.

Anmerk Vielleicht identisch mit Plectocr. perspicillator.

8. **Ph. Spinolae Grav.** 1829 Ph. Spinolae Gravenhorst, II p. 712 ♀.

♀ Metathorax mit Andeutung einer area superom.; Luftlöcher fast rund. Das 1. Segment glatt und glänzend.
Fühler über der Mitte schwach verdickt und etwas breitgedrückt, am Ende spitz. — Schwarz, Segment 1 hinten,
2—4, Fühlerbasis und Beine rot: die hintersten Tarsen
und Schienenspitzen und Hinterseite aller Schenkel schwarz.
Fühlerglied 8—10 oben weiss. Bohrer etwas kürzer als
der halbe Hinterleib.

L. 7 mm. ♂ unbekannt.
Genua.

9. **Ph. hastatus Taschb.** 1865 Ph hastatus Taschenberg, Crypt. p 45 ♀.

♀ Metathorax fein lederartig geruuzelt, nur mit der hinteren Querleiste; Luftlöcher mehr oval; abschüssiger Teil mit schwachen Langsleisten nahe seinen Seitenrandern. Das 1. Segment schwach gekielt, poliert wie das 2. Segment. Fühler gedrungen, nach oben schwach verdickt und mit stumpfer Spitze. — Schwarz, Postpetiolus, Segment 2—4, Fühlerglied 2—7 und Beine rot. Hüften braun, Fühlerglied 8—12 und Afterspitze weiss. Bohrer so lang wie der Hinterleib.

L. 8 mm. ♂ unbekannt.

Halle.

10. **Ph. sectator Grav.** 1829 Ph sectator Gravenhorst, II p 725 ♀.

♀ Metathorax mit einer Querleiste, area superom. angedeutet; Luftlöcher oval. Das 1. Segment glatt und glänzend, wie die folgenden Segmente. Fühler fadenförmig, am Ende stumpf. — Schwarz, Fuhler an der Basalhälfte, Vorderschenkel, Schienen, Tarsen und Hinterleib rot, Petiolus und Segment 6 und 7 schwärzlich; alle Hüften, Trochanteren, hinterste Schenkel, Schienenspitzen und Tarsen rotbraun. Bohrer kaum so lang als der halbe Hinterleib.

L. 6 mm. ♂ unbekannt.

Breslau.

11. **Ph. excelsus Grav.** 1829 Ph. excelsus Gravenhorst, II p 742 ♀.

♀ Metathorax fein lederartig, der obere Teil nur mit Andeutung einer Läugsleiste. Das 1. Segment breit und kurz, vor dem Ende mit flacher Rinne, sonst eben und ohne Tuberkeln, fein und dicht punktiert, noch feiner das 2. Segment. — Schwarz, Segment 2, 3 und Basis von 4, Tarsen, Schienen und Schenkelspitzen rot. Fühler in der Mitte rotbraun. Bohrer etwas kürzer als der halbe Hinterleib.

L. 6—7 mm. ♀ unbekannt.

Breslau.

12. **Cr. unicinctus Grav.** 1829 Cr unicinctus Gravenhorst, II p 470 ♂.

♂ Metathorax geruuzelt, besonders der Länge nach, mit 2 Querleisten, von denen die hinterste weniger deutlich ist; Luftlöcher kreisrund. Das 1. Segment nach hinten weuig erweitert, schwach gekielt, hinten gerundet, sehr

fein punktiert; das 2. Segment matter. Clypeus beulenartig vortretend. — Schwarz, Spitzen der Vorderschenkel
und Vorderschienen wenigstens rot, ein Fleck auf Fühlerglied 14 und 15, Basis der hintersten Schienen und des
hintersten Metatarsus weiss. Endrand des 2. Segments
röthlich weiss. Areola 5 seitig. Tegula schwarz.

L. 6—7 mm. ♀ unbekannt.

Süd-Europa.

13. Cr. biguttatus Grav. 1829 Cr. biguttatus Gravenhorst, II p 478 ♂.

♂ Metathorax kurz und gedrungen, fast poliert und vollständig gefeldert; area superom. ziemlich regelmässig
sechsseitig, Seitendornen fehlen; der abschüssige Raum
mit 2 Längsleisten. Petiolus schmal, Postpetiolus quadratisch, die Hinterecken abgerundet. Areola fast quadratisch; Ramellus vorhanden. — Schwarz, Schenkel, Schienen
und Vordertarsen rot; die hintersten Kniee und Schienenspitzen dunkel. Gelblichweiss sind: Fühler auf der Unterseite, die inneren Augenränder, das ganze Gesicht, Vorderhüften und Trochanteren, Tegula, Linien vor und unter
denselben, sowie 2 grosse Seitenflecken des Schildchens.

L. 8 mm. ♀ unbekannt.

Sud-Europa.

14. Cr. bilineatus Grav. 1829 Cr. bilineatus Gravenhorst, II p 468 ♂.

♂ Metathorax fein gerunzelt, mit hinterer, seitlich in einen
Dorn vorgezogener Querleiste, in der Mitte mit 2 Längsleisten, die eine area superom. andeuten, und 2 kräftigen
Seitenleisten; Luftlöcher rund. Postpetiolus fast so lang
wie der Petiolus, sehr fein lederartig, wie das 2. Segment.
Gesichtsbeule vorhanden. — Schwarz, Schenkel, Schienen
und Vordertarsen rot, die Spitzen der hintersten Schenkel
und Schienen etwas getrübt. Innere Augenränder breit
und Afterspitze weiss.

L. 8 mm. ♀ unbekannt.

Schlesien.

15. Cr. insidiator Grav. 1829 Cr. insidiator Gravenhorst, II p 450 ♂.

♂ Metathorax fein querrunzelig mit hinterer Querleiste
und 2 Langsleisten in der Mitte, die sich nach vorn etwas
nähern. Das 1. Segment schlank, dicht punktiert wie
das 2. Segment. Gesichtsbeule vorhanden. — Schwarz,
Vorderschenkel, Schienen und Tarsen rot, an den Hinter-

schienen nur die Basis. Das 7. Segment mit weissem Punkt. Nach G r a v e n h o r s t auch Gesicht beiderseits verloschen weiss gefleckt. Tegula schwarz mit weissem Punkt.

L. 10 mm. ♀ unbekannt.

Süd-Europa.

16. **Cr. varians Taschb.** 1865 Cr varians Taschenberg, Crypt. p. 76 ♂.

♂ Metathorax gestreckt, ziemlich glänzend, area superom. fast vollständig, länger als breit, Luftlöcher fast kreisrund. Das 1. Segment gestreckt, Tuberkeln massig, ziemlich weit hinten; Oberfläche fein langsrunzelig. Das 2. Segment grob, aber nicht sehr dicht punktiert. Gesichtsbeule vorhanden. Areola fünfeckig — Schwarz; Schenkel, Schienen und vordere Tarsen rot, die hintersten Schienenspitzen und Tarsen gebraunt. Flügelwurzel, zuweilen auch der Clypeus weiss.

L. 8 mm. ♀ unbekannt.

Halle. — Aehnelt sehr dem Cr. spiralis

17. **Ph. laevigator Grav.** 1829 Ph laevigator Gravenhorst, II p. 650 ♂

♂ Metathorax wie der ganze Thorax buckelig, kurz, Felderung vollständig; Luftlöcher kreisrund; Seitendornen schwach. Das 1. Segment schmal, gekielt, nicht poliert, das 2. Segment poliert. Areola fünfeckig. — Glänzend schwarz, Fühlerglied 1—3 rot, Tegulä und Beine gelblich.

L. 5—6 mm. ♀ unbekannt.

Von Nees bei Sickershausen gefangen.

18. **Cr. pelinocheirus Grav.** 1829 Cr pelinocheirus Gravenhorst, II p. 527 ♂.

♂ Metathorax grob und zusammenfliessend punktgrubig, fast vollständig gefeldert; Luftlöcher länglich, Seitendornen kaum angedeutet. Das 1. Segment ohne Tuberkeln, vorn etwas gekielt, wegen der Behaarung nicht vollständig poliert, ebenso die folgenden Segmente. Gesichtsbeule scharf aber klein. Ramellus fehlt. — Schwarz, Postpetiolus und Segment 2—4 rot, Vorderschienen vorn gelbrot. Makel des Schildchens und Hinterschildchen weiss.

L. 9 mm. ♀ unbekannt.

Süd-Europa.

A n m e r k   Wahrscheinlich zu Plectocryptus zu stellen.

19. Cr. leucotarsus Grav. 1829 Cr. leucotarsus Gravenhorst. II p 524 ♂.

♂ Metathorax grob gerunzelt, die Querleisten undeutlich, area superom. an den Seiten nicht abgegrenzt; Seitendornen fehlend; Luftlöcher etwas oval. Das 1. Segment mit kräftigen Tuberkeln, wie die folgenden Segmente mit feinen Grübchen. — Schwarz, Hinterleib vom 2. Segment an und an den Vorderbeinen die Tarsen, Schienen und Schenkel rot, diese aussen etwas verdunkelt. Fühler unten rostrot. Hintertarsenglied 2—4, Schildchen, Hinterschildchen und meist innere Augenränder fein weiss.

L. 10 mm. ♀ unbekannt.

Nord- und Mitteleuropa.

20. Cr. gracilipes Grav. 1829 Cr. gracilipes Gravenhorst, II p. 547 ♂.

♂ Metathorax ziemlich grob gerunzelt und gefeldert, area superom. angedeutet, seitlich nicht geschlossen; Luftlöcher kreisrund; abschüssiger Teil nicht scharf begrenzt, ohne Seitendornen und ohne Längsleisten. Das 1. Segment linear, ziemlich breit, dicht und verworren punktiert. Clypeus vorn in der Mitte in eine zahnartige Lamelle vorgezogen. — Schwarz, Segment 1 am Ende, 2, 3 und Rückenfleck von 4, Schenkel und Schienen rot, die hintersten Schienen gebräunt. Weiss sind: Mund, Clypeus, Augenränder unterbrochen, Tegulä, Linie darunter, Halsrand, Flecken der Vorderhüften, die vorderen Trochanteren und Glied 2—4 der Hintertarsen.

L. 9 mm. ♀ unbekannt.

Nürnberg.

21. Ph. albulatorius Grav. 1829 Cr albulatorius Gravenhorst, II p 508 ♂ | 1865 Ph. albulatorius Taschenberg, p. 33 ♂.

♂ Metathorax deutlich gefeldert, mit kräftigen Seitenzähnen. — Schwarz, Postpetiolus und Segment 2 und 3, Schenkel Schienen und Vordertarsen rot; die hintersten Schenkel und Schienen am Ende schwarz. Weiss sind: Fühlerschaft unten, die inneren Augenränder, Tegulä, Schildchen, Glied 15—16—17 der Fühler und 3 und 4 der hintersten Tarsen.

L. 9 mm. ♀ unbekannt.

Schlesien. — Ich glaube, dass diese Art das ♂ von Microcryptus triannulatus ist; ein Microcryptus ist sie sicherlich.

22. Ph. larvatus Grav. 1829 Ph. larvatus Gravenhorst, II p. 662 ♂.

♂ Metathorax mässig gerunzelt; Luftlöcher kreisrund. Das
1. Segment ziemlich breit, allmählich erweitert, gekielt,
gefurcht, etwas längsrissig, am Ende mit einem glänzend
roten Mittelhöcker. Clypeus vorn winkelig vorgezogen.
— Schwarz, Segment 2 und 3 und 4 zur Hälfte, Schenkel,
Schienen und Vordertarsen rot; Spitzen der hintersten
Schenkel und Schienen und ihre Tarsen schwarz. Weiss
sind: Vorderhüften und Trochanteren, Clypeus, innere
Augenränder, Schaft unten, ein Fleck mitten im Gesicht,
2 Flecken des Schildchens, Tegula und Sporen der Hinterschienen.

L. 8 mm.　♀ unbekannt.

Breslau.

23. Ph. galactinus Grav. 1829 Ph. galactinus Gravenhorst, II p 682 ♂.

♂ Area superom. klein, viereckig, vorn nicht geschlossen;
Luftlöcher kreisrund; der abschüssige Teil mit 2 Längsleisten. Das 1. Segment gekielt. gefurcht und grob und
dicht punktiert, das 2. Segment dicht und fein punktiert.
— Schwarz, Segment 2—4 und Beine gelbrot; die
hintersten Hüften, Trochanteren, Kniee, Schienenspitzen
und Tarsen schwarz. Weiss sind: Vorderhüften und
Trochanteren, Clypeus, innere Augenränder, Mittelfleck
des Gesichtes, Schaft unten, Tegulä und Afterspitze.

L. 7—8 mm.　♀ unbekannt.

Deutschland.

24. Cr. macilentus Grav. 1829 Cr. macilentus Gravenhorst, II p 584 ♂.

♂ Metathorax mit grober Sculptur, Felderung kaum erkennbar; der abschüssige Teil klein, senkrecht, kaum
umleistet. Segment 1 linear, ohne Tuberkeln, mit
Segment 2 zusammen keulenförmig, auf der Oberfläche
rauh und gefurcht. Clypeus vorn in der Mitte etwas
vorgezogen. — Schwarz, Hinterleib in der Mitte mehr
braun, die grössere Hinterhalfte von Segment 2 und 3,
Mittelfleck von 4 und Beine mit Ausnahme der Hüften
hellrot. Weiss sind: Vordere Trochanteren, die vordersten
Hüften unten, Clypeus, innere Augenränder und Tegula.
Areola klein, fünfseitig.

L. 6 mm.　♀ unbekannt.

Deutschland.

25. Ph. labralis Grav. 1829 Ph. labralis Gravenhorst, II p. 710 ♂

♂ Metathorax fein netzaderig, in der Mitte mit 2 geraden Längsleisten, an den Seiten vollständig gefeldert; Luftlöcher kreisrund. Das 1. Segment schlank, schwach gekielt, mit mässigen Tuberkeln. — Schwarz, Segment 2—4 und Beine rot, Hüften, Trochanteren, Oberseite der hintersten Schenkel, Schienenspitzen und Tarsen schwarz. Mund und Clypeus weiss.

Als Varietät rechnet Taschenberg hierher den Ph. jejunator Grav. var. 1. Statt des Clypeus die inneren Augenränder weiss.

L. 8 mm. ♀ unbekannt.

Mittel- und Süd-Europa.

26. Ph. cerinostomus Grav. 1829 Ph. cerinostomus Gravenhorst. II p 714 ♂

♂ Metathorax grob netzartig gerunzelt, mit kraftigen Leisten und vollständig gefeldert; Luftlöcher kreisrund. Segment 1 fast linear, etwas langsrunzelig, mit Mittelfurche, die Tuberkeln sehr stark vortretend, beinahe in der Mitte. Das 2 Segment sehr fein und dicht, zum Teil zusammenfliessend punktiert. Hinterleib sehr schlank. — Schwarz, Segment 2—4, Vorderschenkel und Schienen gelbrot, Hinterschienen nur an der grösseren Wurzelhälfte. Mund, Clypeus beiderseits und ein Fleck am inneren Augenrande gelb.

L. 8—9 mm. ♀ unbekannt.

Deutschland.

27. Ph. semiorbitatus Grav. 1829 Ph. semiorbitatus Gravenhorst, II p. 682 ♂

♂ Metathorax grob netzartig gerunzelt, die Leisten scharf und hoch und fast vollständig; Luftlöcher klein und kreisrund. Das 1. Segment rauh, dicht punktiert, gefurcht, mit Mittelkielen und kräftigen Tuberkeln, Segment 2 und 3 ebenfalls dicht punktiert. — Schwarz, Segment 2 und 3 dunkelrot, Schenkel und Schienen rot, die Spitzen der hintersten Schienen schwarz Taster und innere Augenränder weiss.

L. 9 mm. ♀ unbekannt.

Oesterreich.

28 **Ph. punctiger Taschb.** 1865 Ph. punctiger Taschenberg, Crypt. p 33 ♂.

♂ Metathorax vorn längsrunzelig, der abschüssige Teil mehr querrunzelig, Leisten vollständig und hoch; Seitendornen fehlend; Luftlöcher kreisrund; abschussiger Teil mit 2 Längsleisten. Das 1. Segment ohne Tuberkeln, wie die folgenden Segmente dicht und grob punktiert. Areola gross, fünfeckig. — Schwarz, Segment 2—4 mit Ausnahme je eines runden Mittelfleckes, Segment 5 an den Seiten, Schenkel und Schienen braunrot; an den hintersten Beinen die Kniee und Schienenmitte dunkel. Vorderbeine heller rot. Schaft unten, Gesichtsbeule, Clypeus, Mund und Tegulä gelbrot.

L. 5—6 mm. ♀ unbekannt.

Halle.

.

29. **Ph. troglodytes** Grav. 1829 Ph troglodytes Gravenhorst, II p 713 ♂.

♂ Metathorax halbkugelig, vollständig gefeldert, area superom. ungefähr so lang als breit; abschüssiger Teil ohne Längsleisten, grob gerunzelt; Luftlöcher kreisrund. Aussennerv der Areola schwach. Hinterleib schmal, das 1. Segment linear, gefurcht, Postpetiolus etwas länger als breit. — Schwarz, Segment 3, die vorderen Kniee und Schienen pechbraun, Mittelschienen mit schwarzer Spitze. Stigma braun, Tegulä gelblich.

L. 5 mm. ♀ unbekannt.

Deutschland.

30. **Cr. opacus** Taschb. 1865 Cr. opacus Taschenberg, Crypt p 88 ♂.

♂ Metathorax deutlich gefeldert, area superom. vollkommen geschlossen, fast sechseckig, länger als breit; der ziemlich kleine abschüssige Teil scharf umleistet und mit 2 Längsleisten; Seitendornen fehlend; Luftlöcher kreisrund. Das 1. Segment ohne Tuberkeln, gerinnt, wie die folgenden Segmente dicht und zusammenfliessend punktiert. Clypeus vorn gestutzt. Gesichtsbeule vorhanden. Areola gross, nach vorn kaum verengt. — Schwarz, Segment 2—4, Schienen, Spitzen der Schenkel, Vordertarsen und Mandibeln braunrot. Hinterschienen stark seidenglänzend, Hinterschenkel etwas verdickt.

L. 8 mm. ♀ unbekannt.

Halle.

31. Ph. ambiguus Grav. 1829 Ph. ambiguus Gravenhorst, II p. 703 ♂.

♂ Metathorax grob punktiert, der abschüssige Teil steil, mehr längsrunzelig, ohne Längsleisten und Dornen; Luftlöcher kreisrund. Das 1. Segment mit starken Längsrunzeln, das 2. Segment seicht längsrissig und wie 3 mit einzelnen Punkten. Clypeus vorn stumpf 2zähnig. — Schwarz, Segment 2—5—6 und Beine rot, ausgenommen die Hüften, Trochanteren, Wurzel der Vorderschenkel, an den hintersten Beinen die ganzen Schenkel, Basis und Spitze der Schienen und die Tarsen. Tegulä schwarz.

L. 9 mm. ♀ unbekannt.
Deutschland.

32. Ph. assimilis Grav. 1829 Ph. assimilis Gravenhorst, II p 711 ♂.

♂ Metathorax nicht vollkommen gefeldert, der mittlere Raum des abschüssigen Teiles grob querrunzelig; area superom. klein, ziemlich viereckig, vorn nicht vollkommen geschlossen. Das 1. Segment schwach gekielt, dazwischen mit Furche. — Schwarz, Mitte des Hinterleibes, Spitze der Vorderschenkel, deren Schienen und Tarsen, an den hintersten die Basis der Schienen, alle Trochanteren und Taster rot. Tegulä schwarz.

L. 8 mm. ♀ unbekannt.
Deutschland.

33. Ph. teneriventris Grav. 1829 Ph. teneriventris Gravenhorst, II p. 698 ♂.

♂ Metathorax gestreckt, gleich von der Basis an abfallend, vollständig gefeldert, nur die area superom. hinten nicht geschlossen; Luftlöcher kreisrund; keine Seitendornen. Das 1. Segment linear, hinter der Mitte durch die Luftlöcher beulenartig erweitert, längsrissig; das 2. Segment poliert, mit ganz feinen Pünktchen, schlank, wie die übrigen Segmente. Fühler fadenförmig. — Schwarz, glanzend, Mund, Beine und das 3 Segment hellrot; die hintersten Hüften schwarz.

Var. 1. Segment 2 und 3 hellrot, alle Hüften schwarz, unten braun.

Var. 2. Beine schwarz, Schienen und Spitzen der 4 Vorderschenkel rot.

Var. 3. mesozonia Grav. = Ph. mesozonius Gravenhorst, II p 700 Das 3. Segment, Schenkel und Schienen rot; alle Hüften und Trochanteren schwarz.

L. 6—7 mm. ♀ unbekannt.
Deutschland, Oesterreich.

34. **Ph. subtilis** Grav. 1829 Ph. subtilis Gravenhorst, II p. 701 ♂.

♂ Metathorax gestreckt, schwach gerunzelt, fast poliert, der abschüssige Teil sehr kurz und das äusserste Ende einnehmend; Felderung vollständig, nur area superom. hinten nicht geschlossen; Luftlöcher kreisrund; Seitendornen nur angedeutet. Das 1. Segment sehr wenig nach hinten erweitert, schwach gekielt und gefurcht, langsrissig, die Tuberkeln fein; das 2. Segment poliert, bei starker Vergrösserung fein punktiert. Clypeus am Ende 2zähnig. — Glänzend schwarz, Segment 2 und 3, Vorderbeine und Schaft unten rötlich gelb; Hinterschienen in der Mitte rot. Tegulä weiss.

L. 6—7 mm. ♀ unbekannt.

Breslau.

*   ♣   *

35. **Ph. Brischkei** Woldst. 1876 Ph. Brischkei Woldstedt, Ueb eine Samml schles Ichn. p. 698 ♂.

♂ Ziemlich glanzend, kurz behaart. Schwarz, Hinterleibsmitte, Vorderschenkel an der Spitze, Vorderschienen und vorderste Tarsen rot; Hintertarsen mit weissem Ring. Clypeus am Ende abgestutzt. Metathorax runzelig, mit Seitenzähnchen; area superom. sehr verwischt, hinten offen; Luftlöcher oval. Das 1. Segment glatt und glänzend, nicht gekielt, Tuberkeln voiragend. Areola mit fast parallelen Seiten; nervulus etwas vor der Gabel. Kopf hinter den Augen etwas verschmalert. Fühler dick, etwas läuger als der halbe Körper. Mesonotum dicht punktiert, Mesopleuren runzelig. Segment 2—4 quer, Beine kräftig.

L. 7 mm. ♀ unbekannt.

Schlesien.

36. **Cr. avidus** Woldst. 1876 Cr. avidus Woldstedt, Ueber eine Samml. schles. Ichn. p 699 ♀.

♀ Ziemlich matt, dicht und fein punktiert. Schwarz, ein feiner Streif der inneren Augenränder, Fühlerring, Schildchenfleck und Endrand der letzten Segmente weiss. Die vorderen Schenkelspitzen, Schienen und Tarsen, die hintersten Kniee und die vorderen Hinterleibseinschnitte braunrot. Clypeus am Ende abgestutzt. Metathorax mit Seitenzähnchen, rauh; area superom. kurz; Luftlöcher oval. Das 1. Segment punktiert-nadelrissig. Bohrer etwas länger als der Hinterleib. Areola nach voru verengt;

Ramellus deutlich. Kopf hinter den Augen stark verschmälert. Das 2. Segment dicht punktiert, matt; das
3. quer, ebenfalls dicht punktiert und matt; die folgenden
mehr glatt. Stigma und Tegula braun

L. 8—9 mm. ♂ unbekannt.

Schlesien.

Anmerk. Diese und die folgende Art sind sicherlich keine
echten Cryptus, sondern gehören zu den Phygadeuonnen und zwar
zu Microcryptus oder Plectocryptus.

37. **Cr. scrutator** Woldst. 1876 Cr. scrutator Woldstedt, Ueber eine
Samml. schles. Ichn. p. 700 ♀.

♀ Ziemlich glänzend, schwarz, innere Augenränder, Fühlerring und Halsrand weiss. Hinterleib, mit Ausnahme der
Seiten des Petiolus, und Beine rot, Hüften und Trochanteren schwarz, die Basis der hintersten Schenkel, Schienenspitzen und Tarsen dunkelbraun. Clypeus am Ende abgestutzt. Metathorax rauh mit Seitenzahnchen, area
superom. angedeutet, pentagonal, die Luftlöcher verlängert. Bohrer von ⅓ Hinterleibslänge. Areola nach
vorn verengt; Ramellus deutlich. — Kopf hinter den
Augen deutlich verengt, Gesichtshöcker vorhanden. Fühler
fadenförmig. Mesonotum fein punktiert. Brustseiten gerunzelt. Stigma und Tegula dunkelbraun. Die vordersten
Schienen aufgetrieben, an der Basis eingeschnürt.

L. 8 mm. ♂ unbekannt.

Schlesien.

38. **Ph. micromelas** Kriechb. 1894 Ph. micromelas Kriechbaumer,
Ann. Soc. Esp. de Hist Nat tom. XXIII p. 245 ♂.

♂ Schwarz, glänzend, Vorderschienen mehr oder weniger
bräunlich. Kopf quer hinter den Augen schwach rundlich
verschmälert; Fühler etwas kürzer als der Körper, fadenförmig. Flügel hyalin, Stigma gross und breit, schwarz,
Tegula von derselben Färbung; Nervellus weit unter der
Mitte gebrochen.

L. 4 mm. ♀ unbekannt.

Der untere Aussenwinkel der Discoidalzelle ist fast
ein rechter; es ist also nicht zu entscheiden, ob die Art
besser bei Phygadeuon oder bei Microcryptus steht,
zumal das ♀ unbekannt ist.

Mallorca.

4. Tribus **Hemitelini.**

1868 Hemiteloidae, Förster, Fam. u. Gattung. Ichn.
pp. 144 und 173.
1873 Hemitelina, C. G. Thomson, Op. Ent. V p. 468
(ex parte).
1894 Hemitelini, Ashmead, Proc. Ent. Soc. Wash. III
p. 278.

Eine ziemlich künstliche Familie, da zahlreiche Uebergänge zu den Phygadeuoninen und Pezomachiuen vorhanden sind.   Für die geflügelten Formen ist immer noch
das alte Hauptmerkmal massgebend, nämlich die nach aussen
nicht geschlossene Areola.   Dies Merkmal haben nun auch
eine ganze Anzahl ♂ von Pezomachus; diese unterscheiden
sich durch den an der Basis stets einwärts gekrümmten Basalnerv, das breite Stigma und die undeutliche oder ganz fehlende
Felderung des Metathorax.   Noch schwieriger ist die Trennung
zwischen Hemiteles und Phygadeuou; ich stelle die Arten mit
zarten Beinen und schlanken Fühlern zu Hemiteles, die
wenigen Arten mit fehlendem Aussennerv, aber kräftigen
Fühlern und Beinen zu Phygadeuon   Die ungeflügelten
Formen besitzen sämtlich ein deutliches Schildchen, der Unterschied von den ungeflügelten Phygadeuou beruht wie bei den
geflügelten Formen auf der Bildung der Fühler und Beine.

Uebersicht der Gattungen.

1. Kopf mehr oder weniger kugelförmig.   Areola im Flügel
vorhanden oder fehlend, im ersteren Fall pentagonal.
Hinterleib fast sitzend.   Bohrer ungefähr von Hinterleibslange.
2. C e c i d o n o m u s Bridgm.

Kopf quer, selten kubisch.   Areola meist vorhanden und
mit fehlendem Aussennerv.   Hinterleib deutlich gestielt,
nur in ganz einzelnen Fällen fast sitzend. 2.

2. Kopf mehr oder weniger hinter den Augen verlängert.
Thorax gestreckt, weit langer als hoch.   Metathorax
meist vollständig gefeldert und deutlich in einen horizon-
talen und abschussigen Raum geteilt.   Hinterleib mehr
oder weniger oval, das 1. Segment fast stets gekniet mit
flachem Postpetiolus.   Körperfärbung meist schwarz oder
schwarz und rot.
1. H e m i t e l e s Grav.

Kopf quer, sehr kurz, hinten kaum über die Augen verlängert.   Fühler des ♀ gegen das Ende gleichmässig
schwach verdickt.   Thorax kurz und gedrungen, fast

kubisch. Metathorax ganz steil abfallend, ohne horizon-
talen Raum, unvollstandig gefeldert. Hinterleib gestielt,
lang gestreckt, schmaler als der Thorax, das 1. Segment
hinten nicht flach, sondern mehr gerundet. Bohrer so
lang wie das 1. Segment. Korper schwarz mit reicher
gelber Zeichnung.

3. Brachycyrtus Kriechb.

⁎   ⁎   ⁎
⁎

Ueber die Gattungen Cecidonomus Bridgm. und
Aclastoneura Kriechb. vergleiche man im Anhange zu
Hemiteles.

1 Gen. Hemiteles Grav.

1829 Hemiteles Gravenhorst, Ichn Eur II p 780

Unter den Cryptiden sind es sicherlich die Gattungen
Hemiteles und Pezomachus, welche die meiste Schwierigkeit
bereiten. Man hat beide künstliche Gattungen genannt und
wohl mit Recht, aber wo eine naturliche Gruppierung nicht
mehr möglich ist, muss die Systematik auch zu künstlichen
Merkmalen greifen, denn der Hauptzweck der Systematik
bleibt schliesslich, durch Trennung die Uebersicht zu erleichtern.
Wollen wir die fast nur auf das Flügelgeader basierten
Gattungen der Cryptiden nicht gelten lassen, so blieben
vielleicht nur noch Cryptus und Phygadenon übrig und auch
diese lassen sich nicht scharf trennen. — Gravenhorst schuf
zuerst für die durch fehlenden Aussennerv der Areola aus-
gezeichneten Cryptiden die Gattung Hemiteles. Zu diesem
künstlichen Merkmal gesellt sich als naturliches der vor-
wiegend zarte Körperbau, namentlich die schlanken Fuhler
und Beine. Hemiteles nähert sich darin also mehr Cryptus,
weicht aber wieder durch den meist vollstandig gefelderten
Thorax ab. Weit schwieriger ist auf der anderen Seite die
Trennung von Phygadeuon, indem sich einesteils Uebergänge
zwischen einer nach aussen offenen und geschlossenen Areola
finden, andernteils auch in Bezug auf die Schlankheit des
Korpers, der Fuhler und der Beine kein scharfer Unterschied
gemacht werden kann. Bereits Thomson hat verschiedene
Arten mit aussen offener Areola wegen ihres Phygadeuon-
ahnlichen Habitus unter dieser Gattung beschrieben und zwar
monodon, hogaster, grandiceps, varicornis und stilpninus;
aus demselben Grunde erklärt er den H. mixtus Bridgm. fur
einen Phygadeuon. Umgekehrt ist wieder eine kleine Zahl
schlanker Arten mit aussen geschlossener Areola zu Hemiteles
gestellt worden, z. B. pullator, areolaris und clausus. Freilich,

wie gesagt, die Bildung der Fühler und Beine bei Phygadeuon und
Hemiteles zeigt alle möglichen Formen und Uebergänge, so dass
nicht scharf unterschieden werden kann, was zu der einen und
was zu der andern Gattung gehört. Forster hat in seiner'
Synopsis der Familien und Gattungen der Ichneumonen, wie die
verwandten Familien, auch die der Hemiteloidae in eine Unmasse
Gattungen zersplittert, im Ganzen 72. Davon würden sich höchstens verwenden lassen Otacustes für den ganz abweichenden
H. breviventris, Spinolia für die Arten mit fehlender, auch
nicht in der Anlage vorhandener Areola, z. B. H. maculipennis
und Isadelphus für die Arten mit vorn gezahntem Clypeus.
— Um einer natürlichen Gruppierung Rechnung zu tragen,
sind in neuerer Zeit, namentlich durch Thomson, die meisten
der von Förster auf ♀ mit kurzen oder rudimentären Flügeln
gegründeten Gattungen eingezogen und die Arten den geeig-
neten Gattungen eingereiht worden. Ich stelle in vorliegender
Arbeit Catalytus, Cremnodes, Apterophygas, Theroscopus und
einen Teil von Aptesis zu Hemiteles. Die geflügelten Pezo-
machus-Männchen, auf welche Ratzeburg die Gattung
Hemimachus gegründet hat, haben wegen der aussen offenen
Areola grosse Aehnlichkeit mit Hemiteles. Der Unterschied
ist in der Uebersicht der Tribus angegeben.

Die Bestimmung der zahlreichen, über 200 ausmachenden
Arten, war und ist auch heute noch eine sehr schwierige.
Früher war man gezwungen, stets die beiden Hauptarbeiten
von Taschenberg und Thomson zu vergleichen. Beide gehen
von verschiedenem Standpunkte aus. Taschenberg legt das
Hauptgewicht auf die Sculptur der vorderen Segmente und
die Felderung des Metathorax. Thomson zieht in erster Linie
andere Merkmale heran, namentlich die Stellung des Nervellus
(der nervus transversus analis der früheren Autoren) und die
Sculptur des Mesonotum. Er führt nicht, wie Taschenberg,
die analytische Methode durch, sondern stellt eine ganze Reihe
von Unterabteilungen auf, durch die sich durchzufinden viel
Zeit kostet. Verschiedene zerstreute Nachträge von Thomson
und Bridgman vergrösserten nur die Schwierigkeit. Im Jahre
1897 habe ich eine Gesamtbearbeitung der Gattung in den
„Termes. Füzetek" geliefert. Ich denke durch dieselbe, namentlich durch die darin enthaltenen analytischen Tabellen, das
Studium sehr erleichtert und eine Basis für spätere Arbeiten
geliefert zu haben. Trotzdem giebt es namentlich in Bezug
auf die Biologie der Arten noch unendlich viel zu tun und
das kann am besten durch geeignete Zuchtversuche geschehen.
Hemiteles schmarotzt bei den verschiedenartigsten Insekten-
gruppen; wohl alle Arten sind Schmarotzer zweiten Grades.

Bei Beschreibung der Arten kommt es besonders auf
folgende plastische Merkmale an: Fühlerbau, Beschaffenheit

des Clypeus, Bezahnung desselben; Sculptur von Kopf und Mesonotum, Sculptur und Felderung des Metathorax; Neigung, Felderung und Länge des abschüssigen Raumes, Sculptur des Hinterleibes, namentlich des ersten Segmentes, Länge des Bohrers, Gestalt der Areola und Lage und Brechung des Nervellus.

Bestimmungstabelle der paläarktischen Arten.

Anmerk Auch die Phygadeuon-Arten mit aussen offener Areola sind in die Tabelle mit aufgenommen.

1. Flügel wenigstens von Hinterleibslänge. 2.

   Flügel kurz, mehr oder weniger stummelartig, oft fast ganz fehlend. 267.

2. Areola nicht vollständig geschlossen. Der Aussennerv fehlend. 3.

   Areola vollständig geschlossen; die Arten erinnern an Phygadeuon. 261.

3. Der innere Nerv der Areola sehr kurz oder ganz fehlend, indem sich Radius und Cubitus berühren; Areola dadurch auch nicht in der Anlage vorhanden. 4.

   Areola in der Anlage 5-seitig, nur der Aussennerv fehlend. 10.

4. Thorax schwarz, Hinterleib stark comprimiert, dessen Mitte und die Beine rot. Metathorax undeutlich gefeldert. Kopf breit. Die Wangen aufgetrieben. Flügel nicht gezeichnet. Fühler lang und dünn. Beine kräftig. 7—8 mm.

   6. falcatus C. G. Thoms.

   Thorax, zuweilen auch der Hinterleib, rot gezeichnet, letzterer nicht comprimiert. Flügel mit je 2 oder 3 dunklen Binden. 5.

5. Grosse und robuste Art von 10—12 mm. Kopf, Thorax und Hinterleibsbasis mehr oder weniger rot gezeichnet. Die vorderen Segmente tief eingeschnürt. Das 1. Segment mit Seitenkielen, längsrissig, der Endrand glatt; die Basalhälfte von Segment 2 und 3 grob längsrunzelig, der breite Endsaum etwas wulstartig erhoben, weit glatter, mit Querrunzeln; die übrigen Segmente glatt und glänzend. Basalhälfte der Fühler meist rot. Mesonotum und

Metathorax stark gerunzelt, die Felderung des letzteren ziemlich deutlich. Bohrer etwas langer als der halbe Hinterleib.　　　　　2. i n s i g n i s Grav.

Weit kleinere und weniger kräftige Arten. Hinterleib mit anderer Sculptur. 6.

6. Kopf fast kubisch oder kugelig, breiter als der Thorax, hinter den Augen erweitert. Nur die hintere Querleiste des Metathorax deutlich. Flügel im Verhältnis kurz, bis zur Hinterleibsspitze reichend. 4—6 mm. 7.

Kopf nach hinten verschmalert. Flügel von normaler Länge. 8.

7. Prothorax ganz, Mesonotum vorn, Brustseiten, Hinterleibsmitte und die Beine rot.
　　　　7. l o n g i p e n n i s Grav. (Catalytus Föist)'

Pro- und Mesothorax mit dem Schildchen, Hinterleibsmitte und Beine rot. Nervulus weit hinter der Gabel.
　　　　8. f u l v e o l a t u s Grav. (Catalytus Föist.)

8. Nur die beiden ersten Segmente fein gestreift. Schwarz, Fühlermitte und Schienen rötlich. Thorax hinten und Brustseiten oben rot. 5 mm.
　　　　5. g l y p t o n o t u s C. G. Thoms.

Die 3 ersten Segmente ganz oder bis über die Mitte gestreift. 9.

9. Thorax und Hinterleib grösstenteils rot. Kopf und Thorax dicht und grob runzelig gestreift Segment 2 und 3 bis über die Mitte dicht und fein gestreift, der Endsaum wulstig und glatt. 5—6 mm.
　　　　3. m a c u l i p e n n i s Grav.

Dem H. maculipennis ähnlich, aber grösser. Kopf und Thorax mehr glatt. Gericht rot gefleckt. Die 3 ersten Segmente fein gestreift.
　　　　4. r u b r o t i u c t u s C. G. Thoms.

10. Luftlöcher des Metathorax oval und gross Hinterleib fast sitzend, sehr dicht und fein punktiert. Metathorax gestreckt, undeutlich gefeldert. Fühler borstenförmig, rötlich. Hinterleib schwarzbraun. Schenkel und Schienen rot. ♀ unbekannt. 6 mm
　　　　1. b r e v i v e n t r i s Grav.
　　Anmerk Bildet am besten eine eigene Gattung. (Otacustes Foist)

Luftlöcher des Metathorax rund und meist klein. Hinterleib mehr oder weniger deutlich gestielt. 11.

11. Metathorax nur hinten mit einer Querleiste. Körper klein, auffallend schmal. Fühler mit weissem Ring. 4 mm.
10. lissonotoides C. G. Thoms.

Metathorax mindestens mit 2 Querleisten. 12.

12. Pronotum mit kurzem Kiel oder Höcker, beiderseits davon mit Gruben. Metathorax meist nur mit 2 Querleisten; Längsleisten fehlend oder undeutlich. Stigma und vordere Trochanteren meist weiss oder gelb. 13.

Pronotum ohne Kiel. 27.

13. Nervellus nicht gebrochen. Schaft des ♂ unten weisslich. Das 1. Segment längsrunzelig, das 2. runzelig-punktiert. Beine blassgelb. Die hintersten Hüften dunkel. 14.

Nervellus deutlich gebrochen. 15.

14. Das 1. Segment ziemlich breit. Segmente am Endrand kaum hell. Aftergriffel des ♂ weit vorragend. Abschüssiger Teil des Metathorax mit 2 deutlichen Längsleisten. 3—4 mm. 13. fulvipes Grav.

Das 1. Segment schmäler. Die 3 Basalglieder der Geissel länger als bei der vorigen Art. Segmente deutlich hell gerandet. Aftergriffel des ♂ nicht vorragend.
14. submarginatus Bridgm.

15. Hinterleib rot, nur das 1. Segment an der Basis etwas verdunkelt, dicht und ziemlich grob runzelig-punktiert, die Endränder poliert. Kopf und Thorax matt, Schenkel und Schienen rot. Stigma schwarz. Bohrer so lang wie das erste Segment. 8 mm.
11. gumperdensis Schmiedekn.

Höchstens die Hinterleibsmitte rot. 16.

16. Stigma braun oder schwärzlich. Beine ausgedehnt dunkel gezeichnet. 17.

Stigma gelb; in zweifelhaften Fällen die Fühler des ♀ spindelförmig oder der Hinterleib ganz schwarz. 18.

17. Kopf und Mesonotum matt. Fühler ♀ fadenförmig, der Schaft schwarz. Hinterleib fast ganz schwarz. Das 2. Segment sehr fein quergestreift. Beine und Hinterleib ♀ zum Teil hell, beim ♂ fast ganz schwarz. Bohrer kürzer als das 1. Segment. 5 mm.
15. scabriculus C. G. Thoms.

Kopf und Mesonotum glatt und glänzend. Hinterleibsbasis lederartig punktiert. 16. alpivagus Strobl.

18. Hinterleibsmitte und Beine rot. Fuhler ♀ spindelförmig. 19.

Hinterleib schwarz oder die Segmentrander rot oder
gelblich. 21.

19. Das 1. und 2. Segment dicht längsrunzelig, das 3.
runzelig-punktiert. Beine rötlich Trochanteren und
Vorderhüften weiss, die hintersten Hüften schwarz.
Nervellus stark antefurcal. 5—6 mm.

19. semistrigosus Schmiedekn.

Das 2. Segment nicht langsrunzelig, meist punktiert. 20.

20. Nervellus deutlich antefurcal. Waugen aufgetrieben.
Segment 2—4 wenigstens beim ♀ rot. Beine rot, an
den hintersten die Huften, Spitzen der Schenkel, Schienen
und Tarsen schwarz. Area petiol. weit hinaufreichend.
4—5 mm.

17. varitarsus Grav.

Nervellus oppositus. Kopf nach hinten verschmalert.
Scheitel winkelig ausgerandet. Beine rot, die hintersten
dunkel gezeichnet. Segment 2—3 beim ♀ rot, beim ♂
nur das 3. Segment. 5—6 mm.

18. capreolus C. G. Thoms

21. Schenkel grösstenteils schwarz. Trochanteren und Schienen
weisslichgelb. Segmente mit schwielig erhabenem, poliertem
Endrand. Flügel weisslich-hyalin. Stigma schwarzlich
mit weisser Basis. 6 mm.

20. trochauteralis D. T.

Beine hell gefarbt. 22.

22. Fühler ♀ fast fadenförmig. Das 2. Segment fein
querrissig. Area basal. dreieckig, fast gestielt. Bohrer
so lang wie das 1. Segment. ♂ unbekannt. 4 mm.

21. pallidicarpus C. G. Thoms.

Fühler ♀ spindelförmig verdickt oder das 2. Segment
dicht punktiert. 23.

23. Stigma weisslich-gelb. Der abschüssige Teil des Metathorax mit zwei Längsleisten. Segmente weisslich
gerandet. 24.

Stigma gelb bis bräunlich. Der abschüssige Teil ohne
Längsleisten, oder sie sind dem Seitenrand sehr nahe
gerückt. 25.

24. Fühler spindelförmig wie bei H. fulvipes. Das 1. Geisselglied etwa 3-mal so lang als breit. Das 2. Segment an
der Basis fein gerunzelt, quer. Bohrer von ⅓ Hinterleibslänge. 3 mm.
14. submarginatus Bridgm.

Fühler fast von Körperlänge, gegen das Ende schwach
verdickt. Die Basalglieder der Geissel sehr lang. Das
2. und 3. Segment runzelig-punktiert, der Endrand
wulstformig und poliert. Bohrer etwas langer als der
halbe Hinterleib. 4 mm.
22. secernendus Schmiedekn.

25. Segmentränder und Beine rot. Vorderhüften weiss, die
hintersten an der Basis schwarz. Clypeus dicht behaart.
Segment 2 und 3 dicht punktiert. Nach Thomson
Fühler ♀ spindelförmig, nach Taschenberg fadenförmig.
5—6 mm. 23. conformis Grav.

Beine gelb, meist auch die Segmentränder. Die hintersten
Hüften an der Basis, die hintersten Schienen an der
Spitze abgesetzt schwarz. 26.

26. Schlank, glänzend, auch die Wangen. Das 2. Segment
rissig punktiert bis glatt. Stigma gross, aber nicht
breit. 4 mm. 24. infirmus Grav.

Der vorigen Art sehr ähnlich, aber Scheitel mehr verengt.
Die Wangen matt. Das 2. Segment und die Brustseiten fein gerunzelt.
25. microstomus C. G. Thoms.

27. Nervellus deutlich antefurcal, sehr selten oppositus.
Postpetiolus meist breit. 28.

Nervellus postfurcal. Postpetiolus meist lang und
schmal. 204.

28. Der ganze Körper braungelb. Fühler lang. Flügel verhältnismässig kurz. Mesonotum matt. Bohrer lang.
3—4 mm. 26. stenopterus Marsh.

Körper mehr oder weniger schwarz. 29.

29. Thorax ganz auffallend kurz und buckelig. Mesonotum
viel höher als der Metathorax; letzterer hinten fast senkrecht abgestutzt, der abschüssige Raum fast bis zur Basis
hinaufreichend. Schildchen meist hell gezeichnet. 30.

Thorax von normaler Gestalt, mehr oder weniger gestreckt,
der abschüssige Raum selten etwas länger als der horizontale Teil des Metathorax. 31.

30. Kopf und Thorax schwarz. Schildchen gewöhnlich hell
gesäumt. Beine und Fühlerbasis rötlich-gelb. Hinterleib
vom 2. Segment an glatt und glänzend, beim ♀ gelb
mit braunen Querbinden, beim ♂ braun mit gelben
Binden. 4 mm.

12. S c h a f f n e r i Schmiedekn.

Kopf und Thorax reich gelb gezeichnet. Hinterleibssegmente mit gelben Querbinden vor dem Endrande. Das
1. Segment bis zu den Tuberkeln erweitert und dann
wieder verschmälert. 5—6 mm.

cf. B r a c h y c y r t u s o r n a t u s Kriechb.

31. Thorax zum Teil rot oder hellbraun. 32.
Thorax schwarz. 47.

32. Hinterleib schwarz. Flügel mit 2 oder 3 dunklen Binden. 33

Hinterleib teilweis rot, wenigstens einige Segmente rot
gerandet. 37.

33. Bohrer fast von Hinterleibslänge. Mesonotum und Schildchen ganz rot. Stigma schwarz. Areola sehr klein, in
der Anlage etwas unregelmässig. Beine zum Teil rot.
Gesicht des ♂ fast parallel 6 mm.

27. r u b r i c o l l i s C. G. Thoms.

Bohrer kürzer. Thorax oft nur an den Seiten rot. 34.

34. Das 2. Segment dicht punktiert, das 1. punktiert oder
längsrissig. 35.

Segment 1 und 2 oder 1—3 dicht gestreift. Flügel mit
2 dunklen Binden. 36.

35. Kleinere Art. Bohrer etwas länger als der halbe Hinterleib. Meist nur der Prothorax an den Seiten rot. Areola
in der Anlage etwas unregelmässig. Flügel mit 2 dunklen
Binden. Gesicht des ♂ fast parallel. 5 mm.

28. b i c o l o r i n u s Grav.

Grössere Art. Segment 1 und die folgenden dicht und
grob punktiert. Bohrer so lang wie der halbe Hinterleib. Seiten des Thorax, innere Augenränder und Beine
braunrot. Flügel mit 3 dunklen Binden. 6 mm.

29. o r b i c u l a t u s Grav.

36. Grössere Art von 8 mm. Die 3 ersten Segmente dicht
gestreift, die übrigen glatt. Kopf und Thorax glatt.
Thorax rot. Brust und Metathorax unten schwarz.
Bohrer etwas länger als das 1. Segment. Beine schwarz.
Knie und vorderste Schienen braunrot.

4. rubrotinctus C. G. Thoms.

Kleinere Art von nur 5 mm Nur die beiden ersten
Segmente gestreift Schwarz, Thorax hinten und Brust-
seiten oben rot. Fühler in der Mitte und Schienen rötlich.
Mesonotum mit feiner Sculptur.

5. glyptonotus C. G. Thoms.

37. Hinterleib vom 2. Segment an ganz glatt. Flügel hyalin.
Hinterleib ganz oder zum Teil und Beine gelblich. Kleine
und zierliche Arten von nur 3 mm. 38.

Hinterleib mit deutlicher Sculptur. Flügel mit Binden
oder fleckenartig getrübt. 39.

38. Hinterleibsmitte (meist Segment 2 ganz und Basis von 3)
gelb. Nur die Fühlerbasis unten gelb. Bohrer so lang
wie der halbe Hinterleib. Thoraxfarbung sehr verschieden.

30. necator Grav.

Thorax und Hinterleib gelblich mit verschwommener
brauner Zeichnung. Fühler ♀ bräunlich, an der Basis
gelb. Bohrer so lang wie der Hinterleib ohne das
1. Segment.

31. brunnescens n. sp.

39. Bohrer fast von Hinterleibslänge. 40.

Bohrer weit kürzer als der Hinterleib. 43.

40. Fühler dreifarbig. Beine ganz rot. Hinterleib ganz oder
fast ganz rot. 41.

Fühler ohne weissen Ring. Beine und Hinterleib nicht
ganz rot. 42.

41. Mesonotum und Metathorax mit schwarzer Zeichnung.
Seitenflecken von Segment 3 und Mittelbinden von 4 und
5 schwärzlich. 7 mm.

35. bifasciatus Strobl.

Thorax und Hinterleib ganz rot. Kopf schwarz, Gesicht
mit 2 grossen braunroten Flecken. 5 mm.

34. rufus Brischke.

42. Grössere Art von 6—7 mm.
>   33. fasciitinctus D. T.

Kleinere Art von 4—5 mm.
>   32. longicauda C. G. Thoms.

43. Rot; Kopf, Hinterleibsspitze breit, Trochanteren, Hinterschildchen und Makel vor den Hinterhuften schwarz.
Stigma schmal, an der Basis breit weiss. Bohrer wenig
länger als das 1. Segment. 4—5 mm.
>   36. ornatulus C. G. Thoms.

Die rote Färbung weit weniger ausgedehnt. Hinterleibsbasis schwarz. 44.

44. Die hintersten Schienen an der Basis weiss. Metathorax
und Hinterleib mit Einschluss des 1. Segmentes dicht
punktiert. 45.

Die hintersten Schienen an der Basis nicht weiss. 46.

45. Grössere Art von 5—6 mm. Area superom. an den
Seiten nicht deutlich abgegrenzt. Flügel ♀ mit 3 dunklen
Binden. Kopf, Thorax und Hinterleib mit verschwommenen
braunroten Zeichnungen.   37. areator Grav.

Kleinere Art von nur 4 mm. Metathorax ziemlich vollständig gefeldert. Flügel ♀ mit nur 2 Binden. Sonst
der vorigen Art sehr ähulich.
>   43. pulchellus Grav.

46. Das 1. Segment kurz und breit, längsrissig, das 2. zusammenfliessend punktiert. Metathorax undeutlich gefeldert. Flügel ♀ mit 2 dunklen Binden. Schwarz,
Seiten des Prothorax, Fühlerbasis und Beine rot, Schenkel
und Schienen der hintersten etwas gebräunt. Die vorderen
Segmenteinschnitte rötlich. Bohrer etwas länger als der
halbe Hinterleib. 5 mm.
>   28. bicolorinus Grav.

Das 1. Segment sehr gestreckt. Postpetiolus und das 2.
Segment fein und dicht längsrissig, beim ♂ mehr punktiert. Metathorax deutlich gefeldert, die Leisten erhaben; Seitendörnchen vorhanden. Flügel beim ♀ an
der Aussenhälfte getrübt, beim ♂ fast wasserhell.
Schwarzbraun, Fühler grösstenteils, Prothorax, Mesothorax-
seiten, Petiolus und Segmentränder, am breitesten auf
Segment 1 und 2, sowie Beine rotgelb, die hintersten
Beine meist etwas gebräunt. Bohrer nicht ganz so lang
wie der halbe Hinterleib. 7 mm.
>   38. cingulator Grav.

47. Clypeus in der Mitte des Endrandes mit 2 Zähnchen. Scheitel meist breit. Wangen aufgetrieben. Flügel sehr selten mit Binden. Hinterleib fast stets rot gezeichnet. Das 2. Segment höchst selten glatt. 48.

NB. Da bei einer Reihe Gravenhorst'scher Arten die Beschaffenheit des Clypeus nicht bekannt ist, so vergleiche man in zweifelhaften Fällen auch die Arten der zweiten Abteilung.

Clypeus am Endrande ohne Zähnchen. 61.

48. Die hintersten Schienen mit weissem Basalring. 49.

Die hintersten Schienen ohne weissen Basalring. 51.

49. Vorderwinkel von Segment 2 und Basalhälfte von 3 gelbrot. Schaft unten und Vorderhüften weiss. Segment 1 und 2 fein nadelrissig. Nur ♂ bekannt. 4 mm.
41. flavocinctus Strobl.

Hinterleib anders gefärbt oder mit anderer Skulptur. 50.

50. Hinterleib schwarz, beim ♂ die Segmente rot gerandet. Tegula, Vorderhüften und Trochanteren, beim ♂ auch der Schaft unten weiss. Bohrer von Hinterleibslange. 5 - 6 mm. 39. pictipes Grav.

Hinterleibsmitte und Beine rot, an den hintersten die Spitze der Schenkel, Schienen mit Ausnahme der weissen Basis und die Tarsen schwarz. Trochanteren und Vorderhüften weiss. Segment 1 und 2 fein langsrunzelig, 3 stark punktiert. Bohrer etwas kürzer als der Hinterleib. 4—5 mm. 40. varicoxis Taschb.

51. Hinterleib schwarz, vom 2. Segment an poliert. Das 1. Segment nicht länger als breit. Schenkel und Schienen rostrot. Beine und Fühler ziemlich kräftig.
cf. Phygadeuon liogaster C. G. Thoms.

Das 2. Segment fein gerunzelt oder Hinterleibsmitte rot. 52.

52. Flügel unter dem Stigma deutlich wolkenartig getrübt Fühlerbasis, Beine und fast der ganze Hinterleib gelbrot 5 mm. 161. semicroceus Schmiedekn.

Flügel in der Mitte nicht deutlich wolkenartig getrübt. 53.

53. Fühler dick. Hinterleibsmitte, Schenkel und Schienen rot. Kopf des ♀ kubisch, Augen behaart. Beim ♂ das Gesicht dicht weisslich behaart. Schaft unten und vordere Trochanteren hellgelb. Bohrer etwas langer als das 1. Segment. 5—6 mm.
cf. Phygadeuon grandiceps C. G. Thoms.
Fühler, überhaupt der ganze Körper viel schlanker. 54.

54. Hinterleib und Beine rot; das 1. Segment und die hintersten Hüften schwarz. 7 mm.

42. nigrobasalis n. sp.

Nur die Hinterleibsmitte rot, oder Hinterleib ganz schwarz. 55.

55. Stirn und Mesonotum fein und dicht punktiert. Das 2. Segment beim ♀ glatt, beim ♂ fein und zerstreut punktiert. Hinterleibsmitte, Schenkel und Schienen rot, Bohrer etwas länger als das 1. Segment. Dem Phygad. vagans ähnlich. 5—6 mm.

44. rufulus C. G. Thoms.

Stirn und Mesonotum matt, dicht und fein behaart. Das 1. und 2. Segment fein gestreift oder fein gerunzelt. Bohrer meist lang. 56.

56. Fühler ♀ ganz schwarz, beim ♂ der Schaft unten und vordere Trochanteren weiss. 57.

Fühlerbasis beim ♀ rot, beim ♂ ganz schwarz. 59.

57. Bohrer nicht ganz so lang wie der halbe Hinterleib. Hinterleibsmitte rot. 5—6 mm.

48. castaneus var. atricornis Strobl.

Bohrer fast von Hinterleibslänge. 58.

58. Segment 2 und Basalhälfte von 3 beim ♀ rot, beim ♂ der Hinterleib fast ganz schwarz. Das 1. Segment fein gestreift, das 2. fein gerunzelt. 5—7 mm.

46. inimicus Grav.

Hinterleib ganz schwarz. Das 1., 2. und Basis des 3. Segmentes sehr fein gerunzelt, mit Neigung zur Längs-streifung. ♂ unbekannt. 5 mm.

45. longisetosus Schmiedekn.

59. Die ersten beiden Segmente und die Beine rot. Meta-thorax mit Seitenzahnen. 5—6 mm.

49. bidentulus C. G. Thoms.

Hinterleibsmitte rot. Metathorax ohne deutliche Seiten-zahne. 60.

60. Bohrer wenig kürzer als der Hinterleib. Fuhler braun, die Basalhälfte rot. Beine rot. Spitzen der Hinter-schienen und ihre Tarsen schwarz. Beim ♂ Schaft und Huften schwarz. 6 mm.   48. castaneus Taschb.

Bohrer unr von ¼ Hinterleibslänge. Fühlerbasis, Beine und Hinterleibsmitte rot. Die vordersten Schienen deutlich aufgeblasen. 5—6 mm.
47. ruficornis C. G. Thoms.

61. Hinterleib ganz schwarz oder schwarzbraun, höchstens die Segmentränder hell. 62.

Hinterleib mehr oder weniger ausgedehnt rot oder rotgelb, selten hellbraun gezeichnet. 118.

62. Die vorderen oder mittleren Segmente deutlich hell gerandet. 63.

Hinterleib schwarz, sehr selten die mittleren oder hinteren Segmente ganz fein hell gerandet. 71.

63. Fühler 3-farbig. Fast sämtliche Segmente hell gerandet. Beine röthlichgelb. Bohrer fast von halber Hinterleibslänge.
50. contaminatus Grav.

Fühler nicht 3-farbig. Nur die vorderen oder mittleren Segmente hell gerandet. 64.

64. Segment 1—3 mit rotem Endrand. 65.

Die mittleren Segmente mit rotem Endrand. 67.

65. Metathorax sehr gestreckt, durch 2 Langsrunzeln eine area superom. angedeutet. Hinterleib mit 'Einschluss des 1. Segmentes dicht und fein punktiert. Hinter- rand von Segment 1—3, Fühler und Beine rot ♀ un- bekannt. 5 mm.   51. monozonius Grav.

Metathorax nicht auffallend gestreckt; Das 2. Segment dicht punktgrubig oder glatt. 66.

66. Hinterleib schwarz, Segment 1—3 rot gerandet. Segment 2 und 3 dicht punktgrubig. Schenkel und Schienen rot, die Vorderschenkel schwarz gefleckt. Metathorax stark runzelig, Felderung undeutlich. ♀ unbekannt. 6 mm.
52. limbatus Grav.

Segment 1—3 braun, rot gerandet. Fühler sehr dick, die drei ersten Glieder rot. Hinterleibsende braunrot. Das 2. Segment glatt. Bohrer von ⅓ Hinterleibslänge. Beine trubrot. Sehr kleine Art von nur 3 mm.
cf. Phygadeuon crassicornis Grav.

67. Nur das 2. Segment rot gerandet. Die hintersten Schenkel grösstenteils schwarz. ♀ unbekannt. 6 mm. Süd-Europa.   53. inustus Grav.

Mehrere Segmente hell gerandet. Schenkel meist rot. 68.

68. Hinterleib glatt und glänzend, Segment 2 und 3 mit
    hellem Endrand. Area superomedia quer. Beine gelb, die
    hintersten braun gefleckt. Bohrer wenig länger als das
    1. Segment. Beim ♂ die Fühler dick, die 3 ersten Glieder
    unten hell. Dem H. aestivalis ähnlich. 4 – 5 mm.
        56. liostylus C. G. Thoms.
    Wenigstens die vorderen Segmente mit deutlicher Skulptur. 69.

69. Hinterleib dicht und fein punktiert. Segment 2 und 3
    am Ende rot. Fühler sehr dünn. 5—6 mm.
        127. floricolator Grav. ♂.

    Das 1. Segment nadelrissig, das 2. nadelrissig oder zu-
    sammenfliessend punktiert. Bohrer von ⅓ Hinterleibs-
    länge. 70.

70. Das 2. Segment zusammenfliessend punktiert, das 3.
    weniger dicht punktiert, beide mit poliertem Endrand.
    Schaft unten und schmale Endränder der Segmente
    gelblich. Metathorax glänzend mit 2 Querleisten, da-
    zwischen mit Längsrunzeln. 4—5 mm.
        54. marginatus Bridgm.

    Das 1. Segment ganz, das 2. bis über die Mitte fein
    längsrissig. Das 2. und 3., meist auch die folgenden
    Segmente rot gerandet. Metathorax matt, fast voll-
    ständig gefeldert. Endhälfte der Fühler stark verbreitert,
    Schaft unten gelb. 4—5 mm.
        55. rufizonatus n. sp.

71. Gesicht mit deutlichem Höcker. Fühler und Beine ganz
    rot. Bohrer kaum länger als das 1. Segment. 4 mm.
        57. gibbifrons C. G. Thoms.

    Gesicht nicht höckerartig vorstehend und gleichzeitig
    Fühler und Beine rot. 72.

72. Segment 5—7 weiss gerandet. Bohrer von ⅔ Hinter-
    leibslänge. Beine rot; Hüften, Trochanteren und Basis
    der Schenkel hinten schwarz. Segment 2 und 3 mit
    Quereindruck in der Mitte, von der Basis bis zu diesem
    Eindruck runzelig punktiert. 5 mm.
        59. albomarginatus Bridgm.

    Segment 5—7 nicht weiss gerandet. 73.

73. Segment 1 und 2 grob längsrissig. Metathorax grob
    runzelig, trotzdem die Felderung erkennbar Fühlerbasis
    unten und die Beine rot. Das ♀ mit feinem weissem
    Fühlerring. Bohrer fast so lang wie der halbe Hinter-
    leib. 6 mm.   60. niger Taschb.

    Segment 1 und 2 mit anderer Skulptur. 74.

74. Fühler und Beine dick. Bohrer sehr kurz. Kleine Art von nur 3 mm.

> cf. Phygadenon monodon C. G. Thoms.

Fühler und Beine weit schlanker. 75.

75. ♀. 76.
   ♂. 98.

76. Flügel mit 1 oder 2 dunklen Binden oder mit dunklem Schatten in der Mitte. 77.

Flügel ohne dunkle Binden. 81.

77. Flügel mit nur einer dunklen Binde oder dunklem Schatten in der Mitte. 78.

Flügel mit je 2 dunklen Binden. Segmente ohne oder mit nur schmalen polierten Endwulsten. 79.

78. Flügel mit dunkler Binde unter dem Stigma. Hinterleibssegmente 2—5 dicht und fein runzelig punktiert mit breiten polierten Endwülsten. Schenkel schwarz. Bohrer etwa so lang wie das 1. Segment. 4 mm.

> 61. rhambus C. G. Thoms.

Flügelmitte mit dunklem Schatten. Hinterleib glänzend, Segment 2 und 3 mit leichtem Quereindruck vor der Spitze. Vorderschenkel an der Basis, Hinterschenkel oben schwarz. Bohrer so lang wie das 1. Segment. 4 mm.

> 62. subimpressus Brischke.

79. Fast die Basalhälfte des Stigmas weiss. Fühlerbasis rötlich. Kniee und Schienen hell, die hintersten mit weisslicher Basis. Bohrer fast kürzer als das breite 1. Segment. 6 mm.

> 63. australis C. G. Thoms.

Stigma an der Basis nicht breit weiss. Die hintersten Schienen an der Basis nicht weiss. 80.

80. Schenkel schwarz, Hinterleib schwach punktiert. Bohrer so lang wie das 1. Segment. Körper mit schwachem Erzschimmer. Das 1. Segment breit, die folgenden quer, zerstreut punktiert, am Endrand glatt. 4 mm.

> 64. plumbeus C. G. Thoms.

Schenkel und Schienen rötlich. Das 1. und 2. Segment stark runzelig. Bohrer halb so lang wie das 1. Segment. 5 mm.   65. rugifer C. G. Thoms.

81. Bohrer so lang als der Hinterleib oder wenig kürzer. Kopf und Mesonotum dicht und fein punktiert. 82.

Bohrer höchstens so lang als das 1. Segment. 86.

82. Beine rot, die hintersten Schienen und Tarsen gebräunt. Das 1. Segment nadelrissig, das 2. sehr grob und zusammenfliessend punktiert. Tegulä weiss. Stigma schwärzlich. 5—6 mm. 67. coriarius Taschb.

Beine weit ausgedehnter schwarz gezeichnet, oder das 2. Segment mit feinerer Sculptur. 83.

83. Schaft oval oder fast kugelig, dentlich ausgeschnitten. Beine ganz rot oder Hüften zuweilen verdunkelt. 84.

Schaft fast cylindrisch, nicht ausgeschnitten. Kopf kubisch. 85.

84. Segment 1—3 fein punktiert, die folgenden glatt. 4 mm.
68. sordipes Grav.

Des 1. Segment breit, nadelrissig, das 2. Segment sehr dicht und fein runzelig, matt; auch die folgenden Segmente mit sehr feiner Sculptur, wenig glänzend. 5 mm.
70. carbonarius n. sp.

85. Beine rot, nur an der Basis schwarz. Bohrer fast länger als der Hinterleib. Das 2. Segment fein lederartig, beim ♂ etwas gröber. 5—6 mm.
69. nigriventris C. G. Thoms.

Beine rot und braun. Bohrer etwas kürzer als der Hinterleib. Fühler feiner und länger als bei voriger Art. 3—4 mm.
71. obscuripes C. G. Thoms.

86. Thorax buckelig. Metathorax sehr kurz, hinten steil abfallend. Area superom. quer. Hinterleib glatt und glänzend. Segment 2—6 mit hellem Rand. Mesonotum matt. Beine gelb, die hintersten braun gefleckt. 4—5 mm.
56. liostylus C. G. Thoms.

Thorax von anderer Bildung und Sculptur. 87.

87. Beine rot oder gelb, selten mehr bräunlich; nur die Hüften dunkel. 88.

Beine ausgedehnter dunkel gezeichnet. 91.

88. Das 2. Segment glatt und glänzend. Stirn und Mesonotum fast matt. Metathorax mit Seitenzähnchen. Hinterleib mehr braun Beine rotgelb. Die hintersten Hüften
an der Basis meist schwarz. Bohrer nach Taschenberg
kaum von ⅓ Hinterleibslänge, nach Thomson wenig kürzer
als der Hinterleib. Gravenhorst giebt ihn zu ¼ Hinterleibslänge an. 4—5 mm.

73. similis Grav.

Das 2. Segment wenigstens an der Basis punktiert. 89.

'89. Hinterleib glänzend, nur der Postpetiolus und das 2.
Segment an der Basis punktiert, am Ende poliert. Fühlergruben ohrförmig vorstehend. 4—5 mm.

74. auriculatus C. G. Thoms.

NB Sind die Beine kräftig, der Hinterleib zerstreut und fein
punktiert, so vergleiche man auch 11. unicolor C G Thoms.

Hinterleib mehr oder weniger matt; punktiert oder
gerunzelt. Die Endsäume der Segmente glatt. 90.

90. Mesonotum und Hinterleib mit seidenschimmernder weisser
Behaarung. Beine mehr bräunlich. Alle Segmente, auch
das 1. dicht und deutlich punktiert. 3—4 mm.

75. sisyphii Verhoeff.

Mesonotum und Hinterleib ohne auffallende weissliche Behaarung. Beine ♀ rot, Hüften an der Basis schwarz.
Hinterleib runzelig-punktiert, die Endränder wulstartig,
poliert. Metathorax fein punktiert. Beim ♂ die Beine
schwarz, die vorderen Knie und Schienen hellgelb, die
hintersten Schienen an der Basis und Spitze schwarz.
4—5 mm.   76. melanogaster C. G. Thoms.

NB. Sind die Endränder der Segmente nicht poliert, so vergleiche
man II tristator Grav.

91. Metathorax nur mit zwei Querleisten. Segmente mit
wulstartigen polierten Endrändern. Trochanteren und
Schienen weisslichgelb. Bohrer fast kürzer als das breite
erste Segment. 6 mm.

20. trochanteralis D. T.

Metathorax vollständig gefeldert. 92.

92. Glänzend erzschwarz. Postannellus kaum 1½ so lang als
der Schaft. Segmenträder wulstartig, poliert. Fühlergruben tief. 4 mm.

78 æneus C. G. Thoms.

Wenigstens Kopf und Mesonotum matt. Färbung schwarz. 93.

93. Palpen und Schiensporen weiss. Segment 2—4 dicht und
fein punktiert, der Endrand wulstig erhaben, poliert.
3—4 mm.   58. albipalpus C. G. Thoms.

Palpen und Schiensporen nicht gleichzeitig weiss oder
Hinterleib mit anderer Sculptur. 94.

94. Fühler kurz, schwarz. Die hinteren Schenkel schwarz.
Schienen hellgelb, die hintersten am Ende verdunkelt.
Metathorax kurz, hinten fast senkrecht. Das 1. Segment
breit, 2—4 punktiert, mit poliertem Endrand. 3 mm.
                79. opaculus C. G. Thoms.

Hinterschenkel ganz oder teilweise hell. Fühler meist
lang und dünn. 95.

95. Beine dick, rot, nur an der Basis schwarz. Hinterleib
glänzend, zerstreut punktiert. Schaft nicht ausgeschnitten.
5 mm.   80. unicolor C. G. Thoms.

Beine ausgedehnter schwarz gezeichnet. Schaft ausgeschnitten. 96.

96. Area superom. breiter als lang. Abschussiger Teil des
Metathorax ohne Längsleisten. Schenkel grösstenteils rot.
Das 1. Segment ohne Tuberkeln. Bohrer sehr kurz. 5 mm.

                77. tristator Grav.

Area superom. nicht breiter als lang oder Schenkel ausgedehnt schwarz. 97.

97. Fühlerbasis rötlich. Bohrer etwas kürzer als das 1.
Segment. Schenkel und Schienen rötlich, Vorderschenkel
an der Basis schwarz, die hintersten mit schwarzer Linie.
4 mm.   82. obliquus C. G. Thoms.

Fühler schwarz. Bohrer kürzer als bei voriger Art. Beine
schwarz mit roter Zeichnung. Segmente vom 2. an quer,
fein punktiert. 3—4 mm.
                81. cynipinus C. G. Thoms.

98. Schaft oder die Basalglieder unten hell. 99.

Fühler ganz schwarz. 105.

99. Clypeus in der Mitte des Endrandes mit 2 Zähnchen.
Gesicht seidenartig behaart. Fühler kurz, Schaft unten,
Makel der Mandibeln, Tegulä und Trochanteren weiss.
                46. inimicus Grav.

Clypeus in der Mitte des Endrandes ohne Zähnchen oder
Trochanteren nicht weiss. 100.

100. Fühler dick, am Ende zugespitzt, die 3 ersten Glieder
unten hell. Metathorax kurz, hinten steil abfallend. Area
superom. quer. Mesonotum matt, dicht punktiert. Hinterleib mehr glatt.

56. liostylus C. G. Thoms.

Schaft unten und meist vordere Trochanteren weiss. 101.

101. Vordere Trochanteren nicht weiss. 102.

Vordere Trochanteren weiss. 104.

102. Vorderbeine rot, Hüften zum Teil schwarz. Hinterbeine
grösstenteils schwarz. Basis der Schenkel und Schienen
rötlichgelb. Aftergriffel deutlich.

77. tristator Grav.

Beine rot, nur die Spitzen der hintersten Schienen und
Tarsen dunkel. 103.

103. Das 1. Segment gestreift, das 2. dicht und zusammenfliessend punktiert, fast längsrunzelig.

67. coriarius Taschb.

Segment 1 und 2, sowie Basis von 3 dicht und fein
lederartig punktiert. Hüften ganz schwarz.

68. sordipes Grav.

104. Die hintersten Schienen an der Basis weiss, gegen das
Ende mit den Tarsen schwärzlich. Mandibeln und Vorderhüften ebenfalls weiss.

80. unicolor C. G. Thoms.

Basis der hintersten Schienen nicht weiss. Beine rot.
Basis der hintersten Hüften mehr oder weniger schwarz.

73. similis Grav.

105. Die vorderen Segmente dicht nadelrissig oder runzelig
gestreift. 106.

Die vorderen Segmente mit feinerer Sculptur, meist punktiert, oder ganz glatt. 107.

106. Segment 1 und 2 runzlig gestreift. Schenkel und Schienen
rötlich. (♂ bis jetzt noch nicht bekannt.)

65. rugifer C. G. Thoms.

Segment 1—3 oder 1—4 dicht nadelrissig. Metathorax
mit scharfen Seitendornen. Hinterhüften und Hinterschenkel schwarz.

66. bispinosus Strobl.

107. Metathorax langgestreckt. Leisten sehr schwach. Area superom. lang und schmal. Hinterleib mit Einschluss des 1. Segmentes dicht und fein punktiert. Schwarz, nur die Knie und Schienen braunrot.

84. picipes Grav.

Metathorax nicht auffallend langgestreckt, meist deutlich gefeldert. 108.

108. Metathorax nur mit 2 Querleisten. Trochanteren und Schienen weisslichgelb, Hinterschienen an der Spitze breit schwarzbraun. Segmente mit wulstartigem, poliertem Endrand. 20. trochanteralis D. T.

Metathorax vollständig gefeldert. 109.

109. Das 1. Segment kurz und breit, hinten stark gewölbt, wie die folgenden Segmente zusammenfliessend punktiert, die Endsäume wulstartig erhaben und poliert. Schenkel schwarz, die vorderen mehr oder weniger rot. Hinterschienen am Ende oder ganz schwarz. Flügel getrübt. Alle Hüften schwarz. Trochanteren nicht weiss.

85. melanarius Grav.

Das 1. Segment nicht auffallend kurz. Trochanteren meistens weiss. 110.

110. Körper glänzend erzschwarz. Beine zum Teil hell. 3—4 mm. 78. aeneus C. G. Thoms.

Körper schwarz, mehr oder minder matt. 111.

111. Beine rot oder gelb, höchstens die Schenkel an der Basis oder Spitze schwarz. 112.

Hinterschenkel fast ganz schwarz. 113.

112. Kopf kubisch, mit dem Mesonotum dicht und fein punktiert, ziemlich matt.

69. nigriventris C. G. Thoms.

Kopf nicht kubisch. Körper glänzend. Fühlergruben ohrförmig. 74. auriculatus C. G. Thoms.

113. Kopf glänzend. Mesonotum matt. Metathorax glänzend mit feinen Seitenzähnchen. Das 1. Segment und der grösste Teil des 2. fein querrunzelig. Nervellus nicht gebrochen. 3 mm. 86. obscurus Bridgm.

Körper mit anderer Sculptur. 114.

114. Palpen und Schiensporen weiss. Segment 2—4 sehr fein
punktiert, mit poliertem Endrand. Kopf nach hinten verschmälert, Ocellen gross.

58. albipalpus C. G. Thoms.

Palpen und Schiensporen nicht gleichzeitig weiss oder
sonst verschieden. 115.

115. Beine schwarz, Trochanteren an der Spitze und Schienen
blassgelb, Hinterschienen an der Spitze breit schwarz.
Fühler schwarz, fast von Körperlänge.

82. obliquus C. G. Thoms.

Vordere Knie und Schienen gelb oder gelbrot, die hintersten
meist an Basis und Spitze schwarz. 116.

116. Segment 2—7 fein punktiert, gegen den Endrand schwacher.

81. cynipinus C. G. Thoms.

Segment 2—4 sehr fein punktiert, der Endrand poliert,
etwas wulstartig erhaben. 117.

117. Mesonotum und Hinterleib mit seidenschimmernder weisslicher Behaarung. Hüften schwarz. Trochanteren weiss.
Basis der hintersten Schienen weisslich.

75. sisyphii Verhöff.

Mesonotum und Hinterleib ohne auffallende weissliche Behaarung. Schienen blassgelb, die hintersten an der Basis
und Spitze schwarz.

76. melanogaster C. G. Thoms.

118. Kopf kugelig oder kubisch. Hinterleib gestreckt, das 1.
Segment nadelrissig, die folgenden dicht punktiert. 119.

Kopf quer. Hinterleib nicht besonders gestreckt, meist
mit anderer Sculptur. 120.

119. Metathorax unvollständig gefeldert, nur die lange und
schmale area superom. deutlich. Das 1. Segment schmal,
die übrigen sehr dicht und fein punktiert. Segment 2—4
gelbrot, auf der Mitte verdunkelt. Beine gelbrot, die
hintersten Schenkel und Schienenspitzen verdunkelt.

87. rubiginosus Grav.

Metathorax vollständig gefeldert. Das 1. Segment ziemlich
kurz und breit, die folgenden Segmente glänzend, stark
und ziemlich dicht punktiert. Segment 2 und 3 grösstenteils rot. Beine fast ganz schwarz.

88. pseudorubiginosus Strobl.

120. Hinterleib vom 3. Segment an in den Seiten breit rotgelb. Der ganze Körper sehr fein lederartig, schwach
glänzend. Unterseite des Schaftes, Prothorax und Beine
schmutziggelblich. Fühler fast länger als der Körper.
Bohrer so lang wie der halbe Hinterleib. Metathorax
nur mit zwei feinen Querleisten. 5 mm.

　　　　83. mediovittatus Schmiedekn.

Hinterleib mit anderer Zeichnung. 121.

121. Helle Zeichnung nur auf dem Rücken der Segmente, nicht
bis zum Seitenrand ausgedehnt. 122.

Helle Zeichnung, wenigstens von einem der Segmente bis
zum Seitenrand ausgedehnt. 125.

122. Nur das 2. Segment mit roter Makel in der Mitte.
Bohrer etwas länger als das 1. Segment. Schenkel und
Schienen rot, Vorderschenkel an der Wurzelhälfte schwarz.
4 mm.　　　　89. nigricornis C. G. Thoms.

Mehrere Segmente auf dem Rücken hell gezeichnet. 123.

123. Fühler und Beine dick. Segment 2 am Ende, 3 auf dem
Rücken rötlich. Beine gelblich. Schenkel wenigstens
oben verdunkelt. Bohrer sehr kurz.

　　cf. Phygadeuon stilpninus C. G. Thoms.

Fühler und Beine viel schlanker. 124.

124 Segment 2—7 auf dem Rücken rotgelb. Schaft unten
und Beine gelb. Gesicht ♂ mit weisser Makel. Metathorax kurz mit grober Runzelung. Das 1. Segment
längsrissig, das 2. fein punktiert. Bohrer sehr kurz. 4 mm.

　　cf. Adelognathus dorsalis Grav.

Segment 2 rot, an der Basis schwarz, 3 rot, an den
Seiten schwarz gefleckt, 4 schwarz, oben in der Mitte
braunrot Metathorax sehr gestreckt, Felderung undeutlich. Das 1. Segment glänzend, das 2. und 3. zerstreut punktiert. Bohrer etwas länger als der halbe
Hinterleib. 5—6 mm.　　　90 fragilis Grav.

125. Gesicht und Vorderhüften weiss. Hinterleibsspitze und
Beine rotgelb Metathorax grob gerunzelt, Felderung ganz
undeutlich. Das 2. Segment glatt, ohne Sculptur. Bohrer
sehr kurz. 4 mm.

　　cf. Adelognathus chrysopygus Grav.

Gesicht und Hinterleib anders gezeichnet. 126.

126. Segment 2 und 3 poliert mit durchgehenden Quereiu-
drucken hinter der Mitte. Stirn und Mesonotum glatt
und glänzend. Beine gelbrot, an der Wurzel fast weiss.
Metathorax sehr gedrungen, mit 2 Querleisten, dazwischen
mit starken Längsrunzeln. Bohrer von halber Hinterleibslange. 5 mm.

92. l a e v i g a t u s Rtzb. (furcatus Taschb.)

Hinterleib mit anderer Struktur. 127.

127. Fühler kurz und dick. Basalhalfte der Fuhler, Beine
und Segment 2 und 3 rot, das letztere in der Mitte braun.
Bohrer von ⅔ Hinterleibslange. 4 mm.

cf. P h y g a d e u o n   m i x t u s Brdgm.
(v. Bridgm. als Hemiteles beschrieben).

Fühler schlanker, oder Hinterleib anders gefärbt. 128.

128. Segment 1 und 2 oder 1—3, zuweilen auch Basis
von 4, rot. 129.

Hinterleibsbasis schwarz, eines oder mehrere der mittleren
Segmente rot oder rotgelb. 136.

129. Die 3 ersten Segmente rot, Vorderhälfte des Postpetiolus
schwarz. Kopf und Mesonotum matt. Fuhler kurz und
ziemlich dick. ♀ unbekannt. 5 mm.

93. a n t i c e c i n c t u s Strobl.

Das 1. Segment anders gezeichnet. Fühler nicht besonders
kurz und dick. 130.

130. Segment 1 und 2 rot. Fühlergeissel rötlich, ohne weissen
Ring. Clypeus am Ende mit Zähnchen. Stirn und
Mesonotum matt. Das 2. Segment lederartig oder beim
♂ runzelig punktiert. Metathorax mit Seitenzähnchen.
5—6 mm.   49. b i d e n t u l u s C. G. Thoms.

Segment 1—3 rot. 131.

131. Bohrer von Hinterleibslänge. Stirn und Mesonotum ziemlich matt. Hinterleib vom 2. Segment an glatt und
glänzend, das 1. Segment schmal. Segment 1—3—4
gelbrot. Fühler und Beine rotgelb. 3—4 mm.

95. p l e c t i s c i f o r m i s Schmiedekn.

Bohrer höchstens wenig länger als der halbe Hinterleib.
Die ♀ von H. phlaeas und imbecillus sind nicht bekannt. 132.

132. Segment 1—3 und Basis von 4, Fühlerwurzel und Beine
     rot; Basis der Vorderschienen und Basis und Spitze der
     hintersten Schenkel schwarz.   Nur ♂ bekannt. 5 mm.

94. phlaeas Boie.

Nur Segment 1—3 rot.   133.

133. Hinterschenkel schwarz.   Hinterleib linear, Postpetiolus
     nadelrissig, der übrige Hinterleib glatt.   4 mm.

140. imbecillus Grav. var.

Schenkel und Schienen kaum dunkel gezeichnet.   134.

134. Flügel mit deutlicher Querbinde unterhalb des Stigma.
     Fühlerbasis, Segment 1—3 und Beine gelbrot.   3 mm.

110. hilarellus n. sp.

Flügel ohne dunkle Querbinde.   135.

135. Fühler beim ♀ mit weissem Ring.   Clypeus ohne Zähnchen.
     Stirn, Mesonotum und das 2. Segment glatt.   Bohrer
     etwas länger als der halbe Hinterleib.   Metathorax mit
     deutlichen Seitendornen.   Beine rot.   Beim ♂ Hüften
     und Trochanteren schwarz.   6 mm.

96. biannulatus Grav.

Fühler an der Basis rot, ohne weissen Ring.   Das 1.
Segment schwach nadelrissig, die folgenden dicht und
fein punktiert.   Metathorax fast glatt.   Area superom.
ziemlich rund.   Bohrer von etwa ⅓ Hinterleibslänge.
4 mm.   99. melanopygus Grav.

136. Nur ein Segment, und zwar das 2. oder 3. rot oder gelb,
     seltener Segment 2 und 3 rot und schwarz gezeichnet. 137.

Helle Färbung auf mehrere Segmente ausgedehnt.   143.

137. Bohrer fast länger als der Hinterleib.   Kopf und Meso-
     notum dicht und fein punktiert.   Das 2. Segment und
     die Beine rot.   Kopf kubisch. 4—5 mm. ♂ unbekannt.

72. rubripes C. G. Thoms.

Bohrer weit kürzer.   138.

138. Das 2. und die folgenden Segmente dicht punktiert oder
     längsrunzelig.   139.

Das 2. Segment glatt oder fein punktiert.   Fühlerbasis
rot.   141.

139. Das 3. Segment und die Vorderschienen rot. Segment 1 und 2 längsrunzelig. Metathorax mit Dornen, vollständig gefeldert. Die Leisten stark. ♀ unbekannt. 7 mm.

100. dissimilis Grav.

Segment 2 und 3 rot mit schwarzer Zeichnung. dicht punktiert. 140.

140. Das 1. Segment nadelrissig. Beine rot. Hüften und Spitzen der hintersten Schienen und die Tarsen gebräunt. Bohrer etwas kürzer als der halbe Hinterleib. 6—7 mm.

102. simillimus Taschb.

Das 1. Segment wie die beiden folgenden, dicht und verworren punktiert. Beine rot, beim ♂ wenigstens die Hinterbeine grösstenteils schwarz. 4—5 mm.

103. Taschenbergi Schmiedekn.

141. Das 3. Segment und die Beine rot. Hüften ganz oder zum Teil schwärzlich. Das 2. Segment am Vorderrand zuweilen rötlich, fein punktiert. Metathorax mit 2 Querleisten, Felderung unvollständig. 5 mm.

104. rufocinctus Grav.

Das 2. Segment gelb oder rot. 142.

142. Das 2. Segment gelb. Fühler sehr gedrungen, an der Spitze stark verdickt, 3-farbig. Beine gelb, Spitzen der hintersten Schenkel und Schienen schwarz. Metathorax grob gerunzelt. Felderung kaum zu unterscheiden Bohrer sehr kurz. Kleine Art von 3 mm.

105. varicornis Grav.

Das 2. Segment rot, selten auch die Basis von 3 zum Teil. Fühlerbasis und Beine rot, die hintersten Hüften des ♀ an der Basis dunkel. Metathorax fein gerunzelt. Bohrer von ⅓ Hinterleibslänge. 4 mm.

106. dubius Grav.

143. ♀. 144.

♂. 182.

144. Segment 2—6 trübrot oder bräunlich, glatt. Vorderschienen und Schenkelspitzen hellrot oder rötlichgelb, die Beine sonst braun. Flügel beim ♀ unter dem Stigma wolkig getrübt. Fühler schlank. Bohrer etwa so lang wie der halbe Hinterleib. 6—7 mm.

107. tenuicornis Grav.

Hinterleibsfärbung heller oder sonst durch Färbung und Skulptur abweichend. 145

145. Hinterleib und Beine dunkelgelb oder gelbrot, nur das
     1. Segment schwarz. Hinterleib glatt und glänzend. 146.

     Die dunkle Färbung des Hinterleibs nicht allein auf das
     1. Segment beschränkt. 148.

146. Hinterleib gelbrot, das 1. Segment schwarz. Fühler
     schwarz, die 4—5 ersten Glieder unten braunrot, Kopf
     glanzlos. Bohrer kürzer als der Hinterleib. 4 mm.

     113. chrysopae Brischke.

     Hinterleib mit Ausnahme des 1. Segmentes und Fühler
     mindestens bis zur Mitte dunkelgelb. Kopf und Thorax
     glänzend. 147.

147. Bohrer nur wenig vorragend. Die ganzen Fuhler dunkel-
     gelb, gegen die Spitze deutlich verdickt und etwas dunkler.
     Scheitel breit. Nervellus nur schwach antefurcal. 5—6 mm.

     108. interstitialis Schmiedekn.

     Bohrer etwas länger als der halbe Hinterleib. Fühler
     an der Basalhälfte gelb, sonst braun. 3—4 mm.

     112. flavigaster Schmiedekn.

148. Fühler kurz und dick, 3-farbig. Beine kräftig. Segment
     2 und Basis von 3 rotbraun. Augen behaart. Area
     superom. lang und schmal.

     cf. Phygadeuon varicornis C. G. Thoms.

     Fühler und Beine schlanker. 149.

149. Flügel mit dunkler Binde. Fühlerbasis rot. 150.

     Flügel ohne dunkle Binde, höchstens unter dem Stigma
     etwas getrübt. 153.

150. Schenkel und Schienen rot. Mesonotum punktiert. 151.

     Nur die vorderen Knie und Schienen gelb oder rot. 152.

151. Nur die Schenkel und Schienen rot. Area superom. lang,
     an den Seiten nicht geschlossen. Bohrer etwas länger
     als das schmale 1. Segment. Mesonotum dicht und fein
     punktiert. 6 mm.

     109. infumatus C. G. Thoms.

     Die ganzen Beine rot. Mesonotum zerstreut punktiert.
     Das 1. Segment breit, nadelrissig. Die Basalhälfte des
     2. Segmentes fein nadelrissig, der übrige Hinterleib glatt
     und glänzend. Bohrer wenig länger als der 4. Teil des
     Hinterleibs. 6 mm.

     111. incisus Bridgm.

152. Stirn gerunzelt aber ohne Kiel. Segment 2—4 fein
punktiert, rotgelb. Area superom. lang. 4 mm.

114. d i s t a n s C. G. Thoms.

Stirn gerunzelt, mit Kiel. Segment 2—4 dichter und
deutlicher punktiert. Bohrer kürzer als das 1. Segment.
5—6 mm. 115. r u g i f r o n s C. G. Thoms.

153. Bohrer so lang als der Hinterleib. 154.

Bohrer höchstens etwas länger als der halbe Hinterleib. 156.

154. Kopf und Thorax mit abstehender schwarzer Behaarung.
Schenkel schwarz. Das 2. Segment an der Basis fein
gestreift, Stigma schwarz. 5—6 mm.

116. h i r t i c e p s C. G. Thoms.

Kopf und Thorax ohne auffallende Behaarung. Beine
rot oder gelbrot. 155.

155. Metathorax unvollständig gefeldert. Segment 1 und 2
dicht punktiert, Segment 2 rot, meist mit dunkler Makel,
3 vorn an den Seiten rot. 4 mm.

117. m o n o s p i l u s Grav.

Metathorax vollständig gefeldert. Hinterleibsmitte
schmutziggelb. Stigma hell. 4 mm.

118. m a c r u r u s C. G. Thoms.

156. Postpetiolus und Segment 2—5 braunrot, mit hellen Endrändern. Beine ganz rot. Gesicht dicht weisslich behaart.
Bohrer so lang wie der halbe Hinterleib. 8 mm.

119. a r g e n t a t u s Grav.

Hinterleib anders gefärbt. 157.

157. Metathorax sehr gestreckt, Felderung undeutlich. Segment
1 glänzend, 2 und 3 zerstreut punktiert. Segment 2—4
ganz oder auf dem Rücken rot. Beine rot; Spitzen der
hintersten Schenkel, Schienen und die Tarsen schwarz.
Bohrer etwas länger als der halbe Hinterleib. 5—6 mm.

90. f r a g i l i s Grav.

Metathorax nicht auffallend gestreckt, die Felderung mehr
oder minder deutlich. 158.

158. Beine an den Schenkeln mehr oder weniger ausgedehnt
schwarz gezeichnet. 159.

Schenkel und Schienen rot oder gelb. 162.

159. Bohrer sehr kurz, nicht so lang als der Postpetiolus. Schenkel oben grösstenteils schwarz. Flügel mit Spuren von Querbinden. 4 mm.

120. brevicauda C. G. Thoms.

Bohrer etwas länger als das 1. Segment. Segment 2—4 punktiert. 160.

160. Endrand von Segment 2—4 nicht wulstartig erhaben und poliert. Segment 1 und 2 dicht punktiert. Metathorax fein gerunzelt und gefeldert. Area superom. länger als breit. Schaft unten, Segment 2 und 3 und Vorderbeine rot. Die hintersten Schenkel, Schienenspitzen und Tarsen gebräunt. Bohrer von ²/₃ Hinterleibslänge. 6 mm.

121. incertus Taschb.

Endrand von Segment 2—4 wulstartig erhaben und poliert. 161.

161. Flügel getrübt. Hinterleibsmitte braunrot. Das 1. Segment längsrunzelig, die folgenden dicht und grob punktiert. Metathorax grob wulstig gerunzelt. Postpetiolus breit. Bohrer etwas langer als das 1. Segment. 6 mm.

85. melanarius Grav.

Flügel wasserhell. Hinterleibsmitte rot. Segment 2—4 dicht und fein punktiert. Bohrer etwas länger als das 1. Segment. 4 mm.

122. elymi C. G. Thoms.

162 Segment 2—4 rot, an den Seiten braun. Beine rot, die hintersten Tarsen und Schienenspitzen dunkel. Segment 1 längsrissig, 2 punktiert. Bohrer wenig länger als der halbe Hinterleib. ♂ unbekannt. 6 mm.

123. decipiens Grav.

Hinterleib anders gefärbt. 163.

163. Segment 2—3 rot, 3 am Ende schwarz. Beine rot, wenigstens die hintersten Schienenspitzen und Tarsen schwärzlich. Das 1. Segment nadelrissig. Bohrer von ¹/₄ Hinterleibslänge. 164.

Durch andere Färbung des Hinterleibs oder der Beine oder durch längeren Bohrer verschieden. 165.

164. Metathorax netzgrubig, deutlich gefeldert. Das 2. Segment punktiert. Beine rot, Spitzen der hintersten Schienen, zuweilen auch der Schenkel braun. 5 mm.

124. meridionalis Grav.

Metathorax mit 2 feinen Querleisten. Hinterleib vom 2. Segment an sehr glänzend. Beine rot, Hinterhüften, die Spitzen der Hinterschenkel, sowie Basis und Spitze der Hinterschienen und alle Tarsen schwarzbraun. 5 mm.

125. coxalis Brischke.

165. Flügel getrübt. Stigma mit weisser Basis. Segment 2 und 3 und Beine rot. Metathorax am abschüssigen Teil mit 2 Längsleisten. Das 2. Segment glatt. Bohrer etwas länger als der halbe Hinterleib. 5 mm.

126. oxyphymus Grav.

Flügel nicht oder schwach getrübt oder Hinterleib mit anderer Sculptur. 166.

166. Hinterleib mit Einschluss des 1. Segmentes dicht und fein punktiert, der Endrand von Segment 2—4 wulstartig erhaben, poliert. Der abschüssige Raum des Metathorax ohne Längsleisten in der Mitte. Beine ganz rot. Fühler dünn. Bohrer etwas länger als der halbe Hinterleib. 5—6 mm.   127. floricolator Grav.

Hinterleib mit anderer Sculptur. Bei ähnlichen Arten die Fühler dick. 167.

167. Stirn und Mesonotum ziemlich glänzend. 168.

Mesonotum dicht und fein punktiert, mehr oder weniger matt. 174.

168. Segment 2 und 3 dicht und stark punktiert. Fühler dick. Fühlerbasis, Postpetiolus, Segment 2—4 und Beine rot. Bohrer kürzer als das 1. Segment. 6—7 mm.

128. punctiventris C. G. Thoms.

Kopf, Thorax und Hinterleib glänzend. 169.

169. Fühler ziemlich dick, an der Basis rot. 170.

Fühlerbasis schwarz. Metathorax mit Seitenzähnchen. 171.

170. Beine mit Einschluss der Hüften und Segment 2 und 3 rot, das letztere in der Mitte zum Teil braun. Bohrer von ⅔ Hinterleibslänge. 4 mm.

cf. Phygadeuon mixtus Bridgm.

Beine rot. Hüften und Trochanteren schwarz. Segment 2—4 rot, das letztere meist mit dunklem Endrand. Bohrer von halber Hinterleibslänge. Stigma mit weisser Basis. ♂ unbekannt. 6 mm.

129. ridibundus Grav.

171. Hüften schwarz. Schenkel und Schienen rotgelb. Bohrer länger als das 1. Segment. Stigma schwärzlich. Seitenzähne des Metathorax kräftig. 5 mm.

97. homocerus C. G. Thoms.

Beine mit Einschluss der Hüften fast ganz rot oder rotgelb. 172.

172. Bohrer fast kurzer als das 1. Segment. Stigma pechbraun. Metathorax mit kurzen und spitzen Seitenzähnchen. 4 mm.

98. fuscicarpus C. G. Thoms.

Bohrer länger als der halbe Hinterleib. Stigma schwarz. 173.

173. Fühler mit weissem Ring. Metathorax mit spitzen Seitenzähnchen. Segment 2 und 3 ganz rot. Spitze der hintersten Schenkel schwarz. 6 mm.

130. Hellbachi n. sp.

Fühler ohne weissen Ring. Metathorax mit stumpfen Seitenzähnchen. Das 3. Segment hinten und an den Seiten schwarz. Beine rot, die hinteren Trochantern schwärzlich. 5 mm. 131. nitidus Bridgm.

174. Mandibeln mit weisser Makel oder ganz weiss. Bohrer länger als das 1. Segment. 175.

Mandibeln rot oder schwarz. Fühler meist ganz schwarz. 176.

175. Mandibeln mit weisser Makel. Vordere Trochanteren nicht weiss. Fühlergeissel an der Basis rot. Area superom. quer. Clypeus vorn mit 2 Zähnchen. Dem Phygad. vagans sehr ähnlich. 5—6 mm.

44. rufulus C. G. Thoms.

Mandibeln und vordere Trochanteren weiss. Fühler lang, braun. Clypeus ohne Zähnchen. Stirn und Mesonotum dicht und fein punktiert. Bohrer länger als das schmale 1. Segment. 5. mm.

132. chionops Grav.

176. Das 1. Segment schmal. Postpetiolus weit länger als breit. Fühler lang und dick. Beine gelb. Bohrer kurzer als das 1. Segment. Kopf nach hinten verengt, Scheitel schmal. Das 1. Segment gestreift, das 2. und 3. dicht punktiert. 5—6 mm.

133. capra C. G. Thoms.

Postpetiolus breit, dicht und fein gestreift oder runzelig. 177.

177. Das 1. und 2. Segment dicht längsrissig, die übrigen
    fein und zerstreut punktiert. Hinterleib flach. Basis
    der Geissel, Hinterleibsmitte und Beine rot. Bohrer
    kürzer als das 1. Segment. 6 mm.

> 134. platygaster Schmiedek.

Das 1. und 2. Segment nicht zusammen längsrissig. 178.

178. Hinterleibssegmente mit wulstartigem poliertem End-
    rand. 179.

Hinterleibssegmente am Ende nicht wulstartig erhaben
und poliert. Stigma an der Basis weiss. 180.

179. Segment 2—4 kastanienbraun, dicht runzelig-punktiert.
    Beine rot, die hintersten Schienen gebräunt, an der Basis
    weisslich. Bohrer etwas länger als das 1. Segment,
    letzteres fein punktiert. 5 mm.

> 135. notaticrus C. G. Thoms.

Hinterleibsmitte, Fühlerbasis und Beine rot. Bohrer fast
kürzer als das runzelige 1. Segment. 4 mm.

> 136. balteatus C. G. Thoms.

180. Die hinteren Segmente mit breiten roten End- und Seiten-
    rändern oder ganz rot. Das 1. Segment gestreift, die
    übrigen dicht fein punktiert, die Endsegmente mehr glatt.
    Bohrer so lang wie das 1. Segment. Hüften schwarz.
    Vordere Trochanteren weiss. 5—6 mm.

> 102. simillimus Taschb. var.

Die hinteren Segmente nicht breit rot gerandet oder
ganz rot. 181.

181. Flügel unter dem Stigma deutlich getrübt. Fühler,
    Hüften und Trochanteren schwarz. Bohrer so lang wie
    das 1. Segment. 5 mm.

> 137. fumipennis C. G. Thoms.

Flügel hyalin. Bohrer etwas länger als das 1. Segment.
Sonst der vorigen Art sehr ähnlich. 4 mm.

> 138. costalis C. G. Thoms.

182. Gesicht ganz weiss, ebenso die Vorderhüften. Basis des
    3. Segmentes und die Beine rotgelb.

> 132. chionops Grav.

Gesicht nicht weiss. 183.

183. Das 2. Segment schmal rot gerandet, das 3. an der
Endhälfte rot. Das 2. Segment fein punktiert. Stirn
ziemlich glänzend. Stigma an der Basis weiss.

120. brevicauda C. G. Thoms.

Hinterleib mit anderer Zeichnung. 184.

184. Schaft unten gelb oder weiss. 185.

Schaft unten schwarz, selten Fühlerbasis rot. 187.

185. Basis des zweiten Segmentes schmal, des dritten breit,
gelb. Beine gelblich, die hintersten Hüften und ein
Strich oben auf den Hinterschenkeln schwarz.

113. chrysopae Brischke.

Hinterleibsmitte schmutziggelb oder pechbraun. 186.

186. Schaft unten citronengelb. Stigma hell. Hinterleibsmitte
schmutziggelb. Kopf nach hinten verschmälert, Stirn matt.

118. macrurus C. G. Thoms.

Schaft unten weiss. Segment 1 und die folgenden nadelrissig. Hinterleibsmitte pechbraun. Hinterbeine braun,
Basis der Schienen blassgelb.

139. tenerrimus Grav.

187. Die vorderen Trochanteren und die Palpen weiss. Segment
2 und 3 lang, in der Mitte mit brauner Makel. Fühler
lang, gegen die Spitze verdünnt.

109. infumatus C. G. Thoms.

Palpen und vordere Trochanteren nicht weiss. Hinterleib
anders gezeichnet. 188.

188. Metathorax sehr gestreckt, nach hinten allmählich abfallend. Segment 2 und 3 ganz oder an der Basis rot
oder rotgelb. 189.

Metathorax hinten mehr oder weniger steil abfallend. 193.

189. Das 1. Segment fein lederartig, die folgenden glatt, nur
das 2. mit ganz feiner Skulptur. Mesonotum glänzend,
nicht punktiert. Segment 2 und 3 rot, hinten und an
den Seiten schwarz. Metathorax gefeldert.

91. pluricinctus Strobl.

Das 1. Segment nicht lederartig. 190.

190. Metathorax gerunzelt, deutlich gefeldert, mit langer area superom. Hinterleib linear, glatt, nur der Postpetiolus nadelrissig. Beine schwärzlich. Vorderschenkel grösstenteils und Schienen schmutziggelb. — Eine sehr zweifelhafte Art, vielleicht ein Leptocryptus.

140. imbecillus Grav.

Metathorax wegen der schwachen Leisten undeutlich gefeldert 191.

191. Das 1. Segment lang und glänzend, 2 und 3 zerstreut punktiert, nicht ganz rot.

90. fragilis Grav.

Segment 1 und 2 deutlich punktiert, Segment 2 und 3 rotgelb. 192.

192. Abschüssiger Raum des Metathorax mit Längsleisten durch seine kleine Fläche. Schienen und Vorderschenkel teilweis rotgelb. 141. luteiventris Grav.

Abschussiger Raum des Metathorax ohne Längsleisten auf seiner Fläche. Der ganze Hinterleib fein punktiert. Stigma gross, an der Basis breit weiss. Segment 2 und 3, Hinterrand von 1, Beine und Fühlerbasis gelbrot, Spitzen der hintersten Schenkel und Schienen schwarz.

142. palpator Grav.

193. Thorax cylindrisch. Area superom. deutlich länger als breit. Das 1. Segment mit Kielen und deutlicher Mittelfurche. Segment 2 und 3 dicht punktiert. Schwarz, Segment 2—4, Beine und Mandibeln gelbrot. Die hintersten Hüften, Trochanteren und Tarsen schwarz. Tegulä weiss. ♀ unbekannt. 3—4 mm.

143. cylindrithorax Taschb.

Thorax nicht cylindrisch. 194.

194. Beine ausgedehnt dunkel gefärbt. 195.

Beine rot, höchstens Hüften und Trochanteren, oder die Spitzen der Schenkel und Schienen schwarz. 198.

195. Segment 2—4 fein punktiert, der Endrand wulstig erhaben und poliert. 122. elymi C. G. Thoms.

Segment 2—4 ohne polierten Endrand. 196.

196. Schenkel schwarz, nur an der Spitze und die Schienen fast ganz gelblich. Das 2. Segment rot oder braun, das 3. braun bis schwarz. Area superomedia lang und schmal. Fühler lang und dünn.

cf Phygadeuon varicornis C. G. Thoms.

Vorderschenkel ausgedehnt hell gezeichnet. 197.

197. Hinterleib schmal, dicht punktiert. Das 2. und 3. Segment etwas querrissig. Vorderbeine gelblich. Oberseite der Schenkel bräunlich. Hinterbeine dunkelbraun. Spitze der Hüften und Basis der Schienen röthlch. ♀ unbekannt. 4—5 mm.   103. Taschenbergi Schmiedekn.

Hinterleib mit feinerer Skulptur. Das 1. Segment runzelig. Fühler, Hüften, Trochanteren an der Basis, Vorderschenkel an der Basis, Hinterschenkel fast ganz schwarz.

192. dispar C. G. Thoms.

198. Segment 1 grob langrissig, 2 und 3 nadelrissig. Fühlerglied 2—4, Segment 2 und 3, Schenkel und Schienen rot. Metathorax mit Seitendörnchen. Stigma an der Basis breit weiss. ♀ unbekannt. 5 mm.

101. scrupulosus Grav.

Hinterleib mit anderer Sculptur. 199.

199. Segmentränder wulstig erhaben und poliert. Segment 2—4 rot, das 2. deutlich fein runzelig-punktiert. Fühler und Hüften schwarz. 4 mm.

136. balteatus C. G. Thoms.

Segmentränder nicht wulstig erhaben und poliert. 200.

200. Das 1. Segment linear. Die Tuberkeln stark zahnartig vorspringend. Segment 2—4, Schenkel und Schienen rot. Das 2. Segment fast glatt. Stigma schwarz mit weisser Basis.   126. oxyphymus Grav.

Das 1. Segment von anderer Bildung. 201.

201. Kopf hinter den Augen erweitert. Mesonotum oben matt, an den Seiten glatt und glänzend. Fühler, Mandibeln, Hüften und Trochanteren schwarz. 5—6 mm.

111. incisus Bridgm.

Kopf hinter den Augen verengt. 202.

202. Stirn und Mesonotum dicht und fein punktiert. Fühler
kurz. Das 2. Segment fein punktiert, glatt. Mandibeln
mit weisser Makel. 5—6 mm.
44. r u f u l u s C. G. Thoms.

Stirn und Mesonotum glänzend. 203.

203. Segment 2 und 3 dicht punktiert, rot. Fühler lang und
dick. Schenkel und Schienen rot, an der Spitze schwarz.
6—7 mm.
128. p u n c t i v e n t r i s C. G. Thoms.

Hinterleib glatt und glänzend. Segment 2—4 rotgelb.
5 mm. 97. h o m o c e r u s C. G. Thoms.

204. Nervus parallelus über der Mitte entspringend. Der
untere Winkel der Brachialzelle ein stumpfer. Segment
2—4 und Beine rot, die hintersten an der Spitze schwarz.
Stirn und Mesonotum ziemlich matt. Bohrer kürzer als
das 1. Segment. 4—5 mm.
144. s t a g n a l i s C. G. Thoms.

Nervus parallelus unter der Mitte entspringend. Der
untere Winkel der Brachialzelle spitz. 205.

205. Schaft annähernd cylindrisch, kaum ausgeschnitten. Beine
dick mit langen Sporen. Die vorderen Segmente punktiert.
Hinterleib hell gezeichnet. 206.

Schaft annähernd kugelförmig, ausgeschnitten, oder das
2. Segment glatt. 208.

206. Segment 2 und 3 rot, mehr oder weniger schwarz gezeichnet, ziemlich glänzend, zerstreut punktiert. Metathorax sehr kurz, deutlich gefeldert. Area superom. quer.
Area petiol. weit über die Mitte hinaufreichend. Bohrer
so lang wie das 1. Segment. Beim ♂ Schaft unten,
Mandibeln und Vordertarsen hellgelb. — Das ♀ variiert
mit rotem Prothorax. (Var. ruficollis Grav.) Bohrer
etwas kürzer als der halbe Hinterleib. 5 mm.
145. a e s t i v a l i s Grav.

Die vorderen Segmente viel dichter punktiert und von
anderer Zeichnung. 207.

207. Schwarz, Beine und Basis von Segment 2 rot. Basis
der hintersten Schienen weiss. Bohrer etwas länger als
das 1. Segment. Mesonotum matt. Aehnelt dem H.
aestivalis. 5 mm.
146. g e n i c u l a t u s C. G. Thoms.

Die 3 ersten Segmente und die Beine gelb. Bohrer viel
länger als das 1. Segment. 4 mm.
147. l o n g i c a u d a t u s C. G. Thoms.

208. Metathorax grob gerunzelt, die Felderung kaum zu unterscheiden. Das 2. Segment glatt, nur dieses oder die Hinterleibsspitze rotgelb. Bohrer sehr kurz. 209.

Metathorax nicht grob gerunzelt, oder die Hinterleibsfärbung, oder die Skulptur des 2. Segmentes eine andere. 210.

209. Fühler sehr gedrungen, nach der Spitze stark verdickt, 3-farbig. Das 2. Segment und die Beine gelb, Spitzen der hintersten Schenkel und Schienen schwarz. ♂ unbekannt. 3 mm.   115. varicornis Grav.

Gesicht und Vorderhüften weiss. Hinterleibsspitze und Beine rotgelb. ♂ unbekannt. 4 mm.
     cf. Adelognathus chrysopygus Grav.

210. Metathorax gestreckt, der abschüssige Teil sehr schräg. Segment 2 und 3 glatt, hellrot. Schenkel schwarz, Vorderschenkel und Schienen schmutziggelb. ♀ unbekannt. 4 mm. (Scheint ein Leptocryptus zu sein.)
     140. imbecillus Grav.

Metathorax hinten mehr oder weniger steil abfallend. 211.

211. Nervellus nicht gebrochen. Körper schlank. Mesonotum glänzend. Metathorax vollständig gefeldert. 212.

Nervellus gebrochen. 216.

212. Schwarz, glatt und glänzend. Beine schwarz, Vorderbeine bräunlich. Hinterleib oval. Bohrer so lang wie das 1. Segment. Kleinere Art von 2½ mm.
     148. minutus Bridgm.

Hinterleibsmitte fast stets rot oder rotgelb. Beine ganz oder zum grossen Teil hell gefärbt. 213.

213. Areola klein, kaum in der Anlage vorhanden, da der innere Nerv sehr kurz ist. Segment 2 und 3 beim ♀ rotbraun mit helleren Rändern; beim ♂ schwarz mit wulstartigem rotem Endrand.
     149. pseudominutus Strobl.

Areola deutlich in der Anlage vorhanden, indem der innere Nerv nicht besonders kurz ist. 214.

214. Brachial- und Discoidalzelle mit deutlichen Aussennerven. Hinterleibsmitte und Beine hell. Bohrer ungefähr so lang wie das 1. Segment. Stigma hell. 3—4 mm.
     150. gracilis C. G. Thoms.

Aussennerv der Brachial- und Discoidalzelle verwischt. 215.

215. Fühler schlank. ihre Basis, Hinterleibsmitte und Beine
hell. Bohrer etwas kürzer als das 1. Segment. 3—4 mm.
151. s o l u t u s C. G. Thoms.

Der vorigen Art ähnlich, aber Fühler kürzer und dicker.
Area superom. fast fehlend. Hinterleibsstiel viel breiter
und kürzer und der Thorax gedrungener. 3 mm.
152. a p e r t u s C. G. Thoms.

216. Pedicellus nach innen kurz zahnartig vorgezogen. Fühlerbasis, Hinterleibsmitte und Beine rot. Kopf und Mesonotum glänzend. Stigma an der Basis breit weiss. Bohrer
so lang wie der halbe Hinterleib. Beim ♂ Fühler,
Tegula, Hüften und Trochanteren schwarz. 5 mm.
153. m i c a t o r Grav.

Pedicellus nach innen nicht zahnartig vorstehend. 217.
217. Fühler mit weissem Ring, zuweilen 3-farbig. 218.

Fühler ohne weissen Ring. 224.

218. Bohrer so lang wie der Hinterleib. Fühler 3-farbig.
Beine rotgelb. 219.

Bohrer kaum etwas länger als das 1. Segment. 220.

219. Flügel ohne dunkle Querbinde. Kopf und Thorax glänzend schwarz. 5 mm.
155. o r n a t i c o r n i s Schmiedekn.

Flügel mit dunkler Querbinde. Kopf braunrot. Thorax
und Hinterleibsbasis hellrot. 5 mm.
160. m a g n i f i c u s n. sp.

220. Fühler schwarz mit weissem Ring, höchstens Schaft und
Pedicellus hell. 221.

Fühler 3-farbig. Flügel des ♀ mit verloschenen Querbinden. 222.

221. Thorax zum Teil rot. Körper schlank. Fühler lang
und dick. Schaft meist hell. Das 1. Segment dicht und
fein gestreift, das 2. glatt, ganz oder auf der Scheibe
gelblich, Segment 3—5 schwarz, 6 und 7 hell. Beine
schlank, blassgelb. Brustseiten glatt. Bohrer so lang
wie das 1. Segment. 4 mm.
154. b e l l i c o r n i s C. G. Thoms.

Thorax schwarz. Flügel mit dunkler Binde. Endrand
des 1. Segmentes, Segment 2—4 und Beine hell braunrot, auch die Hinterleibsspitze hell. Bohrer so lang wie
das 1. Segment. 5 mm.
156. s u b a n n u l a t u s Bridgm.

222. Thorax und Hinterleib des ♀ grösstenteils rotgelb. Flügel-
     binden deutlich. Clypeus an der Spitze mit kleiner
     quadratischer Lamelle. Beim ♂ der Thorax schwarz,
     Hinterleibsmitte und Beine zum Teil rot. 5 mm.

                  159. hadrocerus C. G. Thoms.

     Thorax schwarz. Flügelbinden weniger deutlich. 223.
223. Das 1. Segment fein längsrunzlig, die folgenden glänzend.
     Hinterleibsmitte und Beine rötlichgelb. Bohrer von halber
     Hinterleibslänge. Kopf und Thorax matt, ersterer nach
     hinten sehr verschmälert. Metathorax mit Seitenzähnchen.
     4—5 mm.   157. ornatus Brischke.

     Segment 2 und 3 dicht und fein punktiert. Hinterleibs-
     mitte und Beine rot. Mesonotum dicht und fein behaart,
     ziemlich matt. Metathorax glatt und glänzend. Area
     superom. lang, Costula vor der Mitte. Bohrer kaum
     länger als das 1. Segment. 5—6 mm.

                  158. triannulatus C. G. Thoms.

224. Fühler auffallend dick, die 3 ersten Glieder rot. Segment
     1—3 rot gerandet, die übrigen rotbraun. Sehr kleine
     Art von nur 3 mm.
                  cf. Phygadeuon crassicornis Grav.

     Fühler schlanker oder Hinterleib anders gezeichnet. 225.

225. Flügel des ♀ gleichmässig getrübt. Beim ♂ das 1.
     Segment schlank, die Tuberkeln stark zahnartig vor-
     springend. Segment 2—3—4 gelbrot. Stigma an der
     Basis weiss. Das 2. Segment an der Basis ganz fein
     längsrissig. Bohrer etwas länger als der halbe Hinter-
     leib. 5 mm.   126. oxyphymus Grav.

     Flügel des ♀ nicht gleichmässig stark getrübt, zuweilen
     mit Binden. Die Tuberkeln des 1. Segmentes beim ♂
     nicht auffallend vortretend. 226.

226. Nur das 2. Segment rot, glatt. Fühlerbasis und Beine
     rot. Die hintersten Hüften an der Basis etwas verdunkelt.
     Fühler gegen das Ende verdickt. Das 1. Segment am
     Ende mit länglichem Höcker (vielleicht nur abnorme
     Bildung).   106. dubius Grav.

     Hinterleib ausgedehnter rot. 227.

227. Segment 1—3 und Fühlerbasis rot. Das 1. Segment fein
     längsrissig. Metathorax ziemlich glatt. Bohrer ungefähr
     von ⅓ Hinterleibslänge. 228.

     Hinterleibsmitte rot gezeichnet. 229.

228. Hinterleib vom 2. Segment an dicht und fein punktiert. Felderung des Metathorax schwach. Area superom. fast rund. 4 mm.   99. m e l a n o p y g u s Grav.

Hinterleib vom 2. Segment an vollkommen glatt. Metathorax glatt, mit kräftigen Leisten. Area superomed. 5-seitig, so lang als breit. Hinterleibsspitze hell. 4 mm.

   161. s e m i c r o c e u s Schmiedekn.

229. Segment 2—4 rot, an den Seiten braun. Das 1. Segment nadelrissig, das 2. punktiert. Bohrer wenig länger als der halbe Hinterleib. ♂ unbekannt. 6 mm.

   123. d e c i p i e n s Grav.

Hinterleib anders gezeichnet. 230.

230. Mesonotum matt, meist fein behaart, zuweilen rot gezeichnet. Flügel hyalin. Fühler schlank, schwarz. 231.

Mesonotum glänzend, fast glatt. 239.

231. ♀. 232.

♂. 236.

232. Mesonotum zum Teil und Hinterleibsmitte rot oder gelb. 233.

Thorax schwarz, Hinterleibsmitte rot. 234.

233. Fuhlerbasis unten mehr oder weniger ausgedehnt hell gezeichnet. Beine schlank, ganz gelb. Das 2. Segment glatt. Der abschussige Raum mit 2 Langsleisten. 3 mm.

   30. n e c a t o r Grav.

Fühler schwarz. Beine grösstenteils hell. Die vordersten Schienen aufgeblasen. Beim ♂ der Hinterleib fast schwarz, die Beine dunkler. 3 mm.

   162. i n f l a t u s C. G. Thoms.

234. Clypeus am Ende mit vorstehendem Zahn. Vorderschienen stark aufgeblasen. Segment 2—4 und Beine rot. Fühler sehr schlank. Der Bohrer etwas länger als das fast lineare 1. Segment. 5 mm.

   163. m o n o d o n C. G. Thoms.

Clypeus am Endrand ohne Zahn. Vorderschienen nicht aufgeblasen. 235.

235. Nervellus unter der Mitte gebrochen. Segment 1 und 2 nadelrissig. Segment 2 und 3, sowie Beine hell-braunrot. Hinterhüften und Endhälfte der Hinterschenkel braun. Bohrer von ¼ Hinterleibslänge. 4 mm.

165. distinctus Bridgm.

Nervellus über der Mitte gebrochen. Kopf glatt und glänzend. Hinterleibsmitte breit und Beine rot. Die hintersten Huften schwarz. 4 mm.

164. gracilipes C. G. Thoms.

236. Hinterleib fast ganz schwarz. Beine reichlich dunkel gezeichnet. 3—4 mm.

162. inflatus C. G. Thoms.

Hinterleibsmitte rot. 237.

237. Clypeus in der Mitte mit Zahn. Fühler sehr schlank. 5 mm.

163. monodon C. G. Thoms.

Clypeus in der Mitte ohne Zahn Metathorax glatt und glänzend. 238.

238. Mesopleuren gestreift. Clypeus am Ende nicht lamellenartig vorgezogen. 4—5 mm.

158. triannulatus C. G. Thoms.

Mesopleuren nicht gestreift. Clypeus am Ende mit kleiner fast quadratischer Lamelle. 4—5 mm.

159. hadrocerus C. G. Thoms.

239. Flügel mit dunklen Binden. Fühlerbasis rot. 240.

Flügel ohne dunkle Binden. 243.

240. Bohrer kürzer als das 1. Segment. Metathorax kurz. Area superom. quer. Costula hinter der Mitte. Postpetiolus quer, gestreift. Das 2. Segment bis über die Mitte runzelig-gestreift. Hinterleibsmitte und Beine rot. Stigma an der Basis breit weiss. 4 mm.

173. breviareolatus C. G. Thoms.

Bohrer so lang als der Hinterleib oder wenig kurzer. 241.

241. Metathorax mit deutlichen, platten Seitenzähnen. Die hintersten Schenkel am Ende breit schwarz. Bohrer so lang als der Hinterleib ohne das 1. Segment. 6 mm.

172. insignipennis n. sp.

Metathorax ohne Seitenzähne. Die hintersten Schenkel am Ende nicht schwarz. Bohrer von Hinterleibslänge. 242.

242. Beine rot. Trochanteren blassgelb. Vorderschienen aufgeblasen. 4 mm.
170. trochanteratus C. G. Thoms.

Beine schlanker, ganz gelb. Stigma breiter. 3—4 mm.
171. fasciatus C. G. Thoms.

243. ♀. 244.
♂. 253.

244. Hinterleibsbasis und Beine rotgelb. Bohrer dick, so lang
wie der halbe Hinterleib. Klauenglied und Klauen auffallend stark. Mesopleuren glatt und glänzend. 4 mm.
♂ unbekannt. 167. ungularis C. G. Thoms.

Hinterleibsmitte rot oder gelb. 245.

245. Hinterleib fast rund, dessen Mitte, Fühlerbasis und Beine
gelb. Das 1. Segment lang und linear, so lang wie der
übrige Hinterleib. Bohrer fast etwas länger als das 1.
Segment. 3—4 mm.
166. cyclogaster C. G. Thoms.

Hinterleib nicht rundlich. 246.

246. Bohrer nur ½ so lang als das 1. Segment. Fühler lang
und dick, an der Basis rot. Beine fast ganz rot. 247.

Bohrer wenigstens so lang als das 1. Segment. 248.

247. Hinterbeine braun gefleckt. Vorderschienen etwas aufgetrieben. Metathorax glatt. Area superom.quer. 3—4 mm.
168. maguicornis C. G. Thoms.

Beine ganz rot. Vorderschienen nicht aufgetrieben. Das
2. Segment fein und zerstreut punktiert. 4 mm.
169. validicornis C. G. Thoms.

248. Fühler dick, an der Basis rot. Das 1. Segment grob
punktiert, oft sehr zerstreut, das 2. glatt. Segment 2—4
und Beine rot. Hüften und Trochanteren schwarz. Bohrer
von halber Hinterleibslänge. 6 mm.
129. ridibundus Grav.

Fühler dünn oder Hinterleib von anderer Sculptur und
Färbung. 249.

249. Bohrer von ⅔ Hinterleibslänge. Segment 2, Basis von
3 und Beine rot, die hintersten Schenkel und Schienen
an der Spitze schwarz. 4 mm.
174. politus Bridgm.

Bohrer kürzer als ⅔ der Hinterleibslänge. 250.

250. Radius weit hinter der Mitte des Stigmas entspringend.
Bohrer länger als das 1. Segment. Felderung des Metathorax vollständig. 251.

Bohrer blos so lang als das 1. Segment. Postannellus
nicht länger als der Schaft. Mittlere Segmente matt,
fein gerunzelt. 252.

251. Beine und Segment 2 und 3 rot, das 2. Segment schwach
punktiert. Fühler sehr dünn. 6—7 mm.

175. longulus C. G. Thoms.

Beine nur zum Teil und die Hinterleibsmitte rot. Das
1. Segment kurz und schmal. Schienen an der Basis eingeschnürt. ♂ unbekannt. 6 mm.

176. constrictus C. G. Thoms.

252. Beine rot, Hüften an der Basis schwarz. Hinterleib ganz
rauh und matt, in der Mitte kastanienbraun. Körper
gedrungen. Fühler dick, fadenförmig. Die Basalglieder
wenigstens unten rot. 4 mm.

177. alpinus C. G. Thoms.

Vorderschenkel an der Basis, die hintersten fast ganz
schwarz. Körper weniger matt. 3—4 mm.

178. arcticus C. G. Thoms.

253. Radius weit hinter der Mitte des Stigmas-entspringend.
Metathorax vollständig gefeldert. Segment 2 und 3 und
Beine rötlich. Das 2. Segment zerstreut punktiert. 6—7 mm.

175. longulus C. G. Thoms.

Radius mehr nach der Mitte entspringend. 254.

254. Pronotum und Mesopleuren glatt. Körper nicht borstig
schwarz behaart. 4—5 mm.

198. Esenbecki Grav.

Pronotum und Mesopleuren nicht gleichzeitig glatt. 255.

255. Beine gelb oder rot, höchstens die Hüften dunkel. 256.

Die hintersten Beine dunkel gefleckt. 258.

256. Area superom. quer. Stigma an der Basis breit weiss.
Postpetiolus breit, dicht gestreift. 4 mm.

173. breviareolatus C. G. Thoms.

Area superom. länger. Metathorax ohne Seitendornen. 257.

257. Beine rot. Trochanteren gelb. 4 mm.

> 170. trochanteratus C. G. Thoms.

Beine durchaus hellgelb. Stigma breiter. 4 mm.

> 171. fasciatus C. G. Thoms.

258. Das 7. Segment fast ganz rostgelb. Das 2. Segment dicht fein gestreift. Fühler lang und ziemlich dick. 4—5 mm.

> 201. dromicus Grav.

Das 7. Segment schwarz. 259.

259. Metathorax glatt, kaum gedornt. Area superom. quer. Area petiol. bis über die Mitte hinaufreichend. 3—4 mm.

> 168. magnicornis C. G. Thoms.

Area superom. quadratisch. Metathorax mit Seitenzähnchen. 260.

260. Mesopleuren nicht lederartig. Stigma an der Basis weiss. Das 1. und 2. Segment ganz, das 3. verloschen in der Mitte nadelrissig. Das 2. und der grösste Teil des 3. Segmentes bräunlich rot. Vorderschenkel und Schienen rötlich, die hintersten Beine schwarz, Basis der Schenkel und Schienenmitte rot. Flügel getrübt. 5—6 mm.

> 185. hemipterus Grav.

Mesopleuren lederartig gerunzelt. Körper mit zerstreuten aufrechten schwarzen Haaren. 3—5 mm.

> 202. pedestris Grav.

261. Segment 2 und 3 oder 2—4 rot oder rotgelb. 262.

Hinterleib schwarz. Bohrer etwas kürzer als der Hinterleib. 266.

262. Fühler mit weissem Ring, an der Basis rötlich. Segment 2—4 rot, das 4. hinten schwarz. Bohrer von Hinterleibslänge. 5 mm.

> 155. ornaticornis Schmiedekn.

Fühler ohne weissen Ring. 263.

263. Beine mit Einschluss der Hüften rotgelb. Bohrer so lang wie der halbe Hinterleib. 264.

Hüften schwarz. Bohrer nicht so lang wie der halbe Hinterleib. 265.

264. Fühler braun, Schaft ganz oder nur unten rot. Flügel
hyalin, Aussennerv der Areola schwach. 4—5 mm.
182. pullator Grav.

Die ganzen Fühler gelb. Flügel unterhalb des Stigma
mit wolkiger Trübung. 4—5 mm.
183. flavicornis n. sp.

265. Fühler gegen das Ende deutlich spindelförmig verdickt;
Fühlergruben unterhalb des Schaftes nicht auffallend vortretend. 6 mm.
179. disputabilis Schmiedekn.

Fühler gegen das Ende schwach verdickt, nicht spindelförmig. Rand der Fühlergruben unterhalb des Schaftes
stark wulstartig vortretend. 3—4 mm.
180. bituberculatus n. sp.

266. Fühler dick, an der Basis und Beine gelb. Kopf hinter
den Augen verschmälert, Stirne matt. Areola klein. Dem
Phygadeuon nanus ähnlich. 3—4 mm.
181. areolaris C. G. Thoms.

Fühler nicht dick, fadenförmig, schwarz. Beine trübrot,
Areola nicht klein. 5 mm.
184. clausus C. G. Thoms.

267. Flügel mindestens die Spitze des Thorax erreichend. 268.
Flügel weit kürzer, stummelartig. 271.

268. Kopf und Thorax schwarz. Bohrer ungefähr von Hinterleibslänge. 269.

Mesonotum rot oder bräunlichgelb. 270.

269. Segment 2 und 3 und Beine rot, die hintersten Knie
schwarz. Flügel bräunlich mit hellem Fleck unter dem
Stigma. Grössere Art.
185. hemipterus Grav.

Hinterleib mit Ausnahme der Basis des 1. Segmentes,
selten nur die Mitte und die ganzen Beine gelb. Flügel
hyalin. Kleine Art.
186. dimidiatipennis n. sp.

270. Die Flügel erstrecken sich über das 1. Segment hinaus.
Schwarz, Fühlerbasis, Pro- und Mesonotum, Segment
2—4 und Beine rot. Bohrer so lang wie das 1. Segment.
5—6 mm.   9. (Catalytus) Mangeri Grav.

Flügel fast die Spitze des 1. Segmentes erreichend. Metathorax glatt, vollständig gefeldert. Bräunlichgelb, die
langen Fühler und Beine gelb. Bohrer lang. 4 mm.
26. stenopterus Marsh.

271. Bohrer höchstens so lang als der dritte Teil des 1. Segmentes. Der abschüssige Raum des Metathorax meist weit hinaufreichend. Area petiol. mit area superom. verschmolzen. Das 1. Segment gewöhnlich sehr schmal mit schwach vorspringenden Knötchen, das 2. an der Basis stark verengt. (*Cremnodes* und *Apterophygas* Först.) 272.

Bohrer länger. Metathorax von anderer Form. Farbung meist dunkler. (*Theroscopus* Först.) 276.

272. Schwarz, das 2. Segment und die Basis des 3. rotbraun. Beine trübrot. Basis der Hinterhüften und Mitte der Hinterschenkel braun. Schaft unten rot. 3 mm.
187. (Apterophygas) paradoxus Bridgm.

Blassgelb oder rot. Kopf und Hinterleibsende schwarz. 273.

273. Glied 1—5—6 der Fühler, Thorax, Segment 1 und Beine dunkelrot, Schenkel mehr oder weniger braun. Das 2. Segment zuweilen mit roter Basis. Das 2. Segment so gross, dass es fast den ganzen Hinterleib bildet. 5 mm.

cf. Thaumatotypus femoralis Brischke.

Färbung gelblich. Das 2. Segment von gewöhnlicher Bildung, durchaus hell gefärbt. 274.

274. Die 3 ersten Segmente fein runzelig. Rotgelb, Kopf, Fühlerende, Metathorax zum Teil und Hinterleib vom 3. Segment an schwarz oder braun. 3—4 mm.
188. combustus Först.

Hinterleib vom 2. Segment an glatt. Metathorax gelblich. 275.

275. Die 2 oder 3 ersten Segmente gelb, die folgenden heller oder dunkler braun. Hinterleib glatt und glänzend. Der Bohrer kaum vorragend. 2—3 mm.
189. atricapillus Grav.

Der ganze Hinterleib braunlich, blos das 2. Segment auf der Mitte röthlichgelb. 2 mm.
190. nanodes Först.

276. Schwarz, die drei letzten Segmente mit hellem Endrand. Beine braunrot. Die hintersten Hüften braun. Spitzen der hintersten Schenkel und Schienen schwärzlich. Metathorax deutlich, wenn auch fein gefeldert. 4½ mm.
191. Bridgmani Schmiedekn.

Einige der vorderen oder mittleren Segmente ganz oder teilweis rot oder gelbrot. 277.

277. Fühler 3-farbig. 278.

Fühler 2-farbig. 279.

278. Thorax rot. Rot, Kopf und Endbinden von Segment 2—4 schwarz. Metathorax mit einer in den Seiten scharf vorspringenden Querleiste. Hinterleib sehr fein und sehr zerstreut punktiert. Bohrer so lang wie das 1. Segment. 5 mm.   193. t r i f a s c i a t u s Först.

Thorax schwarz. Schwarz, das 2. Segment fast ganz, das 3. an der Basis und die Beine rotgelb. Bohrer eher etwas kürzer als das 1. Segment. 4 mm.
194. c i n g u l a t u s Först.

279. Das 1. Segment mit scharf vorspringenden Knötchen. 280.

Das 1. Segment ohne oder mit sehr schwach vorspringenden Knötchen. 282.

280. Das 2. Segment ganz glatt ohne die geringste Spur von feinen Längsrunzeln. Schwarz, Fühlerbasis, Basis von Segment 2 und 3 und Beine rotgelb. Bohrer halb so lang als das 1. Segment. 3 mm.
195. e l e g a n s Först.

Das 2. Segment fein aber sehr deutlich lederartig gerunzelt. 281.

281. Mesonotum, Segment 1 an der Spitze, 2 und 3 ganz und Beine rotgelb. Metathorax an den Seiten scharf gezähnt. Bohrer wenig kürzer als das 1. Segment. 5 mm.
196. i n g r e d i e n s Först.

Schwarz, Segment 2 und 3 und Beine rot. Das 2. Segment mit schwarzem Endrand. Alle Schenkel oben mit schwarzer Linie. Die hintersten Schienenspitzen und Tarsen schwarzbraun. Bohrer fast kürzer als das runzelige 1. Segment. 4—5 mm.
192. d i s p a r C. G. Thoms.

282. Das 1. und 2. Segment mit Längsrunzeln. 283.

Das 1. Segment allein mit Längsrunzeln. 286.

283. Das 2. Segment mit brauner Querbinde vor dem Ende. Schwarz, Oberseite des Thorax, das 1. Segment ganz, das 2. und 3. mehr oder weniger und die Beine rotgelb. Metathorax mit Seitenzähnchen. Bohrer etwas länger als das 1. Segment. 4—5 mm.
197. i n a e q u a l i s Först.

Das 2. Segment ganz rot, höchstens mit dunkler Makel. 284.

284. Schwarz, Segment 2 und 3 rot, das 3. mit schwarzem
Endrand. Alle Schenkel oben mit schwarzer Linie.
192. dispar C. G. Thoms.

Mesonotum, die beiden ersten Segmente und Beine rotgelb, die hintersten Schenkel bräunlich. 285.

285 Fast das ganze 2. Segment scharf längsrunzelig. Bohrer
etwas länger als das 1. Segment. 5 mm.
198. Esenbecki Grav.

Das 2. Segment blos an der Basis sehr fein längsrunzelig.
Sieht der vorigen Art sehr ähnlich.
199. Gravenhorsti Rtzb.

286. Schildchen rot. Dunkelbraun, glatt, Basis der Fühler,
Schildchen, das 2. und 3. Segment an der Basis und Beine
rot, die Schenkel etwas bräunlich. Metathorax mit
scharfen Seitenzähnen. Bohrer etwas länger als das 1.
Segment. 3—4 mm.
200. subzonatus Grav.

Schildchen schwarz. Grundfarbe des Körpers schwarz. 287.

287. Beine ganz rot. Fühlerbasis, nach Thomson der Thorax
vorn, das 3. Segment ganz, das 4. an der Basis rot. Bohrer
kaum so lang als das 1. Segment. 3—5 mm.
201. dromicus Grav.

Spitze der hintersten Schenkel schwarz. Fühlerbasis, Segment 2 und 3 rot. Bohrer völlig so lang als das 1. Segment. 5 mm.
202. pedestris Grav.

‹ 1. H. breviventris Grav. 1829 H. breviventris Gravenhorst, Ichn
Eur. II p 789. ♂ | 1865 H. breviventris Taschenberg, Crypt. p.
120 ♂. | 1897 H. breviventris Schmiedeknecht, Term Füzetek
vol XX p. 501 ♂.

♂. Hinterleib fast sitzend, dicht und fein punktiert. Metathorax gestreckt, mit vollständiger Felderung; Luftlöcher
gross und oval, der abschüssige Teil schräg, auf der Fläche
mit 2 Längsleisten; Sculptur aus dichten Punkten und
kurzen Runzeln bestehend; Metathorax durch eine tiefe
Furche vom Mesonotum getrennt. Areola in der Anlage
kaum 5-eckig. Fühler borstenförmig, rötlich. Schwarz,
Hinterleib schwarzbraun. Schenkel und Schienen rot.
Spitzen der hintersten Schienen und ihre Tarsen braun.

L. 6 mm. ♀ unbekannt.

Deutschland.

Anmerk.: Förster hat auf diese Art die Gattung Otacustes gegründet und sie verdient in der Tat als eigene Gattung abgezweigt zu werden

2. **H. insignis Grav.** 1829 II. insignis Grav., II. p 851 ♀ | 1897 II. insignis Schmiedeknecht, l c. p. 501 ♀.

♀ Eine ausgezeichnete und schöne Art. Areola in der Anlage nicht vorhanden. Cubital- und Radialader berühren sich auf einer kurzen Strecke. Flügelgeäder wie bei der Pimpliden-Gattung Xorides. Kopf und Thorax grob gerunzelt, fast matt. Fühlergruben tief und glatt. Metathorax meist deutlich gefeldert. Area superom. lang und schmal. Das 1. Segment längsgestreift, hinten mehr glatt. Segment 2 und 3 an der Basis grob längsrunzelig, die Endhälfte mehr glatt und hinten querrissig. Das 3. Segment an der Vorderhälfte eingeschnürt. Die übrigen Segmente vom 4. an glatt. Bohrer so lang wie der Hinterleib ohne das 1. Segment. Färbung sehr veränderlich. Kopf, Thorax und Hinterleibsbasis mehr oder weniger ausgedehnt blutrot gezeichnet. Am häufigsten habe ich folgende Färbung gefunden: Basalhälfte der Fühlergeissel, Brustseiten, Metathorax, die drei ersten Segmente und Beine rot, die hintersten Schienen und Tarsen, sowie Vorderhüften braun. Flügel mit zwei tiefbraunen Querbinden oder Querflecken, die äussere grössere, durch den hell umsäumten rücklaufenden Nerv geteilt.

L. 10—12 mm.

Eine mehr südliche Art. Gravenhorst's einziges Exemplar stammte aus Piemont. Ich habe die Art nicht selten auf Corfu, bei Mehadia, in Spanien und ganz besonders häufig in Algerien angetroffen, sie kommt aber auch hier in Thüringen vor. Alle Exemplare waren ♀.

Anmerk.: Förster hat auf diese Art die Gattung Chirotica gegründet. Als Criterium gibt er den nicht gefelderten Metathorax an, was aber durchaus nicht zustimmt.

3. **H. maculipennis Grav.** 1829 H. maculipennis Grav., II p. 852. ♀ | 1865 II. maculipennis Taschenberg, p. 137 ♀. | 1884 II. maculipennis C. G. Thomson, Opusc. Ent. X. p 998 ♀. und 1896 Opusc. Ent XXI. p. 2388 ♂ | 1897 II. maculipennis Schmiedeknecht, l. c p. 502 ♀♂.

♀ Metathorax mit vollständiger Felderung. Areola wie bei H. insignis, auch die Flügelzeichnung. Färbung ebenso veränderlich wie bei dieser Art. Bei dem typischen Exemplar der Thorax blutrot, auf der Unterseite, am Mesonotum und den Nähten schwarz gezeichnet. Das 1. Segment rot mit zwei schwarzen Fleckchen, das 2 Segment

an den Seiten rot gefleckt. Beine von der Wurzel bis
zur unteren Schenkelhälfte schwarz, sonst rot, die hintersten bräunlich.

♂. Dem ♀ in Sculptur gleich, aber der Thorax schwarz.
Die Flügel hyalin, ohne dunkle Binden.

L. 6—7 mm.

Ganz Europa, auch Nordafrika.

Anmerk Es ist mir unmöglich H insignis und maculipennis sicher
von einander zu trennen Auf meiner Reise in der Provinz Oran habe
ich an einer ganzen Reihe von Exemplaren vergleichen können, dass beide
in Grösse, Sculptur und Farbung allmahlig in einander ubergehen Was
die Sculptur betrifft, so habe ich gefunden, dass bei den kleineren Exemplaren, die also dem H maculipennis entsprechen wurden, der breite Endrand vom Segment 2 und 3 poliert und ohne alle Sculptur ist, auch
der Kopf ist hinten glatter Bei diesen kleineren algerischen Exemplaren
ist Kopf und Thorax grosstenteils blutrot, dagegen Hinterleib ganz und
Beine und Fuhler grosstenteils schwarz, Fuhler hinter der Mitte mit
rotlichem Ring — Forster hat auf diese also sehr zweifelhafte Art eine
neue Gattung, Spinolia, gegrundet Man sieht also, welchen Wert
Forster'sche Gattungen haben Man vergleiche zu diesen Arten auch den
H. Heringii Rtzb im Anhang

4. **H. rubrotinctus** C. G. Thoms. 1884 H rubrotinctus C. G. Thomson,
Notes hyménopt. in Ann. Soc. Ent Fr. tom. 5. p. 31. ♀ | 1897 H.
rubrotinctus Schmiedeknecht, l. c p 503 ♀.

♀ Schwarz, fast glatt, Gesicht und Thorax rot gefleckt.
Flügel hyalin mit zwei breiten schwarzen Binden. Die
drei ersten Segmente dicht gestreift. Dem H. maculipennis
ähnlich und verwandt, aber grösser. Kopf und Thorax
fast glatt und anders gefärbt. Thorax rot. Brust und
Metathorax unten schwarz, letzterer gestreckt, vollständig
gefeldert. Mesonotum vorn quer gestreift, hinten schief.
Stigma schwärzlich, Nervellus deutlich antefurcal. Petiolus
breit, die drei ersten Segmente dicht gestreift, die übrigen
glatt. Bohrer etwas länger als das 1. Segment. Beine
schwarz. Kniee und vorderste Schienen braunrot.

L. 8 mm. ♂ unbekannt.

Avignon.

Anmerk Sicherlich auch nur eine Form des H. insignis Grav

5. **H. glyptonotus** C. G. Thoms. 1884 H glyptonotus C G Thomson,
Notes hyménopt., Ann Soc Ent Fr tom 5 p. 32 ♀ | 1897 H glypto-
notus Schmiedeknecht, l c p 503 ♀

♀ Schwarz, Fühler in der Mitte und Vorderschienen rötlich.
Thorax hinten und Brustseiten oben rot. Flügel mit zwei
schwarzen Binden, die zwei ersten Segmente fein gestreift.

— Der vorigen Art sehr ähnlich aber doppelt kleiner.
Mesonotum und Hinterleib mit feinerer Sculptur. Das
3. Segment nicht gestreift. —

L. 5 mm. ♂ unbekannt.

Frankreich.

6. **H. falcatus** C. G. Thoms. 1884 H. falcatus C. G. Thoms., Opusc.
Ent. X. p. 999. ♀ | 1897 H. falcatus Schmiedeknecht, l. c. p 503 ♀

♀ Schwarz, Hinterleib stark comprimiert, in der Mitte sowie die Beine rot. Bohrer gekrümmt, fast doppelt so
lang als das 1. Segment. Areola in der Anlage nicht
vorhanden. Hinterleib fast wie bei einem Campoplex.
Scheitel breit. Fühlergeissel lang und dünn. Mesonotum
glänzend. Felderung des Metathorax undeutlich. Flügel
ungefleckt Hinterleib braunrot, an Basis und Spitze
schwarz. Das 1. Segment lang, mit breiter Furche.

L. 7—8 mm. ♂ unbekannt.

Schweden.

7. **H. longipennis** Grav. 1829 Pezom. longipennis Grav., II. p. 870 ♀ |
1851 Catalytus longipennis Forster. Mon. d. Gatt Pezom. p 236 ♀ |
1897 H. longipennis Schmiedeknecht, l. c. p. 504 ♀.

♀ Diese und die beiden folgenden Arten bilden die Gattung
Catalytus Först., deren Diagnose kurz die folgende ist:
Kopf kubisch, fein und dicht lederartig gerunzelt. Schildchen
deutlich abgesetzt. Flügel kürzer oder länger, über das
Hinterleibsende nicht hinausreichend, mit oder ohne Stigma.
Flügelzellen vollstandig bis fehlend, im ersteren Falle die
Areola offen. Metathorax mehr oder weniger gefeldert.
Schwarz, Prothorax, Mesonotum zum Teil, Endrand von
Segment 1, 2—4 und Basis von 5, sowie die Beine rot.
Hinterschenkel an der Spitze schwarz. Hinterleib zumal
gegen das Ende behaart. Bohrer so lang wie das 1. Seg-
ment. Flügel mit je zwei bräunlichen Binden. Stigma
braun, an der Basis gelblich. Nervus areol. punktförmig.

L. 5—6 mm. ♂ unbekannt.

Mitteleuropa.

8. **H. fulveolatus** Grav. 1829 Pezom. fulveolatus Grav., II p. 871 ♀ |
1851 Catal. fulveolatus Forster, Mon. d. Gatt. Pezom p. 237. ♀♂ |
1884 H fulveolatus C. G. Thomson, Opusc. Ent. X. p. 999 | 1897
H fulveolatus Schmiedeknecht, l. c p. 504 ♀♂.

♀ Schwarz, Fühlerbasis, Pro- und Mesonotum mit Schildchen,
Segment 2—4 und Beine rot. Metathorax ohne deutliche
Felderung, hinten mit Querleiste. Das 1. Segment mit

deutlichen Knötchen. Bohrer so lang wie das 1. Segment.
Flügel vollständig entwickelt, beim ♀ bis fast zur Hinterleibsspitze, beim ♂ noch etwas langer; ihre Farbe bräunlich mit weisser Querbinde. Stigma vorhanden, mit weisser
Basis. Nervus areolaris deutlich.

L. 5 mm.

Deutschland, Schweden.

9. **H. Mangeri Grav.** 1829 Pezom. Mangeri Grav., II. p. 872 ♀ |
1851 Catalyt Mangeri Forster. Mon. d. Gatt. Pezom. p 239 | 1882
Aptesis Forsteri Bridgman, Trans Ent Soc London, p 146 und
1883 idem, 1 c p 161 ♀ | 1897 II mangeri Schmiedeknecht,
l. c p. 504 ♀.

♀ Schwarz, Fühlerbasis, Pro- und Mesonotum, Segment 2—4
und Beine rot. Das 1. Segment mit vorspringenden
Knötchen; Bohrer so lang wie dieses Segment. Die
Vorderflügel erstrecken sich nur wenig über das 1. Segment hinaus und haben kein Stigma; sie sind bräunlich,
an Basis und Spitze heller.
Die Art stimmt, mit Ausnahme der Flügel, sonst ganz
mit der vorigen Art überein.

L. 5—6 mm.

Deutschland, England.

10. **H. lissonotoides C. G. Thoms.** 1884 II. lissonotoides C. G.Thomson,
Notes hymén in Ann Soc. Ent. Fr tom. 5. p. 30 ♀ | 1897 II. lisso-
notoides Schmiedeknecht, l. c p 505 ♀.

♀ Rotgelb, Kopf, Pronotum, Metathorax vorn und Hinterleib an der Spitze schwärzlich, Fühler mit weissem Ring,
an der Basis gelblich.
Eine ausgezeichnete Art. Metathorax nur hinten mit
einer Querleiste. Stirn ziemlich glatt. Thorax lang, undeutlich punktiert. Notauli lang. Metathorax gestreckt,
nur hinten mit Querleiste. Stigma sehr schmal, Radius
weit hinter der Mitte. Nervellus postfurcal. Das 1. Segment lang, dicht und fein gestreift.

L. 4 mm. ♂ unbekannt.

Schweden, Deutschland, an schattigen Orten.

Anmerk Ich besitze von dieser auffallenden Art ein ♀ von Blankenburg in Thüringen, das in der Färbung etwas abweicht: Kopf und
Thorax sind schwarz Prothorax, Spitze des Metathorax, Segment 1
und 2 und Beine rötlich, das 2 Segment vorn und Basis der hintersten
Hüften verdunkelt Stigma blassgelb Bohrer von halber Hinterleibslänge.
Eine Eigentümlichkeit der Fühler hat Thomson ganz übersehen Hinter
dem weissen Ring sind die Geisselglieder nämlich ausgeschnitten und
treten, von der Seite gesehen, zahnartig vor

11. **H. gumperdensis** Schmiedekn. 1897 H. gumperdensis Schmiedeknecht, l. c. p. 505 ♀.

♀ Eine durch Grosse und Farbung ausgezeichnete Art. Kopf und Thorax dicht lederartig runzelig, vollkommen matt. Clypeus nicht getrennt. Kopf hinten verschmälert. Fühler von Körperlänge, hinter der Mitte schwach spindelförmig verdickt. Pronotum in der Mitte mit glattem Höcker. Parapsidenfurchen deutlich und lang, dazwischen noch eine schwachere Längsfurche. Metathorax kurz, grob gerunzelt, fast vollständig gefeldert. Die Leisten stark, ohne Seitenzähne. Der abschüssige Raum grob quer gerunzelt, mit den beiden Längsleisten. Das 1. Segment kurz und breit, mit schwachen Kielen, ohne Tuberkeln, dicht und ziemlich grob runzelig-punktiert wie die folgenden Segmente, die letzten mehr glatt. Segment 2 und 3 hinter der Mitte mit feiner Querfurche. Der Endsaum von Segment 1—3, weniger von den folgenden, poliert. Bohrer so lang wie das 1. Segment. Areola regelmässig. Der Aussennerv vollständig fehlend. Nervellus deutlich antefurcal, wenig unter der Mitte gebrochen. — Schwarz, auch die Fühler und Mandibeln. Palpen weisslich. Hinterleib, Schenkel und Schienen rot. Basis des 1. Segmentes und die hintersten Schienen gegen das Ende gebräunt. Flügel hyalin. Stigma schwarz. Tegulä weiss.

L. 8 mm. ♂ unbekannt.

Gumperda in Thüringen.

12. **H. Schaffneri** Schmiedekn. 1897 H. schaffneri Schmiedeknecht, l. c. p. 505 ♀.

Die Art steht durch die Bildung des Thorax ganz vereinzelt da; wenn nicht der Hinterleib wie bei Hemiteles ware, würde ich sie bei der eigentümlichen Gattung Brachycyrtus Kriechb. (Regensb. Korrespondenz Bl. 1880 p. 161) mit einreihen.

♀ Kopf und Thorax fein gerunzelt, fast matt. Kopf kurz, hinten stark verschmälert. Clypeus tief abgegrenzt, glänzend, mit zerstreuten Punkten. Fühler von Körperlänge, Schaft kugelig, Geissel gegen die Basis stark verdünnt, die Endhälfte stark verdickt, am Ende wieder schwächer. Thorax kurz und buckelig. Mesonotum deutlich höher als der Metathorax, letzterer sehr kurz, hinten fast senkrecht abfallend. Felderung ziemlich vollständig, die Leisten fein. Area superom. viel breiter als lang, hinten winkelig nach innen. Der abschüssige Raum gross, glänzend, mit Spuren von Querrunzelung, mindestens dreimal so lang wie der horizontale Teil des Metathorax.

Area petiol. abgegrenzt, nach vorn verbreitert. Das 1. Segment schlank, nach hinten allmählig erweitert, ohne Tuberkeln und Kiele, glatt und glänzend, mit einzelnen Punkten, der übrige Hinterleib poliert. Bohrer fast so lang wie der Hinterleib ohne das 1. Segment. Beine ziemlich kräftig, Schiensporen lang. Areola ziemlich gross, regelmässig Aussennerv vollständig fehlend. Nervellus antefurc., unter der Mitte gebrochen. — Schwarz, Fühlerglied 1 und 2, End- und meist Seitenrand des Schildchens, Beine und Hinterleib vom 2. Segment an rötlichgelb. Segmente hinten mit braunen Querflecken oder Binden. Vorderbeine an der Basis weisslich. Die hintersten Schienen an der Basis und der Spitze breit braun. Stigma bräunlichgelb, Tegulä weiss.

♂ Die beiden ersten Fühlerglieder nur unten weisslich. Hinterleib dunkelbraun. Basalhälfte und Endrand von Segment 2 und Vorderrand von 3 gelblich, die übrigen Segmente hell gesäumt. Ausser der Zeichnung der hintersten Schienen auch die Spitzen der hintersten Schenkel und die hintersten Tarsen schwarz.

L. 4 mm.

Gumperda und Blankenburg in Thüringen.

Zu Ehren des Herrn Professors Dr. Schaffner in Gumperda benannt.

13. **H. fulvipes** Grav. 1829 H. fulvipes Grav., II. p. 792. ♀♂ | 1897 H. fulvipes Schmiedeknecht, l c. p. 506 ♀♂.

♀ Pronotum in der Mitte mit kurzem Längskiel, beiderseits davon eine tiefe Grube. Mesonotum matt. Metathorax mit zwei deutlichen Querleisten, die Längsleisten weniger deutlich. Schaft rundlich, ausgeschnitten. Geissel vor der Spitze verdickt. Nervellus nicht gebrochen. — Schwarz, Beine gelb. Bohrer etwas kürzer als der halbe Hinterleib. Stigma blass.

♂ Schaft unten gelblich-weiss. Die hintersten Schienen an Basis und Spitze schwarz, ebenso die hintersten Tarsen schwarz. Aftergriffel weit vorragend.

L. 4 mm.

Eine der häufigsten Arten. Schmarotzt mit Vorliebe bei Microgaster-Arten.

14. **H. submarginatus** Bridgm. 1883 H. submarginatus Bridgman, Trans. Ent. Soc. Lond, p 143. ♀♂ | 1897 H submarginatus Schmiedeknecht, l. c. p 507 ♀♂.

♀ ♂ Beine gelb. Vorderhüften weisslich, die hintersten schwarz. Die hintersten Schienen am Ende braun. Ränder

der mittleren Segmente rötlich. Beim ♂ die Fühlerbasis
unten weiss.

Aehnelt sehr kleinen Exemplaren von H. fulvipes, aber
das 1. Segment schmäler, die mittleren Segmente mit
hellen Endrändern. Die drei ersten Geisselglieder des ♀
länger. Die Aftergriffel des ♂ nicht vorragend.

L. 3 mm.

England. — Schmarotzt ebenfalls in Microgaster-Arten. — Ich zog die Art aus Apanteles difficilis, welcher
bei Diloba coeruleocephala schmarotzte.

15. **H. scabriculus** C. G. Thoms. 1884 H. scabriculus C. G. Thomson.
Opusc Ent. X p. 969. ♀♂ | 1897 H. scabriculus Schmiedeknecht,
l. c. p. 507 ♀♂

Pronotum und Metathorax wie bei H. fulvipes. Fühler
♀ fadenförmig, Schaft schwarz. Bohrer kurz. Das 2.
Segment fein querrissig. — Schwarz, Beine und Hinterleib zum Teil hell. Stigma braun. Beim ♂ Hinterleib
und Beine grösstentheils schwarz.

L. 4—5 mm.

Schweden.

16. **H. alpivagus** Strobl. 1900 H. alpivagus Strobl l. c p. 236 ♂

♂ Kopf und Mesonotum glatt und glänzend, zerstreut
punktiert; Fühler lang und dünn. Pronotum mit Mittelkiel. Metathorax fein und dicht runzelig, ziemlich glänzend,
vollständig gefeldert. Areola pentagonal mit fehlendem
Aussennerv, Nervellus tief unter der Mitte gebrochen,
schwach antefurcal. Hinterleib ziemlich lang und schmal,
in der Vorderhälfte dicht lederartig gerunzelt, die Hinterhälfte glänzender und mehr punktiert; die Endränder der
Segmente sind glatt. — Kopf und Thorax schwarz, Flügel
etwas getrübt, Stigma schwarzbraun, an der Basis weiss.
Beine schwarz, Spitze der Vorderschenkel und die Schienen
mit Ausnahme der Spitzen rotgelb. Hinterleib schwarz,
Endrand der Segmente, zumal von 2 und 3 rötlich.

L. 4—5 mm. ♀ unbekannt.

Alpenwiesen von Steiermark.

17. **H. varitarsus** Grav. 1829 H. varitarsus Grav., II p. 823. ♀ |
1884 H. varitarsus C. G. Thomson, Opusc Ent X p. 969 ♀ ♂ |
1897 H. varitarsus Schmiedeknecht. l c p. 507 ♀♂

Metathorax mit kräftigen Leisten. Das 1. Segment schlank,
die folgenden Segmente fein punktiert. Pronotum mit
Mittelkiel und Seitengruben. Nervellus gebrochen. —

Schwarz, Fühlerbasis unten. Segment 2—4 und Beine rot, an den hintersten die Hüften, Spitzen der Schenkel und Schienen und ihre Tarsen schwarz. Bohrer von kaum ⅓ Hinterleibslänge.

L. 5 mm.

Nord- und Mitteleuropa.

18. **H. capreolus** C. G. Thoms. 1884 H. capreolus C. G. Thomson, Opusc. Ent. X. p. 940 ♀ ♂ | 1897 H. capreolus Schmiedeknecht, l. c. p. 507 ♀ ♂.

Pro- und Mesonotum wie bei H. fulvipes. Nervellus gebrochen. Kopf hinter den Augen verengt. Stirn glänzend. Scheitel in der Mitte winkelig ausgerandet. Fühler ♀ hinter der Mitte verdickt. — Schwarz, Hinterleibssegment 2 und 3 und Beine rot, die hintersten Beine schwarz gezeichnet. Beim ♂ nur das 3. Segment rot.

L. 4—5 mm.

Schweden. — Aus Rosengalläpfeln.

19. **H. semistrigosus** Schmiedekn. 1897 H. semistrigosus Schmiedeknecht, l. c. p. 508 ♀.

♀ Pronotum mit Mittelkiel und Seitengruben. Kopf und Mesonotum dicht und sehr fein lederartig, matt. Kopf hinten zugerundet. Clypeus nicht getrennt. Fühler von Körperlänge, hinter der Mitte stark spindelformig verdickt. Metathorax mit 2 Querleisten, namentlich an den Seiten längsrunzelig. Area superomed. nur angedeutet. Seitenzähne fehlen. Das 1. und 2. Segment längsgestreift, das 2. dichter und gröber als das 1. Auf dem 3. Segmente die Runzelung weniger dicht und deutlich, das 2. und 3. mit Quereindruck. Das 1. Segment ohne Kiele und Tuberkeln, hinten mit Langsgrube. Bohrer etwas länger als das 1. Segment. Aussennerv der Areola vollständig fehlend. Nervellus deutlich antefurcal. — Schwarz, Schaft unten und die Basis der ersten Geisselglieder trüb rötlich. Taster und Mandibeln weisslich. Segment 2—4 trüb rot, bei dem einzigen Exemplar das 2. und 4. auf der Scheibe breit schwärzlich, die hinteren Segmente mit weisslichem Endrand. Beine rötlichgelb. Trochanteren und vordere Hüften weisslich, die hintersten Hüften schwarz. Spitzen der hintersten Schenkel und Basis und Spitze der hintersten Schienen und ihre Tarsen gebräunt. Tegulä weisslich. Stigma hellbraun.

L. 5—7 mm. ♂ unbekannt.

Thüringen.

20. H. trochanteralis D. T 1892 H trochanteralis Dalla Torre, Cat
Hym. III p. 668 | 1884 H. trochanteratus C. G. Thomson, Notes
hymén. etc p. 26. ♀ ♂ | 1897 H. trochanteratus Schmiedeknecht,
l. c p. 508

Anmerk Thomson hat kurz vorher bereits einen H trochanteratus
beschrieben, deshalb musste der Name geändert werden.

♀ Mesonotum dicht und fein runzelig punktiert. Metathorax
nur mit zwei Querleisten, ohne Längsleisten. Hinterleib
dicht fein punktiert. Segmente mit wulstartigem, poliertem
Endrand. Nervellus stark antefurcal. Bohrer fast kürzer
als das breite 1. Segment. — Schwarz, Trochanteren und
Schienen weisslichgelb. Vorderschenkel an der Endhälfte,
Hinterschenkel an der Spitze rotgelb. Stigma schwärzlich,
mit weisser Basis. Flügel weisslich, hyalin.

♂ Hinterleib fast parallel. Hinterschienen an der Spitze breit
schwarzbraun.

L. 6 mm.

Frankreich.

21. H. pallidicarpus C. G. Thoms. 1884 H. pallicarpus C. G.
Thomson, Opusc. Ent X. p. 970 ♀ | 1897 H. pallicarpus Schmiede-
knecht, l. c. p. 508 ♀.

♀ Schwarz, Beine hell. Stigma gelblich. Bohrer so lang
wie das 1. Segment. Dem H. scabriculus sehr ähnlich,
aber Bohrer etwas länger und das Stigma blassgelb.

L. 4 mm.   ♂ unbekannt.

Schweden.

22. H. secernendus Schmiedekn. 1897 H. secernendus Schmiedekn.
l. c. p 509 ♀.

♀ Kopf glänzend. Gesicht matt mit dichter und feiner
weisslicher Behaarung. Fühler fast von Körperlänge,
gegen das Ende schwach verdickt, die Spitze selbst wieder
etwas verdünnt, die Basalglieder der Geissel sehr lang
und dünn. Pronotum mit Kiel und Seitenfurchen. Mesonotum fein lederartig, matt. Parapsidenfurchen deutlich.
Metathorax mit zwei Querleisten. Area superom. angedeutet, länger als breit, etwas vertieft, glatt und glänzend.
Das 1. Segment an den Seiten fein gestreift, zwischen
den schwachen Kielen glatt und glänzend. Das 2. und 3.
Segment mit Spuren von Quereindrücken, runzelig punktiert,
der Endsaum wulstartig erhaben, poliert. Das 2. Segment
so lang als breit. Bohrer fast etwas länger als der halbe
Hinterleib. Beine zart. Areola mit fehlendem Aussennerv.
Nervellus deutlich antefurcal, unter der Mitte gebrochen.
— Schwarz, Pedicellus, Basis des 1. Geisselgliedes und

Mandibeln rötlich. Palpen weisslich. Segmente vom 2. an mit rötlichem Endrand. Beine rötlichgelb. Trochanteren und Vorderhüften weisslich. Basis der Mittelhüften, die hintersten fast ganz schwarz. Basis der Mittel- und Hinterschenkel, sowie Basis und Spitze der hintersten Schienen etwas gebräunt. Flügel hyalin. Stigma und Tegulä weisslich.

L. 4 mm. ♂ unbekannt.

Thüringen.

23. **H. conformis** Grav. 1829 H. conformis Grav., II. p. 803. ♀ | 1884 H. conformis C. G. Thoms, Opusc Ent X p 969 ♀ ♂ | 1793 Ichn conformis Gmelin, Ed. Linn. p. 2720 | 1897 H conformis Schmiedeknecht, l c p 509 ♀♂

Thorax wie bei H. fulvipes. Das 1. Segment nadelrissig, das 2. und 3. dicht und verworren punktiert. Fühler fadenförmig. Clypeus dicht blass behaart. Stirn ziemlich glänzend. — Schwarz, alle Segmente am Hinterrand rot. Beine rot. Vorderhüften weiss, die hintersten an der Basis schwarz, Hinterschienen am Ende braun. Fühlerwurzel des ♀ unten rotgelb. Bohrer kürzer als der halbe Hinterleib.

L. 4—5 mm.

Deutschland, England, Schweden. — Nach Brischke aus Microgaster in Botys verticalis, Acronycta psi und Diloba coeruleocephala.

24. **H. infirmus** Grav. 1829 H. infirmus Grav., II. p. 797. ♀ | 1897 H. infirmus Schmiedeknecht, l. c. p. 509 ♀.

Fühler fadenförmig. Kopf breiter als der Thorax. Stigma gross, weisslich. Thoraxbildung wie bei H. fulvipes. Nervellus gebrochen. Körper schlank, glänzend. Das 2. Segment fein rissig punktiert, zuweilen fast glatt. Schwarz, Segmente am Endrand hell. Beine gelb. Die hintersten Hüften an der Basis, die hintersten Schienen an der Spitze schwarzlich. Bohrer von halber Hinterleibslänge.

L. 3—4 mm.

Deutschland, England, Schweden.

25. **H. microstomus** C. G. Thoms. 1884 H. microstomus C. G. Thoms. Opusc. Ent X p. 960. | 1897 H. microstomus Schmiedeknecht, l c p. 510 ♀.

Schwarz, Beine hell. Das 2. Segment und die Brustseiten runzelig. — Dem H. infirmus sehr ähnlich, aber Scheitel mehr verengt. Wangen matt und länger.

L. 3 mm.

Schweden.

26. **H. stenopterus Marsh.** 1882 H. stenopterus Marshall, Trans. Ent. Soc. Lond. ♀ | 1884 H. stenopterus C. G. Thoms., Opusc. Ent. X. p. 985 | 1897 H. stenopterus Schmiedeknecht, l. c. p. 510 ♀.

♀ Kopf hinter den Augen verschmälert. Stirn matt. Fühler dick, fadenförmig. Mesonotum matt. Metathorax glatt, vollständig gefeldert. Stigma blass. Bohrer lang. — Bräunlichgelb, die langen Fühler und die Beine gelb. Flügel meist verkürzt und nur bis zum Ende des 1. Segmentes reichend.

L. 3—4 mm. ♂ unbekannt.

England, Schweden.

27. **H. rubricollis C. G. Thoms.** 1884 H. rubricollis C. G. Thoms. Opusc. Ent. X. p. 979 ♀ | 1897 H. rubricollis Schmiedeknecht, l. c. p. 510 ♀

♀ Fühler fadenförmig, rostrot. Fühler mit 2 dunklen Binden. Die Areola in der Anlage unregelmässig. Notauli kaum angedeutet. — Schwarz, Pronotum, Mesonotum mit Schildchen. Flecken der Brustseiten und Beine zum Teil rot. Stigma schwarz. Radius hinter der Mitte entspringend. Bohrer fast von Hinterleibslänge.

L. 6—7 mm. ♂ unbekannt.

Schweden, Ungarn (Mocs.).

28. **H. bicolorinus Grav.** 1829 H. bicolorinus Grav., II. p. 862 ♀♂ | 1897 H. bicolorinus Schmiedeknecht, l. c. p. 510 ♀♂.

Metathorax schwach gerunzelt, mit zwei Querleisten, der Zwischenraum längsrunzelig. Das 1. Segment kurz, mit seichter Mittelrinne, das 2. zusammenfliessend punktiert. Fühler fadenförmig. Areola in der Anlage unregelmässig. Schwarz, Seiten des Prothorax, meist auch das Mesonotum teilweis vorn und Beine rot. Die hintersten Schenkel und Schienen gebräunt. Basis des Stigma weiss. Beim ♀ die Flügel mit 2 dunklen Binden oder Flecken. Beim ♀ auch die vorderen Segmenteinschnitte rötlich. Bohrer etwas länger als der halbe Hinterleib.

L. 4—5 mm.

Schmarotzt in Anobien und findet sich deshalb oft an Stubenfenstern. Ausserdem aus Tinea crataegella, Coleophora tiliella und Gastropacha quercus.

Ganz Europa.

29. **H. orbiculatus Grav.** 1829 H. orbiculatus Grav., II. p. 866 ♀ | 1897 H. orbiculatus Schmiedeknecht, l. c. p. 511 ♀

♀ Metathorax dicht punktiert, nur die beiden Querleisten deutlich. Das 1. Segment kurz, wie die folgenden Segmente grob und dicht punktiert. Flügel mit drei Binden. Fühler fadenförmig. — Seiten des Thorax, innere Augenränder und Beine braunrot, Hinterschienen etwas dunkler. Bohrer so lang wie der halbe Hinterleib.

L. 6 mm. ♂ unbekannt.

Deutschland.

30. **H. necator** Grav. 1829 H. necator Grav, II. p. 829. ♀ ♂ | 1897 H. necator Schmiedeknecht, l. c p 511 ♀♂.

Gestalt zierlich. Hinterleib vom 2. Segment an glatt. Thorax rot, die schwarzen Leisten des Metathorax bilden vollständige Felder. Area superom. regelmässig sechsseitig. Das 1. Segment gestreckt, ohne Tuberkeln. Hinterleibsmitte und Beine blassgelb, beim ♂ noch bleicher. Bohrer so lang wie der halbe Hinterleib.

L. 3 mm.

Deutschland.

31. **H. brunnescens** n. sp.

♀ Kopf quer, nach hinten verschmälert, mit sehr feiner und dichter Sculptur, matt; Clypeus ohne Zähne; Fühler kräftig, gegen das Ende verdickt, kaum länger als Kopf und Thorax. Thorax gestreckt, Mesonotum matt, die Parapsidenfurchen sehr schwach; Brustseiten und Metathorax ziemlich glatt und glänzend, letzterer gefeldert; der abschüssige Raum mit den beiden Längsleisten, dazwischen glanzend und mit ganz feiner Querrunzelung. Areola pentagonal, der Aussennerv, vollständig fehlend; Nervulus weit hinter der Gabel, Nervellus deutlich antefurcal, tief unter der Mitte gebrochen, der ausgehende Nerv schwach. Das 1. Segment ziemlich schlank, dieses und der übrige Hinterleib glatt und glänzend: Bohrer so lang, wie der Hinterleib ohne das 1. Segment. — Kopf schwarz, Fühler braun, Basalhälfte und Mund gelblich. Thorax braungelb, oben etwas dunkler. Flügel hyalin, Stigma blassgelb. Beine gelblich. Hinterleib gelblich, namentlich gegen das Ende verschwommen bräunlich.

L. 3 mm. ♂ unbekannt.

1 ♀ von Blankenburg in Thüringen.

32. **H. longicauda** C. G. Thoms. 1881 H. longicauda C. G. Thoms, Opusc. Ent. X. p 980. ♀ ♂ | 1897 H. longicauda Schmiedeknecht, l. c. p 511 ♀ ♂.

♀ Schwarz, Pronotum ganz, Mesonotum vorn, Hinterleibsmitte und Beine zum Teil rot. Bohrer kann kürzer als

der Hinterleib.   Areola im Flügel regelmässig in der Anlage. — Dem H. areator ähnlich, aber Kopf ganz schwarz.
Flügel mit breiteren Binden und Bohrer länger.

♂ Aehnlich dem ♂ von H. bicolorinus, aber die Ocellen
sehr gross. Gesicht nach oben sehr verengt.
    L. 3—4 mm.
    Schweden, Deutschland.

    Anmerk.· Jedenfalls nur kleine Exemplare der folgenden Art.

33. **H. fasciitinctus** D. T. 1882 H. fascipennis Brischke, Ichn. d. Prov.
West- u. Ostpr. p. 348. ♀♂ | 1897 H fascipennis Schmiedeknecht,
l. c p. 511 ♀♂ | 1902 H. fasciitinctus Dalla Torre, Cat. Hym III.
p. 649.

    Anmerk· Der Name musste geändert werden, da bereits Brullé
einen H. fascipennis beschrieben hat

Glanzlos. Kopf hinter den Augen etwas verschmalert.
Metathorax vollständig gefeldert. Area superom. etwas
breiter als lang, abschüssiger Raum mit zwei Längsleisten.
Das 1. Segment nadelrissig punktiert, 2. und 3. lederartig,
die folgenden glanzend. Bohrer fast so lang wie der
Hinterleib.

♀ Schwarz, Fühler an der Basis, Prothorax ganz und ein
grosser Teil des Mesothorax nebst Schildchen rot, ebenso
Segment 2 und 3. Vorderflügel mit zwei breiten schwarzbraunen Binden. Beine grösstenteils rot.

♂ Schwarz, Flügelwurzel weiss. Tegulä rotgelb. Stigma
schwarz mit weisser Basis. Schenkel, Schienen und Tarsen
rot, Spitzen der Schenkel und Schienen und die hintersten
Tarsen schwarz. Flügel ohne dunkle Binden. — L. 6—7 mm.
    Danzig. — Aus Spinnennestern und Microgaster-Cocons.

34. **H. rufus** Brischke. 1892 H. (Nactes Forst.) rufus Brischke, Schrift.
Naturf Ges. Danzig. p 49 ♀.

♀ Kopf und Thorax glanzlos; Fühler lang, hinter der Mitte
etwas verdickt; Metathorax scharf und regelmässig gefeldert mit 2 Dörnchen. Segment 1 allmählig erweitert
mit flacher Längsrinne; die folgenden Segmente quer;
Bohrer fast so lang wie der Hinterleib. — Rot; Kopf
schwarz, Mandibeln in der Mitte gelblich: Gesicht mit
2 grossen braunroten Flecken; Fühlerglieder 1—5 rot,
6—10 weiss, die folgenden schwarz. Stigma schwarz mit
weisser Basis. Tegulä gelblich weiss. Flügel innen mit
dunklen Schatten; von dem schwarzen Teil des Stigma
zieht durch die ganze Flügelbreite eine dunkle Binde,
die innen beinahe scharf abgeschnitten ist. Hüften und
Trochantern hellgelb. — L. 5 mm. ♂ unbekannt.
    Umgebung von Danzig.

35. **H. bifasciatus** Strobl. 1900 H. bifasciatus Strobl, Mitt Naturw Ver Steierm. p 230 ♀.

♀ Sehr ähnlich dem H. fasciitinctus, besonders durch die 3 farbigen Fühler und den fast ganz roten Hinterleib verschieden. — Kopf schwarz, Thorax rot, die Nähte, eine breite Mittelstrieme und 2 grosse Seitenflecken des Mesonotums und die obere Vorderhälfte des Metathorax schwarz; letzterer vollständig gefeldert. Kopf fein chagrinert, rückwärts stark verengt; die schlanken Fühler dreifarbig, Glied 1—5 rot, Spitze von 5 und Basis von 6 schwarz, Spitze von 6, 7 ganz und der grosste Teil von 8 weiss, die folgenden schwarz. Flügel mit 2 breiten schwarzbraunen Binden, Areola 5 seitig, der Aussennerv schwach; Stigma dunkel mit weisser Basis; Ramellus lang; Nervellus gebrochen, wenig antefurcal. Beine rot, Vorderhüften und alle Trochanteren weissgelb. Das 1. Segment kurz und breit, fein nadelrissig, das 1. Segment an der Basis fein nadelrissig, die Endhälfte und die übrigen Segmente glatt; Bohrer fast von Hinterleibslange. Hinterleib rot, Seitenflecken von Segment 3 und Mittelbinden von 4 und 5 schwärzlich. — L. 7 mm.
Steiermark.

36. **H. ornatulus** C. G. Thoms. 1884 H. ornatulus C G Thomson, Opusc Ent X p 980 ♀ | 1897 H. ornatulus Schmiedeknecht, l. c. p 512 ♀.

♀ Rot, Kopf, Hinterleibsende breit, Trochanteren, Hinterschildchen und Makel vor den Hinterhuften schwarz. Stigma schmal, an der Basis breit, weiss Nervellus oppositus. Bohrer wenig länger als das 1. Segment. — L. 4 mm. ♂ unbekannt.
Schweden.

37. **H. arcator** Grav. 1829 H. arcator Grav., II p. 855 ♀♂ | 1897 H. arcator Schmiedeknecht, l. c p 512 ♀♂.
Metathorax dicht punktiert, mit Querleisten. Eine Area superom. durch Längsrunzeln begrenzt. Segment 1 und die folgenden dicht punktiert. Flügel beim ♀ mit drei, beim ♂ mit zwei Binden. — Kopf, Thorax und Hinterleibsbasis mit verschwommener braunroter Zeichnung. Beine grösstenteils rot, die hintersten Schienen an der Basis weiss. Areola regelmässig. Bohrer etwa so lang wie der halbe Hinterleib.
Beim ♂ die Ocellen sehr gross. Gesicht nach oben stark verengt. — L. 4—6 mm.
Ganz Europa. — Eine der häufigsten Arten, schmarotzt bei zahlreichen Arten von Käfern und Schmetterlingen.

38. **H. cingulator Grav.**   1829 H. cingulator Grav., II p. 858 | 1897
    H. cingulator Schmiedeknecht, l. c. p. 512 ♀♂.

♀ Metathorax dicht und grob punktiert, deutlich gefeldert,
Sciteudornen vorhanden.   Kopf und Mesonotum matt.
Das 1. Segment sehr gestreckt, beim ♀ nadelrissig, wie
auch das 2.; beim ♂ beide Segmente und die folgenden
punktiert. Flügel beim ♀ getrübt, beim ♂ ganz hell. —
Schwarz, Fühler wenigstens an der Wurzelhälfte, Prothorax, Seiten der Mittelbrust, die vorderen Segmenteinschnitte und Vorderbeine rot; die hintersten Beine braun,
Basis der Schienen rötlich.   Bohrer   kürzer   als   das
1. Segment.

Beim ♂ Fühler, Hinterleib, Hüften und die hintersten
Beine schwärzlich. — L. 5—7 mm.

Meist an Fenstern.   Aus Tinea crinella gezogen. —
Nach Brischke auch aus Microgaster in Raupen von
Pieris brassicae, Acronycta psi und Ocneria dispar, sowie
aus einem Paniscus-Cocon in Raupen von Harpyia bifida.

Verbreitet in ganz Europa.   ⸲

39. **H. pictipes Grav.**   1829 H. pictipes Grav., II. p. 799 ♀ | 1884
    H. pictipes C. G. Thoms, Opusc. Ent. X. p. 972 ♀♂ | 1897
    H. pictipes Schmiedeknecht, l. c. p. 513 ♀♂.

♀ Metathorax vollständig gefeldert, die Leisten zart. Segment
1 und 2 dicht und verworren punktiert. Postpetiolus sehr
breit. Radius hinter der Mitte des Stigma entspringend. —
Schwarz, Beine rot.   Makel   der   Mandibeln,   Tegula,
Trochanteren, Vorderhüften und Basalring der Hinterschienen weiss.   Hinterhüften schwarz.   Bohrer dick, so
lang wie der Hinterleib.

♂ Segmenträuder rot.   Die hintersten Schienen und Tarsen
schwarz. Gesicht mit weisser Behaarung. Schaft unten
weiss. — L. 5—6 mm.

Deutschland, Schweden, England.

40. **H. varicoxis Taschb.**   1865 H. varicoxis Taschonberg, Crypt. p.
    134 ♀ | 1897 H. varicoxis Schmiedeknecht, l. c. p. 513 ♀ | 1900
    H. varicoxis Strobl, l. c. p. 233 ♂   .

♀ Metathorax glatt, vollständig gefeldert, der abschüssige
Raum steil, mit Längsleisten. Das 1. Segment breit, fein
längs-runzelig, ebenso das 2. Segment; das 3. Segment
grob punktiert, der breite Hinterrand glatt. Fühler
fadenförmig. — Schwarz, Hinterleib vom 2. Segment an,
Schenkel und Vorderschienen rot; an den Hinterbeinen
die Schenkel mit schwarzer Spitze, Tarsen und Schienen

schwarzbraun, letztere mit weisser Wurzel. Trochanteren und Vorderhüften weiss. Flügel unter dem grossen, schwarzbraunen Stigma bindenartig schwach getrübt. Bohrer etwas länger als der halbe Hinterleib.

L. 6—7 mm.

„Das ♂ stimmt in Grösse, Körperform, Skulptur und Färbung ganz genau mit dem ♀; die Skulptur der 3 ersten Segmente ist etwas gröber. Fühler schwarz, Schaft unten mit weissem Fleck. Die 2 letzten Segmente schwarzbraun. Vorderhüften mehr rot als weiss. Hinterhüften schwarzbraun und rot. Hinterschenkel und Schienen ganz rot, letztere ohne weissliche Basis." (Strobl.)

Deutschland, Schweden. — Von mir stets auf Eichengebüsch gefunden.

Anmerk Ich glaube, dass die Art identisch ist mit H. coactus Rtzb, (s. Anhang), letzterer hatte dann die Priorität

41. H. flavocinctus Strobl. 1900 H flavocinctus Strobl, l. c. p. 232 ♂

♂ Kopf wenig glänzend, Gesicht stark weisshaarig, Clypeus mit 2 stumpfen Zähnchen. Kopf und Fühler schwarz, Taster, Mandibeln und Schaft unten weissgelb. Thorax schwarz, Mesonotum fein lederartig, matt; Brustseiten glänzend; Metathorax fast glatt und glänzend, scharf und vollständig gefeldert, Flügel leicht getrübt, Stigma gross, schwarzbraun, Areola ohne Aussennerv. Nervellus deutlich gebrochen, schwach antefurcal. Beine gelb, die vorderen Hüften, alle Trochanteren und die Basis der hintersten Schienen weiss; die hintersten Hüften und Tarsen, der Rücken der hintersten Schenkel und die Spitze der hintersten Schienen schwarz. Segment 1 und Basalhälfte von 2 fein längsrissig, die übrigen Segmente glänzend, schwach und zerstreut punktiert. Hinterleib schwarz, ein Fleck neben den Vorderecken und der schmale Endsaum des 2. Segmentes und die ganze Vorderhälfte des 3. gelbrot.

L. 4 mm.

Steiermark.

42. H. nigrobasalis n. sp.

♂ Fühler von Körperlänge, Schaft kurz, tief ausgeschnitten, Kopf nach hinten wenig verschmälert, sehr dicht und fein runzlig-punktiert, fast matt; Clypeus mit deutlichen Endzähnen. Mesonotum sehr dicht und fein punktiert, schwach glänzend, Parapsidenfurchen tief, Mesopleuren glänzend, zerstreut punktiert, Metathorax vollständig gefeldert, die hinteren Seitenfelder und der abschüssige Teil ziemlich grob gerunzelt, letzterer mit den beiden Längsleisten. Nervellus antefurcal, deutlich gebrochen, der ausgehende Nerv bis zum Flügelsaum reichend. Das 1. Segment ziemlich kurz, dicht und ziemlich grob punktiert, hinten mit Langskielen, Postpetiolus an den Seiten nadelrissig, die folgenden Segmente dicht und fein punktiert, der Endsaum etwas wulstig erhaben und glänzend, die hintersten Segmente mehr und mehr glatt. — Schwarz, Schaft unten weiss, Basalglieder der Geissel rötlich, Mandibeln und Palpen weisslich. Stigma gross, schwarz, an Basis und Spitze weisslich. Hinterleib mit Ausnahme des 1. Segments und Beine rot, die vorderen mehr gelblich, Hüften und Trochanteren weisslich, die hintersten Hüften schwarz, an der Spitze weisslich.

L. 6—7 mm. ♀ unbekannt.

Blankenburg in Thüringen.

43. **H. pulchellus** Grav. 1829 H. pulchellus Grav., II p. 854 ♀ | 1897 H. pulchellus Schmiedeknecht, l. c. p. 514 ♀

♀ Metathorax dicht punktiert, vollständig gefeldert. Das 1. Segment allmählig erweitert, dicht punktiert, wie die folgenden. Flügel mit 2 Binden. Rot; Thorax, Basis und Spitze des Hinterleibs schwarz gezeichnet. Schienen an der Wurzel weisslich. Bohrer so lang wie der halbe Hinterleib.

L. 4 mm. ♂ unbekannt.

Deutschland.

44. **H. rufulus** C. G. Thoms. 1884 H. rufulus C. G. Thoms., Opusc. Ent. X. p. 972 ♀♂ | 1897 H. rufulus Schmiedeknecht, l. c p 514 ♀♂.

♀ Stirn und Mesonotum fein und dicht punktiert. Metathorax vollständig gefeldert. Area superom. quer. Kopf hinter den Augen etwas verschmälert. Clypeus am Ende mit zwei schwachen Zähnchen. Das 1. Segment breit, das 2. glatt. — Schwarz, Fühlerbasis, Hinterleibsmitte, Schenkel und Schienen rot. Mandibeln weiss gefleckt. Bohrer etwas länger als das 1. Segment. Aehnelt dem Phygad. vagans.

♂ Das 2. Segment fein punktiert. Fühler kurz, schwarz.

L. 4—5 mm.

Schweden, Deutschland, England, Ungarn.

45. **H. longisetosus** Schmiedekn. 1897 II. longisetosus Schmiedeknecht, l c p 514 ♀

♀ Kopf und Thorax dicht und fein lederartig, matt. Kopf hinter den Augen verschmälert. Clypeus vorn mit 2 Zähnchen. Fühler dünn, fadenförmig. Metathorax fast glatt, sehr kurz, hinten sehr steil abfallend, der vordere Teil mit zwei Querleisten. Area superom. an den Seiten schwach abgegrenzt, viel breiter als lang; abschüssiger Teil weit über die Mitte hinaufreichend. Area petiol. nicht abgegrenzt, grösstenteils glatt und glänzend. Das 1. Segment breit, ohne Kiele, fein und dicht lederartig gerunzelt, ebenso das 2. und die Vorderhälfte des 3. Segmentes, letztere erscheinen von der Seite gesehen fein längsrissig, der übrige Hinterleib glatt und glänzend. Bohrer kaum kürzer als der Hinterleib. Areola ohne Aussennerv. Ramellus angedeutet. Nervellus antefurcal. Beine kräftig. Klauenglied und Klauen sehr dünn. — Schwarz. Schaft unten und Basis der ersten Geisselglieder trüb rötlich. Beine mit Einschluss der Hüften trüb rot, die Mittel- und Hinterschienen am Ende breit gebräunt. Mandibeln rötlich. Palpen weisslich. Tegulä weiss. Stigma bräunlichgelb. Flügel fast hyalin.

L. 5 mm. ♂ unbekannt.

Thüringen.

46. **H. inimicus** Grav. 1829 II. inimicus Grav., II p 824 ♀ | 1884 H. inimicus C. G. Thomson, Opusc. Ent. X. p 970 ♀♂ | 1897 II inimicus Schmiedeknecht, l. c. p 515 ♀♂

♀ Kopf hinter den Augen nicht verschmälert. Clypeus am Endrand mit zwei Zähnchen. Stirn und Mesonotum matt, fein behaart. Metathorax vollständig gefeldert. Nervellus deutlich antefurcal. Das 1. und 2. Segment dicht und zusammenfliessend punktiert. — Schwarz, Fühler dünn, ganz schwarz. Segment 2 und Vorderhälfte von 3, sowie die Beine rot. Bohrer wenig kürzer als der Hinterleib.

♂ Gesicht dicht behaart. Fühler kurz und dick. Schaft unten, Makel der Mandibeln, Tegulä und Trochanteren weisslich. Hinterleib fast ganz schwarz.

L. 5—7 mm.

Deutschland, England, Schweden, Ungarn.

47. **H. ruficornis** C. G. Thoms. 1884 II ruficornis C. G. Thoms., Opusc. Ent X. p. 971 ♀ | 1897 II. ruficornis Schmiedeknecht, l c. p. 515 ♀

♀ Schwarz, Fühlerglied 1—5, Segment 2—4 und Beine rot, die hintersten Tarsen und Oberseite der hintersten Hüften

gebräunt. Bohrer von $^1/_4$ Hinterleibslänge. L. 5 mm.
Nach Thomson der vorigen Art sehr ähnlich, abweichend
durch die Farbe der Fühler und die deutlich aufgetriebenen
vordersten Schienen. — Vielleicht nur Varietät von H.
inimicus.

Deutschland, Schweden.

A n m e r k. Eine sehr zweifelhafte Art ist der Cryptus ruficornis
Grav. Taschenberg stellt ihn als Varietät zu Phyg ovatus Jedenfalls ist er mit dem Hemiteles ruficornis C. G. Thoms. nicht identisch.

48. **H. castaneus Taschenb.** 1865 H. castaneus Taschenberg, Crypt
p. 132 ♀ | 1829 H. palpator var. 3 Grav, II., p. 821 ♀ | 1882 H.
castaneus Bridgman, Trans. Ent. Soc. Lond. p. 143 ♂ | 1884 H
castaneus C. G. Thoms., Opusc Ent. X, p. 971 ♀♂ | 1897 H. ca-
staneus Schmiedeknecht, l. c. p. 515 ♀♂.

♀ Metathorax dicht punktiert und deutlich gefeldert; der
abschüssige Teil steil, mit zwei Längsleisten. Clypeus am
Vorderrand mit 2 Zähnchen. Stirn und Mesonotum matt.
Nervellus deutlich antefurcal. Segment 1 breit, wie 2
und 3 dicht punktiert. — Schwarz, Hinterleibsmitte, Beine
und Basalhälfte der Fühler intensiv rot. Spitzen der
Hinterschienen und ihre Tarsen schwärzlich. Hinterleibsspitze weiss. Bohrer wenig kürzer als der Hinterleib.

Var. ♀ a t r i c o r n i s Strobl l. c. p 233 Fühler ganz
schwarz. Bohrer kaum so lang als der halbe Hinterleib.

In Steiermark gefunden.

♂ Schaft, Mandibeln und Hüften schwarz (Thomson).

L. 5—6 mm.

Eine ganz andere Beschreibung des ♂ gibt Bridgman an der oben erwähnten Stelle. Kopf, Thorax und Flügel wie beim ♀. Gesicht dicht
weiss behaart. Das 1. Segment punktiert, nicht längsrissig, das 2
Segment quadratisch, das 3. quer. Palpen, Fleck der Mandibeln, Schaft
unten, Vorder-Hüften und Trochanteren, sowie ein Teil der hinteren gelb
Beine rot, Hinter-Hüften, Trochanteren mehr oder weniger und Spitze
der Hintertarsen schwarz. Stigma und Geäder schwarz. Flügelbasis
gelb. Basalhälfte des 3. Segmentes mehr oder weniger rot.

Nach Thomson dem H. inimicus ähnlich, besonders durch
die Fühlerfarbe verschieden.

Deutschland, Schweden, England. — Von Bignell aus
Trichiosoma betuleti gezogen; von Brischke aus Clavellaria amerinae, Lophyrus pini und Chrysopa.

49. **H. bidentulus C. G. Thoms.** 1884 H bidentulus C. G. Thoms.,
Opusc. Ent. X. p. 971 ♀ | 1897 H. bidentulus Schmiedeknecht, l.
c. p. 516 ♀.

♀ Schwarz, Fühlergeissel, Beine und die beiden ersten Hinterleibssegmente rot. Metathorax mit stumpfen Seitenzähnen.

—Dem H. castaneus sehr ähnlich, aber Fühler weniger dick. Metathorax mit Seitenzähnen, der untere Aussenwinkel der Discoidalzelle fast ein rechter. Der Hinterleib anders gefärbt.

L. 5 mm. ♂ unbekannt.

Schweden, Ungarn (Mocs.).

50. **H. contaminatus Grav.** 1829 H. contaminatus Grav., II. p. 840 ♀ | 1897 H. contaminatus Schmiedeknecht, l. c. p. 516 ♀.

Bei der Beschreibung dieser Art ist man blos auf Gravenhorst angewiesen, Taschenberg erwähnt sie nicht.

♀ Fühler schlank, fadenförmig, an der Basis gelblich, in der Mitte breit weiss, gegen das Ende braun. Flügel etwas getrübt. Stigma bräunlichgelb. Tegulä rot. Beine schlank, rötlichgelb. Hinterleib schlank. Das 1. Segment flaschenförmig. Postpetiolus doppelt so lang als breit. Segment 1 und 2 hellrot gerandet, die übrigen gelblich gerandet. Bohrer kaum so lang, wie der halbe Hinterleib.

L. 5 mm. ♂ unbekannt.

1 Exemplar aus Piemont.

51. **H. monozonius Grav.** 1829 H. monozonius Grav., II. p. 802 ♀ | 1897 H monozonius Schmiedeknecht, l. c p. 516 ♂.

♂ Metathorax gestreckt, ohne vollständige Felderung, der abschüssige Teil sehr schräg und mit gröberer Sculptur, als der vordere Teil. Das 1. Segment schlank, dicht und fein punktiert, wie die folgenden. Fühler schlank. — Schwarz, Hinterrand von Segment 1, 2 und verloschener auch 3, Fühlerbasis und Beine rot.

L. 5 mm. ♀ unbekannt.

Var. = H. micator ♂ Grav. 832. Körper schlanker und zarter; das ganze 2. Segment rot.

3 mm.

Deutschland.

Anmerk. Wegen des nicht gefelderten Metathorax ist diese Art jedenfalls das ♂ eines Pezomachus, vielleicht von P. instabilis.

52. **H. limbatus Grav.** 1829 H. limbatus Grav., II. p. 803. ♂ | 1897 H. limbatus Schmiedeknecht, l. c p 517 ♂.

♂ Metathorax rauh, mit zwei Querleisten, dazwischen grob längsrunzelig. Area superom. seitwärts nicht geschlossen. Das 1. Segment mit unregelmässigen Längsrissen, das 2. und 3. dicht punktgrubig. Fühler borstig. Clypeus vorn

etwas winkelig vorgezogen. — Schwarz, Segment 1—3
rot gerandet. Schienen und Schenkel rot, Vorderschenkel
schwarz gefleckt. — L. 6 mm. ♀ unbekannt.

Deutschland. — Von Brischke aus Cocons von Chrysopa
gezogen.

53. **H. inustus Grav.** 1829 H. mustus Grav , II p 828 ♂ | 1897 H. in-
ustus Schmiedeknecht, 1 c p. 517 ♂

♂ Flügel etwas getrübt. Stigma schwarz, die äusserste
Basis weiss. Tegula schwarzbraun. Areola pentagonal.
Der Aussennerv sehr dünn. Die vordersten Beine rot,
Basis der Hüften dunkel. Mittelbeine rot Hüften grössten-
teils schwarz, Schenkel oben mit dunkler Makel. Die
hintersten Beine schwarz, Trochanteren und Basis der
Schenkel rot, Tarsen und Schienen rostrot, letztere an
der Spitze schwarz. Das 2. Segment rot, oben mit grosser
schwarzer Makel, das 3. vorn an den Seiten rot. —
L. 6 mm. ♀ unbekannt.

Piemont.

54. **H. marginatus Bridgm.** 1883 H. marginatus Bridgman, Trans
Ent. Soc. Lond. p. 144 ♀♂ | 1897 H marginatus Schmiedeknecht,
l. c. p. 518 ♀♂.

♀ Kopf nach hinten kaum verengt. Fühler fast von Körperlänge, gegen das Ende etwas verdickt. Mesonotum dicht
und fein punktiert, matt. Schildchen und Metathorax
glänzend, letzterer mit zwei Querleisten, dazwischen mit
Längsrunzeln. Nervellus antefurc. Das 1. Segment fein
längsrissig, das 2. zusammenfliessend punktiert, das 3.
weniger dicht punktiert, alle drei mit poliertem Endrand.
Bohrer von ⅓ Hinterleibslänge. — Schaft unten und
schmale Endränder der Segmente gelblich. Beine röthlichgelb. Vorder- und Mittelhüften und alle Trochanteren
hellgelb. Die mittleren Kniee und Schienenspitzen braun.
Die hintersten Hüften, Kniee, Schienenspitzen und Tarsen
schwarzbraun. — L. 4—5 mm.

♂ Die hellen Endsaume der Segmente weniger deutlich; der
Hinterleib mehr behaart.

England. — Aus Chrysocorys festalella gezogen.

55. **H. rufizonatus n. sp.**

♀ Kopf quer, nach hinten stark verengt, sehr fein runzelig,
schwach glänzend ; Fühler von Körperlänge, Schaft klein,
oval, tief ausgeschnitten, Endhälfte der Geissel stark verbreitert. Thorax mit sehr feiner und dichter Sculptur,
matt, Schildchen und Brustseiten glänzend ; Metathorax

fein runzelig, gefeldert, area superomedia quer, die Seitenleisten derselben schwächer als die Querleisten; der abschüssige Raum mit 2 Langsleisten, dazwischen fein querrissig. Areola pentagonal, der Aussennerv vollständig
fehlend; Nervellus antefurcal, tief unter der Mitte gebrochen. Hinterleib gestreckt, fast schmäler als der
Thorax, das 1. Segment ziemlich schlank, Knötchen etwas
vortretend. Segment 1 ganz, 2 bis über die Mitte
sehr fein längsrissig, die folgenden Segmente glatt. Bohrer
von 1/3 Hinterleibslänge. — Schwarz, Fühlerglied 1 und 2
unten und ein Basalring des 3. Gliedes gelblich. Palpen
und Mandibeln weisslich. Tegulä, Flügelwurzel und Stigma
blassgelb; Flugel hyalin. Beine gelbrot, die vorderen
Hüften und Trochanteren weisslich. Die hintersten Huften
schwärzlich; auch die hintersten Knie etwas verdunkelt.
Thyridien und Endrand des 2. Segmentes, ebenso alle
Ränder des 3. Segmentes, namentlich die Basis rötlich.
L. 4—5 mm. ♂ unbekannt.

Ein ♀ vom Greifenstein bei Blankenburg in Thüringen.

56. **H. liostylus** C. G. Thoms. 1884 H. liostylus C. G. Thoms., Notes
hymén. in Ann. Soc. Ent. Fr. tom. 5 p. 30 ♀♂ | 1897 H. liostylus
Schmiedeknecht, l. c. p. 518 ♀♂.

♀ Schwarz, Beine gelb, die hintersten braun gefleckt. Thorax
buckelig. Metathorax abgestutzt, deutlich gefeldert.
Bohrer wenig länger als das 1. Segment. Dem H. aestivalis
in Gestalt und Sculptur ähnlich, aber ohne rote Hinterleibsmitte und der Nervellus weit vor der Gabel. Fühler
schwarz, an der Basis unten hell. Mesonotum ziemlich
matt, dicht und stark punktiert. Metathorax sehr kurz.
Area superom. quer. Stigma breit, schwarzbraun. Hinterleib glatt und glänzend, schwarz. Segment 2—6 mit
hellem Endrand. Beine blassgelb, die hintersten Hüften
und Spitzen der hintersten Schenkel und Schienen schwarzbraun.

♂ Fühler dick, am Ende zugespitzt. Glieder ziemlich deutlich,
die drei ersten unten hell. — L. 4—5 mm.

Frankreich.

57. **H. gibbifrons** C. G. Thoms. 1884 H gibbifrons C. G. Thoms.
Opusc. Ent. X. p. 980 ♀ | 1897 H. gibbifrons Schmiedeknecht, l. c.
p. 518 ♀.

♀ Flügel mit zwei dunklen Binden. Nervellus antefurc.
Gesicht mit deutlichem Höcker. — Schwarz, Fühler und
Beine rot. Bohrer kaum länger als das 1. Segment. In
Gestalt und Sculptur dem H. areator verwandt. L. 3 mm.
♂ unbekannt.

Schweden.

58. **H. albipalpus** C. G. Thoms. 1884 H. albipalpus C. G Thoms,
Opusc Ent. X. p 981 ♀♂ | 1897 H albipalpus Schmiedeknecht,
l. c p 519 ♀♂

♀ Flügel ohne Binden. Kopf ziemlich matt. Segment 2—4
sehr fein punktiert, mit poliertem Endrand. — Schwarz,
Palpen und Schiensporen weiss. Bohrer kaum länger als
das 1. Segment.

♂ Kopf hinter den Augen verschmälert. Fühler schwarz.
Ocellen gross. Dem H. floricolator sehr nahe verwandt.

    L. 3—4 mm.

    Schweden.

59. **H. albomarginatus** Bridgm. 1887 H albomarginatus Bridgm.
Trans. Ent Soc Lond p. 363 ♀ | 1897 H albomarginatus Schmiede-
knecht, l c. p 519 ♀.

♀ Glänzend. Kopf quer, hinter den Augen stark verengt.
Fühler so lang wie der Körper, dünn. Mesonotum zerstreut punktiert. Metathorax gefeldert. Area superom.
so lang als breit. Das 1. Segment runzelig-punktiert, am
Ende glatt, das 2. und 3. in der Mitte mit Quereindruck,
vor demselben runzelig-punktiert, das 3. Segment nur
schwach. Bohrer von $^2/_3$ Hinterleibsläuge. Nervellus
schwach antefurc. — Schwarz, Einschnitt des 2. Segmentes rötlich, das 5. bis 7. mit weissem Endrand. Beine
rot. Hüften, Basis der Trochanteren und der Hinterschenkel mehr oder weniger schwarz. Tegulä weiss.
Stigma braun, an der Basis weiss.

    L. 5 mm. ♂ unbekannt.

    England.

60. **H. niger** Taschb. 1865 H. niger Taschenberg, Crypt p 136 ♀♂ |
1897 H. niger Schmiedeknecht, l c p 519 ♀♂.

Metathorax sehr rauh, beim ♂ mehr noch als beim ♀,
dabei aber vollständig gefeldert. Area superom. schmal
langgezogen, der abschussige Raum mit zwei Längsleisten.
Das 1. und 2. Segment grob längsrissig. Fühler fadenförmig. — Schwarz, Fühlerbasis unten, Mund und Beine
rot, Tarsen dunkler. Tegulä und beim ♀ ein feiner
Fühlerring weiss. Bohrer etwas kürzer als der halbe
Hinterleib.

    L. 6 mm.

    Deutschland. — Aus Baumschwämmen gezogen.

61. **H. liambus** C. G. Thoms. 1884 H. liambus C. G. Thoms., Notes hymén. in Ann. Soc. Ent. Fr tom. 5. p. 25 ♀ | 1897 H. liambus Schmiedeknecht, l. c p. 519 ♀.

♀ Schwarz, fast metallisch. Kniee und Schienen rot. Mesonotum fein runzelig-punktiert. Flügel mit dunkler Binde unter dem Stigma. Petiolus sehr breit, gestreift. Bohrer fast kürzer als das 1. Segment. — Dem H. plumbeus sehr ähnlich, aber Flügel mit Binde. Segmente mit breiteren, polierten Endrändern. Nervellus weit vor der Gabel. Segment 2—5 dicht und fein runzelig-punktiert. Stigma schwärzlich.

L. 4 mm. ♂ unbekannt.

Avignon.

62. **H. subimpressus** Brischke. 1892 H. (Eniciatis Forst ?) subimpressus Brischke, Schrift Naturf Ges. Danzig, p 48 ♀

♀ Matt, Kopf hinter den Augen nicht schmäler, Wangen tief unter die Augen herabgehend, Fühlerwurzel etwas verdünnt, area superomed. lang sechseckig, Segment 1 gekrümmt, Postpetiolus breit, die folgenden Segmente quer, 2 und 3 mit leichtem Quereindrucke vor der Spitze, diese, wie auch die folgenden Segmente, glauzend; Bohrer so lang wie das 1. Segment. — Schwarz, die ersten Fühlerglieder unten braun; Flügelmitte bräunlich getrübt. Schenkel, Schienen und vordere Tarsen rot; Vorderschenkel an der Basis, Hinterschenkel oben schwarz. — L. 4 mm. ♂ unbekannt.

Umgebung von Danzig.

63. **H. australis** C. G. Thoms. 1884 H. australis C. G. Thoms., Notes hymén. in Ann. Soc Ent. Fr. tom 5 p 26 ♀ | 1897 H. australis Schmiedeknecht, l. c. p 520 ♀

♀ Schwarz, glauzend, Flügel mit zwei schwärzlichen, ziemlich breiten Binden, fast die Basalhälfte des Stigma weiss. Bohrer fast kürzer als das breite 1. Segment. Kniee und Schienen hell, die hintersten mit weisslicher Basis. Fühlerbasis röthlich. — Dem H. liambus sehr ähnlich, aber Flügel mit zwei schwarzen Binden. Stigma anders gefärbt. Körper grösser. — L. 6 mm ♂ unbekannt.

Avignon

64. **H. plumbeus** C. G. Thoms. 1884 H. plumbeus C. G. Thoms., Opusc Ent. X. p 979 ♀ | 1897 H. plumbeus Schmiedeknecht, l c p 520 ♀

♀ Scheitel nach hinten verengt. Stirn und Mesonotum ziemlich glatt. Flügel hyalin mit zwei dunklen Binden. Nervellus

antefurc. Das 1. Segment sehr breit, gestreift, 2—7 all-
mählich kürzer, schwach punktiert, am Ende glatt.
Bohrer kaum kürzer als das 1. Segment. — Schwarz mit
Erzglanz; Vorderkniee und Schienen dunkelrot. —
L. 4 mm. ♂ unbekannt.

Schweden.

65. **H. rugifer** C. G. Thoms. 1884 H. rugifer C. G Thoms, Opusc
Ent X p 983 ♀ | 1897 H rugifer Schmiedeknecht, l. c. p 520 ♀.

♀ Flügel mit zwei schmalen braunen Binden. Die beiden
ersten Segmente grob runzelig gestreift. Nervellus deutlich
vor der Gabel. — Schwarz, Schenkel und Schienen rötlich.
Bohrer nur ½ so lang als das 1. Segment. — L. 5 mm.

Schweden.

66. **H. bispinosus** Strobl. 1900 H. bispinosus Strobl, l. c p 234 ♂

♂ Kopf stark glänzend, zerstreut punktiert, nach hinten
verengt; Fühler fadenförmig, Schaft wenig verdickt, die
ersten 5—6 Geisselglieder etwa doppelt so lang als breit.
Mesonotum zerstreut punktiert, glänzend; Brustseiten
glatt; Metathorax runzlig-punktiert, ziemlich glänzend,
gefeldert und mit spitzen Seitendornen; area posteromedia
deutlich, ausgehöhlt. Areola pentagonal, ohne Aussennerv. Nervellus nicht gebrochen, kaum antefurcal. Beine
schlank. Die 3 oder 4 ersten Segmente dicht nadelrissig, matt; die letzten Segmente zerstreut punktiert
und glänzend. Das 1. Segment ziemlich lang und schmal.
— Kopf, Fühler und Thorax schwarz, Mundteile braun.
Flügel hyalin, Stigma braun. Beine rotgelb, Hinterhüften,
Hinterschenkel und Hintertarsen schwarz; Vorderhüften
und Basis der Mittelschenkel braun. Hinterleib schwarz.
— L. 5 mm.

Steiermark.

67. **H. coriarius** Taschb. 1865 H coriarius Taschenberg, Crypt.
p. 125 ♀♂ | 1897 H. coriarius Schmiedeknecht. l. c p. 520 ♀♂.

Metathorax kurz, fein gerunzelt, beim ♂ etwas gröber,
vollständig gefeldert, der steil abschüssige Raum mit zwei
Langsleisten. Das 1. Segment grob langsrunzelig, das
2. grob und zusammenfliessend punktiert, beim ♂ fast
langsrunzelig. — Schwarz, glanzlos. Beine rot, Schienen
und Tarsen der hintersten gebräunt, beim ♂ die Hüften
schwärzlich. Tegulä weisslich. Stigma schwarzbraun.
Beim ♂ Mandibeln und der Schaft unten weiss. Bohrer
von ⅔ Hinterleibslänge. — L. 5—6 mm.

Deutschland. — Nach Brischke in Retinia resinana.

68. H. sordipes Grav. 1829 II sordipes Grav. II p 798 ♀ | 1897 H. sordipes Schmiedeknecht, l. c. p. 521 ♀

♀ Scheitel breit. Wangen aufgetrieben. Fühler lang und dünn. Flügel hyalin. Nervellus antefurc. Metathorax vollständig gefeldert, die Leisten zart. Stirn und Mesonotum sehr fein und dicht punktiert und behaart. Segment 1—3 fein runzlig-punktiert, die folgenden glatt. — Schwarz, Beine rot, die Hüften zuweilen schwarz. Bohrer fast so lang wie der Hinterleib. — L. 4 mm.

♂ Ganz schwarz, nur Schaft und Mandibeln gelb gefleckt; Clypeus in der Mitte etwas vorgezogen, aber nicht zweizähnig. Beine rot, Hüften, Spitze der Hinterschienen und Hintertarsen schwarz. Die beiden ersten Segmente und die Basis des 3. dicht und fein lederartig punktiert, die übrigen glatt; das 1. Segment ziemlich kurz und breit, ohne Kiele.

Deutschland, Schweden, England.

69. H. nigriventris C. G. Thoms. 1884 H. nigriventris C. G. Thoms., Opusc. Ent X p 975 ♀♂ | 1897 H. nigriventris Schmiedeknecht, l. c. p 521 ♀♂

Kopf kubisch. Schaft cylindrisch. Geissel lang und dünn. Flügel hyalin. Nervellus antefurc. Kopf und Mesonotum dicht und fein punktiert. Bohrer fast länger als der Hinterleib. — Schwarz, Beine mit Ausnahme der Basis rot. — L. 4—6 mm.

Schweden.

70. H. carbonarius n. sp.

♀ Fühler lang und dünn, Schaft oval, deutlich ausgeschnitten. Kopf und Mesonotum sehr dicht und fein runzlig-punktiert, matt; Clypeus ohne Zähne. Brustseiten langsrissig; Metathorax fein runzlig, ziemlich glänzend, Felderung deutlich, area superomedia etwas breiter als lang; die hintere Querleiste stark erhaben, seitlich zahnartig vorspringend; der abschüssige Raum mit zwei Längsleisten, in der Mitte glänzend mit feinen Querrunzeln. Aussennerv der Areola vollständig fehlend, Nervulus hinter der Gabel, Nervellus deutlich antefurcal, gebrochen und einen Nerv aussendend. Schenkel kräftig. Das 1. Segment kurz und breit, fast ohne Kiele, dicht längsrissig; das 2. Segment sehr dicht und fein gerunzelt, ganz matt; die folgenden Segmente ebenfalls mit feiner, aber nicht dichter Sculptur und deshalb mehr glänzend. Bohrer wenig kürzer als der Hinterleib. Schwarz, die

Beine rot, die hintersten Schienen an der Spitze und die
hintersten Tarsen gebräunt. Tegula gelblich; Flügel
hyalin, Stigma hellbraun. — L. 5 mm. ♂ unbekannt.

Einige ♀ vom Greifenstein bei Blankenburg i. Thür.

71. H. obscuripes C. G. Thoms. 1884 H obscuripes C. G Thoms.,
Opusc. Ent. X p. 976 ♀ | 1897 H obscuripes Schmiedeknecht, l c.
p. 521 ♀

♀ Kopf weniger stark kubisch als bei H. nigriventris. Beine
rot und schwärzlich gezeichnet. Bohrer etwas kürzer als
der Hinterleib. — Der vorigen Art sehr ähnlich, ausser
den erwahnten Unterschieden noch durch längere und
feinere Fühler abweichend. — L. 3 mm. ♂ unbekannt.

Schweden.

72. H. rubripes C. G. Thoms. 1884 H rubripes C. G. Thoms., Opusc
Ent X p 976 ♀ | 1897 H rubripes Schmiedeknecht, l c p 521 ♀.

♀ Schwarz, das 2. Segment und die Beine rot. Bohrer fast
länger als der Hinterleib. — Dem H. nigriventris eng
verwandt, durch Farbe des 2. Segmentes und der Beine
verschieden. — L. 3—4 mm. ♂ unbekannt.

Deutschland, Schweden. — Ich halte die Art für eine
Varietät von H. sordipes Grav.

73. H. similis Grav. 1829 H. similis Grav, II p 793 ♀♂ | ? 1793
Ichn similis Gmelin, Ed Linn. p. 2720. | 1897 H similis Schmiede-
knecht, l c. p 522 ♀♂.

♀ Kopf hinter den Augen verengt. Fühler dick, fadenförmig. Stirn und Mesonotum matt. Metathorax fein
gerunzelt, vollstandig gefeldert, mit Seitendörnchen. Das
1. Segment längsrissig, die folgenden glatt. Stigma hell.
Nervellus antefurc. Beine kräftig. Ueber die Bohrerlänge weichen die Angaben von einander ab. Nach Gravenhorst und Taschenberg ist derselbe von ¼ oder höchstens
⅓ Hinterleibslange, nach Thomson dagegen nur wenig
kürzer als der Hinterleib. — Schwarz bis bräunlich-gelb.
Beine rötlich-gelb. Hinterhüften an der Basis meist braun.

♂ Unterseite des Schaftes und vordere Trochanteren blassgelb. Fühlergeissel dick, die Glieder ziemlich deutlich.
— L. 3—5 mm.

Deutschland, England, Schweden, Ungarn. — Schmarotzer von Microgaster-Arten, z. B. aus solchen in
Lasiocampa pini.

A n m e r k. Hierher gehort sicherlich auch der H nens Hartig
und Ratzeburg.

74. **H. auriculatus** C. G. Thoms. 1884 H. auriculatus C. G. Thoms. Opusc Ent X p. 977 ♀♂ | 1897 H. auriculatus Schmiedeknecht, l. c. p. 522 ♀♂.

♀ Scheitel schmal. Stirn glatt. Fühlergruben ohrartig vorstehend. Mesonotum fein punktiert. Notauli lang. Hinterleib glänzend. Das 1. Segment breit. Postpetiolus breiter als lang, punktiert, ebenso die Basalhälfte des 2. Segmentes, Nervellus antefurc — Schwarz, glänzend. Schenkel und Schienen rotgelb. Bohrer etwas länger als das 1. Segment. — Länge 4—5 mm.

♂ Fühler ziemlich lang und kräftig, schwarz. Schenkel gegen die Basis schwarz.

Schweden.

75. **H. sisyphii** Verh. 1891 H. sisyphii Verhoeff, Ent Nachr 4 p 53 ♀♂ | 1897 H. sisyphii Schmiedeknecht, l. c p. 522 ♀♂.

♀ Mesonotum sehr dicht und fein punktiert, wie der Hinterleib seidenschimmernd behaart. Schildchen gewölbt, glänzend. Metathorax deutlich gefeldert, beiderseits mit kleinem Zahn. Hinterleib mit Einschluss des 1. Segmentes dicht und deutlich punktiert, die Segmente am hintersten Drittel glatt. Das 1. Segment kaum länger als an der Basis breit. Fühler von Hinterleibslänge. Bohrer so lang wie der halbe Hinterleib. — Schwarz, Beine gelbbraun. Trochanteren weisslich, Hinterhüften schwarz, die hintersten Schienen an der Basis weisslich-rot. Stigma bräunlich.

♂ Fühler so lang als Hinterleib und Thorax. Alle Hüften schwarz; die vordersten Beine rötlich, Mittel- und Hinterbeine schwärzlich. Kniee gelblich. Basis der hintersten Schienen weisslich. Stigma hellgelb. — L. 3—4 mm.

Deutschland. — Aus Eiersäckchen von Theridium sisyphium.

76. **H. melanogaster** C. G. Thoms. 1884 H. melanogaster C. G. Thoms, Opusc Ent X p. 982 ♀♂ | 1897 H melanogaster Schmiedeknecht, l c p 523 ♀♂.

♀ Metathorax fein punktiert. Metapleuren rauh. Hinterleib matt runzelig-punktiert. Die mittleren Segmente mit poliertem Endrand, das 1. Segment mit zwei Kielen. — Schwarz, Beine rot. Hüften an der Basis schwarz. Bohrer ungefähr so lang wie das 1. Segment. — L. 3—4 mm.

♂ Beine schwarz, die vorderen Kniee und die Schienen gelblich; die hintersten Schienen an Basis und Spitze schwarz.

Schweden.

77. **H. tristator Grav.** 1829 H. tristator Grav., II p. 787 ♀♂ | 1897
II. tristator Schmiedeknecht, l. c. p. 523 ♀♂.

> Das 1. Segment nadelrissig, das 2. punktiert. Metathorax
> deutlich gefeldert. Area superom. breiter als lang. Fühler
> borstig. Beim ♂ zwei deutliche Aftergriffel — Schwarz,
> Vorderbeine rot, ihre Hüften teilweise schwarz. Die
> hintersten Beine braun. Spitzen der Schenkel und Schienen
> hellgelb. Beim ♀ die Hinterschenkel rot. Stigma braun.
> Ramellus deutlich. Bohrer kaum vorragend.

> Deutschland. — Von Brischke aus Limneria-Cocons in
> Eierhaufen der Kreuzspinne gezogen.

78. **H. aeneus C. G. Thoms.** 1884 H. aeneus C. G. Thoms., Opusc.
Ent. X p. 982 ♀♂ | 1897 H. aeneus Schmiedeknecht, l. c. p. 523 ♀♂.

> Segment 2—4 fein punktiert, der Endsaum poliert.
> Glänzend. Fühlergruben tief. Postannellus kaum $1\frac{1}{2}$-mal
> so lang als der Schaft. — Schwarz, mit Erzglanz. Beine
> zum Teil hell. Bohrer kaum länger als das breite, nicht
> gekielte 1. Segment. — L. 4 mm.
> Lappland.

79. **H. opaculus C. G. Thoms.** 1884 H. opaculus C. G. Thoms., Opusc.
Ent. X p. 975 ♀ | 1897 H. opaculus Schmiedeknecht, l. c p. 523 ♀.

> ♀ Fühler kurz. Metathorax sehr kurz, der abschüssige Raum
> weit über die Mitte hinaufreichend. Area superom. fast
> fehlend Kopf und Mesonotum matt. Das 1. Segment breit,
> 2—4 ziemlich dicht punktiert mit glattem Endrand.
> Bohrer kürzer als das 1. Segment — Schwarz, Trochan-
> teren, Vorderschenkel fast ganz und Schienen rötlich-
> gelb, die hintersten Schienen am Ende braun. Flügel
> etwas getrübt. — L. 3 mm.
> Schweden.

80. **H. unicolor C. G. Thoms.** 1884 H. unicolor C. G. Thoms., Opusc.
Ent. X p. 974 ♀♂ | 1897 H. unicolor Schmiedeknecht, l. c. p. 524 ♀♂.

> ♀ Fühler lang und dünn, fadenförmig. Kopf und Thorax
> matt. Hinterleib glänzend, fein und zerstreut punktiert.
> Beine kräftig. Nervellus antefurc. Bohrer kürzer als das
> 1. Segment. — Schwarz, Beine rot, an der Basis schwarz.
> Flügel hyalin. — L. 5—6 mm.

> ♂ Schaft unten und Mandibeln gelblich-weiss. Palpen,
> Trochanteren, Vorderhüften und Basis der hintersten
> Schienen weiss. Beine gelb, die hintersten Schienen an
> Spitze und ihre Tarsen schwarzbraun.
> Schweden.

81. **H. cynipinus** C. G. Thoms. 1884 H cynipinus C. G.Thoms., Opusc.
Ent X p. 977 ♀♂ | 1897 H cynipinus Schmiedeknecht, l c p 524 ♀♂.

♀ Scheitel breit, Wangen aufgetrieben. Fühler lang und
dunn. Metathorax vollstandig gefeldert, Leisten fein.
Stirn und Mesonotum fein und dicht punktiert. Hinterleib
fein und zerstreut punktiert. Bohrer kürzer als das breite
1. Segment. Nervellus antefurc. — Schwarz, Beine zum
Teil rot gezeichnet. — L. 3—4 mm.

♂ Fühler etwas kurzer als der Körper, schwarz, ebenso
Mandibeln und Beine, die Schienen und die vorderen
Knie gelblich; die hintersten Schienen an der Spitze und
ein Fleck an der Basis braun.

Schweden.

82. **H. obliquus** C. G. Thoms. 1884 H G Thoms, Notes hymén. in
Ann Soc. Ent Fr. tom. 5 p. 24 ♀♂ | 1897 H obliquus Schmiede-
knecht, l c p 524 ♀♂

♀ Schwarz, glänzend. Stirn und Mesonotum dicht fein
punktiert, fast matt. Metathorax vollständig gefeldert.
Bohrer etwas kurzer als das 1. Segment. Fühlerbasis
rötlich. Beine schwarz. Schenkel und Schienen rötlich.
Vorderschenkel an der Basis schwarz, die hintersten mit
schwarzer Linie.

♂ Fühler fast von Korperlange, schwarz. Beine schwarz.
Trochanteren an der Spitze und Schienen blassgelb,
Hinterschienen am Ende breit schwarz. — L. 4 mm.

Anmerk Dem H cynipinus verwandt, aber Bohrer langer und Fuhlerbasis rotlich. Kopf fast kubisch Nervellus weit vor der Gabel Das
1 Segment dicht und fein punktirt, das 2. ebenso, aber nicht matt

Nord-Frankreich.

83. **H. mediovittatus** Schmiedekn. 1897 H mediovittatus Schmiedeknecht, l c p 525 ♀

♀ Der ganze Körper, auch der Hinterleib mit Einschluss
des 1. Segments sehr fein lederartig, schwach glänzend,
das Mesonotum fast matt. Fühler fast länger als der
Körper, hinter der Mitte schwach verdickt, die Basalglieder der Geissel ausserordentlich lang gestreckt. Kopf
nach hinten verschmälert, Stirnseiten dicht weisslich
behaart. Metathorax fast glatt, mit zwei schwachen Querleisten, der abschüssige Raum schräg, klein. Das 1. Segment
nach hinten allmahlich erweitert. Tuberkeln schwach
vortretend. Postpetiolus mit flacher Furche. Bohrer so
lang wie der halbe Hinterleib. Beine lang und schlank,
die hintersten Schienen an der Basis jäh verdünnt. Areola

in der Anlage regelmässig, Aussennerv fehlend. Nervellus stark antefurcal, tief unter der Mitte gebrochen. — Mattschwarz, Unterseite des Schaftes, Prothorax und Beine rötlichgelb, an den Vorderbeinen die Hüften, Trochanteren und die Unterseite der Schenkel, ebenso die Palpen und Mandibeln weisslich. Segment 1 und 2 schwarz, das 2. rot gerandet, die folgenden Segmente sind trüb rötlichgelb, in der Mitte von der Basis bis fast zum Ende mit dunklem Fleck, so dass breite Seitenränder und ein schmaler Endsaum hell bleiben. Tegulä weisslich. Stigma gelblich. — L. 5 mm. ♂ unbekannt.

Thüringen.

84. **H. picipes Grav.** 1829 H. picipes Grav., II p. 785 ♂ | 1897 H. picipes Schmiedeknecht, l. c. p. 525 ♂.

♂ Metathorax gestreckt, schwach gerunzelt, die Leisten sehr schwach, deshalb die Felderung nur angedeutet. Area superom. sehr schmal und lang. Das 1. Segment schlank mit mässigen Tuberkeln, dicht und fein punktiert, ebenso die folgenden Segmente. Fühler schlank, borstenförmig. — Schwarz, nur Kniee und Schienen rot, letztere mit schwarzer Spitze. — L. 8 mm. ♀ unbekannt.

Wien, Ungarn (Mocs.).

85. **H. melanarius Grav.** 1829 H. melanarius Grav., II p. 790 ♂ | 1829 H. vicinus Grav., l. c. p. 845 ♀ | 1884 H. vicinus C. G. Thoms., Opusc Ent X p. 982 ♀♂ | 1897 H. vicinus Schmiedeknecht, l. c. p. 525 ♀♂.

♀ Kopf nach hinten verschmälert. Stirn und Mesonotum lederig-gerunzelt. Metathorax netzgrubig, vollständig gefeldert. Das 1. Segment kurz und breit, stark längsrunzelig, die folgenden dicht und grob punktiert, die Endränder poliert. — Schwarz, Segment 2—4, Schenkel und Schienen ganz (var. rufipes Strobl) oder die ersteren nur an der Spitzenhälfte rot. Bohrer etwa so lang wie der halbe Hinterleib.

♂ Hinterleib ganz schwarz. Beine schwarz, Vorderschenkel rot, an der Basis schwarz, Mittelschenkel nur an der Spitze rot, Hinterschenkel ganz schwarz. Schienen rot, das End-Drittel der hintersten ganz schwarz. Endrand der Segmente poliert. — L. 5—6 mm.

Aus Pieris brassicae und Argynnis paphia. Nach Mocsáry auch aus Pontia rapae (M. K.).

Mittleres Europa.

86. **H. obscurus** Bridgm. 1883 H. obscurus Bridgman, Trans Ent Soc Lond. p. 142 ♂ | 1897 H. obscurus Schmiedeknecht, l c. p 526 ♂.

♂ Kopf glänzend. Fühler von ⅔ Körperlänge. Thorax dicht punktiert, matt. Metathorax glänzend mit zerstreuten Runzeln, teilweis gefeldert, Leisten scharf, Seitenzähnchen vorhanden. Das 1. Segment und mehr als die Basalhalfte des 2. Segmentes fein querrunzelig, die übrigen glatt. Der rücklaufende Nerv fehlt. Nervellus nicht gebrochen. — Schwarz, Vorderbeine bräunlich-gelb, Hüften schwarz. Hinterschienen pechfarben, an der Basis heller. — L. 3 mm. ♀ unbekannt.

England. — Aus Eiersäcken von Spinnen.

87. **H. rubiginosus** Grav. 1829 H. rubiginosus Grav., II p. 804 ♀ | 1897 H. rubiginosus Schmiedeknecht, l c p. 526 ♂

♂ Ausgezeichnet vor allen Arten durch den fast kugeligen Kopf und den gestreckten Hinterleib mit vorstehenden Aftergriffeln. Thorax fast cylindrisch. Metathorax punktgrubig, gestreckt, von Feldern nur die lange schmale area superom. deutlich. Das 1. Segment schmal, nadelrissig. Hinterleib linear, sehr dicht und fein punktiert. Flügel kurz. Stigma sehr schmal. — Schwarz, Segment 2—4 gelbrot, auf der Mitte dunkler. Schaft unten und Beine gelbrot, die hintersten Schenkel und Schienenspitzen gebränt. — L. 5 mm. ♀ unbekannt.

Schlesien.

88. **H. pseudorubiginosus** Strobl. 1900 H. pseudorubiginosus Strobl, l c p 237 ♂.

♂ Kopf kubisch, hinter den Augen bogig erweitert, stark behaart und dicht chagriniert. Fühler sehr dünn, von Körperlänge. Thorax langgestreckt, dicht und grob runzlig, matt, Parapsiden tief, Metathorax trotz der groben Skulptur schwach aber vollständig gefeldert, area superomed. viel länger als breit. Areola pentagonal mit fehlendem Aussennerv, Nervellus stark antefurcal. Hinterleib ziemlich lang und schmal, das 1. Segment kurz und breit, dicht nadelrissig, die folgenden Segmente auf glänzendem Grund stark und ziemlich dicht punktiert. — Schwarz, Segmentränder schmal rot, Segment 2 und 3 rot mit breiter schwarzer Rückenbinde. Beine schwarz, Spitze der Vorderschenkel, Vorderschienen ganz, die übrigen mit Ausnahme der Spitze rot. Flügel hyalin, Stigma mässig breit, braun mit schmaler weisser Basis. — L. 5 mm. ♀ unbekannt.

Steiermark.

89. **H. nigricornis** C. G. Thoms. 1884 H. nigricornis C G. Thoms., Opusc. Ent. X p. 987 ♀ | 1897 H. nigricornis Schmiedeknecht, l. c. p 526 ♀.

Fühler dick, gegen die Basis verdünnt. Metathorax deutlich gefeldert und mit Seitendornen. — Schwarz, das 2. Segment in der Mitte mit roter Makel. Schienen und Schenkel rot. Vorderschenkel bis über die Mitte schwarz. Bohrer etwas länger als das 1. Segment. — L. 4 mm.

Lappland.

90. **H. fragilis** Grav. 1829 H. fragilis Grav, II p. 828 ♀ | 1897 H. fragilis Schmiedeknecht, l. c. p. 527 ♀♂.

♀ Metathorax gestreckt, ziemlich dicht behaart, Felderung undeutlich, wenigstens area superom. nicht unterscheidbar. Das 1. Segment lang, glänzend. Luftlöcher nicht vortretend. Segment 2 und 3 einzeln punktiert. Fühler fadenförmig, Glieder nicht getrennt. — Segment 2—4 auf der Scheibe, Fühler an der Basis unten und Beine rot, an den hintersten die Tarsen und Spitzen der Schenkel und Schienen schwarz. Bohrer so lang wie ⅔ des Hinterleibes. — L. 8 mm.

Das ♂ stimmt nach Brischke mit dem ♀ überein, ist nur kleiner.

Nord-Deutschland. — Brischke erzog die Art aus Spinnennestern und einem Limneria-Cocon.

91. **H. pluricinctus** Strobl. 1900 H. pluricinctus Strobl, l. c. p. 238 ♂.

♂ Sehr schlank und glänzend. Kopf fast kubisch, nicht punktiert, Gesicht weiss haarig, Clypeus glatt, ohne Zähne. Fühler schlank, von Körperlänge. Mesonotum glatt und glänzend, Brustseiten oben glatt, unten sehr fein gestrichelt. Metathorax gleichmässig abschüssig, glänzend, vollständig gefeldert, area superomed. etwas länger als breit. Nervellus oppositus, Beine schlank. Das 1. Segment mässig lang, sehr fein lederartig, Postpetiolus mit 2 deutlichen Kielen, die folgenden Segmente glatt, nur das 2. mit ganz feiner Sculptur. — Mandibeln, Taster und Schaft unten rot. Stigma schwarzbraun. Beine schwarz, Spitze der Vorderschenkel und die Schienen, die Spitzen der hintersten ausgenommen, gelbrot. Segment 2 und 3 rot, hinten und an den Seiten schwarz, das 4. Segment in der Mitte der Basis schmal rot. — L. 4 mm. ♀ unbekannt.

Hochalpen von Steiermark.

92. **H. laevigatus** Rtzb. 1848 H laevigatus Ratzeburg, Ichn d. Forstins.
II. p 128 ♂ | 1865 H furcatus Taschenberg, Crypt. p 121 ♀ =
H. aestivalis var 3 Grav, p 808 | 1884 H laevigatus C G Thoms,
Opusc Ent X p. 973 ♀♂ | 1897 H laevigatus Schmiedeknecht,
l. c p. 528 ♀♂.

♀ Körper schlank. Stirn und Mesonotum glatt. Hinterleib
poliert, Segment 2 und 3 hinten mit Quereindruck. Metathorax
gedrungen mit den beiden Querleisten, dazwischen längsrunzelig, der fast senkrechte abschüssige Raum ohne
Längsleisten. Fühler lang und dünn. Schwarz, nach
Thomson Segment 3 und 4 ganz oder zum Teil rot, nach
Taschenberg Segment 2 rot, Segment 3 und die Hinterränder der folgenden gelb. Bei einem meiner Exemplare
nur das 3. Segment ganz rot, die folgenden Segmente
hinten und an den Seiten rötlich. Bei einem 2. Stück
das 1. und 2. Segment schwarz, die übrigen verschwommen
gelbrot. Beine rötlichgelb, die vorderen Hüften und
Trochanteren weisslich. Stigma bräunlichgelb. Bohrer etwas
länger als der halbe Hinterleib. — L. 4—5 mm.

♂ Beim ♂ der Hinterleib schwarz, nur das 2. Segment glatt.
Fühler lang und dünn fadenförmig. Hinterhüften schwarzbraun.

Deutschland, Schweden.

93. **H. anticecinctus** Strobl. 1900 H anticecinctus Strobl, l. c. p 244 ♂

♂ Kopf quer, nach hinten kaum verschmälert, matt, Clypeus
ohne Zähnchen; Fühler schwarz, ziemlich dick und kurz,
die ersten Geisselglieder wenig länger als der Schaft.
Thorax schwarz, ziemlich kurz; Mesonotum matt, Brustseiten ziemlich glänzend, Metathorax sehr grob gerunzelt,
ohne Seitendornen, vollständig gefeldert, der horizontale
Vorderteil sehr kurz, area superomed. sehr klein, die
Seitenfelder des abschüssigen Raums mit groben Runzeln.
Flügel etwas getrübt, Stigma ziemlich breit, schwarzbraun
mit weisser Basis, Areola pentagonal, der Aussennerv vollständig fehlend, Nervellus gebrochen, antefurcal. Beine
kräftig, rot, nur Hüften, Trochanteren und Hintertarsen
schwarz. Hinterleib länglich oval, schwarz, die 3 ersten
Segmente rot, Vorderhälfte des Postpetiolus schwarz. Das
1. und 2. Segment dicht zusammenfliessend und etwas
nadelrissig punktiert, das 3. dicht punktiert, durch eine
Querlinie in eine grössere vordere und eine halb so grosse
hintere Partie geteilt. — L. 5 mm. ♀ unbekannt.

Steiermark.

Anmerk Wegen der dicken Fühler und kräftigen Beine
konnte die Art auch zu Phygadeuon gestellt werden.

94. **H. phlocas** Boie. 1855 II. phlocas Boie, Stett. Ent. Z. p 101 ♂ | 1865 II. phlocas Taschenberg, Crypt. p. 135 ♂ | 1897 II phloeas Schmiedeknecht, l. c p. 528 ♂

Schwarz, Fühlerbasis, Segment 1—3, Basis von 4 und Beine rot, die Basis der Mittelschienen und Basis und Spitze der hintersten Schenkel dunkel. Das 1. Segment gestreift und wie der Hinterrücken behaart, mit vor-stehenden Tuberkeln. — L. 5 mm. ♀ unbekannt.

Deutschland. — Aus Polyommatus phloeas gezogen.

95. **H. plectisciformis** Schmiedekn. 1897 II. plectisciformis Schmiede-knecht, l. c. p. 528 ♀.

♀ Kopf und Thorax fein runzelig, schwach glänzend. Kopf nach hinten stark verschmälert. Clypeus durch tiefe Furche abgetrennt, glänzend. Fühler fadenförmig, nach vorn schwach verdickt, 21-gliedrig. Parapsidenfurchen deutlich und lang. Metathorax glatt, vollständig gefeldert, Area superom. so lang wie breit, in der Mitte poliert; feine Seitenzähnchen vorhanden; abschüssiger Raum mit zwei Längsleisten. Hinterleibsstiel dünn, bis zu den Tuberkeln parallel, deutlich gekielt. Postpetiolus mit seichter Grube, hinten glatt und glänzend wie der ganze übrige Hinterleib. Bohrer fast länger als der Hinterleib. Beine ziemlich kräftig. Areola regelmässig, mit fehlendem Aussennerv. Nervellus antefurcal, weit unter der Mitte gebrochen. — Schwarz, Fühler, Segment 1—3 und Beine rötlichgelb. Fühler gegen die Spitze etwas dunkler. Auch das 1. Hinterleibssegment bei manchen Exemplaren gebräunt; die dunkle Färbung der Hinterleibsspitze von der hellen nicht scharf abgegrenzt. — L. 3—4 mm. ♂ unbekannt.

Thüringen.

96. **H. biannulatus** Grav. 1829 II. biannulatus Grav., II p. 846 ♀ | 1884 II. biannulatus C. G. Thoms, Opusc. Ent. X p. 986 ♀♂ | 1897 H. biannulatus Schmiedeknecht, l c p 529 ♀♂.

♀ Stirn und Mesonotum glatt, die Parapsiden bis zur Mitte. Metathorax vollständig gefeldert, mit kräftigen Leisten und starken Seitendornen. Das 1. Segment nadelrissig, die übrigen glatt. Nervellus antefurc. Beine schlank. — Schwarz, Fühler ziemlich dick mit weissem Ring. Segment 1—3 und Beine rot. Bohrer etwas länger als der halbe Hinterleib. — L. 6 mm.

♂ Fühler schwarz, ebenso Hüften und Trochanteren.

Deutschland, England, Schweden, Ungarn (Mocs.).

97. **H. homocerus** C. G. Thoms. 1881 H. homocerus C G. Thoms., Notes hymén. in Ann. Soc Ent. Fr tom 5 p. 29 ♀♂ | 1897 H. homocerus Schmiedeknecht, l. c p. 529 ♀♂

♀ Schwarz, glänzend. Hinterleibsmitte, Schenkel und Schienen rotgelb. Metathorax vollständig gefeldert, mit Seitenzähnchen, Notauli über die Mitte reichend. Bohrer länger als das 1. Segment. — Dem H. biannulatus sehr ähnlich, durch schwarze Basis der Fühler und der Beine verschieden. Stirn glänzend, glatt, ebenso Mesonotum und Metathorax. Stigma schwärzlich. Nervellus antefurc. Hinterleib glatt und glänzend. Segment 2 und 3 rotgelb. Postpetiolus an den Seiten fein gestreift.

♂ Fühler gegen das Ende zugespitzt, die Glieder wenig deutlich. Segment 2—4 rotgelb. — L. 5 mm.

Frankreich.

98. **H. fuscicarpus** C. G. Thoms. 1884 H. fuscicarpus C G. Thoms., Notes hymén etc p. 29 ♀ | 1897 H fuscicarpus Schmiedeknecht, l c p 529 ♀.

♀ Schwarz, glänzend, fast glatt. Hinterleibsmitte und Beine fast ganz rotgelb. Metathorax mit Seitenzähnchen. Bohrer fast kürzer als das 1. Segment. — Dem H. homocerus sehr ähnlich, aber kleiner. Notauli nicht so lang. Metathoraxdornen kürzer und schärfer. Bohrer kürzer. Stigma gelbbraun. — L. 4 mm. ♂ unbekannt.

Frankreich.

99. **H. melanopygus** Grav. 1829 H. melanopygus Grav., II p 835 ♀ | 1897 H. melanopygus Schmiedeknecht, l c p 530 ♀.

♀ Metathorax ziemlich glatt, mit deutlichen Leisten und zwei Dornenspitzen; der abschüssige Raum mit Längsleisten. Das 1. Segment schlank mit zwei Mittelkielen und schwachen Tuberkeln, fein nadelrissig, die folgenden dicht und fein punktiert. Fühler nach der Spitze deutlich verdickt, an der Basis rot. Beine rötlich-gelb. Stigma braungelb. Tegula weiss. Das 1. Segment rot oder braunrot, 2, 3 und meist auch Basis von 4 gelbrot, die folgenden schwarz oder dunkelbraun. Bohrer von ⅓ Hinterleibslänge. L. 5—6 mm. ♂ unbekannt.

Schlesien.

100. **H. dissimilis** Grav. 1829 H dissimilis Grav., II p 812 ♂ | 1897 H dissimilis Schmiedeknecht, l. c. p 530 ♂

♀ Metathorax mit zerstreuten langen Haaren, grob gerunzelt, vollständig gefeldert, die Leisten kräftig, Seitendornen vorhanden, der abschüssige Raum ohne Längsleisten. Das

1. Segment stark langsrunzelig, das 2 Segment weniger stark gerunzelt. Fühler kräftig, borstenförmig. — Schwarz, das 3. Segment und die Vorderschienen rot. — L 7—8 mm. ♀ unbekannt.

Sud-Europa.

101. **H. scrupulosus** Grav. 1829 H scrupulosus Grav., II p. 817 ♂ ! 1897 H scrupulosus Schmiedeknecht, l c. p. 530 ♂.

♂ Metathorax sehr rauh durch starke Runzeln, deutlich behaart, vollständig gefeldert; der abschüssige Raum schräg. Das 1. Segment mit zwei Mittelkielen und Tuberkeln, grob längsrissig, 2. und 3. nadelrissig. Basis des Stigma auffallend weiss. Fühler borstenförmig. — Schwarz, Fuhlerglieder 2—4, Segment 2 und 3, Schenkel und Schienen rot, an den Hinterbeinen mit schwarzen Spitzen. — L 5 mm. ♀ unbekannt.

Genua.

102. **H. simillimus** Taschb. 1865 H simillimus Taschenberg, Crypt p. 124 ♀♂ | 1829 H similis var 3 ♀ Grav, II p 795 et II. aestivalis var. 5 ♀ Grav, p 809 (secund Taschenberg) | 1897 H simillimus Schmiedeknecht, l c. p 530 ♀♂

♀ Metathorax vollständig gefeldert. Das 1. Segment längsrissig mit drei Mittelleisten. Segment 2 und 3 dicht punktiert. Fühler schlank, fadenförmig. — Schwarz, Segment 2 und 3 teilweiss rot, besonders an den Hinterrandern. Beine rot. Hüften und die hintersten Schienenspitzen und Tarsen gebräunt, zuweilen auch die Basis der Schenkel. Die vorderen Trochanteren weiss. Bohrer etwas kurzer als der halbe Hinterleib. — L. 6—7 mm.

♂ Färbung und Sculptur wie beim ♀. Tuberkeln des 1. Segmentes mehr hervortretend. Segment 2 und 3 kräftiger punktiert.

Deutschland.

103. **H. Taschenbergi** Schmiedekn. 1865 H. Gravenhorstii Taschenberg, Crypt. p 132 ♂ = H melanarius var. 2 Grav p. 791 | 1897 H Taschenbergii Schmiedeknecht, l c p 511 ♂.

Durch das Hinzutreten von Pezomachus Gravenhorstii Rtzb zur Gattung Hemiteles muss der von Taschenberg gegebene Name geandert werden.

♂ Kopf, Thorax und Vorderhälfte des Hinterleibs mit dichter und feiner Sculptur. Metathorax vollständig gefeldert; der abschüssige Raum senkrecht, ohne Langsleisten. Das 1. Segment dicht und verworren punktiert, mit zwei abgekürzten Längskielen, die folgenden Segmente des linearen

Hinterleibes dicht punktiert, 2 und 3 etwas querrissig. — Schwarz, Hinterleib mit sehr veränderlicher roter Zeichnung, meist Segment 2 und 3 und Beine rot, die vorderen mehr gelblich. Oberseite der Schenkel und Basis der Hüften gebräunt; die hintersten Beine dunkelbraun. Schienen an der Wurzel rötlich. — L. 5 mm.

Das ♀ beschreibt Strobl, l. c. p. 240: In Grösse, Sculptur und Färbung mit dem ♂ übereinstimmend. Fühler lang und schlank mit roter Basalhälfte. Das 3. Segment fast ganz, das 2. an allen Rändern rot. Beine rot, nur Hinterhüften an der Basis schwarz. Das 1. Segment kurz, dreieckig, dicht verworren punktiert, stellenweise etwas längsrissig, die folgenden stark quer, dicht und fein runzlig punktiert; Bohrer kürzer als der halbe Hinterleib. Vorderflügel stark getrübt, an Basis und Spitze heller. Metathorax schwach aber vollständig gefeldert, area superomed. hinten viel breiter als vorn, so lang als hinten breit.

Deutschland, Oesterreich.

104. H. rufocinctus Grav. 1829 H. rufocinctus Grav., II p. 811 ♂ | 1897 H. rufocinctus Schmiedeknecht, 1 c p. 531 ♀♂.

♂ Metathorax nur mit zwei Querleisten, der Mittelraum dazwischen schwach längsrunzelig, eine area superomedia seitlich nicht abgegrenzt; der abschüssige Raum ohne Längsleisten. Das 1. Segment längsrissig, das 2. fein punktiert. — Schwarz, Segment 2 am Vorderrand rot oder gelb, wie das ganze 3. Segment, die Hinterränder der folgenden Segmente zum Teil hell. Beine rot, Hüften schwarz. Hinterschenkel schwärzlich. — Länge 5 mm.

Deutschland, Ober-Italien. — Von Brischke aus Fenusa gezogen.

Als ♀ ziehe ich das folgende hierher: Kopf und Thorax fein gerunzelt, der Kopf ziemlich glänzend, das Mesonotum matt. Parapsidenfurchen deutlich. Fühler von Körperlänge, hinter der Mitte spindelförmig. Metathorax glatt, mit zwei Querleisten, der abschüssige Raum klein, ohne Längsleisten. Das 1. Segment fast glatt, glänzend, mit Spuren von Längskielen, der übrige Hinterleib glänzend, das 2. Segment namentlich an der Basis mit ganz feinen und zerstreuten Punkten und Längsrissen. Bohrer so lang wie das 1. Segment. Beine schlank. Areola regelmässig, der Aussennerv fehlend. Nervellus antefurc. — Schwarz, Fühlergeissel an der Basis rötlich. Das 3. Segment und die Seiten des 4. rötlich-gelb, das 3. auf der Scheibe mit schwärzlicher Makel; die hinteren Segmente gelb gerandet.

Beine rötlichgelb, die vorderen Hüften und Trochanteren
weisslich. die hintersten Hüften schwarz, Spitzen der
hintersten Schenkel und Schienen und ihre Tarsen bräunlich.
Tegulä weiss. Flügel hyalin. Stigma blassbraun. — L. 5 mm.

Thüringen.

A n m e r k. Der H. rufocinctus Rtzb. ist eine andere Art und
jedenfalls das ♂ von Pezomachus instabilis.

105. H. varicornis Grav. 1829 H. varicornis Grav., II p. 837 ♀ |
1897 H. varicornis Schmiedeknecht, l c. p 532 ♀.

♀ Metathorax mit so grober Sculptur, dass die Felderung
nicht zu unterscheiden ist; abschüssigar Raum ohne Längsleisten. Das 1. Segment längsrissig, die übrigen glatt.
Fühler sehr gedrungen und nach vorn deutlich verdickt,
dreifarbig. Segment 2 und die Beine gelb. Spitzen der
hintersten Schenkel und Schienen schwarz. Bohrer ganz
kurz vorragend. — L. 3 mm. ♂ unbekannt.

Deutschland.

106. H. dubius Grav. 1829 H. dubius Grav, II p. 836 ♀ | 1897 H.
dubius Schmiedeknecht, l c p. 532 ♀.

♀ Metathorax sehr schwach gerunzelt, deutlich gefeldert.
Das 1. Segment nadelrissig, in der Mitte am Ende mit
einem länglichen Höcker, der vielleicht aber eine abnorme
Bildung des Gravenhorst'schen Exemplares ist. Der übrige
Hinterleib glatt. Fühler nach der Spitze deutlich verdickt.
— Schwarz, Segment 2, Fühlerbasis und Beine rot. Basis
der hintersten Hüften schwarz. Bohrer kaum von $1/3$
Hinterleibslänge. — L. 4 mm.

♂ S t r o b l (l. c. p. 240) glaubt folgendes ♂ zu dubius
stellen zu können: Taster, Mandibeln und die vier Vorderhüften gelb, sonst die Beine rot, ebenso das 2. Segment.
Fühler schlank, fadenförmig, rot, gegen die Spitze braun,
Schaft unten gelb. Der fast kubische Kopf und der Thorax
lebhaft glänzend; Kopf zerstreut punktiert, Mesonotum
in der Mitte fein nadelrissig. Metathorax kurz, fast glatt,
regelmässig gefeldert. Das 1. Segment schlank, Postpetiolus nadelrissig, ohne Mittelhöcker. sonst der Hinterleib ohne jede Sculptur, stark glänzend. Flügel glashell,
Stigma rotgelb, Areola oben fast geschlossen, Aussennerv
fehlend; Nervellus wenig unter der Mitte gebrochen,
kaum antefurcal.

Schlesien.

107. H. tenuicornis Grav. 1829 H. tenuicornis Grav., II p. 813 ♀♂ | 1897 H. tenuicornis Schmiedeknecht, l. c p. 532 ♀♂.

Metathorax rauh, mit kräftigen Leisten. Das 1. Segment ziemlich schlank, ohne Tuberkeln, aber mit Andeutung von Mittelkielen, unregelmässig längsrissig, der übrige Hinterleib glatt. Fühler schlank. — Segment 2—6, Vorderschienen und Spitze der Schenkel braunrot. Bohrer von halber Hinterleibslänge. — L. 6—7 mm.

Nord- und Mittel-Europa.

108. H. interstitialis Schmiedekn. 1897 H. interstitialis Schmiedeknecht, l. c. p. 533 ♀.

♀ Kopf und Thorax glatt und glänzend. Gesicht fein runzelig-punktiert, etwas matter. Scheitel breit, hinten etwas abgerundet. Clypeus deutlich getrennt, Endrand ohne Zähnchen. Fühler lang und dick, 22-gliedrig, Schaft rundlich, ausgeschnitten. Metathorax glatt, deutlich gefeldert, Leisten kräftig, Seitenzähne kaum angedeutet. Area superom. quer. Area petiol. abgegrenzt, über die Mitte hinaufreichend, glatt und glänzend. Das 1. Segment fein nadelrissig, ohne Kiel, der übrige Hinterleib länglich-oval, glatt und glänzend. Bohrer nur kurz vorragend. Beine kräftig, namentlich die hintersten Schenkel und Schienen dick. Areola in der Anlage regelmassig, der Aussennerv vollständig fehlend. Nervellus schwach ante-furcal, deutlich unter der Mitte gebrochen. — Glänzend schwarz. Fühler dunkelgelb, gegen die Basis heller. Schild-chen mit rötlichem Schimmer. Hinterleib dunkelgelb. Das 1. Segment schwärzlich, die Endsegmente an den Seiten bräunlich. Beine vollständig gelb, auch die Tarsen, die vorderen Hüften und Trochanteren weisslich-gelb. Flügel schwach getrübt. Stigma braun. — L. 5—6 mm. ♂ unbekannt.

Thüringen. — Bildet wegen der dicken Fühler und Beine einen Uebergang zu Phygadeuon.

109. H. infumatus C. G. Thoms. 1884 H. infumatus C. G. Thoms., Opusc. Ent. X p. 983 ♀♂ | 1897 H. infumatus Schmiedeknecht, l. c. p. 533 ♀♂,

♀ Kopf und Mesonotum dicht und fein punktiert und behaart, matt. Metathorax gestreckt, Area superom. lang, seitlich nicht begrenzt. Hinterleib an der Spitze etwas comprimiert. Postpetiolus länger als breit. Das 2. Segment quadra-tisch, fein lederartig, mit einzelnen grösseren Punkten. Bohrer etwas länger als das 1. Segment. — Schwarz,

Hinterleibsmitte, Fühlerbasis, Schenkel und Schienen rot. Flügel mit deutlicher dunkler Binde.

♂ Fühler lang, am Ende zugespitzt. Die vorderen Trochanteren und Palpen weiss. Segment 2 und 3 lang, in der Mitte mit dunkler Makel. Flügel ohne Binde. — L. 5—6 mm.

Südliches Schweden.

110. H. bilarellus n. sp.

♀ Kopf quer, nach hinten verengt, glatt und glänzend, die Stirn fein und dicht punktiert, mehr matt; Clypeus ohne Zähne; Fühler lang und dünn, gegen das Ende nur schwach verdickt. Mesonotum mit sehr feiner Skulptur, an den Seiten mehr glatt und glänzend; Metathorax fast glatt, vollständig gefeldert, area superomedia etwa so lang wie breit; schwache Seitenzähnchen vorhanden; der abschüssige Raum gerunzelt, die beiden mittleren Längsleisten nur unten deutlich. Nervellus antefurcal, unter der Mitte deutlich gebrochen und einen Nerv aussendend. Das 1. Segment deutlich längsrissig, der übrige Hinterleib glatt; Bohrer etwas länger als das 1. Segment. — Schwarz, Fühlerbasis bis etwa zur Mitte, Segment 1—3 und Beine gelbrot, das 1. Segment an der Basis, die Spitzen der hintersten Schenkel und Schienen und die hintersten Tarsen verschwommen bräunlich. Die hintersten Segmente oben rötlich. Stigma bräunlich, an der Basis weisslich; Vorderflügel mit verschwommener, bräunlicher Querbinde. — L. 3 mm. ♂ unbekannt.

Einige ♀ von Blankenburg in Thüringen.

111. H. incisus Bridgm. 1883 H incisus Bridgman, Further Addit. to Marshall's Catalogue of Br. Ichn. (Trans. Ent. Soc. Lond p 150 ♀) | 1884 H incisus C G. Thoms, Opusc. Ent. X. p 987 ♀♂ | 1897 H incisus Schmiedeknecht, l c p 533 ♀♂.

♀ Kopf ziemlich glänzend, mit feiner, ziemlich sparsamer Punktierung. Mesonotum fein und dicht punktiert und behaart, matt, die Seiten glatt und glänzend, ebenso das Schildchen. Metathorax gerunzelt, die beiden Querleisten deutlich, die Längsleisten weniger deutlich. Das 1. Segment und die Basis des 2. nadelrissig; der übrige Hinterleib glatt und glänzend. Nervellus antefurc. Flügel mit deutlicher dunkler Binde. — Schwarz, Fühlerglieder 1—3, Segment 2—4 und Endrand von 1, sowie Beine rot. Bohrer etwas länger als das 1. Segment. — L. 3—5 mm.

♂ Kopf hinter den Augen erweitert. Fühler, Mandibeln und Trochanteren schwarz.

England, Schweden Deutschland.

112. **H. flavigaster** Schmiedekn. 1897 II. flavigaster Schmiedeknecht, 1 c p. 544 ♀

Kopf und Thorax glänzend. Clypeus am Endrand mit Spuren von 2 Zähnchen. Scheitel breit, am Ende abgerundet. Fühler gegen das Ende deutlich verdickt. Metathorax glatt, deutlich gefeldert, die Leisten ziemlich schwach, Area superom. etwas breiter als lang, Seitenzähnchen fehlen; die Längsleisten des abschüssigen Raumes schwach und dem Seitenrand nahe gerückt. Das 1. Segment vorn schwach längsrissig, Spirakeln nicht vortretend. Postpetiolus deutlich länger als breit, mit Längsfurche. Beine kräftig, namentlich die hintersten Schenkel und Schienen. Areola regelmässig, der Aussennerv vollständig fehlend. Nervellus schwach antefurcal, unter der Mitte gebrochen. Bohrer etwas länger als der halbe Hinterleib. — Glänzend schwarz. Mandibeln rötlich. Basalhälfte der Fühler, Beine und Hinterleib vom Endrand des 1. Segmentes an dunkelgelb, Basis der Beine weisslich-gelb. Bei einem Exemplar die Endsegmente bräunlich. Flügel hyalin, Stigma blass. — L. 3—4 mm. ♂ unbekannt.

Thüringen, Ungarn. (Ein ♀ in der Sammlung des National-Museums.)

113. **H. chrysopae** Brischke. 1890 II. (Charitopes) Chrysopae Brischke, Schrift. Naturf. Ges Danzig, p 105 ♀♂.

Schwarz. Palpen gelbweiss, Mandibeln scherbengelb, Zähne braun; Fühler schwarz, beim ♂ Glied 1 unten gelb, beim ♀ die 4—5 ersten Glieder unten braunrot. Stigma hellbraun, Tegula gelbweiss. Beine scherbengelb, beim ♀ die Trochanteren heller, die Hinterhüften und Hinterschenkel mehr rot, beim ♂ die vorderen Hüften heller, Hinterhüften schwarz, Hinterschenkel oben mit schwärzlichem Strich, Spitze der Hinterschienen und die Hintertarsen schwärzlich Hinterleib des ♀ gelbrot mit schwarzem 1. Segmente, beim ♂ schwarz, Basis des 2. Segmentes schmal, das 3. breit, gelb. — Der glanzlose Kopf ist hinter den Augen schmäler, Nervellus schief und unter der Mitte gebrochen, area superomed. sechseckig, das 1. Segment beim ♂ schmal und nadelrissig, beim ♀ breit und glatt, auch die folgenden Segmente sind glatt und glänzend; Bohrer kürzer als der Hinterleib. — L. 4 mm.

Danzig. Aus den Cocous von Chrysopa.

114. **H. distans** C. G. Thoms. 1884 II distans C. G Thoms., Opusc Ent X p 978 ♀ | 1897 II distans Schmiedeknecht. 1 c. p 534 ♀

♀ Scheitel breit, Stirn gerunzelt. Metathorax ziemlich vollständig gefeldert, Area superom. lang. Das 1. Segment

breit, gestreift, die folgenden Segmente fein und dicht
punktiert, am Ende glatt. Flügel mit breiter dunkler
Binde. Der untere Aussenwinkel der Discoidalzelle fast
ein rechter. Nervellus antefurc. — Schwarz, Fühlergeissel
an der Basis, Segment 2—4, die vorderen Knie und die
Schienen gelb. Die Bohrerlänge giebt Thomson nicht an.
— L. 4 mm. ♂ unbekannt.

Schweden.

115. H. rugifrons C. G. Thoms.   1884 H. rugifrons C. G. Thoms.,
Opusc Ent. X p 978 | 1897 H. rugifrons Schmiedeknecht, l. c p 535 ♀.

♀ Schwarz, Fühlergeissel an der Basis, Hinterleibsmitte, die
vorderen Knie und Schienen rot.   Bohrer etwas kürzer
als das 1. Segment. Stirn runzelig, in der Mitte mit Kiel.
— Der vorigen Art sehr ähnlich, aber Stirn mit Kiel.
Bohrer kürzer als das weniger breite 1. Segment. Segment
2—4 dichter und deutlicher punktiert. — L. 5—6 mm.
♂ unbekannt.

Schweden.

116. H. hirticeps C. G. Thoms.   1884 H. hirticeps C. C. Thoms.,
Notes hymen in Ann. Soc Ent. Fr tom. 5 p 27 ♀ | 1897 H. hirticeps
Schmiedeknecht, l. c p. 535 ♀.

♀ Schwarz, ziemlich glänzend. Kopf und Thorax schwarz
behaart. Bohrer von Hinterleibslänge. Segment 2—4 und
Beine teilweis rot. — Dem H. vicinus sehr ähnlich, aber
Bohrer länger. Kopf und Thorax mit aufrechten schwarzen
Haaren. Stirn und Mesonotum fein runzelig-punktiert.
Metathorax kurz, Querleisten deutlich, Längsleisten fast
verwischt. Stigma schwarz. Nervellus weit vor der Gabel.
Postpetiolus dicht gestreift. Das 2. Segment an der Basis
fein gestreift, die übrigen glatt. Beine schwarz, Vorderschenkel an der Spitze und Schienen rötlich, letztere an
der Spitze schwarzbraun. — L. 5—6 mm. ♂ unbekannt.

Pyrenäen.

Mit *H. hirticeps* ist wohl zweifellos identisch der *Hemiteles hirtus*
Brauns (Mitteil. Schweiz Ent. Ges. VIII. 1888 p. 5 ♀ ♂). Beide
stimmen in der Sculptur und besonders in der dichten Behaarung von
Kopf und Thorax uberein, beide sind überdies Hochgebirgsarten. Nur in
der Farbung der Beine zeigt sich ein Unterschied. Im Folgenden gebe
ich eine kurze Beschreibung: Dem *H vicinus* sehr ahnlich, durch den
langen Bohrer und die lange schwarze Behaarung von Kopf, Thorax und
Beinen verschieden. Kopf matt, hinter den Augen stark verschmalert.
Fuhler dünn, schwarz, kaum länger als der halbe Körper Mesonotum
fast matt, fein runzelig-punktiert, Schildchen mehr glanzend. Metathorax
runzelig-punktiert, deutlich gefeldert Flügel ziemlich getrübt. Ramellus
deutlich, Areola gross, aussen offen. Nervellus stark antefurcal. —
Stigma und Tegula schwarz. Schwarz, Segment 2—4 und Hinterrand
von 1 rot. Das 1 Segment breit, dicht fein gestreift, am Ende glatt,

das 2. Segment quer, bis über die Mitte fein runzelig-gestreift, das
3 Segment nur an der Basis fein gestreift, die folgenden glatt, Bohrer
fast länger als der Hinterleib. Beine schlank, schwarz, die hintersten
Schenkel rot, alle Schienen rot, am Ende gebraunt.
    Zu diesen ♀ gehört wahrscheinlich das folgende ♂ : Wie das ♀
aber die Fühler borstenförmig Felderung des Metathorax undeutlich.
Hinterleib schwarz. Das 2 und 3 Segment an der Basis und Ende
rot Sculptur der Hinterleibsbasis weniger deutlich Beine schwarz,
Schenkel an der Spitze rot, Schienen rot, die vorderen an der Spitze,
die hintersten auch an der Basis schwarz Flügel ohne Ramellus —
6,5—7,5 mm.
    . Berner Oberland. » (Brauns.)

117. H. monospilus Grav. 1829 H monospilus Grav., II p 810 ♀ | 1897 H monospilus Schmiedeknecht. 1 c p 536 ♀.

♀ Metathorax rauh und uneben, ohne vollständige Felderung,
nur eine vertiefte, fast dreieckige Area superom. etwas
erkennbar: der abschüssige Teil ziemlich schräg, ohne
Längsleisten, ausgehöhlt und glänzender als der vordere
Teil. Postpetiolus quadratisch. Das 1. und 2. Segment
dicht punktiert. Fühler fadenförmig. — Schwarz, Segment
2, Basis von 3 und Beine rot. Fühler braun. Bohrer so
lang wie der Hinterleib. — L. 4 mm. ♂ unbekannt.
    Deutschland. — Das einzige Exemplar an Stuben-
fenstern gefangen.

118. H. macrurus C. G. Thoms. 1884 H macrurus C G. Thoms, Opusc. Ent X p 985 ♀ | 1897 H macrurus Schmiedeknecht, l c. p. 536♀

Kopf hinter den Augen verschmälert. Stirn und Mesonotum
matt. Metathorax glatt, vollständig gefeldert. Fühler dick
fadenförmig. Beine kräftig. Nervellus antefurc. Schwarz,
Hinterleibsmitte und Beine schmutzig rötlich-gelb. Stigma
blass. Radius aus der Mitte. Bohrer von Hinterleibslänge.
— L. 4 mm.

Schweden, Ungarn.

119. H. argentatus Grav. 1829 H argentatus Grav., I p. 713 ♀ | 1881 H gyrini E. Parfitt, Trans. Devon Acc for the advanc. of Science, Lit and Art. | 1882 H. gyrini Bridgman, Trans. Ent. Soc. Lond. p. 144 | 1897 H argentatus Schmiedekn, l c. p. 536 ♀.

♀ In Gestalt dem H. tenuicornis ähnlich, aber die Fühler
dicker und der Metathorax ohne Seitendornen. — Gesicht
mit weissseidener Behaarung. Fühler fadenförmig. Flügel
leicht getrübt. Stigma schwarz Tegula rot. Beine ganz
rot. Segment 2—5 und 1 am Ende rot, 6 und 7 schwarz.
Bohrer so lang wie der halbe Hinterleib. — L. 8 mm.
♂ unbekannt.
    Von *H. gyrini* gibt Bridgman folgende Beschreibung: »Kopf und
Thorax glänzend, ohne Punktierung, bedeckt mit langen glänzenden weissen

Haaren. Das 1 und 2. Geisselglied an Lange gleich. Parapsiden deutlich.
Metathorax ziemlich dicht behaart. Area superom. lang mit fast parallelen
Seiten, Costula vor der Mitte. Das 1. Segment beim ♂ fast linear,
mit Langsfurche. Hinterleib mit zerstreuter glanzender Behaarung, glatt,
ohne Sculptur, das 2. Segment langer als breit, das 3. schwach quer;
beim ♂ das 2. um ¹/₃ langer als breit, das 3. quadratisch. Das ♂
erinnert an *Orthopelma luteolator,* ist jedoch schlanker »

Deutschland, England. — Der H. gyrini wurde aus
Gyrinus gezogen.

120. H. brevicauda C. G. Thoms. 1884 II. brevicauda C. G. Thoms.,
Opusc Ent. X p. 984 ♀ ♂ | 1897 H. brevicauda Schmiedeknecht,
l. c p. 537 ♀ ♂.

♀ Stirn ziemlich glanzend. Das 1. Segment fein gestreift,
die übrigen dicht und fein punktiert. — Schwarz, Flügel
mit Spuren von dunklen Binden, Schenkel und Schienen
rot, die Schenkel oben besonders an der Basis schwarz.
Segment 2—4 rot. Das 1. Segment breit. Bohrer sehr
kurz. — L. 4 mm.

♂ Das 2. Segment fein punktiert, der Endrand von diesem
und dem 3. Segmente rot.

Schweden, Ungarn (Schmiedekn.).

121. H. incertus Taschb. 1865 H. incertus Taschenberg. Crypt p. 131♀ |
1897 H. incertus Schmiedekn., l c p. 537 ♀.

♀ Metathorax fein gerunzelt und deutlich gefeldert. Area
superom. länger als breit; der ziemlich steile abschüssige
Raum mit 2 Langsleisten. Segment 1 und 2 dicht punktiert,
2 glänzend. Fühler fadenförmig. — Schwarz, Fühlerbasis
unten, Segment 2 und 3 und vordere Beine mit Ausnahme
der Hüften rot. Hinterbeine an den Schenkeln, Schienenspitzen und Tarsen gebraunt. Tegula und Basis des Stigma
weiss. Bohrer von ²/₃ Hinterleibslange. — L. 6 mm.
♂ unbekannt.

Halle.

122. H. elymi C. G. Thoms. 1884 H. elymi C. G. Thoms., Opusc. Ent
1884 p. 981 | 1897 H. elymi Schmiedekn , l. c p 537

Segment 2—4 sehr fein punktiert, der Endrand wulstartig
erhaben, poliert. Beine ziemlich dick. Vorderschienen nicht
aufgeblasen. — Schwarz, Hinterleibsmitte und Beine zum
Teil rot. Bohrer etwas länger als das 1. Segment. —
Dem H. floricolator sehr ähnlich, aber die Beine dunkler
und die vordersten Schienen nicht aufgeblasen. — L. 3 mm.

Schweden.

123. H. decipiens Grav. 1829 H. decipiens Grav., II p. 82 ♀ |
1882 H. decipiens Brischke, Ichn. d. Prov. West- und Ostpr. p.
347 ♀♂ | 1897 H. decipiens Schmiedeknecht, l. c. p. 537 ♀♂.

♀ Metathorax fein lederartig, vollständig gefeldert, aber die
Leisten schwach vortretend. Area superom. etwas länger
als breit; abschüssiger Teil mit zwei Längsleisten. Fühler
schlank. Das 1. Segment schmal, nadelrissig, mit zwei
schwachen Mittelkielen und seichter Furche dazwischen,
ohne Tuberkeln. Das 2. Segment dicht und fein punktiert.
— Schwarz, Segment 2—4 rot, meist an den Seiten braun.
Beine rot. Tarsen braun. Bohrer etwas länger als der
halbe Hinterleib.

♂ Metathorax schräg abschüssig. Trochanteren, oft auch
die Vorderhüften gelblich. Segment 2 schlank, länger als
breit, nach hinten allmählich breiter werdend, Segment 2
gewöhnlich mit schwarzen Seiten, 5 mit breitem, rotem
Längsstrich in der Mitte. Zuweilen Segment 2 und 3
oder 2—4 mit braunen Mittel- oder Basalbinden. (Nach
Brischke.) — L. 6 mm.

Deutschland. — Von Brischke aus Lipara lucens gezogen.

124. H. meridionalis Grav. 1829 H. meridionalis Grav., II p. 834 ♀ |
1897 H. meridionalis Schmiedekn., l. c. p. 538 ♀.

♀ Metathorax netzgrubig, deutlich gefeldert. Area superom.
regelmässig sechsseitig. Clypeus vorn gerundet. Das 1.
Segment nadelrissig, das 2. punktiert. Fühler schlank,
fadenförmig, braun, unten rötlich, Schaft unten hellrot.
Stigma bräunlich. Tegulä weiss. Beine rot, Spitzen der
hintersten Schienen, zuweilen auch der Schenkel braun.
Postpetiolus mehr oder weniger, Segment 2 und 3 rot,
3 am Ende schwarz. Bohrer kurz, von etwa $\frac{1}{4}$ Hinterleibslänge. — L. 5 mm ♂ unbekannt.

Genua.

125. H. coxalis Brischke. 1892 H. (Nactes Forst ?) coxalis Brischke,
Schrift. Naturf. Ges. Danzig, p. 49 ♀.

♀ Metathorax mit 2 feinen Querleisten, Segment 1 nadelrissig, Postpetiolus wenig breiter als der Petiolus, die
folgenden Segmente sehr glänzend, Bohrer von $\frac{1}{4}$ Hinterleibslänge. — Schwarz, Palpen weissgelb, Fühlerglieder
3—5 rotbraun. Tegulä hellgelb. Beine rot, Hinterhüften
schwarz, alle Trochanteren gelb, an den Hinterbeinen ist
die Spitze der Schenkel, Basis und Spitze der Schienen,
sowie alle Tarsen mit Ausnahme der Basis, schwarzbraun.
Segment 2 und 3 rot, letzteres mit schwarzem Hinterrand. — L. 5 mm. ♂ unbekannt.

Umgebung von Danzig.

126. H. oxyphymus Grav. 1829 H. oxyphymus Grav, II p 815 ♂ |
♀ = II palpator Grav, cum variet 5 p 818 | 1865 II oxyphymus
Taschenberg, p 123 ♀♂ | 1897 II. oxyphymus Schmiedeknecht,
l. c. p 538 ♀♂.

♀ Metathorax schwach gerunzelt, mit deutlichen Leisten und
Seitendörnchen; der abschüssige Teil ohne Längsleisten.
Das 1. Segment längsrissig mit zwei Kielen; das 2. Segment mit ganz feiner Sculptur, ziemlich glänzend, die
folgenden glatt. Fühler fadenförmig. Clypeus vorn schwach
gerundet, aufgetrieben. Flügel durch die Mitte und nach
der Spitze hin stark getrübt, das Stigma an der Basis
deutlich weiss. Schwarz, Segment 2 und 3 rot, meist mit
dunklen Flecken. Taster und Beine rot. Spitzen der
hintersten Schenkel und Schienen und die Tarsen, meist
auch die Basis der Hinterhüften gebraunt. Bohrer länger
als der halbe Hinterleib. — L. 5—6 mm.

♂ Metathorax mit gröberer Skulptur; der abschüssige Teil
mit 2 Längsleisten. Das 2. Segment bei starker Vergrösserung mit Längsrissen. Das 1. Segment mit stark
vortretenden Tuberkeln. Postpetiolus mit parallelen Seiten.
Segment 2—4 rot.

Var. = palpator Grav. (secund. Taschenberg). Stimmt
mit der Stammart in Skulptur und Färbung, aber Flügel
nicht getrübt und der Bohrer etwas kürzer.

Deutschland, England.

127. H. floricolator Grav. 1829 H floricolator Grav II p. 841 ♀ |
1884 H floricolator C. G Thoms, Opusc. Ent. X p 981 | 1897 II.
floricolator Schmiedeknecht, l. c p. 529 ♀♂

♀ Metathorax fein lederartig, vollständig gefeldert, mit
Seitendörnchen. Das 1. Segment kräftig, mit zwei Mittelkielen, dicht punktiert wie die folgenden Segmente, der
Endrand des mittleren etwas wulstartig erhaben und poliert.
Fühler fein, fadenförmig, die Glieder deutlich abgesetzt.
Beine dick, die vordersten Schienen aufgeblasen. Nervellus
antefurc. — Hinterleibsmitte und Beine rot. Fühler
braunrot, Schaft unten röthlich. Bohrer von ⅔ Hinterleibslänge. — L. 6 mm.

♂ Hinterleib schwarz. Segment 2 und 3 am Ende rot.

Deutschland, England, Schweden.

128. H. punctiventris C. G. Thoms. 1884 H. punctiventris C. G Thoms,
Opusc. Ent X p 977 ♀♂ | 1897 II punctiventris Schmiedeknecht, l. c
p 539 ♀♂

♀ Metathorax vollständig gefeldert. Fühler ziemlich dick,
fadenförmig. Scheitel breit, hinten nicht verschmälert.

Stirn und Mesonotum fein punktiert, ziemlich glänzend.
Postpetiolus breit. Segment 2 uud 3 dicht und stark
punktiert. Beine ziemlich kraftig, die Sporen lang. Nervellus antefurc. — Schwarz, Postpetiolus, Segment 2—4
und Beine rot. Mandibeln, Tegula uud Stigma schwarz.
Bohrer kürzer als das 1. Segment. — L. 6—7 mm.

♂ Fuhler lang und dick, schwarz. Segment 2—3, Schenkel
und Schienen rot, an der Spitze schwarz.

Schweden.

129. **H. ridibundus Grav.** 1829 H. ridibundus Grav., II p. 844 ♀ |
1897 H. ridibundus Schmiedeknecht, 1 c p 539 ♀.

♀ Metathorax schwach gerunzelt, mit Seitendornen, vollständig gefeldert, die Leisten kräftig. Das 1. Segment
grob und zerstreut punktiert, zuweilen die Punkte fast
fehlend; das 2. Segment glatt, seltener mit einzelnen
Punkten. Fühler ziemlich dick. Clypeus deutlich geschieden,
vorn fast gerade. — Schwarz, Hinterleibsmitte, Basis der
Fühlergeissel, Schenkel und Schienen rot, Hinterschienen
mit schwarzlicher Spitze. Stigma braun, die Basis weiss.
Bohrer von halber Hinterleibslänge. — L. 6 mm. ♂
unbekannt.

Mittel- und Sud-Europa.

130. **H. Hellbachi n. sp.**

♀ Kopf und Thorax glanzend, sehr fein und zerstreut punktiert, Brustseiten glatt und glänzend; Clypeus ohne Endzähne. Fuhler ziemlich kraftig, gegen das Ende allmählich
verdickt; Metathorax vollständig gefeldert, die Leisten
kräftig, area superomedia klein, so lang als breit, die
vorderen Felder glatt, die hinteren runzlig, der abschüssige
Raum querrunzelig mit den beiden Längsleisten; spitze
Seitenzähnchen vorhanden. Nervellus antefurcal, tief unten
gebrochen, der ausgehende Nerv bis zum Saum deutlich,
Aussennerv der Areola vollständig fehlend. Hinterleib
glatt und glanzend, das 1. Segment ziemlich schlank mit
deutlichen Kielen bis über die Mitte, dazwischen am Ende
mit Langsfurche, seitlich mit Längsrissen; Bohrer so lang
wie der Hinterleib ohne das 1. Segment. — Glanzend
schwarz, Fühlerglied 7—10 weiss, Mandibeln rot gefleckt.
Flugel getrübt, Stigma schwarzlich. Beine rot, Basis der
Trochanteren und Spitze der hintersten Schenkel schwärzlich, auch die Basis und Spitze der hintersten Schienen
und die hintersten Tarsen etwas verdunkelt. Endrand
des Postpetiolus, Segment 2 und 3 ganz, sowie Basis von

4 rot, die Endsegmente oben weiss. Bei einem zweiten
Exemplar ist der Postpetiolus, Segment 2 und Basalhälfte
von 3 rot.

Blankenburg und Rudolstadt in Thüringen. — Zu Ehren
des Herrn Sanitätsrat Dr. Hellbach in Rudolstadt.

131. H. nitidus Bridgm. 1889 H nitidus Bridgman, Further add. to
Marshall's Cat of Brit. Ichn in Trans Ent. Soc. Lond p. 416 ♀ |
1897 H. nitidus Schmiedeknecht, l. c p 540 ♀

♀ Glatt und glänzend. Mesonotum sehr fein punktiert. Das
1. Segment nadelrissig. Kopf quer, hinten verschmälert.
Fühler fadenförmig, vor der Spitze schwach verdickt.
Metathorax deutlich gefeldert, Area superom. annähernd
dreickig, ungefähr so lang als breit, Seitenzähnchen
stumpf. Beine ziemlich kräftig. Nervellus antefurc. Bohrer
etwas länger als der halbe Hinterleib. — Schwarz, Ende
des 1. Segmentes, das 2. und 3. rot, das 3. hinten und
an den Seiten schwarz. Beine rot, die hinteren Trochanteren schwärzlich. Stigma schwarz. Tegulä hellbraun. —
L. 5 mm. ♂ unbekannt.

England.

Anmerk. Aehnlich dem H. ridibundus, aber Kopf und Thorax
mehr glatt und glänzend, Hüften rot und Stigma ohne weisse Basis.

132. H. chionops Grav. 1829 H chionops Grav., II p 797 ♂ | 1884
H. chionops C. G. Thoms., Opusc Ent. X p 973 ♀♂ | 1897 H chionops
Schmiedeknecht, l. c. p 540 ♀♂.

♀ Kopf hinter den Augen etwas verschmälert. Stirn und
Mesonotum dicht und fein punktiert und behaart, aber
nicht matt. Metathorax gefeldert, Area petiol. nicht abgegrenzt, glänzend. Clypeus vorn fast ausgerandet. Flügel
hyalin. Nervellus antefurc. -- Schwarz, Mandibeln weisslich,
der untere Zahn viel kleiner. Fühler lang, fadenförmig,
braun. Hinterleibsmitte und Beine rot, vordere Trochanteren weisslich. Bohrer langer als das schmale 1. Segment.
— L. 5 mm.

♂ Clypeus abgestutzt. Das 2. Segment quadratisch, fein und
zerstreut punktiert. — Gesicht und vordere Hüften weiss.
Basis des 3. Segmentes und Beine rotgelb, die hintersten
Hüften schwarz gefleckt.

Nord- und Mittel-Europa.

133. H. capra C. G. Thoms. 1884 H capra C. G. Thoms, Opusc Ent
X p 974 ♀ | 1897 H. capra Schmiedeknecht, l. c. p 540 ♀.

♀ Scheitel schmal, hinter den Augen verengt. Fühler lang
und dick, Schaft rundlich, ausgeschnitten, Geissel an der

Basis kaum, am Ende deutlich verdünnt. Flügel schwach
getrübt. Areola durch schwachen Aussennerv geschlossen.
Nervellus antefurc. Stirn und Mesonotum dicht und fein
punktiert. Metathorax vollständig gefeldert, die Leisten
erhaben. Schiensporen lang. Postpetiolus länger als breit,
gestreift, mit einzelnen Punkten. Segment 2 und 3 punktiert. Bohrer kürzer als das schmale 1. Segment. —
Schwarz, Hinterleibsmitte, Schenkel und Schienen gelbrot. — L. 7—8 mm.

Südliches Schweden.

134. H. platygaster Schmiedeku. 1897 H. platygaster Schmiedeknecht,
l. c. p 541 ♀

Kopf und Thorax dicht und fein runzelig-punktiert und
behaart, matt. Clypeus oben nicht getrennt, matt, wie
das ganze Gesicht. Kopf hinten abgerundet. Fühler lang,
hinter der Mitte deutlich verdickt und dann lang zugespitzt. Metathorax längsrunzelig, vollständig gefeldert, die
Leisten stark; Area superom. langer als breit; der abschüssige Raum grob runzelig-punktiert, ohne Längsleisten;
Seitenzähnchen fehlen. Das 1. Segment breit, flach, wie
der ganze Hinterleib, geradlinig nach hinten allmählich
erweitert, ohne Spur von Kielen, dicht längsrissig; auch
das 2. Segment dicht längsrissig, aber mit Spuren von
Punktierung. Das 3. Segment fein und zerstreut punktiert,
die folgenden fast glatt. Bohrer etwas kürzer als das 1.
Segment. Beine ziemlich kräftig. Areola pentagonal, der
Aussennerv fehlend. Nervellus stark antefurcal. tief unter
der Mitte gebrochen. — Schwarz, Basalglieder der Fühlergeissel, Segment 2—4 und Beine trübrot, das 4. Segment
mehr braunrot. Flügel schwach getrübt. Stigma rost-
braun. — L. 6 mm. ♂ unbekannt.

Blankenburg in Thüringen.

135. H. notaticrus C. G. Thoms. 1888 H. notaticrus C. G. Thoms,
Opusc. Ent. XII ♀ | 1897 H. notaticrus Schmiedeknecht, l. c. p 541 ♀

♀ Kopf hinter den Augen deutlich verschmälert, Stirn fein
punktiert, an den Seiten fast glatt. Fühler dünn und lang,
braun. Mesonotum dicht und fein punktiert, matt. Metathorax vollständig gefeldert, Costula in der Mitte. Areola
mit fast vollständigem Aussennerv. Nervellus deutlich
antefurc. Segment 1 dicht und fein streifig-punktiert,
Segment 2—4 fast quer, dicht runzelig punktiert, mit
wulstartigem, poliertem Endrand. Beine kräftig. Bohrer
dick, länger als das 2. Segment. — Schwarz, Segment

2—4 braunrot. Beine rot, die hintersten Schenkel an der Spitze und die Schienen aussen braun, letztere mit weisslicher Basis. — L. 5—6 mm. ♂ unbekannt.

Schweden.

136. **H. balteatus** C. G. Thoms. 1884 H balteatus C. G. Thoms., Notes hymén etc p. 28 ♀♂ | 1897 H balteatus Schmiedekn., l. c. p. 541 ♀♂

♀♂ Schwarz, wenig glänzend. Fühlerbasis, Beine und Hinterleibsmitte rot. Bohrer fast kürzer als das etwas runzelige 1. Segment. Flügel mit wolkigem Fleck vor der Areola, beim ♂ hyalin; bei diesem Fühler und Hüften schwarz. — Dem H. fumipennis C. G. Thoms. verwandt, aber die Segmentränder nicht wulstartig und poliert, die Beine anders gefärbt, das 1. Segment geruuzelt. Metathorax volltändig gefeldert, Area superom. länger als breit, Costula vor der Mitte. Stigma schwarz, an der Basis hell. Segment 2—4 rot, das 2. fein runzelig-punktiert. — L. 4 mm.

Frankreich.

137. **H. fumipennis** C. G. Thoms. 1884 H. fumipennis C. G. Thoms, Opusc Ent X p 984 ♀ | 1897 H. fumipennis Schmiedekn., l. c p. 542 ♀

♀ Kopf und Thorax dicht und fein lederartig, matt. Fühler fadenförmig. Metathorax vollständig gefeldert. Postpetiolus breit, dicht und fein gestreift. Segment 2 und 3 punktiert, der Endrand wulstartig, poliert. Bohrer so lang wie das das 1. Segment. — Schwarz, Hinterleibsmitte, Schenkel und Schienen rot. Flügel unter dem Stigma getrübt, letzteres an der Basis weiss. Radius hinter der Mitte. — L. 5 mm. ♂ unbekannt.

Südliches Schweden.

138. **H. costalis** C. G. Thoms. 1884 H costalis C G Thoms, Opusc. Ent X p 984 ♀ | 1897 H costalis Schmiedeknecht, l. c. p. 542 ♀.

♀ Schwarz, Hinterleibsmitte, Schenkel und Schienen rot. Bohrer etwas länger als das 1. Segment. — Dem H. fumipennis sehr ähnlich durch Skulptur von Kopf und Thorax, aber das 1. Segment weniger breit, nicht gekielt, das 3. Segment fast glatt. Flügel hyalin, Pronotum nicht gestreift. — L. 4—5 mm.

Südliches Schweden.

139. **H. tenerrimus** Grav. 1829 H tenerrimus Grav., II p 831 ♂ | 1897 H. tenerrimus Schmiedeknecht, l c p 542 ♂.

♂ Metathorax schräg abschüssig mit zarter. aber vollständiger Felderung, ohne Seitendornen, der abschüssige Teil mit zwei Längsleisten. Segment 1 mit schwachen Tuberkeln, nadelrissig, ebenso die folgenden Segmente, aber schwächer. — Schwarz, Schaft unten weiss. Hinterleibsmitte pechbraun. Vorderbeine blassgelb mit weissen Trrochanteren und schwarzer Basis der Hüften. Hinterbeine braun. Basis der Schienen blassgelb. — L. 3 mm. ♀ unbekannt.

Schlesien.

140. H. imbecillus Grav. 1829 H imbecillus Grav., II p. 813 ♂ | 1897 H imbecillus Schmiedeknecht, l c. p 543 ♂.

♂ Metathorax gestreckt, runzelig, deutlich gefeldert. Area superom. viel länger als breit; der abschüssige Teil mit zwei Längsleisten. Hinterleib linear | mit deutlichen Tuberkeln. Postpetiolus nadelrissig, der übrige Hinterleib glatt. — Segment 2 und 3 hellrot, der Endrand dunkler, bei einer Varietat 1—3 ganz rot. Vorderschenkel schmutzig-gelb mit brauner Wurzel. Schienen gelblich, die hintersten am Ende dunkel. — L. 4 mm. ♀ unbekannt.

Deutschland. — Aus Gallen von Rhodites eglanteriae.

141. H. luteiventris Grav. 1829 H. luteiventris Grav., II p 812 ♂ | 1897 H luteiventris Schmiedeknecht, l. c p 543 ♂.

♂ Metathorax gestreckt, ohne vollständige Felderung; der abschüssige Teil schräg, mit zwei Längsleisten durch seine kleine Fläche. Das 1. Segment allmählich erweitert, von den Tuberkeln an parallel, mit zwei Längskielen, Segment 1 und 2 deutlich punktiert. — Schwarz, Segment 2 und 3, Tarsen, Schienen und Vorderschenkel teilweis rotgelb. Hinterschienen mit schwarzer Spitze. — L. 4 mm. ♀ unbekannt. (Vielleicht ein Pezomachus; nach Strobl das ♂ von P. terebrator Rtzb.)

Deutschland. — Aus Rosengallen.

142. H. palpator Grav. 1829 H palpator Grav., II p. 818 ♂ (excl ♀) | 1897 H palpator Schmiedeknecht, l. c p 543 ♂

♂ Metathorax dicht punktiert, Area superom. durch zwei zarte Längsleisten angedeutet. Das 1. Segment sehr lang und schmal, von den mässigen Tuberkeln noch lang parallelseitig verlaufend, fein punktiert wie die folgenden Segmente. Stigma gross, Basis breit weiss, Fühler schlank. — Schwarz, Segment 1 am Hinterrand, 2 und 3 ganz, Beine, Fühlerbasis und Mandibeln zum Teil rot. Spitzen der hintersten Schenkel und Schienen schwärzlich. — L. 7 mm. ♀ unbekannt, vielleicht Pezomachus cursitans Grav.

Das von Gravenhorst angeführte gehört nach Taschenberg zu *H. oxyphymus.* Die *var* 1 Grav ist eine dem *H. oxyphymus* verwandte Art, *var.* 2 ist *H. aestivalis*, *var.* 3 ist *H castaneus* Taschb, *var.* 4 ist eine Varietat von *H palpator* ♂, bei welcher die Huften und Hinterschenkel verdunkelt sind. Die *var.* 5 schliesslich ist das ♀ zu *H oxyphymus*

Deutschland.

Nach Ratzeburg aus Eichenrinde, worin *Anobien* gelebt hatten. Freilich ist Ratzeburg selbst unsicher, ob seine Art der echte *H. palpator* Grav. war

143. H. cylindrithorax Taschb. 1865 H. cylindrithorax Taschenberg, Crypt p 132 ♂ | 1897 H cylindrithorax Schmiedeknecht, l c p 544♂

♂ Thorax von vorn bis hinten cylindrisch, der abschussige Teil senkrecht, mit zwei Längsleisten; Felderung vollständig, Area superom. länger als breit. Das 1. Segment gestreckt, mit deutlichen Kielen und Mittelfurche. Segment 2 und 3 dicht punktiert. — Schwarz, Segment 2—4, Beine und Mandibeln gelbrot, die hintersten Hüften, Trochanteren und Tarsen dunkler. Tegulä weiss. — L. 4 mm. ♀ unbekaunt.

Halle.

144. H. stagnalis C. G. Thoms. 1884 H stagnalis C. G. Thoms, Opusc. Ent. X p. 987 | 1897 II. stagnalis Schmiedekn, l c p. 544 ♀.

Kopf hinter den Augen verschmälert, Scheitel ziemlich breit. Stirn und Mesonotum fast matt, Notauli lang. Fühler fast von Körperlänge, Schaft rundlich. Metathorax runzelig punktiert, vollstandig gefeldert. Costula vor der Mitte der Area superom. Nervellus postfurcal Der untere Winkel der Brachialzelle stumpf. Nervus parallel. über der Mitte. Das 1. Segment gerunzelt, mit deutlichen Kielen, Segment 2—4 fast glatt. Beine ziemlich schlank. — Schwarz, Segment 2—4 und Beine rot, die hintersten an der Spitze schwarz. Bohrer kurzer als das 1. Segment. — L. 4—5 mm.

Schweden.

145. H. aestivalis Grav. 1829 H. aestivalis Grav., II p. 805 ♀♂ | 1897 H. aestivalis Schmiedeknecht l c p 544 ♀♂.

♀ Körper gedrungen. Stirn lederartig. Scheitel schmal, Wangen lang. Fühler weit unten entspringend. Mesonotum fein punktiert. Metathorax sehr kurz, punktiert, vollständig gefeldert, die Leisten kräftig; Area superom. quer, Area petiol. weit uber die Mitte hinaufreichend. Segment 1 deutlich punktiert, Segment 2 glatt und glänzend, mit zerstreuten Punkten. Flügel nuter dem Stigma schwach getrübt. Stigma schmal, an der Basis breit weiss.

Nervellus opposit. — Schwarz, Segment 2 und 3, Fühler-
basis und Beine rot, das 3. Segment meist mit dunklem
Endrand. Pronotum wenigstens an den Seiten rot gefärbt.
Bohrer so lang wie das 1. Segment.

♂ Schaft unten, Mandibeln und vordere Trochanteren gelblich.
Die hintersten Hüften schwarz.

Var. modesta Grav. 1829 H. modestus Grav., II p. 858 ♀.

Seiten des Prothorax rot. Segment 1 braunrot gerandet.
Segment 2 braunrot mit schwarzer Quermakel; der übrige
Hinterleib schwarz. Beine rot.

Var. ruficollis Grav. 1829 H. ruficollis Grav., II p. 853 ♀.

Ausser Prothorax auch das Mesonotum vorn mehr oder
weniger ausgedehnt rot. — L. 5 mm.

Ganz Europa; zu den häufigeren Arten. — Von Brischke
aus Cocons von Chrysopa gezogen.

146. **H. geniculatus** C. G. Thoms. 1884 H. geniculatus C. G. Thoms,
Opusc. Ent. X p. 989 ♀♂ | 1897 H. geniculatus Schmiedeknecht,
l c p. 545 ♀♂.

Schwarz, Beine rot. Das 2. Segment vorn mit rotem
Bogenfleck. Bohrer etwas länger als das 1. Segment. —
Dem H. aestivalis sehr ähnlich, aber Stirn und Mesonotum
matt, dicht fein punktiert und behaart, die Basalglieder
der Geissel länger, die hintersten Schienen an der Basis
weiss. Pronotum schwarz. Das 2. Segment dichter
punktiert. — L. 5—6 mm.

Schweden.

147. **H. longicaudatus** C. G. Thoms. 1884 H. longicaudatus C. G.
Thoms, Opusc Ent. X p. 989 ♀ | 1897 H. longicaudatus Schmiede-
knecht, l c p. 545 ♀

♀ Schwarz, die drei ersten Segmente und Beine gelb. Bohrer
viel länger als das 1. Segment. — Dem H. aestivalis
sehr ähnlich, aber Bohrer viel länger; Hinterleib anders
gezeichnet, das 2. und 3. Segment dichter punktiert, am
Endrand glatt. — L. 5 mm. ♂ unbekannt.

Schweden.

148. **H. minutus** Bridgm. 1886 H. minutus Bridgman, Further Add.
to Marshall's Cat. of Br. Ichn. in Trans Ent Soc Lond. p 340 ♀♂ |
1897 H. minutus Schmiedeknecht, l. c. p. 545 ♀♂.

♀ Sehr glatt und glänzend. Fühler etwas kürzer als der
Körper, fadenförmig. Mesonotum kaum merklich punktiert.
Metathorax mit zwei deutlichen Querleisten, Area superom.

angedeutet, etwas breiter als lang; abschüssiger Raum
mit zwei Langsleisten. Das 1. Segment schlank, Tuberkeln
kaum vorstehend, die folgenden Segmente quer. Bohrer
ungefähr so lang wie das 1. Segment. Nervellus nicht
gebrochen. — Schwarz, Vorderschenkel, Schienen und
Tarsen pechfarben; auch das 2. Segment zuweilen bräunlich.

♂ Kaum vom ♀ verschieden, Fühler mehr fadenförmig und ·
Hinterleib schlanker.

Sehr kleine Art von nur 2½ mm.

England. — Ans Spinnennestern gezogen.

149. **H. pseudominutus** Strobl. 1897 II pseudominutus Strobl, l. c.
p. 243 ♀♂.

Unterscheidet sich von H. minutus durch die kleine,
kaum in der Anlage vorhandene Areola, da der innere
Nerv sehr kurz ist; durch das weniger schlanke 1. Segment mit stark vorspringenden Luftlöchern und durch
die kürzeren Fühler.

♀ Taster, Clypeus und Basalhälfte der Fühler rötlich. Beine
rot, nur ein Basalfleck der Hinterhuften schwärzlich. Das
2. Segment unscheinbar runzelig-punktiert, sehr glänzend
Segment 2 und 3 rotbraun mit lichteren Rändern. Bohrer
so lang wie das 1. Segment.

♂ Das 2. Segment bis zum glatten Endrand sehr dicht längsrissig; auch die Basis des 3. ist rauh, die folgenden glatt
und glänzend. Beine rotbraun, die 4 hinteren Hüften
und die Hinterschenkel fast ganz schwarz; Vorderschenkel
oben etwas verdunkelt. Hinterleib schwarz, Endrand von
Segment 2 und 3 rot, dasselbe wulstartig erhaben und
glänzend. — L. 3—4 mm.

Steiermark.

150. **H. gracilis** C. G. Thoms. 1884 H. gracilis C G Thoms, Opusc.
Ent. X p 989 ♀♂ | 1897 II. gracilis Schmiedeknecht, l. c. p 546 ♀♂

Körper schlank. Kopf und Mesonotum glänzend. Meta-
thorax ziemlich glatt, vollständig gefeldert. Flügel hyalin.
Stigma hell. Nervellus postfurc, nicht gebrochen. —
Schwarz, Fühlerbasis, Hinterleibsmitte und Beine rötlich-
gelb. Bohrer ungefähr so lang wie das 1 Segment. —
L. 4—5 mm.

Schweden, Deutschland.

151. **H. solutus** C. G. Thoms. 1884 H. solutus C. G. Thoms., Opusc.
Ent. X p. 990 ♀♂ | 1897 H. solutus Schmiedeknecht, l. c. p. 546 ♀♂

Schwarz, Fühlerbasis, Hinterleibsmitte und Beine rötlichgelb, Brachialzelle und Discoidalzelle nach aussen nicht
geschlossen. Bohrer etwas kurzer als das 1. Segment. —
Dem H. gracilis fast ganz gleich, nur durch den fast
fehlenden Aussennerv der. Brachial- und Discoidalzelle
verschieden.
Schweden.

152. **H. apertus** C. G. Thoms. 1884 H. apertus C. G. Thoms., Opusc.
Ent. X p 990 ♀♂ | 1897 H. apertus Schmiedeknecht, l. c. p. 546 ♀♂.

Schwarz, Fühler kurz. Beine hell. Der Aussennerv der
Brachial- und Discoidalzelle vollständig fehlend. Bohrer
nicht länger als das 1. Segment. Von den beiden vorher-
gehenden Arten verschieden durch kürzere und dickere
Fühler, gedrungeneren Thorax, fast fehlende Area superom.
und breiteres und kürzeres 1. Hinterleibssegment. —
L 3 mm.
Schweden.

153. **H. micator** Grav. 1829 H micator Grav., II p. 832 ♀ (excl ♂) |
1884 H micator C G Thoms , Opusc Ent X p 990 ♀♂ | 1897 H
micator Schmiedeknecht l c p 546 ♀♂

Ausgezeichnet durch den nach innen zahnartig vorspringenden Pedicellus. Kopf und Mesonotum glatt und glänzend.
Metathorax vollständig gefeldert, die Leisten kräftig;
Seitendörnchen vorhanden; abschüssiger Teil mit zwei
Längsleisten, Das 1. Segment längsrissig, schlank, mit
deutlichen Tuberkeln; der übrige Hinterleib glatt und
glänzend. Flügel getrübt. Stigma an der Basis breit
weisslich. — Schwarz, Fühlerbasis, Hinterleibsmitte und
Beine hellrot, die hintersten Tarsen, Schenkel- und Schienenspitzen verdunkelt. Bohrer so lang wie der halbe Hinterleib. — L. 5—8 mm.

♂ Fühler, Tegulä, Hüften und Trochanteren schwarz.
Ganz Europa, meist häufig.

154. **H. bellicornis** C. G. Thoms. 1888 H bellicornis C. G. Thoms,
Opusc Ent XII p. 1243 ♀ | 1897 H. Schmiedeknecht, l c. p. 547 ♀.

♀ Kopf nach hinten und unten stark verschmälert, glatt
und glänzend. Scheitel winkelig ausgerandet. Stirn fein
gerunzelt. Fühler lang und dick, Geissel gegen die Basis
stark verdünnt, schwarz, 3—4 der mittleren Glieder oben
weiss, Schaft und Pedicellus rötlich. Mesonotum dicht
und fein punktiert und behaart, fast matt, rot, ebenso

das Pronotum: meist auch Brust und Metathorax rot
gefleckt; letzterer glatt und glänzend, vollständig gefeldert,
ohne Seitendornen, Area superom. etwas länger als breit,
Flügel schwach getrübt, Nervellus deutlich postfurc. Das
1. Segment lang und schmal, dicht gestreift, das 2. glatt,
ganz oder auf der Scheibe rötlichgelb, 3—5 schwarz, 6
und 7 hell. Beine schlank, rötlich-gelb. Brustseiten glatt.
Bohrer so lang wie das 1. Segment. — L 3—4 mm.
♂ unbekannt

  Schweden.

155. **H. ornaticornis** Schmiedekn. 1897 H. ornaticornis Schmiedekn,
  1 c p 547 ♀.

♀ Körper glänzend. Fühler fadenförmig, gegen das Ende
schwach verdickt. Metathorax vor der vorderen Querleiste
poliert, dahinter grob gerunzelt, deshalb die Felderung
undeutlich, zwischen den Querstreifen mit Längsrunzelung,
Seitendörnchen deutlich; abschüssiger Raum matt, ohne
Längsleisten. Das 1. Segment nach hinten allmählich
erweitert, längsrissig mit deutlichen Kielen, dazwischen
glatt und gefurcht, der übrige Hinterleib glatt und
glänzend.. Bohrer von Hinterleibslänge. Areola durch
feinen Aussennerv geschlossen. Nervellus deutlich postfurcal,
unter der Mitte gebrochen. — Glänzend schwarz. Palpen
und Mandibeln weisslich. Fühlerglied 1—4 rotlich-gelb,
3 und 4 etwas gebräunt, 5 schwarz, 6—9 weiss, die
übrigen schwarz. Segment 2—4 rot, das 4. hinten in der
Mitte schwarz Beine rotgelb. Flügel deutlich getrübt.
Stigma bräunlich, an der Basis weiss. Tegulä röthlch. —
L. 5 mm. ♂ unbekannt.

  Im Schwarzatal bei Blankenburg in Thüringen.

156. **H. subannulatus** Bridgm 1883 H subannulatus Bridgman, Further
  add etc Trans. Ent. Soc. Lond p 147 ♀ | 1897 H subannulatus
  Schmiedeknecht, 1 c p. 547 ♀

♀ Dicht und fein punktiert, matt. Kopf hinter den Augen
verschmälert. Metathorax lang, Area superom. fast zweimal
so lang als breit, Leisten fein Das 1. Segment fast ohne
Tuberkeln. Postpetiolus mit flacher Grube. Segment 2
und 3 von gleicher Länge. Bohrer von $1/3$ Hinterleibslänge. Beine schlank. Nervellus opposit. — Schwarz,
Segment 2—4, Endrand des 1. und Beine hell bräunlich-
rot, das 3. und 4. Segment an den Seiten braun. Fühler
mit weissem Ring Flügel mit dunkler Querbinde. Stigma
braun, an der Basis weiss. — L. 5 mm. ♂ unbekannt.

  England.

157. H. ornatus Brischke. 1890 II. (Orthizema Forst.) ornatus Brischke, Schrift Naturf. Ges. Danzig, p. 106 ♀.

♀ Schwarz. Palpen, Mandibeln, Fühlerglieder 1—5 scherbengelb, 6—9 weiss, die folgenden schwarz. Stigma halb braun, halb weiss, Vorderflügel mit dunkler Querbinde und dunklem Schatten am Quernerv der Schulterzelle. Tegulä weisslich. Beine scherbengelb, ebenso Segment 1 an der Spitze und 2—4 ganz; 5—7 braun mit weissem Hinterrand; Bohrer von halbe- Hinterleibslänge. Der nach hinten sehr verschmälerte Kopf und der Thorax matt; Metathorax mit 5 Feldern und 2 seitlichen Spitzen. area superomedia lang, sechseckig. Das 1. Segment fein längsrunzelig, die folgenden glänzend. — L. 4—5 mm. Nur das ♀ bekannt.

Umgebung von Danzig.

158. H. triannulatus C. G. Thoms. 1884 H triannulatus C. G. Thoms, Opusc Ent X p 991 ♀♂ | 1897 II. triannulatus Schmiedeknecht, l. c p 548 ♀♂.

Schwarz, Fühler 3-farbig, mit weissem Ring. Hinterleibsmitte und Beine rot. Flügel ♀ mit zwei schwachen dunklen Querbinden. Stirn und Mesonotum fein gerunzelt, matt. Fühler ziemlich lang und dick. Metathorax glatt und glänzend, Area superom. lang, Costula vor der Mitte. Das 1. Segment nadelrissig, 2 und 3 dicht und fein punktiert. Bohrer so lang wie das 1. Segment. — L. 5—6 mm.

Schweden, Deutschland, England.

159. H. hadrocerus C. G. Thoms. 1884 II. hadrocerus C. G. Thoms, Opusc. Ent. X p. 991 ♀♂ | 1897 II. hadrocerus Schmiedeknecht. l. c p 548 ♀♂.

Gelbrot, Fühler 3-farbig, mit weissem Ring. Kopf schwarz. Bohrer etwas länger als das 1. Segment. — Der vorhergehenden Art ähnlich. Beim ♀ der Thorax gelbrot, die Querbinden der Flügel deutlicher, das 2. Segment glatt. Beim ♂ der Thorax schwarz, Hinterleibsmitte und Beine rot. Vom ♂ des H. triannulatus verschieden durch die nicht gestreiften Mesopleuren und einen lamellenartigen, fast quadratförmigen Anhang an der Clypensspitze. — L. 5—6 mm.

Schweden, Deutschland, England.

160. H. magnificus n. sp.

♀ Nahe dem H. hadrocerus, durch den langen Bohrer sofort zu unterscheiden. Körper sehr fein runzelig, fast matt. Fühler sehr schlank borstenförmig, 3-farbig. Kopf braunrot, Clypeus am Ende zahnartig vorspringend. Thorax

hellrot, oben verschwommen bräunlich.   Felderung des
Metathorax schwach. Flügel fast hyalin, Vorderflügel hinter
der Mitte mit brauner Querbinde, Aussennerv der Areola angedeutet. Nervellus deutlich postfurcal. Beine durchaus
gelbrot, die vordersten Schienen stark aufgetrieben. Segment 1—3 stark gelbrot, die folgenden Segmente braun,
das 1. Segment nach hinten allmählich verbreitert, die
Knötchen nicht vorspringend, längs der Mitte eine deutliche Längsfurche ; Bohrer fast länger als der Hinterleib.
— L 5 mm. ♂ unbekannt.

Ein ♀ im Schwarzathal bei Blankenburg von mir
gefangen.

161. H. semicroceus Schmiedekn. 1897 H. semicroceus Schmiedekn.,
l c p 548 ♀

♀ Kopf und Thorax glatt und glänzend. Clypeus tief abgegrenzt, fast poliert. Kopf nach hinten stark verengt.
Fühler an der grösseren Endhälfte deutlich verdickt, am
Ende wieder etwas verdünnt. Metathorax glatt und glänzend, vollständig gefeldert, die Leisten kräftig, Area
superom so lang als breit, 5-seitig : abschüssiger Raum
mit Längsleisten; Seitendörnchen angedeutet. Das 1. Segment
schlank, mit starken Kielen, dazwischen mit Längsfurche,
gegen das Ende undeutlich längsrissig, die übrigen Segmente glatt und glänzend. Hinterleib länglich elliptisch ;
Bohrer so lang wie der dritte Teil desselben. Beine ziemlich kräftig Radius hinter der Mitte des Stigma entspringend. Areola regelmässig, mit fehlendem Aussennerv.
Nervellus schwach postfurcal, etwas unter der Mitte gebrochen. Glänzend schwarz. Fühlerglied 1—8, Segment
1—3 und Beine rotgelb. Hinterleibsspitze blassgelb. Bei
einem Exemplar das 1. Segment zum Teil gebräunt.
Flügel schwach getrübt. Stigma braun, an der Basis breit
weisslich. — L. 4 mm. ♂ unbekannt.

Blankenburg in Thüringen. Im Spätsommer auf Eichen.

162. H. inflatus C. G. Thoms 1884 H. inflatus C. G. Thoms., Opusc.
Ent X p. 992 ♀♂ | 1897 H. inflatus Schmiedekn., l c. p. 549 ♀♂

♀ Mesonotum matt, fein behaart. Fühler schlank, schwarz.
Flügel hyalin, ohne Binden. Nervellus postfurc. Vorderschienen stark aufgeblasen. — Schwarz, Mesonotum zum
Teil, Hinterleibmitte und Beine grösstenteils röthlichgelb. Bohrer etwas länger als das schmale 1. Segment.
♂ Mesonotum und Hinterleib fast ganz schwarz. Beine
dunkler. — L. 3—4 mm.

Südliches Schweden.

163. H. monodon C. G. Thoms. 1884 H. monodon C. G. Thoms., Opusc.
Ent. X p. 991 ♀♂ | 1897 H. monodon Schmiedekn. l. c. p. 549 ♀♂.

Scheitel breit. Clypeus in der Mitte des Endrandes mit
vorstehendem Zahn. Fühler schlank, gegen die Basis verdünnt. Mesonotum matt, fein behaart. Flügel hyalin,
Nervellus postfurc. Die vordersten Schienen beim ♀ stark
aufgeblasen. — Schwarz, Segment 2—4 und Beine rot.
Bohrer etwas länger als das schmale 1. Segment. —
L. 6 mm.

Schweden.

164. H. gracilipes C. G. Thoms. 1884 H. gracilipes C. G. Thoms., Opusc.
Ent. X p. 992 ♀ | 1897 H. gracilipes Schmiedekn. l. c. p. 549 ♀

♀ Schwarz, Hinterleibsmitte breit und Beine rot, die
hintersten Hüften schwarz. Das 1. Segment lang und
linear. — Den beiden vorhergehenden Arten sehr verwandt,
aber Kopf glatt und glänzend, Clypeus nicht gezähnt, die
vordersten Schienen nicht aufgeblasen, Nervellus über der
Mitte gebrochen und die Fühler weniger schlank. —
L. 4 mm. ♂ unbekannt.

Schweden.

165. H. distinctus Bridgm. 1883 H. distinctus Bridgman, Further add
etc. p 151 ♀ | 1897 H. distinctus Schmiedekn., l. c. p. 549 ♀

♀ Kopf und Thorax fein gerunzelt. Fühler schlank, vor
dem Ende ziemlich stark verdickt, fast von Körperlänge.
Metathorax mit zwei Querleisten, abschüssiger Teil mit
zwei Längsleisten. Tuberkeln des 1. Segmentes nicht vorragend, Postpetiolus länger als breit, fein nadelrissig,
ebenso das 2. Segment. Der ganze Hinterleib mit zerstreuter steifer Behaarung. Bohrer von ¼ Hinterleibslänge. Beine schlank. Nervellus opposit., deutlich unter
der Mitte gebrochen. — Schwarz, Beine und 2. und 3. Segment braunlich-rot, letztere an den Seiten dunkel gefleckt.
Hinterhüften, Endhälfte der hintersten Schenkel, Basis
und Spitze der hintersten Schienen und ihre Tarsen dunkelbraun. Stigma bräunlich. — L. 4 mm. ♂ unbekannt.

England

166. H. cyclogaster C. G. Thoms. 1884 H. cyclogaster C. G. Thoms.,
Opusc. Ent. X p. 992 ♀ | 1897 H. cyclogaster Schmiedekn. l. c. p 550 ♀.

♀ Kopf nach hinten verschmälert. Stirn glänzend. Fühler
fadenförmig. Metathorax fein punktiert, vollständig gefeldert. Das 1. Segment lang und linear, so lang wie der
übrige Hinterleib, dieser rundlich. Spirakeln des 1. Segmentes fast in der Mitte. Nervellus postfurc. Bohrer so

lang wie das 1. Segment, — Schwarz, Hinterleibsmitte.
Fühlerbasis und Beine rötlich-gelb. Stigma hell. —
L. 4 mm ♂ unbekannt.
Schweden.

167. H. ungularis C. G. Thoms. 1884 H ungularis C G. Thoms., Opusc.
Ent. X p 994 ♀ | 1897 H ungularis Schmiedekn 1 c. p. 550 ♀.

♀ Glatt und glänzend, auch die Mesopleuren. Fühler dünn.
Vorderschienen aufgeblasen. Bohrer dick, so lang wie der
halbe Hinterleib. Klauenglied und Klauen auffallend dick.
— Schwarz, die ersten drei Segmente, Fühlerbasis und
Beine gelbrot. — L. 4—5 mm ♂ unbekannt.
Schweden.

168. H. magnicornis C. G. Thoms. 1884 H magnicornis C G Thoms.
Opusc Ent X p 994 | 1897 H magnicornis Schmiedekn 1 c p 550 ♀

♀ Fühler dick. Metathorax ohne deutliche Seitendornen, glatt,
Area petiol. bis über die Mitte hinaufreichend, Area superom.
quer. Das 1. Segment allmählich sich erweiternd, flach.
Postpetiolus quer. Die vordersten Schienen schwach aufgetrieben. Nervellus postfurc. Bohrer halb so lang wie das
1. Segment. — Schwarz, Fühlerbasis, Hinterleibsmitte
und Beine rot, die hintersten am Ende dunkelbraun. —
L. 3—4 mm.
Schweden.

169. H. validicornis C. G. Thoms. 1884 H validicornis C. G Thoms
Opusc. Ent X p 995 ♀ | 1897 H validicornis Schmiedekn 1 c p 550 ♀

♀ Schwarz. Fühler lang und dick, ihre Basalhälfte, Hinterleibsmitte und Beine rot. Bohrer halb so lang wie das
1. Segment. — Den beiden vorhergehenden Arten nahe
verwandt, aber das 2. Segment fein und zerstreut punktiert, die vordersten Schienen nicht aufgetrieben. —
L. 4 mm. ♂ unbekannt.
Schweden.

170. H. trochanteratus C. G. Thoms. 1884 H trochanteratus C G.
Thomson, Opusc Ent X p 994 ♀♂ | 1897 H trochanteratus Schmie-
deknecht, 1 c. pp 131 u 132

Dem H. hemipterus durch die aufgeblasenen Vorderschienen und die gebanderten Flügel ähnlich, aber
Fühler länger und dünner, Metathorax fein punktiert,
ohne Zähne; Mandibeln rot, Beine nicht behaart. —
Schwarz, Basalhälfte der Fühler, die breite Hinterleibsmitte und Beine rot, Trochanteren gelblich, Flügel mit
dunklen Binden. Bohrer von Hinterleibslänge. — L. 4 mm.
Schweden.

171. H. fasciatus C. G. Thoms. 1884 H. fasciatus C. G. Thoms., Opusc Ent. X p 995 ♀♂ | 1897 H. fasciatus Schmiedekn., l c. p 551 ♀♂.

Stirn glatt und glänzend. Metathorax fein punktiert, ohne Seitendornen, Area petiol. abgegrenzt. Flügel mit zwei dunklen Querbinden. Bohrer von Hinterleibslänge. — Schwarz, Basalhälfte der Fühler, Hinterleibsmitte und Beine röthlichgelb. — L. 3—4 mm.

Schweden, Ungarn (Schmiedekn.).

172. H. insignipennis n. sp.

♀ Kopf und Thorax glänzend schwarz, zerstreut punktiert; Fühler schlank, die Basalglieder der Geissel weit länger als breit, Schaft und Basalhälfte der Geissel rotgelb. Metathorax vorn glatt, hinten gerunzelt, vollständig gefeldert, area superomedia so lang als breit, Seitenzähne deutlich, glattgedrückt. Flügel stark getrübt, an der Basis mehr hell. Stigma halb weiss, halb schwärzlich. Von der weissen Basalhälfte zieht eine helle Binde abwärts, eine zweite schwächere vor dem Endrand der Vorderflugel. Nervellus postfurcal, sehr schräg nach aussen, der ausgehende Nerv sehr deutlich. Beine rot, die vordersten Schienen wenig verbreitert. Die hintersten Schenkel am Ende oben breit schwarz, die hintersten Schienen an Basis und Spitze und die Hintertarsen schwärzlich. Das 1. Segment nach hinten stark verbreitert, grob längsrissig mit 2 starken Kielen bis über die Mitte; der übrige Hinterleib glatt, das 2 Segment an der Basis mit einigen Längsrissen. Segment 1 am Ende, 2 und 3 ganz rot, die Endsegmente mit weissem Endrand. Bohrer etwas kürzer als der Hinterleib. — L. 6 mm.

Ein ♀ Ende Juni bei Blankenburg gefangen.

173. H. breviareolatus C. G, Thoms. 1884 H. breviareolatus C. G. Thoms., Opusc. Ent. X p. 995 ♀♂ | 1897 H. breviareolatus Schmiedeknecht, l c p. 551 ♀♂.

Glänzend, bräunlich behaart. Scheitel verschmälert Metathorax kurz, Area petiol. deutlich, nach oben verbreitert, weit über die Mitte hinaufreichend. Area superom. quer. Costula hinter der Mitte. Flügel mit 2 dunklen Binden. Stigma an der Basis breit weiss. Nervellus postfurc. Postpetiolus breit, dicht gestreift. Das 2. Segment bis über die Mitte runzelig-gestreift. Beine kräftig, die vordersten Schienen nicht aufgetrieben. Bohrer kürzer als das 1. Segment. — Schwarz, Fühlerbasis, Hinterleibsmitte und Beine rot. — L. 4—5 mm.

Schweden.

174. **H. politus** Bridgm. H. politus Bridgman, Furth. add. to Marsh. Cat. etc. p. 146 ♀ | 1897 H. politus Schmiedekn., l. c. p. 551 ♀.

♀ Aehnelt sehr dem H. oxyphymus, aber Flügel nicht so stark verdunkelt, das 1. Segment schlanker und poliert, nicht nadelrissig, der Bohrer lauger. — Glänzend, Fuhler fadenförmig, Geissel 18—19-glied. Metathorax deutlich gefeldert, Area superom. länger als breit, Seitendornen deutlich. Das 1. Segment mit deutlichen Spirakeln. Bohrer von ⅔ Hinterleibslänge. Beine schlank. Nervellus schwach postfurc., unter der Mitte gebrochen. — Schwarz, Basis der Fühlergeissel, Segment 2, Basis von 3 und Beine rot. Basis der Hüften zuweilen verdunkelt. Spitzen der hintersten Schenkel und Schienen schwarzbraun. Flügel schwach getrübt. Stigma braun. — L. 4 mm. ♂ unbekannt. England.

175. **H. longulus** C. G. Thoms. 1884 H. longulus C. G. Thoms., Opusc. Ent. X p. 997 ♀♂ | 1897 H longulus Schmiedekn., l. c. p 552 ♀♂

Fühler sehr dünn. Metathorax vollständig gefeldert, Area petiol. nicht bis zur Mitte hinaufreichend. Radius weit hinter der Mitte des Stigma entspringend. Nervellus postfurc. Das 1. Segment lang, mit Kielen; das 2. zerstreut punktiert. — Schwarz, Segment 2 und 3 und Beine rot. Bohrer länger als das 1. Segment. — L. 5—7 mm. Schweden.

176. **H. constrictus** C. G. Thoms. 1884 H. constrictus C. G. Thoms., Opusc. Ent. p. 987 ♀ | H. constrictus Schmiedeknecht, l. c. p. 552 ♀

♀ Fühler, Flügel und Metathorax wie bei der vorigen Art. Mesonotum glänzend. Notauli lang. Schienen an der Basis eingeschnürt, die vordersten nicht aufgeblasen. Das 1. Segment kurz. — Schwarz, Hinterleibsmitte und Beine zum Teil rötlich. Bohrer lauger als das 1. Segment. — L. 3—4 mm. ♂ unbekannt. Schweden.

177. **H. alpinus** C. G. Thoms. 1884 H. alpinus C. G. Thoms, Opusc. Ent. X p. 997 ♀ | 1897 H. alpinus Schmiedeknecht. l. c. p. 552 ♀

Körper gedrungen, fein gerunzelt und matt. Mesonotum schwach glänzend. Metathorax gefeldert, der abschüssige Teil ohne Längsleisten. Kopf nach hinten nicht verschmälert. Wangen aufgetrieben. Fühler dick, fadenförmig. Beine kräftig. Das 1. Segment kurz, nicht länger als an der Spitze breit, die übrigen Segmente gerunzelt, matt. Bohrer so lang wie das 1. Segment. — Schwarz, Hinterleibsmitte braunrot, Beine rot, Hüften an der Basis schwarz. — L. 4—5 mm. ♂ unbekannt. Schweden.

178. H. arcticus C. G. Thoms. 1884 H. arcticus C. G. Thoms., Opusc. Ent X p 998 ♀ | 1897 H. arcticus Schmiedeknecht, l. c. p. 552 ♀

♀ Schwarz, wenig glänzend. Hinterleibsmitte und Beine zum Teil rot. — Dem H. alpinus sehr ähnlich, aber Körper weniger matt, das 1 Segment etwas länger, Vorderschenkel an der Basis, die hintersten fast ganz schwarz. — L. 4—5 mm.

Nordliches Schweden.

179. H. disputabilis Schmiedekn. 1897 H. disputabilis Schmiedeknecht, l c. p 552 ♀

♀ Kopf und Thorax sehr fein lederartig, aber ziemlich glänzend Kopf nach hinten stark verengt. Gesicht matt. Clypeus nicht getrennt. Fühler von Körperlänge, gegen das Ende spindelförmig verdickt. Parapsidenfurchen lang und tief. Metathorax stark gerunzelt, vollständig gefeldert, Area superomed. so lang als breit, Seitendornen vollständig fehlend, der abschüssige Raum grob gerunzelt mit Längsleisten. Das 1. Segment lang und schlank, längsrissig, mit schwachen Kielen und ziemlich starken Tuberkeln, die folgenden Segmente sehr fein und sehr zerstreut punktiert, am Endrand poliert. Bohrer etwas kürzer als das 1. Segment. Beine schlank, zumal die hintersten Schenkel und Schienen stark verlängert. Areola im Flügel regelmässig, durch feinen, aber deutlichen Aussennerv geschlossen; unterer Aussenwinkel der Discoidalzelle ein spitzer. Nervellus antefurcal, unter der Mitte gebrochen. — Schwarz, Spitzen der Mandibeln und Fühlerbasis unten rötlich. Segment 2—4 hellrot, das 4. Segment hinten breit schwarz, dieses und die folgenden Segmente mit rötlichem Endsaum. Beine rot. Hüften schwarz. Basis der Trochanteren, Spitzen der hintersten Schienen und ihre Tarsen gebraunt. Flügel fast hyalin. Stigma dunkelbraun. Tegulä hellrot. — L. 6 mm ♂ unbekannt.

Thüringen.

A n m e r k Trotz der geschlossenen Areola muss die Art wegen der Fühler- und Beinbildung zu Hemiteles gestellt werden

180. H. bituberculatus n. sp.

♀ Fühler fast von Körperlänge, hinter der Mitte schwach verdickt. Schaft schwarz, Basis der Geissel bis über die Mitte hellrot. Kopf und Thorax schwarz, Kopf quer, nach hinten wenig verengt, fein punktiert, schwach glänzend; Rand der Fühlergruben unterhalb des Schaftes als starker Wulst vortretend; Clypeus ohne Zähne. Mesonotum dicht runzlig-punktiert, schwach glänzend; Mittelbrust-

seiten oben dicht langsrissig. Die beiden Querleisten des
Metathorax stark genähert, dadurch die area superomed.
viel breiter als lang; der abschüssige Raum mit starken
Längsleisten, in der Mitte querstreifig. Flügel hyalin,
Stigma braun, Areola mit deutlichem Aussennerv. Tegulä
rötlich, Beine hellrot, Mittel- und Hinterhüften schwarz.
Das 1. Segment kurz und breit, deutlich längsrissig, die
folgenden Segmente glatt und glänzend. Hinterleib schwarz,
Segment 2 und 3 trüb rot. Bohrer kaum langer als das
1. Segment. — L. 3—4 mm.

Einige ♀ Mitte April bei Blankenburg in Thüringen.

181. **H. areolaris** C. G. Thoms. 1884 H. areolaris C G. Thoms., Opusc.
Ent X p 986 | 1897 H. areolaris Schmiedeknecht, l. c p. 553 ♀♂.

Kopf hinter den Augen verschmälert. Stirn matt. Fühler
dick, fadenförmig. Mesonotum ziemlich matt. Metathorax
glatt, vollständig gefeldert, ohne Seitendornen. Areola im
Flügel geschlossen, klein. Nervellus antefurc. Bohrer etwas
kürzer als der Hinterleib. — Schwarz, Fühlerbasis und
Beine rötlich-gelb. — Dem Phyg. nanus durch die geschlossene Areola ähnlich, aber Stirn matt, Fühler länger,
Metathorax ohne Seitendornen, Beine kräftiger. —
L. 3—4 mm.

Schweden.

182. **H. pullator Grav.** 1829 Crypt. pullator Grav., II p. 584 ♀ | 1896
II pullator C. G. Thoms, Opusc Ent. XXI p 2388 ♀♂ ! 1897 H.
pullator Schmiedeknecht, l. c p. 553 ♀♂.

♀ Fühler schlank, braun, Schaft ganz oder nur unten rot.
Flügel hyalin. Stigma pechbraun. Tegulä weisslich. Aussennerv der Areola vorhanden, aber sehr fein. Beine rötlichgelb. Segment 2 und 3 rötlich-gelb, mit braunem Endrand.
Bohrer von halber Hinterleibslänge. — Dem H. gracilis
ähnlich. Kopf hinter den Augen weniger verengt. Areola
geschlossen. Nervellus unter der Mitte gebrochen. Hinterleib anders gezeichnet — L. 4—5 mm.

♂ Färbung vom Hinterleib und Beinen dunkler.

Deutschland, Schweden.

183. **H. flavicornis** n. sp.

♀ Fühler fast von Körperlänge, fadenförmig, hinter der Mitte
schwach verdickt, durchaus gelb. Kopf quer, sehr fein und
dicht runzlig, matt, Wangen aufgetrieben, Clypeus ohne
Zahne, glänzend. Kopf schwarz, Mandibeln und Clypeusrand gelb, Gesichtshöcker bräunlich. Thorax schwarz,
Halsseiten rötlich. Mesonotum durch feine und dichte

Runzelung ganz matt, Brustseiten dicht und fein langsrissig; Metathorax schwach glanzend, fast glatt, Felderung
deutlich, area superomed. weit länger als breit. Flügelwurzel weisslich, Tegula rötlich. Flügel hyalin. Areola
aussen geschlossen; Stigma braungelb, an der Basis weiss;
unterhalb des Stigma eine wolkige Trübung; nervulus
hinter der Gabel, auch an dieser Stelle eine Trübung;
nervellus schwach antefurcal, gebrochen und einen deutlichen Nerv aussendend. Beine gelb, ohne alle Spur
von Verdunkelung. Das 1. Segment matt, schwarz, am
Endrand gelb, Postpetiolus mit Langsfurche; das 2. Segment bis über die Mitte mit ganz feinen und zerstreuten
Längsrissen, die übrigen Segmente glatt. Das 2. Segment
rotgelb, das 3. braungelb, die folgenden noch dunkler.
Hinterleib etwas breiter als der Thorax; Bohrer so lang
wie der halbe Hinterleib. — L. 4—5 mm.
2 ♀ von Blankenburg in Thüringen.

184. **H. clausus** C. G. Thoms. 1888 H. clausus C. G. Thoms, Opusc.
Ent. XII p. 1245 ♀ | 1897 H. clausus Schmiedeknecht, l c p. 554 ♀.

♀ Körper schlank. Kopf hinter den Augen etwas verschmä-
lert. Fühler dünn, fadenförmig. Mesonotum fein behaart,
matt. Metathorax vollständig gefeldert, die Leisten zart,
Area superom. lang. Areola im Flügel geschlossen. Ner-
vellus antefurc. Stigma schwärzlich. Radius hinter der
Mitte. Bohrer etwas kürzer als der Hinterleib. — Schwarz,
Beine rot. — L. 4—5 mm. ♂ unbekannt.
Südliches Schweden.

185. **H. hemipterus** F. 1793 Ichn. hemipterus Fabricius, Ent Syst p 180♀ |
1804 Cryptus hemipterus Fabr., Syst. Piez p 91 ♀ | 1829 Pezomachus
hemipterus Grav, II p 874 ♀ | 1851 Aptesis hemiptera Foister, Mon.
d Gatt Pezom p 39 ♀ | 1884 H hemipterus C. G. Thoms, Opusc.
Ent X p. 993 ♀♂ | 1887 Apt. hemiptera Bridgman, Further add
etc. in Trans Ent. Soc Lond. p 364 ♀♂ | 1897 H hemipterus
Schmiedeknecht, l c p. 554 ♀♂.
Anmerk. Bridgman, an der citierten Stelle, halt das von
Thomson angeführte ♂ nicht fur das richtige, ich finde jedoch
keinen durchgreifenden Unterschied zwischen den beiderseitigen Be-
schreibungen

♀ Pronotum hinten gestreift. Metathorax runzelig, die Querleiste in den Seiten scharf zahnartig vorspringend. Fühler
ziemlich dick. Beine kräftig, die vordersten Schienen deutlich
aufgeblasen. Flügel meist kurz, das Thoraxende erreichend,
selten fast ausgebildet. Bohrer fast von Hinterleibslänge.—
Schwarz, glänzend. Fühlerbasis, Segment 2 und 3 und
Beine rot. Spitzen der hintersten Schenkel und Schienen
braun. Flügel stark getrübt, unter dem Stigma mit heller
Quermakel. — L. 4—6 mm.

♂ Kopf und Thorax glatt und glänzend. Fuhler fadenförmig.
Metathorax kurz; Area superom. fast quadratisch, glatt
und glänzend; Seitendornen kurz; abschüssiger Raum mit
zwei Längsleisten. Spirakeln des 1. Segmentes nicht vorragend. Postpetiolus quadratisch. Segment 1 und 2 deutlich
nadelrissig, das 3. nur in der Mitte undeutlich, das 2.
und die folgenden Segmente quer. Beine schlank, die
hintersten Sporen fast halb so lang, als der Metatarsus.
Aussennerv der Areola fehlt. Nervellus opposit., unter der
Mitte gebrochen. — Schwarz, das 2. Segment und der
grössere Teil des 3. trübrot. Vorder- und Mittelbeine
bräunlich-rot. Huften, Basis der Trochanteren, Tarsen und
Spitzen der Mittelschienen schwarz. Hinterbeine schwarz,
Basis der Schenkel und Mitte der Schienen rot. Tegulä
braun. Stigma schwarz, die Beine weiss. Flügel getrübt,
unter dem Stigma heller. — L. 5 mm.

Wurde aus Catoptria microgramma gezogen, auch aus
Tortrix ambiguella, welche von Pimpla alternans ange-
stochen war.

Nord- und Mittel-Europa.

186. H. dimidiatipennis n. sp.

♀ Fühler lang, gegen das Ende schwach verdickt, schwarz,
Glied 1—7 gelblich. Kopf nach hinten stark verschmalert,
wie das Mesonotum sehr fein runzlig, schwach glänzend;
Schildchen stark convex; Metathorax vollständig gefeldert,
fein runzlig. Kopf und Thorax schwarz, Prothorax bräunlich schimmernd. Flügel bis zur Mitte des 2. Segmentes
reichend, hyalin, Stigma deutlich, Areola durch eine quere
Verdickung angedeutet. Beine gelb. Hinterleib röthlichgelb,
nur die Basis des 1. Segmentes schwarz, bei kleineren
Exemplaren auch die Spitze des Hinterleibs verdunkelt,
das 1. Segment nach hinten gleichmässig verbreitert,
ohne Knotchen und Kiele, längsrissig, die folgenden Segmente glatt, das 2. Segment noch mit Spuren von ganz
feiner Querrunzelung. Bohrer von Hinterleibslänge oder
etwas darüber. — L. 2—3 mm. ♂ unbekannt.

Einige ♀ aus Thüringen.

187. H. paradoxus Bridgm. 1889 Apterophygas ? paradoxus Bridgman, Further add. etc. in Trans. Ent. Soc. Lond. p. 417 ♀ | 1897 H. (Apterophygas) paradoxus Schmiedekn., l. c. p 555 ♀

♀ Flügel rudimentär; oberer Teil des Metathorax so lang
wie der abschüssige; Felderung ziemlich ausgeprägt. Das
1. Geisselglied länger als das 2. (Dagegen ist nach
Förster bei Apterophygas das 1. Geisselglied nicht länger

als das 2.) Körper glänzend. Kopf fast kubisch. Fühler
nach vorn verdickt, 20-glied. Mesonotum glatt. Flügel
kaum über die Basis des Schildchens hinausreichend.
Metathorax nur mit kleinen Seitenhöckern. Das 1. und 2.
Segment schwach gerunzelt, der Hinterleib sonst glatt,
das 2. Segment an der Basis schmal. — Schwarz, Schaft
unten rötlich. Beine trübrot. Basis der Hinterhüften und
Mitte der Hinterschenkel braun. Das 2. Segment und die
Basis des 3. braunrot. — L. 3 mm. ♂ unbekannt.

> Eugland.

188. H. **combustus** Först 1851 Cremnodes combustus Forster, Mon. d.
Gatt Pezom. p. 26 ♀ | 1897 H combustus Schmiedekn., l. c p 555 ♀

♀ Metathorax von der Basis an abschüssig. Das 2. Segment
an der Basis sehr schmal, nach der Spitze hin sehr
verbreitert. Flügel rudimentär. Die zwei oder drei ersten
Segmente fein lederartig, die übrigen glatt, sehr zerstreut
behaart. Das 1. Segment linearisch, mit scharf vorspringenden Knötchen. Bohrer kaum etwas vorragend. —
Rotgelb, Kopf, Spitze der Fühler, Metathorax zum Teil
und der Hinterleib vom 3. Segmente an schwarz oder
braun. — L. 3 mm. ♂ unbekannt.

> Deutschland, bei Aachen.

189. H. **atricapillus** Grav. 1815 Ichn. atricapillus Grav., Ichn Pedestr.
p 41 ♀ | 1829 Pezom atricapillus Grav, II p 888 ♀ | 1851 Crem-
nodes atricapillus Forster, Mon. d Gatt Pezom p 25 ♀ | 1884 H.
atricapillus C. G Thoms, Opusc Ent X p 996 ♀ | 1897 H atricapillus
Schmiedeknecht, l c p. 556 ♀.

♀ Flügel klein, rundlich, fast schuppenförmig. Metathorax
fast von der Basis an abschüssig. Area superom. mit der
Area petiol. verschmolzen. Thorax glanzend, glatt. Hinterleib oval, das 1. Segment lang, linear, Spirakeln im letzten
Drittel, ziemlich vorstehend. Beine schlank, die Schiensporen klein. Hinterleib glatt, stark glanzend, der Bohrer
nur wenig vorragend. — Blassgelb, Kopf schwarz, Hinterleib gegen das Ende mehr bräunlich. — Kleine Art von
kaum 3 mm. ♂ unbekannt.

> Deutschland, Schweden.

190. H. **nanodes** Först. 1851 Cremnodes nanodes Forster, Mon d Gatt
Pezom p. 27 ♀ | 1897 H nanodes Schmiedeknecht, l. c. p 556 ♀

♀ Bildung von Thorax und Hinterleib wie bei den beiden
vorhergehenden Arten. Schmutzig bräunlich-gelb, glatt.
Kopf schwarz. Der abschüssige Raum des Metathorax
und die Basis des 2. Hinterleibssegmentes heller rötlich-

gelb. Beine gelblich. Hinterleib sehr zerstreut behaart,
glatt. Der Bohrer ungefahr ¹/₃ so lang wie das 1. Segment,
dieses linear, schwach runzelig mit stark vorspringenden
Knötchen. — Die kleinste Art von nur 2 mm Länge.
♂ unbekannt.

Aachen.

191. H. **Bridgmani** Schmiedekn. 1883 Theioscopus niger Bridgman,
Further add. etc. in Trans Ent Soc Lond. p 152 ♀ | 1897 II.
Bridgmani Schmiedeknecht, l c p. 556 ♀ (Da bereits Taschenberg
einen Hemiteles niger beschrieben hat, musste der Name geändert
werden

♀ Kopf glänzend, hinter den Augen verschmalert. Thorax
gestreckt. Mesonotum punktiert. Metathorax fein
aber deutlich gefeldert, leicht· gerunzelt, der abschüssige
Raum ohne Längsleisten. Das 1. Segment ohne vorspringende Spirakeln, längsrissig, wie die Basalhälfte des 2.
Segmentes. Bohrer so lang wie der halbe Hinterleib.
Flügelrudimente kaum sichtbar. — Schwarz, die drei
letzten Segmente mit hellem Endrand. Beine braunrot,
Hinterhüften braun. Endhälfte der Hinterschenkel, ein
Ring vor der Basis und Spitze der Mittel- und Hinterschienen leicht gebräunt. — L. 4¹/₂ mm. ♂ unbekannt.

England.

192. H. **dispar** C. G. Thoms. 1884 II dispar C. G Thoms , Notes hymen
in Ann. Soc. Ent. Fr. tom 5 p 28 ♀♂ | 1897 II dispar Schmiede-
knecht, l. c. p 557 ♀♂

♀ Flügel fast ganz verkümmert, punktförmig. Kopf breiter
als Thorax. Schildchen deutlich abgesetzt. Metathorax-
felder kaum angedeutet. Das 1. und 2. Segment fein
lederartig gerunzelt. Bohrer etwas kürzer als das 1.
Segment. — Schwarz, Basis der Fühlergeissel, Segment
2 und 3 und Beine rot. Endrand des 3. Segmentes, die
hintersten Schienenspitzen und Tarsen schwarzbraun ;
alle Schenkel oben mit schwarzer Linie.

♂ Fühler, Hüften, Trochanteren an der Basis, Vorderschenkel an der Basis, Hinterschenkel fast ganz schwarz.
— L. 4—5 mm.

Frankreich, Ungarn (Schmiedekn.).

Da bereits Ratzeburg einen H. dispar beschrieben hat (cf. Anhang)
so musste die vorliegende Art eigentlich einen andern Namen be-
kommen. So lange aber nicht Ratzeburg's Art klargestellt ist, möchte
ich davon absehen.

*

Die nun folgenden Arten gehören sämtlich zu der früheren Gattung Theroscopus Först., ihre Diagnose lautet: Kopf vorherrschend glatt, Fühler ziemlich gestreckt, Schildchen deutlich abgesetzt, Flügelstummel kurz, nicht über die Basis des Metathorax sich erstreckend, das Geäder nicht entwickelt; Metathorax nicht oder ganz unvollständig gefeldert. Hinterleib entweder völlig glatt oder nur teilweise fein gerunzelt. Das 1. Segment stets mit deutlichen Längsrunzeln.

193. **H. trifasciatus Först.** 1851 Ther. trifasciatus Forster, Mon d. Gatt. Pezom. p. 46 ♀ | 1897 H. trifasciatus Schmiedeknecht, l. c. p. 557 ♀.

♀ Rot mit schwarzem Kopf. Hinterleib mit drei schwarzen Binden auf dem zweiten bis vierten Segment. Fühler kurz und ziemlich kräftig, Glied 1—5 rotgelb, 6—9 weiss, die übrigen braun. Metathorax mit einer in den Seiten scharf vorspringenden Querleiste. Hinterleib sehr fein und zerstreut punktiert. Bohrer so lang wie das 1. Segment, dieses ohne vorspringende Knötchen, fein längsrunzelig. Beine rotgelb. — L. 5 mm. ♂ unbekannt.

Aachen.

194. **H. cingulatus Först.** 1851 Ther. cingulatus Forster, l. c. p. 47 ♀ | 1897 H. cingulatus Schmiedeknecht, l. c. p 558 ♀.

♀ Schwarz, das 2. Hinterleibssegment fast ganz, das 3. an der Basis und die Beine rotgelb. Fühler wie bei der vorhergehenden Art. Mesonotum zerstreut punktiert. Metathorax runzelig, der abschüssige Raum mit einer in den Seiten scharf zahnartig vorspringenden Querleiste. Hinterleib glatt und glänzend, zerstreut behaart. Bohrer fast etwas kürzer als das 1. Segment, dieses ohne vorspringende Knötchen. — L. 4 mm. ♂ unbekannt.

Deutschland, bei Sickershausen.

195. **H. elegans Först.** 1851 Ther. elegans Forster, l. c. p 18 ♀ | 1897 H. elegans Schmiedeknecht, l. c. p. 558 ♀.

♀ Schwarz, Fühlerbasis, Beine und Basis von Segment 2 und 3 rotgelb. Metathorax an der abschüssigen Stelle mit einer schwachen, in den Seiten etwas schärfer vorspringenden Querleiste. Hinterleib zerstreut punktiert und behaart, das 1. Segment fein längsrunzelig, die Knötchen stark vorspringend; das 2. Segment ganz glatt, ohne die geringste Spur von Runzeln. Bohrer nur halb so lang wie das 1. Segment. — L. 3—4 mm. ♂ unbekannt.

Aachen.

196. H. ingrediens Först. 1851 Ther. ingrediens Forster, l. c. p. 48 ♀ |
1897 H. ingrediens Schmiedeknecht, l. c. p. 558 ♀.

♀ Schwarz, Fühlerbasis, Mesonotum, das 1. Hinterleibssegment an der Spitze, das 2. und 3 fast ganz und die
Beine rotgelb; das 2. Segment an den Seiten nahe den
Hinterrand mit braunem Fleck, das 3. vor dem Hinterrand
mit brauner, in der Mitte unterbrochener Querbinde. Metathorax runzelig, die Querleiste an den Seiten scharf zahnartig vorspringend. Hinterleib fein und zerstreut behaart.
Das 1. Segment fein längsrunzelig mit stark vorspringenden Knötchen ; das 2. Segment fein aber deutlich lederartig gerunzelt; die übrigen Segmente glatt. Bohrer
nur wenig kürzer als das 1. Segment. — L. 5 mm.
♂ unbekannt.

Von Nees bei Sickershausen gefangen.   Ein ♀ von
Blankenburg in Thür.

197. H. inaequalis Först. 1851 Ther. inaequalis Forster, l. c. p. 49 ♀ |
1897 H. inaequalis Schmiedekn., l. c. p. 559 ♀.

♀ Schwarz, Pro- und Mesonotum, Fühlerbasis, das 1. Hinterleibssegment ganz, das 2. und 3. mehr oder weniger und
Beine grösstenteils rotgelb. Mesonotum und Metathorax
glänzend, nur der abschüssige Raum runzelig; Querleiste
in der Mitte fehlend, in den Seiten scharf zahnartig
vorspringend. Hinterleib sehr fein zerstreut punktiert und
behaart ; das 2. Segment am Hinterrand mit brauner
Querbinde ; das 3. Segment braun, am Vorder- und Seitenrand breit, am Hinterrand schmal rötlich gesäumt. Das
1. Segment ohne deutlich vorspringende Knötchen, fein
längsrunzelig, auch das 2. Segment an der Basis mit
feinen Längsrunzeln. Beine rotgelb, die hintersten Schenkel
fast von der Basis bis zur Spitze, die hintersten Schienen
an der Spitze bräunlich. Bohrer länger als das 1. Segment.
— L. 5 mm. ♂ unbekannt.

Von Nees bei Sickershausen gefangen.

198. H. Esenbecki Grav. 1815 Ichn. Esenbeckii Grav., Ichn. Ped. p 37 ♀ |
1829 Pezom. Esenbeckii idem, Ichn. Eur. II p 883 ♀ | 1851 Ther.
Esenbeckii Forster, l. c. p 51 ♀ | 1884 H. Esenbeckii C. G. Thoms.,
Opusc. Ent. X p. 993 ♀♂ | 1897 H. Esenbecki Schmiedekn., l. c.
p. 559 ♀♂.

♀ Schwarz, Fühler bis zur Mitte, Oberseite des Thorax,
Segment 1 und 2, sowie Basis von 3 rot. Nach Förster
das 2. Segment ganz rot, nach Gravenhorst mit schwarz-
braunem Punktfleck. Pronotum und Mesopleuren glatt.
Metathorax an der abschüssigen Stelle ohne vollständige

Querleiste, dieselbe an den Seiten scharf vorspringend.
Hinterleib sehr zerstreut behaart, das 1. und 2. Segment
der Länge nach nadelrissig, die übrigen völlig glatt.
Seitenknötchen des 1. Segmentes nur schwach vortretend.
Beine rot, die hintersten Schenkel und Schienen an der
Spitze bräunlich. Bohrer etwas länger als das 1. Segment.
— L. 4—5 mm.

Vom ♂ erwähnt Thomson weiter nichts, als dass auch
bei ihm Pronotum und Mesopleuren glatt sind.

Deutschland, Schweden, England.

199. H. Gravenhorsti Rtzb. 1844 Pezom. Gravenhorsti Ratzeburg, Ichn.
d. Forstins, p. 154 ♀ | 1851 Ther !Gravenhorsti Forster, 1 c p. 52 ♀ |
H· Gravenhorsti Schmiedeknecht, 1 c. p 559 ♀

♀ Rot, der Kopf und der Hinterleib vom 3 Segment an
schwarz. Scheitel, Meso- und Metathorax glatt und
glänzend, blos der abschüssige Raum runzelig, Querleiste
oben in der Mitte fehlend, in den Seiten scharf zahnartig
vorspringend. An den Fühlern das 1.—6. Glied rotgelb,
die übrigen braun. Das 3. Segment an der Basis rot,
dieses und die folgenden Segmente mit rotem Hinterrand.
Hinterleib sehr zerstreut punktiert und behaart. Das
1. Segment mit sehr schwach vorspringenden Knötchen,
längsrunzelig, dazwischen mit deutlichen Punkten. Das
2. Segment nur an der Basis längsrunzelig und zwar seitlich etwas stärker als in der Mitte. Beine rotgelb, die
hintersten Schenkel fast ganz, Mittel- und Hinterschienen
an der Spitze schwach bräunlich. Bohrer etwas länger als
das 1. Segment. — L. 5—6 mm. ♂ unbekannt.

Deustchland. — Von Ratzeburg aus Ophion merdarius
gezogen.

200. H. subzonatus Grav. 1815 Ichn subzonatus Grav, Ichn Ped
p 40 ♀ | 1829 Pezom. subzonatus idem, Ichn. Eur II p. 887 ♀ |
1851 Ther subzonatus Forster, 1 c p 53 ♀ | 1897 H subzonatus
Schmiedeknecht. 1 c p. 560 ♀

♀ Körper vollständig glatt, dunkelbraun. Fühlerbasis, Schild-
chen, das 2. und 3. Segment an der Basis und Beine rot,
Schenkel etwas mehr bräunlich. Metathorax mit Quer-
leiste, die in den Seiten scharf zahnartig vorspringt, die
Flugelstummel reichen bis zur Basis des Metathorax.
Hinterleib sehr zerstreut punktiert, glatt, blos das 1.
Segment fein nadelrissig, die Seitenknötchen desselben
schwach vorspringend. Bohrer etwas länger als das 1
Segment. — L. 3—4 mm. ♂ unbekannt.

Von Nees bei Sickershausen gefangen.

201 **H. dromicus** Grav. 1815 Ichn. dromicus Grav., Ichn. Ped. p. 39 ♀ |
1829 Pezom. dromicus idem, Ichn. Eur. II p 886 ♀ | 1851 Ther.
dromicus Forster, l. c. p 54 ♀ | 1884 H. dromicus C. G. Thoms., Opusc.
Ent. X p. 996 ♀♂ | 1897 H. dromicus Schmiedeknecht, l. c. p 560 ♀♂.

♀ Schwarz, Fühler an der Basis und die Beine rot. Das 2.
Segment braun, an der Basis rot, das 3. rot, die übrigen
schwarzbraun. Schildchen deutlich abgesetzt, der abschüssige
Raum deutlich gerunzelt. Das 1. Segment ohne vorspringen-
gende Seitenknötchen, am Ende mit schwachen Längsrunzeln; die übrigen Segmente glatt. Bohrer kürzer
oder kaum so lang als das 1. Segment.

♂ Fühler lang und ziemlich dick. Thorax schwarz, mit feinen
Leisten. Flügel breit. Das 2. Segment nicht quer, hinten
breiter, dicht und fein gestreift, das 7. fast ganz rötlichgelb. Beine rötlich-gelb, an der Basis heller, die hintersten
braun gezeichnet. — L. 4—6 mm.

Deutschland, Schweden.

202. **H pedestris** F. 1793 Ichn. pedestris Fabricius, Ent. Syst p. 344 ♀ |
1804 Cryptus pedestris Fabr., Piez. p. 92 ♀ | 1829 Pezom. pedestris
Grav., II p 882 | 1851 Theiosc pedestris Forster, l c. p. 54 ♀ |
1884 H. pedestris C G Thoms, Opusc. Ent X p 993 ♀♂ | 1897 H.
pedestris Schmiedekn. l. c p. 561 ♀♂

♀ Körper mit zerstreuten aufrechten, schwarzen Haaren.
Mesopleuren lederartig gerunzelt. Fühler und Beine
kräftig. — Schwarz, Kopf und Mesonotum stark und
zerstreut punktiert, ziemlich stark behaart. Querleiste des
Metathorax schwach, nur in den Seiten scharf zahnartig
vorspringend Fühlerbasis und Segment 2 und 3 rot. Das
1. Segment ohne vorspringende Knötchen, an der Basis
glatt, die Endhälfte längsrunzelig mit zerstreuten Punkten;
der übrige Hinterleib glatt. Beine rot, Spitze der hintersten
Schenkel und Basis und Spitze der hintersten Schienen
braun. Bohrer etwas länger als das 1. Segment. —
L. 4—6 mm.

Vom ♂ sagt Thomson nur, dass auch bei diesem die
Mesopleuren lederartig gerunzelt sind.

Deutschland, Schweden.

*

Gen. **Cecidonomus** Bridgm

1880 Cecidonomus Bridgman, Entomologist p 264.

Kopf mehr oder weniger kugelförmig. Fühler fadenförmig,
kürzer als der Hinterleib. Wangen so lang wie die Basis
der Mandibeln. Thorax etwas länger als hoch. Beine
ziemlich schlank. Flügel mit oder ohne Areola, wenn

vorhanden, pentagonal. Der untere Aussenwinkel der
Discoidalzelle ein spitzer. Metathorax mit fünf mehr oder
weniger deutlichen Feldern. Thorax fein lederartig.
Hinterleib fast sitzend, niedergedrückt, das Ende mehr
zusammengedrückt, das 1. Segment mit Tuberkeln. Bohrer
ungefähr von Hinterleibslänge. — Alle drei Arten wurden
aus Gallen gezogen.

1. **C. Westoni** Bridgm. 1880 C. Westoni Bridgman, l. c. p. 264 ♀♂ |
1897 C. Westoni Schmiedekn. l. c. p. 561 ♀♂.
Schwarz, Beine rot. Spitze der Hinterschenkel, Schienen
und Tarsen braun, die hintersten Schienen in der Mitte
heller. — Kopf und Thorax grob runzelig. Hinterleib
grob und dicht punktiert. Metathorax grob netzaderig
gerunzelt, Felder deutlich, Area superomed. pentagonal.
Areola vorhanden, 5-seitig. Nervellus unter der Mitte
gebrochen. Fühler von ⅔ Körperlänge. Bohrer etwas
länger als der Hinterleib. — Beim ♂ die Vorder- und
Mittelhüften braun, die hintersten schwarz. — L. 4—6 mm.
Von Weston aus Gallen gezogen.
England.

2. **C. gallicola** Bridgm. 1880 C. gallicola Bridgman, l. c. p. 265 ♀♂ |
1897 C. gallicola Schmiedekn., l. c. p 562 ♀♂.
Schwarz, Beine rot. Hüften und Trochanteren schwarz.
Spitzen der hintersten Schienen und Tarsen zuweilen
braun. — Kopf und Thorax fein lederartig. Die drei ersten
Segmente fein lederartig-punktiert, etwas rauher als der
Thorax, die übrigen glatt. Felderung des Metathorax
weniger deutlich als bei der vorhergehenden Art. Flügel
ohne Areola. Bohrer etwas länger als der Hinterleib. —
Das ♂ gleicht dem ♀, Vorder- und Mittelhüften nur an
der Basis, die hintersten ganz braun. — L. 4—6 mm.
England.

3. **C. ? rufus** Bridgm. 1880 C. ? rufus Brigdman, l c. p. 265 ♀ |
1897 C. rufus Schmiedekn., l. c. p. 562 ♀.
Schwarz, das 2. und Basis des 3. Segmentes, sowie Beine
rot. Spitze der Mittel- und Hinterschienen und Tarsen
mehr oder weniger braun. Kopf und Thorax fein leder-
artig. Hinterleib dicht und fein punktiert, auf dem 1.
Segmente die Punkte zusammenfliessend. Fühler von ⅔
Körperlänge. Areola fehlt. Metathorax deutlich gefeldert,
Area superomed. etwa so lang als breit. Bohrer von
Hinterleibslänge, deutlich nach unten gekrümmt. —
L. 4—5 mm.
England.

ANHANG.

Fragliche Hemiteles-Arten oder solche, welche wegen mangelhafter Beschreibung nicht mit Sicherheit eingereiht werden können. Zu diesen gehören in erster Linie die von Ratzeburg als neu beschriebenen Arten, die sich aber vielleicht noch durch die über ihre Zucht gegebenen Notizen identifizieren lassen.

1. **H. crassiceps** Rtzb. 1844 H. crassiceps Ratzeburg, Ichn. d. Forstins. 1 p 151 ♂.

♂ Ausgezeichnet durch den dicken Kopf mit sehr breitem Scheitel. Metathorax vollständig gefeldert mit Seitendornen. Hinterleib dicht punktiert, Vorderhälfte ganz matt. — Schwarz, nur das Ende des 1. und der grösste Teil des 2. Segmentes rotbraun. Beine von gleicher Farbe, nur die Vorderhüften teilweise und Spitzen der Hinterschienen und Tarsen schwarz. Flügel sehr wenig getrübt. Stigma braunschwarz. — Mit H. areator aus Lophyrus pini gezogen.

Ratzeburg selbst hält die Art möglicherweise für das ♂ von areator.

2. **H. dispar** Rtzb. 1844 H. dispar Ratzeburg, l. c. I p. 152 ♀♂.

Aehnlich dem H. palpator, aber Bohrer nur von ¼ Hinterleibslänge. Flügel des ♀ unter dem Stigma mit dunklem Winkelfleck. Metathorax ♀ glatt, deutlich gefeldert, beim ♂ matt, fein runzelig-punktiert, kaum gefeldert. Mesonotum beim ♀ deutlich punktiert, beim ♂ kaum bemerkbar. Das 1. Segment nadelrissig. Fühler ♂ fast von Körperlange, beim ♀ kürzer und dicker. — Schwarz, Fühler ♀ an der Basalhälfte, beim ♂ die drei ersten Glieder rotbraun. Beine ♀ rotbraun, Basis der hintersten Hüften und Spitzen der hintersten Schienen und die Tarsen dunkler. Beim ♂ die Beine dunkler, namentlich die Mittel- und Hinterschenkel fast ganz schwarz. Stigma schwarz mit weisslicher Basis. Hinterleibsmitte braunrot, beim ♂ zuweilen nur das 2. Segment.

Die Zusammengehörigkeit der beiden Geschlechter ist nicht ganz sicher. Aus Cocon von Cimbex variabilis, in welchem Cryptus incubitor (cimbicis Tschek) und Pezomachus cursitans schmarotzt hatten. Auch aus Puppen der Tinea padella. — L. 5—6 mm.

3. **H. diminuens** Hrtg. 1837 H. diminuens Hartig, Jahresber p. 264

Schwarz, Fleck der Mandibeln, Taster, Fühler, Beine und Hinterleib gelbrot, letzterer mit gelbem Petiolus.

Trochanteren blassgelb. Spitze der Hinterschienen und Tarsen braun. — L. 5 mm.

Aus Microgaster in Geometra lituraria.

4. H. lundensis Rtzb. 1844 H lundensis Ratzeburg, l. c p 152 ♀

Gestreckt, Bohrer fast von Körperlange. Metathorax fein und regelmässig gefeldert, wie der ganze Körper fast glatt. Hinterleib ausserst fein und dicht punktiert. Stigma ungewöhnlich gross, gleichseitig dreieckig. — Schwarz, rotbraun sind: Schaft unten, Taster, Beine, 1. und der grösste Teil des 2. Segmentes. Tegulä fast weiss. Stigma graubraun. Verwandt mit H. monospilus. — L. 5 mm.

Zucht nicht sicher, wahrscheinlich aus Microgaster.

5. H. socialis Rtzb. 1884 H socialis Ratzeburg, l c l p 151

Dem H. similis und fulvipes ähnlich, verschieden durch gröbere Sculptur, namentlich des 2. Segmentes. Das 1. Segment nadelrissig, das 2. nur auf der Vorderhalfte, die hintere Halfte und die folgenden Segmente punktiert, mit ziemlich dichter Haarbekleidung. Beim ♂ die Punktierung feiner. Bohrer nicht ganz von ¼ Hinterleibslange, die Klappen sehr dick, sabelförmig nach oben gekrümmt. Farbung wie bei H. fulvipes: die Huften, Trochanteren und fast das ganze erste Fühlerglied schön gelbweiss, beim ♂ mehr rotbraun. Bei diesem auch der Prothorax, Langsstreifen des Mesothorax, Hinterrand der Segmente und 6—8 Basalglieder der Fühler rotbraun. Stigma bei beiden Geschlechtern braungrau.

Wurde erzogen aus Microgaster in Aporia crataegi und Gnophria quadra.

Brischke hält die Art fur identisch mit H. fulvipes.

6. H. punctatus Rtzb. 1848 H punctatus Ratzeburg l. c II p 127♂

♂ Sehr gestreckt. Metathorax ziemlich glanzend, deutlich gefeldert, mit scharfen Leisten und Seitenzähnchen. Das 1. Segment nach hinten allmählich breiter, stark punktiert und etwas nadelrissig, an der Basis mit Mittelrinne. Die beiden folgenden Segmente an der Basis, das 2. fast bis zum Ende, stark und dicht punktiert. Ramellus angedeutet. Areola aussen offen. — Schwarz, Beine braunrot, Hüften und Spitzen der hintersten Schienen und Tarsen schwarz, Stigma graubraun. Tegulä weisslich. — L. 4—5 mm.

Aus Andricus terminalis gezogen mit Cryptus (Phygadenon) hortulanus und vielleicht ♂ dazu.

7. **H. hospes** Rtzb. 1848 H. hospes Ratzeburg, l c II p 128 ♀.

♀ Ziemlich gedrungen. Areola 5-seitig, aussen offen. Bohrer von ¼ Hinterleibslänge. Das 1. Segment kurz und breit mit 2 Längskielen. — Schwarz, Fühlerbasis bräunlich. Beine braungelb. Hüften, Spitzen der Hinterschienen, zuweilen auch der Hinterschenkel, verdunkelt. Endrand der Segmente gelblich. Tegula blassgelb, Stigma braungrau. — L. 5 mm.

Am nächsten verwandt dem H. tristator Grav., bei letzterem aber das 1. Segment viel schlanker.

Aus Tinea padella gezogen.

8. **H. completus** Rtzb. 1858 H. completus Ratzeburg, l c II p. 129

Dem H. areator sehr ähnlich. Flügel mit zwei dunklen Binden, die äussere vollständiger als bei H. areator, da sie in der Radialzelle keinen weissen Fleck neben dem Stigma lässt. Bohrer von mehr als ⅓ Hinterleibslänge. Hinterleib nicht so stark punktiert. Ramellus deutlich.

Aus Ptilinus pectinicornis in Pappelnholz gezogen.

9. **H. brunneipes** Rtzb. 1852 H. brunneipes Ratzeburg, l. c. III p. 152.

In Form und Grösse dem H. fulvipes sehr ähnlich, aber ohne das schöne Elfenbeinweiss desselben, nur Flügelwurzel und Tegula schmutzig-weiss. Beine rotbraun, ebenso Basalhälfte der Fühler. Stigma dunkel, an der Basis mit weissem Fleck. Durch dieses Merkmal wie durch einen schwachen rötlichen Schimmer des Metathorax neigt das Tier zu H. areator.

Wurde zusammen mit H. fulvipes und Eurytoma aus Microgaster in Lasiocampa pini gezogen.

10. **H. gastrocoelus** Rtzb. 1852 H. gastrocoelus Ratzeburg. l c III p 153 ♀♂.

Dem H. rufocinctus in Grösse und besonders Färbung sehr ähnlich, nur die Beine ein wenig dunkler und das Rotbraun der Segmentränder fast an allen Segmenten deutlich und überdies noch an der Basis des 2. Segmentes, wo die Gastrocoelen so breit und so stark rot gefärbt sind, dass man einen Ringabschnitt zu sehen glaubt. Der Postpetiolus, welcher sich ungewöhnlich stark erweitert, ist am Ende plötzlich abgeschnürt, wodurch das 2. Segment auffallend stark vorspringt Metathorax deutlich gefeldert. Areola ziemlich gross, der Aussennerv bloss angedeutet. Flügel schwach getrübt. Stigma braungrau. Fühler des

♂ gerade und wenig kürzer als der Körper, des ♀ gekräuselt, von halber Körperlänge, bei beiden schwarzbraun, beim ♀ etwas heller. Bohrer kurz und dick, kaum vorragend. L. 4—5 mm.

Aus Säcken einer Psyche erzogen.

11. H. elongatus Rtzb. 1852 H. elongatus Ratzeburg, l. c. III p. 151 ♀.

Hinterleib 1½-mal länger als Kopf und Thorax, nicht breiter als der Thorax. Postpetiolus fast quadratisch, nadelrissig. Auch der Metathorax ungewöhnlich gestreckt, fast so lang wie der ganze übrige Thorax, die Felder deutlich, langgestreckt; Seitendornen fehlen. Fühler ziemlich dick, nur von halber Körperlänge. Bohrer kaum sichtbar. Das 1. Segment im Umkreis, sowie Seitenfleckchen des 2. rot. Fühlerbasis und Beine mit Ausnahme der Hüften rotbraun. Flügel angeräuchert, Stigma schwärzlich. — L. 8 mm.

Aus dem glatten Sack einer Psyche gezogen.

A n m e r k. Holmgren und Thomson halten diese Art für identisch mit Hemichneumon subdolus Wesm.

12. H. coactus Rtzb. 1852 H. coactus Ratzeburg, l. c. III p. 155 ♀ | 1882 H. coactus Brischke, Ichn. d. Prov. West- u. Ostpr. p. 318 ♀♂.

Bohrer von ⅔ Hinterleibslänge. Hinterleib etwas länger als der Thorax, gedrungen, besonders das 1. Segment, welches sich schnell nach hinten erweitert. Das 1. Segment nadelrissig, die folgenden punktiert-gestrichelt. Metathorax deutlich gefeldert, schwach runzelig-punktiert. — Schwarz, Vorder- und Mittelschenkel, sowie alle Trochanteren weiss (nach Brischke eher gelb), nur die Hinterhüften ganz schwarz; Beine sonst braun, Hinterschienen an der Basis mit weisslichem Ring. Segment 2—5 rotbraun. Fühler etwas bräunelnd. Stigma dunkel, an der Basis weiss gefleckt. Tegula weiss. — L. 5—6 mm.

Wie Phygadeuon hortulanus und H. punctatus aus Andricus terminalis gezogen. (Ratzeburg.)

Bei dem ♂ hat Segment 1 vorragende Tuberkeln, Glied 1 der Fühler ist unten weiss, Segment 2 schwarz, die letzten ohne weissen Rand. (Brischke.)

Anmerkung: Ich halte die Art für identisch mit *H. varicoxis* Taschb., den man ebenfalls regelmässig auf Eichengebüsch findet, nur dass bei letzterem die Vorder- und Mittelschenkel nicht weiss sondern rötlich sind; wie aber schon Brischke bemerkt, ist das, was Ratzeburg weiss nennt, mehr gelb.

13. **H. leucomerus** Rtzb. 1852 H. leucomerus Ratzeburg, 1 c. p. 155 ♀.

Bohrer fast von Hinterleibslänge. Schneeweiss sind: Flügelwurzel und Tegulä und sämtliche Trochanteren und Hüften. Beine sonst rotbraun, die vorderen heller. Fühler dunkelbraun, an der Wurzel heller. Hinterleib rotbraun, das 1. und letzte Segment, sowie eine kleine Rückenmakel des 2. schwarz. Stigma schwarzgrau, an der Basis weisslich. Metathorax deutlich gefeldert. Hinterleib auffallend kurz gestielt. — L. 4—5 mm.

Aus dem glatten Sack einer Psyche gezogen.

14. **H. Heringii** Rtzb. 1852 H. Heringii Ratzeburg, 1 c. III p. 156 ♀ | 1882 Xylonomus Heringi Brischke, Ichn d Prov. West- u Ostpr p. 128 ♀.

Bohrer von ungefähr ³/₄ Hinterleibslänge. Areola fehlt gänzlich (also wie bei der Gruppe des H. maculipennis). Thorax mit Einschluss des Metathorax stark runzelig, letzterer gefeldert. Die drei ersten Segmente langsrissig, das 2. und 3. ohne glatte Räuder. — Kopf ganz schwarz. Fühler an der Basalhälfte, mit Ausnahme der beiden ersten Glieder, rotbraun. Seiten des Mesothorax, der ganze Metathorax und die Basalhälfte des Hinterleibs rotbraun. Beine rotbraun, gelbbraun und schwarz. In den glashellen Flügeln stehen zwei schöne grosse, pechschwarze Flecken: der erste, durch die beiden Discoidalzellen sich ziehende ist der kleinere und der andere grössere bildet eine breite Binde, welche vom Stigma bis hinter den Nervus parallelus zieht. Dem letzteren schliesst sich noch ein anderer Fleck ausserhalb des Nervus recurrens secundus an. — L. 8 mm.

Aus einer Psyche, wahrscheinlich Ps. stettinensis. Mocsáry giebt als Wirt Psyche unicolor an. Auch Brischke zog die Art aus Psyche-Sacken.

Anmerkung Wieder eine Art aus der veränderlichen Gruppe des *H insignis, maculipennis* u s. w Die Sculptur des Hinterleibs, auf die Ratzeburg viel Gewicht legt, scheint gerade hier sehr variabel zu sein Man vergleiche meine Bemerkung bei *H. maculipennis.* — In der Sammlung der Ungar National-Museums finden sich 5 ♀ des *H. insignis* unter der Bezeichnung *H Heringii* Beide Arten bilden also wohl nur eine.

15. **H. thoracicus** Rtzb. 1852 H. thoracicus Ratzeburg, 1 c. III p. 156 ♀.

Bohrer kaum ¹/₆ der Hinterleibslänge. Areola 5-seitig, der Aussennerv unvollkommen und stellenweise durchscheinend. Metathorax nur mit schwacher Andeutung von Feldern. Hinterleib fast doppelt so lang als der Thorax. — Schön gefärbt. Der ganze Thorax mit Ausnahme einzelner Nähte

und fast die ganzen Beine rotbraun. Hinterleib ganz
dunkel, nur hier und da ein Rand heller schimmernd.
Flügel schwach gelblich, Stigma ganz gelb. Das Tier
könnte man, wenn man die unvollkommene Areola nicht
beachtete, für einen Cryptus halten. — L. 7 mm.

Lebt wahrscheinlich bei Holzkäfern.

16. **H. collinus** A. Costa. 1883 II. collinus A Costa, Notiz. ed. osserv
sulla Geo-Fauna Sarda IV. p. 24 ♀.

♀ Rötlich-gelb, Hinterleib braun. Das 1. und 2. Segment
mit röthcher Endbinde. Fühler an der Spitze und Hinterbeine braun. Flügel hyalin. Stigma schwarz, hinter dem
Stigma eine dunkle Binde. Tegulä blassgelb. Bohrer von
½ Hinterleibslänge. — Thorax fein lederartig, der abschüssige Raum des Metathorax leicht ausgehohlt. Hinterleib fein punktiert, Petiolus mit zwei schwachen Kielen.
Endsaum des 2. Segmentes mehr glatt und glänzend. —
L. 3 mm.

Insel Sardinien.

*

In den Entomologischen Nachrichten, XXII. (1896)
p. 359, stellt Kriechbaumer eine neue Gattung A c l a s t o-
n e u r a auf, die sich eng an die Gruppe des H. maculipennis (Gattung Spinolia Först.) anschliesst, bei der also
die Areola wegen des ganz kurzen Nervus areolaris auch
in der Anlage nicht vorhanden ist. Von diesen würde
sich die neue Gattung besonders unterscheiden durch den
nicht gebrochenen Nervellus und die nicht mehr als 20
Glieder besitzenden Fühler. Als einzige Art wird beschrieben:

Aclastoneura tricolor Kriechb. — Schwarz, Kiefer, Taster,
Rand des Clypeus und Fühler rot, die beiden ersten Glieder
heller, die folgenden an der Spitze, die letzten im Ganzen
etwas bräunlich. Der Hinterrand des 2. und die übrigen
Segmente rot, auf dem 3. zwei Seitenflecke und eine feine
Linie am Hinterrande, auf Segment 4—6 eine beiderseits
abgekürzte Endbinde braun. Beine grösstenteils rot, die
hintersten Schienen und Tarsen weisslich, die ersteren an
Basis und Spitze, die Tarsenglieder an der Spitze braun.
Flügel hyalin. Nerven und Stigma schwarz. Tegulä rot.

Fühler fadenförmig. Thorax sehr hoch, fast glatt und stark
glänzend. Metathorax kurz, halbkugelig. Area superom.
länglich viereckig, Area posterom. scharf umleistet, fast
quadratisch. Das 1. Segment schmal flaschenförmig, mit

vorspringenden Knötchen, das 2. etwas langer als breit,
die folgenden breiter als lang. Bohrer sehr zart, kürzer
als der Hinterleib. — L. 6 mm. Bohrer 3 mm.

Ein ♀ von Villeneuve in Frankreich.

Gen. **Brachycyrtus** Kriechb.

1880 Brachycyrtus Kriechbaumer. Regensb. Corresp. Bl. p. 161.

Diagnose bei der Uebersicht der Gattungen zu vergleichen.
— Eine eigentümliche Gattung, die Aehnlichkeit mit Sphinctus
hat und wie diese eine Sonderstellung einnimmt.

B. ornatus Kriechb. 1880 B. o. Kriechbaumer, l. c. p. 163 ♀

♀ Schwarz, mit reicher gelblicher Zeichnung. Von dieser
Farbe sind: Augenränder ringsum, Schaft unten, Streifen
der V.-Brust, Hakenflecken des Mesonotums, Striche unter
den Flügeln, Schildchen und Hinterschildchen, ersteres
mit schwarzem Fleck; Seitenflecken des Metathorax,
Hinterrand der 4 ersten Segmente. Fühlergeissel unten
rotgelb. V.-Hüften und Trochanteren vorherrschend weissgelb, Schenkel, Schienen und Tarsen blass rotgelb. Flügel
fast hyalin, Tegula braungelb, Stigma dunkelbraun.

L. 6 mm, Bohrer 1,5 mm.

München. Ich fand die Art in 5 ♀ auch in Thuringen.

5. Tribus. **Pezomachini.**

1868 Pezomachoidae, Förster, Fam. und Gatt. Ichn. pp.
    144 und 173.
1873 Hemitelina, C. G. Thomson, Op. Ent. V p. 468 (ex
    parte).
1900 Pezomachini, Tribe IV, Ashmead, Smith's Insects of
    New Jersey p. 569.

Die Pezomachinen in vorliegendem Sinne enthalten nur
noch diejenigen Gattungen und Arten, deren ♀ flügellos sind
und kein deutlich abgesetztes Schildchen haben. Sehr schwer
sind die ♂ zu charakterisieren. Nur von verhältnismässig
wenigen Arten sind beide Geschlechter bekannt. Eine grosse
Anzahl ♂ ist ungeflügelt und ähnelt darin den ♀, doch ist
bei den meisten das Schildchen deutlich abgesetzt; andere
wieder sind geflügelt und ähneln durch die aussen nicht geschlossene Areola den ♂ der Gattung Hemiteles, doch ist bei

den Pezomachus-♂ die Felderung des Metathorax ganz fehlend oder sehr verwischt und meist eine Furche zwischen Augen und Mandibelbasis. Diese geflügelten ♂ hat Ratzeburg unter dem Namen Hemimachus als Untergattung zu Hemiteles gestellt. Nur durch Zuchtversuche lässt sich in diese schwere Gattung mehr Licht bringen und namentlich die Zusammengehörigkeit der Geschlechter nachweisen. Die· meisten Pezomachus scheinen Schmarotzer zweiten Grades zu sein. Die Mehrzahl der von Förster unter Pezomachus im weiten Sinne angeführten Genera ist in vorhergehende Gattungen untergebracht worden: Pterocormus means Grav. ist eine kurzflügelige Form des Ichn. latrator F.; Cremnodes und Apterophygas sind zu Hemiteles gekommen; Stibeutes (Chamerpes) steht bei Phygadeuon; Agrothereutes enthält Arten der Gattung Spilocryptus; Aptesis ist aus Arten von Microcryptus und Hemiteles zusammengesetzt; die zahlreichen Arten schliesslich von Theroscopus sind sämtlich unter Hemiteles eingereiht worden.

Es bleiben also von den Förster'schen Gattungen nur Pezomachus, Pezolochus und Thaumatotypus übrig, deren Unterschiede in der nachfolgenden Tabelle zu ersehen sind. Die von Ratzeburg für die Hemiteles-Arten mit undeutlich gefeldertem Metathorax, also für geflügelte ♂ von Pezomachus aufgestellte Gattung Hemimachus geht selbstverständlich ein.

1. Das 2. Segment sehr gross, den grössten Teil des Hinterleibs von oben gesehen einnehmend. Metathorax hinten ziemlich steil abfallend, mit scharfer Querleiste. Das 1. Segment sehr lang und schlank, hinten kaum erweitert. Bohrer versteckt oder sehr kurz.

3. Thaumatotypus.

Das 2. Segment von normaler Länge. Bohrer deutlich vorstehend, in der Regel so lang wie das 1. Segment (nur bei P. myrmecinus versteckt). 2.

2. Gesicht und Stirn von gewöhnlicher Länge. Metathorax meistens mit Querleiste.

1. Pezomachus.

Gesicht stark um die Hälfte verkürzt und deshalb sehr breit, auch der Clypeus schmal und breit. Stirn sehr gross. Metathorax ohne Querleiste, nur ganz unten angedeutet.

2. Pezolochus.

1 Gen. **Pezomachus** Grav.

1829 Pezomachus Gravenhorst, Ichn. Eur. II p. 867.

Bestimmungstabelle der palaearktischen Arten.

♀.

1. Bohrer verborgen. Schwarz oder braunschwarz. Thorax rot.
   202. myrmecinus C. G. Thoms.

   Bohrer mindestens so lang wie das halbe 1. Segment. 2.

2. Metathorax stark buckelig, weit höher als der Pro- und
   Mesothorax. Kopf, Thorax und 1. Segment rot. 12 mm.
   218. semirufus Dest.

   Metathorax von anderer Form. Kleinere Arten. 3.

3. Bohrer weit länger als der Hinterleib. Glanzend schwarz.
   220. separatus n. sp.

   Bohrer höchstens etwas länger als das 1. Segment. 4.

4. Metathorax ohne Querleiste, oder sie ist so schwach, dass
   man sie als nicht vorhanden ansehen kann. 5.

   Metathorax mit einer Querleiste, welche mehr oder
   weniger deutlich ist und leicht an dem schärferen zahn-
   artigen Vorsprung in den Seiten erkannt wird. 37.

5. Hinterleib dicht punktiert und behaart. 6.

   Hinterleib zerstreut punktiert und behaart. 24.

6. Hinterleib stark punktiert. 7.

   Hinterleib fein, nicht stark punktiert. 9.

7. Hinterleib ganz rot.   1. vulpinus Grav.

   Hinterleib braun oder mit braunen Querbinden. 8.

8. Hinterleib mit mehreren braunen Binden.
   2. aquisgranensis Först.

   Hinterleib vom 2. Segment an schwarz.
   3. Neesi Först.

9. Rucken des Metathorax sehr kurz. 10.

   Rücken des Metathorax nicht kurz. 14.

10. 1. Segment mit vorspringenden Knötchen. 11.

    1. Segment ohne vorspringende Knötchen. 12.

11. Thorax schwarz.   4. protuberans Först.
    Thorax rot.   5 Ratzeburgi Först.

12. Mesonotum mit einem deutlich angedeuteten Schildchen.
                    8. festinans Grav.
    Mesonotum ohne Spur eines Schildchens. 13.

13. Beine rot.   6. ineptus Först. '
    Beine braun.   7. tener Först.

14. Mesonotum länger als das Metanotum. 15.
    Mesonotum nicht langer als das Metanotum. 17.

15. Der abschüssige Raum scharf und fast senkrecht abgegrenzt.
                    9. exareolatus Först.
        Anmerk Hier ungefähr würde P gonatopinus C G
    Thoms einzuschalten sein.

    Der abschüssige Raum nicht scharf und senkrecht, sondern
    allmählig schief abschüssig. 16.

16. Tarsen und Schienen gelb.   10. simulans Först.
    Taster und Schienen braun.   11. anthracinus Först.

17. Thorax im Verhältnis stark verlängert 18.
    Thorax verhältnismässig kurz. 21.

18. Das 4. Fühlerglied etwas langer als das 3.
                    12. zonatus Först
    Das 4. Fühlerglied nicht langer als das 3   19.

19. Der abschüssige Raum deutlich abgesetzt.
                    13. edentatus Först.
    Der abschüssige Raum nicht deutlich abgesetzt. 20.

20. Thorax gelb.   14. imbellis Först.
    Thorax schwarz.   15. reconditus Först.

21. 1. Segment mit schwach vorspringenden Knötchen.
                    16. squalidus Först.
    1. Segment ohne vorspringende Knötchen. 22.

22. Beine rein gelb.   17. flavipes Först.
    Schenkel, oder Schenkel und Schienen bräunlich. 23.

23. 1. Segment gelb.   18. timidus Först.

1. Segment schwarzbraun.   19. nigritus Först.

Anmerk. Sehr ähnlich 203. P. spinula C. G. Thoms. und 209. P. hieracii Brdgm.

24. Metathorax sehr kurz   25.

Metathorax von gewöhnlicher Länge.   29.

25. Das 2. und 3. Segment sehr gross.
               20. rotundiventris Först.

Das 2. und 3. Segment von gewöhnlicher Länge.   26.

26. Beine rein rot ober rotgelb.   27.

Beine vorherrschend braun.   28.

27. Hinterleib breiter als der Thorax.
               21. declivis Först.

Hinterleib nicht breiter als der Thorax.
               22. leptogaster Först.

28. Bohrer fast so lang wie das 1. Segment.
               23. pumilus Först.

Bohrer kaum ¾ der Länge des 1. Segments.
               24. nanus Först.

Anmerk. Zu vergleichen 204. P. grandiceps C. G. Thoms und 208 P. brevis Brdgm.

29. Das 4. Fühlerglied länger als das 3.   30.

Das 4. Fühlerglied so lang oder etwas kurzer als das 3. 34.

30. Bohrer langer als das 1. Segment.
               25. terebrator Rtzb.

Bohrer nicht länger als das 1. Segment.   31.

31. Thorax rot.   32.

Thorax schwarz.   33.

32. Kopf schwarz.   26. Kiesenwetteri Först.

Kopf rot.   27. sylvicola Först.

33. Bohrer völlig so lang wie das 1. Segment. Punkte des Hinterleibes nicht besonders deutlich.
               28. ecarinatus Först.

Bohrer wenigstens um ¼ kürzer als das 1. Segment. Punkte des Hinterleibs deutlich.
               29. forticornis Först.

34. Der ganze Thorax rot. 35.

Thorax ganz oder zum Teil braun. 36.

35. 1. Segment an der Spitze sehr breit.
　　　　　　　　　　30. inermis Först.

1. Segment an der Spitze sehr schmal.
　　　　　　　　　　31. lugubris Först.

36. Thorax ganz braun. 　　32. posthumus Först.

Nur der Metathorax braun. 　　33. lucidulus Först.

37. Der abschüssige Raum sehr kurz oder doch kürzer als
der Rücken (der horizontale Teil) des Metathorax. 38.

Der abschüssige Raum des Metathorax von gewöhnlicher
Länge oder sehr lang. 46.

38. Hinterleib dicht punktiert und behaart. 39.

Hinterleib zerstreut punktiert und behaart. 40.

39. 1. Segment an der Spitze sehr breit.
　　　　　　　　　　34. fallax Först.

1. Segment an der Spitze sehr schmal.
　　　　　　　　　　35. nigricornis Först.

40. Beine ganz rot. 41.

Beine nicht ganz rot, mehr oder weniger braun. 43.

41. Metathorax viel höher gewölbt als das Mesonotum.
　　　　　　　　　　36. bellicosus Först.

Metathorax kaum höher gewölbt als das Mesonotum. 42.

42. Hinterleib zerstreut aber sehr deutlich punktiert.
　　　　　　　　　　37. Deboyi Först.

Hinterleib zerstreut aber sehr undeutlich punktiert.
　　　　　　　　　　38. applanatus Först.

43. Alle Hinterleibssegmente braun.
　　　　　　　　　　39. mediocris Först.

Ein oder mehrere Segmente rot. 44.

44. Metathorax in der Mitte mit Längsrinne. Fühlerbasis,
Thorax, das 1. Segment und die Beine trüb dunkelrot.
　　　　　　　　　　213. canaliculatus Kriechb.

Metathorax ohne Längsrinne. 45.

45. Bloss das 1. Segment ganz rot.

           40. pulicarius Grav.

Die beiden ersten Segmente rot.

           41. acarorum Grav.

46. Hinterleib wenigstens auf den 3 ersten Segmenten dicht oder mässig dicht punktiert und behaart. 47.

Hinterleib sehr zerstreut oder doch sparsam punktiert und behaart. 116.

47. Bohrer genau so lang oder ungefahr so lang wie das 1. Segment. 48.

Bohrer entweder bestimmt kürzer oder deutlich länger als das 1. Segment. 82.

48. Das 1. Segment mit deutlichen Knötchen. 49.

Das 1. Segment ohne deutliche Knötchen. 50.

49. Beine rot.   42. trux Först.

Beine braunlich.   43. proditor Först.

50. Hinterleib ganz rot oder rotgelb. 51.

Hinterleib nicht ganz rot. 54.

51. Kopf rot oder rötlichgelb. 52.

Kopf schwarz. 53.

52. Kopf dunkler rot als der Thorax.

           44. carnifex Först.

Kopf nicht dunkler rot als der Thorax.

           45. rufulus Först.

53. Das 1. Segment mit schwachen Knötchen. Klappen des Bohrers nur an der Spitze braun.

           46. ochraceus Först.

Das 1. Segment ohne vorspringende Knötchen. Klappen des Bohrers ganz braun.

           47. corruptor Först.

    Anmerk. Hierher P. mandibularis C. G. Thoms. mit gelben Mandibeln.

54. Hinterleib stark und deutlich punktiert. 55.

Hinterleib nicht besonders stark und deutlich punktiert. 57.

55. Mehrere Segmente rot.   48. vorax Först.
Nur das 1. Segment rot. 56.

56. Hinterleibssegmente mit rotem Hinterrand.
49. formicarius Grav.
Hinterleibssegmente ohne roten Hinterrand.
50. alienns Först.

57. Hinterleib ganz schwarz. 58.
Hinterleib nicht ganz schwarz. 59.

58. Fühler ganz braun.   51. quaesitorius Först.
Fühler ganz rotgelb.   52. tristis Först.

59. Nur das 1. Segment rot oder rotgelb. 60.
Mehrere Segmente rot oder rotgelb. 68.

60. Metathorax viel langer als der Mesothorax.
53. modestus Först.
Metathorax nicht viel oder überhaupt nicht langer als
der Mesothorax. 61.

61. Hinterleib nach der Spitze hin etwas zerstreuter punktiert.
54. distinctus Först.
Hinterleib nach der Spitze hin nicht zerstreuter punktiert. 62.

62. Mesothorax mit einem nicht völlig abgesetzten Schildchen.
55. intermedius Först.
Mesothorax ohne Schildchen. 63.

63. Beine rein gelb.   56. vicinus Först.
Mittel- und Hinterschienen vor der Basis und an der
Spitze mehr oder weniger braunlich. 64.

64. Querleiste des Metathorax oben in der Mitte fehlend.
57. sericeus Först.
Querleiste vorhanden, wenn auch schwach. 65.

65. Fühler bis zur Spitze hell rotgelb.
58. bicinctus Först.
Fühler dunkelrot oder braunrot. 66.

66. Thorax rot, in den Seiten über den Hüften schwarzbraun.
59. petulans Först.
Thorax gleichgefarbt. 67.

67. Thorax und 1. Segment von derselben Färbung, hellrot.
60. Mülleri Först.

Thorax dunkelrot, das 1. Segment heller gefärbt.
61. incertus Först.

68. Das 1. Segment fast ganz schwarz.
62. vagabundus Först.

Das 1. Segment ganz rot oder rotgelb. 69.

69. Die beiden ersten Segmente und auch die letzten vom 5. an rotgelb.   63. lutescens Först.

Die beiden ersten Segmente rot, die Segmente an der Spitze dagegen schwarz oder schwarzbraun. 70.

70. Blos die beiden ersten Segmente rot oder rotgelb. 71.

Die 3—4 ersten Segmente rot. 80.

71. Kopf schwarz. 72.

Kopf heller oder dunkler rot. 76.

72. Schenkel braunrot, dunkler gefärbt als die Schienen.
64. fraudulentus Först.

Schenkel und Schienen von gleicher Färbung. 73.

73. Hinterleib bis zur Spitze mässig dicht behaart und punktiert.
65. comes Först.

Hinterleib auf den 3 ersten Segmenten mässig dicht, auf den folgenden zerstreuter punktiert und behaart. 74.

74. Das 3. Segment hell kastanienbraun.
66. attentus Först.

Das 3. Segment schwarz. 75.

75. Das 3. Fühlerglied etwas länger als das 4.
67. xenoctonus Först.

Das 3. und 4. Fühlerglied gleich lang.
68. faunus Först.

76. Das 1. Segment mit schwach vorspringenden Knötchen.
69. helvolus Först.

Das 1. Segment ohne vorspringende Knötchen. 77.

77. Kopf ebenso hell gefärbt wie der Thorax.
70. emarcidus Först.

Kopf dunkler gefärbt als der Mittelleib. 78.

78. Hinterleib bis zur Spitze ziemlich dicht punktiert und behaart. 71. scitulus Först.

Hinterleib auf den 3 ersten Segmenten mässig dicht, auf den folgenden zerstreuter punktiert und behaart. 79.

79. Das 5. Segment heller gefärbt als das 4. 72. juvenilis Först.

Das 5. Segment ebenso dunkel gefärbt wie das 4. 73. debilis Först.

80. Hinterleib nicht bis zur Spitze gleichmässig punktiert und behaart. 76. analis Först.

Hinterleib bis zur Spitze gleichmässig punktiert und behaart. 81.

81. Querleiste überall deutlich. 74. incubitor Först.

Querleiste oben in der Mitte fehlend. 75. xylochophilus Först.

82. Bohrer bestimmt kürzer als das 1. Segment. 83.

Bohrer deutlich länger als das 1. Segment. 109.

83. Thorax und Hinterleib ganz schwarz. 84.

Thorax und Hinterleib nicht ganz schwarz. 86.

84. Beine rot. 77. agilis Först.

Schenkel mehr oder weniger braun. 85.

85. Thorax ohne Schildchen. Metathorax nicht auffallend buckelig. 78. integer Först.

Thorax mit deutlichem Schildchen. Metathorax stark buckelig. 219. carbonarius Dest.

86 Metathorax viel länger als der Mesothorax. 87.

Metathorax nicht, oder nur wenig länger oder kürzer als der Mesothorax. 88.

87. Beine ganz rot. 79. audax Först.

Mittel- und Hinterbeine rot und braun. 80 hortensis Grav.

88. Das 1. Segment mit deutlich vorspringenden Knötchen. 89.

Das 1. Segment mit sehr schwach, oder gar nicht vorspringenden Knötchen. 93.

89. Schildchen mehr oder weniger angedeutet. 81. bicolor Grav.

Schildchen vollständig fehlend. 90.

90. Kopf schwarz. 91.

Kopf dunkelrot. 92.

91. Beine rotgelb. Thorax kastanienbraun. Kleine Art von
2,5—3 mm.   82. molestus Först.

Beine schwarzbraun mit gelblicher Zeichnung. Thorax rot.
Grosse Art von 8—9 mm.   216. Riggioi Dest.

92. Die beiden ersten Segmente rein rotgelb.
83. pulcher Först.

Das 2. Segment vorherrschend braun.
84. astutus Först.

93. Thorax rein rot, ohne bräunliche Beimischung. 94.

Thorax dunkelrot und braun gefärbt. 103.

94. Der ganze Hinterleib rot. 95.

Hinterleib nur teilweis rot. 96.

95. Das 7. Fühlerglied deutlich länger als breit.
85. unicolor Först.

Das 7. Fühlerglied kaum länger als breit.
86. aemulus Först.

96. Das 1. Segment rot, das 2. bräunlich.
87. circumscriptus Först.

Das 1. und 2. Segment rot. 97.

97. Kopf schwarz. 98.

Kopf mehr oder weniger rot oder rotgelb. 99.

98. Das 3. und die folgenden Segmente schwarz.
88. puberulus Först.

Das 3. und die folgenden Segmente bräunlich.
89. viduus Först.

99. Hinterleib nur auf den 3 ersten Segmenten mässig dicht,
auf den folgenden zerstreut punktiert und behaart.
90. venustus Först.

Hinterleib bis zur Spitze gleichmässig dicht punktiert
und behaart. 100.

100. Bohrerklappen ganz rein gelb.
91. consobrinus Forst.

Bohrerklappen an der Spitze oder ganz braun. 101.

101. Querleiste überall gleich scharf und deutlich.
92. **lividus** Först.

Querleiste schwächer, nicht überall gleich scharf und deutlich. 102.

102. Kopf, Thorax und Segment 3—5 von gleich dunkler Färbung. 93. **languidus** Först.

Thorax heller gefärbt als der Kopf und Segment 3—5.
94. **curiens** Först.

103. Thorax mit einem unvollkommenen Schildchen. 104.

Thorax ohne Spur eines Schildchens. 105.

104. Bohrer kaum halb so lang als das 1. Segment.
95. **brachyurus** Först.

Bohrer länger als die Hälfte des 1. Segmentes.
96. **furax** Först.

105. Das 1. Segment mit schwach vorspringenden Knötchen.
97. **sordidus** Först.

Das 1. Segment ohne vorspringende Knotchen. 106.

106. Hinterleib dicht punktiert und behaart. 107.

Hinterleib mässig dicht punktiert und behaart. 108.

107. Bohrer kaum vorragend. 98. **micrurus** Först.

Bohrer langer. 99. **providus** Först.

108. Kopf und Hinterleib, mit Ausnahme des 1. Segmentes schwärzlichbraun 100. **alacer** Först.

Kopf und Hinterleib mit Ausnahme des 1. Segmentes, dunkel kastanienbraun. 101. **furtivus** Först.

109. Der ganze Körper schwarz. 102. **vulnerans** Först.

Thorax ganz oder teilweis rot. 110.

110. Thorax zweifarbig. **vagantiformis** Bridgm.

Thorax rot. 111.

111. Nur das 1. Hinterleibssegment rot. 112.

Die 2 oder 3 ersten Segmente rot. 113.

112. Hinterleib bis zur Spitze dicht punktiert und behaart.
103. **cautus** Först.

Hinterleib nach der Spitze hin allmählich zerstreuter punktiert und behaart. 104. **speculator** Först.

113. Segment 1—3 rot. Kopf breit.
> 210. costatus Bridgm.

Nur die beiden ersten Segmente rot. 114.

114 Fühler von der Mitte an bräunlich.
> 105. dubitator Först.

Fühler bis zur Spitze rotgelb. 115.

115. Die beiden ersten Segmente dunkler rot als der Thorax.
> 106. blandus Först.

Die beiden ersten Segmente nicht dunkler rot als der Thorax.   107. transfuga Först.

116. Thorax ganz oder vorherrschend schwarz oder braun. 117.

Thorax ganz oder vorherrschend rot. 132

117. Bohrer so lang oder kaum kürzer oder länger als das 1. Segment. 118.

Bohrer bestimmt kürzer als das 1. Segment. 128

118. Das 7. Fühlerglied breiter als lang.
> 108. aries Först.

Das 7. Fühlerglied nicht breiter als lang. 119.

119. Das 7. Fühlerglied genau so breit wie lang.
> 109. spurius Först.

Das 7. Fühlerglied länger als breit. 120.

120. Hinterleib schwarz oder nur das 1. Segment mehr oder weniger rot. 121.

Wenigstens die 2 ersten Segmente rot. 123.

121. Schwarz, Beine rot, Spitzen der hintersten Schenkel und Schienen bräunlich.   212. Försteri Bridgm.

Das 1. Segment mehr oder weniger rot. 122.

122. Punkte und Härchen auf den einzelnen Segmenten erkennbar.   110. instabilis Först.

Punkte und Härchen kaum erkennbar.
> 111. detritus Först.

Anmerk Hierher P. breviceps C G. Thoms. ausgezeichnet durch kurzen, nach hinten verengten Kopf.

123. Mesothorax rot. 124.

Der ganze Thorax schwarz. 126.

124. Fühler fast ganz bräunlich.   112. notabilis Först.
Fühler mehr oder weniger rot. 125.

125. Höchstens die 3 ersten Fühlerglieder rot oder rotgelb,
die übrigen braun.   113. humilis Först.
Mehr als die 3 ersten Fühlerglieder rot.
114. pedicularius F.

126. Die 3 ersten Segmente rot.   115. cursitans F.
Blos die 2 ersten Segmente rot. 127.

127. Kopf verhältnismässig klein.   116. decipiens Först.
Kopf breit.   117. peregrinator Först.

128. Das 7. Fühlerglied so breit wie lang. 129.
Das 7. Fühlerglied länger als breit. 130.

129. Das 1. Segment mit deutlichen Seitenknötchen.
118. infirmus Först.
Das 1. Segment ohne Seitenknötchen.
119. fusicornis Först.

130. Das 1. Segment mit vorspringenden Seitenknötchen.
120. vagans Ol.
Das 1. Segment ohne vorspringende Seitenknötchen. 131.

131. Die 3. ersten Segmente rot.
121. discedens Först.
Blos die 2 ersten Segmente rot.
122. calvus Först.

132. Bohrer genau oder ungefähr so lang wie das 1. Segment. 133.
Bohrer bestimmt kürzer oder etwas länger als das
1. Segment. 161.

133. Blos das 1. Segment rot, die übrigen braun. 134.
Mehrere Segmente rot. 140.

134. Kopf schwarz. 135.
Kopf kastanienbraun. 138.

135. Das 1. Segment mit stark vorspringenden Knötchen.
123. celer Först.

Das 1. Segment mit schwach oder gar nicht vorspringenden
Knötchen. 136.

136. Schenkel bräunlich.   124. spadiceus Först.
Beine rein rot.   137.

137. Das 2. Segment schwarz.
                125. ephippiger Först.
Das 2. Segment rot.   126. tonsus Först.

138. Bohrer etwas kürzer als das 1. Segment.
                129. insectator Först.
Bohrer so lang wie das 1. Segment.   139.

139. Das letzte Tarsenglied schwach bräunlich.
                127. gracilis Först.
Das letzte Fussglied tief schwarzbraun.
                128. puerilis Först.

140. Das 7. Fühlerglied nicht oder kaum länger als breit. 141.
Das 7. Fühlerglied deutlich langer als breit.   147.

141. Alle Schenkel rot.   142.
Nicht alle Schenkel rot.   144.

142. Querleiste des Metathorax sehr schwach.
                130. inquilinus Först.
Querleiste ziemlich scharf.   143.

143. Hinterrand der Segmente rot.
                131. vigil Först.
Hinterrand der Segmente schwarz.
                132. sedulus Först.

144. Alle Schenkel bräunlich.   145.
Nur die hintersten Schenkel bräunlich.   146.

145. Das 1. Fühlerglied bräunlich.
                133. parvulus Först.
Das 1. Fühlerglied rein rot.
                134. avarus Först.

146. Das 1. Segment mit stark vorspringenden Knötchen.
                135. callidus Först.
Das erste Segment ohne vorspringende Knötchen.
                136. latrator Först.

147. Der ganze Hinterleib rot.   137. proximus Först.
Nicht der ganze Hinterleib rot.   148.

148. Hinterleib rot, nur das 3. Segment schwarz.

138 fasciatus F.

Mehr als ein Segment schwarz. 149

149. Die 3 oder 4 ersten Segmente rot. 150.

Die 2 ersten Segmente rot. 154.

150. Das 1. Segment mit schwach vorspringenden Knötchen. 151.

Das 1. Segment ohne vorspringende Knötchen. 152.

151. Thorax mit einem schwach abgesetzten Schildchen.

139. congruus Först.

Thorax ohne Schildchen. 140. Meigeni Först.

152. Das 3. Segment an der Basis schwarz.

141. venatorius Först.

Das 3. Segment ganz rot. 153.

153. Das 1. Fühlerglied dunkelrot. 142. gentilis Först.

Das 1. Fühlerglied schwärzlich. 143. lepidus Först.

154. Das 1. Segment mit deutlich vorspringenden Knötchen. 155.

Das 1. Segment ohne deutlich vorspringende Knötchen. 156.

155. Das 1. Fühlerglied braun. 144 impotens Först.

Das 1. Fühlerglied hellrot. 145. consociatus Först.

156. Kopf schwarz. 157.

Kopf mehr oder weniger dunkelrot. 159.

157. Gesicht bis zu den Fühlern hinauf rot.

146. glabratus Först.

Gesicht schwarz. 158.

158. Die beiden ersten Segmente ganz rot. Brust nur teilweis schwarz gezeichnet. 147. hostilis Först.

Das 2. Segment mit 2 schwarzen Querflecken, welche eine Binde bilden. Unterseite des Thorax schwarz.

214. noricus Strobl.

159. Das 1. Segment an der Spitze breit.

148. derasus Först.

Das 1. Segment an der Spitze schmal. 160.

160. Spitze des Hinterleibes ebenso dunkel gefärbt wie die Mitte.
149. p u l e x Först.

Spitze des Hinterleibes heller gefärbt wie die Mitte.
150. i m m a t u r u s Först.

161. Bohrer deutlich kürzer als das 1. Segment.   162.

Bohrer etwas länger als das 1. Segment.   166.

162. Nur das 1. Segment rot.   151. S t e v e n i Grav.

Mehr als ein Segment rot.   163.

163. Die 2 ersten Segmente rot.   164.

Die 3 ersten Segmente rot.   165.

164. Hinterleib vorherrschend stahlblau.
152. c y a n u r u s Först.

Hinterleib vorherrschend schwarz.
153. a n c e p s Först.

165. Beine rein rot; Fühler kurz.   154. l a t r o Först.

Mittel- und Hinterbeine rot und bräunlich; Fühler ge-
streckter.   155. c a n a l i c u l a t u s Först.

166. Grosse Art von 10 mm.   Glänzend schwarz, Thorax und
das 1. Segment rot.   Bohrer von halber Hinterleibslänge.
217. R a g u s a i Dest.

Kleinere Arten.   Segment 1 und 2 oder 1—3 rot.   167.

167. Leiste des Metathorax überall scharf und deutlich.
156. d e n u d a t u s Först.

Leiste des Metathorax oben schwach und undeutlich. 168.

168. Beine ganz rot.   157. i n s o l e n s Först.

Spitze der hintersten Schenkel, sowie die Mittel- und
Hinterschienen braun.   158. g e o c h a r e s Först.

♂.

NB. Sämtliche in der folgenden Tabelle aufgeführten ♂
sind ungeflügelt und von Förster einstweilen mit neuen Namen
belegt worden.   Ihre Zusammengehörigkeit mit den vorhergehenden ♀ nachzuweisen, wird stets eine ebenso dankens-
werte als schwierige Aufgabe bleiben.

1. Thorax ohne Schildchen.   2.

Thorax mit einem deutlich abgesetzten Schildchen.   7.

2. Das 1. Segment ohne vorragende Knötchen. 3.

Das 1. Segment mit vorragenden Knötchen. 5.

3. Kopf dunkel kastanienbraun.
161. filicornis Först.

Kopf schwarz. 4.

4. Das 1. Segment ganz schwarz.
159. egregius Först.

Das 1. Segment ganz rot. 160. Heydeni Först.

5. Die abschüssige Stelle des Metathorax blos in den Seiten mit einer schwachen Spur der Querleiste.
162. nomas Först.

Querleiste in den Seiten sehr scharf vorspringend. 6.

6. Querleiste bloss in den Seiten scharf vorspringend.
163. avidus Först.

Querleiste an der ganzen abschüssigen Stelle scharf.
164. subtilis Först.

7. Das 1. Segment mit sehr stark vorspringenden Knötchen. 8.

Das 1. Segment mit mässig stark vorspringenden oder ganz ohne Knötchen. 14.

8. Kopf klein, nicht viel breiter als der Thorax.
165. microcephalus Först.

Kopf viel breiter als der Thorax. 9.

9. Beine mehr oder weniger braun. 10.

Beine rein rotgelb. 11.

10. Abschüssige Stelle mit scharfer Querleiste.
166. fusculus Först.

Abschüssige Stelle ohne Spur einer Querleiste.
167. ocissimus Först.

11. Das 1. Segment hinter den Knötchen leicht eingeschnürt.
168. constrictus Först.

Das 1. Segment hinter den Knötchen nicht eingeschnürt. 12.

12. Querleiste des Metathorax nur in den Seiten scharf und deutlich. 169. Winnertzi Först.

Querleiste überall scharf und deutlich. 13.

13. Abschüssige Stelle des Metathorax etwas kürzer als der Rücken desselben.   170. lustrator Först.

Abschüssige Stelle länger als der Rücken des Metathorax.
171. decurtatns Först.

14. Das 1. Segment mit mässig vorspringenden Knötchen. 15.

Das 1. Segment ohne vorspringende Knötchen. 22.

15. Beine schwarzbraun.   172. anguinus Först.
Beine gelb oder rotgelb. 16.

16. Querleiste des Metathorax bloss in den Seiten vorspringend.
173. ambulans Först.

Querleiste rings vorhanden. 17.

17. Querleiste äusserst schwach.   174. pallipes Först.
Querleiste überall scharf. 18.

18. Die 2 ersten Segmente rein rotgelb. 19.
Die 2 ersten Segmente mehr oder weniger bräunlich. 20.

19. Das 3. Segment rot mit brauner Querbinde.
175. procursorius Först.

Das 3. Segment schwarz. 176. erythropus Först.

20. Die abschüssige Stelle niedrig. 177. doliopus Först.
Die abschüssige Stelle hoch 21.

21. Metathorax ganz schwarz.   178. elaphrus Först.
Metathorax rot, nur die Brustseiten schwarz.
179. insidiosus Först.

22. Der ganze Körper stark fadenförmig verlängert.
180. linearis Först.

Körper breiter. 23.

23. Hinterleib ganz zeistreut behaart. 24.
Hinterleib nicht ganz zerstreut punktiert und behaart. 25.

24. Abschüssige Stelle blos in den Seiten mit Spur einer Querleiste.   181. microstylus Först.

Abschüssige Stelle überall mit scharfer Querleiste.
182. indagator Först.

25. Kopf kastanienbraun.   183. inspector Först.
Kopf schwarz. 26.

26. Hinterleib schwarz, wenigstens kein Segment ganz oder grösstenteils rot oder rotgelb. 27.

Wenigstens ein Segment ganz oder grösstenteils rot oder rotgelb. 34.

27. Mesothorax zum Teil rot. 28.

Mesothorax schwarz. 31.

28. Das 2. Segment blos am Vorder- und Hinterrande scharf begrenzt rotgelb, der mittlere Teil schwarzbraun oder schwarz. 29.

Das 2. Segment rotgelb mit braunen Flecken. 30.

29. Das 1. Segment bis zu den Knötchen allmählich und schwach, hinter denselben aber etwas stärker, und bis zur Spitze gleichförmig erweitert.
184. migrator Först.

Das 1. Segment von der Basis bis zur Spitze gleichmässig erweitert. 185. versatilis Först.

30. Der hinter den Knötchen liegende Teil des 1. Segmentes in der Mitte leicht eingeschnürt.
186. solitarius Först.

Dieser hintere Teil nicht eingeschnürt.
187. ageletes Först.

31. Alle Segmente mit rotem Hinterrand.
188. marginatus Först.

Nicht alle Segmente mit rotem Hinterrand. 32.

32. Das 1. Segment von der Basis bis zu den Knötchen allmählich aber schwach, hinter denselben starker erweitert mit parallelen Seiten. 189. melanophorus Först.

Das 1. Segment von der Basis bis zur Spitze allmählich aber schwach erweitert. 33.

33. Die hintersten Tarsen bräunlich, bloss an Basis und Spitze rot. 190. tachypus Först.

Bloss das letzte Glied der hintersten Tarsen an der Spitze bräunlich. 191. rusticus Först.

34. Querleiste des Metathorax sehr schwach. 35.

Querleiste des Metathorax scharf. 37.

35. Die beiden ersten Segmente rotgelb.
192. imbecillus Först.

Bloss das 1. Segment rot. 36.

36. Das 1. Segment bis zu den Knötchen allmahlich, hinter denselben stark erweitert, daher an der Spitze breit.

193. navus Först.

Das 1. Segment von der Basis bis zur Spitze allmählich und schwach erweitert, daher an der Spitze schmal.

194. prudens Först.

37. Kein Segment ganz rein rotgelb und ohne Beimischung von brauner Farbe.

195. conveniens Först.

Das 1. Segment oder das 1. und 2. rein rotgelb.   38.

38. Nur das 1. Segment rein rotgelb.   39.

Die 2 ersten Segmente rein rotgelb.   42.

39. Das 1. Segment von der Basis bis zu den Knötchen allmählich erweitert, hinter denselben stärker; die Fuhler fast bis zur Spitze rotgelb.

196. histrio Först.

Das 1. Segment von der Basis bis zur Spitze allmählich erweitert; die Fühler gegen das Ende bräunlich.   40.

40. Thorax vorherrschend rotgelb.

197. fugitivus Först.

Thorax vorherrschend schwarzbraun.   41.

41. Der abschüssige Raum hoch und das 2. Segment vorherrschend schwarz.   198. secretus Först.

Der abschüssige Raum niedrig und das 2. Segment vorherrschend rot.   199. violentus Först.

42. Fuhler bis zur Spitze rotgelb.

200. tentator Forst.

Fühler nach der Spitze hin bräunlich.

201. dysalotus Först.

Bestimmungstabelle der geflügelten ♂, deren ♀
(mit Ausnahme von P. claviventris) **bekannt sind.**

1. Pronotum und meist auch Hinterleibsbasis rot oder gelb. 2.

Thorax ganz schwarz.   4.

2. Schenkel schwarz. Mittlere Geisselglieder ausgenagt.
    122. c a l v u s Först.
  Beine fast ganz gelb. 3.

3. Nervus parallelus unter der Mitte entspringend.
    45. r u f u l u s Först.
  Nervus parallelus über der Mitte entspringend.
    206. m a n d i b u l a r i s C. G. Thoms.

4. Wenigstens die Hinterhüften schwarz. 5.
  Hüften rot oder gelb. 18.

5. Hinterleib ganz schwarz oder nur mit hellen Flecken oder
  schmalen Binden. 6.
  Ein oder mehrere Segmente ganz gelb oder rot, höchstens
  mit dunkler Makel. 14.

6. Hinterleib ganz schwarz. 7.
  Hinterleib mit schmalen roten Binden oder Flecken. 11.

7. Das 2. Segment quer. Stigma schwarz, an der Basis
  weiss.   9. e x a r e o l a t u s Först.
  Das 2. Segment nicht quer. 8.

8. Beine und Fühlerbasis gelb.
    26. K i e s e n w e t t e r i Först.
  Beine rot und schwarz. 9.

9. Beine schwarz, Kniee hell.
    (Pezoloch.) r u f i p e s Först.
  Beine grösstenteils rot. 10.

10. Fühler schwarz, kurz.   27. s y l v i c o l a Först.
  Fühler an der Basis hell, länger.
    202. m y r m e c i n u s C. G. Thoms.

11. Segment 2 und 3 an der Basis beiderseits mit roter
  Makel.   25. t e r e b r a t o r Rtzb.

  Hinterleib anders gezeichnet. 12.

12. Hinterleib gegen die Spitze hin stark gewölbt und verbreitert, keulenförmig. Segment 1 bis 3 mit gelbem Endrand.   215. c l a v i v e n t r i s Strobl.
  Hinterleib nicht keulenförmig, sondern mehr flach. 13.

13. Endrand von Segment 1 und 2 rot. Fühler sehr lang.
                    12. zonatus Först.

NB. Aehnlich der P. pulicarius F.

Fühler kürzer. 14.

14. Segment 2 und 3 rot, auf der Mitte mit dunkler Makel.
                    65. comes Först.

Mittlere Segmente ohne schwarze Makel. 15.

15. Nur das 2. Segment gelb. Hinterleib nicht punktiert.
    Stigma an der Basis weiss.
                    19. nigritus Först.

Auch das 3. Segment wenigstens zum Teil gelb. 16.

16. Hinterbeine grösstenteils dunkel. Nur die Basis des 3.
    Segments rot.   49. formicarius F.

Beine rot. Segment 2 und 3 ganz rot. 17.

17. Hinterleib gelb, nur an Basis und Spitze schwarz.
                    1. vulpinus Grav.

Meist nur Segment 2 und 3 rot oder gelb.
                    2. aquisgranensis Först.

18. Hinterleib schwarz, Beine gelb.
                    76. analis Först.

Hinterleib teilweise gelb oder rot 19.

19. Beine ganz gelb. 20.

Schenkel und Schienen teilweise dunkel. 22.

20. Segment 2 und 3 ziemlich glänzend, schwarz, Endrand
    gelb.   13. edentatus Först.

Hinterleib matt, fein gerunzelt, Fuhlerbasis gelb. 21.

21. Segment 2 und 3 gelbrot.
                    114. pedicularius F.

Segment 3 höchstens an der Basis rot.
                    110. iustabilis Först.

22. Die hintersten Schenkel und Schienen nur am Ende braun.
                    59. petulans Först.

Die dunkle Farbe ausgedehnter. 23.

23. Nervellus antefurcalis. Nerv. parallelus weit unter der
    Mitte. Segment 2 und 3 gelb mit dunkler Makel.
                    115. cursitans F.

Nervellus oppositus. 24.

24. Fühlerglieder 9 und 10 ausgenagt.

> 120. vagans Ol.

Fühlerglieder nicht ausgenagt.   138. fasciatus F.

Bestimmungstabelle der von Thomson beschriebenen ungeflügelten ♂, deren ♀ bekannt ist.

> Anmerk. Sicherlich ist eine Anzahl dieser Arten bereits in den von Forster beschriebenen enthalten und es gilt also, die Identität nachzuweisen, damit der eine Name in Wegfall kommt

1. Thorax schwarz. 2.

    Thorax und Hinterleib ganz oder zum Teil rot. 10.

2. Beine ganz gelb. 3.

    Beine ganz oder zum Teil schwarz. 5.

3. Kopf nach hinten stark verschmälert. Fühler dick. Beine röthch.   207. breviceps C. G. Thoms.

    Kopf mehr oder weniger breit. Beine ganz gelb. 4.

4. Mesonotum glänzend, ziemlich glatt. Schildchen vorhanden, an den Seiten gerandet.   6 ineptus Forst.

    Körper fast matt. Fühlerbasis gelb.

    > 98. micrurus Forst.

5. Hinterleib mit kurzer, dichter Behaarung. Segment 2 und 3 zuweilen rot gezeichnet Die hintersten Schenkel und Schienen an der Spitze schwarz.

    > 77. agilis Grav.

    Hinterleib ohne dichte, anliegende Behaarung. 6.

6. Wangenfurche vorhanden, tief. 7.

    Wangenfurche undeutlich oder fehlend. 9.

7. Körper, zumal der Hinterleib, matt Metathorax nur mit schwachen Seitenzähnchen.

    > 203. spinula C. G. Thoms

    Körper tief schwarz, glänzend. 8.

8. Postpetiolus quadratisch.   23. pumilus Forst.

    Postpetiolus quer.   204. grandiceps C. G. Thoms.

9. Metathorax von normaler Bildung.
    11. anthracinus Först.

Metathorax gross. buckelig. Kopf fast kubisch.
    205. gonatopinus C. G. Thoms.

10. Mesonotum rot mit 3 schwarzen Makeln.
    57. sericeus Först.

Rotgelb, Kopf und Hinterleibsspitze schwarz. 11.

11. Grössere Art. Hinterleib wenig gläuzend.
    41. acarorum L.

Kleinere Art. Hinterleib starker glanzend.
    126. tonsus Först.

Bestimmungstabelle

der von Ratzeburg und Bridgman als Hemimachus beschriebenen geflügelten ♂, deren ♀ nicht, oder nicht sicher bekannt sind.

1. Flügelnervatur hinter der äusseren Cubitalquerader unvollständig. Körper pechfarben; Kopf schwarz, viel breiter als der Thorax. Sehr kleine Art.
    11. annulicornis Bridgm.

Flügelnervatur wie bei Hemiteles. 2.

2. Hinterleib schwarz. Beine grösstenteils braunrot. Stigma einfarbig braun.   5. piceus Bridgm.

Hinterleib mehr oder weniger rot gezeichnet. Stigma an der Basis weiss gefleckt. 3.

3. Thorax mehr oder weniger rot gezeichnet. 4.

Thorax schwarz, höchstens der Halsrand zuweilen zum Teil rot. 7.

4. Das ganze Pro- und Mesonotum rot. Hinterleib schwarz, nur das 2. Segment an den Seiten rötlich.
    2. coelebs Rtzb.

Mesonotum nicht vollstandig rot. 5.

5. Flügel ganz hell, ohne jede Spur von Trübung.
    4. albipennis Rtzb.

Flugel deutlich wolkig getrübt. 6.

6. Stigma schwarz, mit grossem weissem Fleck an der Basis. Prothorax, Streifen des Mesonotums und Schildchen braunrot. 3. variabilis Rtzb.

Stigma braun. an der Basis weniger auffallend weiss. Prothorax, Schildchenspitze, Hinterleibsmitte und Beine teilweis braunrot. 7. rufotinctus Rtzb.

7. Beine fast ganz rot. 8.

Grösserer Teil der Hinterbeine schwarz. 12.

8. Hinterhüften schwarz. Ende des 1. und Rand des 2. Segmentes rot. Area superom. quer.
cf. P. zonatus Först.

Hüften rot, Hinterhüften zuweilen braun gefleckt. 9.

9. Postpetiolus quadratisch, Spirakeln des 1. Segmentes stark vortretend. Fühlerbasis, Hinterleibsmitte und Beine rot.
9. ovatus Bridgm.

Postpetiolus verlangert. 10.

10 Fühler schwarz. Area superom. schwach angedeutet.
cf. P. fasciatus F.

Fühlerbasis rot. Beine ganz rot. Halskragen meist rot gezeichnet. Metathorax hinten mit Querleiste. 11.

11. Das 3. Segment schwarz.
6. hyponomeutae Bridgm.

Das 3. Segment mehr oder weniger rot.
8. rufipes Bridgm.

12. Hüften rot. cf. P. vagans Ol.

Hüften, besonders die hintersten schwarz. Hinterleib verlangert. Einschnitte von Segm. 1 und 2 deutlich rot. 13.

13 Metathorax kurz, nur die hintere Querleiste vorhanden, dieselbe in der Mitte undeutlich.
10. confusus Bridgm.

Metathorax von gewöhnlicher Länge, zuweilen mit Andeutung einer area superom. 14.

14 Areola ungewöhnlich klein. Metathorax grubig punktiert mit Andeutung einer area superom.
cf. Pez. instabilis Först.
(rufocinctus Rtzb. non Grav.)

Areola nicht auffallend klein. 15.

15. Stigma schwarz, an der Basis mit auffallendem weissem
    Fleck.   3. variabilis Rtzb.

Stigma an der Basis weniger auffallend weiss
                    1. pezomachorum Rtzb.

Bei den nur durch Förster bekannten Arten beschränke
ich mich der Raumersparnis wegen auf die Wiedergabe der
Diagnose; wer sich eingehender mit dieser schwierigen Gruppe
beschäftigen will, findet die ausführlichen Beschreibungen in
Förster's Monographie der Gattung Pezomachus.

1. **P. vulpinus Grav.** 1815 Ichn. v. Gravenhorst, Ichn Pedestr p.
   96 ♀ | 1829 P. v. idem, Ichn Eur. II p 914 ♀ | 1851 P. v. Forster,
   Mon. d. Gatt. Pez. p 68 ♀ | 1884 P v. C. G. Thomson, Opusc. Ent.
   X p. 1002.

   ♀ Gelbrot, Kopf schwarz, Spitze der Fühler sowie die hintersten Schenkel und Schienen an der Spitze bräunlich.
   Metathorax so lang wie der Mesothorax, die abschüssige
   Stelle ohne Querleiste. Hinterleib stark punktiert, das
   1. Segment ohne vorspringende Seitenknötchen, der Endrand von Segment 2—6 niedergedrückt, glänzend; Bohrer
   kaum hervorstehend.

   ♂ Hüften schwarz. Nerv. basal. fast vertical; nervellus stark
   antefurcal. Metathorax runzelig, area postica über die
   Mitte hinaufreichend. Hinterleib breit spindelförmig,
   weniger stark punktiert, rotgelb, an Basis und Spitze
   schwarz. — L. 5 mm.

   Deutschland, Schweden.

2. **P. aquisgranensis Forst.** 1851 P. a. Forster, l. c. p 69 ♀ | 1884
   P. a. C. G. Thomson, Opusc. Ent. X p. 1001 ♀♂.

   ♀ Rotgelb, Kopf schwarz, das 3.—5. Segment auf dem Rücken
   mehr oder weniger schwarzbraun. Das 4. Fühlerglied
   länger als das 3. Meso- und Metathorax gleich lang, die
   abschüssige Stelle mit schwacher, in den Seiten sehr scharf
   vorspringender Querleiste. Hinterleib stark aber nur
   mässig dicht punktiert und behaart; Bohrer nicht halb
   so lang wie das 1. Segment; dieses mit schwach vorspringenden Knötchen.

   ♂ Flügel wie bei P. vulpinus. Metathorax grob gerunzelt.
   Segment 2 und 3 ganz, zuweilen auch Spitze von 1 und
   Basis von 4 rot. Hüften schwarz. — Länge 5 mm.

   Von Förster bei Aachen entdeckt. Nach Thomson auch
   in Schweden.

   Die folgende Art ist vielleicht nur Varietät.

3. **P. Neesi Först.** 1851 P. N. Förster, l. c. p. 70 ♀

♀ Rot, der Kopf und der Hinterleib vom 2. Segment ab
schwarz, der Meso- und Metathorax gleich lang, die abschüssige Stelle eingedrückt, mit einer sehr schwachen
Querleiste versehen, der Hinterleib ziemlich dicht punktiert
und etwas lang behaart, der Bohrer kaum halb so lang
wie das 1. Segment, dieses mit vorspringenden Knötchen. —
L. 5 mm. ♂ unbekannt.

Stammt aus der Nees'schen Sammlung; deshalb wohl
bei Sickershausen gefunden. Nach Thomson vielleicht
nur Varietät von P. aquisgranensis.

4. **P. protuberans Först** 1851 P. p. Förster, l. c. p. 70 ♀.

♀ Schwarzbraun, die Basis der Fühler und die Beine gelb,
der Metathorax kurz, die abschüssige Stelle sehr breit,
ohne Spur einer Querleiste, der Hinterleib fein lederartig
runzlig, dicht behaart; das 1. Segment mit scharf vorspringenden Knötchen, der Bohrer etwas kürzer als das
1. Segment. — L. 2,5 mm. ♂ unbekannt.

Ein ♀ von Aachen.

5. **P. Ratzeburgi Först.** 1851 P. R. Förster, l. c. p 71 ♀.

♀ Rot, die Spitze der Fühler, der Kopf und der Hinterleib
vom 2. Segment ab schwarz; der Rücken des Metathorax
sehr kurz, die abschüssige Stelle ohne Spur einer Querleiste; der Hinterleib sehr dicht und fein punktiert und
behaart; der Bohrer so lang wie das 1. Segment, dieses
mit vorragenden Knötchen. — L. 4—4,5 mm. ♂ unbekannt.

Aachen. Nach Thomson jedenfalls identisch mit
P. formicarius.

6. **P. ineptus Först.** 1851 P. i Förster, l c p. 72 ♀ | 1884 P. i.
C G Thomson, l c. p. 1006 ♀♂.

♀ Kopf schwarzbraun, Thorax und Hinterleib rotbraun, das
1. Segment heller. Beine gelb. Metathorax kurz, schief
abschüssig, ohne Spur einer Querleiste; das 1. Segment
ohne vorragende Seitenknötchen. Bohrer kaum vorstehend.

♂ Mesonotum fast glatt, glänzend. Flügel punktförmig,
weiss. Schildchen an den Seiten gerandet. Abschüssiger
Raum abgegrenzt, bis zur Mitte hinaufreichend. Hinterleib schwach glänzend. Beine ganz gelb. — L. 2,5—3 mm.

Deutschland, Schweden.

7. **P. tener** Först. P. t Forster, l. c. p. 72 ♀ | 1829 P. agilis var 5 Gravenhorst, II p. 899.

♀ Braun, die Spitze des 2 Fühlerglieds und das 3. an der Basis, die Schenkelringe, die Spitze der Schenkel, die Basis der Schienen und die Füsse rotgelb; der Metathorax sehr kurz; der Hinterleib dicht behaart, der Bohrer kürzer als das 1. Segment. — L. 2 mm. ♂ unbekannt.

Frankfurt am Main. 1 ♀.

8. **P. festinans** F. 1798 Ichn. f. Fabricius, Suppl. Ent. Syst. p. 232 ♀ | 1804 Crypt. f. idem, Piez. p. 92 ♀ | 1829 P. f. Gravenhorst, II p. 926 ♀ | 1851 P. f. Förster l. c. p. 73 ♀

♀ Schwarzbraun, die Trochanteren, die Schenkel an der Spitze, die Basis der Schienen und die Füsse gelb; der Mesothorax verkürzt, die abschüssige Stelle ohne Querleiste, der Hinterleib mässig dicht behaart; das erste Segment ohne vorspringende Knötchen, der Bohrer kaum halb so lang wie das 1. Segment. — L. 2—2,5 mm. ♂ unbekannt.

Deutschland.

9. **P. exareolatus** Först. 1851 P. e. Förster, l. c. p. 74 ♀ | 1884 P. e. C. G. Thomson l. c. p. 1008 ♀ ♂.

♀ Schwarz, Fühler, Hüften und Schenkel braun, Metathorax etwas kürzer als der Mesothorax, die abschüssige Stelle ohne Spur einer Querleiste, fast senkrecht. Hinterleib sehr dicht punktiert und behaart, das 1. Segment ohne vorspringende Knötchen, das 2. Segment stark quer; Bohrer ungefähr so lang wie das 1. Segment.

♂ Mesonotum fast matt. Flügel weisslich, Stigma breit, schwarz, an der Basis weiss; nervellus stark antefurcal. Postpetiolus quadratisch, das 2. Segment quer. — L. 4—5 mm.

Deutschland, Schweden.

10. **P. simulans** Först. 1851 P. s. Förster, l. c. p 75 ♀.

♀ Schwarzbraun, die Schienen und Füsse gelb, die 3 ersten Segmente mehr oder weniger gelblich durchscheinend, der Metathorax etwas kürzer als der Mesothorax, die abschüssige Stelle etwas schief und nicht scharf abgegrenzt, ohne Spur einer Querleiste, der Hinterleib dicht punktiert und behaart, das 1. Segment ohne deutlich vorspringende Knötchen, der Bohrer völlig so lang wie das 1. Segment. — L. 3 mm. ♂ unbekannt.

1 ♀ von Boppard am Rhein.

11. **P. anthracinus** Först. 1851 P a Förster, l c. p 75 ♀ | 1882 P
a Bridgman, Trans. Ent. Soc. Lond. p 147 ♂ | 1884 P. a. C. G
Thomson, Opusc. Ent X p 1008 ♀♂.

♀ Schwarz, Schenkel an der Spitze, Schienen an der Basis
und Tarsen röthlichgelb, Schildchen angedeutet; Mesothorax
länger als der Metathorax, dieser mit einer sehr kurzen
und engen abschüssigen Stelle und ohne Querleiste. Hinterleib dicht punktiert und behaart, Bohrer nur wenig kürzer
als das 1. Segment, dieses mit undeutlichen Knötchen,
sehr kurz, aber an der Spitze breit.

♂ Die von Bridgman und Thomson gegebenen Beschreibungen des ♂ sind von einander gänzlich verschieden, bei
dem einen ist es geflügelt, bei dem andern ungeflügelt.
Möglich also, dass auch die ♀ beider Autoren verschieden
sind. Bridgman giebt die folgende ausführliche
Beschreibung des ♂: beide Geschlechter waren von Fitch
aus Elachista subbigrella gezogen worden. Kopf rundlich,
Clypeus deutlich getrennt; Fühler von ²/₃ Körperlänge,
Geissel gegen das Ende verdickt, das 1. Glied mehr als
2 Mal so lang als dick. Kopf und Thorax fein gerunzelt;
Metathorax stärker gerunzelt, area superom. nicht deutlich,
Seitenfelder nicht geteilt. Flügel wie bei Hemiteles, die
Nervatur gegen die Spitze undeutlich. Das 1. Segment
ohne Tuberkeln, nadelrissig-punktiert, das 2. und die
folgenden dicht punktiert, auf dem 2. die Punkte in Längs-
risse zusammenlaufend, Endsegmente fast glatt. — Schwarz,
Palpen und Beine blass ockergelb; Trochantern und die
Vorder- und Mittelhüften dunkler gelb. Mittel- und
Hinterschenkel an der Endhälfte, Spitzen der Hinterschienen und alle Tarsen braun. Hinterleib pechfarben,
die Ränder der Segmente gelblich. Stigma und Geäder
hellbraun, Tegulä gelb. L. 3 mm — Dagegen giebt
Thomson nur die folgende kurze Beschreibung: Dem ♂
von P. exareolatus ähnlich, aber Flügel fehlend. Fühler
fadenförmig, kürzer als der Körper. — L. 2,5—3,5 mm.

Deutschland, Schweden. — Aehnlich P. gonatopinus
C. G. Thoms.

12. **P. zonatus** Först. 1851 P. z Förster, l c. p. 76 ♀ | 1884 P. z.
C G Thomson, Opusc Ent X p 1002 ♀♂

♀ Rotgelb, Kopf schwarz, Fühler von der Mitte bis zur
Spitze, 3 Binden auf dem Hinterleibe und Spitze der
hintersten Schenkel und Schienen braun. Meso- und
Metathorax gleich lang, die abschüssige Stelle ohne Querleiste; Hinterleib dicht punktiert und behaart, Bohrer
kürzer als das 1. Segment, dieses mit vorspringenden
Knötchen.

♂ Fühler lang, gegen das Ende zugespitzt; Hinterleib linear.
das 1. Segment schmal, dieses und das 2. Segment mit
rotem Endrand, letzteres fein körnig gerunzelt. Nervus
bas. fast senkrecht, nervellus fast antefurcal. — L 4—5 mm.

Deutschland, Schweden.

13. **P. edentatus** Först. 1851 P. e. Förster, l. c. p. 77 ♀ | 1884 P.
e. C. G. Thomson, l. c p 1011 ♀♂.

♀ Rotgelb, der Kopf und der Hinterleib vom 3. Segment
ab braun, der Metathorax so lang wie der Mesothorax,
die abschüssige Stelle fast senkrecht, ohne Querleiste, der
Hinterleib dicht punktiert und behaart, der Bohrer etwas
länger als das 1. Segment, dieses ohne vorspringende
Knötchen.

♂ Thorax stark verlängert, der abschüssige Teil sehr kurz,
das Enddrittel nicht erreichend, die area superom. zuweilen
angedeutet. Flügel hyalin, Stigma nicht breit, nervellus
antefurc. Hinterleib linear, convex, das 1. Segment kurz,
ohne Kiele, Segment 2 und 3 fast länger als breit,
ziemlich glänzend, schwarz, mit breitem rötlichgelbem
Endrand. Beine rötlichgelb. — L. 3 mm.

Deutschland, Schweden.

14. **P. imbellis** Först. 1851 P. i. Forster, l. c. p. 77 ♀

♀ Rotgelb, der Kopf und der Hinterleib vom 3. Segment
ab kastanienbraun, der Metathorax so lang als der Mesothorax, die abschüssige Stelle nicht deutlich abgesetzt,
ohne Querleiste, der Hinterleib dicht punktiert und behaart, der Bohrer so lang wie das 1. Segment, dieses
ohne vorspringende Knötchen. — L. 3,5 mm. ♂ unbekannt.

1 ♀ bei Aachen.

15. **P. reconditus** Först. 1851 P. r. Forster, l c p. 78 ♀

♀ Schwarz, die 3 ersten Segmente des Hinterleibs fast ganz,
und die Beine rot, der Meso- und Metathorax gleich lang,
die abschüssige Stelle sehr schief, ohne alle Spur einer
Querleiste; der Hinterleib sehr dicht und fein punktiert
und behaart. der Bohrer kürzer als das 1. Segment,
dieses ohne vorspringende Knötchen. — L. 4—5 mm.
♂ unbekannt.

1 ♀ von Nees bei Sickershausen gefunden.

16. **P. squalidus** Först. 1851 P. sq Förster l. c. p. 78 ♀.

♀ Der Kopf und die Spitze des Hinterleibs schwarz, der
Mittelleib kastanienbraun, die Fühler und Beine rotgelb;

der Meso- und Metathorax gleich lang, die abschüssige
Stelle schief, ohne Spur einer Querleiste, der Hinterleib
mässig dicht punktiert und behaart, der Bohrer so lang
wie das 1. Segment, dieses mit schwach vorspringenden
Seitenknötchen. — L. 2,5 mm. ♂ unbekannt.

1 ♀ von Aachen.

17. P. flavipes Först. 1851 P fl Forster, l. c. p 79 ♀.

♀ Der Kopf und Hinterleib vom 3. Segmente ab schwach
bräunlich, der Mittelleib rötlichgelb und die Beine blassgelb, der Metathorax so lang wie der Mesothorax, die
abschüssige Stelle schief, sehr hoch, eine Querleiste kaum
angedeutet; der Hinterleib dicht punktiert und behaart,
der Bohrer so lang wie das 1. Segment, dieses ohne vorspringende Seitenknötchen. — L. 2,5 mm. ♂ unbekannt.

1 ♀ von Aachen.

18. P. timidus Först. 1851 P t Förster, l. c. p. 80 ♀.

♀ Schwärzlichbraun, das 1. Segment des Hinterleibes, die
Hüften, Schenkelringe, Schienen und Füsse gelb; der
Metathorax so lang wie der Mesothorax, die abschüssige
Stelle ohne Spur einer Querleiste; der Hinterleib mässig
dicht punktiert und behaart, der Bohrer etwas kürzer
als das 1. Segment, dieses ohne vorspringende Knötchen.
— L. 2 mm. ♂ unbekannt.

Ein ♀ bei Aachen gefunden.

19. P. nigritus Först. 1851 P. n. Förster, l. c. p 80 ♀ | 1884 P. n.
C. G. Thomson, l. c. p. 1005.

♀ Schwarz, die vorderen Schenkel an der Spitze, die Schienen
an der Basis und in der Mitte und die Füsse zum Teil
gelbrot, der Meso- und Metathorax ungefähr gleich lang,
der erstere mit einem deutlichen aber nicht abgesetzten
Schildchen, der letztere an der abschüssigen Stelle ohne
Querleiste; der Hinterleib dicht punktiert und behaart,
der Bohrer so lang wie das 1. Segment, dieses kurz, an
der Spitze sehr breit ohne vorragende Knötchen.

Nach Thomson der Kopf fast doppelt so breit als
der Thorax, Scheitel tief ausgerandet. Fühler ziemlich
dick, fadenförmig. Thorax nicht blos schwarz, sondern
auch braun bis trüb rötlich. Der abschüssige Teil weit
über die Mitte hinaufreichend.

♂ Körper schwarz. Fühler lang. Mesonotum und Metathorax kurz, der abschüssige Raum glatt und glänzend.

Flügel fast hyalin, Stigma breit, an der Basis weiss;
Nervellus stark antefurc. Hinterleib nicht punktiert,
ziemlich glänzend. Postpetiolus quadratisch, das 2.
Segment ganz oder an Basis und Spitze hell. — L.
3—4 mm.

Deutschland, Schweden. — Aehnlich P. spinula
C. G. Thoms.

20. **P. rotundiventris** Först. 1851 P. r. Forster, l c. p. 97 ♀

♀ Rot, der Kopf und Hinterleib von der Mitte des 2. Segments ab schwarz, die Spitze der Fuhler braun, der
Mittelleib sehr stark verkurzt, der Metathorax sehr kurz,
die abschüssige Stelle schief, ohne Querleiste; der Hinterleib sehr fein und sehr zerstreut punktiert, kurz behaart,
das 2. und 3. Segment sehr gross, der Bohrer halb so lang
wie das 1. Segment, dieses ohne vorspringende Knötchen.
— L. 3,5 mm. ♂ unbekannt.

1 ♀ von Aachen.

21. **P. declivis** Först. 1851 P. d. Förster, l. c. p 98 ♀ | 1829 P.
agilis Var. 5 c Gravenhorst, II p 898 ♀♂.

♀ Dunkelbraunrot, auch die Fühler, Hinterleib an der Spitze
braun: Beine rotgelb, Metathorax ohne bogenförmige
Querleiste, vor derselben kürzer als der Mesothorax.
Hinterleib dicht behaart, Bohrer kurzer als das 1. Segment.

G r a v e n h o r s t erwähnt auch das ♂. Schildchen vorhanden, klein. Flügelrudimente sehr klein, weiss. Hinterleib schwarz oder schwarzbraun, die beiden ersten Segmente
zuweilen heller. Beine meist mit dunkler Zeichnung. —
L. 2—2,5 mm.

Deutschland, Oberitalien.

22. **P. leptogaster** Först. 1851 P l Forster, l. c. p. 99 ♀

♀ Rotgelb, der Kopf und der Hinterleib nach der Spitze
hin braun, der Metathorax viel kurzer als der Mesothorax, die abschüssige Stelle sehr schief; der Hinterleib
etwas zerstreut punktiert und behaart, der Bohrer kürzer
als das erste Segment, dieses an der Spitze sehr breit,
ohne vorragende Knötchen. — L. 2,5 mm. ♂ unbek.

1 ♀ von Aachen.

23. **P. pumilus** Först. 1851 P. p Forster, l c p 99 ♀ | 1884 P p.
C. G. Thomson, l. c p. 1006 ♀♂

♀ Schwarzbraun, das 3. Fuhlerglied an der Basis, die Kniee
und Füsse gelb; der Metathorax kurz, der Hinterleib

zerstreut punktiert und behaart, der Bohrer fast so lang wie das 1. Segment, dieses ohne vorragende Knötchen, an der Spitze sehr breit.

♂ Flügellos. Das 1. Segment ziemlich kurz, Postpetiolus quadratisch.

L. 2,5—3 mm.

Deutschland, Schweden. — Aehnlich ist P. brevis Bridgm., aber grösser, das 7. Fühlerglied nur etwas länger als breit.

24. **P. nanus** Först. 1851 P. n. Förster l. c. p. 100 ♀.

♀ Schwarz, das 3. Fühlerglied an der Basis, die Kniee und Füsse rötlichgelb, der Metathorax kurz, die abschüssige Stelle ohne Spur einer Querleiste; der Hinterleib sehr zerstreut punktiert, der Bohrer kaum ³/₄ von der Länge des ersten Segmentes betragend, dieses vor der Mitte mit vorragenden Knötchen, an der Spitze sehr breit. — L. 2 mm. ♂ unbekannt.

Sachsen.

25. **P. terebrator** Rtzb. 1852 P. t. Ratzeburg, Ichn. d. Forstins II p 126 | 1851 P. t Förster, l. c. p. 100 ♀ | 1884 P. t. C. G. Thomson, l. c. p. 1003 ♀♂.

♀ Körper fast glatt, sehr fein gerunzelt, glänzend. Fühler fadenförmig. Meso- und Metathorax ungefähr gleich lang, die abschüssige Stelle ohne Querleiste. Hinterleib fein und zerstreut punktiert und behaart, das 1. Segment breit, Postpetiolus quer, Knötchen nicht vorragend; Bohrer länger als das 1. Segment. — Schwarz, Beine rötlichgelb, Hüften und Unterseite der Scheukel bräunlich. Hinterleib nach Förster schwarz, nach Thomson das 2. Segment mit roter Basalbinde, das 3. vorn mit roten Seitenflecken.

♂ Metathorax fein gerunzelt, der abschüssige Raum deutlich abgegrenzt, area superom. kaum angedeutet; Postpetiolus quadratisch, wie das 2. Segment glatt; dieses und das 3. Segment an der Basis mit roten Seitenmakeln. Beine schwarz, die vorderen Kniee und fast die ganzen Schienen gelblich. Flügel graulich, Stigma ziemlich schmal, Nervellus antefurcal. — Bei der Varietät latecincta Strobl. (Mitt. Naturw. Ver. Steierm. 1900 p. 247) ist das 2. und 3. Segment fast ganz rotgelb. — L. 2,5—3,5 mm.

Deutschland, Schweden.

26. P. Kiesenwetteri Först. 1851 P. K. Forster, l. c. p. 101 ♀ | 1884 P K C. G. Thomson, l. c. p. 1004 ♀♂.

♀ Rot oder gelbrot, Kopf und Hinterleib vom 3. Segment an schwarz; Metathorax stark gewölbt, nach der Spitze hin allmählich abschüssig; Hinterleib zerstreut punktiert und behaart; Bohrer so lang wie das 1. Segment, dieses ohne vorragende Knötchen. — Nach Thomson Scheitel breit, Wangen aufgetrieben, Schiensporen lang.

♂ Schwarz, Fühlerbasis und Beine gelb. Wangen aufgetrieben. Flügel vollständig ausgebildet. Dem P. instabilis sehr ähnlich.

Grosse Art von 4—6 mm.

Försters einziges Exemplar aus Sachsen. Nach Thomson in Schweden nicht selten.

Anmerk. Thomson hält die Förster'schen Arten P. Debeyn, bellicosus und venatorius für identisch mit dieser Art.

27. P. sylvicola Först. 1851 P. s. Forster, l. c. p. 102 ♀ | 1884 P. s C. G. Thomson, l. c. p. 1000 ♀♂.

♀ Kopf dicht und grob punktiert, Wangen viel länger als die Mandibelbasis, Scheitel breit, Fühler dick, am Ende verdünnt, das 4. Fühlerglied länger als das 3. Meso- und Metathorax gleich lang; der abschüssige Raum ohne Querleiste, in der Mitte vertieft; das 2.—4. Segment sehr zerstreut punktiert und behaart, stark glänzend, an den Seiten dichter punktiert. Bohrer kaum so lang wie das 1. Segment, dieses mit schwach vorspringenden Knötchen. — Rot, Fühlerspitze braun, nach Thomson zuweilen auch der Kopf teilweis braun. Das 2. und 3. Segment in der Mitte mit schwarzer Querbinde, das 4. an der Basis dunkler.

♂ Schwarz, Schenkel und Schienen rot, die Schenkel zuweilen an der Basis oder ganz schwarz. Hinterleib dicht und gleichmässig punktiert, zuweilen mit roten Querbinden. Fühler kurz und dick, am Ende verdünnt. Flügel ausgebildet, nerv. basal. fast vertical, nervell. stark antefurcal; Radius aus der Mitte des ziemlich schmalen Stigma. — L. 4—6 mm.

Deutschland, Schweden. — Sehr ähnlich ist P. myrmecinus C. G. Thoms.

28. P. ecarinatus Först. 1851 P e Forster, l. c. p. 103 ♀.

♀ Schwarz, mit roten Beinen; der Meso- und Metathorax gleich lang, die abschüssige Stelle ohne Querleiste, der Hinterleib fein nadelrissig, zerstreut punktiert und behaart, der Bohrer völlig so lang wie das 1. Segment, dieses breit, ohne vorspringende Knötchen. — L. 2,5 mm. ♂ unbekannt.

Deutschland. — Nach Thomson vielleicht identisch mit P. rufipes.

29. P. forticornis Först. 1851 P. f Forster, l. c. p. 103 ♀.

♀ Schwarz mit roten Beinen, die Schenkel alle und die hintersten Schienen mehr oder weniger braun, der Meso- und Metathorax gleich lang, die abschüssige Stelle ohne Querleiste, in den Seiten mit einem vorspringenden Zähnchen; der Hinterleib fein nadelrissig, zerstreut punktiert und behaart, der Bohrer kürzer als das 1. Segment, dieses ohne vorragende Knötchen. — L. 4 mm. ♂ unbekannt.

Von Nees bei Sickershausen gefangen.

30. P. inermis Först. 1851 P. i Forster, l. c. p. 104 ♀ | 1829 P hortensis var. 2 part. Gravenhorst, II p. 908 ♀♂.

♀ Schwarz, die Fühler bis zur Mitte, der Mittelleib, die beiden ersten Segmente ganz, und das 3. an der Basis samt den Beinen rot; letztere an den Schenkeln und Schienen der Mittel- und Hinterbeine mehr oder weniger bräunlich; der Metathorax viel kürzer als der Mesothorax, und ohne Querleiste, der Hinterleib sparsam behaart; der Bohrer etwas länger als das 1. Segment.

Das von Gravenhorst angeführte ♂ stimmt in der Färbung mit dem ♀ überein; es besitzt ein kleines Schildchen und kaum bemerkbare Flügelrudimente. — L. 2,5—3,5 mm.

Deutschland.

31. P. lugubris Först. 1851 P. l. Forster, l. c. p. 105 ♀.

♀ Röthelgelb, der Kopf, die Fühler und der Hinterleib mit Ausnahme des 1. Segmentes braun; der Metathorax so lang wie der Mesothorax, die abschüssige Stelle fast senkrecht, ohne Spur einer Querleiste; der Hinterleib etwas zerstreut punktiert, behaart, der Bohrer so lang wie das 1. Segment, dieses schmal und ohne vorragende Knötchen. — L. 2 mm. ♂ unbekannt.

1 ♀ von Aachen.

32. P. posthumus Först. 1851 P. p Forster, l. c. p. 106 ♀.

♀ Braun, die Beine gelb, das 1. Segment des Hinterleibs und die Schenkel bräunlich gelb, der Meso- und Meta-

thorax von gleicher Länge, die abschüssige Stelle kurz,
ohne Spur einer Querleiste; der Hinterleib zerstreut
punktiert und behaart, der Bohrer so lang wie das 1.
Segment, dieses an der Spitze breit, ohne vorragende
Knötchen. — L. 2 mm.   ♂ unbekannt.

Bei Aachen.

33. **P. lucidulus** Först. 1851 P 1. Förster, 1. c. p. 106 ♀♂ | 1884 P.
1. C. G. Thomson, 1. c. p. 1012 ♀ | 1828 P. vagans var. 2 ♂ et var.
4 ♀ Gravenhorst, II p 891 und 892.

♀ Schwarz, das 3. und 4. Fühlerglied, Pro- und Mesothorax
und die beiden ersten Hinterleibssegmente, sowie die
Beine rotgelb, das letzte Tarsenglied braun. Metathorax
sanft abschüssig, ohne Querleiste. Hinterleib stark glänzend,
sehr sparsam behaart Bohrer so lang wie das 1. Segment.

Das ♂ ist ungeflügelt, mit Spur eines Schildchens. In
der Färbung stimmt es mit dem ♀ überein. Nach Thomson
ist das ♂ wahrscheinlich geflügelt. — L. 3—3,5 mm.

Deutschland, Schweden.

34. **P. fallax** Först. 1851 P. f. Förster, 1. c. p 107 ♀ | 1829 P. agilis
Var. 2 Gravenhorst, II p 895 ♀♂.

♀ Schwarz, die Fühlerglieder 2—7 dunkelrötlich, fast bräunlich; die abschüssige Stelle des Metathorax sehr kurz mit
scharfer Querleiste; der Hinterleib dicht behaart, mit
sehr schmalem, rötlichem Hinterrand aller Segmente;
das 1. Segment an der Spitze breit, die Beine rotgelb,
das letzte Fussglied samt den Klauen bräunlich; der
Bohrer deutlich so lang wie das 1. Segment.

Das von Gravenhorst dazu gezogene ♂ hat unscheinbare
Flügelrudimente und Andeutung eines Schildchens. Beine
gelblich, Vorderschenkel hellbraun, die hintersten schwärzlich, die hintersten Schienen mit dunkler Spitze. —
L. 3 mm.

Deutschland.

35. **P. nigricornis** Först. 1851 P. n. Forster, 1. c. p. 108 ♀ | 1829 P.
agilis var. 4a Gravenhorst, II p. 895 ♀.

♀ Schwarz, mit roten Beinen, der Thorax verlängert, die
abschüssige Stelle des Metathorax sehr kurz, mit einer
scharfen Querleiste; der Hinterleib dicht behaart; der
Bohrer so lang wie das 1. Segment, dieses an der Spitze
schmal. — L. 4 mm.   ♂ unbekannt.

Frankfurt a. M.

36. **P. bellicosus Först.** 1851 P. b. Forster, l. c p. 109 ♀

♀ Schwarz, Basis der Fühler, Thorax, die 2 ersten Segmente ganz, das 3. zum Teil und die Beine rot. Schildchen angedeutet; Metathorax sehr hoch, fast halbkugelig gewölbt; die abschüssige Stelle sehr kurz; Querleiste vorhanden aber in den Seiten nicht zahnartig vorspringend. Hinterleib nicht dicht und sehr kurz behaart, Bohrer ungefähr so lang wie das 1. Segment. — L. 5—6 mm. ♂ unbekannt.

Deutschland.

37. **P. Debeyi Först.** 1851 P. D Forster, l c p 110 ♀

♀ Rotgelb, der Kopf schwarz, die Spitze der Fühler und der Hinterleib vom 3. Segment ab braun, der Mesothorax so lang wie der Metathorax, die abschüssige Stelle sehr niedrig, mit einer Querleiste umgeben, der Hinterleib zerstreut punktiert, behaart, der Bohrer so lang wie das 1. Segment, dieses ohne vorragende Knötchen.

Var. a. Das 3. Segment des Hinterleibs ebenfalls rotgelb.

Var. b. Das 2. Segment auf der Mitte braun.

L. 4—4,5 mm. ♂ unbekannt.

Aachen. — Nach Thomson identisch mit P. Kiesenwetteri.

38. **P. applanatus Forst.** 1851 P a Forster, l c p 111 ♀

♀ Schwarz, das 3. Fühlerglied, die Spitze des ersten und das ganze zweite Segment samt den Beinen rot; der Metathorax verlängert, nicht kürzer als der Mesothorax, die abschüssige Stelle sehr schief, kurz und mit einer schwachen Querleiste umgeben. Der Hinterleib glänzend mit kaum bemerkbarer Punktierung und Behaarung, der Bohrer kaum so lang wie das 1. Segment, dieses mit kaum bemerkbaren Seitenknötchen. — L. 2,5 mm. ♂ unbekannt.

Sachsen.

39. **P. mediocris Först.** 1851 P m Forster, l. c. p 112 ♀.

♀ Braun, die Fühler an der Basis und die Beine rot; der Metathorax verlängert, walzenförmig, die abschüssige Stelle ein wenig schief, kurz und durch eine Querleiste deutlich abgeschieden, der Hinterleib sehr zerstreut punktiert und behaart, der Bohrer ungefähr so lang wie das erste Segment, dieses hinter der Mitte mit vorragenden Knötchen. — L. 2,5 mm. ♂ unbekannt.

1 ♀ von Aachen.

40. P. pulicarius F. 1793 Ichn 👂 Fabricius, Ent. Syst. p. 191 ♀ | 1804 Crypt p. idem, Piez. p 91 ♀ | 1829 P. p Gravenhorst, II p. 917 ♀ | 1851 P. p. Förster, l c p 112 ♀ | 1889 P. p Bridgman, Further add etc in Trans Ent Soc Lond p. 418 ♂

♀ Schwarz, mit braunen Fühlern, der Mittelleib, das 1. Segment und die Beine rot, die letzteren mit schwarzen Schenkeln; der Metathorax langer als der Mesothorax, die abschüssige Stelle niedrig, die Querleiste nur in den Seiten schwach und wenig bemerklich; der Hinterleib mässig dicht, fast etwas zerstreut punktiert und behaart, das 1. Segment ohne vorspringende Knötchen, der Bohrer kürzer als dasselbe.

♂ Geflügelt, Körper fein körnig gerunzelt, ziemlich matt. Kopf breiter als der Thorax; Fühler von Körperlänge. Thorax gestreckt, Schildchen deutlich, etwas buckelig; Metathorax mit Querleiste und schwach angedeuteter area superom. Das 1. Segment schmal, ohne vorragende Knötchen, das 2. Segment so lang als breit, die übrigen quer. Beine schlank. Flügel mit regelmassiger Areola, Aussennerv fehlend; nervell. antefurc. — Schwarz, Spitze des 1. und Basis des 3 Segments schmal gelbrot, das 2. Segment rot, mit einem grossen dunklen Fleck auf der Scheibe. Beine grösstenteils pechfarben, Vorderbeine mehr schwarz. Tegulä braun. Flügel ziemlich getrübt, Stigma schwarz, an der Basis weiss. — L. 5 mm.

Mittel-Europa. — Aus Coleophora vibicella gezogen.

41. P. acarorum L. 1761 Mutilla a Linné, Faun. n. 1729 ♀ | 1793 Ichn. a Fabricius, Ent. Syst p. 191 ♀ | 1804 Crypt a. idem, Piez. p 92 ♀ | 1829 P. a Gravenhorst, II p. 919 ♀ | 1851 P a. Förster, l c p 113 ♀ | 1884 P a C G Thomson, l. c. p. 1017 ♀♂

♀ Schwarz, der ganze Mittelleib, die beiden ersten Segmente des Hinterleibs und die Basis des 3., die Huften mit den Trochanteren, die Mitte der Schienen und die Füsse rot; die Querleiste des Metathorax in den Seiten scharf zahnartig vorspringend; der Hinterleib sehr zerstreut behaart, das 1. Segment ohne vorspringende Knötchen, der Bohrer so lang wie das 1. Segment.

♂ Flügellos. Schildchen angedeutet. Färbung wie beim ♀. — L. 3—5 mm.

Ganz Europa.

42. P. trux Först. 1851 P t Forster, l c p 114 ♀ | 1829 P hortensis Var. 5 Gravenhorst, II p 910 ♀.

♀ Schwarz, die Fühler, der Mittelleib, die 2 ersten Segmente ganz, das 3. mehr oder weniger und die Beine rot; der Metathorax mit einer ziemlich schwachen Querleiste; der Hinterleib dicht behaart, das 1. Segment mit deutlich vorspringenden Knötchen, der Bohrer fast etwas länger als das 1. Segment. — L. 4 mm. ♂ unbekannt.

Frankfurt a. M.

43. P. proditor Först. 1851 P. p. Forster, l. c. p 115 ♀.

♀ Braun, die Fühler, der Mesothorax, das 1. Segment des Hinterleibes und die Beine rot, der Metathorax nicht kürzer als der Mesothorax, die abschüssige Stelle fast senkrecht, mit einer Querleiste umgeben; der Hinterleib sehr dicht fein punktiert, mit einer ebenso dichten Behaarung; der Bohrer so lang als das 1. Segment, dieses mit vorragenden Knötchen. — L. 4—4,5 mm. ♂ unbek.

1 ♀ von Aachen.

44. P. carnifex Först. 1851 P c Forster, l. c. p 116 ♀

♀ Gelb, der Kopf und der Hinterleib vom 3. Segment ab rötlichgelb, der Metathorax ein wenig kürzer als der Mesothorax, die abschüssige Stelle mit einer scharfen Querleiste versehen; der Hinterleib mässig dicht punktiert und behaart, der Bohrer vollständig so lang wie das 1. Segment, dieses schmal und ohne vorragende Knötchen. — L. 3 mm. ♂ unbekannt.

2 ♀ von Aachen. — Nach Thomson zu P. rufulus.

45. P. rufulus Först. 1851 P r Forster, l. c. p. 116 ♀ | 1884 P r C. G. Thomson, l. c. p 1009 ♀♂.

♀ Rotgelb, das 3. bis letzte Segment etwas dunkler rot als die beiden ersten; der Metathorax etwas kürzer als der Mesothorax, die abschussige Stelle ein wenig schiefliegend, mit einer scharfen Querleiste umgeben; der Hinterleib bis zur Mitte fein und dicht punktiert und behaart, von der Mitte nach der Spitze hin weniger dicht, fast etwas zerstreut punktiert; der Bohrer ein wenig kürzer als das 1. Segment, dieses ohne vorragende Knötchen.

♂ Geflügelt. Nervell. opposit., Radius aus der Mitte des Stigma. Schwarz, die 3 ersten Segmente und Beine rötlichgelb, Pronotum unreiner gelb. — L. 3—5 mm.

Deutschland, Schweden. Zu den häufigeren Arten.

Anmerk. Thomson rechnet zu dieser Art eine grosse Reihe Forsterscher Arten und zwar P carnifex, lutescens, helvolus, emarcidus, scitulus, juvenilis, debilis, zweifelhafter sind unicolor, venustus, consobrinus, lividus, languidus und currens.

46. P. ochraceus Först. 1851 P. o. Forster, l. c. p. 117 ♀.

♀ Rotgelb mit schwarzem Kopf, die Fühler an der Spitze etwas dunkler, die 3 ersten Segmente des Hinterleibs etwas heller gefärbt als die folgenden; der Metathorax nicht länger als der Mesothorax, die abschüssige Stelle fast senkrecht, mit einer ziemlich scharfen Querleiste; der Hinterleib mässig dicht punktiert und behaart; der Bohrer kaum so lang wie das 1. Segment, die Klappen gelb mit bräunlicher Spitze; das erste Segment mit schwach vortretenden Knötchen. — L. 4—4,5 mm. ♂ unbek.

1 ♀ von Aachen.

47. P. corruptor Först. 1851 P. c. Förster, l. c. p. 118 ♀ | 1884 P. c. C. G. Thomson, l c p 1016 ♀.

♀ Rotgelb, mit schwarzem Kopf, die Fühler an der Spitze mehr oder weniger bräunlich; der Metathorax etwas länger als der Mesothorax, die abschüssige Stelle etwas schief, mit einer ziemlich scharfen Querleiste umgeben; der Hinterleib bis zur Mitte dicht punktiert und behaart, von da bis zur Spitze etwas zerstreuter, der Bohrer so lang wie das 1. Segment, die Klappen braun, das 1. Segment ohne vorspringende Knötchen.

L. 4—4,5 mm. ♂ unbekannt; nach Thomson vielleicht der Hemimachus albipennis Rtzb.

Deutschland. Schweden.

48. P. vorax Först. 1851 P. v. Förster, l. c. p. 118 ♀

♀ Rotgelb, der Kopf schwarz, der Hinterleib an mehreren Segmenten mehr oder weniger braun; der Mittelleib rot, der Metathorax mit einer etwas schiefliegenden, abschüssigen Stelle, die Querleiste sehr scharf und deutlich; der Hinterleib mässig dicht und fein punktiert, behaart, nach der Spitze hin allmählich zerstreuter, der Bohrer kürzer als das 1. Segment, dieses an der Spitze breit, ohne vorragende Knötchen. — L. 4—4,5 mm. ♂ unbekannt.

1 ♀ von Aachen.

49. P. formicarius L. 1761 Mutilla f. Linné, Faun. n 1728 ♀ | 1781 Ichn. f. Fabricius, Spec. Ins p. 441 ♀ | 1804 Crypt. f. idem, Piez. p. 92 ♀ | 1829 P. f. Gravenhorst, II p. 915 ♀ | 1851 P. f Förster, l. c. p. 119 ♀ | 1884 P. f. C. G. Thomson, l. c. p. 1004 ♀♂.

♀ Clypeus in der Mitte des Endrands zahnartig vorgezogen. Schwarz, Thorax, das 1. Segment und die Beine rot. Metathorax mit Querleiste. Hinterleib dicht behaart, das 1. Segment ohne vorspringende Knötchen; Bohrer eher etwas länger als das 1. Segment.

♂ Geflügelt. Schwarz, Segment 2 und Basis von 3 rötlich.
Postpetiolus doppelt so lang als breit; Vorderschenkel und
die Schienen rostrot; Flügel schwach graulich. Stigma
breit, nervulus schief, nervellus stark antefurcal. Fühler
schwarz, fast borstenförmig. Metathorax kurz, fein gerunzelt, Felderung ganz undeutlich oder fehlend. — L.
3—6 mm.

Deutschland, Frankreich, Schweden.

Anmerk. Nach Thomson ist P Ratzeburgi mit dieser Art identisch

50. P. alienus Forst. 1851 P a. Forster, l c p 120 ♀.

♀ Schwarzbraun, der Mittelleib mehr oder weniger dunkelrot, das 1. Segment und die Beine rotgelb, hin und wieder
bräunlich; der Meso- und Metathorax gleich lang, die
abschüssige Stelle etwas schief mit einer schwachen Querleiste; der Hinterleib bis zur Spitze massig dicht aber
deutlich und ziemlich tief punktiert, der Bohrer nur
wenig kürzer als das 1. Segment, dieses ohne vorragende
Knötchen. — L. 2,5 mm. ♂ unbekannt.

1 ♀ bei Aachen.

51. P. quaesitorius Forst. 1851 P qu. Forster, l c p 121 ♀

♀ Braun, die Beine pechbräunlich, die Trochanteren und
Füsse rötlich gelb; der Meso- und Metathorax gleich lang,
die abschüssige Stelle mit einer schwachen Querleiste;
der Hinterleib auf den 3 ersten Segmenten massig dicht,
auf den folgenden zerstreuter punktiert und behaart; der
Bohrer ungefähr so lang wie das 1. Segment, dieses ohne
vorragende Knötchen. — L. 2 mm. ♂ unbekannt.

In der Nees'schen Sammlung; wahrscheinlich aus
Sickershausen.

52. P. tristis Forst. 1851 P. t. Forster, l c p. 121 ♀

♀ Braun, die Fühler und Beine rotgelb; der Metathorax
etwas länger als der Mesothorax, die abschüssige Stelle
fast senkrecht, niedrig, mit einer Querleiste umgeben;
der Hinterleib massig dicht punktiert und behaart; der
Bohrer ein wenig kürzer als das 1 Segment, dieses ohne
vorragende Knötchen. — L. 3,5 mm. ♂ unbekannt.

Aachen.

53. P. modestus Forst. 1851 P m Forster, l c p 122 ♀ | 1829
P. vagans Var 1 Gravenhorst, II p 891 ♀

♀ Schwarz, der Thorax, der Stiel des Hinterleibs, alle
Ränder des 2 Segments und die Beine rotgelb; der

Metathorax von der Seite stark zusammengedrückt, schmal; der Hinterleib dicht behaart; der Bohrer ungefähr so lang wie das 1. Segment. — L. 3 mm. ♂ unbekannt.

Deutschland.

54. P. distinctus Först. 1851 P. d. Förster, l. c. p. 123 ♀.

♀ Rot, die Fühler nach der Spitze hin bräunlich, der Kopf und der Hinterleib vom 2. Segment ab schwarz; der Meso- und Metathorax gleich lang, der letztere mit einer oben in der Mitte und unten tief in den Seiten scharfen Querleiste; der Hinterleib mit den 3 ersten Segmenten mässig dicht, auf den folgenden ein wenig sparsamer punktiert und behaart; der Bohrer so lang wie das 1. Segment, dieses ohne vorspringende Knötchen. — L. 2,75 mm. ♂ unbekannt.

2 ♀ von Aachen.

55. P. intermedius Först. 1851 P. i. Forster, l c p 124 ♀

♀ Rot, der Kopf und Hinterleib schwarz, das 1. Segment rot, das 2. mit roten Rändern, die Beine rot, die Schenkel, die Schienen nach der Spitze hin und das letzte Fussglied braun; der Metathorax nicht länger als der Mesothorax, die abschüssige Stelle ziemlich schief mit einer schwachen Querleiste; der Hinterleib dicht punktiert, behaart, der Bohrer so lang wie das 1. Segment, dieses ohne vorragende Knötchen. — L. 4 mm. ♂ unbekannt.

1 ♀ aus Sachsen.

56. P. vicinus Först. 1851 P. v. Forster, l c p 124 ♀.

♀ Gelb, der Kopf schwärzlichbraun, der Hinterleib vom 2. Segment ab kastanienbraun; der Metathorax nicht länger als der Mesothorax, die abschüssige Stelle etwas schiefliegend mit einer schwachen Querleiste; der Hinterleib mässig dicht punktiert, mit kurzen Härchen bekleidet, der Bohrer mit an der Basis gelblichen Klappen, von der Länge des 1. Segmentes, dieses etwas schmal, ohne vorragende Knötchen. — L. 2,5 mm. ♂ unbekannt.

1 ♀ von Aachen.

57. P. sericeus Först. 1851 P. s. Förster, l. c. p. 125 ♀ | 1884 P. s. C. G Thomson, l. c. p. 1017 ♀♂.

♀ Rotgelb, der Kopf und der Hinterleib vom 2. Segment ab schwarzbraun; die Fühler kurz, das 7. Glied kaum länger als breit; der Meso- und Metathorax von gleicher

Länge, die abschüssige Stelle etwas schief, die Querleiste nur in den Seiten erkennbar, der Hinterleib äusserst fein und dicht punktiert und behaart; der Bohrer ungefähr so lang wie das 1. Segment, dieses ohne vorragende Knötchen.

♂ Flügellos. Mesonotum rot mit 3 schwarzen Flecken. — L. 3—4,25 mm.

Deutschland, Schweden.

58. **P. bicinctus Först.** 1851 P. b. Förster, l. c. p 126 ♀.

♀ Rotgelb, der Kopf kastanienbraun, Scheitel und Hinterleib vom 2. Segment ab braun, dieses letztere am Vorder- und Hinterrande rotgelb; der Meso- und Metathorax ungefähr gleich lang, der letztere an der abschüssigen Stelle mit ziemlich scharfer Querleiste; der Hinterleib auf den drei ersten Segmenten ziemlich dicht, auf den folgenden zerstreut punktiert, der Bohrer genau so lang wie das 1. Segment, dieses ohne vorspringende Knötchen. — L. 3 mm. ♂ unbekannt.

1 ♀ von Aachen.

59. **P. petulans Först.** 1851 P. p. Förster, l. c. p. 126 ♀ | 1884 P. p. C. G Thomson, l. c. p. 1011 ♀♂ | 1829 P. bicolor Var. 6 Gravenhorst II p. 905 ♀.

♀ Schwarz, Fühler an der Basis, Thorax, das 1. Segment und Beine rotgelb. Metathorax etwas länger als der Mesothorax, mit einer ziemlich scharfen bogenförmigen Querleiste. Hinterleib ziemlich schmal, dicht behaart, Bohrer kaum so lang wie das 1. Segment.

Var. Brustseiten braun, über den Hinterhüften schwarz, die Segmente vom 2. an braun, das 2. etwas rötlich durchschimmernd.

♂ Geflügelt. Stigma breit, schwarz, an der Basis weiss; Radius hinter der Mitte entspringend; nervell. antefurc. Beine rothelbgelb, die hintersten Hüften an der Basis schwarz, Schenkel und Schienen gegen das Ende braun; das 2. Segment schwarz, vorn und hinten mit gelblicher Querbinde. — L. 2,5—3,5 mm.

Deutschland, Schweden.

> Anmerk. Vielleicht ist der Hemimachus hyponomeutae Bridgm identisch mit dem ♂ dieser Art

60. **P. Muelleri Först.** 1851 P. M. Förster, l. c p. 127 ♀.

♀ Rotgelb, mit kastanienbraunem Kopf, der Mittelleib über den Mittel- und Hinterhüften und an der abschüssigen

Stelle, der Hinterleib vom 2. Segment ab braun, die
Schienen mit 2 schwachen bräunlichen Ringen; der
Metathorax nicht länger als der Mesothorax, die abschüssige Stelle ein wenig schief mit einer ziemlich
scharfen Querleiste, der Hinterleib bis zur Spitze dicht
punktiert und behaart, der Bohrer mit gelben Klappen,
von der Länge des ersten Segments, dieses mässig breit,
ohne vorragende Knötchen. — L. 3,5 mm. ♂ unbekannt.

1 ♀ von Aachen.

61. **P. incertus** Först. 1851 P. i Forster, l. c. p 128 ♀

♀ Der Kopf und Hinterleib schwarzbraun, der Mittelleib
und das 1. Segment dunkelrot, die Beine rotgelb; der
Metathorax so lang wie der Mesothorax, die abschüssige
Stelle etwas schief, mit einer schwachen Querleiste versehen; der Hinterleib dicht punktiert, behaart, der Bohrer
so lang wie das 1. Segment, dieses ziemlich schmal und
ohne vorragende Knötchen. — L. 2,5 mm. ♂ unbekannt.

3 ♀ von Aachen.

62. **P. vagabundus** Först. 1851 P v. Forster, l. c. p. 129 ♀ | 1884
P v. C. G. Thomson, l. c. p. 1011 ♀

♀ Schwarz, die Fühler und Beine rot, am Hinterleib das
1. Segment an der Spitze, das 2. ganz und das 3. an der
Seite ebenfalls rot; der Meso- und Metathorax gleich
lang, die abschüssige Stelle ziemlich schiefliegend mit
einer schwachen Querleiste; der Hinterleib bis zur Spitze
dicht behaart und punktiert, der Bohrer so lang wie das
1. Segment, dieses ohne vorragende Knötchen. — L. 4 mm.

Deutschland, Schweden.

63. **P. lutescens** Först. 1851 P. l Forster, l. c. p. 129 ♀

♀ Rotgelb, das 3. und 4. Segment des Hinterleibs bräunlich
mit heller gefärbtem Hinterrande; der Meso- und Metathorax gleich lang, der letztere mit einer ziemlich scharfen
Querleiste; der Hinterleib auf den drei ersten Segmenten
mässig dicht, auf den folgenden allmählich etwas zerstreuter punktiert und behaart, der Bohrer so lang wie
das 1. Segment, dieses ohne vorspringende Knötchen. —
L. 3 mm. ♂ unbekannt.

1 ♀ von Aachen. — Nach Thomson zu P. rufulus.

64. **P. fraudulentus** Först. 1851 P. f Förster, l. c p 130 ♀.

♀ Dunkelrot, der Kopf und der Hinterleib vom 3. Segment
ab schwarz, die Schenkel braunrot; der Metathorax etwas

länger als der hintere Teil des Mesothorax, die abschüssige Stelle desselben oben in der Mitte ohne Querleiste, in den Seiten mit scharf vorspringender Querleiste: der Hinterleib bis zur Spitze sehr dicht punktiert und behaart, der Bohrer völlig so lang wie das 1. Segment, dieses ohne vorspringende Knötchen. — L 3,5 mm, ♂ unbekannt.

1 ♀ von Köln.

65. **P. comes** Först. 1851 P. c Förster, l c p 131 ♀ | 1884 P. c. C G Thomson, l c p 1010 ♀♂.

♀ Rötlichgelb, der Kopf und der Hinterleib vom 3. Segment ab braun; der Meso- und Metathorax von gleicher Länge, die abschüssige Stelle etwas schiefliegend, mit einer ziemlich scharfen Querleiste: der Hinterleib bis zur Spitze mässig dicht behaart, der Bohrer mit gelblichen, an der Spitze bräunlichen Klappen, von der Länge des 1. Segments, dieses ohne vorragende Knötchen.

♂ Geflügelt. Flügel breit, hyalin, Stigma gross, schwarz, an der Basis weiss, Radius hinter der Mitte desselben entspringend. Nervell. antefurc. Segment 2 und 3 rot, auf der Scheibe mit schwarzer Makel. Beine gelb, Hüften schwarz. — L. 3—4 mm.

Deutschland, Schweden.

66. **P. attentus** Forst. 1851 P. a. Förster, l c p 131 ♀

♀ Rotgelb, der Kopf schwarz, der Hinterleib vom 3. Segment ab mehr oder weniger braun, der Meso- und Metathorax ungefähr gleich lang, die abschüssige Stelle nur wenig schief mit einer ziemlich scharfen Querleiste umgeben; der Hinterleib auf den 3 ersten Segmenten nur mässig dicht, auf den folgenden zerstreuter punktiert, behaart, der Bohrer so lang wie das 1. Segment, dieses ziemlich breit, ohne vorragende Knötchen. — L. 3 mm ♂ unbekannt.

1 ♀ von Aachen.

67. **P. xenoctonus** Forst. 1851 P. x Förster, l c p 132 ♀.

♀ Rot, der Kopf und der Hinterleib vom 3. Segment ab schwarz, der Meso- und Metathorax von gleicher Länge, die abschüssige Stelle mit scharfer Querleiste, der Hinterleib auf den 3 ersten Segmenten mässig dicht, auf den folgenden zerstreuter punktiert und behaart, der Bohrer ein wenig kürzer als das 1. Segment, dieses ohne vorragende Knötchen. — L. 4 mm. ♂ unbekannt.

1 ♀ in der Nees'schen Sammlung, wahrscheinlich von Sickershausen.

68. P. faunus Först. 1851 P. f. Forster, l. c. p. 133 ♀.

♀ Rötlichgelb, der Kopf und am Hinterleib das 3.—5. Segment braun; der Metathorax ein wenig länger als der Mesothorax, die abschüssige Stelle fast senkrecht mit ziemlich scharfer Querleiste; der Hinterleib auf den 3 ersten Segmenten mässig dicht, auf den folgenden sehr zerstreut punktiert; der Bohrer von der Länge des 1. Segmentes, dieses ohne vorragende Knötchen.— L. 3,5 mm. ♂ unbekannt.

    2 ♀ von Aachen.

69. P. helvolus Först. 1851 P. h. Forster, l. c. p. 133 ♀.

♀ Rötlichgelb, der Kopf ein wenig dunkler, ebenso der Hinterleib vom 4. Segment ab bis zur Spitze; der Meso- und Metathorax gleich lang, die abschüssige Stelle fast senkrecht, mit ziemlich scharfer Querleiste; der Hinterleib bis zur Spitze ziemlich dicht punktiert und behaart, der Bohrer von der Länge des 1. Segments, dieses ziemlich schmal mit schwach vorspringenden Knötchen. — L. 3 mm. ♂ unbekannt.

    1 ♀ von Aachen — Nach Thomson zu P. rufulus.

70. P. emarcidus Först. 1851 P e Forster, l c. p. 134 ♀.

♀ Der Körper rötlichgelb, der Hinterleib nach der Spitze hin schwach bräunlich, die kurzen Fühler an der Basis und die Beine blassgelb; der Metathorax etwas länger als der Mesothorax, die abschüssige Stelle fast senkrecht, mit schwacher Querleiste; der Hinterleib auf den 3 ersten Segmenten wenig dicht, auf den folgenden zerstreut punktiert und behaart, der Bohrer so lang wie das 1. Segment, dieses ohne vorspringende Knötchen. — L. 2 mm. ♂ unbekannt.

    1 ♀ von Aachen. — Nach Thomson zu P. rufulus.

71. P. scitulus Först. 1851 P. s. Forster, l. c. p. 135 ♀.

♀ Kopf, Fühler und Mittelleib dunkelrot, der Hinterleib vom 3. Segment ab bräunlich, der Meso- und Metathorax von gleicher Länge, die abschüssige Stelle ziemlich schiefliegend, mit einer sehr schwachen Querleiste; der Hinterleib bis zur Spitze ziemlich dicht und gleichförmig punktiert und behaart, der Bohrer mit ganz gelben Klappen, von der Länge des 1. Segments, dieses ohne vorragende Knötchen. — L. 2 mm. ♂ unbekannt.

    1 ♀ von Aachen. — Nach Thomson zu P. rufulus.

72. P. juvenilis Först. 1851 P. j. Förster, l. c. p 136 ♀.

♀ Röthlchgelb, das 3. und 4. Segment des Hinterleibs schwach bräunlich; der Meso- und Metathorax von gleicher Länge, die abschüssige Stelle etwas schief, mit ziemlich scharfer Querleiste; der Hinterleib auf den 3 ersten Segmenten ziemlich dicht, auf den folgenden etwas zerstreut punktiert, der Bohrer mit an der Basis gelblichen Klappen, von der Länge des 1. Segments, dieses schmal, ohne vorragende Knötchen. — L. 2,5 mm. ♂ unbekannt.

1 ♀ von Aachen. — Nach Thomson zu P. rufulus.

73. P. debilis Först. 1851 P. d Forster, l c p. 136 ♀.

♀ Röthlchgelb, der Kopf und der Hinterleib vom 2. Segment ab bräunlich; die Fühler so lang wie der ganze Körper; der Meso- und Metathorax ungefähr gleich lang, die abschüssige Stelle fast senkrecht, die Querleiste ziemlich scharf; der Hinterleib bloss auf den beiden ersten Segmenten mässig dicht, auf den folgenden zerstreut punktiert und behaart, der Bohrer so lang wie das 1. Segment, dieses ziemlich schmal, ohne vorragende Knötchen. — L. 2 mm. ♂ unbekannt.

1 ♀ von Aachen. — Nach Thomson zu P. rufulus.

74. P. incubitor Först. 1851 P. i Förster, l. c p 137 ♀.

♀ Rotgelb, der Kopf schwarz, der Hinterleib vom 5. Segment ab braun; der Meso- und Metathorax von gleicher Länge, die abschussige Stelle etwas schief, mit einer ziemlich schwachen Querleiste; der Hinterleib mässig dicht behaart und punktiert, der Bohrer ungefähr so lang wie das 1. Segment, dieses schmal und ohne vorragende Knötchen. — L. 3,5 mm. ♂ unbekannt.

1 ♀ von Aachen.

75. P. xylochophilus Först. 1851 P x Förster, l. c. p 137 ♀.

♀ Rotgelb, der Kopf und der Hinterleib vom 5. Segment ab schwarz, die Spitze der hintersten Schenkel, sowie der Mittel- und Hinterschienen braun; der Meso- und Metathorax ungefähr gleich lang, die abschüssige Stelle mit sehr schwacher Querleiste; der Hinterleib bis zur Spitze mässig dicht punktiert und behaart, der Bohrer genau so lang wie das 1. Segment, dieses ohne deutlich vorspringende Knötchen. — L. 4 mm. ♂ unbekannt.

Deutschland.

Anmerk. Thomson hält die Art für identisch mit P. acarorum.

76. **P. analis Forst.**   1851 P. a. Forster, l. c. p. 138 ♀ | 1884
P. a. C. G. Thomson, l c. p. 1010 ♀♂.

♀ Rot, der Kopf, das 4. mehr oder weniger und das 5.
Segment des Hinterleibs ganz schwarz, der Meso- und
Metathorax ungefähr gleich lang, die abschüssige Stelle
fast senkrecht, mit einer scharfen Querleiste versehen;
der Hinterleib auf den 3 ersten Segmenten mässig dicht,
auf den folgenden sehr zerstreut punktiert und behaart,
der Bohrer so lang wie das 1. Segment, dieses ohne vorragende Knötchen.

♂ Geflügelt. Nervellus opposit., Radius aus der Mitte. —
Schwarz, Beine rötlichgelb. — L. 3—4 mm.
Deutschland, Schweden, England.

77. **P. agilis F.**   1775 Ichn a. Fabricius, Syst Ent p 344 ♀ | 1804
Crypt a idem, Piez p 91 ♀ | 1829 P. a Gravenhorst, II p 894 ♀♂
(excl varietatibus) | ? 1851 P. a Forster, l c. p. 139 ♀ | 1884 P a.
C G. Thomson, l. c. p 1016 ♀♂.

♀ Fühler kurz und dick. Beine kräftig, die vordersten
Schienen aufgeblasen; die vordersten Hüften fast bis zur
Basis der Mittelhuften verlängert. Der abschussige Raum
durch Querleiste getrennt. Hinterleib mit dichter anliegender Behaarung, ziemlich dicht punktiert; Bohrer
etwas kürzer als das 1. Segment, dieses ohne vorspringende Knötchen. — Schwarz, Fühlerbasis mehr oder
weniger ausgedehnt und Beine rot. Das 1. Segment meist
am Endrand, das 2. und 3. an den Seiten rot.

♂ Ungeflügelt. Flügelrudimente punktförmig, weiss; Schildchen angedeutet. In der Färbung mit dem ♀ übereinstimmend, aber Thorax länger, Segment 2 und 3 zuweilen
teilweis rot, Spitzen der hintersten Schenkel und Schienen
schwärzlich. — L. 3—3,5 mm.
Deutschland, Schweden, England.

A n m e r k. Forster beschreibt merkwurdiger Weise einen P agilis
als neue Art und doch scheint seine Art nicht von der Gravenhorst-
schen abzuweichen.

78. **P. integer Föist.** 1851 P i. Forster, l c p 140 ♀.

♀ Schwarzbraun, die Beine pechbräunlich, die Schenkelringe, die Schienen an der Basis und in der Mitte,
und die Füsse rötlichgelb; der Meso- und Metathorax
von gleicher Länge, die abschussige Stelle mit einer
schwachen Querleiste umgeben; der Hinterleib bis zur
Spitze dicht punktiert und behaart, der Bohrer nur wenig
kürzer als das 1. Segment, dieses schmal und ohne vorragende Knötchen. — L. 3 mm. ♂ unbekannt.

1 ♀ von Aachen.

79. P. audax Först. 1851 P. a. Forster, l. c. p 140 ♀.

♀ Rot, der Kopf und der Hinterleib vom 3. Segment ab schwarz; der Metathorax länger als der Mesothorax, die abschüssige Stelle etwas schief mit einer schwachen Querleiste; der Hinterleib dicht punktiert und behaart, der Bohrer etwas kürzer als das 1. Segment, dieses mit schwach vorspringenden Knötchen. — L. 4 mm. ♂ unbek.

1 ♀ von Aachen.

80. P. hortensis Grav. 1829 P. h Gravenhorst, II p 907 ♀♂ (excl. Syn. et Varietatibus) | 1851 P. h Forster, l c p. 141 ♀♂.

♀ Schwarz, Fühler bis zur Mitte, Thorax, die 3 ersten Segmente und Beine rot, letztere mit schwarzer Spitze der Mittel- und Hinterschenkel, sowie der Mittel- und Hinterschienen. Mesothorax etwas länger als der Metathorax, dieser mit einer nicht vollständigen Querleiste. Hinterleib dicht behaart, das 1. Segment mit deutlichen Seitenknötchen: Bohrer kürzer als das 1. Segment.

♂ Flügellos. Nach Förster weicht es in folgenden Punkten vom ♀ ab: Nur die 3 ersten Fühlerglieder hell und rein-rot, schon das 4. ist rotbräunlich, die folgenden allmählich dunkler; Mittelschenkel ohne braune Spitze: das 3. Segment nahe an der Basis mit bräunlicher, schmaler Querbinde. Thorax mit deutlich abgetrenntem Schildchen. Metathorax mit ziemlich deutlicher Querleiste, eine schwarze Linie zwischen Hinter- und Mittelhüften. Hinterleib sparsam behaart, die Seitenknötchen des 1. Segments springen deutlicher vor als beim ♀, Basis und Seitenrand des 1. Segments schwarz. — L. 5 mm.

Deutschland, England.

81. P. bicolor Grav. 1829 P. b. Gravenhorst, II p. 902 ♀ (excl Synonymis et Varietatibus) | 1851 P. b. Forster, l c p. 142 ♀.

♀ Schwarz, die Basis der Fühler, der Thorax, das 1. Segment und die Beine rot; der Metathorax mit einer scharfen, bogenförmigen Querleiste; der Hinterleib dicht behaart, das 1. Segment mit stark vorspringenden Knötchen, der Bohrer kürzer als das 1. Segment. — L 4—5 mm. ♂ unbekannt.

Deutschland.

82. P. molestus Först. 1851 P. m. Förster, l. c p 143 ♀.

♀ Der Kopf und der Hinterleib vom 2. Segment ab schwarz-braun, der Mittelleib kastanienbraun, das 1. Segment und die Beine rotgelb; der Metathorax kann vor der Länge

des Mesothorax, die abschüssige Stelle etwas schief, hoch,
die Querleiste nicht scharf; der Hinterleib bis zur Spitze
mässig dicht punktiert und behaart, der Bohrer halb so
lang wie das 1. Segment, dieses an der Spitze breit, mit
vorspringenden Knötchen. — L. 2,5 mm. ♂ unbekannt.

1 ♀ von Aachen.

83. **P. pulcher** Först. 1851 P. p. Forster, l c p. 144 ♀.

♀ Rotgelb, der Kopf und der Hinterleib vom 3. Segment ab
licht kastanienbraun; der Meso- und der Metathorax von
gleicher Länge, die abschussige Stelle mit einer ziemlich
scharfen Querleiste umgeben; der Hinterleib bis zur Spitze
dicht punktiert und behaart, der Bohrer ungefähr halb
so lang als das 1. Segment, dieses schmal, mit stark vorspringenden Knötchen. — L. 2,5 mm. ♂ unbekannt.

1 ♀ von Aachen.

84. **P. astutus** Först. 1851 P. a. Forster, l. c. p. 144 ♀.

♀ Der Kopf dunkelkastanienbraun, der Mittelleib rotgelb,
das 1. Segment des Hinterleibs und die Beine gelb, die
übrigen Segmente braun; der Metathorax ein wenig
kürzer als der Mesothorax, die abschüssige Stelle schiefliegend, hoch, mit ziemlich scharfer Querleiste, der Hinterleib bis zur Spitze dicht punktiert und behaart, der Bohrer
um $1/4$ kürzer als das 1. Segment, dieses an der Spitze
schmal, hinter der Mitte mit stark vorspringenden
Knötchen. — L. 2,5 mm. ♂ unbekannt.

1 ♀ von Aachen.

85. **P. unicolor** Först. 1851 P. u. Forster, l. c. p. 145 ♀.

♀ Röthlichgelb, der Kopf und der Hinterleib von dem Hinterrand des 3. Segments ab bis zur Spitze etwas dunkler
gefärbt; der Meso- und Metathorax ungefahr gleich lang,
die abschüssige Stelle mit einer ziemlich scharfen Querleiste umgeben; der Hinterleib bis zur Spitze dicht punktiert
und behaart, der Bohrer kaum etwas mehr als die Hälfte
des 1. Segments an Lange betragend, dieses schmal mit
schwach vorspringenden Knötchen. — L. 2,5 mm. ♂
unbekannt.

2 ♀ von Aachen.

86. **P. aemulus** Först. 1851 P. ae. Forster, l c p. 146 ♀.

♀ Rotgelb, der Kopf dunkelrot mit braunlichem Scheitel,
der Meso- und Metathorax gleich lang, die abschüssige
Stelle etwas schief, hoch, mit einer scharfen Querleiste

umgeben; der Hinterleib bis zur Spitze mässig dicht
punktiert und behaart, der Bohrer kaum mehr als halb
so lang wie das 1. Segment, dieses mit schwach vorspringenden Knötchen. — L. 4,5 mm. ♂ unbekannt

> 1 ♀ von Aachen.

87. **P. circumcinctus** Först. 1851 P. c. Forster, l. c. p. 146 ♀ | 1829
P. bicolor Gravenhorst, II p. 902 var. 1 ♀.

♀ Schwarz, die Fühler an der Basis, 'der Thorax und das
1. Segment rot, das 2. braun mit ringsum breitem, rotem
Rande; der Metathorax an der abschüssigen Stelle mit
einer schwachen, bogenförmigen, oben in der Mitte unterbrochenen Querleiste; der Hinterleib dicht behaart, der
Bohrer so lang wie das 1. Segment. — L. 3 mm. ♂
unbekannt.

> Deutschland.

88. **P. puberulus** Först. 1851 P p. Forster, l. c. p. 147 ♀.

♀ Der Kopf und der Hinterleib vom 3. Segment ab braun;
der Mittelleib mit einem nicht scharf abgesetzten Schild-
chen, der Meso- und Metathorax gleich lang, die ab-
schüssige Stelle mit einer wenig scharfen Querleiste; der
Hinterleib bis zur Spitze dicht punktiert und behaart, der
Bohrer etwas kürzer als das 1. Segment, dieses an der
Spitze mässig breit, mit kaum sichtbar vorspringenden
Knötchen. — L. 4—4,5 mm. ♂ unbekannt.

> Sachsen.

89. **P. viduus** Först. 1851 P. v. Förster, l. c. p. 148 ♀ | 1829 P.
hortensis Var. 3 Gravenhorst, II p. 909 ♀.

♀ Schwarzbraun, die Basis der Fühler, der Mittelleib, die 3
ersten Segmente und die Beine rot; der Metathorax kurz,
mit einer ziemlich deutlichen Querleiste; der Hinterleib
mässig dicht behaart, der Bohrer kürzer als das 1.
Segment. — L. 2,5—3 mm. ♂ unbekannt.

> Schlesien.

90. **P. venustus** Först. 1851 P. v. Förster l. c. p. 149 ♀.

♀ Rotgelb, der Kopf und der Hinterleib vom 3. Segment
ab etwas dunkler gefärbt; der Meso- und Metathorax
gleich lang, die abschüssige Stelle etwas schief, stark eingedrückt und mit einer scharfen Querleiste umgeben; der
Hinterleib auf den 3 ersten Segmenten dicht punktiert
und behaart, der Bohrer etwas kürzer als das 1. Segment,
dieses ohne vorspringende Knötchen. — L. 3 mm. ♂
unbekannt.

> 1 ♀ von Aachen.

91. **P. consobrinus Först.** 1851 P. c. Forster, l c. p. 149 ♀.

♀ Rötlichgelb, der Kopf ein wenig dunkler als der Mittelleib, der Hinterleib vom 3. Segment ab braun; der Meso- und Metathorax von gleicher Länge, die abschüssige Stelle ziemlich hoch, mit einer schwachen Querleiste umgeben; der Hinterleib bis zur Spitze mässig dicht punktiert und behaart, der Bohrer mit gelben Klappen, etwas kürzer als das 1. Segment, dieses ohne vorragende Knötchen. — L. 2,5 mm. ♂ unbekannt.

2 ♀ von Aachen.

92. **P. lividus Först.** 1851 P. l. Forster, l c. p. 150 ♀.

♀ Rötlichgelb, der Kopf hell kastanienbraun, der Hinterrand des 3. und alle folgenden Segmente des Hinterleibs braun; der Metathorax fast etwas kürzer als der Mesothorax, die abschüssige Stelle fast senkrecht, mit einer scharfen Querleiste umgeben; der Hinterleib bis zur Spitze mässig dicht punktiert und behaart, der Bohrer mit bräunlichen Klappen, etwas kürzer als das 1. Segment, dieses schmal und ohne vorragende Knötchen.

1 ♀ von Aachen.

93. **P. languidus Först.** 1851 P. l. Förster, l c p. 151 ♀.

♀ Rot, oder vielmehr hell kastanienbraun, die Fühler, Beine und das 1. Segment des Hinterleibs gelb, die ersteren etwas kurz, der Metathorax etwas länger als der Mesothorax, die abschüssige Stelle fast senkrecht, mit einer in der Mitte schwachen, an den Seiten schärfer vorspringenden Querleiste; der Hinterleib bis zur Spitze dicht punktiert und behaart, der Bohrer mit an der Spitze bräunlichen Klappen, kürzer als das 1. Segment, dieses ohne vorragende Knötchen. — L. 2,5 mm. ♂ unbekannt.

1 ♀ von Aachen.

94. **P. currens Först.** 1851 P. c. Forster, l. c. p 151 ♀.

♀ Rotgelb, der Kopf und der Hinterleib vom 3. Segment ab kastanienbraun; der Metathorax kaum etwas kürzer als der Mesothorax, die abschüssige Stelle mit einer ziemlich deutlichen Querleiste umgeben; der Hinterleib bis zur Spitze dicht punktiert und behaart, der Bohrer mit an der Spitze bräunlichen Klappen, kürzer als das 1. Segment, dieses schmal mit sehr schwach vorspringenden Knötchen. — L. 3 mm. ♂ unbekannt.

Mehrere ♀ von Aachen.

95. **P. brachyurus** Först. 1851 P. b. Forster, l. c p 152 ♀.

♀ Rotgelb; Kopf und Hinterleib vom 2. Segment ab braun, Meso- und Metathorax gleich lang, der erstere mit einer schwachen Spur eines Schildchens, die abschussige Stelle etwas schief, hoch, mit einer nicht scharfen aber deutlichen Querleiste umgeben; der Hinterleib bis zur Spitze dicht punktiert und behaart, der Bohrer sehr kurz, nicht halb so lang als das 1. Segment, dieses mit schwach vorspringenden Knötchen. — L. 3,5 mm. ♂ unbekannt.

1 ♀ von Aachen.

96. **P. furax** Först. 1851 P. f Forster, l c. p 153 ♀

♀ Schwarz, der Mittelleib hin und wieder, die Trochanteren ganz und die Schienen und Füsse mehr oder weniger rot, am Hinterleib das 1. Segment an der Spitze ebenfalls rot; der Mittelleib zeigt deutlich die Spur eines Schildchens, der Meso- und Metathorax von gleicher Länge, die abschüssige Stelle fast senkrecht mit einer schwachen Querleiste; der Hinterleib bis zur Spitze dicht punktiert und behaart, der Bohrer etwas kürzer als das 1. Segment, dieses mit schwach vorspringenden Knötchen. — L. 3,5 mm. ♂ unbekannt.

Var. a. Das 1.Segment des Hinterleibs etwas heller gefärbt.

Var. b Der Mesothorax mit einer bogenförmigen, roten Binde, der Metathorax an der Basis mit einem roten Fleck, oder einer roten Querbinde.

Var. c. Der Mittelleib und das 1. Segment rot.

Nach Förster häufig unter Nadelholz

97. **P. sordidus** Först. 1851 P. s. Forster, l. c p. 154 ♀.

♀ Der Kopf und der Hinterleib vom 2. Segment ab dunkel kastanienbraun, der Mittelleib dunkelrot, das 1. Segment und die Beine rötlichgelb; der Meso- und Metathorax ungefähr gleich lang, die abschüssige Stelle etwas schief mit sehr schwacher Querleiste; der Hinterleib mässig dickt punktiert und behaart, der Bohrer mit gelblichen Klappen, etwas kürzer als das 1. Segment, dieses mit schwach vorspringenden Knötchen. — L. 2 mm. ♂ unbek.

1 ♀ von Aachen.

98. **P. micrurus** Forst. 1851 P m Forster, l c. p. 155 ♀ | 1884 P. m C G Thomson, Opusc. Ent X p 1007 ♀♂

♀ Rot, der Kopf, die Fühler vom 3 Gliede ab, der Metathorax und der Hinterleib vom 3. Segment ab schwarz-

braun; der Metathorax deutlich und bestimmt kürzer als
der Mesothorax, die abschüssige Stelle etwas schief, sehr
hoch und mit einer nicht scharfen Querleiste umgeben;
der Hinterleib bis zur Spitze dicht punktiert und behaart,
der Bohrer kaum halb so lang als das 1. Segment, dieses
ohne vorspringende Knötchen.

♂ Flügellos. Fühlerbasis rötlichgelb, Thorax ganz schwarz.
Hinterleib spindelförmig. das 1. Segment ziemlich dick,
die Spirakeln im letzten Drittel gelegen. Der abschüssige
Raum des Metathorax deutlich. Beine kräftig, ganz
rötlichgelb. — L. 2,5—3 mm.

Deutschland, Schweden.

99. **P. providus Först.** 1851 P. p. Forster, l. c. p 155 ♀ | 1829 P.
vagans var. 4 Gravenhorst, II p. 892 ♀.

♀ Schwarz, die Fühler an der Basis, der Pro- und Mesothorax, der Stiel des Hinterleibs und die Beine rot; der
Hinterleib sehr stark und dicht behaart; der Bohrer
etwas kürzer als das 1. Segment. — L. 3—4 mm. ♂
unbekannt.

Deutschland, Frankreich.

100. **P. alacer Först.** 1851 P. a. Forster, l. c. p. 156 ♀.

♀ Rötlichgelb, der Kopf und Hinterleib vom 2. Segment
ab schwarzbraun; der Meso- und Metathorax von gleicher
Länge, die abschüssige Stelle etwas schief mit schwacher
Querleiste; der Hinterleib bis zur Spitze dicht punktiert
und behaart, der Bohrer ein wenig kürzer als das 1.
Segment, dieses ohne vorragende Knötchen. — L. 2,5 mm.
♂ unbekannt.

1 ♀ von Aachen.

101. **P. furtivus Först.** 1851 P. f. Förster, l. c. p 157 ♀.

♀ Hellkastanienbraun, die Fühler, der Mesothorax, das 1.
Segment und die Beine rotgelb; der Meso- und Metathorax von gleicher Länge, die abschüssige Stelle nur
wenig schief geneigt, mit scharfer Querleiste; der Hinterleib bis zur Spitze dicht punktiert und behaart, der
Bohrer etwas länger als die Hälfte des 1. Segments,
dieses ohne vorragende Knötchen. — L. 2,5 mm. ♂
unbekannt.

2 ♀ von Aachen.

102. P. vulnerans Först. 1851 P v. Forster, l. c. p. 157 ♀ | 1829 P agilis Var 5 d Gravenhorst, II p 897 ♀

♀ Schwarz, die Fühler braun, das 3. Glied an der Basis und die Beine rot, diese mit bräunlichen Schenkeln und Schienenspitzen: der Metathorax an den Seiten scharf gezahnt; der Hinterleib dicht behaart, der Bohrer deutlich länger als das 1. Segment. — L. 3 mm. ♂ unbek.

Piemont.

103. P. cautus Först. 1851 P. c. Forster, l. c. p. 158 ♀ | 1829 P bicolor Gravenhorst, II p 902 ♀ (ex parte)

♀ Schwarzbraun, die Basis der Fuhler, der Thorax, das 1. Segment und die Beine rot; der Metathorax mit einer schwächeren, bogenförmigen Querleiste; der Hinterleib dicht behaart, das 1. Segment ohne vorspringende Knötchen; der Bohrer so lang wie das 1. Segment. — L. 3,5—4 mm. ♂ unbekannt.

Deutschland. Aachen.

104. P. speculator Först. 1851 P. s. Forster, l. c. p. 158 ♀.

♀ Dunkelrot, der Kopf und der Hinterleib vom 2. Segment ab schwarz; der Metathorax länger als der Mesothorax, die abschüssige Stelle nicht hoch, mit einer schwachen Querleiste umgeben; der Hinterleib auf den 3 ersten Segmenten mässig dicht, auf den folgenden etwas zerstreuter punktiert, der Bohrer völlig so lang als das 1. Segment, dieses ohne vorspringende Knötchen. — L. 3,5—4 mm. ♂ unbekannt.

Deutschland.

105. P. dubitator Först. 1851 P. d. Forster, l. c. p 159 ♀.

♀ Rotgelb, der Kopf, die Fuhler an der Spitze und der Hinterleib vom 3. Segmente ab schwarzbraun; der Meso- und Metathorax von gleicher Länge, die abschüssige Stelle etwas schief mit scharfer Querleiste; der Hinterleib bis zur Spitze dicht punktiert und behaart, der Bohrer fast etwas länger als das 1. Segment, dieses ohne vorragende Knötchen. — L. 3 mm. ♂ unbekannt.

1 ♀ von Aachen.

106. P. blandus Först. 1851 P. b. Förster, l. c. p. 160 ♀.

♀ Rotgelb, der Kopf und der Hinterleib vom 3. Segment ab schwarz; der Meso- und Metathorax von gleicher Länge, die abschüssige Stelle etwas schief mit einer

scharfen Querleiste; der Hinterleib bis zur Spitze mässig
dicht punktiert und behaart, der Bohrer fast etwas länger
als das 1. Segment, dieses an der Spitze ziemlich breit,
mit schwach vorspringenden Knötchen. — L. 3,5—4 mm.
♂ unbekannt.

Sachsen.

107. **P. transfuga** Först. 1851 P t. Forster, l c p 161 ♀ | 1829 P
bicolor Var 3 Gravenhorst II p 903 ♀.

♀ Schwarz, die Fühler, der Mittelleib, die 2 ersten Segmente
ganz, das 3. und 4. in den Seiten und die Beine rot;
der Metathorax mit einer bogenförmigen Querleiste; der
Hinterleib dicht behaart, das 1. Segment mit 2 kaum
sichtbaren Knötchen, der Bohrer völlig so lang, fast etwas
länger als das 1. Segment. — L. 3 mm. ♂ unbekannt.

Mittleres Europa.

108. **P. aries** Först. 1851 P a Forster, l c p 162 ♀

♀ Schwarz, mit roten Beinen, das 7. Glied der Fühler
breiter als lang, der Metathorax mit einer sehr schwachen
Querleiste; der Hinterleib sehr zerstreut behaart, das
erste Segment ohne vorspringende Knötchen, der Bohrer
so lang wie das 1. Segment. — L. 3 mm. ♂ unbekannt.

Aachen.

Anmerk Nach Thomson wahrscheinlich nur Varietät von P. rufipes
Forst.

109. **P. spurius** Först 1851 P. s Forster, l c p. 162 ♀ | 1829 P.
agilis Gravenhorst, II p 894 ♀ (ex parte)

♀ Schwarz, die Fühler von der Basis bis zur Mitte, der
Hinterrand aller Segmente und die Beine rot; der Hinter-
leib schwach behaart, der Bohrer so lang wie das 1.
Segment. — L. 2 mm. ♂ unbekannt.

Mittleres Europa.

110. **P. instabilis** Forst. 1851 P i Forster, l c p 163 ♀ | 1884 P i.
C G. Thomson, l c p 1015 ♀♂ | 1829 P. vagans var. 4 Gravenhorst,
II p 893 ♀ (ex parte) und P agilis Var 4 b idem, II p. 896 ♀ |
1852 Hemimachus rufocinctus Ratzeburg, Ichn Forstins III Band p 157 ♂.

♀ Schwarz, der Prothorax und der Stiel des Hinterleibs
rot, alle Segmente an der Spitze rot gerandet, die Beine
rot, mit bräunlicher Spitze der Hinterschenkel, der Mittel-
und Hinterschienen; der Hinterleib sehr spärlich behaart;
mit deutlichen Haargrübchen; der Bohrer so lang wie
das 1. Segment.

♂ Geflügelt. Fühlerbasis und Beine rötlichgelb. Hinterleib fast matt, das 1. Segment am Ende, das 2. ganz oder am Ende, selten auch das 3. an der Basis hell. Nervell. antefurc., Stigma ziemlich breit, Radius hinter der Mitte entspringend. — L 3—5 mm.
Deutschland, England, Schweden. Wohl die häufigste Art.

111. P. detritus Först. 1851 P. d. Förster, l. c. p 164 ♀.

♀ Kopf und Hinterleib vom 2. Segment an schwärzlichbraun, der Mittelleib und das 1. Segment rotbräunlich, die Beine rötlichgelb, Schenkel und Schienen mit bräunlichem Anflug; der Meso- und Metathorax von gleicher Länge, die abschüssige Stelle wenig schiefliegend, nur in den Seiten scharf; der Hinterleib ganz undeutlich punktiert und behaart, der Bohrer so lang wie das 1. Segment, dieses mit vorragenden Knötchen. — L 2,5 mm. ♂ unbek.
1 ♀ von Aachen.

112. P. notabilis Först. 1851 P. n. Förster, l c. p. 165 ♀.

♀ Rotgelb, der Kopf, der Metathorax und der Hinterleib vom 3. Segment ab schwarz; der Metathorax länger als der Mesothorax, die abschüssige Stelle sehr schief mit einer ziemlich scharfen Querleiste; der Hinterleib fein nadelrissig, zerstreut punktiert und behaart, der Bohrer so lang wie das 1. Segment, dieses mit vorragenden Knötchen. L. 3 mm. ♂ unbekannt.
1 ♀ aus der Nees'schen Sammlung. Fundort unbekannt.

113. P. humilis Först. 1851 P. h. Forster, l. c. p 166 ♀ | 1829 P. agilis Var 4 c Gravenhorst, II p. 896 ♀.

♀ Schwarz, das 2. und 3. Fühlerglied, das 1. Segment von der Mitte ab bis zur Spitze, das 2. ganz, und die Beine rotgelb, letztere an den Schenkeln mehr oder weniger braun; der Metathorax fast ohne bogenförmige Querleiste, an der abschüssigen Stelle und in den Seiten ohne Spur von Zähnchen; der Hinterleib sehr zerstreut behaart, der Bohrer so lang wie das 1. Segment. — L. 2,5 mm. ♂ unbekannt.
Deutschland.

114. P. pedicularius F. 1793 Ichn. p Fabricius, Ent. Syst. p. 192 ♀ | 1804 Crypt p. Fabricius, Piez. p. 92 ♀ | 1815 Ichn. p Gravenhorst, Ichn. Pedestr. p. 103 ♀ | 1829 P. p Gravenhorst, II p. 922 | 1851 P p. Förster, l. c. p. 167 | 1884 P. p. C G. Thomson, l. c. p 1015 ♀♂.

♀ Rot, der Kopf, die Mittelbrustseiten, die ganze Hinterbrust, und der Hinterleib vom 3. Segment ab schwarz;

der Mesothorax nur wenig länger als der Metathorax, die abschüssige Stelle mit einer scharfen Querleiste umgeben: der Hinterleib äusserst fein quernadelrissig, mit zerstreuten Punkten und Härchen; der Bohrer fast so lang wie das 1. Segment, dieses ohne vorspringende Knötchen.

♂ Geflügelt. Fühlerbasis, Segment 2 und 3 und Beine hellrot. Hinterleib vorn fein gerunzelt, ziemlich matt. Stigma ziemlich breit, Radius hinter der Mitte entspringend; Nervellus antefurc. — L. 4—6 mm.

Deutschland, Oberitalien, England, Schweden.

115. P. cursitans F. 1775 Ichn c Fabricius, Syst. p 344 ♀ | 1804 Crypt c idem, Piez p 91 ♀ | 1829 P. c. Gravenhorst, II p. 923 ♀ | 1851 P. c. Forster, l c p. 168 ♀ | 1884 P c C G Thomson, l c p. 1014 ♀♂ | 1852 Hemimachus variabilis Ratzeburg, Ichn. d Forstins. III p. 158 ♂

♀ Rot, der Kopf, der Mittelleib und der Hinterleib vom 3. Segment ab schwarz; der Meso- und Metathorax gleich lang, die abschüssige Stelle mit einer in den Seiten scharf vorspringenden Querleiste; der Hinterleib sehr fein nadelrissig, mit zerstreuten feinen Punkten und Haaren, der Bohrer so lang wie das 1. Segment, dieses mit schwach vorspringenden Knötchen.

♂ Geflügelt. Schwarz, Fühler gegen die Spitze verdünnt. Flügel graulich, mit 2 verloschenen dunklen Binden; Stigma ziemlich breit, Radius hinter der Mitte, nerv. parallel, weit unter der Mitte; nervell. antefurc. Hinterleib am Ende verbreitert, das 1. Segment fast linear, Postpetiolus um die Hälfte länger als breit, Segment 2 und 3 rötlich, in der Mitte mit dunkler Makel, das 2. Segment fein gerunzelt, ziemlich matt. Beine rötlichgelb, die hintersten Hüften an der Basis, die hintersten Schenkel fast ganz, die vorderen an der Oberseite dunkelbraun. — L. 4—6 mm.

Deutschland, Schweden.

116. P. decipiens Först. 1851 P. d. Forster, l c p 168 ♀

♀ Schwarz, die Basis der Fühler, die Beine und die beiden ersten Segmente des Hinterleibs rot, der Meso- und Metathorax von gleicher Länge, der letztere mit scharfer Querleiste; der Hinterleib zerstreut punktiert und behaart, der Bohrer so lang wie das 1. Segment, dieses ohne vorragende Knötchen. — 4—4,5 mm. ♂ unbekannt.

Deutschland.

117. P. peregrinator Först. 1851 P. p. Förster, l. c. p. 169 ♀.

♀ Rot, Kopf, Mittelleib und der Hinterleib vom 2. Segment ab schwarz; der Meso- und Metathorax ungefähr gleich lang, die abschüssige Stelle schief, mit einer ziemlich scharfen Querleiste umgeben; der Hinterleib sehr fein nadelrissig, mit zerstreuten Punkten und Härchen, der Bohrer fast etwas länger als das 1. Segment, dieses mit ganz schwach vorspringenden Knötchen. — L. 4 mm. ♂ unbekannt.

Sachsen.

118. P. infirmus Först. 1851 P. i. Förster, l. c. p. 170 ♀ | 1829 P. agilis var i Gravenhorst, II p 894 ♀.

♀ Schwarz, die Fühler bis zur Mitte, das 1. 2. und 7. Segment und die Beine rothgelb, das 1. Segment mit 2 deutlichen Knötchen, der Hinterleib etwas sparsam behaart; der Bohrer kürzer als das 1. Segment. — L. 2,5 mm. ♂ unbekannt.

Schlesien.

119. P. fuscicornis Först. 1851 P. f. Förster, l. c. p 170 ♀.

♀ Schwarz mit roten Beinen, der Meso- und Metathorax gleich lang, die abschüssige Stelle mit einer ziemlich schwachen Querleiste; der Hinterleib fein nadelrissig, zerstreut punktiert und behaart, der Bohrer ein wenig kürzer als das 1. Segment, dieses an der Spitze breit ohne vorragende Knötchen. — L. 2,5 mm. ♂ unbekannt.

Von Nees bei Sickershausen gefangen.

120. P. vagans Ol. 1792 Ichn. v. Olivier, Hist Nat. p. 204 ♀ | 1829 P. v. Gravenhorst, II p. 890 ♀ (excl. varietatibus) | 1883 P. v. Bridgman, Trans. Ent Soc Lond. p. 163 ♂ | 1884 P. v. C. G. Thomson, l. c p. 1013 ♀♂.

♀ Schwarz, Fühlerbasis, Pro- und Mesothorax, die beiden ersten Hinterleibssegmente ganz, das 3. au der Basis und die Beine hellrot, die hintersten mit bräunlicher Zeichnung. Schildchen angedeutet. Querleiste des Metathorax deutlich, aber in den Seiten nicht vorspringend. Hinterleib spärlich behaart, Bohrer etwas kürzer als das 1. Segment; dieses ohne deutlich vorspringende Knötchen.

♂ Geflügelt. Als Merkmal des ♂ gibt Thomson an, dass Glied 9 und 10 der Geissel aussen ausgerandet sind; Bridgman erwähnt dies nicht, doch stimmen im Uebrigen die beiden Beschreibungen. — Ziemlich matt, dicht und fein punktiert; Fühler schlank, von Körperlänge, vor der

Mitte etwas verdickt, gegen die Spitze wieder verdünnt. Metathorax ohne Felder, Querleiste kräftig. Schildchen deutlich. Das 1. Segment mit ziemlich deutlichen Knötchen, das 2. Segment fast etwas breiter als lang. Flügel schmal, Radius aus der Mitte, nervell. oppos. — Schwarz, Endrand des 1. Segmentes, das 2 und 3. ganz rötlich, das letztere zuweilen an den Seiten dunkel. Beine rötlichgelb, Mittelschenkel in der Mitte, Hinterschenkel fast ganz braun, ebenso Hinterschienen und Tarsen. — L. 3—4 mm.

Deutschland, England, Schweden.

121. P. discedens Först. 1851 P. d. Förster, l. c. p. 172 ♀ | 1829 P. vagans var 2 ♀ Gravenhorst, l. c. p. 891.

♀ Schwarz, die Fühler an der Basis, der Pro- und Mesothorax, die 3 ersten Segmente des Hinterleibs und die Beine rot, letztere mit mehr oder weniger bräunlichen Schenkeln; der Hinterleib spärlich behaart, der Bohrer kürzer als das 1. Segment. — 4 mm. ♂ unbekannt.

Deutschland.

122. P. calvus Först. 1851 P. c. Förster, l. c. p. 173 ♀ | 1884 P. c. C. G. Thomson, l. c. p. 1014 ♀♂.

♀ Schwarz, die Fühler und Beine zum Teil und die beiden ersten Segmente des Hinterleibs rotgelb; der Meso- und Metathorax gleich lang, der erstere mit einem nicht vollständig entwickelten Schildchen; die abschüssige Stelle mit einer ziemlich scharfen Querleiste; der Hinterleib fein nadelrissig mit zerstreuten Punkten und Härchen, der Bohrer so lang wie das 1. Segment, dieses ohne vorspringende Knötchen.

♂ Geflügelt. Nach Thomson dem P. vagans sehr ähnlich aber Hinterleib mehr glänzend, meist nur die beiden ersten Segmente rot, Schenkel schwarz. Glied 9 und 10 der Fühlergeissel wie bei P. vagans ausgerandet. — L. 3—4 mm.

Deutschland, Schweden.

123. P. celer Först. 1851 P. c. Förster, l. c p. 174 ♀.

♀ Der Kopf und Hinterleib vom 2. Segment ab schwarzbraun, die Basis der Fühler, der Mittelleib und die Beine rotgelb, der Mittelleib indess etwas dunkler, der Mesothorax ein wenig länger als der Metathorax, die abschüssige Stelle mit einer ziemlich scharfen Querleiste; der Hinterleib fein nadelrissig, zerstreut punktiert und behaart, der Bohrer etwas länger als das 1. Segment, dieses mit sehr stark vorspringenden Knötchen. — L. 2,5 mm. ♂ unbekannt.

1 ♀ von Aachen.

124. P. spadiceus Först. 1851 P. s. Forster, l. c. p. 175 ♀.

♀ Rotgelb, mit schwarzem Kopf, der Hinterleib vom 2. Segment ab kastanienbraun; der Meso- und Metathorax ungefähr von gleicher Länge, die abschüssige Stelle mit schwacher Querleiste; der Hinterleib sehr fein nadelrissig, zerstreut punktiert und behaart, der Bohrer so lang wie das 1. Segment, dieses mit sehr schwach vorspringenden Knötchen. — L. 2,5 mm. ♂ unbekannt.

1 ♀ von Aachen.

125. P. ephippiger Först. 1851 P. e. Forster, l. c. p. 175 ♀.

♀ Rotgelb, der Kopf und der Hinterleib vom 2. Segment ab schwarz; der Meso- und Metathorax gleich lang, die abschüssige Stelle mit scharfer Querleiste; der Hinterleib fein nadelrissig, mässig zerstreut punktiert mit kurzen anliegenden Härchen; der Bohrer so lang wie das 1. Segment, dieses an der Spitze breit, mit kaum vorspringenden Knötchen.

Var. a. Der Mesothorax auf dem Rücken, und der Prothorax zum Teil braun.

L. 3 mm. ♂ unbekannt.

Von Nees bei Sickershausen gefangen

126. P. tonsus Först. 1851 P. t. Forster, l. c. p. 176 ♀ | 1884 P. t. C. G. Thomson, l. c. p. 1017.

♀ Rotgelb, der Kopf und der Hinterleib vom 3. Segment ab schwarzbraun; der Meso- und Metathorax gleich lang, die abschüssige Stelle mit einer ziemlich scharfen Querleiste versehen; der Hinterleib fein nadelrissig mit zerstreuten Punkten und Haaren, der Bohrer reichlich so lang wie das 1. Segment, dieses ohne vorragende Knötchen.

♂ ungeflügelt und in Färbung u. s. w. mit dem ♀ übereinstimmend.

Anmerk. Die Art ähnelt sehr dem P. acarorum, ist aber meist kleiner, der Hinterleib mehr glatt und glänzend, der Scheitel breiter und der Bohrer länger.

L. 2,5—3,5 mm.

Deutschland, Schweden.

127. P. gracilis Först. 1851 P. g. Forster, l. c. p. 177 ♀ | 1829 P. bicolor var 6 Gravenhorst, II p. 905 ♀ (ex parte).

♀ Schwarzbraun, die Fühler bis zur Mitte, der Mittelleib, das 1. Segment und die Beine schmutzig rotgelb, letztere an den Schenkeln und Schienen ein wenig bräunlich; der Mittelleib mit der Spur eines Schildchens; der Hinterleib sparlich behaart; das 1. Segment mit hervorspringenden Seitenknötchen; der Bohrer so lang wie das 1. Segment. — L. 2,5 mm. ♂ unbekannt.

1 ♀ von Sickershausen.

128. P. puerilis Först. 1851 P. p Forster, I. c. p. 177 ♀.

♀ Rötlichgelb, der Kopf dunkelkastanienbraun, der Metathorax dunkler gefärbt als der Mesothorax, der Hinterleib vom 2. Segment ab, die Schenkel und Schienen mehr oder weniger schwach braun; der Metathorax so lang wie der hintere Teil des Mesothorax, die abschüssige Stelle mit einer ziemlich scharfen Querleiste; der Hinterleib sehr zerstreut punktiert und behaart, der Bohrer so lang wie das 1. Segment, dieser mit sehr schwach vorspringenden Knötchen. — L. 2 mm. ♂ unbekannt.

1 ♀ von Aachen.

129. P. insectator Först. 1851 P. i. Forster, l. c. p. 178 ♀ | 1829 P. bicolor var. 6 Gravenhorst, II p. 905 ♀ (ex parte).

♀ Schwarzbraun oder schwarz, die Fühler an der Basis, der Mittelleib, das 1. Segment und die Beine rotgelb; der Metathorax mit einer bogenförmigen Querleiste; der Hinterleib sparsam behaart, der Bohrer kürzer als das 1. Segment. L. 2 mm. ♂ unbekannt.

Deutschland.

130. P. inquilinus Först. 1851 P. i. Förster, l c p 179 ♀.

♀ Rotgelb, der Kopf mit den Fühlern und der Hinterleib vom 3. Segmente ab schwarz; der Metathorax ein wenig länger als der ganze Mesothorax, die abschüssige Stelle niedrig, mit einer sehr schwachen Querleiste; der Hinterleib sehr zerstreut punktiert und behaart, der Bohrer ungefähr so lang wie das 1. Segment, dieses ohne vorspringende Knötchen. — L. 2,5 mm. ♂ unbekannt.

1 ♀ von Köln.

131. P. vigil Först. 1851 P. v Förster, l. c. p. 180 ♀.

♀ Rotgelb, der Kopf und der Hinterleib vom 3. Segment ab schwarz, mit rotgefärbtem Hinterrand der Segmente;

der Meso- und Metathorax ungefahr gleich lang, die abschüssige Stelle mit einer ziemlich scharfen Querleiste;
der Hinterleib fein nadelrissig, auf den drei ersten Segmenten etwas weniger zerstreut punktiert und behaart als
auf den folgenden, der Bohrer so lang wie das 1. Segment,
dieses mit sehr schwach vorspringenden Knötchen. — L.
3 mm. ♂ unbekannt.

Aachen.

132. P. sedulus Först. 1851 P. s. Förster, l. c. p. 180 ♀.

♀ Rotgelb, der Kopf und der Hinterleib vom 3. Segment ab
schwarz mit gleichgefärbtem Hinterrand der Segmente,
der Meso- und Metathorax von gleicher Länge, die abschüssige Stelle mit einer scharfen Querleiste; der Hinterleib fein nadelrissig, zerstreut punktiert und behaart, so
lang wie das 1. Segment, dieses mit kaum deutlich vorspringenden Knötchen. — L. 2 mm. ♂ unbekannt.

Aachen.

133. P. parvulus Först. 1851 P. p. Forster, l. c p. 181 ♀ | 1829 P.
bicolor Var. 5 Gravenhorst II p 905 ♀.

♀ Schwarz, die Fühler bis zur Mitte, der Mittelleib, die beiden
ersten Segmente und die Beine schmutzig rotgelb, letztere
an den Schenkeln und Schienen mehr oder weniger
bräunlich; der Mittelleib ohne Spur eines Schildchens;
der Hinterleib zerstreut behaart; der Bohrer so lang wie
das 1. Segment. — L. Kaum 2 mm. ♂ unbekannt.

Deutschland.

134. P. avarus Först. 1851 P. a. Forster, l. c. p. 182 ♀.

♀ Rotgelb, der Kopf und der Hinterleib vom 3. Gliede ab
schwarz, die Fühler braun mit roter Basis; der Meso- und
Metathorax gleich lang, die abschussige Stelle mit scharfer
Querleiste; der Bohrer ein wenig kurzer als das 1. Segment,
dieses ohne vorragende Knötchen. — L. 5 mm. ♂ unbekannt.

1 ♀ von Aachen.

135. P. callidus Först. 1851 P. c. Förster, l. c. p. 182 ♀.

♀ Rot, der Kopf und der Hinterleib vom 4. Segment ab
schwarz; der Meso- und Metathorax ungefähr gleich lang,
die abschüssige Stelle mit einer in den Seiten ziemlich scharf
vorspringenden Querleiste; der Hinterleib fein nadelrissig,
zerstreut punktiert und behaart, der Bohrer ungefähr so

lang wie das 1. Segment, dieses an der Spitze breit mit stark vorspringenden Knötchen. — L. 3 mm. ♂ unbekannt. Deutschland.

136. P. latrator Först.   1851 P. l. Förster, l. c p. 183 ♀ | 1829 P. bicolor Var. 2 Gravenhorst, II p 903 ♀.

♀ Schwarz, die Fühler bis zur Mitte, der Mittelleib, die Segmente 1—3 und die Beine rot; der Metathorax hat eine ziemlich schwache, bogenförmige Querleiste; der Hinterleib sehr sparsam behaart, der Bohrer so lang wie das 1. Segment. — L. 2,5 mm. ♂ unbekannt. Deutschland.

137. P. proximus Först.   1851 P p. Forster, l. c p 184 ♀

♀ Rotgelb mit schwarzem Kopf, der Hinterleib an der Basis des 3. und 4. Segments ein wenig bräunlich; der Meso- und Metathorax ungefähr gleich lang, die abschüssige Stelle mit einer sehr scharfen Querleiste; der Hinterleib fein nadelrissig, zerstreut punktiert und behaart, der Bohrer mit dunkelbraunen Klappen, länger als das 1. Segment, dieses ohne vorragende Knötchen. — L. 4 mm. ♂ unbekannt.

Deutschland.

138. P. fasciatus F.   1793 Ichn. f Fabricius, Ent Syst p. 191 ♀ | 1804 Crypt. f. idem, Piez. p 92 ♀ | 1829 P. f Gravenhorst, II p. 889 | 1851 P f. Forster, l c p 185 | 1852 Hemit (Hemimachus) f. Ratzeburg, Ichn. Forstins. III. Band p. 175 ♂ | 1884 P. f. C. G. Thomson, l. c p. 1013 ♀♂ | ? 1781 Mutilla melanocephala Schrank, Ins. Austr. n. 841 ♀ | ? 1789 Ichn melanocephalus Villers, Linn Ent. p. 216 ♀

♀ Rot, der Kopf, das 1. Fühlerglied und das 3. Segment des Hinterleibs schwarz; der Meso- und Metathorax von gleicher Länge, der erstere mit der Spur eines Schildchens, die abschüssige Stelle mit einer scharfen Querleiste; der Hinterleib fein nadelrissig, mit zerstreuten Punkten und Härchen, der Bohrer etwas länger als das 1. Segment, dieses mit vorspringenden Knötchen.

♂ Geflügelt. Schwarz, Beine gelblich, Basis der hintersten Hüften, die hintersten Scheukel und Schienen schwärzlich. Flügel fast hyalin, Stigma an der Basis weiss, Radius aus der Mitte, nervell. opposit. Hinterleib an der Basis fein gerunzelt, ziemlich matt, gegen das Ende glatt und glänzend; das 1. Segment mit 2 Kielen, die Spirakeln (Knötchen) hinter der Mitte, deutlich vorragend, Postpetiolus um die Hälfte länger als breit; Segment 2 und

3 ganz oder zum Teil rötlichgelb, meist in der Mitte mit dunkler Makel. Bei der Varietät obscurata Strobl Hinterleib ohne deutliche helle Farbung. Der abschüssige Raum durch deutliche Querleiste geschieden, die area superom. zuweilen angedeutet. — L. 3—4,5 mm.

Von Ratzeburg aus Psyche-Arten und Spinneneiern gezogen.

Deutschland, England, Schweden. Eine der häufigsten Arten.

139. P. congruus Först. 1851 P. c. Forster, l. c. p. 185 ♀.

♀ Rotgelb, der Kopf und der Hinterleib vom 4. Segment ab schwarz; der Mesothorax so lang wie der Metathorax, mit einem schwachen Schildchen, die abschüssige Stelle mit einer ziemlich scharfen Querleiste; der Hinterleib fein nadelrissig, zerstreut punktiert und behaart, der Bohrer ein wenig kürzer als das 1. Segment, dieses mit sehr schwach vorspringenden Knötchen. — L. 4 mm. ♂ unbek.

Sachsen.

140. P. Meigeni Först. 1851 P. M. Förster, l c p 186 ♀.

♀ Rot, der Kopf und der Hinterleib vom 5. Segment ab schwarz, der Meso- und Metathorax gleich lang, die abschüssige Stelle etwas schief mit einer scharfen Querleiste; der Hinterleib fein nadelrissig, mit zerstreuten Punkten und Haaren, der Bohrer so lang wie das 1. Segment, dieses mit wenig vorragenden Knötchen. — L. 5,5 mm. ♂ unbekannt.

Deutschland.

141. P. venatorius Först. 1851 P v. Förster, l. c p 187 ♀.

♀ Rot, der Kopf, die Spitze der Fühler, die Basis des 3. und alle folgenden Segmente, die Mittel- und Hinterschienen an der Spitze braun; der Meso- und Metathorax gleich lang, die abschüssige Stelle mit einer äusserst schwachen Querleiste; der Hinterleib fein nadelrissig, mit zerstreuten Punkten und Härchen, der Bohrer ungefähr von der Länge des 1. Segments, dieses ohne vorragende Knötchen. — L. 4 mm. ♂ unbekannt.

1 ♀ von Aachen.

Anmerk. Nach Thomson zu P. Kiesenwetteri gehörig.

142. P. gentilis Först. 1851 P. g. Förster, l c p 187 ♀.

♀ Rotgelb, der Kopf und der Hinterleib vom 4 Segment ab schwarz, der Mittelleib mässig verlängert, der Meso-

und Metathorax ungefähr gleich lang, die abschüssige Stelle mit schwacher Querleiste; der Hinterleib zerstreut punktiert und behaart, der Bohrer so lang wie das 1. Segment, dieses an der Spitze schmal und ohne vorragende Knötchen. — L 3 mm. ♂ unbekannt.

Von Nees bei Sickershausen gefangen.

143. P. lepidus Först. 1851 P. l. Förster, l. c. p. 188 ♀ | 1829 P. hortensis var. Gravenhorst, II p. 907 ♀.

♀ Schwarz, die Fühler bis zur Mitte, der Mittelleib, die 3 ersten Segmente und die Beine rot, letztere mit braunen Hinterschenkeln, sowie brauner Spitze der Mittel- und Hintertibien; die abschüssige Stelle des Metathorax spitzt sich oben winklig zu; der Hinterleib spärlich behaart, das 1. Segment ohne vorspringende Knötchen, der Bohrer völlig so lang wie das 1. Segment. — L. 2,5 mm. ♂ unbekannt.

Sachsen.

144. P. impotens Först. 1851 P. i. Förster, l. c. p. 189 ♀ | 1829 P. hortensis Var 6 Gravenhorst, II p. 910 ♀.

♀ Schwarz, die Fühler bis zur Mitte, der Mittelleib, die beiden 1. Segmente des Hinterleibs und die Beine rot, letztere an den Schenkeln und Schienen mehr oder weniger bräunlich; der Metathorax etwas länger als der Mesothorax; der Hinterleib sehr sparsam behaart, das 1. Segment mit ziemlich deutlich vorspringenden Knötchen, der Bohrer kaum so lang wie das 1. Segment. — L. 3—4 mm. ♂ unbekannt.

Schlesien.

145. P. consociatus Först. 1851 P. c. Förster, l. c. p. 190 ♀.

♀ Rotgelb, der Kopf und der Hinterleib vom 3. Segment ab schwarz, der Meso- und Metathorax gleich lang, die abschüssige Stelle mit einer ziemlich scharfen Querleiste, der Hinterleib fein nadelrissig, zerstreut punktiert und sehr kurz behaart, der Bohrer so lang wie das 1. Segment, dieses ohne vorspringende Knötchen. — L. 2,5 mm. ♂ unbekannt.

Sachsen.

146. P. glabratus Först. 1851 P. g. Förster, l. c. p 190 ♀.

♀ Rotgelb, der Kopf dunkelrotbraun, der Hinterleib vom 3. Segment ab schwarz; der Meso- und Metathorax von gleicher Länge, die abschüssige Stelle sehr schief, mit

einer ziemlich schwachen Querleiste; der Hinterleib fein
nadelrissig, sehr zerstreut punktiert und behaart, der
Bohrer fast so lang wie das 1. Segment (oder kürzer?),
dieses ohne deutlich vorspringende Knötchen. — L. 4 mm.
♂ unbekannt.

1 ♀ aus der Nees'schen Sammlung, wahrscheinlich
von Sickershausen.

147. P. hostilis Först. 1851 P. h. Förster, l. c. p. 191 ♀.

♀ Schwarz, die Fühler an der Basis, der Mittelleib, die 2
ersten Segmente und die Beine rot; der Metathorax mit
einer bogenförmigen Querleiste; der Hinterleib sparsam
behaart, der Bohrer so lang wie das 1. Segment, dieses
ohne vorragende Knötchen. — L. 3 mm. ♂ unbekannt.

1 ♀ von Aachen.

148. P. derasus Först. 1851 P. d. Förster, l. c. p. 192 ♀.

♀ Rotgelb, der Kopf und der Hinterleib vom 3. Segment
ab kastanienbraun; der Meso- und Metathorax gleich
lang, die abschüssige Stelle mit einer ziemlich schwachen
Querleiste umgeben; der Hinterleib fein nadelrissig, zerstreut punktiert und behaart, der Bohrer so lang wie
das 1. Segment, dieses ohne vorragende Knötchen. —
L. 2,5 mm. ♂ unbekannt.

1 ♀ von Aachen.

149. P. pulex Först. 1851 P. p. Förster, l. c p. 193 ♀.

♀ Etwas schmutzig rötlichgelb, der Kopf und der Hinterleib vom 3. Segment ab bräunlich; der Meso- und Metathorax von gleicher Länge, die abschüssige Stelle mit
einer schwachen Querleiste umgeben; der Hinterleib sehr
fein nadelrissig, zerstreut punktiert und behaart, der
Bohrer ungefähr so lang wie das 1. Segment, dieses ohne
deutlich vorragende Knötchen. — L. 2 mm. ♂ unbek.

1 ♀ von Aachen.

150. P. immaturus Först. 1851 P. i. Förster, l. c. p. 193 ♀.

♀ Schwach rötlichgelb, der Kopf und das 2.—5. Segment
des Hinterleibs rötlich, etwas dunkler als die übrigen
Teile des Körpers; der Meso- und Metathorax gleich
lang, die abschüssige Stelle mit schwacher Querleiste;
der Hinterleib sehr fein nadelrissig, zerstreut punktiert
und behaart, auf den 3 ersten Segmenten etwas weniger
als auf den folgenden, der Bohrer so lang wie das 1.

Segment, dieses ohne vorragende Knötchen. — L. 2,5 mm. ♂ unbekannt.

1 ♀ von Aachen.

---

151. P. Steveni Grav. 1829 P. S. Gravenhorst, II p 913 ♀ | 1851 P. S Förster, l. c. p. 194 ♀.

♀ Schwarz, der Mittelleib, das 1. Segment und die Beine grösstenteils rot; der Metathorax mit einer sehr schwachen Querleiste; der Hinterleib zerstreut behaart, das 1. Segment mit vorspringenden Seitenknötchen, der Bohrer kaum so lang wie das 1. Segment. — L. 4,5—5 mm. ♂ unbek.

Südeuropa.

---

152. P. cyanurus Först. 1851 P c Forster, l. c. p. 194 ♀.

♀ Rot, der Kopf, der Hinterleib vom 3. Segment ab, und die Schenkel stahlblau; an dem Metathorax ist die abschüssige Stelle etwas niedrig, mit einer scharfen Querleiste umgeben; der Hinterleib deutlich nadelrissig, sehr zerstreut punktiert und kurz behaart, der Bohrer etwas länger als das 1. Segment, dieses mit schwach vorspringenden Knötchen. — L. 5 mm. ♂ unbekannt.

Aus der Nees'schen Sammlung; wahrscheinlich von Sickershausen.

---

153. P. anceps Först. 1851 P a. Forster, l. c. p. 195 ♀ | 1829 P. bicolor var. 4 Gravenhorst, II p. 904 ♀.

♀ Dunkel braunrot, die Fühler bis zur Mitte, der Mittelleib, die 2 ersten Segmente und die Beine schmutzig rotgelb; am Mittelleib die Spur eines Schildchens sichtbar; der Hinterleib spärlich behaart, der Bohrer fast so lang wie das 1. Segment. — L. 2,5 mm. ♂ unbekannt.

Deutschland.

---

154. P. latro Först. 1851 P. l Förster, l. c. p. 196 ♀.

♀ Rotgelb, der Kopf und das 5. Segment des Hinterleibs sowie die folgenden schwarz; der Meso- und Metathorax gleich lang, die abschüssige Stelle mit scharfer Querleiste; der Hinterleib fein nadelrissig, zerstreut punktiert, jedoch die Segmente 1—3 etwas dichter als die folgenden, der Bohrer ein wenig kürzer als das 1. Segment, dieses mit stark vorspringenden Knötchen — L. 4 mm. ♂ unbek.

1 ♀ von Aachen.

155. **P. canaliculatus Först.** 1851 P. c. Förster, l. c p. 197 ♀.

♀ Schwarz, die Fühler bis zur Mitte, der Mittelleib, die 4 ersten Segmente und die Beine rot, letztere mit brauner Spitze der Mittel- und Hinterschienen, so wie auch der Hinterschenkel; der Meso- und Metathorax in der Mitte der Länge nach eingedrückt; der Hinterleib spärlich behaart, das 1. Segment mit schwach vorspringenden Seitenknötchen, der Bohrer kürzer als das 1. Segment. — L. 3 mm. ♂ unbekannt.

Deutschland.

156. **P. denudatus Först.** 1851 P. d. Förster, l. c. p. 198 ♀.

♀ Rotgelb, der Kopf und der Hinterleib vom 3. Segment ab schwarz; der Meso- und Metathorax von gleicher Länge, die abschüssige Stelle mit einer scharfen Querleiste; der Hinterleib fein nadelrissig, zerstreut punktiert und behaart, der Bohrer etwas länger als das 1. Segment. — L. 5 mm. ♂ unbekannt.

1 ♀ von Aachen.

157. **P. insolens Först.** 1851 P. i. Förster, l. c. p. 198 ♀ | 1829 P. bicolor var. 3 Gravenhorst, II p. 903 ♀.

♀ Schwarz, die Fühler fast bis zur Mitte, der Mittelleib, die beiden ersten Segmente des Hinterleibs ganz, das 3. in den Seiten und die Beine rot; der Metathorax mit einer in der Mitte nach oben schwachen Querleiste; der Hinterleib sparsam behaart, das 1. Segment mit deutlichen Seitenknötchen, der Bohrer etwas länger als das 1. Segment. — L. 3,5 mm. ♂ unbekannt.

Fundort nicht genau bekannt.

158. **P. geochares Först.** 1851 P. g. Förster, l. c. p. 199 ♀.

♀ Rot, der Kopf, der Hinterrand des 3. Segments des Hinterleibs und alle folgenden schwarz; der Mittelleib rot, über den Hüften schwarz, die abschüssige Stelle des Metathorax mit scharfer Querleiste; der Hinterleib zerstreut punktiert und behaart, der Bohrer fast etwas länger als das 1. Segment, dieses mit schwach vorspringenden Knötchen. — L. 4 mm. ♂ unbekannt.

Aus der Ratzeburg'schen Sammlung.

159. P. egregius Först. 1851 P. e. Förster, l. c. p. 204 ♂,

♂ Rotgelb mit schwarzem Kopf, der Hinterleib vorherrschend schwarz, das 3. Segment ganz, das 4. an allen Rändern rotgelb; der Mittelleib ohne Schildchen, der Metathorax ohne Querleiste?; der Hinterleib auf den 4 ersten Segmenten mehr oder weniger deutlich runzlig, auf den folgenden glatt; das 1. Segment mit deutlich vorspringenden Knötchen. — L. 6 mm. ♀ unbekannt.

1 ♂ von Aachen.

160. P. Heydeni Först. 1851 P. H. Förster, l. c. p. 205 ♂.

♂ Rotgelb, der Kopf und der Hinterleib vom 3. Segment ab schwarz; der Mittelleib ohne Schildchen, die abschüssige Stelle des Metathorax mit scharfer Querleiste; der Hinterleib auf den 3 ersten Segmenten mässig dicht, auf den folgenden zerstreuter punktiert und behaart, das 1. Segment ohne vorragende Knötchen. — L. 3,5 mm. ♀ unbek.

1 ♂ von Aachen.

161. P. filicornis Först. 1851 P. f. Förster, l. c. p. 205 ♂.

♂ Schwach rötlichgelb, der Kopf und der Hinterleib vom 4. Segment ab braun; der Mittelleib ohne Schildchen, der Metathorax an der abschüssigen Stelle mit einer schwachen Querleiste; der Hinterleib sehr zerstreut punktiert und behaart, das 1. Segment ohne vorragende Knötchen. — L. 2 mm. ♀ unbekannt.

Von Nees bei Sickershausen gefangen.

162. P. Nomas Först. 1851 P. N. Förster, l. c p. 206 ♂.

♂ Schwarz, die Fühler an der Basis, der Mittelleib, die 3 ersten Segmente des Hinterleibs ganz, das 4. an der Basis und die Beine rot, die hintersten Beine mit schwarzen an der Basis roten Schenkeln und mit schwarzer Schienenspitze; der Mittelleib mit einem deutlichen Schildchen, der Metathorax an der abschüssigen Stelle fast ganz ohne Querleiste. Das 1. Segment mit deutlichen Seitenknötchen. — L. 4 mm. ♀ unbekannt.

1 ♂ von Aachen.

163. P. avidus Först. 1851 P. a. Förster, l. c. p. 207 ♂.

♂ Rotgelb, der Kopf und der Hinterleib vom 3. Segment ab schwarz; der Mittelleib ohne ein deutlich abgesetztes Schildchen; die abschüssige Stelle des Metathorax mit einer bloss in den Seiten sehr scharf vorspringenden Querleiste;

der Hinterleib zerstreut punktiert und behaart, das 1. Segment mit ziemlich scharf vorspringenden Knötchen. — L. 4 mm.

1 ♂ aus Sachsen.

164. P. subtilis Först. 1851 P. s. Forster, l. c. p. 207 ♂

♂ Rötlichgelb, der Kopf und der Hinterleib vom 4. Gliede ab schwarz, der Mittelleib ohne Spur eines Schildchens, die abschüssige Stelle des Metathorax mit einer scharfen Querleiste; der Hinterleib äusserst fein lederartig runzlig, sehr zerstreut punktiert und behaart, das 1. Segment mit sehr schwach vorspringenden Knötchen. — L. 2,5 mm. ♀ unbekannt.

1 ♂ von Aachen.

165. P. microcephalus Först. 1851 P. m. Forster, l. c. p. 208 ♂.

♂ Schwarz, mit kleinem Kopf, die Fühler an der Basis und die Beine rotgelb, die abschüssige Stelle des Metathorax kurz, mit einer schwachen Querleiste; der Hinterleib bis zur Spitze ziemlich dicht punktiert und behaart, das 1. Segment mit besonders stark vorspringenden Knötchen. — L 4 mm. ♀ unbekannt.

1 ♂ von Aachen.

166. P. fusculus Först. 1851 P. f. Forster, l. c. p. 209 ♂.

♂ Schwärzlichbraun, das 2. Segment des Hinterleibs schmutzig gelblich durchscheinend: die abschüssige Stelle des Metathorax mit scharfer Querleiste; der Hinterleib ziemlich dicht punktiert und behaart, das 1. Segment mit scharf vorspringenden Knötchen. — L. 2,5 mm. ♀ unbekannt.

1 ♂ von Aachen.

167. P. ocissimus Först. 1851 P. o. Forster, l. c. p. 210 ♂.

♂ Schwarz, die Schenkelringe, die Spitze der vorderen Schenkel, die vordersten Schienen und alle Füsse rotgelb; der Mittelleib mit einem deutlich abgesetzten Schildchen, die abschüssige Stelle des Metathorax ohne Querleiste; der Hinterleib ziemlich dicht punktiert und behaart, das 1. Segment mit stark vorspringenden Knötchen. — L 2,5 mm. ♀ unbekannt.

1 ♂ aus der Nees'schen Sammlung; wahrscheinlich von Sickershausen.

168. P. constrictus Först. 1851 P. c. Förster, l. c. p. 210 ♂.

♂ Schwarz, die Fühler, die 3 ersten Segmente des Hinterleibs mehr oder weniger und die Beine ganz rotgelb;
der Mittelleib mit einem deutlich abgesetzten Schildchen,
die abschüssige Stelle des Metathorax mit einer nach oben
fehlenden, in den Seiten scharfen Querleiste; der Hinterleib ziemlich dicht punktiert und behaart, das 1. Segment
mit sehr stark vorspringenden Knötchen, hinter denselben
etwas eingeschnürt. — L. 4 mm. ♀ unbekannt.

1 ♂ von Aachen.

169. P. Winnertzi Först. 1851 P. W. Forster, l. c. p. 211 ♂.

♂ Schwarz, die Beine rotgelb, der ganze Körper dicht und
ziemlich stark runzlig; die abschüssige Stelle des Metathorax bloss in den Seiten mit einer scharf vorspringenden
Querleiste; der Hinterleib sehr dicht punktiert und behaart,
die Haare äusserst klein; das 1. Segment mit sehr stark
vorspringenden Knötchen. — L. 3,5 mm. ♀ unbekannt.

Von Winnertz bei Crefeld gefangen.

170. P. lustrator Först. 1851 P. l. Förster, l. c. p. 212 ♂.

♂ Schwarzbraun, die Basis der Fühler, der Pro- und Mesothorax zum Teil, das 1. und 2. Segment des Hinterleibs
am Hinterrande und die Beine rot; der Metathorax mit
scharfer Querleiste; der Hinterleib auf den 3 ersten Segmenten mässig dicht, auf den folgenden etwas zerstreuter
punktiert und behaart, das 1. Segment mit stark vorspringenden Knötchen. — L. 3 mm. ♀ unbekannt.

1 ♂ von Aachen.

171. P. decurtatus Först. 1851 P. d. Förster, l. c. p. 212 ♂.

♂ Schwarz, die Fühler, der Pro- und Mesothorax, die 2
ersten Segmente des Hinterleibs und die Beine rotgelb;
der Mittelleib mit einem deutlich abgesetzten Schildchen,
der Metathorax ziemlich stark verkürzt, die abschüssige
Stelle mit einer scharfen Querleiste umgeben, der Hinterleib dicht punktiert und behaart, das 1. Segment mit
stark vorspringenden Knötchen. L. 3,5 mm. ♀ unbekannt.

1 ♂ von Aachen.

172. P. anguinus Först. 1851 P. a. Förster, l. c. p. 213 ♂.

♂ Schwarz, das 3. Fühlerglied an der Basis, die Spitze der
vorderen Schenkel, die Basis der Schienen und die Füsse
mehr oder weniger rotgelb; der Mittelleib mit einem

deutlich abgesetzten Schildchen, der Metathorax ohne
Querleiste, die abschussige Stelle sehr hoch und schief;
der Hinterleib ein wenig zerstreut punktiert und behaart,
das 1. Segment kurz, mit sehr schwach vorragenden Knötchen. — L 2 mm. ♀ unbekannt.

In mehreren Exemplaren bei Aachen und Köln gefangen.

173. P. ambulans Först. 1851 P. a. Förster, l. c. p 214 ♂.

♂ Der Kopf schwarz, der Mittel- und Hinterleib vorherrschend braun, das 1. Segment des letzteren ganz, das 2.
an allen Rändern und die Beine rotgelb; die abschüssige
Stelle des Metathorax mit einer bloss in den Seiten vorspringenden Querleiste; der Hinterleib sehr fein und
ziemlich zerstreut punktiert und behaart, das 1. Segment
mit schwach vorspringenden Knötchen. — L. 3 mm.
♀ unbekannt.

1 ♂ von Aachen.

174. P. pallipes Först. 1851 P. p. Forster, l. c. p 215 ♂.

♂ Bräunlich, der Mittelleib und die beiden ersten Segmente
des Hinterleibs ganz, das 3. an der Basis schmutzig gelb,
die Beine blassgelb; die abschüssige Stelle des Metathorax
mit äusserst schwacher Querleiste; der Hinterleib zerstreut punktiert und behaart, das 1. Segment mit deutlich vorspringenden Knötchen. — L. 2 mm. ♀ unbek.

1 ♂ von Aachen.

175. P. procursorius Först. 1851 P. p. Forster, l. c. p 216 ♂.

♂ Rotgelb, der Kopf, der Metathorax und der Hinterleib
vom 4. Segment ab schwarz oder schwarzbraun, das 3.
Segment mit einer braunen Querbinde an der Basis; der
Mittelleib mit einem deutlich abgesetzten Schildchen, der
Metathorax an der abschussigen Stelle mit scharfer Quer-
leiste; der Hinterleib mässig dicht punktiert und behaart,
das 1. Segment mit schwach vorspringenden Knötchen. —
L. 3,5 mm. ♀ unbekannt.

1 ♂ von Aachen.

176. P. erythropus Först. 1851 P. e. Förster, l. c. p. 217 ♂.

♂ Rotgelb, der Kopf und der Hinterleib vom 3. Segment
ab schwarz; der Mittelleib mit einem deutlich abgesetzten
Schildchen, die abschüssige Stelle mit einer scharfen
Querleiste; der Hinterleib auf den drei ersten Segmenten
ziemlich dicht, auf den folgenden etwas zerstreuter punk-

tiert und behaart, das 1. Segment mit schwach vorspringenden Knötchen. — L. 4 mm. ♀ unbekannt.

1 ♂ von Aachen.

177. P. doliopus Först. 1851 P. d. Förster, l. c. p. 217 ♂.

♂ Kastanienbraun, der Kopf fast schwarz, der Hinterleib
an der Basis und die Beine rotgelb; die abschüssige Stelle
des Metathorax mit einer sehr scharfen Querleiste; der
Hinterleib sehr fein und etwas zerstreut punktiert und
behaart, das 1. Segment mit schwach vorspringenden
Knötchen. — L. 2,5 mm. ♀ unbekannt.

1 ♂ von Aachen.

178. P. elaphrus Först. 1851 P. e. Förster l. c. p. 218 ♂.

♂ Schwarz, die Fühler an der Basis, der Pro- und Mesothorax sowie die 3 ersten Segmente des Hinterleibs zum
Teil, die Beine ganz rotgelb; der Mittelleib mit einem
deutlich abgesetzten Schildchen, die abschüssige Stelle mit
scharfer Querleiste, der Hinterleib auf den 3 ersten
Segmenten mässig dicht, auf den folgenden zerstreuter
punktiert, das 1. Segment mit kaum sichtbar vorspringenden Knötchen. — L. 4 mm. ♀ unbekannt.

1 ♂ bei Aachen.

179. P. insidiosus Först. 1851 P. i. Forster, l. c. p. 218 ♂.

♂ Rotgelb, der Kopf und der Mittelleib vom 3. Segment
ab schwarzbraun; der Mittelleib mit einem deutlich abgesetzten Schildchen, die abschüssige Stelle des Metathorax
mit scharfer Querleiste, der Hinterleib auf den 3 ersten
Segmenten mässig dicht, auf den folgenden etwas zerstreuter punktiert und behaart, das 1. Segment mit
schwach vorspringenden Knötchen. — L. 4 mm. ♀ unbek.

1 ♂ von Aachen.

180. P. linearis Först. 1851 P. l. Forster, l. c. p. 219 ♂.

♂ Schwarz, das 3. Fühlerglied an der Basis, die Schenkel
an der Spitze und die Schienen an der Basis, die vorderen
mitunter bis über die Mitte hinaus rötlichgelb; der
Mittelleib sehr verlängert, schmal, mit einem deutlich abgesetzten Schildchen, die abschüssige Stelle des Metathorax
sehr kurz und klein, ohne Querleiste; der Hinterleib
ziemlich dicht punktiert und behaart, das 1. Segment
ohne vorragende Knötchen. — L. 2,5—3 mm. ♀ unbek.

Bei Aachen.

181. P. microstylus Först. 1851 P. m. Förster, l. c p. 220 ♂.

♂ Schwarzbraun, mit schwarzem Kopf, der Mesothorax und die Beine rot, letztere mit bräunlichen Schenkeln; der Mittelleib mit einem deutlich abgesetzten Schildchen, die Flügelansätze klein, die abschüssige Stelle des Metathorax sehr kurz, bloss in den Seiten eine undeutliche Spur einer Querleiste; der Hinterleib sehr zerstreut punktiert und behaart, das 1. Segment kurz, ohne vorragende Knötchen. — L. 2,5 mm. ♀ unbekannt.

1 ♂ von Köln.

182. P. indagator Först. 1851 P. i Förster, l. c. p. 221 ♂.

♂ Schwarz, die Fühler an der Basis, der Prothorax zum Teil, der Hinterrand des 1. und 2. Segments am Hinterleibe und die Beine rotgelb; der Mittelleib mit einem deutlich abgesetzten Schildchen, die abschüssige Stelle des Metathorax etwas niedrig, mit ziemlich scharfer Querleiste; der Hinterleib sehr zerstreut punktiert und behaart, das 1. Segment ohne vorspringende Knötchen — L. 3 mm. ♀ unbekannt. Förster hält den P. instabilis für das ♀.

1 ♂ von Aachen.

183. P. inspector Först. 1851 P. i Förster, l c. p. 222 ♂.

♂ Röthlichgelb, der Kopf kastanienbraun, der Hinterleib vom 3. Segment ab mehr oder weniger dunkelbraun; der Mittelleib mit einem deutlich abgesetzten Schildchen, die abschüssige Stelle des Metathorax mit scharfer Querleiste; der Hinterleib auf den 3 ersten Segmenten mässig dicht, auf den folgenden zerstreuter punktiert und behaart, das 1. Segment ohne vorspringende Knötchen.

Var. a. Der Mesothorax und die 2 ersten Segmente blassgelb. — L. 3 mm. ♀ unbekannt.

Von Aachen.

184. P. migrator Först. 1851 P. m Forster, l. c. p. 222 ♂

♂ Schwarz, die Fühler an der Basis, der Mesothorax zum Teil, der Hinterrand der beiden ersten Segmente des Hinterleibs und die Beine rotgelb; der Mittelleib mit einem deutlich abgesetzten Schildchen, der Metathorax an der abschüssigen Stelle mit scharfer Querleiste; der Hinterleib auf den 3 ersten Segmenten massig dicht, auf den folgenden etwas zerstreuter punktiert und behaart, das 1. Segment ohne vorspringende Knötchen. — L. 4 mm. ♀ unbekannt.

1 ♂ von Aachen.

185. P. versatilis Först. 1851 P v Förster, l. c. p. 223 ♂.

♂ Schwarz, die Fühler, der Mesothorax am Vorderrande, das 1 Segment am Hinterrande, das 2. ringsum und die Beine rot; der Mittelleib mit deutlich abgesetztem Schildchen, der Metathorax an der abschüssigen Stelle mit scharfer Querleiste, der Hinterleib mässig dicht punktiert und behaart, das 1. Segment ohne vorspringende Knötchen. — L. 4 mm. ♀ unbekannt.

1 ♂ von Aachen.

186. P. solitarius Först. 1851 P. s Förster, l. c p 224 ♂.

♂ Schwarz, die Fühler an der Basis, die 2 ersten Segmente am Hinterrande und die Beine rotgelb; der Mittelleib mit einem deutlich abgesetzten Schildchen, der Metathorax an der abschüssigen Stelle mit scharfer Querleiste; der Hinterleib mässig dicht punktiert und behaart, das 1. Segment ohne vorragende Knötchen. — L. 4 mm. ♀ unbekannt.

1 ♂ von Aachen.

187. P. ageletes Först. 1851 P. a. Forster, l. c p. 225 ♂

♂ Schwarz, die Fühler an der Basis, der Mesothorax zum Teil, der Hinterrand des ersten und das ganze zweite Segment nebst den Beinen rotgelb; der Mittelleib mit einem deutlich abgesetzten Schildchen, der Metathorax mit scharfer Querleiste an der abschüssigen Stelle; der Hinterleib auf den drei ersten Segmenten mässig dicht, auf den folgenden ein wenig zerstreuter punktiert und behaart, das 1. Segment ohne vorspringende Knötchen. — L. 4 mm. ♀ unbekannt.

1 ♂ von Aachen.

188. P. marginatus Först. 1851 P. m. Forster, l. c. p 226 ♂

♂ Schwarz, die Fühler an der Basis, der Prothorax am Vorderrande, der Hinterrand aller Segmente und die Beine rotgelb; der Mittelleib mit einem deutlich abgesetzten Schildchen, der Metathorax stark runzlig, die abschüssige Stelle sehr schief, mit einer ziemlich scharfen Querleiste; der Hinterleib mässig dicht punktiert und behaart, das 1. Segment ohne Knötchen. — L. 5 mm ♀ unbekannt.

1 ♂ von Aachen.

189. P. melanophorus Först. 1851 P. m. Förster, l c p 226 ♂

♂ Schwarz mit roten Beinen, die hintersten Schenkel fast ganz, die hintersten Schienen an der Spitze braun; der

Mittelleib mit einem deutlich abgesetzten Schildchen, die abschüssige Stelle mit scharfer Querleiste; der Hinterleib ziemlich stark runzlig, etwas zerstreut punktiert und behaart, matt, das 1. Segment ohne vorspringende Knötchen. — L. 4 mm. ♀ unbekannt.

1 ♂ aus der Gegend von Aachen.

190. P. tachypus Först. 1851 P. t. Forster, l. c. p. 227 ♂.

♂ Schwarz, die Fühler an der Basis und die Beine rotgelb, die Spitze der hintersten Schenkel und Schienen braun; der Mittelleib mit einem deutlich abgesetzten Schildchen, die abschüssige Stelle des Metathorax mit einer scharfen Querleiste, der Hinterleib bis zur Spitze fein und dicht punktiert und behaart, das erste Segment ohne vorspringende Knötchen. — L. 4 mm. ♀ unbekannt.

1 ♂ von Aachen.

191. P. rusticus Först. 1851 P. r. Forster, l c. p. 228 ♂.

♂ Schwarz, die Fühler an der Basis und die Beine rotgelb, der Mittelleib mit einem deutlich abgesetzten Schildchen, der Metathorax an der abschüssigen Stelle mit scharfer Querleiste; der Hinterleib mässig dicht punktiert und behaart, auf den 3 ersten Segmenten etwas stärker runzlig, das 1. Segment ohne vorspringende Knötchen. — L. 4,5 mm. ♀ unbekannt.

Deutschland.

192. P. imbecillus Först. 1851 P. i. Förster l c. p. 229 ♂.

♂ Rötlichgelb. der Kopf und der Hinterleib vom 3. Segmente ab schwarz; der Mittelleib mit einem deutlich abgesetzten Schildchen, der Metathorax an der abschüssigen Stelle mit schwacher Querleiste; der Hinterleib ziemlich zerstreut punktiert und behaart, das 1. Segment ohne vorspringende Knötchen. — L. 3 mm. ♀ unbekannt.

1 ♂ von Aachen.

193. P. navus Först. 1851 P. n. Förster, l c. p 229 ♂.

♂ Schwarzbraun, der Mittelleib zum Teil, das 1. Segment des Hinterleibs und die Beine rotgelb: das Schildchen deutlich abgesetzt, der Metathorax an der abschüssigen Stelle mit schwacher Querleiste; der Hinterleib ein wenig zerstreut punktiert und behaart, das 1. Segment ohne vorspringende Knötchen. — L. 3 mm. ♀ unbekannt.

1 ♂ von Aachen.

194. P. prudens Forst. 1851 P. p. Forster, l. c. p 230 ♂

♂ Schwarz, die Basis der Fühler, der Rücken des Mittelleibs,
das 1. Segment ganz, das 2. am Vorder- und Hinterrande
und die Beine rot, die hintersten Schenkel an der Spitze
braun; der Mittelleib mit einem deutlich abgesetzten
Schildchen, die abschüssige Stelle des Metathorax mit
einer schwachen Querleiste; der Hinterleib ziemlich zerstreut punktiert und behaart, das 1. Segment ohne vorragende Knötchen. — L. 3 mm. ♀ unbekannt.

1 ♂ von Aachen.

195. P. conveniens Först. 1851 P c Forster, l. c. p 231 ♂.

♂ Schwarzbraun, die Fühler an der Basis, der Mittelleib
zum Teil, das 1. und 2. Segment des Hinterleibs und die
Beine rotgelb, die Schenkel dunkler als die Schienen und
Füsse, der Mittelleib mit einem deutlich abgesetzten
Schildchen, die abschüssige Stelle mit scharfer Querleiste;
der Hinterleib mässig dicht punktiert und behaart, das
1. Segment ohne vorspringende Knötchen. — L. 3,5 mm. —
Bridgman (Transact. Ent. Soc. Lond. 1883 p 161) meint,
dass P. conveniens das ♂ von P. analis sei, indem beide
zusammen aus Zygaena filipendulae gezogen wurden. Nach
Thomson ist jedoch P. analis ♂ geflügelt. Entweder
also verkennt Bridgman das richtige ♀ des P. analis
oder Thomson beschreibt nicht das richtige ♂.

Förster's Exemplar von P. conveniens von Aachen.

196. P. histrio Först. 1851 P. h Forster, l. c. p 231 ♂.

♂ Schwarzbraun, der Mittelleib zum Teil, das 1. und 2.
Segment des Hinterleibs und die Beine rotgelb, das 2.
Segment mit drei braunen Flecken; der Mittelleib mit
einem deutlich abgesetzten Schildchen, die abschüssige
Stelle des Metathorax mit scharfer Querleiste; der Hinterleib auf den 3 ersten Segmenten mässig dicht punktiert
und behaart, auf den folgenden ein wenig zerstreuter,
das 1. Segment ohne vorspringende Knötchen. — L. 3,5
mm. ♀ unbekannt.

1 ♂ von Aachen.

197. P. fugitivus Först. 1851 P. f. Forster, l c p 232 ♂.

♂ Rotgelb, der Kopf und der Hinterleib vom 3. Segment an
schwarz; der Mittelleib mit einem deutlich abgesetzten
Schildchen, der Metathorax an der abschüssigen Stelle
mit scharfer Querleiste; der Hinterleib ein wenig zerstreut
punktiert und behaart, das 1. Segment ohne vorspringende
Knötchen. — L. 3,5 mm. ♀ unbekannt.

1 ♂ von Aachen.